Schriften zum Infrastrukturrecht

herausgegeben von

Wolfgang Durner und Martin Kment

26

Dominik J. Snjka

Internationales Planungsrecht

Eine Untersuchung unter
besonderer Berücksichtigung des Umwelt-,
des Infrastruktur- und des Seerechts

Mohr Siebeck

Dominik J. Snjka, geboren 1986; Studium der Rechtswissenschaft an der Universität Bonn mit Aufenthalten in Santiago de Chile; 2014 Erstes, 2020 Zweites Staatsexamen; 2014–2018 Wissenschaftlicher Mitarbeiter am Institut für Öffentliches Recht und Institut für das Recht der Wasser- und Entsorgungswirtschaft der Universität Bonn; Forschungsaufenthalt am International Maritime Law Institute (IMO) in Malta; 2020 Promotion; 2018–2020 Referendariat; seit 2021 Rechtsanwalt.

ISBN 978-3-16-160697-7 / eISBN 978-3-16-160698-4
DOI 10.1628/978-3-16-160698-4

ISSN 2195-5689 / eISSN 2569-4456 (Schriften zum Infrastrukturrecht)

Die Deutsche Nationalbibliothek verzeichnet diese Publikation in der Deutschen Nationalbibliographie; detaillierte bibliographische Daten sind über *http://dnb.dnb.de* abrufbar.

© 2022 Mohr Siebeck Tübingen. www.mohrsiebeck.com

Das Werk einschließlich aller seiner Teile ist urheberrechtlich geschützt. Jede Verwertung außerhalb der engen Grenzen des Urheberrechtsgesetzes ist ohne Zustimmung des Verlags unzulässig und strafbar. Das gilt insbesondere für die Verbreitung, Vervielfältigung, Übersetzung und die Einspeicherung und Verarbeitung in elektronischen Systemen.

Das Buch wurde von Laupp & Göbel in Gomaringen auf alterungsbeständiges Werkdruckpapier gedruckt und gebunden.

Vorwort

Die vorliegende Arbeit entstand im Wesentlichen während der Zeit am Lehrstuhl meines Doktorvaters Herrn Prof. Dr. Dr. Wolfgang Durner LL.M. in den Jahren 2014 bis 2018, insbesondere auch während zweier in diese Zeit fallender Forschungsaufenthalte am International Maritime Law Institute der IMO in Malta. Die Arbeit wurde im Dezember 2020 verteidigt. Sie befindet sich auf dem Forschungsstand von Mai 2019, Nachweise sind auf dem Stand von 2021.

Herrn Prof. Durner danke ich von ganzem Herzen für die Einräumung aller nur erdenklichen akademischen und persönlichen Freiheiten. Die Zeit an seinem Lehrstuhl war die schönste und lehrreichste meines gesamten Studiums.

Ferner danke ich Herrn Prof. Dr. David J. Attard für die wiederholte Gestattung der Forschung an seinem Institut in Malta. Herrn Prof. Dr. Alexander Proelß danke ich seinerzeit für die motivierende Einladung in sein (ehemaliges) Kolloquium an der Universität Trier. Herrn Prof. Dr. Stefan Talmon danke ich für die prüfende Zweitbegutachtung und Herrn Prof. Dr. Dr. h.c. Matthias Herdegen für die professionelle Disputation unter Coronabedingungen.

Auf dem Weg der Arbeit sind mir derart viele Menschen begegnet, denen ich zu vielfachem Dank verpflichtet bin, dass ihre Aufzählung dieses Vorwort absurd machen würde. Alle Angesprochenen wissen, dass ich Ihnen sehr dankbar bin.

Mein ganz besonderer Dank gilt meiner lieben Frau Angela, die die Querelen der vergangenen Jahre mit durchgestanden und sich während der Promotions- und Referendarszeit mit mir auf das gemeinsame Abenteuer der Familiengründung inklusive gemeinsamer Auslandsaufenthalte begeben hat.

Da wir alle nur Zwerge auf den Schultern von Riesen sind, widme ich die Arbeit ganz traditionell meinen lieben Eltern und meinen noch viel lieberen Kindern.

Dr. Dominik Snjka
Bonn, Ende März 2021

Inhaltsverzeichnis

Abkürzungsverzeichnis XVII

Erster Teil:
Koordinaten des internationalen Planungsrechts 1

§ 1 Räumliche Nutzungen im Prozess der Internationalisierung 3

    I. Technische Entwicklung und Globalisierung 3
    II. Ambivalenz zwischen Umweltbelastung und Umweltschutz . . . 5
    III. Erfordernis internationaler Koordination 6
    IV. Ergebnis und Ziel der Untersuchung 8

§ 2 Vorüberlegungen zur Operationalisierung eines internationalen Planungsrechts 9

    I. Raumplanung und Recht 9
        1. Planung als finale Komplexitätsreduktion 9
        2. Recht als Steuerungsinstrument 10
            a) Gegenstand räumlicher Maßnahmen 11
            b) Planungsrecht und planungsrelevantes Recht 13
            c) Planungssensibilität des Umweltrechts 15
    II. Referenzrechtsordnung des internationalen Planungsrechts . . . 15
        1. Übertragbarkeit funktionell-struktureller Eigenschaften . . . 15
        2. Nationale Rechtsordnungen als Referenz 17
            a) Inhomogenität der Rechtslandschaft 17
            b) Mängel in Planung und Rechtsstaatlichkeit 19
        3. Das Völkerrecht als Referenzrechtsordnung 20
            a) Ankerpunkt der Internationalisierung des Planungsrechts . 20
            b) Systemische Vorzüge im Verhältnis Planung – Völkerrecht 21
            c) Die Rechtsquellenlehre als Ausgangspunkt 23
    III. Raumplanung und Völkerrecht 25
        1. Der Stellenwert räumlicher Planung im Völkerrecht 25
        2. Die Funktion des Völkerrechts für die Raumplanung 27

3. Die besondere Bedeutung präventiver Pflichten im
   internationalen Planungsrecht 29
IV. Ergebnis 31

Zweiter Teil:
Der völkerrechtliche Rahmen räumlicher Planung 33

§ 3 Souveränität als Befugnis zur hoheitlichen Raumplanung 35

I. Das Recht auf souveräne räumliche Entwicklung 35
II. Extraterritoriale Raumplanung 39
   1. Unautorisierter extraterritorialer Infrastrukturbau 39
   2. Zustimmungserfordernis bei souveränitätsübergreifenden
      Planungen 41
   3. Völkerrechtliche Institute kooperativer Hoheitsverlagerung . 42
      a) Servitute in der Infrastrukturplanung 42
      b) Verwaltungszession für Marinestützpunkte 44
III. Der Panamakanal 45
   1. Geschichte des Kanalbaues 46
   2. Der Bau einer dritten Kanaltrasse 47
   3. Territoriale Souveränität und internationale
      Einflussnahme in Panama und Nicaragua 48
IV. Ergebnis 51

§ 4 Das souveränitätsrechtliche Präventionsprinzip 53

I. Überblick zu Ursprüngen und Inhalt des Präventionsprinzips .. 54
   1. Vom nachbarrechtlichen Schädigungsverbot zum
      präventiven Schadensvermeidungsgebot 54
   2. Von gemeinsamen Gewässern zu gemeinsamen Regionen .. 57
   3. Prävention als unscharfe Sorgfaltspflicht 61
II. Prävention durch informationelle Kooperation 65
   1. Risikoprüfung, Notifikation und Konsultation 66
   2. Konsultation als kommunikativer Interessenausgleich 69
      a) Rückverweis auf den politischen Prozess 70
      b) Geringe Bedeutung von Katalogen und Vorrang der
         Konsulation 71
      c) Zur Gewichtung widerstreitender Staateninteressen 72
         aa) These vom Vorrang des Souveränitätsinteresses ... 73
         bb) These vom Vorrang des Integritätsinteresses 73
         cc) Thesen vom Vorrang des Umweltschutzinteresses .. 75
         dd) These der Tendenzwirkung von Befugnisnormen .. 77

    3. Wichtige Besonderheiten der Espoo-Konvention 77
        a) Dokumentation der Umweltverträglichkeitsprüfung . . . 77
        b) Konsultation über Unklarheiten des Anwendungsbereichs 79
    4. Zwischenergebnis 80
  III. Prävention durch Raumplanung? 81
    1. Landschaftsschutz als räumliches Kohärenzgebot? 81
    2. Grenzabstandsgebot für Großvorhaben? 84
        a) Das Beispiel grenznaher Atomkraftwerke 84
        b) Das Beispiel grenznaher Flughäfen – Ein Fall des
           Nachbarrechts? 86
    3. Standortausschluss durch Wasserrecht? 88
    4. Zwischenergebnis 89
  IV. Ergebnis 90

§ 5 Das umweltrechtliche Präventionsprinzip 91
  I. Ansätze eines allgemeinen präventiven Umweltschutzgebots . . 91
    1. Zur Abwesenheit eines intraterritorialen Schädigungsverbots 91
    2. Das Gebot der umweltgerechten und nachhaltigen Entwicklung 93
        a) Planungsaffines Entwicklungskonzept mit unklarem
           Rechtsstatus 93
        b) Instrumentalisierung der Stadtplanung für die New
           Urban Agenda 96
        c) Geringe Relevanz eines rechtlichen
           Nachhaltigkeitsbegriffes 99
           aa) Mangelnde fachliche und rechtliche Eindeutigkeit . 99
           bb) Beispiel: Energierohstoffbergbau 103
    3. Zwischenergebnis 104
  II. Sektorale Ansätze umweltrechtlicher Präventionspflichten 104
    1. Klimaschutz durch vorsorgende Raumplanung 105
        a) Überblick zum internationalen Klimaschutz 105
        b) Raumplanung als Instrument der Klimaschutzpolitik . . . 107
        c) Signifikante Adressierung von Städtebau und
           Forstwirtschaft 109
        d) Zwischenergebnis 110
    2. Biodiversitätsschutz durch Lebensraumschutz 110
        a) Überblick zum internationalen Biodiversitätsschutz 110
        b) Lebensraumschutz als räumliche Planung 113
           aa) Gebietsgestaltung durch Raumdefinition und
               Veränderungsschutz 114
           bb) Erfordernis der gebiets- und
               regionenübergreifenden Nutzungskoordination . . . 115
        c) Das biodiversitätsrechtliche Präventionsprinzip als
           planungsaffine Sorgfaltspflicht 117

        d) Im Spiegel: Landschaftsschutz und Biodiversität 121
        e) Zwischenergebnis 123
    3. Menschenrechtsschutz durch Raumplanung 124
        a) Überblick zum internationalen Menschenrechtsschutz . . 124
        b) Das menschenrechtliche Präventionsprinzip als
           Sorgfaltspflicht 126
        c) Raumplanung als Präventionsinstrument in der
           Rechtsprechung des Europäischen Gerichtshofs für
           Menschenrechte 128
           aa) Alternativverhältnis zwischen technischer und
               räumlicher Prävention 128
           bb) Abstandsgebot bei Lebens- und Gesundheitsgefahr . 130
        d) Zwischenergebnis 132
    4. Binnengewässerschutz in der Raumnutzung 132
        a) Binnengewässerschutz als mittelbare Folge
           anderweitig motivierter Rechtspflichten 132
        b) Gewässerschutz als eigenständiges ökologisches Ziel . . . 135
    5. Zwischenergebnis 137
III. Planungsrelevante Umweltverfahrenspflichten 138
    1. Projektbezogene und strategische Umweltprüfungen . . . 139
        a) Überblick über internationale Umweltprüfungspflichten . 140
           aa) Lediglich sektorale oder auch
               bereichsübergreifende UVP-Pflichten? 140
           bb) Sektorale Pflicht im Biodiversitätsschutz 143
           cc) Keine Pflicht aus Menschenrechten und
               Binnengewässerrecht 144
           dd) Zwischenergebnis 146
        b) Intersektorale Konkretisierungsansätze der
           Sorgfaltspflichten 146
           aa) Qualitätsanforderungen und Verfahrensschritte . . . 147
           bb) Verbindlichkeit der Maßgaben 148
        c) Strategische Umweltprüfung im SEA-Protokoll 150
           aa) Struktur des Abkommens und der Umweltprüfung . 151
           bb) Nachbarrechtliche oder intraterritoriale Prävention? . 152
    2. Information und Beteiligung der Öffentlichkeit 153
        a) Überblick und Status internationaler
           Umweltinformationspflichten 154
        b) Unterschiede in der Schutzrichtung der
           Öffentlichkeitsbeteiligung in den UNECE-Abkommen . . 156
    3. Zwischenergebnis 157
IV. Ergebnis 158

Dritter Teil:
Der völkerrechtliche Rahmen maritimer Raumplanung 161

§ 6 *Eigenheiten der maritimen Raum- und Rechtsbeziehungen* 163

    I. Unterschiede der Nutzungs- und Schutzbedürfnisse im
Meeresraum 164
    II. Abweichende Rechtskomplexität im Seerecht 165
        1. Hohe Bedeutung des Jurisdiktionsvölkerrechts 166
        2. Vielschichtige Umweltschutz- und Rücksichtnahmegebote .. 168
    III. Ergebnis 170

§ 7 *Seerechtliche Befugnisse zur hoheitlichen Raumplanung* 171

    I. Raumbeanspruchende Planungen 171
        1. Maritimer Bergbau 171
            a) Souveränität und souveräne Rechte in Küstennähe 172
            b) Mineralischer Tiefseebodenbergbau im Gebiet 173
            c) Nicht-mineralischer Tiefseebergbau nach dem Recht
der hohen See 175
        2. Künstliche Inseln, Anlagen und andere Einrichtungen 180
            a) Ausschließliche Errichtungsbefugnisse in Küstennähe .. 180
            b) Errichtungsfreiheiten auf hoher See 183
            c) Anforderungen an private Vorhaben im Bereich
seerechtlicher Freiheiten 185
        3. Kabel und Rohrleitungen 188
            a) Souveränität und Verlegefreiheit als Planungskompetenzen 189
            b) Ressourcen-, Anlagen- und Umweltschutz bei
Transitleitungen 190
            c) Reglementierungsbefugnisse bei anlandenden Leitungen . 193
            d) Begleitinstallationen und Anbindungsleitungen 194
        4. Zwischenergebnis 196
    II. Großräumige Planungen und integrierter Meeresschutz 197
        1. Meeresschutzgebiete 198
            a) Zur Eigenheit raumgestaltender Meeresschutzgebiete ... 198
            b) Lokalisierte Einschränkungen zu Naturschutzzwecken .. 201
                aa) Einschränkung raumbeanspruchender Vorhaben ... 202
                bb) Einschränkungen der Fischerei 203
                cc) Einschränkungen der Schifffahrt, insb. areas to
be avoided 204
        2. Maritime Gesamtplanung 208
            a) Eingeschränkte Zulässigkeit überfachlicher Gesamtplanung 208
            b) Maßstäbe für fachübergreifende Koordinationsplanungen 210
        3. Hohe See und Tiefseeboden – Raumplanungsfreie Räume? . 212

　　　　4. Zwischenergebnis 213
　　III. Ergebnis 213

§ 8　Das seerechtliche Präventionsprinzip 215

　　I. Das allgemeine Rücksichtnahmegebot 215
　　　　1. Das Zonenregime als antizipierter Interessenausgleich 216
　　　　　　a) Rücksichtnahmegebote in nichtstaatlichen Zonen 217
　　　　　　b) Durchfahrtsregime als Rücksichtnahmegebote 217
　　　　　　c) Konsultation als Verfahrenselement des
　　　　　　　　Rücksichtnahmegebots 218
　　　　2. Zur Gewichtung widerstreitender Staateninteressen 221
　　　　　　a) Grundsätzliche Interessengleichwertigkeit und
　　　　　　　　vereinzelte Vorrangregelungen 221
　　　　　　b) These vom Vorrang des Küstenstaateninteresses 223
　　　　　　c) Erneut: These der Tendenzwirkung von Befugnisnormen . 224
　　　　3. Beispielhafte Konkretisierung des Rücksichtnahmegebotes . 226
　　　　　　a) Militärische Raumnutzungsansprüche in der
　　　　　　　　ausschließlichen Wirtschaftszone 226
　　　　　　b) Querung von Meerengen durch Tunnel und Brücken ... 227
　　　　4. Zwischenergebnis 232
　　II. Das Meeresumweltschutzgebot 233
　　　　1. Meeresschutz als präventive und kooperative Sorgfaltspflicht 233
　　　　2. Räumliche Planungspflichten aus dem Meeresschutzgebot? . 235
　　　　　　a) Raumplanung als unverbindliches Instrument 235
　　　　　　b) Geringer Konkretisierungsgrad auch im maritimen
　　　　　　　　Berg- und Infrastrukturbau 236
　　　　　　c) Sektorale Pflicht zum maritimen Lebensraumschutz ... 238
　　　　3. Zwischenergebnis 241
　　III. Ergebnis 242

Vierter Teil:
Internationale Planungsverfahren 243

§ 9　Grenzüberschreitende Raumplanung 245

　　I. Völkerrecht und grenzüberschreitende Raumplanung 245
　　　　1. Begriffliche Rahmenbedingungen 245
　　　　2. Der Flughafen Salzburg 247
　　II. Grenzüberschreitende Infrastrukturplanung 248
　　　　1. Die Praxis des Infrastrukturbaus 249
　　　　　　a) Das Eisenbahnwesen als internationale Planungsaufgabe . 249

- b) Der Rohrleitungsbau als transkontinentale
Verknüpfung der Energiewirtschaft 250
- c) Der Straßenbau als Ausdruck eines überregionalen
Integrationsinteresses 251
- 2. Strukturen der internationalen Infrastrukturplanung 253
  - a) Ein Überblick zum Rohrleitungsrecht 254
  - b) Ein Vergleich zu grenzüberschreitenden Straßen 256
    - aa) Bilaterale Straßenverknüpfung als
internationale Planung 257
    - bb) Straßennetzplanung durch multilaterale Verträge . . 258
- 3. Völkerrechtliche Maßstäbe im Infrastrukturbau 261
  - a) Völkerrechtsmäßigkeit eines Vorhabens 261
  - b) Transitrechte als Pflicht zum Infrastrukturbau? 262
  - c) Interessenabwägung durch politische Verhandlung 263
- 4. Zwischenergebnis 265
- III. Grenzübergreifende Gebietsplanungen 266
  - 1. Die globale Praxis grenzübergreifender Gebietsplanung . . . 266
  - 2. Strukturen kooperativer Gebietsplanung in der IUCN-
Konzeption 269
    - a) Unschärfen in der Begriffsbildung 270
    - b) Orientierungsparameter für grenzüberschreitende
Gebietsregime 272
      - aa) Fachliche Erforderlichkeit und Planungsziel 272
      - bb) Modelle der Kooperationsorganisation 273
  - 3. Zwei regionale Beispiele grenzübergreifenden
Biodiversitätsschutzes 275
    - a) Die Naturparke an der westdeutschen Grenze 275
    - b) Die Darién-Chocó-Nationalparks und die Panamericana . 278
  - 4. Zwischenergebnis 281
- IV. Ergebnis 282

§ 10 *Raumplanung durch internationale Organisationen* 285

- I. Nichtstaatliche hoheitliche Raumplanung im Staatsgebiet? 286
- II. Raumnutzungskonflikte in den internationalen
Gemeinschaftsräumen 288
  - 1. Extraterrestrischer Bergbau und Satelliten im
geostationären Orbit 288
  - 2. Bergbau, Tourismus und Forschung in der Antarktis 292
  - 3. Internationalisierte Meeresschutzgebiete 296
    - a) IMO-Particularly sensitive sea area (PSSA) 296
    - b) Meeresschutzgebiete jenseits einzelstaatlicher
Hoheitsgewalt (ILBI) 299
  - 4. Zwischenergebnis 301

III. Die bergrechtliche Planung der International Seabed Authority . 302
   1. Legislative Struktur des Behördenregimes 303
      a) Kompetenzielle Grundlagen des Mining Codes 303
      b) Umweltschutzbefugnisse der Behörde 305
   2. Die Planung der Tätigkeiten im Gebiet 306
      a) Zugangsberechtigte Staaten und Unternehmen 308
      b) Das Lizensierungsverfahren 309
      c) Planungsentscheidungen der Behörde? 310
          aa) Genehmigung der Arbeitspläne (plans of work) . . . 311
          bb) Umweltmanagementpläne und
              Tiefseebodenschutzgebiete (Areas of particular
              Environmental Interest) 313
   3. Exkurs: Notifikation der Prospektion 314
      a) Anzeigeverfahren oder präventiver
         Zulassungsvorbehalt? Diskrepanz zwischen
        Seerechtsübereinkommen und Sekundärrecht 315
      b) Rechtliche Einordnung der Diskrepanz und Folgen
        vor der Meeresbodenkammer 317
   4. Zwischenergebnis 321
IV. Ergebnis 322

§ 11 Die internationale Raumordnung 325

I. Zum Begriff der Raumordnung 325
II. Raumplanerische Aspekte der Jurisdiktionsordnung 326
   1. Raumbedeutsamkeit von Grenzen 326
   2. Das Zonenregime und maritime Delimitation 327
III. Ansätze einer global-räumlichen Entwicklungsordnung? 329
   1. Die Antarktis als völkerrechtlicher Raum 329
   2. Fehlende Übertragbarkeit auf andere globale Räume 331
      a) Tiefseeboden und Weltraum 331
      b) Meeresraum und Raum der Europäischen Union 332
   3. Der Alpenraum als multinationale Entwicklungsplanung . . . 334
IV. Ergebnis 336

Fünfter Teil:
Schlussbetrachtungen 337

§ 12 Internationales Planungsrecht – Resümee und Ausblick 339

§ 13 Zusammenfassende Thesen 343

   1. Teil: Koordinaten des internationalen Planungsrechts (§§ 1 und 2) 343

2. Teil: Der völkerrechtliche Rahmen räumlicher Planung (§§ 3 bis 5) 344
3. Teil: Der völkerrechtliche Rahmen maritimer Raumplanung
   (§§ 6 bis 8) 346
4. Teil: Internationale Planungsverfahren (§§ 9 bis 11) 347

Literaturverzeichnis 351
Rechtsprechungsverzeichnis 381
Sachregister 383

Abkürzungsverzeichnis

ACSIL	Annals of the Chinese Society of International Law
AJIL	American Journal of International Law
AJLH	American Journal of Legal History
ANRLJ	Appalachian Natural Resources Law Journal
AöR	Archiv des öffentlichen Rechts
ARL	Akademie für Raumforschung und Landesplanung
APJEL	Asia Pacific Journal of Environmental Law
APuZ	Aus Politik und Zeitgeschichte
AVR	Archiv des Völkerrechts
BayVBl	Bayerische Verwaltungsblätter
BCEALR	Boston College Environmental Affairs Law Review
BGBl	Bundesgesetzblatt
BJIL	Berkeley Journal of International Law
BUILJ	Boston University International Law Journal
BULR	Boston University Law Review
CJIELP	Colorado Journal of International Environmental Law and Policy
CL	Climate Law
CLR	Canterbury Law Review
CYIL	Canadian Yearbook of International Law
DELPF	Duke Environmental Law and Policy Forum
DJILP	Denver Journal of International Law and Policy
DÖV	Die Öffentliche Verwaltung
DVBl	Deutsches Verwaltungsblatt
EA	Europa Archiv
ECHR	European Court of Human Rights
EGMR	Europäischer Gerichtshof für Menschenrechte
EJIL	European Journal of International Law
ELR	Environmental Law Review
ENLR	European Networks Law and Regulation Quarterly
EPL	Environmental Policy and Law
EuR	Europarecht
EurUP	Zeitschrift für Europäisches Umwelt- und Planungsrecht
GLJ	German Law Journal
GYIL	German Yearbook of International Law
HELR	Harvard Environmental Law Review
HJIL	Houston Journal of International Law
HLJ	Hertfordshire Law Journal
Hrsg	Herausgeber
IACtHR	Inter-American Court of Human Rights
IBL	International Business Lawyer
ICJ	International Court of Justice
ICLQ	International and Comparative Law Quarterly

IGH	Internationale Gerichtshof
IJECL	International Journal of Estuarine and Coastal Law
IJGLS	Indiana Journal of Global Legal Studies
IJIL	Indonesian Journal of International Law
IJMCL	International Journal of Marine and Coastal Law
ILM	International Legal Materials
ILS	International Law Studies Series. US Naval War College
IMO	International Maritime Organisation
IPCC	Intergovernmental Panel on Climate Change
IUCN	International Union for Conservation of Nature
IzR	Informationen zur Raumentwicklung
JAPA	Journal of the American Planning Association
JCC	Journal of Coastal Conservation
JEEPL	Journal for European Enviromental and Planning Law
JENRL	Journal of Energy and Natural Resources Law
JIWLP	Journal of International Wildlife Law and Policy
JMEH	Journal of Modern European History
JSDLP	Journal of Sustainable Development Law and Policy
JSL	Journal of Space Law
JZ	Juristen Zeitung
LUEL	Land Use and Environmental Law
LUP	Land Use Policy
MASGC	Mitigation and Adaptation Strategies for Global Change
McGIJSDP	McGill International Journal of Sustainable Development Law and Policy
MIALR	University of Miami Inter-American Law Review
MJICEL	Macquarie Journal of International and Comparative Environmental Law
MPYBUNL	Max Planck Yearbook of United Nations Law
MPEPIL-Online	Max Planck Encyclopedia of Public International Law Online
NCJILCR	North Carolina Journal of International Law and Commercial Regulation
NJIL	Nordic Journal of International Law
NordÖR	Zeitschrift für Öffentliches Recht in Norddeutschland
NRE	Natural Resources and Environment
NVwZ	Neue Zeitschrift für Verwaltungsrecht
NYJILP	New York University Journal of International Law and Politics
OCLJ	Ocean and Coastal Law Journal
ODIL	Ocean Development and International Law
PSSA	Particularly Sensitive Sea Area
RBDI	Revue Belge de Droit International
RdE	Recht der Energiewirtschaft
RECIEL	Review of European, Comparative and International Environmental Law
SEA	Strategic Environmental Assessment
SJIL	Stanford Journal of International Law
SRÜ	Seerechtsübereinkommen
StoffR	Zeitschrift für Stoffrecht
StTJLPP	University of St. Thomas Journal of Law and Public Policy
SUP	Strategische Umweltprüfung
TELJ	Tulane Environmental Law Journal
TJLP	Tennessee Journal of Law and Policy
TMLJ	Tulane Maritime Law Journal
UNCLOS	United Nations Convention on the Law of the Sea
UNECE	United Nations Economic Commission for Europe
UNEP	United Nations Environment Programme
UNTS	United Nations Treaty Series

UPLR	University of Pittsburgh Law Review
UPR	Umwelt- und Planungsrecht
UVP	Umweltverträglichkeitsprüfung
VELJ	Virginia Environmental Law Journal
VJTL	Vanderbilt Journal of Transnational Law
VVDStRL	Veröffentlichungen der Vereinigung der Deutschen Staatsrechtslehrer
WILJ	Wisconsin International Law Journal
WUGSLR	Washington University Global Studies Law Review
YIEL	Yearbook of International Environmental Law
ZaöRV	Zeitschrift für ausländisches öffentliches Recht und Völkerrecht
ZLW	Zeitschrift für Luft- und Weltraumrecht
ZSE	Zeitschrift für Staats- und Europawissenschaften
ZUR	Zeitschrift für Umweltrecht

Erster Teil

Koordinaten des internationalen Planungsrechts

§ 1 Räumliche Nutzungen im Prozess der Internationalisierung

I. Technische Entwicklung und Globalisierung

Mensch sein bedeutet Raum und Umwelt zu gestalten. Mittlerweile ist der Mensch zu einem „geologischen Faktor" geworden.[1] In zunehmendem Maße, so formuliert der Bonner Geograph Eckart Ehlers, werde „der Naturordnung, der Physis, das menschliche Gesetz, der Nomos, entgegengesetzt".[2] Katastrophisch mutet insoweit das Szenario des Raumwissenschaftlers Kurt Gielgen an, der am Horizont der Zeit eine zentralistische globale Raumordnung zeichnet, die infolge des Klimawandels bestimmt ist von rigiden Bevölkerungs-, Nahrungs- und Ressourcenkontingenten.[3] Deutlich zuversichtlicher beschreibt dagegen der Trend- und Zukunftsforscher Matthias Horx Urbanisierung, technische Entwicklung und Globalisierung als Megatrends eines soeben erst begonnenen Anthropozäns, deren graduelle, evolutionäre und rekursive Prozesse zwar zeitweise zu heftigen gesellschaftlichen und ökologischen Verwerfungen führten, in Querschnitt und Summe aber eine stetige Verbesserung aller Lebensumstände bedeuteten.[4]

Zu welchem Ergebnis der Blick in die Glaskugel auch führen mag, sicher ist bereits heute, dass der Mensch die Erde unumkehrbar formt:[5] Neben einem exponentiellen Wachstum in Urbanisierung und Talsperrenbau[6] reicht die energetischtechnische Entwicklung bereits so weit durch Praktiken wie dem Mountaintop-Removal-Mining ganze Bergketten in Hochebenen umzuformen[7] und selbst futuristisch erscheinende Eingriffe in die gesamte Ökosystematik der Erde wer-

---

[1] Dieses Phänomen wird z.T. als Zeitalter des Anthropozän bezeichnet. Erstmals wohl *Crutzen*, Nature 415 (2002), S. 23; aus der überbordenden Literatur vgl. zunächst den Überblick von *Gebhardt*, Heidelberger Jahrbücher Online 1 (2016), S. 28–42; in monographischer Form *Ehlers*, Das Anthropozän: Die Erde im Zeitalter des Menschen; zum Anthropozän als zukunftsgerichtetes, ethisches Konzept *Kersten*, Das Anthropozän-Konzept; heftige sozialökonomische Kritik bei *Altvater*, Emanzipation 2013, S. 71–88.

[2] *Ehlers*, Das Anthropozän: Die Erde im Zeitalter des Menschen, S. 14.

[3] *Gilgen*, Der globale Kontrakt – Raumplanung zwischen Utopie und Horrorvision, Ein Science-Fiction Roman, S. 152 ff.

[4] *Horx*, Das Megatrend-Prinzip: Wie die Welt von morgen entsteht, S. 46 ff., 87 ff., 147 ff., 173 ff.

[5] *Foley* u. a., Science 309 (2005), S. 570–574.

[6] *Gebhardt*, Heidelberger Jahrbücher Online 1 (2016), S. 28–42 (33 f.).

[7] Genauer dazu auf S. 103 ff.

den als Geoengineering wissenschaftlich debattiert.⁸ Namentlich im Infrastrukturwesen reichen sich räumliche Planung und Globalisierung⁹ auf besondere Weise die Hand: Die wechselbezügliche Gemengelage aus technischer Entwicklung und internationaler Vernetzung und Arbeitsteilung unter der Freihandelshypothese erzeugt weltumspannende Verkehrs- und Migrationsströme und erfordert Infrastrukturnetze nie dagewesener Skalierung,¹⁰ erst jüngst veranschaulicht durch die Fertigstellung der Erweiterung des Panamakanals.¹¹ Überhaupt ist die Verkehrsinfrastruktur in ihrer ökonomischen Bedeutung wohl kaum zu überschätzen, weshalb ihr Ausbau auch Dreh- und Angelpunkt des europäischen Binnenmarktes ist.¹² Das zugleich auf allen Ebenen der Wertschöpfung bestehende Streben nach nicht-fossilen Optionen der Energieerzeugung verlagert dabei Nutzungskonflikte großflächig in ländliche Räume (Windräder und Biomasseanbau) und führt zu neuen Verknüpfungen zwischen globalen Räumen (Stromtransporte zwischen windigem, wasserreichem Norden und sonnigem Süden).¹³ Dabei erfordert die Umstellung auf reproduzierbare, aber nur eingeschränkt speicherbare Optionen der Stromerzeugung schon aus technischen Gründen eine rasante Ausweitung grenzüberschreitender Übertragungsnetze, um Über- und Unterkapazitäten auszugleichen und Grundlast zu sichern.¹⁴ Da eine vollständige Dekarbonisierung wohl bis auf Weiteres Zukunftsmusik bleiben wird, werden zugleich seit der Jahrtausendwende zahlreiche Pipelines interkontinentaler Dimension geplant und realisiert, vor allem um eurasische Gasreserven nach Europa zu transportieren.¹⁵ Nachdem 2011 mit der Nord Stream-Pipeline die erste Direktverbindung von Russland durch die Ostsee in die Bundesrepublik Deutschland in Betrieb genom-

---

[8] Vgl. etwa *Boyd*, Geoengineering; *Gebhardt*, Heidelberger Jahrbücher Online 1 (2016), S. 28–42 (31 ff.); *Proelß*, JZ 2011, S. 495–503.

[9] Der Begriff der Globalisierung findet in der rechtlichen Praxis keine Anwendung und ist bisher kein Rechtsbegriff, sondern ein faktisches Phänomen. Man mag sie definieren als die signifikant zunehmende Vernetzung gesellschaftlicher Akteure ohne Rücksicht auf ihren räumlichen Aufenthaltsort, so m.w.N. *Ruffert*, Die Globalisierung als Herausforderung an das öffentliche Recht, S. 11.

[10] *Schmitz*, Revolutionen der Erreichbarkeit, S. 13 ff., 27 ff., 169 ff.; *Hobe*, AVR 37 (1999), S. 253–282 (254 ff.); zum Begriff der Infrastruktur siehe *Dörr*, VVDStRL 73 (2014), S. 323–362 (325 ff.).

[11] Dazu ausführlich S. 45 ff.

[12] *Europäische Kommission*, Weißbuch – Fahrplan zu einem einheitlichen europäischen Verkehrsraum, passim.

[13] *Beckmann* u.a., Räumliche Implikationen der Energiewende – Positionspapier, S. 5 ff.

[14] SRU, Wege zur 100 % erneuerbaren Stromversorgung – Sondergutachten, S. 295 ff.

[15] Vergleiche die Übersichten der Anhänge 1 bis 11 bei *Sibold*, Russlands Energiebeziehungen in Eurasien, S. 57 ff.

men worden war, einer Pipeline etwa der Länge des Rheins,[16] begannen schon in demselben Jahr die Planungen für den Bau einer weiteren russisch-deutschen Verbindung.[17] Derartige Projekte ziehen, etwa wegen der Umgehung der zentralasiatischen und osteuropäischen Staaten, erhebliche Kritik auf sich[18] und verdeutlichen, dass besonders Infrastrukturplanungen internationaler Größenordnung von enormer politischer Relevanz sind: Die Investitionskosten gehen regelmäßig in die Milliarden, und die Infrastruktursysteme sind Rückgrat der Energiesicherheit und daher bedeutsamer Gegenstand geopolitischer Einflussnahme.[19] Mit der globalen Verbreitung des Internets ist dieser Trend des Ausbaus der Infrastrukturnetze nochmals potenziert für Telekommunikationskabel zu verzeichnen, die insbesondere für die Finanzwirtschaft zentrale Bedeutung erlangt haben.[20] Sicher ist somit: Raumplanung ist zu einer internationalen Aufgabe geworden.[21]

II. Ambivalenz zwischen Umweltbelastung und Umweltschutz

Diese genannten infrastrukturellen Superlative führen zugleich zu erheblichen Verlusten an raumbezogener Lebensqualität – beispielsweise durch Fluglärm[22] – und zur Beeinträchtigung des gesamten Naturhaushaltes, sodass Summe und Intensität umweltmedialer Belastungen auch die problematischen Seiten der metaphorischen „Schrumpfung des Raumes" vergegenwärtigen. Namentlich das systematische Zurückdrängen urwüchsiger, so nicht wieder herstellbarer Ökosysteme[23] ist dabei Charakteristikum einer „Weltgesellschaft des antizipierten Verschwindens"[24]. Je weniger sich raumbezogenes Verhalten an Staatsgrenzen orientiert, umso bedeutsamer ist es, dass auch die Naturschutzpolitik danach strebt,

---

[16] Vgl. etwa die unternehmenseigene Aufstellungen der Daten bei *Nord Stream AG*, Das Nord Stream Pipeline-Projekt – Fact Sheet 2017; ders., Nord Stream by Numbers – Fact Sheet 2013.

[17] Vgl. *Nord Stream 2 AG*, Das Nord Stream 2 Pipeline-Projekt – Fact Sheet 2018.

[18] Ausführlich *Sibold*, Russlands Energiebeziehungen in Eurasien, S. 7 ff., 12 ff.

[19] Vgl. *Wiese*, Grenzüberschreitende Landrohrleitungen und seeverlegte Rohrleitungen im Völkerrecht, S. 46 ff., 58 ff.; *Wolf*, Unterseeische Rohrleitungen und Meeresumweltschutz, S. 23 ff.

[20] Seit der ersten Verlegung eines transatlantischen Glasfaserkabels im Jahr 1988 wurden seit einem Vierteljahrhundert jährlich durchschnittlich 50 000 km allein unterseeischer Glasfaserkabel verlegt und selbst transarktische Verbindungen zwischen London und Tokio sind in Planung; *UN-General Assembly*, World Ocean Assessment I, Chapter 19, S. 1 f.m.w.N.

[21] *Winkler*, Raum und Recht, S. 28.

[22] *SRU*, Fluglärm reduzieren – Reformbedarf bei der Planung von Flughäfen und Flugrouten, S. 33 ff.

[23] Siehe etwa zur großflächigen Primärwaldrodung der letzten 25 Jahre den differenzierten Rückblick der *FAO*, Global Forest Resources Assessment 2015, S. 2 ff.

[24] *Kersten*, Das Anthropozän-Konzept, S. 13.

die aus dieser Perspektive willkürlich gezogenen Staatsgrenzen zu überwinden.[25] Diese ambivalente Stellung räumlicher Planung im Dreieck zwischen sozial-ökonomischer Bedeutung, Umweltbelastung und Umweltschutz findet ihren rechtspolitischen Ausdruck nicht zuletzt in den Forderungen nach integrativ angelegter „nachhaltiger Entwicklung".[26] Dass die holistische Betrachtung menschlicher Aktivität jedoch letztlich ein Ideal bleibt, zeigt sich beispielhaft an Megaprojekten wie der kanadischen René-Levasseur-Insel, der wohl größten künstlich erzeugten Insel der Welt: Die Aufstauung des Rivière Manicouagan durch die Daniel-Johnson-Talsperre (1957) verinselte den Zentralberg des Einschlagkraters Manicouagan (ca. 2000 km^2), der nunmehr von einem der größten – als Trinkwasserreservoir dienenden – Stauseen umgeben ist. Durch die Aufstauung wurden Täler geflutet sowie Lebensräume zerstört und zerschnitten. Allerdings wurden über beinahe ein Viertel der Insel – etwa die Fläche der Stadt Köln – zwei Naturreservate errichtet, um seltene und für das (heutige) Seebett charakteristische geologische Formationen zu schützen.[27] Die zwei an der Staumauer positionierten Wasserkraftwerke verzeichnen eine zusammengefasste installierte Gesamtleistung von über 2,5 GW, wobei die installierte Leistung aus Wasserkraft in Deutschland 2018 insgesamt lediglich rund 5,5 GW betrug.[28]

III. Erfordernis internationaler Koordination

Die beschriebenen durch das Merkmal der „Zunahme"[29] gekennzeichneten Entwicklungen haben heftige Auswirkungen auf die internationalen Beziehungen[30] und bringen auch die Flexibilität der hergebrachten Methoden und Instrumente der Raumplanung an ihre Grenzen.[31] Überregionale und globale Interdependenzen erfordern und erzeugen auf breiter Linie die rechtlich gerahmte Kooperati-

---

[25] Vgl. nur die Erwägungsgründe 4 bis 6 der Convention on the Conservation of Migratory Species of Wild Animals (CMS), Bonner Übereinkommen zur Erhaltung der wandernden Wildlebenden Tierarten von 1979, BGBl. II Nr. 22 S. 569 ff.

[26] *Bode*, Der Planungsgrundsatz der nachhaltigen Raumentwicklung, S. 35 ff.; *Appel*, Staatliche Zukunfts- und Entwicklungsvorsorge, S. 34 ff., 44 ff.

[27] Allerdings hatte die UNESCO 1972 gefordert die gesamte Insel zum Reservat zu erklären. Vgl. Gazette Officielle du Quebec, December 17, 2003, Vol. 135, No. 51 – Natural Heritage Conservation Act, S. 3495 ff.; *Gouvernement du Quebec*, Reserve de biodiversite de la Meteorite – Conservation Plan, S. 2.

[28] Vgl. *Hydro-Quebec*, Hydroelectric Generating Stations as at January 1st, 2018; *Fraunhofer Institut für Solare Energiesysteme*, Installierte Netto-Leistung zur Stromerzeugung in Deutschland.

[29] *Kahl*, Rechts- und Sachkontrolle in grenzüberschreitenden Sachverhalten, in: Isensee/Kirchhof (Hrsg.), Handbuch des Staatsrechts, S. 1091–1144, 1092.

[30] *Hobe*, AVR 37 (1999), S. 253–282 (255 ff.).

[31] *Ritter/Wolf*, Warum ein Handbuch zu Methoden und Instrumenten der räumlichen Planung?, in: ARL (Hrsg.), Methoden und Instrumente räumlicher Planung, S. 1–5, 2.

III. Erfordernis internationaler Koordination

on hoheitlicher Akteure zur Mehrung der internationalen Wohlfahrt (Internationalisierung).[32] Dies führt im Einzelfall so weit, dass ursprünglich funktionelle überstaatliche Organisationen wie die Europäische Union ein steigendes Raumbewusstsein zeigen, und dies mit zwar rechtlich unverbindlichen, aber dennoch wirkmächtigen finanziellen Steuerungsimpulsen Einfluss auf die räumliche Entwicklung nehmen.[33] In diesem Prozess erreichen die Verlagerungen hoheitlicher Gewalt auf zwischenstaatliche Ebenen und die Verflechtungen mit der ökonomisch und ökologisch motivierten Zivilgesellschaft (Multinationale Unternehmen und Nichtregierungsorganisationen) neue Dimensionen.[34] Dies wird zunehmend dahingehend beschrieben, dass die internationale Gesellschaft in ein dynamisches und dezentrales Geflecht globaler Governance eingebunden sei, das die bisherigen Vorstellungen hoheitlicher Steuerungsmöglichkeiten ins Wanken bringe.[35] Jedenfalls sind die internationalen Kooperationsbemühungen keine altruistisch motivierte Harmonie,[36] sondern meist nüchterne Umsetzung gesellschaftlicher Interessen.[37] In Anbetracht dieser beinahe paradoxen globalen Ausweitung mit

---

[32] *Kment*, Grenzüberschreitendes Verwaltungshandeln, S. 65 ff.; *Wolfrum*, International Law of Cooperation, in: Wolfrum (Hrsg.), MPEPIL-Online, Rn. 2; *Tietje*, Internationalisiertes Verwaltungshandeln, S. 165; die Verwendung dieser vielbehandelten Begrifflichkeit ist in der Literatur durchaus variabel; vgl. nur etwa m.w.N. *Möllers/Voßkuhle/Walter*, Internationales Verwaltungsrecht; *Niedobitek*, Das Recht der grenzüberschreitenden Verträge; *Ohler*, Die Kollisionsordnung des allgemeinen Verwaltungsrechts: Strukturen des deutschen internationalen Verwaltungsrechts; *Schmidt-Assmann*, Der Staat 45 (2006), S. 315–338; *Wolfrum*, Ansätze eines allgemeinen Verwaltungsrechts im internationalen Umweltrecht, in: Trute u. a. (Hrsg.), Allgemeines Verwaltungsrecht – zur Tragfähigkeit eines Konzepts, 665 ff.; *Menzel*, Internationales Öffentliches Recht: Verfassungs- und Verwaltungsgrenzrecht in Zeiten offener Staatlichkeit; *Kahl*, Rechts- und Sachkontrolle in grenzüberschreitenden Sachverhalten, in: Isensee/Kirchhof (Hrsg.), Handbuch des Staatsrechts, S. 1091–1144; aus einem rechtsgebietsübergreifenden Blickwinkel *Calliess*, Transnationales Recht.

[33] *Gatawis*, UPR 2002, S. 263–270 (263 ff.); *Ritter*, ZSE 2003, S. 240–250 (240 ff.); *Battis/Kersten*, EuR 2009, S. 3–23 (3 ff.).

[34] *Hobe*, AVR 37 (1999), S. 253–282 (261 ff.); *Kment*, Grenzüberschreitendes Verwaltungshandeln, S. 12 ff., 49 ff.; das Phänomen als solches ist nicht neu, sondern vor allem seine Ausmaßen, vgl. den Disput bei *Koller*, EJIL 23 (2012), S. 97–119; *Bethlehem*, EJIL 25 (2014), S. 9–24; *Landauer*, EJIL 25 (2014), S. 31–34.

[35] Zu dieser eher soziologisch geprägten steuerungstheoretischen Perspektive, insbesondere *Walter*, ZaöRV 76 (2016), S. 363–389; *Tietje*, Internationalisiertes Verwaltungshandeln, S. 164 ff.; *Kahl*, Rechts- und Sachkontrolle in grenzüberschreitenden Sachverhalten, in: Isensee/Kirchhof (Hrsg.), Handbuch des Staatsrechts, S. 1091–1144, 1098 ff.

[36] *Urlacher*, International Relations as Negotiation, S. 1.

[37] Das Recht reagiert auf Internationalisierungsentwicklungen, induziert sie aber auch selbst, vgl. *Ruffert*, Die Globalisierung als Herausforderung an das öffentliche Recht, S. 16 ff.

gleichzeitiger lokaler Verdichtung der Akteursbeziehungen erscheint es damit umso erforderlicher, die im Raum aufeinander treffenden Interessen international zu koordinieren.[38]

IV. Ergebnis und Ziel der Untersuchung

Raumbedeutsame Tätigkeiten sind in der Regel besonders (energie)aufwendige und weitreichende Beeinflussungen der Umwelt durch den Menschen, die vielfach hoheitlicher Steuerung unterworfen sind und deren Kontext sich ebenfalls internationalisiert. Ziel dieser Studie ist es, einen Beitrag zur Bewältigung der hierdurch entstehenden Herausforderungen zu leisten. Hierzu soll die juristische Perspektive auf räumliche Planungen im internationalen Kontext strukturiert werden, um anerkannte Wertmaßstäbe herauszuarbeiten und zweckmäßige Verfahren transparenter zu machen. Hierbei geht es nicht um die Entwicklung neuer rechtspolitischer Forderungen, sondern darum räumliche Planungen in das bestehende Geflecht der internationalen Rechtsbeziehungen einzubetten.[39] Es werden im Rahmen dieser Arbeit also die folgenden Fragen vertieft untersucht:

– Was ist räumliche Planung und auf welcher Grundlage kann sie einer internationalisierten rechtlichen Betrachtung unterworfen werden?
– Welche hoheitlichen Planungskompetenzen bestehen aus einer internationalen Perspektive? Wer darf entscheiden, wo welche raumbedeutsame Tätigkeit durchgeführt wird und auf welche Art und Weise?
– Welche internationalen Rechtspflichten binden die Hoheitsträger in der Ausübung ihrer Kompetenzen und internationalisieren die Planungsverfahren? Welche Pflichten führen dazu, dass von einem Hoheitsträger räumlich geplant werden muss bzw. raumbedeutsame Tätigkeiten Privater einer hoheitlichen Planung unterworfen werden müssen?
– Welche internationalen Planungsverfahren existieren und welchen Strukturen folgen sie?

---

[38] *Foley* u. a., Science 309 (2005), S. 570–574 (572 f.).

[39] Dass bei der Bewertung insbesondere umweltpolitischer Zusammenhänge zu einem gewissen Maße auch kulturelle Prägungen und Vorstellungen des Verfassers mit einfließen, kann hierbei freilich nicht vermieden werden, da auch Völkerrechtswissenschaft – wie jede Wissenschaft – in weiten Teilen ein Narrativ ist. Vgl. dazu die einzelnen Beiträge bei *Azzouni/Böschen/Reinhardt*, Erzählung und Geltung, Wissenschaft zwischen Autorschaft und Autorität; auch *Ipsen*, Regelungsbereich, Geschichte und Funktion des Völkerrechts, in: Epping/Heintschel von Heinegg (Hrsg.), Ipsen, Völkerrecht, S. 1–46, 13 f.

§ 2 Vorüberlegungen zur Operationalisierung eines internationalen Planungsrechts

Um einen operationalisierbaren Begriff des internationalen Planungsrechts zu entwickeln, gilt es zunächst sich über die grundlegenden Parameter des Fachgebietes der Raumplanung und seines Verhältnisses zum Recht zu versichern. Im Anschluss muss geklärt werden, inwieweit die hier unweigerlich von einem deutschen Verständnis geprägten Strukturen überhaupt verallgemeinerbar sind und welche Rechtsordnung Bezugspunkt des internationalen Planungsrechts sein kann.[1]

I. Raumplanung und Recht

1. Planung als finale Komplexitätsreduktion

Planung ist eine grundlegende Kategorie menschlichen Bewusstseins sowie „Instrument gesellschaftlicher Problembearbeitung und Steuerung"[2], das aus der modernen Staatstätigkeit technisierter Gesellschaften nicht wegzudenken ist.[3] Planung ist zielgerichtet, aber nicht selbst inhaltliches Konzept, sondern ein ergebnisoffener und reflexiver Gestaltungsprozess, in dem vielschichtige soziale Konfliktlagen unter stetiger Einbeziehung neuer Erkenntnisse schrittweise reduziert werden sollen.[4] Sie ist gekennzeichnet durch die „Komplexität der Lage, Kreati-

---

[1] Entsprechend *Gärditz*, Europäisches Planungsrecht, S. 12.

[2] *Fürst/Ritter*, Planung, in: ARL (Hrsg.), Handwörterbuch der Raumordnung, S. 765–769, 766.

[3] Geplant wird hoheitlich und privat, finanziell und sozial, zeitlich und räumlich. Der Versuch den Begriff der Planung griffig und mit normativem Mehrwert juristisch zu definieren ist daher nicht nur im deutschen Recht gescheitert. Seine Ursache findet dies schon darin, dass es kaum möglich ist die Mannigfaltigkeit der Planungen und die unüberschaubare Fülle der in ihnen aufeinander treffenden Faktoren auf eine bloße Formel zu reduzieren. Zusammenfassend siehe *Hoppe*, Planung, in: Isensee/Kirchhof (Hrsg.), Handbuch des Staatsrechts, S. 313–366, 315 ff.; grundlegend etwa *Breuer*, Die hoheitliche raumgestaltende Planung, S. 36 ff.; *Luhmann*, Politische Planung, S. 67 f.; *Vitzthum*, Parlament und Planung, S. 46 ff.; *Würtenberger*, Staatsrechtliche Probleme politischer Planung, S. 19 ff.

[4] *Luhmann*, Politische Planung, S. 67 ff., 73 f.; *Bode*, Der Planungsgrundsatz der nachhaltigen Raumentwicklung, S. 98 ff.; *Gärditz*, Europäisches Planungsrecht, S. 10; *Vitzthum*, Parlament und Planung, S. 60 ff.

vität des Vorgangs und Konnexität der Ergebnisse"[5] und deshalb in besonderer Weise kontextabhängig und kontextgeprägt.[6] Planung ist damit zunächst ein außerrechtlicher Vorgang des schöpferischen Leitbildentwurfs,[7] dessen Funktion es ist zu ordnen, zu entwickeln, zu schützen und auszugleichen.[8]

Da raumwirksame Tätigkeiten komplex per se sind, ist räumliche Planung das Referenzgebiet par excellence. Schon früh zeigte sich das Bedürfnis die raumbezogene Entwicklung hoheitlich zu ordnen und zu leiten, im Speziellen ist die Raumplanung aber eine Folge der Industrialisierung und urbanen Verdichtung.[9] In der Raumplanung wird es unternommen, gesellschaftliche Nutzungs- und Schutzkonflikte anhand ihrer räumlichen Nähebeziehung und Wechselwirkung zu antizipieren und zu vermeiden. Hoheitliche Raumplanung gilt hierbei als außerordentlich vorteilhaft für die gesamtgesellschaftliche Wohlfahrt.[10]

Als Phasen eines Planungsverfahrens lassen sich schematisch die folgenden unterscheiden: Die ermittelnde Planvorbereitung zur Erfassung des gegenwärtigen Zustands, der diskursiv-prognostische Abwägungsvorgang mit dem Ergebnis einer normativen Planungsentscheidung sowie die folgende Plandurchführung mit anschließender Planbewertung.[11] Reflexivität und Komplexität des Planungsverfahrens bedingen hierbei, dass diese Stufen im Rahmen eines Planungsverfahrens wiederholt und ineinander geschachtelt vollzogen werden.

2. Recht als Steuerungsinstrument

Das Recht ist ein Instrument unter vielen zur Umsetzung hoheitlicher planerischer Ordnungsentwürfe.[12] Weil Planung ohne politischen Gestaltungsauftrag und ohne rechtliche Bindung der Beliebigkeit verfiele,[13] kommt dem Recht die fundamentale Aufgabe zu, Möglichkeiten und Grenzen aufzuzeigen und die vielfäl-

---

[5] *Schmidt-Assmann*, Planungsrecht, in: ARL (Hrsg.), Handwörterbuch der Raumordnung, S. 783–789, 784.

[6] *Gärditz*, Europäisches Planungsrecht, S. 9.

[7] *Stüer*, Handbuch des Bau- und Fachplanungsrechts, Rn. 4 ff.

[8] Zusammenfassend *Mäding*, Raumplanung unter veränderten Verhältnissen, in: ARL (Hrsg.), Grundriss der Raumordnung und Raumentwicklung, S. 11–45, 12 ff.

[9] *Vitzthum*, Parlament und Planung, S. 46 ff.; *Würtenberger*, Staatsrechtliche Probleme politischer Planung, S. 19 ff.; *von Hinüber*, Geschichte der überörtlichen Raumplanung, in: ARL (Hrsg.), Handwörterbuch der Raumordnung, S. 384–393.

[10] Vgl. *UNECE*, Spatial Planning, Key Instrument for Development and Effective Governance with Special Reference to Countries in Transition, S. 1 f.

[11] *Vitzthum*, Parlament und Planung, S. 78 f.; *Peine*, Interessenermittlung und Interessenberücksichtigung im Planungsprozeß, in: ARL (Hrsg.), Methoden und Instrumente räumlicher Planung, S. 169–185, 170 f.; *Battis*, Öffentliches Baurecht und Raumordnungsrecht, S. 16; *Kloepfer*, Umweltrecht, S. 249.

[12] Siehe *ARL*, Methoden und Instrumente räumlicher Planung.

[13] *Gärditz*, Europäisches Planungsrecht, S. 9 f.; *Schmidt-Assmann*, Planungsrecht, in: ARL (Hrsg.), Handwörterbuch der Raumordnung, S. 783–789, 784.

tigen Nutzungsansprüche verbindlich zu formulieren.[14] Im Planungsverfahren soll das raumwirksame Verhalten einer Gesellschaft unter Beachtung der rechtsstaatlichen Zuständigkeitsordnung und individueller Rechtspositionen gesteuert werden.[15] Erst das Recht formt räumliche Planung zu einem „institutionalisierten Mediationsverfahren"[16], dessen Zweck die transparente Konsensfindung zwischen Einzelinteressen und räumlichen Gemeinwohlbelangen ist.[17] Um diesen Anspruch zu erfüllen gilt es die unterschiedlichsten Akteure – staatliche und nichtstaatliche – zu beteiligen[18] und die aufgeworfenen Konflikte auch tatsächlich zu bewältigen.[19] Planung und Recht stehen damit in einem Spannungsverhältnis zwischen dynamischem Prozess und statischer Rechtssicherheit, mit dem gemeinsamen Anspruch die räumliche Entwicklung zu rationalisieren.[20] Dabei ist Planung keine eigenständige rechtliche Handlungsform, sondern Planung bedient sich des gängigen Kanons gesetzlicher und untergesetzlicher Rechtsnormen.[21]

a) Gegenstand räumlicher Maßnahmen

Räumliche Planungen im öffentlich-rechtlichen Sinne sind alle Maßnahmen, durch die die öffentliche Hand auf allen staatlichen, zwischenstaatlichen und überstaatlichen Ebenen „gezielt Einfluss auf die Gestalt des Raumes nimmt".[22] Gegenstand hoheitlicher raumbezogener Maßnahmen sind damit zunächst das weite Feld baulicher Großvorhaben wie

---

[14] Ders., Planungsrecht, in: ARL (Hrsg.), Handwörterbuch der Raumordnung, S. 783–789, 784; *Durner*, Konflikte räumlicher Planungen, S. 1; *Battis*, Öffentliches Baurecht und Raumordnungsrecht, S. 13; *Ronellenfitsch*, Einführung in das Planungsrecht, S. 3 f.

[15] *Würtenberger*, Staatsrechtliche Probleme politischer Planung, S. 333 ff.; *Schmidt-Assmann*, Planungsrecht, in: ARL (Hrsg.), Handwörterbuch der Raumordnung, S. 783–789, 785; *Lendi*, Rechtliche Grundlagen, in: ARL (Hrsg.), Methoden und Instrumente räumlicher Planung, S. 23–38, 35 f.

[16] *Schultheis*, Zur Rolle der Raumplanung in der Gesellschaft, in: ARL (Hrsg.), Grundriss der Raumordnung und Raumentwicklung, S. 1–10, 3.

[17] *Fürst/Ritter*, Planung, in: ARL (Hrsg.), Handwörterbuch der Raumordnung, S. 765–769, 765; *Durner*, Konflikte räumlicher Planungen, S. 1.

[18] *Fürst/Ritter*, Planung, in: ARL (Hrsg.), Handwörterbuch der Raumordnung, S. 765–769, 765; *Durner*, Konflikte räumlicher Planungen, S. 1.

[19] *Hoppe*, Das Abwägungsgebot, in: Hoppe/Bönker/Grotefels (Hrsg.), Öffentliches Baurecht, S. 166–224, 216 ff.

[20] *Lendi*, Rechtliche Grundlagen, in: ARL (Hrsg.), Methoden und Instrumente räumlicher Planung, S. 23–38, 25 ff.; *Schmidt-Assmann*, Planungsrecht, in: ARL (Hrsg.), Handwörterbuch der Raumordnung, S. 783–789, 784.

[21] Vgl. nur *Hoppe*, Planung, in: Isensee/Kirchhof (Hrsg.), Handbuch des Staatsrechts, S. 313–366, 320.

[22] Weitgehend synonym werden Begriffe wie raumbedeutsame, raumbezogene, raumwirksame oder raumgestaltende Planung verwendet. Zitat von *Breuer*, Die hoheitliche raumgestaltende Planung, S. 36; *Lendi*, Rechtliche Grundlagen, in: ARL (Hrsg.), Methoden und Instrumente räumlicher Planung, S. 23–38, 26.

- die Errichtung punkt- und linienförmiger technischer Infrastruktur, insbesondere Industrie- und Energiegewinnungsanlagen, Flug- und Seehäfen, Straßen und Schienenverkehrswege, Strom-, Gas- und Telekommunikationsleitungen,
- die wesentliche Umgestaltung von Gewässerkörpern, insbesondere deren Ausbau und Umlegung sowie
- die räumlichen Eingriffe der bergbaulichen Gewinnung von Rohstoffen wie Gesteinen, Metallen, Mineralien und fossilen Brennstoffen.

Solche in großem Maßstab raumbeanspruchenden Vorhaben werden insbesondere wegen ihrer externen Effekte mit unterschiedlicher Intensität staatlicher Autorisierung unterworfen.[23] Meist plant der Staat hierbei nicht originär, sondern beschränkt sich auf die „planungsrechtlich vorgesehene und mit rechtlichen Maßstäben versehene Planprüfung"[24], sodass Vorhabens- und Planungsträgerschaft[25] auseinanderfallen. In diesen Fällen obliegt der öffentlichen Hand also ein Letztentscheidungsrecht samt der Befugnis zu (punktuellen) Planänderungen. Der eigentliche materielle Planungsvorgang vollzieht sich indes vornehmlich in der Hand des Vorhabenträgers.[26] Namentlich bei privaten Raumbeanspruchungen geringeren Ausmaßes, etwa der Errichtung von Gebäuden, beschränkt sich der Staat in der Regel auf die Statuierung gesetzlicher Rahmenbedingungen und belässt die eigentliche räumliche Planungsentscheidung in der Hand des im Übrigen frei gestaltenden Privaten. Private Raumplanungen werden also häufig erst dadurch Gegenstand hoheitlicher Planung, dass sie in Nutzung und Erscheinungsbild in Bezug zu ihrer engeren Umgebung gesetzt werden. Originäre staatliche Entwicklungsplanung erfolgt deshalb weniger in Bezug auf einzelne Projekte, sondern durch die Errichtung räumlich abgegrenzter Nutzungsregime für bestimmte Zwecke wie

- die Ausweisung konkreter Schutzgebiete für die Zwecke der Wasserwirtschaft und des Naturschutzes sowie
- gebietsbezogene Festsetzungen des örtlichen Städtebaues und der großräumigen Raumordnung zur Koordinierung aller vorgenannten Nutzungsinteressen samt Industrie, Besiedlung, Infrastruktur, Landwirtschaft und Landschaftsästhetik.

---

[23] *Einig*, Koordination infrastruktureller Fachplanungen durch die Raumplanung, in: Tietz/Hühner (Hrsg.), Zukunftsfähige Infrastruktur und Raumentwicklung, S. 95–116, 96 ff.

[24] *Badura*, Vorhabenplanung im Rechtsstaat, in: Erbguth u. a. (Hrsg.), Planung – Festschrift Hoppe, 174.

[25] Planungsträger ist der Träger einer hoheitlichen Raumplanungskompetenz, vgl. *ARL*, Deutsch-niederländisches Handbuch der Planungsbegriffe, S. 238.

[26] Dazu *Durner*, Konflikte räumlicher Planungen, S. 311 ff.

Hier werden musterhafte Vorentscheidungen für die Entwicklung räumlicher Einheiten getroffen, die für nachgeordnete Verwaltungsebenen den „trichterförmig"[27] zulaufenden, planungsrechtlichen Rahmen der Zulassung konkreter Vorhaben und anderer räumlich koordinierungsbedürftiger Verhaltensweisen bilden.[28]

Die Raumplanung wird in der deutschen Rechtsordnung unterstützend unterschieden in Gegenstände der Fachplanung und der Gesamtplanung.[29] Während erstere ein Verfahren darstellt, mit dem für die zielgerichtete Umsetzung eines konkreten sachlichen Gesichtspunktes die erforderlichen Einzelhandlungen im fortlaufenden Prozess abgestimmt werden, sucht letztere danach die vielfältigen Nutzungen, Interessen und insbesondere die Fachplanungen unter dem Blickwinkel einer gesamträumlichen Entwicklung zu koordinieren und bezieht hierbei vielschichtige Fragen der ökonomischen, ökologischen und sozialstrukturellen Entwicklung mit ein.[30] Letztlich teilen alle vorgenannten Fallgruppen – sowohl vorhaben- als auch gebietsbezogene Planungen – die Eigenart, dass zur Verfolgung räumlicher Entwicklungsziele anhand eines konzeptualen hoheitlichen Gestaltungseingriffes für bestimmte räumliche Einheiten einzelne Nutzungen privilegiert und andere ausgeschlossen werden.[31]

b) Planungsrecht und planungsrelevantes Recht

Das Planungsrecht lässt sich definieren als die Summe der Normen, durch die die Nutzung des Raumes hoheitlich autorisiert wird.[32] Die breite Berücksichtigung von Rechtspositionen und anderen Interessen verleiht dem Planungsrecht einen querschnitthaften Charakter, der auf eine effektive Informationsbeschaffung und Informationsverarbeitung abzielt und angewiesen ist.[33] Inhaltliche Einflüsse

---

[27] *Bode*, Der Planungsgrundsatz der nachhaltigen Raumentwicklung, S. 32.

[28] Gebietsbezogene Festsetzungen sind daher vor allem um ein Instrument planerischer Effizienz und Kohärenz. Anschaulich der englische Terminus Simplified Planning Zones; zu Verbreitung und Zweckmäßigkeit dieses planerischen Instruments vgl. *Fainstein*, Urban Planning; *Mielke*, Gebietskategorien, in: ARL (Hrsg.), Handwörterbuch der Raumordnung, S. 353–359.

[29] Typologisierungen erzeugen zwar keine unmittelbar verhaltenssteuernde Wirkung, bieten jedoch durch ihre Ordnung unterstützenden Erkenntniswert. Vgl. den Überblick bei *Hoppe*, Planung, in: Isensee/Kirchhof (Hrsg.), Handbuch des Staatsrechts, S. 313–366, 318.

[30] *Bode*, Der Planungsgrundsatz der nachhaltigen Raumentwicklung, S. 32 f., 102 ff.; *Durner*, Konflikte räumlicher Planungen, S. 33 ff.; *Kloepfer*, Umweltrecht, S. 250 ff., 878 f.

[31] *Breuer*, Die hoheitliche raumgestaltende Planung, S. 36 ff.; *Kloepfer*, Umweltrecht, S. 250 ff.

[32] *Durner*, Konflikte räumlicher Planungen, 31, 183 m.w.N.

[33] Dazu ders., Materieller Konflikt, Information und informationelle Kooperation in der Raumplanung, in: Spieker gen. Döhmann/Collin (Hrsg.), Generierung und Transfer staatlichen Wissens im System des Verwaltungsrechts, S. 219–238.

ergeben sich daher schon aus einer Vielzahl planungsunspezifischer, aber strikter Rechtsvorschriften, die unter dem Titel nahezu aller raumwirksamen Sachpolitiken (z.B. Umwelt, Landwirtschaft, Verkehr, Energie) auch die Raumplanung adressieren.[34] Als multipolar-verzahnter Gestaltungsauftrag existieren jedoch auch „unterhalb der Rechtsverletzung" zahlreiche rechtlich geschützte Belange, die nicht isoliert betrachtet werden können, sondern durch Kompromiss und Harmonisierung in einen angemessenen Ausgleich zu bringen sind.[35] Mit zunehmender Komplexität entstehen notwendigerweise kontrollfreie Determinanten fachlicher Wertung, deren rechtlicher Rahmen nur begleitenden Charakter hat und sich oftmals auf Verfahrens- und Formvorgaben beschränkt.[36] Dem Planungsträger verbleibt also stets ein Gestaltungsspielraum, „weil Planung ohne Gestaltungsfreiheit ein Widerspruch in sich wäre"[37].

Daher kann zur Erfassung der spezifischen informationellen Breite des Planungsrechts systematisch unterschieden werden zwischen dem eigentlichen Planungsrecht und dem planungsrelevanten Recht: Ersteres normiert Ziele, Verfahrensschritte und zu berücksichtigende Belange in der Planung, letzteres sind dagegen alle sonstigen zwingenden Normen, die im Rahmen eines Planungsprozesses zu beachten sind, ohne selbst Ziel, Verfahren oder Abwägungsdirektive zu sein.[38] Normtheoretisch finden während eines Planungsverfahrens also sowohl konditionale Subsumptionsvorgänge als auch finalisierte Abwägungsvorgänge statt, die entsprechende Spielräume vermitteln.[39] Daraus ergeben sich zwei unterschiedliche Ansatzpunkte, um auf das Planungsergebnis einzuwirken: Erstens durch das Setzen von im Verfahren zu berücksichtigenden zwingenden planungsrelevanten Normen sowie zweitens, durch das Vorgeben von Gewichtungen für die verschiedenen Interessen im offenen Abwägungsverfahren.[40]

---

[34] *Dreier*, Die normative Steuerung der planerischen Abwägung, S. 32 f., 96 ff.; *Lendi*, Rechtliche Grundlagen, in: ARL (Hrsg.), Methoden und Instrumente räumlicher Planung, S. 23–38, 26.

[35] *Durner*, Konflikte räumlicher Planungen, S. 68 ff., 310, 314; *Dreier*, Die normative Steuerung der planerischen Abwägung, S. 217.

[36] *Stüer*, Handbuch des Bau- und Fachplanungsrechts, Rn. 5 ff.; *Dreier*, Die normative Steuerung der planerischen Abwägung, S. 45 ff.

[37] BVerwGE 34, 301 (304); BVerwGE 48, 56 (59); BVerwGE 72, 282 (284).

[38] *Gärditz*, Europäisches Planungsrecht, S. 14.

[39] *Hoppe*, Das Abwägungsgebot, in: Hoppe/Bönker/Grotefels (Hrsg.), Öffentliches Baurecht, S. 166–224, 172 ff., 175 ff.; *Hofmann*, Abwägung im Recht, S. 1; *Dreier*, Die normative Steuerung der planerischen Abwägung, S. 43 ff.; oftmals ist es jedoch nur eine Frage der Formulierung, vgl. *Jestaedt*, Maßstäbe des Verwaltungshandels, in: Ehlers/Pünder (Hrsg.), Allgemeines Verwaltungsrecht, S. 325–371, 332 ff.

[40] Von einer Einwirkung von außen bzw. von innen spricht *Dreier*, Die normative Steuerung der planerischen Abwägung, S. 96 ff.

c) Planungssensibilität des Umweltrechts

Unter dem Integrationsdruck des EU-Rechts – das durch seinen integrativen Umweltschutzansatz ohnehin vielen Bereichen etwas Planerisches vermittelt – hat gerade das Umweltrecht Wesen und Ausrichtung hoheitlicher Raumgestaltung grundlegend gewandelt.[41] Insbesondere das Infrastrukturplanungsrecht regelt traditionell die Zulassung stark umweltbeanspruchender Nutzungen, sodass ihm Konflikte mit Zielsetzungen des Natur- und Gesundheitsschutzes inhärent sind.[42] Durch projekt- und planbezogene Umweltprüfungen wird deshalb versucht informationelle Defizite in der Planungsentscheidung zu verringern.[43] Dabei werden einzelne Vorhaben tendenziell nicht verhindert, sondern es wird vielmehr ihre möglichst umweltgerechte Modifikation und Allokation angestrebt.[44] Weil aber vielen Pflanzen- und Tierarten durch die Zerstörung ihrer Habitate schon die Lebensgrundlage entzogen wird, ist das Planungsrecht darüber hinaus durch die Betonung des (vernetzten) Schutzgebietsansatzes[45] um eine umweltspezifische Fachplanung bereichert worden,[46] die – gewissermaßen als negative Planung – danach strebt unversiegeltere Räume von fortschreitender Urbanisierung freizuhalten.[47] Schutzgebiete und Schutzgebietsnetze bilden in diesem Sinne eine korrektive Naturschutzraumplanung.

II. Referenzrechtsordnung des internationalen Planungsrechts

1. Übertragbarkeit funktionell-struktureller Eigenschaften

Als faktischer Ausgangspunkt ist zumindest festzuhalten, dass hoheitliche räumliche Planung ein weltweites Phänomen ist[48] und spätestens seit der Entwicklung

---

[41] *Fisahn*, UPR 2002, S. 258–263 (259 ff.); *Hoppe*, Planung, in: Isensee/Kirchhof (Hrsg.), Handbuch des Staatsrechts, S. 313–366, 344 f.; *Gärditz*, Europäisches Planungsrecht, S. 18 f., 98 ff.

[42] *Paetow/Wahl*, Umweltschutz in der Fachplanung, in: Hansmann/Sellner (Hrsg.), Grundzüge des Umweltrechts, S. 301–361, 311 ff.

[43] *Schink*, NVwZ 2005, S. 615–624 (616 ff.); *Kloepfer*, Umweltrecht, S. 317 ff.

[44] *Di Fabio*, Die Struktur von Planungsnormen, in: Erbguth u. a. (Hrsg.), Planung – Festschrift Hoppe, S. 75–96, 78 ff.; *Paetow/Wahl*, Umweltschutz in der Fachplanung, in: Hansmann/Sellner (Hrsg.), Grundzüge des Umweltrechts, S. 301–361, 311, 316 ff.

[45] Vorher beschränkte sich die Naturschutzpolitik auf das Verbot von Jagd und Handel gefährdeter Spezies; *Rayfuse*, Biological Ressources, in: Bodansky/Brunée/Hey (Hrsg.), The Oxford Handbook of International Environmental Law, S. 362–393, 380 f.; *SRU*, Für eine Stärkung und Neuorientierung des Naturschutzes – Sondergutachten, S. 12 ff., 111 ff., 121 ff.

[46] *Kloepfer*, Umweltrecht, S. 253 ff., 946.

[47] *Gillespie*, Protected Areas and International Environmental Law, S. 183 ff., 228.

[48] Erkennbar nicht zuletzt anhand zahlreicher rechtsvergleichender Untersuchungen unterschiedlichster Rechtskreise und Sachmaterien, z.B. *Schmidt/Buehler*, International

von Telegraphie und Eisenbahn auch grenzüberschreitende Infrastrukturen in allen Erdteilen präsent sind. Eine weitgehende Kongruenz der oben herausgearbeiteten fachlich, funktionell-strukturellen Eigenschaften der Raumplanung kann hier schon deshalb vorausgesetzt werden, weil sie lediglich formal-deskriptiv und ohne normative Wertung sind. Eine Konstruktion normativer Maßgaben aus der fachlichen Struktur räumlicher Planung läuft dagegen Gefahr eines Sein-Sollens-Trugschlusses.[49] Aus der Dichotomie von Fakt und Norm wird hierbei ein legitimationstheoretisches Verbot der Schlussfolgerung von der Tatsache auf die Verhaltensvorgabe postuliert. Dabei wird nicht die vielschichtige kausale Wechselwirkung zwischen Idealität und Realität dergestalt bezweifelt, dass die Regelung eines Sachverhaltes sich an dessen Sachgesetzlichkeiten orientieren und sie inkorporieren müsse. Vielmehr lassen sich im logischen Verhältnis normative Wertungen nicht aus Seinstatsachen ableiten und begründen.[50] Wertentscheidungen können lediglich aus gleichartigen und ggf. höherrangigen Normen abgeleitet werden.[51]

Vor diesem Hintergrund lässt sich festhalten, dass jede Planung einen spezifischen räumlichen Entwicklungsauftrag besitzt und sich in den Phasen der Vorbereitung, Abwägung, Entscheidung und Durchführung vollzieht. In diesem Rahmen besitzt der Planungsträger notwendigerweise einen signifikanten Gestaltungsspielraum.[52] Dagegen ist die Allokation der Planungsträgerschaft bereits eine bedeutsame normative Entscheidung darüber, wer die Planungsentscheidung treffen soll, weshalb sie sich erst aus der jeweiligen Referenzrechtsordnung ergeben kann. Ebenso ist die Frage, inwieweit einzelne Rechtspositionen im Rahmen planerischer Abwägung angemessen zu berücksichtigen sind, nicht aus dem fachlichen Bedürfnis nach planerischer Prioritätensetzung herzuleiten. Normative Akzentuierungen, die jenseits technischer Zwänge an sozialen Bedürfnissen und Wertungen orientiert sind, können sich ebenfalls allein aus einer Referenzrechtsordnung ergeben, namentlich aus dem Bedürfnis nach rechtsstaatlicher Pla-

---

Planning Studies 12 (2007), S. 55–75; *Harding*, ELR 2003, S. 231–255; *Reese* u. a., JEEPL 2006, S. 160–179; *UNECE*, Spatial Planning, Key Instrument for Development and Effective Governance with Special Reference to Countries in Transition; *Kloepfer/Mast*, Das Umweltrecht des Auslandes; *Yumei* u. a., On the choice between the international and China spatial planning system patterns; *Jay* u. a., Ocean Yearbook 27 (2013), S. 171–212; *Kemp/Stephani*, Global Models of Urban Planning, Best Practices Outside the U. S.

[49] Ohne weitere Schlussfolgerung auch *Dreier*, Die normative Steuerung der planerischen Abwägung, S. 46 f.; zu Ursprung und Entwicklung der Trennung von Sollen und Sein in der Rechtstheorie von Hume zu Kant, Kelsen und Radbruch siehe nur m.w.N. *Röhl/Röhl*, Allgemeine Rechtslehre, S. 129 ff.

[50] *Radbruch*, Rechtsphilosophie, Studienausgabe des Werks von 1932, S. 13 ff.

[51] Ebd., S. 13, 15 f.

[52] Eine Rechtsordnung könnte im Grunde vorsehen eine Planungsentscheidung umfassend gerichtlich überprüfbar zu machen. Dies führte indes nicht zur Aufhebung des planerischen Gestaltungsspielraums, sondern lediglich zu seiner Verlagerung von der Exekutive auf die Judikative.

nung.⁵³ Die Umsetzung dieser sehr abstrakten Feststellung ist dann im Detail freilich wieder äußerst variabel.⁵⁴ Im Ergebnis sind damit keine normativen und lediglich sehr begrenzt strukturelle Schlussfolgerungen aus planungsfachlicher Perspektive möglich.

2. *Nationale Rechtsordnungen als Referenz*

Ein reines Rekurrieren auf nationale Rechtsordnungen erweist sich mit den nachfolgenden Erwägungen als nicht sachgerecht und nicht zweckmäßig, da das Bild im internationalen Vergleich sowohl normativ als auch soziologisch zu inhomogen ist,⁵⁵ ein Aspekt, der sich bereits in der Formulierung des Prinzips 11 der Rio-Deklaration von 1992 widerspiegelt, Umweltnormen und Bewirtschaftungsprioritäten dem jeweiligen Umwelt- und Entwicklungskontext anzupassen, da Normen, die in einigen Ländern Anwendung finden, in anderen Ländern unangemessene wirtschaftliche und soziale Folgen haben können.⁵⁶

a) Inhomogenität der Rechtslandschaft

Schon vor dem Hintergrund sprachlicher und kultureller Heterogenität ist es unmöglich, allein auf der Grundlage nationaler Rechtsordnungen universell anerkannte und hinreichend detaillierte Wertungen abzuleiten, die in ihrer Abstraktheit operabel bleiben.⁵⁷ Wenn die europäische Idee souveräner Territorialstaaten

---

⁵³ Ebenso formuliert BVerwGE 48, 56, 63, „daß sich das Gebot, die von einer Planung berührten öffentlichen und privaten Belange gegeneinander und untereinander gerecht abzuwägen, unabhängig von einer gesetzlichen Positivierung aus dem Wesen einer rechtsstaatlichen Planung ergibt".

⁵⁴ Anders ließe sich nicht erklären, dass etwa im Unionsrecht die maßgeblichen Kriterien der Klassifikation besonders zu schützender Habitate allein fachlicher Natur sind, vgl. beispielsweise Anhang 3 zur FFH-Richtlinie des Rates vom 21.05.1992 zur Erhaltung der natürlichen Lebensräume sowie der wildlebenden Tiere und Pflanzen (92/43/EWG), ABl. L 206 vom 22.07.1992, S. 7 ff., 50 f.

⁵⁵ Ohnehin bereitet die Herleitung abstrakter Strukturen gerade im öffentlichen Recht Schwierigkeiten, da es in weiten Teilen „weniger von einer immanenten Sachgesetzlichkeit als vielmehr von politischen Gestaltungsentscheidungen geprägt" ist, so *Bernhard*, ZaöRV 24 (1964), S. 431–452 (432 f.); siehe auch *Hailbronner*, ZaöRV 36 (1976), S. 190–226 (193 ff.).

⁵⁶ Principle 11 lautet: „States shall enact effective environmental legislation. Environmental standards, management objectives and priorities should reflect the environmental and developmental context to which they apply. Standards applied by some countries may be inappropriate and of unwarranted economic and social cost to other countries, in particular developing countries"; wiedergegeben in der Rio Declaration on Environment and Development, Report of the United Nations Cenference on Environment and Development in Rio de Janeiro, 3-14 June 1992, Annex I, A/CONF.151/26 (Vol. I), http://www.un.org/documents/ga/conf151/aconf15126-1annex1.htm;

⁵⁷ *Charney*, AJIL 87 (1993), S. 529–551 (530); *Hillgruber*, AVR 40 (2002), S. 1–16 (10 ff.); schon der polyglotte Charakter des Europarechts führt letztlich zum Versagen tra-

(sog. Westfälisches System) durch Kolonialisierung und verkehrstechnische Entwicklung auch universell verbreitet wurde,[58] so diente die Souveränität doch vornehmlich als Bollwerk gegenüber politischer Einmischung von außen, so dass Divergenzen innerstaatlicher Werteentscheidung schon gar nicht Gegenstand des zwischenstaatlichen Dialogs waren.[59] Daher sind „diversity and the choice by each state of its own social priorities" substanzieller Gehalt der internationalen politischen Ordnung.[60] Selbst für die europäischen Rechtsordnungen, die sich infolge ihrer über 2000-jährigen Geschichte gemeinsamer Rechtsentwicklung[61] in Rechtsmethodik und Wertvorstellung grosso modo decken, sind detaillierte Induktionen kaum möglich.[62] Hierbei betreffen die Inkongruenzen mitunter schon grundlegende Vorstellungen der Aufgabe von Planung.[63] Ebenso wenig ist die sektoralisierte Aufspaltung in Fach- und Gesamtplanung in Europa verbreitet,[64] und auch die im Kern von Planungsprozessen stehende Dogmatik zu exekutiven Entscheidungsspielräumen bietet ein disparates Bild.[65] Aus diesem Grund fußt die rechtsdogmatische Entwicklung supranationaler Planungen der EU zurecht auf der Feststellung, dass zwar „allgemein-funktionell" begründete Grundstrukturen generalisierbar sind, ansonsten aber die spezifischen Eigenarten der Referenzrechtsordnung beachtet werden müssen.[66] Die Entwicklung einer unionsrechtlichen Dogmatik ist also vor allem deshalb möglich, weil das Unionsrecht – allen Inkonsistenzen zum Trotz[67] – als eigenständige und einheitliche Rechtsordnung konzipiert ist und zunächst nicht auf einem bloß rechtsvergleichenden

---

ditioneller juristischer Hermeneutik, *Augsberg*, Methoden des europäischen Verwaltungsrechts, in: Terhechte (Hrsg.), Verwaltungsrecht der Europäischen Union, 147 ff.

[58] *Grote*, Westphalian System, in: Wolfrum (Hrsg.), MPEPIL-Online; *Dahm/Delbrück/Wolfrum*, Völkerrecht, I/1, S. 4 ff., 9.

[59] *Hillgruber*, AVR 40 (2002), S. 1–16 (7 f.); *Ziegler*, Domaine Réservé, in: Wolfrum (Hrsg.), MPEPIL-Online, Rn. 1.

[60] *Charney*, AJIL 87 (1993), S. 529–551 (530).

[61] Insbesondere die heutige Ordnung entwickelte sich erst seit dem 19. Jahrhundert, sodass rein nationalstaatlich betrachtete Rechtstradition fiktional ist, so *Schmoeckel*, Auf der Suche nach der verlorenen Ordnung: 2000 Jahre Recht in Europa, S. 6.

[62] *Gärditz*, Europäisches Planungsrecht, S. 123 f.; *Kischel*, Rechtsvergleichung, S. 958 ff.

[63] *Ebert/Tölle/Wdowicka*, Planung in Deutschland und Polen aus kommunaler Perspektive, S. 3.

[64] Vgl. die Länderberichte bei *Reese* u. a., JEEPL 2006, S. 160–179 (160 ff.).

[65] Einen Überblick zu Ermessensspielräumen im europäischen nationalen und im Unionsrecht *von Danwitz*, Europäisches Verwaltungsrecht, S. 28 ff., 45 ff., 65 ff., 82 ff., 99 ff., 120 ff.

[66] *Kahl*, Umweltprinzip und Gemeinschaftsrecht, S. 214; *Gärditz*, Europäisches Planungsrecht, S. 12; *Durner*, Konflikte räumlicher Planungen, S. 538 ff.

[67] Begriffliche Unklarheiten durchziehen das gesamte Planungsrecht der EU, vgl. ders., Konflikte räumlicher Planungen, S. 509 f.; *Gärditz*, Europäisches Planungsrecht, S. 3 f.

Fundament steht.⁶⁸ Dies muss erst recht für eine noch weiter gefasste, internationale Perspektive gelten, in der die Rechtsordnungen fundamentale strukturelle und legitimatorische Unterschiede aufweisen.⁶⁹

b) Mängel in Planung und Rechtsstaatlichkeit

Ein weiteres Problem der Formulierung universeller Rechtspflichten erwächst aus dem inhomogenen Bild der globalen soziologischen Realität. Es ist allein sinnvoll rechtsstaatlich kanalisierte Planung systematisch zu betrachten, in der sich die Planungsentscheidung nicht in staatlicher Willkür verliert.⁷⁰ Dass aber die „rule of law" in einem westlich-europäischen Sinne in vielen Regionen der Welt nur geringe Beachtung findet, bedarf keines besonderen Nachweises. Im Planungsrecht erlangt dieses Problem zusätzliche Brisanz, da selbst die formale Existenz und Anerkennung rechtsstaatlicher Planung oft kein Garant für deren reale Existenz ist. Gerade im Bau- und Infrastrukturwesen grassiert weltweit und seit jeher die Korruption, sodass strukturelle Mängel in Vollzug und Rechtsprechung, aber auch etwa ein schlichter Mangel angemessen ausgebildeter Planer die Effektivität hoheitlicher Planung oft signifikant einschränken.⁷¹

Doch auch jenseits solcher Kriminalitätsaspekte sind die räumlich-sozialen Verhältnisse regional derart unterschiedlich, dass sie kaum mit homogenen Wertungen erfasst werden können: Werden die räumlichen Auswirkungen der wirtschaftlichen Entwicklungen schon in Teilen Europas kaum bewältigt,⁷² so ist die gesellschaftliche Dynamik in den Schwellenländern gemessen an westlichen Verhältnissen unvorstellbar: Etwa in China erfolgt in den letzten Jahrzehnten die größte Völkerwanderung der Menschheitsgeschichte, und die Paarung von explosivem Bevölkerungswachstum und infrastrukturellem Missmanagement gelangt auch in Indien an die Kapazitätsgrenzen.⁷³ Dabei bilden sowohl Informalität als auch bürokratische Überkomplexität kalkulierte Strukturen staatlichen Handelns,

---

⁶⁸ *Kischel*, Rechtsvergleichung, S. 956 ff.

⁶⁹ Dies betont *von Bogdandy*, Prolegomena zu Prinzipien internationalisierter und internationaler Verwaltung, in: Trute u. a. (Hrsg.), Allgemeines Verwaltungsrecht – zur Tragfähigkeit eines Konzepts, 685 ff.

⁷⁰ „(I)n einem ‚Unrechts-Staat' sind aktuell wirksame Vorschriften denkbar, die nicht Teil einer rechtsstaatlichen Ordnung sein könnten und deren wissenschaftliche Untersuchung aus diesem Grund – trotz ihrer Umsetzung durch die dortige Rechtspraxis – reine Zeitverschwendung wäre", *Schuhr*, Rechtsdogmatik als Wissenschaft, S. 64.

⁷¹ Vgl. etwa *Kenny*, Construction, Corruption, and Developing Countries, S. 2 ff.; *UN-Conference on Housing and Sustainable Urban Development*, Urban and Spatial Planning and Design, S. 2, 4 f.

⁷² *UNECE*, Spatial Planning, Key Instrument for Development and Effective Governance with Special Reference to Countries in Transition, S. 2 f.

⁷³ Anschaulich *Ziegler*, WUGSLR 2006, S. 295–322 (295 ff.); *Roy*, Planning Theory 2009, S. 76–87 (76 ff.).

deren zwingende Folge ungesetzliches Verhalten auf allen Seiten ist.[74] Daher sind die rechtswidrige Erbauung von Anlagen, Infrastrukturen und mitunter ganzer Städte vielerorts „Normalfall" und häufigste Form der Wohnraumbeschaffung,[75] weshalb stadtplanerische Steuerungsansätze mittlerweile einen Schwerpunkt der internationalen Entwicklungspolitik bilden.[76] Die dabei entstehenden massiven Menschenrechtsverletzungen durch toxische Industrieimmissionen und die willkürliche Umsiedlung der – meist sozial schwächeren – ansässigen Bevölkerung finden gar im Namen hoheitlicher Planung statt.[77]

3. Das Völkerrecht als Referenzrechtsordnung

a) Ankerpunkt der Internationalisierung des Planungsrechts

Trotz im Detail abweichender Rechtsordnungen teilen alle Menschen das grundlegende Bedürfnis nach Einbettung in eine intakte, mental und physisch zuträgliche räumliche Umwelt. Da nationale und sekundäre Rechtsordnungen inkongruenten Mechanismen folgen und daher kaum einer einheitlichen Betrachtung zugänglich sind,[78] ist es das Völkerrecht, das in diesem Rahmen die Funktion eines übergeordneten Koordinationsrechts und Mindeststandards übernimmt.[79] Es ist dieses originäre humane Interesse, das zu einer fortschreitenden Ausformung des (Umwelt-) Völkerrechts und damit einer Annäherung der nationalen Rechtsordnungen führt.[80] Die Suche nach einem „gemeinsamen Nenner" internationaler Leitsätze räumlicher Planung muss sich daher – freilich wenig überraschend[81] –

---

[74] *Holston*, Insurgent Citizenship: Disjunctions of Democracy and Modernity in Brazil, S. 203 f.; *Roy*, Planning Theory 2009, S. 76–87 (81 ff.).

[75] Mit weltweiten Beispielen etwa *WCED*, Our Common Future, Chapter 9; *UN-HABITAT*, The Challenge of the Slums, Global Report on Human Settlements, S. 79 ff.; *Roy*, Planning Theory 2009, S. 76–87 (81 ff.); *Holston*, Insurgent Citizenship: Disjunctions of Democracy and Modernity in Brazil, S. 203 f.

[76] Vgl. zur New Urban Agenda der Vereinten Nationen unten S. 96 ff.

[77] Vgl. zu dieser viel beachteten Problematik m.w.N. zunächst nur *Beyerlin*, ZaöRV 65 (2005), S. 525–542; *Boyle*, Environment and Human Rights, in: Wolfrum (Hrsg.), MPEPIL-Online.

[78] Vgl. auch *von Bogdandy*, Prolegomena zu Prinzipien internationalisierter und internationaler Verwaltung, in: Trute u. a. (Hrsg.), Allgemeines Verwaltungsrecht – zur Tragfähigkeit eines Konzepts, 684; *Verdross/Simma*, Universelles Völkerrecht, S. 7.

[79] *Hillgruber*, AVR 40 (2002), S. 1–16 (5 f.); *von Arnauld*, Völkerrecht, S. 150.

[80] Stellvertretend etwa zu den Entwicklungslinien des chinesischen Umwelt- und Planungsrechts *Tao*, APJEL 1997, S. 319–326; allgemein *Dupuy*, International Law and Domestic (Municipal) Law, in: Wolfrum (Hrsg.), MPEPIL-Online, Rn. 52; *Hillgruber*, AVR 40 (2002), S. 1–16 (7 ff.).

[81] In der wissenschaftlichen Erschließung der Auswirkungen der Globalisierung auf das öffentliche Recht leistete vor allem die Völkerrechtslehre Pionierarbeit, so *Ruffert*, Die Globalisierung als Herausforderung an das öffentliche Recht, S. 20; grundlegend etwa *Delbrück*, IJGLS 1993, S. 9–36.

dem Völkerrecht zuwenden, denn die durch die Globalisierung zunehmend erforderliche zwischenstaatliche Kooperation und ihre Rechtssätze sind untrennbar völkerrechtlicher Genese:[82] Normative Harmonisierung, die Errichtung internationaler Institutionen und nationales Rechtsanwendungsrecht sind lediglich nicht trennscharfe Perspektiven auf ein „einheitliches Phänomen".[83] Das Völkerrecht bildet als „Recht der Globalisierung"[84] eine „Brücke zwischen den Rechtskulturen"[85] und ist damit rechtlicher Ankerpunkt des internationalen Planungsrechts.

b) Systemische Vorzüge im Verhältnis Planung – Völkerrecht

Bei der Betrachtung des Völkerrechts müssen dessen strukturelle Eigenarten beachtet werden.[86] Für eine Planungsrechtsdogmatik weist es dabei einige systemische Vorteile auf.

Das Völkerrecht basiert im Kern auf dem in der europäischen Rechtskultur entwickelten Übergang vom Personenverbandsstaat zum Territorialstaat, wodurch – trotz aller Kritik – die europäische öffentlich-rechtliche Tradition dem Völkerrecht von Beginn an immanent ist.[87] Auch wenn die so entstandene Einheit des Völkerrechts immer wieder in Frage gestellt wird, so bildet es einen festen und anerkannten globalen Rechtsrahmen, ohne zugleich „detaillierte planetarische Ordnung" zu sein.[88] Vielmehr ist das Völkerrecht – paradoxerweise – eine einheitliche und vereinheitlichende, aber zugleich nur sektorale und fragmentarische Ordnung mit der Tendenz zur Ausbildung technisch-spezieller und institutioneller Regelungsgefüge.[89] Planung aber ist ohnehin ein außerrechtlicher Vorgang mit

---

[82] In diesem Sinne auch die Definition des internationalen Verwaltungsrechts als das „im Völkerrecht begründete Verwaltungsrecht" bei *Schmidt-Assmann*, Der Staat 45 (2006), S. 315–338 (335 f.).

[83] Siehe zu dieser Differenzierung und Zitat insbesondere *Durner*, Internationales Umweltverwaltungsrecht, in: Möllers/Voßkuhle/Walter (Hrsg.), Internationales Verwaltungsrecht, S. 121–164, S. 121 ff., 123 f.sowie andere Beiträge in diesem Band; selbst rein nationales Rechtsanwendungsrecht ist letztlich Konkretisierung der völkerrechtlichen Zuständigkeitsparameter Gebietshoheit und Personalhoheit, so *Bleckmann*, Die völkerrechtlichen Grundlagen des internationalen Kollisionsrechts, S. 59; *Dahm/Delbrück/Wolfrum*, Völkerrecht, I/2, S. 199.

[84] *Hobe*, AVR 37 (1999), S. 253–282 (278 ff.).

[85] *Hillgruber*, AVR 40 (2002), S. 1–16 (1); vgl. auch *Kischel*, Rechtsvergleichung, S. 947 ff.

[86] Zu strukturellen Eigenarten des Völkerrechts ders., Rechtsvergleichung, S. 950 ff.

[87] *Grewe*, Epochen der Völkerrechtsgeschichte, S. 369 ff.; *Hillgruber*, AVR 40 (2002), S. 1–16 (3 ff.); *Verdross/Simma*, Universelles Völkerrecht, S. 22 ff., der darauf hinweist, dass freilich auch im außereuropäischen staatlichen Rechtsverkehr ähnliche Prinzipien vorhanden waren.

[88] So die Bilanz bei *Vitzthum*, Begriff, Geschichte und Rechtsquellen des Völkerrechts, in: Vitzthum/Proelß (Hrsg.), Völkerrecht, S. 1–60, 29 ff.

[89] *Koskenniemi*, Fragmentation of International Law – Report of the Study Group of the International Law Commission, A/CN.4/L.682, S. 10 ff., 244 f.; *Fischer-Lescano*, ZaöRV

spezifischem Einzelfallbezug, in dem das Recht nur punktuelle Akzente setzt. Die sektorale Struktur des Völkerrechts ist daher weniger ein Problem, als vielmehr eine sachgerechte Eigenschaft zur internationalisierten Steuerung von Planungsprozessen.

Das Völkerrecht ist eine Rechtsordnung, die den Staaten im Grundsatz freistellt, auf welche Weise sie ihren Rechten und Pflichten genügen.[90] Es ist auf konkretisierende Rechtsakte angewiesen und räumt seinen Rechtssubjekten weite Konkretisierungs- und Gestaltungsspielräume ein.[91] Die normierten Pflichten stellen letztlich normative Ziele dar, deren Erreichung durch den Staat sichergestellt werden soll. Was in diesem Zusammenhang oftmals als fehlende Effektivität völkerrechtlicher Normen kritisiert wird,[92] hat den letztlich auch begrüßenswerten Effekt globaler Subsidiarität.[93] Denn wenn Komplexität real abgestuft werden soll, bedarf es der Entfaltung konkreter Planinhalte erst auf den unteren Ebenen.[94] Aus diesem Grund betont auch die UNECE, um eine räumliche Nähebeziehung zwischen Planungssubjekt und Planungsobjekt herzustellen,

„(that) the key principle is subsidiarity. Wherever possible, competences should rest with the lowest level of government."[95]

Wenn es damit schon aus struktureller Notwendigkeit oftmals finalen und programmatischen Charakter aufweist, so lässt sich das Völkerrecht freilich nicht selbst als insgesamt planvolle Rechtsordnung qualifizieren.[96] Nichtsdestotrotz enthält die Struktur des Völkerrechts insoweit etwas Planhaftes, als es den Ausgangspunkt zu einer immer konkreteren Normierung bis hin zur behördlichen Einzelfallentscheidung bildet und damit eine – einem Planungsprozess nicht unähnliche – kaskadenhafte[97] und komplexitätsreduzierende Entscheidungsspirale[98] in

---

63 (2003), S. 717–760 (999 ff., 1007 ff.); siehe jüngst die Bilanz bei *Bautze*, AVR 54 (2016), S. 91–100.

[90] *Dupuy*, International Law and Domestic (Municipal) Law, in: Wolfrum (Hrsg.), MPEPIL-Online, Rn. 43 ff.; *Verdross/Simma*, Universelles Völkerrecht, S. 539 f., 550 ff.; *Geiger*, Grundgesetz und Völkerrecht mit Europarecht, S. 139.

[91] *Verdross/Simma*, Universelles Völkerrecht, S. 7, 37 f.; *Hillgruber*, AVR 40 (2002), S. 1–16 (5 f.).

[92] Etwa *Birnie/Boyle/Redgwell*, International Law and the Environment, S. 9 ff.

[93] Vgl. *Carozza*, AJIL 97 (2003), S. 38–79 (63 ff.).

[94] *Gärditz*, Europäisches Planungsrecht, S. 54.

[95] UNECE, Spatial Planning, Key Instrument for Development and Effective Governance with Special Reference to Countries in Transition, 15, vgl. auch Prinzip 10 der Rio Deklaration: „Environmental issues are best handled (...) at the relevant level".

[96] Ebenso zur Finalität des primären Europarechts *Gärditz*, Europäisches Planungsrecht, S. 1.

[97] *Schmidt-Assmann*, Der Staat 45 (2006), S. 315–338 (329).

[98] Vgl. die Eingrenzung des Planungsbegriffs bei *Luhmann*, Politische Planung, S. 67 ff.

Gang setzt. Auch aus diesem Blickwinkel erscheint das Völkerrecht also geeignet, als Rechtsrahmen und Instrument der Raumplanung zu fungieren.

In dem multipolaren System des Völkerrechts werden die internationalen Beziehungen vor allem durch Verträge gestaltet, dem elementaren Rechtsgeschäft,[99] das auch jenseits des europäischen Kulturkreises universelle Anerkennung findet.[100] Diese Perspektive des Völkerrechts als im Kern konsensuale und koordinative Rechtsordnung unter normativ freien und gleichen Staaten bietet eine geeignete Grundlage zur Regelung des genannten „institutionalisierten Mediationsverfahrens" und deckt sich insoweit mit der grundlegenden Aufgabe des Rechts für die Planung. Zugleich kann mit der Konsensorientierung das Problem adressiert werden, global eine zumindest basale Rule of Law-Komponente zu formulieren, da jedenfalls mit dem Urprinzip des Vertragsrechts (pacta sunt servanda) grundlegende Forderungen der Rechtsstaatlichkeit inkorporiert sind.[101] Dass getroffene Konsense oftmals bloß vordergründig existieren und die im Hintergrund wirkenden wirtschaftspolitischen Kräfte verschleiern, soll hiermit freilich nicht unterschlagen sein.

c) Die Rechtsquellenlehre als Ausgangspunkt

Internationales Planungsrecht ist unter diesen Voraussetzungen eine spezielle Materie des Völkerrechts und ergibt sich daher ohne Besonderheiten aus der allgemeinen völkerrechtlichen Rechtsquellenlehre[102] und reiht sich in den allgemeinen völkerrechtlichen Handlungsformenkanon ein.[103] Der völkergewohnheitsrechtlich universell geltende Katalog des Art. 38 Abs. 1 IGH-Statut nennt als formelle Rechtsquellen das Vertragsrecht, das Völkergewohnheitsrecht sowie die allgemeinen Rechtsgrundsätze.[104] Verträge sind verbindliche Vereinbarungen durch Völkerrechtssubjekte – insbesondere Staaten und internationale Organisationen – auf dem Gebiet des Völkerrechts und bilden infolge zunehmender Kodifikation

---

[99] *Wesel*, Geschichte des Rechts, S. 55, 78; *Fitzmaurice*, Treaties, in: Wolfrum (Hrsg.), MPEPIL-Online, Rn. 9 f.

[100] *Hillgruber*, AVR 40 (2002), S. 1–16 (1 f.).

[101] *Chesterman*, Rule of Law, in: Wolfrum (Hrsg.), MPEPIL-Online, Rn. 37 ff.

[102] So für andere Teilgebiete etwa *Birnie/Boyle/Redgwell*, International Law and the Environment, S. 14; *Vitzthum*, Begriff, Geschichte und Rechtsquellen des Seerechts, in: Vitzthum (Hrsg.), Handbuch des Seerechts, S. 1–61, 5 f., 44; *Bruce*, International Energy Law, in: Wolfrum (Hrsg.), MPEPIL-Online, Rn. 6 f.

[103] Allgemein zu den Handlungsformen im Völkerrecht siehe m.w.N. *Verdross/Simma*, Universelles Völkerrecht, S. 424 ff.

[104] Vgl. auch nachfolgend *Wolfrum*, Sources of International Law, in: Wolfrum (Hrsg.), MPEPIL-Online, Rn. 7 ff.; *Verdross/Simma*, Universelles Völkerrecht, S. 321 ff.; *Dahm/Delbrück/Wolfrum*, Völkerrecht, I/1, S. 48 ff.

und Interdependenz die Hauptrechtsquelle des Völkerrechts.[105] Sie sind gemäß der gewohnheitsrechtlich anerkannten Regelungen der Art. 31 ff. der Wiener Vertragsrechtskonvention (WVK)[106] auszulegen.[107] Das Gewohnheitsrecht ergibt sich aus der von der Rechtsüberzeugung getragenen Staatenpraxis (opinio iuris et longa consuetudo) und ist deshalb vor allem wegen der Diffizilität seines Nachweises stets mit Unsicherheiten und Unklarheiten behaftet, weshalb in diesem Zusammenhang die Rechtserkenntnisquellen, aber auch Proklamationen der UN-Generalversammlung sowie die Praxis anderer internationaler Organisationen, die Entwicklung und Anerkennung von Gewohnheitsrecht zumindest zu beschleunigen vermögen.[108] Dass aus letztgenannten bereits ohne tatsächliche Übung unmittelbar sog. Instant Customary Law entstehen könne, wird indes überwiegend abgelehnt.[109] Insgesamt bleibt das Gewohnheitsrecht von großer Bedeutung für die Auslegung vertraglicher Inhalte, für die Ausweitung vertraglicher Normen auf Nichtvertragsstaaten und für die völkerrechtliche Systembildung.[110] Die dritte Quelle, die allgemeinen Rechtsgrundsätze können abgeleitet werden aus nationalen Rechtsordnungen und systematischen, rechtstheoretischen Erwägungen, d.h. in Abgrenzung zu den anderen Rechtsquellen erfordern sie keine völkerrechtliche Staatenpraxis,[111] auch wenn zumeist einer solchen Ableitung zumeist die Annahme eines internationalen Konsenses zugrunde liegt.[112] Ihrem Ursprung nach handelt es sich also um völkerrechtsfremde Normen, die nicht in einem völkerrechtlichen Rechtserzeugungsverfahren entstanden sind.[113] Auch wenn – wie oben dargestellt – die „rahmenlose" Rechtsvergleichung keine operablen Rückschlüsse

---

[105] *Heintschel von Heinegg*, Die völkerrechtlichen Verträge als Hauptrechtsquelle des Völkerrechts, in: Epping/Heintschel von Heinegg (Hrsg.), Ipsen, Völkerrecht, S. 453–535, 455 ff.

[106] Wiener Übereinkommen über das Recht der Verträge von 1969/Vienna Convention on the Law of Treaties, BGBl. 1985 II, Nr. 28 S. 926 ff.

[107] *Heintschel von Heinegg*, Die völkerrechtlichen Verträge als Hauptrechtsquelle des Völkerrechts, in: Epping/Heintschel von Heinegg (Hrsg.), Ipsen, Völkerrecht, S. 453–535, 455 f.; 472 ff.

[108] *Dörr*, Weitere Quellen des Völkerrechts, in: Epping/Heintschel von Heinegg (Hrsg.), Ipsen, Völkerrecht, S. 536–588, 536 ff., 545 ff.; *Weiss*, AVR 53 (2015), S. 220–251 (225 f., 231 ff.).

[109] Statt vieler *Dörr*, Weitere Quellen des Völkerrechts, in: Epping/Heintschel von Heinegg (Hrsg.), Ipsen, Völkerrecht, S. 536–588, 474; *Treves*, Customary International Law, in: Wolfrum (Hrsg.), MPEPIL-Online, Rn. 24 f.; ursprünglich zugespitzt bei *Cheng*, IJIL 5 (1965), S. 23–112.

[110] *Bleckmann*, Allgemeine Staats- und Völkerrechtslehre, Vom Kompetenz- zum Kooperationsvölkerrecht, S. 582 ff.

[111] *Vitzthum*, Begriff, Geschichte und Rechtsquellen des Völkerrechts, in: Vitzthum/Proelß (Hrsg.), Völkerrecht, S. 1–60, 54 ff.

[112] *Weiss*, AVR 53 (2015), S. 220–251 (225).

[113] *Dörr*, Weitere Quellen des Völkerrechts, in: Epping/Heintschel von Heinegg (Hrsg.), Ipsen, Völkerrecht, S. 536–588, 560 f.

auf internationale normative Wertungen zulässt, bilden die allgemeinen Rechtsgrundsätze eine bedeutsame Tür zur wechselbezüglichen Berücksichtigung nationaler Rechtsordnungen im Völkerrecht, auch soweit sie das öffentliche Recht betreffen.[114] Darüber hinaus dient der Blick in die nationalen Rechtsordnungen in der Auslegung völkerrechtlicher Normen auch als Hinweis dafür, was in der Staatenpraxis für völkerrechtlich geboten gehalten wird.[115] Als unterstützende Rechtserkenntnisquellen dienen gemäß Art. 38 Abs. 1 IGH-Statut ferner die Entscheidungen internationaler Gerichte sowie die Auffassungen in der Völkerrechtswissenschaft. Da der Kanon der Rechtsquellen ebenso dynamisch zu verstehen ist wie das sonstige Völkerrecht, treten zunehmend auch rechtliche Äußerungen anderer Akteure, insbesondere internationaler Organisationen, in das Blickfeld der Diskussion.[116]

Zwischen den Rechtsquellen existiert keine grundsätzliche hierarchische Ordnung und alle Rechts- und Erkenntnisquellen unterliegen einer vielschichtigen Wechselwirkung, wenn aus Gewohnheitsrecht durch Kodifikation Vertragsrecht wird, die Umsetzung von Vertragsrecht allgemeine Rechtsgrundsätze in den nationalen Rechtsordnungen erzeugt und Verträge oder unverbindliche Normen durch beständige Rechtsanwendung ungebundener Völkerrechtssubjekte neues Gewohnheitsrecht entstehen lassen.[117]

III. Raumplanung und Völkerrecht

1. Der Stellenwert räumlicher Planung im Völkerrecht

Die Raumplanung führt im Völkerrecht ein Schattendasein, auch wenn man die generelle Raumorientierung des Rechts[118] als erstes Indiz dafür werten mag, dass ein globales Bewusstsein für das Erfordernis räumlicher Betrachtung von Nutzungskonflikten besteht. Die internationale Vertrags- und Verwaltungspraxis nahm erst ab dem 19. Jahrhundert zunehmend Sachmaterien durch technisch-administrative Zusammenarbeit in Angriff.[119] Ursächlich waren hierfür insbesondere die Folgen der Industrialisierung, da die Umweltauswirkungen industrieller

---

[114] *Bernhard*, ZaöRV 24 (1964), S. 431–452; *Hailbronner*, ZaöRV 36 (1976), S. 190–226 (205 ff.); *Rauber*, Strukturwandel als Prinzipienwandel, S. 249 ff.

[115] *Hailbronner*, ZaöRV 36 (1976), S. 190–226 (201 ff.).

[116] *Vitzthum*, Begriff, Geschichte und Rechtsquellen des Völkerrechts, in: Vitzthum/Proelß (Hrsg.), Völkerrecht, S. 1–60, 56 ff.; *Hobe*, AVR 37 (1999), S. 253–282 (264 ff.); überhaupt existieren zahlreiche materielle Normen, deren Befolgung erwartet wird, obgleich sie keine formale Bindungswirkung entfalten, *Wolfrum*, Sources of International Law, in: Wolfrum (Hrsg.), MPEPIL-Online, Rn. 57 ff.

[117] *Wolfrum*, Sources of International Law, in: Wolfrum (Hrsg.), MPEPIL-Online, Rn. 11, 60.

[118] Vgl. nur *Winkler*, Raum und Recht, passim.

[119] *Tietje*, Internationalisiertes Verwaltungshandeln, S. 150, 667 ff.

Anlagen zunehmend in den Fokus grenzüberschreitender Rechtsbeziehungen gerieten. Man darf somit den Ursprung des Umweltvölkerrechts als untrennbar verbunden mit den durch raumbedeutsame Vorhaben hervorgerufenen Konflikten bezeichnen.[120] Auch der menschenrechtliche Umweltschutz ist untrennbar mit räumlichen Planungen verknüpft: Zahlreiche Urteile internationaler Gerichte befassen sich in diesem Zusammenhang mit den gesundheitlichen Auswirkungen von Flughäfen, Abfalldeponien, Erdölförderung sowie dem Straßen- und Industrieanlagenbau.[121] Insbesondere anhand der vor dem EGMR verhandelten Fallkonstellationen werden hier Gemeinsamkeiten deutlich: Industrielle Umweltbelastungen werden mit dem Vorwurf angegriffen, durch den zuständigen Staat seien die erforderlichen präventiven Maßnahmen nicht angemessen erfolgt.[122] Im Recht der Infrastrukturen schließlich, die aufgrund ihres raumbeanspruchenden Charakters zumeist einen natürlichen Bezug zum Planungsrecht haben, finden in der Völkerrechtswissenschaft vor allem wirtschaftsrechtliche Aspekte des Investitionsschutzes, der internationalen Benutzungsfreiheit, der Wettbewerbsregulierung und der technischen Standardisierung Beachtung.[123]

Einen ausdrücklich planungsrechtlichen Drall erfuhr dagegen in den letzten Jahren das Seevölkerrecht, da die die Nutzung des Meeresraumes für infrastrukturelle Zwecke rasant zunimmt.[124] Die völkerrechtliche Diskussion beschränkt sich jedoch vornehmlich auf die Abgrenzung küstenstaatlicher Befugnisse zur Reglementierung der Errichtung von Windparks oder der Verlegung von Kabeln und Rohrleitungen.[125]

---

[120] So betrafen vier der prominentesten (schieds-) gerichtlichen Entscheidungen des Umweltvölkerrechts Errichtung und Betrieb industrieller Anlagen und Staudämme, namentlich die Fälle Trail Smelter, Lac Lanoux, Gabcikovo Nagymaros und Pulp Mills; näher dazu ab S. 53; zur Entwicklung des Umweltvölkerrechts m.w.N. *Sands/Peel*, Principles of International Environmental Law, S. 22 ff.; *Sand*, The Evolution of International Environmental Law: In: Bodansky/Brunée/Hey (Hrsg.), The Oxford Handbook of International Environmental Law, S. 29–43.

[121] Vgl. nur *Beyerlin*, ZaöRV 65 (2005), S. 525–542 (526 f.m.w.N.).

[122] *Boyle*, Environment and Human Rights, in: Wolfrum (Hrsg.), MPEPIL-Online, Rn. 16 ff.; *Birnie/Boyle/Redgwell*, International Law and the Environment, 283 ff., näher dazu S. 124 ff.

[123] Siehe stellvertretend die Überblicke bei *Arcari*, Canals, in: Wolfrum (Hrsg.), MPEPIL-Online, Rn. 1, 4, 7 ff.; *Bruce*, International Energy Law, in: Wolfrum (Hrsg.), MPEPIL-Online, Rn. 6, 10, 20 ff., 39 ff.; *von Schorlemer*, Telecommunications, International Regulation, in: Wolfrum (Hrsg.), MPEPIL-Online, Rn. 12 ff., 22 ff., 28 ff.und passim; *Lost-Sieminska*, Railway Transport, International Regulation, in: Wolfrum (Hrsg.), MPEPIL-Online, Rn. 7 ff., 21 ff.

[124] Vgl. dazu zunächst *Lagoni*, Festlandsockel, in: Vitzthum (Hrsg.), Handbuch des Seerechts, S. 166–221, 264–286, 170 ff., 184, 200 ff.; *Schubert*, Maritimes Infrastrukturrecht, S. 1 ff.

[125] Vgl. dazu ausführlich m.w.N. ab S. 163.

Eine systematische Rezeption der Wirkungszusammenhänge planerischer Ordnungsprozesse mit der völkerrechtlichen Ebene fehlt daher bislang. All dies ist umso bemerkenswerter, als bereits das erste große Dokument des globalen Umweltvölkerrechts, die Stockholm Declaration of the United Nations Conference on the Human Environment von 1972[126], in seinen Grundsätzen 13, 14 und 15 ausdrücklich eine – im Vergleich zu anderen Bestimmungen – kaum beachtete Lanze für die staatliche Raumplanung brach.[127] Da diese Bestimmungen durchaus im geschichtlichen Zusammenhang der weltweiten Planungseuphorie zu sehen sind, erklärt sich, warum sie sich 20 Jahre später in der Rio Deklaration von 1992 so nicht mehr wiederfanden.[128]

2. Die Funktion des Völkerrechts für die Raumplanung

Das Völkerrecht nimmt für räumliche Planungen keine anderen Funktionen an als andere Rechtsordnungen auch:[129] Es formuliert zum einen Möglichkeiten, Verpflichtungen und Grenzen der hoheitlichen Steuerung räumlicher Entwicklung. Es bildet hierbei einen Rechtsrahmen, der Planungskompetenzen zuteilt und Planungsverfahren strukturiert sowie materielle Planungspflichten oder Planungserfordernisse, Zielsetzungen und Abwägungsbedürfnisse formuliert.[130] Viele Normen müssen im Rahmen nationaler Planungsverfahren schon deshalb beachtet

---

[126] Report of the United Nations Conference on the Human Environment, A/CONF.48/14/Rev.1, http://www.un-documents.net/aconf48-14r1.pdf, S. 3 ff.

[127] „Principle 13: In order to achieve a more rational management of resources and thus to improve the environment, States should adopt an integrated and coordinated approach to their development planning so as to ensure that development is compatible with the need to protect and improve environment for the benefit of their population. – Principle 14: Rational planning constitutes an essential tool for reconciling any conflict between the needs of development and the need to protect and improve the environment. – Principle 15: Planning must be applied to human settlements and urbanization with a view to avoiding adverse effects on the environment and obtaining maximum social, economic and environmental benefits for all. (...)".

[128] Allgemein zur Planungseuphorie *Hoppe*, Planung, in: Isensee/Kirchhof (Hrsg.), Handbuch des Staatsrechts, S. 313–366; auf die fehlende Kontinuität hinweisend auch *Birnie/Boyle/Redgwell*, International Law and the Environment, S. 49.

[129] Allgemein *Ipsen*, Regelungsbereich, Geschichte und Funktion des Völkerrechts, in: Epping/Heintschel von Heinegg (Hrsg.), Ipsen, Völkerrecht, S. 1–46, 38 ff., 44 ff.; *Vitzthum*, Begriff, Geschichte und Rechtsquellen des Völkerrechts, in: Vitzthum/Proelß (Hrsg.), Völkerrecht, S. 1–60, 25.

[130] Zur Berücksichtigung völkerrechtlicher Normen im Verwaltungshandeln *Tietje*, Internationalisiertes Verwaltungshandeln, S. 594 ff.; die Unterscheidung in formelle und materielle Rechtsfragen ist im Völkerrecht nicht immer trennscharf. Insbesondere für den englischen Begriff „jurisdiction" wird häufig keine strikte Trennung zwischen formaler Kompetenzzuweisung und materieller Ausgestaltung vorgenommen. Ganz beispielhaft etwa *Oxman*, Jurisdiction of States, in: Wolfrum (Hrsg.), MPEPIL-Online, Rn. 1 ff.

werden,[131] weil ihre textuelle Formulierung so abstrakt ist, dass die verschiedensten Nutzungs- und Schutzinteressen auch räumliche Planungen erfassen. Neben gängigen offenen Tatbestandsmerkmalen wie „Maßnahmen", „Nutzungen" und „Tätigkeiten", „Entwicklung" oder die „Ausbeutung von Ressourcen" erfasst beispielsweise die Århus-Konvention[132] mit dem Begriff der „Umweltangelegenheiten" alle die „gesamte Umwelt" betreffenden „Verwaltungsmaßnahmen, Umweltvereinbarungen, Politiken, Gesetze, Pläne und Programme" (Art. 2 Nr. 3 lit. a-c). Für die ortsgebundenen Entwicklungsentscheidungen der Raumplanung kann das Völkerrecht jedoch nur Rahmencharakter haben.

Eine zweite (potentielle) Funktion des Völkerrechts ist es, als Instrument für die Raumplanung auch im Einzelfall zu dienen. Besonders deutlich wird dies bei grenzüberschreitenden Planungen, bei denen die beteiligten Staaten das Projekt völkerrechtlich einbinden.[133] Als Handlungsform bietet das Völkerrecht für die Raumplanung dabei primär den Vertrag an.[134] Während nationales Recht in einer Vielzahl rechtlicher Handlungsformen in Erscheinung tritt, deren Systematik es erlaubt, die Akteure und Konflikte auf unterschiedlichen Ebenen mit unterschiedlicher Intensität zu adressieren,[135] nehmen völkerrechtliche Verträge als „Surrogat der fehlenden internationalen Legislative" eine vielschichtige Funktion als Rechtsquelle und als Rechtsgeschäft zugleich ein.[136] Zur Erfassung dieser Eigenschaft wurde in der älteren Völkerrechtslehre insbesondere eine Typologie von Verträgen als „law-making treaties" bzw. „contractual treaties" beschrieben.[137]

---

[131] *Durner*, AVR 54 (2016), S. 355–381 (364 f.).

[132] Convention on Access to Information, Public Participation in Decision-making and Access to Justice in Environmental Matters/Übereinkommen über den Zugang zu Informationen, die Öffentlichkeitsbeteiligung an Entscheidungsverfahren und den Zugang zu Gerichten in Umweltangelegenheiten von 1998, BGBl. II 2006 Nr. 31 S. 1251 ff.

[133] Dazu ausführlicher S. 245 ff.

[134] *Niedobitek*, Das Recht der grenzüberschreitenden Verträge, S. 132 ff.; *Martínez-Soria*, ZUR 2005, S. 337–342 (338); *Schmidt-Assmann*, Der Staat 45 (2006), S. 315–338 (329); auch *Dörr*, VVDStRL 73 (2014), S. 323–362 (S. 359: „Von der staatlichen Gebietshoheit ausgehend kommen Infrastrukturregeln vor allem als Gegenstand völkerrechtlicher Verträge in Betracht").

[135] Vgl. nur *Hoppe*, Planung, in: Isensee/Kirchhof (Hrsg.), Handbuch des Staatsrechts, S. 313–366, 320, 360.

[136] Zitat von *Dahm/Delbrück/Wolfrum*, Völkerrecht, I/3, S. 512; *Berber*, Lehrbuch des Völkerrechts, S. 415; *Verdross/Simma*, Universelles Völkerrecht, S. 334 f.; *Wolfrum*, Sources of International Law, in: Wolfrum (Hrsg.), MPEPIL-Online, Rn. 14 ff.

[137] Erstmals wohl *Bergbohm*, Staatsverträge und Gesetze als Quellen des Völkerrechts, S. 77 ff.; siehe auch *Ullmann*, Völkerrecht, S. 45 ff., 275; *Berber*, Lehrbuch des Völkerrechts, S. 415.

Während erstere auf der Grundlage einer gemeinsamen Wertvorstellung Verhaltensnormen formulieren, dienen letztere der austauschenden Erfüllung korrespondierender praktischer Interessen.[138] Verträge sind also dann, wenn sie vornehmlich multilaterale Gemeinwohlinteressen betreffen und etwa Planungsvorhaben im allgemeinen umweltrechtlich sensibilisieren, tendenziell „law-making". Dagegen sind Verträge, die die gemeinsame Durchführung eines bestimmten Vorhabens betreffen eher „contractual".[139] Obgleich diese grob typisierende Unterscheidung unscharf und von geringer rechtlicher Bedeutung ist, zumal die meisten Verträge kombinierte Elemente beider Kategorien enthalten,[140] erweist sie sich für den Fall räumlicher Planung insofern als trefflich, als sie das Spannungsverhältnis planerischer Prozesse zwischen Abstraktion und Konkretisierung unterstreichen hilft.

Die vorstehenden Erwägungen lassen sich begrifflich dahingehend zusammenfassen, dass sich im internationalen Planungsrecht das internationalisierte Planungsrecht sowie internationale Planungsverfahren bzw. -entscheidungen unterscheiden lassen: Im ersten Fall handelt es sich im Kern um nationale räumliche Planungen, die jedoch durch unterschiedliche völkerrechtliche Normen für die Interessen anderer Staaten sensibilisiert sind. Letztere sind dagegen tatsächlich zwischenstaatliche Planungen in dem Sinne, dass sich Planungsvorgang und -entscheidung in der Hand mehrerer und gegebenenfalls überstaatlich organisierter Völkerrechtssubjekte vollziehen. Während das Völkerrecht also im ersteren Fall als Determinationsrecht nationaler Verwaltung in Erscheinung tritt, fungiert es im Falle internationaler Planungsverfahren als Aktions- und Kooperationsrecht internationaler Verwaltungsstrukturen.[141]

3. Die besondere Bedeutung präventiver Pflichten im internationalen Planungsrecht

Raumplanung ist stets die auf konkrete Räume bezogene Reglementierung zukünftigen menschlichen Verhaltens. Gegenstand des Planungsvölkerrechts sind daher grundsätzlich nur solche zwischenstaatlichen Regelungen, die den Staat verpflichten, das Verhalten einzelner gesellschaftlicher Akteure zur Vermeidung

---

[138] *Ullmann*, Völkerrecht, S. 46; *Berber*, Lehrbuch des Völkerrechts, S. 415; *Dahm/Delbrück/Wolfrum*, Völkerrecht, I/3, S. 520 ff.

[139] *Bodansky*, The Art and Craft of International Environmental Law, S. 157 ff.; *Brownlie/Crawford*, Principles of Public International Law, S. 31; *Wolfrum*, Sources of International Law, in: Wolfrum (Hrsg.), MPEPIL-Online, Rn. 15 ff.

[140] Vgl. *Dahm/Delbrück/Wolfrum*, Völkerrecht, I/3, 520 f.m.w.N., die jedoch entschieden für die Relevanz der Unterscheidung streiten; eher ablehnend *Verdross/Simma*, Universelles Völkerrecht, S. 339; *Heintschel von Heinegg*, Die völkerrechtlichen Verträge als Hauptrechtsquelle des Völkerrechts, in: Epping/Heintschel von Heinegg (Hrsg.), Ipsen, Völkerrecht, S. 453–535, 459.

[141] Terminologie nach *Schmidt-Assmann*, Der Staat 45 (2006), S. 315–338 (336 ff.).

zukünftiger Raumnutzungskonflikte zu steuern. Damit bilden präventive Rechtspflichten das Kernstück des völkerrechtlichen Planungsrechts.

Wie in den nachfolgenden Kapiteln näher beleuchtet wird, werden räumliche Konfliktlagen im Völkerrecht vornehmlich als Souveränitätskonflikte und als Umweltkonflikte wahrgenommen und abgebildet, wobei auch darüber hinaus eine Vielzahl bedeutender wirtschaftlicher Interessen wie Ressourcenschutz oder Schifffahrtsfreiheiten sowie auch Individualgüter des Gesundheitsschutzes zu berücksichtigende Belange sein können. Prominente souveränitätsrechtlich geprägte Rechtssätze sind beispielsweise das präventiv ausgerichtete Verbot der erheblichen grenzüberschreitenden Schädigung – bzw. genauer das Schadensvermeidungsgebot – und das Recht zur angemessenen Nutzung gemeinsamer Wasserläufe. Zu diesen treten verschiedene intraterritoriale präventive Umweltschutzgebote, wie die Anforderungen des Klimaschutzes, des Menschenrechtsschutzes, des Natur- und des Biodiversitätsschutzes sowie – lediglich eingeschränkt – die Anforderungen an eine nachhaltige Entwicklung. Entsprechende Ausprägungen des präventiven Souveränitäts- und des Umweltschutzes haben sich mit dem Gebot der wechselseitigen Rücksichtnahme und der Pflicht zum Schutz der Meeresumwelt auch innerhalb des Teilgebietes des Seevölkerrechts entwickelt. Im Ergebnis bedeutet dies, dass das rechtlich geformte Interesse der staatlichen Souveränität auf der einen Seite und die Pflicht zum präventiven Schutz verschiedener Rechtsgüter – mit der Folge einer präventiven Umweltnutzungsbeschränkung – auf der anderen Seite, die grundlegende Struktur des völkerrechtlichen Rahmens räumlicher Planung bilden.

Der völkerrechtliche Rahmen des internationalen Planungsrechts wird also durch solche Rechtssätze gefasst, die in der englischsprachigen Wissenschaft zum Umweltvölkerrecht und zunehmend auch im deutschen Schrifttum mit dem Begriff des „Präventionsprinzips" belegt werden.[142] Für die vorliegende Arbeit rechtfertigt sich daher aus der besonderen Bedeutung des Präventionsgedankens für das Planungsrecht die von der traditionellen deutschen Diktion teilweise abweichende Bezeichnung einzelner Gebote. Als zentrales Beispiel sei hierzu namentlich das nachbarrechtliche Schädigungsverbot angeführt, welches sich erst schrittweise zu einer präventiven Rechtspflicht entwickelt hat.[143] Da es in seiner präventiven Ausprägung nicht auf bereits eingetretene Schädigungen bezogen ist, sondern bereits am vorgelagerten Risiko eines Schadenseintrittes anknüpft, muss es von seinem erfolgsbezogenen Ursprung rechtlich klar unterschieden werden.[144]

---

[142] Statt vieler *Sands/Peel*, Principles of International Environmental Law, S. 211 ff.; *Birnie/Boyle/Redgwell*, International Law and the Environment, S. 137 ff.; *Proelß*, Prinzipien des internationalen Umweltrechts, in: Proelß (Hrsg.), Internationales Umweltrecht, S. 69–103, 75 ff.; bedeutsam in der Entwicklung insbesondere *ILC*, Draft articles on Prevention of Transboundary Harm from Hazardous Activities, with commentaries.

[143] Genauer dazu ab S. 53 ff.

[144] Ausführlich *Proelß*, Das Urteil des Internationalen Gerichtshofs im Pulp Mills-Fall und seine Bedeutung für die Entwicklung des Umweltvölkerrechts, in: Ruffert (Hrsg.),

Dies hat insbesondere Folgen für die Reichweite der Staatenverantwortlichkeit: Während im Verhältnis der beiden Rechtssätze – erfolgsbezogenes Schädigungsverbot und vorbeugendes Schadensvermeidungsgebot – einerseits von einem parallelen Bestehen ausgegangen wird,[145] ist andererseits begründet vorgetragen worden, dass ein Staat, der dem Präventionsprinzip genüge, nur schwerlich für nachträglich doch noch eintretende Schäden verantwortlich sein könne. Deshalb habe das Präventionsprinzip das ursprüngliche erfolgsbezogene Schädigungsverbot als Anknüpfungspunkt für eine Staatenverantwortlichkeit im Falle seiner Verletzung – nicht aber notwendigerweise in Fragen der Haftung – inzwischen überlagert.[146]

Schließlich sei noch klarstellend darauf hingewiesen, dass die Bezeichnung als Prinzip nicht dergestalt als Einordnung in den Rechtsquellenkatalog des Art. 38 des IGH-Statuts verstanden werden darf, das es sich stets um allgemeine Rechtsgrundsätze im Sinne dieser Norm handelt. Als lediglich systematisierender Prinzipienbegriff hängt die jeweilige rechtliche Verbindlichkeit stets davon ab, ob das Prinzip einer der Rechtsquellen zugeordnet werden kann, sich also insbesondere vertraglich oder gewohnheitsrechtlich bestimmen lässt. Auch handelt es sich bei den sogenannten Prinzipien nicht um Prinzipien im engeren rechtstheoretischen Sinne, sondern zumeist um Regeln (rules), die als Optimierungsgebote klare Rechtsfolgen formulieren.[147]

IV. Ergebnis

Technische Entwicklung und Globalisierung erfordern in zunehmendem Maße eine Internationalisierung der Raumplanung durch normative Harmonisierung sowie institutionelle und vorhabenbezogene Zusammenarbeit. Das Planungsrecht

---

Dynamik und Nachhaltigkeit des Öffentlichen Rechts – Festschrift Schröder, S. 613–625, 613 ff., insb. 620 ff.; systematisch differenzierend bereits *Odendahl*, Die Umweltpflichtigkeit der Souveränität, S. 124 ff.; ferner *Beyerlin/Marauhn*, International Environmental Law, S. 40; *Sands/Peel*, Principles of International Environmental Law, S. 206 ff., 211 ff.

[145] Etwa *Beyerlin/Marauhn*, International Environmental Law, S. 40; *Sands/Peel*, Principles of International Environmental Law, S. 212.

[146] Siehe *Proelß*, Prinzipien des internationalen Umweltrechts, in: Proelß (Hrsg.), Internationales Umweltrecht, S. 69–103, 78 f.; wohl auch *ITLOS*, Responsibilities and obligations of States with respect to activities in the Area, Case No. 17, 01.02.2011, ITLOS Reports 2011, 10 – Advisory Opinion, Rn. 109; *ILC*, Draft principles on the allocation of loss in the case of transboundary harm arising out of hazardous activities, with commentaries, Principle 1 Rn. 6 f.; ähnliche Fragen werden bereits aufgeworfen bei *Scovazzi*, YIEL 12 (2001), S. 43–67 (47 f.).

[147] Dazu *Proelß*, Prinzipien des internationalen Umweltrechts, in: Proelß (Hrsg.), Internationales Umweltrecht, S. 69–103, 72 f., 89 f.; *Beyerlin*, Different Types of Norms in International Environmental Law, in: Bodansky/Brunée/Hey (Hrsg.), The Oxford Handbook of International Environmental Law, S. 425–448, 435 ff.; *Epiney/Scheyli*, Strukturprinzipien des Umweltvölkerrechts, S. 169 ff.

umfasst dabei alle Normen, durch die die Nutzung des Raumes hoheitlich autorisiert wird, und durch die so gezielt Einfluss auf die räumliche Gestaltung genommen wird, insbesondere unter Berücksichtigung von Gemeinwohlbelangen wie wirtschaftlicher Entwicklung und Umweltschutz. Hauptinstrument verbindlicher Kooperation und Bezugspunkt des internationalen Planungsrechts ist dabei das Völkerrecht, weil es eine global anerkannte und einheitliche Rechtsordnung darstellt, die sich durch ihren sektoralen und programmatischen Charakter sowie ihre Konsensorientierung in das generelle Verhältnis zwischen Raumplanung und Recht einfügt.

Die im Folgenden detaillierter zu untersuchende These ist, dass dem Völkerrecht dabei zwei Funktionen zukommen, die sich begrifflich als internationalisierte Planungen und als internationale Planungen unterscheiden lassen. Im ersten Fall – internationalisierte Planungen – bildet das Völkerrecht den internationalen Rechtsrahmen räumlicher Planung, zeigt Möglichkeiten und Verbindlichkeiten auf und wirkt so steuernd und harmonisierend auf die globale räumliche Entwicklung ein. Wie sich nachfolgend zeigen wird, vollzieht sich diese Reglementierung vor allem im Namen des Umweltrechts. Dieses Planungsvölkerrecht oszilliert zwischen der souveränen Raumgestaltungsfreiheit des Territorialstaats und der präventiven Beschränkung eben dieser Nutzungsbefugnis. Im zweiten Fall – internationale Planungen – kann das Völkerrecht auch als Instrument räumlicher Planung eingesetzt werden, um konkrete Planungsverfahren und -entscheidungen im zwischenstaatlichen Kontext rechtsverbindlich zu machen und abzusichern. Als Anwendungsfälle einer solchen instrumentellen Funktion des Völkerrechts lassen sich insbesondere die grenzüberschreitende Raumplanung sowie die Raumplanung durch internationale Organisationen ausmachen. Zudem wird zu untersuchen sein, inwieweit sich bereits erste Ansätze einer völkervertraglich konstituierten, global-räumlichen Entwicklungsordnung finden.

Zweiter Teil

Der völkerrechtliche Rahmen räumlicher Planung

§ 3 Souveränität als Befugnis zur hoheitlichen Raumplanung

Befugnisse sind stets Ausdruck von Machtrelationen.[1] Als Grundkategorie des Organisationsrechts beschreiben sie Gegenstand und Reichweite sowie die wechselseitige Abgrenzung der Handlungsmacht von Rechtssubjekten[2] und sind daher allen anderen Rechtmäßigkeitsvoraussetzungen und Koordinationsregeln logisch vorgeordnet.[3] Da tatsächliche oder potentielle Planungsträger im Rahmen ihrer Gestaltungsfreiheit divergierende Entscheidungen für ein und dieselbe Fläche zu treffen vermögen, ist die scharfe Abgrenzung von Zuständigkeiten unverzichtbares Instrument zum grundlegenden Ausgleich konfligierender Interessen.[4] Deshalb beginnt die Untersuchung des völkerrechtlichen Rahmens räumlicher Planung mit der Frage nach den internationalen Befugnissen zur hoheitlichen Raumplanung.

I. Das Recht auf souveräne räumliche Entwicklung

Die völkerrechtliche Zuständigkeitsordnung[5] bedient sich zur Abgrenzung ihrer Hoheitssphären traditionell[6] und trotz aller Internationalisierungstendenzen auch weiterhin[7] des räumlichen Prinzips.[8] Wenngleich sich hierbei im Grundsatz

---

[1] Begriffe wie Befugnis, Kompetenz und Zuständigkeit sind mangels Verbandscharakters der internationalen Beziehungen freilich nicht unproblematisch, vgl. *Mosler*, ZaöRV 36 (1976), S. 6–49 (37 ff.).

[2] *Isensee*, Die bundesstaatliche Kompetenz, in: Isensee/Kirchhof (Hrsg.), Handbuch des Staatsrechts, S. 455–513, 456 ff., 486 ff.; *Ruffert/Walter*, Institutionalisiertes Völkerrecht, S. 75 ff.; *Dahm/Delbrück/Wolfrum*, Völkerrecht, I/1, S. 316.

[3] *Durner*, Konflikte räumlicher Planungen, S. 182 ff.

[4] Ebd., S. 182 ff.

[5] Zum Wandel im Völkerrecht von subjektiven Rechten zu einer Kompetenzordnung siehe *Bleckmann*, Allgemeine Staats- und Völkerrechtslehre, Vom Kompetenz- zum Kooperationsvölkerrecht, S. 580 ff., 705 ff.

[6] *Verdross/Simma*, Universelles Völkerrecht, S. 634 ff.; *Dahm/Delbrück/Wolfrum*, Völkerrecht, I/1, S. 316 ff.

[7] *Bleckmann*, Allgemeine Staats- und Völkerrechtslehre, Vom Kompetenz- zum Kooperationsvölkerrecht, S. 759 ff.

[8] *Wolfrum*, Die Internationalisierung staatsfreier Räume, S. 4 ff.

Staatsgebiet und Nichtstaatsgebiet unterscheiden lassen,[9] so ist doch die gesamte bewohnte Landmasse der Erde abgegrenztes territorialstaatliches Gebiet.[10] Innerhalb des dreidimensionalen Staatsgebietes – Erdoberfläche, Luftsäule, Erd- und ggf. Wasserkörper – ist der jeweilige Staat international souverän, d.h. er ist bezüglich seines Gebietes verfügungsbefugt und übt innerhalb seines Gebiets die Gebietshoheit aus.[11] In den wegweisenden Worten Max Hubers ist

„the exclusive competence of the State in regard to its own territory (…) the point of departure in settling most questions that concern international relations."[12]

Ebenso heißt es in der grundlegenden Lotus-Entscheidung des PCIJ[13]:

„Restrictions upon the independence of States cannot therefore be presumed. (International Law) leaves them (…) a wide measure of discretion which is only limited in certain cases by prohibitive rules."[14]

In diesem Sinne unterliegt der Herrschaftsanspruch des Staates im Ausgangspunkt keiner Einschränkung ratione materiae[15]. Soweit nicht die ausschließliche Zuständigkeit eines anderen Hoheitsträgers begründet ist oder eine andere völkerrechtliche Norm ihn sachlich oder räumlich einschränkt, enthält er die umfassende

---

[9] *Proelß*, Raum und Umwelt im Völkerrecht, in: Vitzthum/Proelß (Hrsg.), Völkerrecht, S. 361–454, 371 f.; *von Arnauld*, Völkerrecht, S. 346 ff.

[10] *Schwind*, Allgemeine Staatengeographie, S. 1; *Winkler*, Raum und Recht, S. 29 ff.; Ausnahme ist der antarktische Kontinent, dazu *Kämmerer*, Die Antarktis in der Raum- und Umweltschutzordnung des Völkerrechts, S. 25 f.

[11] Diese Unterscheidung geht insbesondere zurück auf *Verdross/Simma*, Universelles Völkerrecht, S. 655 ff.

[12] *Arbitration Tribunal*, Island of Palmas Case (Netherlands vs. United States of America), Award, 04.04.1928, RIAA II, 829, S. 838.

[13] Vgl. dazu *von Bogdandy/Rau*, Lotus, The, in: Wolfrum (Hrsg.), MPEPIL-Online, Rn. 15.

[14] *PCIJ*, The Case of the S.S. Lotus (France vs. Turkey), Judment No. 9, PCIJ Publications 1927, Series A No. 10, S. 18 f.

[15] *Tanaka*, The International Law of the Sea, S. 5 f.; die Frage, ob staatliche Kompetenzen originär oder lediglich derivativ sind, lässt sich zurückverfolgen bis zur Fundamentalparadoxie, dass die Staaten sowohl Erzeuger als auch Erzeugte des Völkerrechts sind. Soweit man nicht praxisfern für jede Tätigkeit eines Staates eine spezielle Kompetenznorm erwartet, ist diese Diskussion eher theoretischer Natur. An der unzweifelhaften Realität des Rechts lässt sich ein insbesondere durch Konsens manifestiertes anthropologisches Bedürfnis hierfür erkennen. Zeitlich geht der soziologische Staat dem juristischen zwar vorweg, wird jedoch vom Recht internalisiert und transzendiert. Insofern kommt es zum Konnex von Sein und Sollen. Vgl. *Dahm/Delbrück/Wolfrum*, Völkerrecht, I/1, S. 40 ff.; *Meng*, ZaöRV 44 (1984), S. 675–783 (737 ff.); *Besson*, Sovereignty, in: Wolfrum (Hrsg.), MPEPIL-Online, Rn. 39 ff., 86.

Befugnis zur Rechtssetzung und Rechtsdurchsetzung[16] bezüglich aller im Staatsgebiet befindlichen Personen und Sachen, der gesamten Umwelt und des Raumes selbst.[17]

Räumliche Planungen sind per definitionem ortsgebunden und unterliegen daher grundsätzlich diesen allgemeinen Regeln der Nutzung des Staatsgebiets.[18] Da Planungsbefugnisse regelmäßig Aufgabenerledigungskompetenzen sind,[19] umfasst die sachliche Zuständigkeit des Territorialstaates auch das Recht zur planerischen Prioritätensetzung in der Entscheidung über das Ob und das Wie der räumlichen Nutzung des Staatsgebiets anhand wirtschafts-, sozial- und umweltpolitischer Ziele. Dabei sind es die unzähligen Projekte des örtlichen und regionalen Städte-, Infrastruktur- und Wasserbaues, die fortlaufender Ausdruck nationaler Gebietshoheit über den Raum sind und dazu führen, dass die politische Grenze oftmals zur „kulturlandschaftlichen Grenze überhaupt"[20] wird. Die landschaftstypische Prägung der Raumstruktur erfolgt dabei in weiten Teilen allerdings gerade nicht durch aktive hoheitliche Eingriffe, sondern vielmehr durch die staatlich geduldete oder nur zurückhaltend geregelten raumbedeutsamen Tätigkeiten Privater.[21]

Da sich das Souveränitätskonzept somit auf die etwas konturlose[22] Zuordnung räumlicher Allzuständigkeit beschränkt, gewinnt es vor allem durch Beschränkung an Format.[23] Die staatliche Freiheit zu handeln bzw. nicht zu handeln wird mittels positiver Rechtsnormen relativiert und mit unterschiedlichem Flexibilitätsgrad einer Fehleranalyse unterworfen.[24] Planungsbefugnisse und Planungs-

---

[16] Insbesondere im englischen Sprachgebrauch findet sich die genannte Unterscheidung der „jurisdiction to prescribe" und „jurisdiction to enforce". Erstere meint in dem hier verwendeten Sinne nicht allein abstrakt-generelle Regelungen, sondern auch ihre Konkretisierung für den Einzelfall durch Verwaltung und Gerichte. Insgesamt ist die Begrifflichkeit leicht uneinheitlich. Ausführlicher m.w.N. *Meng*, Extraterritoriale Jurisdiktion im öffentlichen Wirtschaftsrecht, S. 1 ff., 13; *Oxman*, Jurisdiction of States, in: Wolfrum (Hrsg.), MPEPIL-Online, Rn. 3 ff.; *Sauer*, Jurisdiktionskonflikte in Mehrebenensystemen, S. 55 ff.; *Kment*, Grenzüberschreitendes Verwaltungshandeln, S. 69 ff.

[17] *Odendahl*, Die Umweltpflichtigkeit der Souveränität, S. 26 ff.; *Proelß*, Raum und Umwelt im Völkerrecht, in: Vitzthum/Proelß (Hrsg.), Völkerrecht, S. 361–454, 371; *Dahm/Delbrück/Wolfrum*, Völkerrecht, I/1, S. 316 f.

[18] *Dörr*, VVDStRL 73 (2014), S. 323–362 (359).

[19] So statt vieler *Erbguth/Müller*, DVBl 2003, S. 625 (627); zurückgehend auf *Schmidt-Assmann*, Kommunalrecht, in: Schmidt-Assmann/Schoch (Hrsg.), Besonderes Verwaltungsrecht, S. 16–125, 31; auch im europarechtlichen Kontext verwendet bei *Gärditz*, Europäisches Planungsrecht, S. 19.

[20] *Schwind*, Allgemeine Staatengeographie, S. 1, siehe ausführlicher zur Raumbedeutsamkeit von Grenzen auch S. 326 ff.

[21] Ebd., S. 1.

[22] *Durner*, Common Goods, S. 39 ff.

[23] *Odendahl*, Die Umweltpflichtigkeit der Souveränität, S. 37 ff., 109 ff.

[24] *Cot*, Margin of Appreciation, in: Wolfrum (Hrsg.), MPEPIL-Online, Rn. 1 ff.; ei-

pflichten stellen sich also als „Rechte einräumende und Pflichten auferlegende Seite"[25] eines öffentlichen Planungsauftrags dar. Dabei ist das Recht auf souveräne Entwicklung auch durch die zunehmende Ausformung des Umweltvölkerrechts nicht ernsthaft in Frage gestellt worden, sondern vielmehr in den meisten umweltvölkerrechtlichen Dokumenten in einer ressourcenbezogenen Variante[26] enthalten, am prominentesten gefasst als Prinzip 2 der Rio Deklaration von 1992:

„States have (…) the sovereign right to exploit their own resources pursuant to their own environmental and developmental policies (…)."

Es darf also mit einigem Anlass erwartet werden, dass die Abwägung konfligierender Interessen auch auf internationaler Ebene ein eher topisches und verbalargumentatives Verfahren ist.[27]

Zumindest organisationsrechtlich bedeutet die Souveränität aber, dass im Völkerrecht der Territorialstaat originärer Planungsträger ist,[28] dem – als berechtigende und verpflichtende Seite der Souveränität[29] – sowohl die Gestaltungsfreiheit, als auch die völkerrechtliche Verantwortlichkeit für hoheitliche räumliche Planungsentscheidungen zukommt. Aus kompetenzrechtlicher Perspektive reicht das Völkerrecht nicht jenseits dieser Membran äußerer Staatlichkeit.[30] Auf welche Weise und durch wen ein Staat plant, ist als interne Staatsorganisationsfrage

---

ne besondere Bedeutung kommt insoweit der fundamentalen Pflicht zu, völkerrechtliche Bindungen gutgläubig auszufüllen, d.h. grundsätzlich danach zu streben, den tangierten Interessen im Rahmen eigener Entscheidungen auch einen angemessenen Stellenwert einzuräumen, *Shany*, EJIL (2005), S. 907–940 (910 f.); *Kotzur*, Good Faith (Bona fide), in: Wolfrum (Hrsg.), MPEPIL-Online, Rn. 19 ff., 22 ff.

[25] *Hoppe*, Das Abwägungsgebot, in: Hoppe/Bönker/Grotefels (Hrsg.), Öffentliches Baurecht, S. 166–224, 170.

[26] Der Ressourcenbezug steht in der Tradition des Grundsatzes der Sovereignty over Natural Ressources, der seinen Ursprung in den Bestrebungen der (post-) kolonialen Entwicklungsländer hat, den eigenen natürlichen Rohstoffreichtum als Teil nationaler Selbstbestimmtheit gegenüber den Kolonialmächten zu schützen. In der Folge fortschreitender Dekolonisation bedeutete er jedoch kaum mehr als den ressourcenbezogenen Unterfall staatlicher Gebietshoheit. Vgl. dazu aus umweltvölkerrechtlicher Perspektive ausführlich *Schrijver*, Sovereignty over Natural Ressources, S. 3 f., 20 ff., 36 ff., 41 ff., 92 ff., 120 ff., 164 ff., 173 ff., 231 ff., 285 ff.; *Odendahl*, Die Umweltpflichtigkeit der Souveränität, S. 39 ff.; *Durner*, Common Goods, S. 38 ff.

[27] Mit dieser Perspektive *Hector*, Das völkerrechtliche Abwägungsgebot, S. 173 ff.; *Hofmann*, Abwägung im Recht, S. 3 ff., 9.

[28] Planungsträger ist diejenige Institution, „zu deren öffentlichen Aufgaben Planungen gehören, die Grund und Boden in Anspruch nehmen oder die räumliche Entwicklung eines Gebiets beeinflussen", *ARL*, Deutsch-niederländisches Handbuch der Planungsbegriffe, S. 238.

[29] *Arbitration Tribunal*, Island of Palmas Case (Netherlands vs. United States of America), Award, 04.04.1928, RIAA II, 829, S. 839; *Dahm/Delbrück/Wolfrum*, Völkerrecht, I/1, S. 317.

[30] *Mosler*, ZaöRV 36 (1976), S. 6–49 (37 ff.).

völkerrechtlich zunächst nicht relevant, sondern die Modalitäten der Aufgabenerledigung sind den Staaten weitgehend selbst überlassen.[31] Dabei hängt die traditionelle Zuordnung von Planungsentscheidungen zur exekutiven Gewalt[32] eng zusammen mit der jeweils innerstaatlich praktizierten Gewaltenteilung und den verwendeten Handlungsformen.[33] Ob und inwieweit räumliche Gestaltungsfreiheit also durch legislative Planungsentscheidungen und durch konkretisierende Entscheidungen der Verwaltung determiniert wird oder ob sich der Staat bei privaten Vorhaben auf bloß flankierende Normen der Gefahrenabwehr beschränkt, ist eine aus völkerrechtlicher Perspektive zunächst irrelevante Frage variabler innerstaatlicher Ordnung.

II. Extraterritoriale Raumplanung

1. Unautorisierter extraterritorialer Infrastrukturbau

Während also der Staat unproblematisch zuständig ist für die hoheitliche Koordination räumlicher Nutzungen innerhalb seines Gebiets, erscheint der Fall, dass ein Staat ausländisches Gebiet einseitig überplant, eher absurd, da sowohl rechtliche Statthaftigkeit als auch faktische Durchsetzbarkeit ungewiss sind.[34] Indes zeigt eine jüngere Entscheidung des IGH von 2015, dass die Durchführung extraterritorialer Infrastrukturvorhaben aus wirtschaftlichem und machtpolitischem Kalkül auch heute noch erstaunlich real ist: Nicaragua hatte in einem historisch von beiden Staaten beanspruchten, letztlich aber Costa Rica zugeschlagenen Gebiet in erheblichem Ausmaß Kanäle zur Anbindung einer vom Hauptstrom umflossenen Hafenlagune ausbaggern und die Arbeiten von militärischen Truppen bewachen lassen.[35] Nicaragua führte seine Bauarbeiten freilich mit dem Argument aus, als Ausdruck effektiver Souveränität patrouillierten Armee, Marine und Polizei schon seit den 1970er Jahren in dem Gebiet und Costa Ricas Souveränität friste eine bloße „paper presence",[36] ein Argument, das insbesondere vor dem Hintergrund delikat erscheint, dass Costa Rica als fundamentaler Bestandteil seiner Außenpolitik demilitarisiert ist.

---

[31] Allgemein *Dupuy*, International Law and Domestic (Municipal) Law, in: Wolfrum (Hrsg.), MPEPIL-Online, Rn. 43 ff.; *Verdross/Simma*, Universelles Völkerrecht, S. 539 f., 550 ff.; *Geiger*, Grundgesetz und Völkerrecht mit Europarecht, S. 139.

[32] *Ronellenfitsch*, Einführung in das Planungsrecht, S. 4.

[33] *Vitzthum*, Parlament und Planung, S. 26 ff., 97 ff.; *Würtenberger*, Staatsrechtliche Probleme politischer Planung, S. 68 ff.; *Durner*, Konflikte räumlicher Planungen, S. 407 ff., 417 ff.

[34] *Kment*, Grenzüberschreitendes Verwaltungshandeln, S. 534.

[35] Vgl. *ICJ*, Certain Activities carried out by Nicaragua in the border area (Costa Rica vs. Nicaragua) and Construction of a Road in Costa Rica along the San Juan River (Nicaragua vs. Costa Rica), ICJ Reports 2015, 665, Rn. 66 ff.

[36] Ebd., Rn. 86 f.

Vergleichbar ist auch der Bau einer Brücke über die Straße von Kertsch zwischen Russland und der ukrainischen bzw. nach Ansicht Russlands wieder russischen Krim.[37] Die mit zahlreichen Unterbrechungen seit 2004 erneut ab 2010 aufgenommenen Pläne wurden zuletzt vor allem von russischer Seite vorangetrieben und seit dem – international bislang nicht anerkannten Anschluss der Krim an Russland – als rein nationales Projekt betrachtet.[38] Der knappe Zeitrahmen von zwischenstaatlicher Formalisierung erst im Dezember 2013, der Beauftragung einer Machbarkeitsstudie Anfang 2014 und schon ab Mitte 2015 bis 2018 termingerecht unter ausschließlich russischer Hoheitsgewalt durchgeführter Bauarbeiten[39] legen eine bereits vorherige – und schon insoweit extraterritoriale – Planung des Vorhabens durch russische Behörden bei einem Projekt dieser Größenordnung jedenfalls nahe,[40] zumal die informellen Vorarbeiten im Einvernehmen mit der Ukraine erheblich durch die sich zeitgleich verschärfende Krim-Krise beeinträchtigt wurden.

Schließlich zeigen auch die bis heute ungelösten Spannungen zwischen Deutschland und der Schweiz in Bezug auf die erheblich lärmbelastenden grenzüberschreitenden Anflugrouten des Flughafens Zürich, dass auch in Zentraleuropa Fälle existieren, in denen bewusst fremdes Staatsgebiet überplant wurde.[41] Freilich sind die Probleme des Flughafens Zürich letztlich ein Relikt aus der Zeit kurz nach Ende des zweiten Weltkriegs, als die politische Situation es der Schweiz erlaubte, Landeanflüge durch deutschen Luftraum widerspruchslos durchzuführen. Deshalb verdeutlichen die vorgenannten Fälle vor allem eines: Unilaterale extraterritoriale Raumbeanspruchungen erfolgen in Fällen erheblicher Schwächung der faktischen öffentlichen Gewalt des betroffenen Staates und erzeugen erhebliche Spannungen auf unabsehbare Zeit.

---

[37] Zur Krim-Krise siehe *Delahunty*, StTJLPP 9 (2014), S. 125–187; *Talmon*, Sanktionen statt (Krim-) Sekt – Die Reaktion der Staatengemeinschaft auf eine „Wiedervereinigung" nach russischer Art, Festvortrag zum Dies Academicus der Universität Trier; *Geiß*, ILS 91 (2015), S. 425–449; zahlreiche Beiträge bei *Marxsen/Peters/Hartwig*, ZaöRV 75 (2015), S. 3–231.

[38] Die Ukraine protestierte nunmehr gegen die Brücke als illegal mangels ukrainischer Zustimmung, vgl. *Interfax-Ukraine*, Kyiv protests against Russia's ban on navigation through Kerch Strait over bridge construction; *Hoppe*, Die Brücke von Kertsch.

[39] *Walker*, Russia's bridge link with Crimea moves nearer to completion; *Roth*, Putin opens 12-mile bridge between Crimea and Russian mainland.

[40] Auch beauftragte die russische Föderation schon vor Übertritt der Krim zu Russland die staatliche Straßenbaugesellschaft zur Gründung einer Tochtergesellschaft zum Bau der Brücke Medvedev Signs Decree Creating Contractor for Kerch Strait Bridge Project.

[41] Vgl. ausführlicher *Wehrle*, Der Streit um die Nordanflüge, S. 7 ff.; ferner die Chronlogie des Streits über die Anflüge auf den Zürcher Flughafen; vgl. ferner: Entscheidung 2004/12/EG der Kommission vom 05.12.2003, ABl. L 4, S. 13; EuG, Urteil vom 09.09.2010 in der Rechtssache T-319/05; bestätigt durch EuGH, Urteil vom 07.03.2013, C-547/10 P; aus der Literatur *Böckstiegel/Reifarth*, ZLW 1983, S. 183–208; *Bentzien*, ZLW 2002, S. 493–527; ders., ZLW 2012, S. 597–608.

2. Zustimmungserfordernis bei souveränitätsübergreifenden Planungen

Extraterritoriale Hoheitsausübung liegt immer dann vor, wenn ein Staat außerhalb seines Gebietes Recht durchsetzt oder Recht mit Bezug auf Sachverhalte setzt, die sich außerhalb seines bzw. innerhalb fremden Staatsgebiets zutragen.[42] Grundlegendes formuliert hierzu erneut das Lotus-Urteil:

„Now the first and foremost restriction imposed by international law upon a State is that – failing the existence of a permissive rule to the contrary – it may not exercise its power in any form in the territory of another State."[43]

Die Durchsetzung staatlicher Normen in fremdem Staatsgebiet ist damit im Grundsatz völkerrechtlich unzulässig.[44] Jede Form baulicher oder bergbaulicher Unternehmungen ist daher von der Zustimmung des betroffenen Territorialstaates abhängig. In diesem Sinne kam der IGH im oben genannten Fall nach Feststellung der Souveränität Costa Ricas auch ohne Umschweife zu dem Ergebnis, die Wasserbauarbeiten Nicaraguas seien eine unzulässige Verletzung der Integritätsrechte Costa Ricas.[45] Das Zustimmungserfordernis erstreckt sich aber nicht nur auf die tatsächliche Durchführung eines Vorhabens. Bereits eine vorangehende räumliche Planung mit extraterritorialer Wirkung wäre – obgleich es sich hierbei zunächst um einen bloßen Rechtssetzungsakt handelt – ohne Zustimmung des betroffenen Staates unzulässig. Denn infolge der spezifischen Ortsgebundenheit etwa von Bauvorhaben – aber auch von Naturschutzgebieten, die immerhin durch bloßen Rechtsbefehl errichtet werden könnten – erscheint kaum ein substanzieller Anknüpfungspunkt ersichtlich, der eine unilaterale Planung völkerrechtlich rechtfertigen könnte.[46] Dies gilt beispielsweise selbst dann, wenn der planende

---

[42] Dieses zunächst im öffentlichen Wirtschafts- und Strafrecht behandelte Problem gewinnt auch zunehmende Bedeutung im Umweltrecht; eingehend zu unterschiedlichen Rechtsgebieten die Beiträge bei *Meessen*, Extraterritorial Jurisdiction in Theory and Practice; zum Umweltrecht ferner *Hector*, Das völkerrechtliche Abwägungsgebot, S. 68 ff.; *Sands/Peel*, Principles of International Environmental Law, S. 203 ff.; allgemeiner *Kamminga*, Extraterritoriality, in: Wolfrum (Hrsg.), MPEPIL-Online, Rn. 1 ff.; *Dahm/Delbrück/Wolfrum*, Völkerrecht, I/1, S. 321 ff.

[43] *PCIJ*, The Case of the S.S. Lotus (France vs. Turkey), Judment No. 9, PCIJ Publications 1927, Series A No. 10, S. 19.

[44] *Verdross/Simma*, Universelles Völkerrecht, S. 634 ff.; *Orakhelashvili*, Governmental Activities on Foreign Territory, in: Wolfrum (Hrsg.), MPEPIL-Online, Rn. 1 ff., 7; *Epping/Heintze*, Völkerrechtssubjekte, in: Epping/Heintschel von Heinegg (Hrsg.), Ipsen, Völkerrecht, S. 73–452, 110 f.; *Dahm/Delbrück/Wolfrum*, Völkerrecht, I/1, S. 326 ff.; *Kamminga*, Extraterritoriality, in: Wolfrum (Hrsg.), MPEPIL-Online, Rn. 8, 22 ff.

[45] *ICJ*, Certain Activities carried out by Nicaragua in the border area (Costa Rica vs. Nicaragua) and Construction of a Road in Costa Rica along the San Juan River (Nicaragua vs. Costa Rica), ICJ Reports 2015, 665, Rn. 69, 92 f.

[46] Vgl. allgemein zur exterritorialen Rechtssetzung mit unterschiedlichen Nuancen *Kment*, Grenzüberschreitendes Verwaltungshandeln, S. 104 ff., 108 ff.; *Meng*, Extraterritoriale Jurisdiktion im öffentlichen Wirtschaftsrecht, S. 541 ff., 603 ff.; *Dahm/Delbrück/*

Nachbarstaat völkerrechtlich zum Gebietstransit berechtigt ist.[47] Ohne eine anschließende Möglichkeit zur Umsetzung des Vorhabens wären solche Planungen freilich auch sinnlos. Deshalb erfordern raumwirksame Maßnahmen mit Wirkung für fremdes Staatsgebiet sowohl aus rechtlichen (Zustimmungserfordernis) als auch aus faktischen Gründen (Umsetzungsprobleme) eine kooperative Grundhaltung des betroffenen Territorialstaates.[48]

3. *Völkerrechtliche Institute kooperativer Hoheitsverlagerung*

Neben der einfachen (vertraglichen) Zustimmung eines Staates zur Beplanung des eigenen Staatsgebiets durch einen anderen Staat, stellt das Völkerrecht zwei weitere Institute zur Verfügung, die hierzu genutzt werden (können), namentlich völkerrechtliche Servitute sowie die Verwaltungszession durch hoheitliche Verpachtung.

a) Servitute in der Infrastrukturplanung

Die dauerhafte Einräumung sachlich und räumlich beschränkter hoheitlicher (Nutzungs-) Rechte innerhalb des eigenen Staatsgebiets zugunsten eines anderen Staats durch Vertrag oder (lokales) Gewohnheitsrecht wird in der Regel mit dem Sammelbegriff[49] des völkerrechtlichen Servituts erfasst.[50] Wenn man beispielsweise die Nutzung des deutschen Luftraums zugunsten des genannten Flughafens in Zürich als Servitut qualifiziert[51] wird deutlich, dass Servitute die praktische

---

Wolfrum, Völkerrecht, I/1, S. 320 ff.; *Hector*, Das völkerrechtliche Abwägungsgebot, S. 22 ff.; *Kamminga*, Extraterritoriality, in: Wolfrum (Hrsg.), MPEPIL-Online, Rn. 6 ff.; aus der Rechtsprechung *PCIJ*, The Case of the S.S. Lotus (France vs. Turkey), Judment No. 9, PCIJ Publications 1927, Series A No. 10, S. 18 f.; *ICJ*, Nottebohm Case (Liechtenstein vs. Guatemala), ICJ Reports 1955, 4, S. 24, 26; ders., Case concerning the Barcelona Traction, Light and Power Company Ltd. (Belgium vs. Spain), ICJ Reports 1970, 3, S. 41 ff.

[47] Vgl. *Arbitral Tribunal*, Iron Rhine Railway Arbitration (Belgium vs. Netherlands), Award, 24.05.2005, RIAA XXVII, 35, Rn. 66 f.; auch für Binnenstaaten gilt trotz des Rechts auf maritime Anbindung umfassend das Territorialitätsprinzip (Art. 125 SRÜ), vgl. auch *Wiese*, Grenzüberschreitende Landrohrleitungen und seeverlegte Rohrleitungen im Völkerrecht, S. 82.

[48] *Kment*, Grenzüberschreitendes Verwaltungshandeln, S. 534.

[49] *Vitzthum*, Maritimes Aquitorium und Anschlusszone, in: Vitzthum (Hrsg.), Handbuch des Seerechts, S. 63–159, S. 121 bei und in Fn. 316.

[50] Auch wenn ihre Bedeutung abnehmen mag, sind sie auch heute noch verbreitet und werden für wirtschaftliche, militärische, Grenz- oder Verkehrszwecke eingeräumt, insbesondere zur Gewährung des Transits. Ausführlicher mit Beispielen zu Problemen der Begriffsbildung *Ullmann*, Völkerrecht, S. 320 ff.; *Dahm/Delbrück/Wolfrum*, Völkerrecht, I/1, S. 336 ff.; *Marchisio*, Servitudes, in: Wolfrum (Hrsg.), MPEPIL-Online, Rn. 1 ff., Rn. 19; *Epping/Heintze*, Völkerrechtssubjekte, in: Epping/Heintschel von Heinegg (Hrsg.), Ipsen, Völkerrecht, S. 73–452, 114 ff.

[51] *Böckstiegel/Reifarth*, ZLW 1983, S. 183–208 (186 f.).

Umsetzung großer Infrastrukturprojekte erleichtern können, insbesondere weil sie durch ihren hoheitlichen Charakter auch gegenüber anderen Völkerrechtssubjekten gelten und nicht von Änderungen der Identität und Struktur des Souveräns berührt sein sollen.[52] So bieten sie etwa im Bereich der Energiepolitik die Möglichkeit, die immensen Investitionen für den Bau von Pipelines zu ermöglichen und abzusichern, da für landverlegte Leitungen, anders als für seeverlegte, gerade kein generelles internationales Transitrecht besteht.[53] Anwendungsfälle können also sowohl grenzüberschreitende Transportleitungen als auch ausschließlich in fremdem Staatsgebiet belegene Versorgungsleitungen sein, etwa für im Ausland stationierte Truppen.[54] Freilich werden für solch gewichtige Rechte in der Regel erhebliche Gegenleistungen wie Transitgebühren erwartet,[55] die – wie das Beispiel der deutsch-russischen Nord Stream-Pipeline zeigt – im Einzelfall sogar zu einem maßgeblichen Faktor in der Trassenführung werden können.[56]

Bereits die Diversität internationaler Servituten verhindert eine generelle Aussage über die in ihrem Rahmen anzuwendende Rechtsordnung.[57] Im Sinne der Lotus-Regel muss zunächst von der vorrangigen Anwendbarkeit der territorialen Rechtsordnung ausgegangen werden, die wiederum im vertragsrechtlichen Ermessen der Parteien steht.[58] Wie weit die vertraglichen Regelungen im Einzelfall dann reichen, kann freilich strittig sein. So urteilte in einem Fall aus dem Jahre 1914 das Kölner Oberlandesgericht, in dem es um die Abtretung eines vor-

---

[52] Die Begründungen dafür mögen unterschiedlich sein: *Dahm/Delbrück/Wolfrum*, Völkerrecht, I/1, 334, 338 ff.ziehen den objektiven Charakter traditionell aus dem dinglichen Raumbezug; überzeugender dagegen *Marchisio*, Servitudes, in: Wolfrum (Hrsg.), MPEPIL-Online, Rn. 14 ff., 19 ff., der auf die wechselseitigen Souveränitätsansprüche abstellt.

[53] *Wiese*, Grenzüberschreitende Landrohrleitungen und seeverlegte Rohrleitungen im Völkerrecht, S. 60; *Lagoni*, Pipelines, in: Wolfrum (Hrsg.), MPEPIL-Online, Rn. 13; zu unterseeischen Leitungen eingehender S. 188 ff.

[54] Vgl. *Wiese*, Grenzüberschreitende Landrohrleitungen und seeverlegte Rohrleitungen im Völkerrecht, S. 61 ff., 72 ff.

[55] Siehe ders., Grenzüberschreitende Landrohrleitungen und seeverlegte Rohrleitungen im Völkerrecht, S. 83 f.; auch im Küstenmeer können für Transitrohrleitungen Gebühren erhoben werden, *Lagoni*, Festlandsockel, in: Vitzthum (Hrsg.), Handbuch des Seerechts, S. 166–221, 264–286, 211.

[56] Die Einsparung zukünftiger Transitgebühren war neben der Sicherheit der Gaszuleitung ein maßgeblicher Faktor, um der Ostsee-Route gegenüber dem Landweg durch das Baltikum oder Skandinavien den Vorzug zu geben; vgl. *Nord Stream AG*, Sichere Energie für Europa – Das Nord Stream-Pipelineprojekt, S. 20; *Wolf*, Unterseeische Rohrleitungen und Meeresumweltschutz, S. 24 f.52 ff.

[57] Zu allgemein daher *Walter*, Anwendung deutschen Rechts im Ausland und fremden Rechts in Deutschland, in: Isensee/Kirchhof (Hrsg.), Handbuch des Staatsrechts, S. 429–452, S. 436, es käme zur „Anwendung fremden Rechts".

[58] *PCIJ*, The Case of the S.S. Lotus (France vs. Turkey), Judment No. 9, PCIJ Publications 1927, Series A No. 10, 19: „failing the existence of a permissive rule".

mals zu den Niederlanden gehörenden Gebiets an Preußen ging, dass infolge der Belassung der ausschließlichen Schürfrechte in Form eines Servituts bei den Niederlanden der Bergbau Gegenstand niederländischer Gesetzgebung und Verwaltung seien und preußisches Bergrecht diesbezüglich keine Anwendung finde; die Übertragung eines souveränen Rechts impliziere, dieses Recht auch wie ein Souverän auszuüben.[59] Eine solche Lösung ist jedoch offensichtlich nur punktuell und vor allem bei nivelliertem Rechtsrahmen tragfähig.[60] Im Falle des Bergrechts des beginnenden 20. Jahrhunderts dürften namentlich Fragen des Umweltschutzes noch keine nennenswerte Rolle gespielt und insoweit auch kein Hindernis statuiert haben. Dagegen werden vor allem in überregionalen Fällen wie den erwähnten transeurasischen Pipelines die Diskrepanzen (umwelt-) rechtlicher Standards eine Planung nach Maßgabe ausländischen Rechts vielfach ausschließen, auch wenn aus Sicht des Vorhabenträgers ein einheitliches Rechtsregime vorteilhaft erscheinen mag.[61]

b) Verwaltungszession für Marinestützpunkte

Eine andere Variante zur räumlichen Beplanung fremden Staatsgebiets bietet die sog. Verwaltungszession, bei der ein Staat einem anderen auf der Grundlage eines Pachtvertrages die – mehr oder weniger umfassende – Gebietshoheit für einen Teil seines Territoriums einräumt.[62] Dieser Tage bekannte Beispiele aus dem Infrastrukturbereich sind neben dem Bau des Panamakanals Anfang des 20. Jahrhunderts[63] vor allem Marinestützpunkte wie in Guantanamo Bay auf Kuba (USA)[64], Sevastopol im Südwesten der Krim (Russland)[65] sowie mehrere Stützpunkte in Djibouti am Horn von Afrika, u.a. zugunsten der USA, Japan und China.[66]

---

[59] *Supreme Court of Cologne*, Decision of 21.04.1914, Aix-la-Chapelle-Maastricht Railroad Company AG vs. Thewis, intervener Royal Dutch Government, AJIL 1914, S. 903–907, S. 908 ff.; dazu *o.V.*, AJIL 1914, S. 858–860.

[60] *Kment*, Grenzüberschreitendes Verwaltungshandeln, S. 540 ff., 617.

[61] *Piri D./Faure*, NCJILCR 40 (2014), S. 55–134 (81 f.).

[62] Derart umfassende Souveränitätseinschränkungen sind vor allem Ausdruck geostrategischer Dominanz; vgl. *Ronen*, Territory, Lease, in: Wolfrum (Hrsg.), MPEPIL-Online, Rn. 1 ff., 16 ff.; *Verdross/Simma*, Universelles Völkerrecht, S. 638; *Dahm/Delbrück/Wolfrum*, Völkerrecht, I/1, S. 332 ff., 341; *Epping/Heintze*, Völkerrechtssubjekte, in: Epping/Heintschel von Heinegg (Hrsg.), Ipsen, Völkerrecht, S. 73–452, 112 ff.

[63] Zum Panamakanal sogleich ab S. 45.

[64] *Thiele*, AVR 48 (2010), S. 105–131; d. *Zayas*, Guantánamo Naval Base, in: Wolfrum (Hrsg.), MPEPIL-Online.

[65] Zur Bedeutung im Rahmen der Krim-Krise etwa *Delahunty*, StTJLPP 9 (2014), S. 125–187.

[66] *Oladipo*, Why are there so many military bases in Djibouti?; *Kubo*, Japan to expand Djibouti military base to counter Chinese influence; *Wiley*, Crowded Djibouti hosting militaries from four nations: Now a China base; *Jacobs/Perlez*, U.S. Wary of Its New Neighbor in Djibouti: A Chinese Naval Base.

Zur Ermittlung der konkreten Reichweite der übertragenen Hoheitsrechte muss letztlich das zugrundeliegende Vertragsregime herangezogen werden,[67] wobei die Übertragung der vollen Gebietshoheit unter Ausschluss der Rechtsordnung des weiterhin souveränen Staates[68] in der Regel auch das Recht zur umfassenden räumlichen Nutzung und Gestaltung des Gebiets samt großflächiger Baumaßnahmen mit einschließt, nicht aber eine Zerstörung des gepachteten Gebiets[69]. Darüber hinaus ließe sich im Einzelfall diskutieren, inwiefern sich aus den Zwecksetzungen des Pachtvertrages weitergehende Einschränkungen für die Nutzung des Gebietes ergeben können. Bezeichnend in dieser Hinsicht sind etwa die Regelungen des Vertrags über Guantanamo Bay, der die USA – zusammengefasst – berechtigt

„for use as coaling and naval stations only, and for no other reason (...) to exercise complete jurisdiction and control over and within said areas."[70]

Hieraus wird mitunter abgeleitet, dass die wiederholte Nutzung als Flüchtlingscamp und Gefangenenlager als solche – und insoweit unabhängig von etwaigen Menschenrechtsverletzungen – völkerrechtswidrig sei.[71]

III. Der Panamakanal

Ein gut dokumentiertes Beispiel für die internationale rechtliche und wirtschaftliche Verflechtung der Raumplanung bildet der Bau des Panamakanals zur Schaffung einer schiffbaren Verbindung zwischen dem Atlantischen und Pazifischen Ozean. Da mit der mittelamerikanischen Querung der Seeweg um das südamerikanische Kap Horn entfällt und insbesondere die Strecke zwischen der nordamerikanischen West- und Ostküste halbiert wird, ist der Kanal bis heute eine der für den internationalen Frachtverkehr bedeutendsten interozeanischen Wasserstraßen, auf der rund 5 % der internationalen Tonnage befördert werden.[72] Im Kanal werden die Schiffe in 3 Schritten um 25 m in den eigens dafür aufgestauten

---

[67] *Ronen*, Territory, Lease, in: Wolfrum (Hrsg.), MPEPIL-Online, Rn. 1, 3, 5 f.

[68] *Walter*, Anwendung deutschen Rechts im Ausland und fremden Rechts in Deutschland, in: Isensee/Kirchhof (Hrsg.), Handbuch des Staatsrechts, S. 429–452, 436.

[69] *Dahm/Delbrück/Wolfrum*, Völkerrecht, I/1, S. 335, 338.

[70] Vgl. Art. 1, 2 und 3 des Agreement between the United States and Cuba for the Lease of Lands for Coaling and Naval stations of 1903, US-Department of State, Papers relating to the foreign relations of the United States, with the annual message of the president transmitted to Congress December 7, 1903, S. 350 ff.

[71] Vgl. d. *Zayas*, Guantánamo Naval Base, in: Wolfrum (Hrsg.), MPEPIL-Online, Rn. 24.

[72] *U.S. Department of Transportation and Maritime Administration*, Panama Canal Expansion Study, Phase I Report, Developments in Trade and National and Global Economies, S. xiii.

Lago de Gatún gehoben und jenseits des Sees erneut in drei Schritten zurück auf Meeresniveau gebracht.[73]

1. Geschichte des Kanalbaues

Erste Studien und erfolglose Planungen samt alternativer Möglichkeiten (Eisenbahnverbindungen) und Routen durch Nicaragua und Südmexiko erfolgten bereits im ersten Drittel des 16. Jahrhunderts unter spanischer Krone, internationale Aufmerksamkeit erfuhr das Projekt aber erst Anfang des 19. Jahrhunderts durch die Reiseberichte von Humbolts.[74] Nach Abspaltung Panamas 1821 vom spanischen Königreich und dem Anschluss an Großkolumbien erteilte erstmals 1878 der kolumbianische Staat einem französischen Unternehmen unter Leitung von Ferdinand de Lesseps, dem Erbauer des zuvor fertiggestellten Suez-Kanals in Ägypten, die Konzession zum Bau des Kanals, jedoch führten 1889 Widrigkeiten im Gelände und medizinische Probleme nach mehreren Anläufen zur endgültigen Aufgabe des Projektes. Nachdem eine vertragliche Einigung mit Kolumbien gescheitert war, unterstützten die USA im Jahre 1903 die Ausrufung der Republik Panama, die ihnen im Hay-Bunau-Varrilla Vertrag[75] dann im Gegenzug für finanziellen und militärischen Schutz die umfassende Verwaltung einer etwa 10 Meilen breiten Panamakanal-Zone für alle Zeiten zusicherte. Während Panama infolge dieser Verwaltungszession gebietsrechtlicher Souverän blieb, konnten die USA den Kanal planen, bauen und anschließend betreiben, als wäre er eigenes Staatsgebiet.[76] Bereits im Jahr darauf wurden die unter de Lesseps begonnenen Arbeiten wiederaufgenommen und der Kanal nach zehnjähriger Bauzeit 1914 für den regulären Verkehr geöffnet. Der Bau erforderte Aushub und Sprengung vieler hundert Millionen Kubikmeter Erdreich und forderte mehrere tausend Menschenleben. Nach langjährigen Verhandlungen wurde im Jahre 1977 die Gebiets-

---

[73] *Padelford* u. a., Panama Canal.

[74] Vgl. zu den nachfolgenden historischen Ausführungen *Williams*, The American Lawyer 1907, S. 125–129 (125 ff.); *o.V.*, St. Louis Law Review 1915, S. 246–254 (246 ff.); *Bennett*, History of the Panama Canal, S. 75 ff.; *Chiappetta* u. a., International Journal of Blasting and Fragmentation 1998, S. 313–340 (314 ff.); *Padelford* u. a., Panama Canal; *Hennig*, Beiträge zur Geschichte der Technik und Industrie 1912, S. 113–146 (113 ff.).

[75] Convention for the Construction of a Ship Canal of 1903, Inter-American relations: a collection of documents, legislation, descriptions of Inter-American organizations, and other material pertaining to Inter-American Affairs, Congressional Research Service, Library of Congress, Washington 1989, S. 747 ff.

[76] Art. 3 des Hay-Bunau-Varrilla Vertrags, verlieh den USA „all the rights, power, and authority within the zone (...) which the United States would possess and exercise if it were the sovereign of the territory (...)"; ausführliche Auslegungen der relevanten Verträge bei *Hanrahan*, BULR 1965, S. 64–87 (66 ff., 80 f.); *Rubin*, BJIL 1975, S. 250–265 (253 ff.); Zweifel bei *Padelford*, AJIL 34 (1940), S. 416–442 (423 ff.); *Williams*, The American Lawyer 1907, S. 125–129 (127 ff.).

hoheit Panamas durch die Torrijos-Carter-Verträge wiederhergestellt.[77] Gleichzeitig wurde die seit 1904 bestehende internationale Benutzungsfreiheit des Kanals aufrecht erhalten und den USA bis zum Auslaufen des Vertrages im Jahre 1999 der weitere Betrieb des Kanals aufgetragen.[78] Insgesamt wird man jedenfalls resümieren dürfen, dass die Dominanz der Amerikaner die so immense Investition in einer seit Jahrhunderten politisch instabilen Region überhaupt erst ermöglicht hatte.[79]

2. Der Bau einer dritten Kanaltrasse

Seit dem Auslaufen der Panamakanal-Verträge im Jahre 1999 übt Panama wieder die ausschließliche Gebietshoheit über die weiterhin neutralisierte Kanalzone mittels einer verfassungsrechtlich errichteten Panamakanalbehörde (Autoridad del Canal de Panamá, ACP) aus.[80] Da der Kanal unterdessen zu einem Nadelöhr für die internationale Schifffahrt geworden war, entwarf die Behörde einen Vorschlag für den Ausbau des Kanals,[81] der gemäß Art. 325 der Verfassung Panamas durch das Parlament gesetzlich bestätigt wurde und das anschließend erforderliche Volksreferendum mit großer Zustimmung passierte.[82] Die Erweiterung erforderte drei Hauptmaßnahmen: Den Bau neuer Schleuseneinrichtungen an beiden Enden des Kanals, Aushub zusätzlicher und die Vertiefung der bestehenden Kanaltrassen sowie die Anhebung des Wasserniveaus des (künstlichen) Lago di Gatún um einen halben Meter.[83] Die dadurch geschaffene Möglichkeit, mehr und größere Schiffe (sog. Neopanamax-Klasse) passieren lassen zu können, soll

---

[77] Panama Canal Treaty; Treaty Concerning the Permanent Neutrality and Operation of the Panama Canal; Protocol to the Treaty Concerning the Permanent Neutrality and Operation of the Panama Canal, AJIL 1978, S. 225 ff., 238 ff., 241 ff.

[78] *Marchisio*, Servitudes, in: Wolfrum (Hrsg.), MPEPIL-Online, Rn. 10; *Dahm/ Delbrück/Wolfrum*, Völkerrecht, I/1, S. 338.

[79] Auch die Präamble des Hay-Bunau-Varrilla Vertrags spricht vom Vertragszweck „to insure the construction of a ship canal".

[80] Vgl. Art. 315 ff., Titulo XIV, El Canal de Panamá, Constitución Política de la República de Panamá, reformada por el Acto Legislativo No. 1 de 2004, Gazeta Oficial No. 25176; einen Überblick bietet *Pereira*, IBL 2000, S. 421–426.

[81] *ACP*, Propuesta de Ampliación del Canal de Panamá; ders., Proposal for the Expansion of the Panama Canal Third Set of Locks Project.

[82] Vgl. das Bestätigungsgesetz Ley No. 28 de 17 de julio de 2006 que aprueba la propuesta de construcción del tercer juego de esclusas en el Canal de Panamá, sometida por el órgano Ejecutivo, y dicta otras disposiciones, Gazeta Oficial No. 25590; laut Zeitungsberichten bestätigte das Referendum das Vorhaben mit 76,8% der abgegeben stimmen; vgl. statt vieler Referéndum de la ampliación del Canal de Panamá.

[83] *ACP*, The Environmental Impact Study for the Panama Canal Expansion Project (Executive Summary), S. 3.

bis zu einer Verdoppelung der Kapazität des Kanals führen.[84] Ende Juni 2016 wurde der Kanal nach 9-jähriger Bauzeit durch die Passage eines Neopanamax-Containerschiffs eingeweiht.[85]

3. Territoriale Souveränität und internationale Einflussnahme in Panama und Nicaragua

Der Ausbau des Kanals hat für Panama umfassende gesellschaftliche Bedeutung.[86] Deshalb wurde von Beginn an auch gewichtige Kritik an dem Vorhaben laut, die vor allem volkswirtschaftliche Nettoverluste und eine Bereicherung Einzelner sowie eine fatale Versalzung des in der Metropolregion benötigten Trinkwassers befürchtete.[87] Insofern hinterlassen die Umstände, dass eine Umweltverträglichkeitsprüfung erst im Anschluss an das Referendum erfolgte und letzteres von zahlreichen Unregelmäßigkeiten geprägt waren, mindestens einen faden Beigeschmack.[88] Die einfache Bevölkerung Panamas hat jedenfalls bisher kaum vom Panamakanal profitiert.[89] Dagegen lässt die „große Politik" keinen Zweifel daran, dass es sich bei dem Panamakanal um ein strahlendes Beispiel der ambivalenten Verknüpfung von Entwicklung und Umweltschutz handelt, das von der International Maritime Organisation (IMO)[90] bereits die Absolution erteilt bekam, durch die Verkürzung der Wegstrecke, eine globale Klimaschutzmaßnahme zu sein.[91]

---

[84] *U. S. Department of Transportation and Maritime Administration*, Panama Canal Expansion Study, Phase I Report, Developments in Trade and National and Global Economies, S. xiv; siehe auch die Informationen unter *ACP*, The Expanded Canal.

[85] Ders., Inauguration of Expanded Panama Canal Ushers in New Era of Global Trade (Press Release).

[86] Siehe die Aufstellung erwarteter Auswirkungen einschließlich sozioökonomischer Effekte und Kompensationsmaßnahmen für unterschiedliche Umsetzungsphasen, ders., The Environmental Impact Study for the Panama Canal Expansion Project (Executive Summary), S. 22 ff., 34 ff.

[87] *Gonzalez*, TJLP 2008, S. 303–354 (333 ff.).

[88] Ebd., S. 303–354 (303 ff., 317 ff., 329 ff.).

[89] Vgl. *Elton*, Sustainable Development and the Integration of the Canal Area to the Rest of the Nation, in: Pérez (Hrsg.), Post-invasion Panama, S. 57–68.

[90] Die IMO ist eine UN-Sonderorganisation mit Sitz in London und zuständig für alle schifffahrtsrechtlichen Fragen, vgl. Übereinkommen über die Internationale Seeschifffahrts-Organisation von 1979, BGBl. II 1982 Nr. S. 873 ff.; einen Überblick verschaffen *Chircop*, The International Maritime Organisation, in: Rothwell u. a. (Hrsg.), The Oxford Handbook of the Law of the Sea, S. 416–438; *Mensah*, International Maritime Organization, in: Wolfrum (Hrsg.), MPEPIL-Online.

[91] „(The Expansion) will contribute to the reduction of climate change issues and CO_2 emissions", so der IMO-Generalsekretär, vgl. *ACP*, International Maritime Organization Highlights Panama Canal Expansion and CO_2 Emissions Reduction (Press Release); siehe auch die Studie von *Lindstadt/Jullumstrø/Sandaas*, Energy Policy 2013, S. 341–349 (insb. S. 347); auf absehbare Zeit scheinen zumindest alternative Routen für den Seeweg zwischen Asien, Amerika und Europa – insbesondere die arktische Passage – nicht in si-

Die größten Nutznießer des Panamakanals sind zweifellos die USA, und insgesamt gibt es wohl kein anderes Land, das so umfassend unter amerikanischem Einfluss stand wie Panama.[92] Deshalb war das Verhältnis der beiden Staaten über das gesamte 20. Jahrhundert von Spannungen geprägt,[93] die, nachdem der amerikanische Einfluss in den 1980er Jahren nach der Rückübertragung der Kanalzone zunehmend geschmälert wurde, in der hochgradig umstrittenen amerikanischen Invasion von 1989 gipfelten.[94] Deutlich zeigte sich der wankende US-Einfluss auch an den Initiativen des neuen Kanal-Großnutzers Japan ab 1982 zum Bau eines zweiten Panamakanals, was insbesondere den Interessen des mächtigen US-Bauunternehmens Bechtel-Group zuwider lief, die bestehenden Trassen zu vergrößern – im Nachgang an die amerikanische Invasion nahm Japan von seinen Plänen wieder Abstand.[95]

Die jüngste Erweiterung wurde zum überwiegenden Großteil aus ausländischen öffentlichen Quellen Japans, Amerikas und Europas getragen.[96] Unter den letzten drei Bewerbern für die Durchführung des Projektes war auch die US-amerikanische Bechtel-Group, den Zuschlag erhielt letztlich jedoch das europäisch-panamaischen Konsortium Grupo Unidos por el Canal S.A. (GUPC).[97] Signifikanter US-Einfluss blieb gleichwohl durch die zentrale Aquisition der US-Baugiganten CH2M Hill als Hauptmanagementpartner der ACP, der URS-Corporation zur Durchführung der – positiv beschiedenen – Umweltverträglichkeitsprüfung[98], sowie verschiedener US-Baufirmen als Subunternehmer der GUPC trotzdem bestehen.[99] Vor diesem Bild umfassender finanzieller und technischer Abhängigkeit

---

gnifikanten Wettbewerb zu den Kanälen von Panama und Suez zu treten, vgl. *Lasserre*, International Journal 2010, S. 793–808.

[92] *Pérez*, US-Panamanian Relations in Historical Perspective, in: Pérez (Hrsg.), Postinvasion Panama, S. 2–10, 3.

[93] Vgl. ausführlicher *Ealy*, AJLH 1958, S. 283–303 (285–303); *Smits*, Cross Culture Work: Practices of Collaboration in the Panama Canal Expansion Program, S. 98 ff.

[94] Dazu *Quigley*, YJIL 15 (1990), S. 276–315; *Bogus*, The International Lawyer 1992, S. 781–787.

[95] *Elton*, Panama and Japan: The Role of the Panama Canal, in: Stallings/Szkely (Hrsg.), Japan, the United States, and Latin America, S. 210–228, 212 ff.

[96] Laut ACP wurden die erforderlichen 2,3 Milliarden Dollar zu folgenden Anteilen getragen: Japan Bank for International Cooperation (800 Mio.), European Investment Bank (500 Mio.), Inter-American Development Bank, International Finance Corporation sowie der Corporación Andina de Fomento (jeweils 400 Mio.). Vgl. *ACP*, Leaders of Multilateral Agencies and the Panama Canal Sign Agreement for 2.3 Billion Dollars to Finance the Canal Expansion Program (Press Release).

[97] *Smits*, Cross Culture Work: Practices of Collaboration in the Panama Canal Expansion Program, S. 115 ff., 128 ff.

[98] Vgl. *ACP*, The Environmental Impact Study for the Panama Canal Expansion Project (Executive Summary), S. 1, 41 ff.

[99] *Smits*, Cross Culture Work: Practices of Collaboration in the Panama Canal Expansion Program, S. 115 ff.

der Kanalbehörde von ausländischen Akteuren lässt sich also die altbekannte Frage aufwerfen, welcher reale Wert der formalen Wiedererlangung der nationalen Planungshoheit durch Panama seit 1999 letztlich zukommt, zumal die fachliche Dominanz der Privatwirtschaft gegenüber den Behörden ohnehin proportional zur Komplexität eines Projektes zunehmen dürfte.

Zu den großen asiatischen Nutznießern des Panamakanals gehört neben den Japanern heute vor allem auch die chinesische Exportwirtschaft. Eine seit jeher und in den 1980er Jahren auch von Japan[100] erwogene Alternativroute zum Panamakanal war stets die Querung des nördlicher gelegenen Nicaraguas gewesen. Um eine nachträgliche Entwertung des Panamakanals zu verhindern, hatten sich die USA bereits 1914 von Nicaragua im Bryan-Chamorro-Vertrag[101] das ausschließliche Recht zum Bau eines entsprechenden Konkurrenzkanals zusichern lassen,[102] den Vertrag 1970 jedoch einvernehmlich wieder aufgehoben.[103] Nach den Erweiterungsplanungen 2006 in Panama verlieh nun 2013 das nicaraguanische Parlament dem chinesischen Konsortium Hong Kong Nicaragua Canal Development Group (HKND) die Konzession zum Bau und Betrieb eines Konkurrenzkanals für die kommenden Jahrzehnte,[104] der die Kapazitäten des Panamakanals nochmals übertreffen soll.[105] Dem Projekt wird freilich eine weit über den Handelsverkehr hinausreichende Bedeutung in der geopolitischen Expansion Chinas zugeordnet, da sich die Konzession auch auf den Betrieb von Eisenbahnen, Pipelines, Häfen, einem Flughafen sowie das Recht zur Aufsuchung und Ausbeutung von Rohstoffen erstrecken soll.[106] Die geäußerte Kritik deckt alle üblichen Verdächtigungen wie

---

[100] *Elton*, Panama and Japan: The Role of the Panama Canal, in: Stallings/Szkely (Hrsg.), Japan, the United States, and Latin America, S. 210–228, 214.

[101] Convention between Nicaragua and the United States regarding the Nicaraguan Canal Route and a Naval Base on the Gulf of Fonseca of 5th August 1914, AJIL 1916, Supplements, S. 258 ff.; Austausch der Ratifizierungsurkunden am 22. Juni 1916.

[102] *Dahm/Delbrück/Wolfrum*, Völkerrecht, I/1, S. 401; der Vertrag wurde kurze Zeit später durch das benachbarte Costa Rica erfolglos vor dem Zentralamerikanischen Gerichtshof angefochten, vgl. *Corte Centroamericana de Justicia*, Bryan Chamorro Treaty Case (Costa Rica vs. Nicaragua), AJIL 1917, 181 (english translation); dazu auch *Dahm/Delbrück/Wolfrum*, Völkerrecht, I/3, S. 683 f.

[103] *Campbell*, Bryan-Chamorro Treaty.

[104] Vgl. mit Hintergrund Informationen die offizielle Veröffentlichung des Abkommens, *Asamblea Nacional de Nicaragua*, Ley No. 840, Acuerdo Marco de Concesión e Implementación con Relación a El Canal de Nicaragua y Proyectos de Desarrollo, Master Concession and Implementation Agreement in Respect of the Nicaragua Canal and Development Project.

[105] Vgl. etwa die Selbstdarstellung des Projektes, *HKND-Group*, Nicaragua Canal Project Description.

[106] Vgl. dazu die Interviews mit Axel Meyer bei *Lingenhöhl*, Nicaraguakanal: Jahrhundertwerk oder Desaster?; *Willmann*, Pötte statt Fische, Wird der Kanal gebaut, verlieren Natur und Mensch.

ökonomische Irrationalität, Korruption und massive Umweltbedenken ab.[107] Diese Bedenken wurden im Rahmen der 2015 von der HKND in Auftrag gegebenen und auch publizierten Umweltverträglichkeitsprüfung zwar durchaus aufgriffen, die – im Detail leider vertraulichen – Kosten würden durch die zu erwartenden Vorteile jedoch deutlich aufgewogen und die größten Probleme bestünden, so das Resümee, lediglich im Bereich der Öffentlichkeitsarbeit.[108] Für ein äußerst armes Land wie Nicaragua[109] erscheint daher die Abschlussbemerkung des Berichts,

„the No Canal and Continuation of Current Trends Scenario is not positive by any measures"

fast wie eine Drohung.[110] Ob der Nicaraguakanal jemals gebaut wird, bleibt abzuwarten: Auch wenn die Regierung Nicaraguas bereits 2014 den offiziellen ersten Spatenstich zelebrierte, existierten bis 2017 vor Ort wohl keine Bauarbeiten.[111]

IV. Ergebnis

Die Souveränität des Territorialstaates ist der völkerrechtliche Ausgangspunkt jeder hoheitlichen Betätigung und berechtigt den Staat dazu, räumliche Nutzungen – seien es staatliche oder private – durch hoheitliche Planung zu steuern oder dies auch zu unterlassen. Auf welche Weise der Staat diese Hoheit innerorganisatorisch ausübt, ist ihm im Rahmen des Völkerrechts freigestellt.

Eine grundlegende Einschränkung hoheitlicher Betätigung ist das grundsätzliche Verbot der Beplanung fremden Staatsgebiets. Hierzu kann ein Staat nur durch den anderen Territorialstaat ausdrücklich ermächtigt werden. Souveränitätsübergreifende Planungen erfordern daher stets die Kooperation der beteiligten Hoheitsträger. In Fällen relativer Schwäche der öffentlichen Gewalt existieren aber dennoch bis heute Beispiele unautorisierter, extraterritorialer Bautätigkeit. Dass aber auch erklärte Kooperationen nicht notwendigerweise harmonischen Ursprungs sind, sondern gerade im Bereich des Infrastrukturbaus zur Umsetzung realpolitischer Interessen erzwungen werden, vermochte das Beispiel des Panamakanals eindrucksvoll aufzuzeigen. Die umfassende Einflussnahme einer Vielzahl von Akteuren im Rahmen der Erweiterung des Kanals und die Versuche zum

---

[107] Vgl. die Untersuchung der *International Federation for Human Rights*, Concesión del Canal Interoceánico en Nicaragua: Grave Impacto en los Derechos Humanos; bereits *Meyer/Huete-Pérez*, Conservation: Nicaragua Canal could wreak environmental ruin.

[108] *HKND-Group*, Environmental and Social Impact Assessment Canal de Nicaragua (Executive Summary), S. 8 ff., 31 ff., 65 ff.

[109] Rang 124 von 188 des vom United Nations Development Programme veröffentlichten Human Development Index. Vgl. *UNDP*, Human Development Report 2016, S. 200.

[110] *HKND-Group*, Environmental and Social Impact Assessment Canal de Nicaragua (Executive Summary), S. 69 f., 75.

[111] *Peralta*, Four dates Later, China-Backed Nicaragua Canal Struggles to Take Off the Ground; Kursrutsch gefährdet Finanzierung, Experten zweifeln am Nicaragua-Kanal.

Bau eines Konkurrenzkanals in Nicaragua zeigen letztlich auch, dass die formale völkerrechtliche Allokation im Einzelfall wenig über die real herrschenden Entscheidungsstrukturen aussagt.

§ 4 Das souveränitätsrechtliche Präventionsprinzip

Das vorliegende Kapitel behandelt unter dem Begriff des „souveränitätsrechtlichen Präventionsprinzips" die planungsrechtlichen Implikationen des nachbarrechtlichen Verbots der erheblichen grenzüberschreitenden Umweltschädigung sowie des wasserrechtlichen Grundsatzes der angemessenen und ausgewogenen Nutzung gemeinsamer Ressourcen.[1] In diesen beiden Rechtssätzen findet das Präventionsprinzip – wie sogleich noch näher ausgeführt wird – seine Ursprünge.[2] Seine Relevanz für räumliche Planungen wird besonders anschaulich anhand der – primär westeuropäischen – Espoo Konvention über die Umweltverträglichkeitsprüfung im grenzüberschreitenden Rahmen von 1991[3], deren Anhang I ausschließlich stark umweltbelastende und damit raumbedeutsame Vorhaben der Montanindustrie und des überregionalen Infrastrukturbaues aufführt.[4]

---

[1] Zur Begründung der Terminologie siehe oben S. 29 ff.

[2] Vgl. *ILC*, Draft articles on Prevention of Transboundary Harm from Hazardous Activities, with commentaries, General commentary, Rn. 4; *Proelß*, Prinzipien des internationalen Umweltrechts, in: Proelß (Hrsg.), Internationales Umweltrecht, S. 69–103, 78 ff.; ders., Das Urteil des Internationalen Gerichtshofs im Pulp Mills-Fall und seine Bedeutung für die Entwicklung des Umweltvölkerrechts, in: Ruffert (Hrsg.), Dynamik und Nachhaltigkeit des Öffentlichen Rechts – Festschrift Schröder, S. 613–625.

[3] Convention on Environmental Impact Assessment in a Transboundary Context, BGBl. II 2002 Nr. 22 S. 1406 ff.

[4] Appendix I, List of activities: 1. Crude oil refineries (excluding undertakings manufacturing only lubricants from crude oil) and installations for the gasification and liquefaction of 500 tonnes or more of coal or bituminous shale per day. 2. Thermal power stations and other combustion installations with a heat output of 300 megawatts or more and nuclear power stations and other nuclear reactors (except research installations for the production and conversion of fissionable and fertile materials, whose maximum power does not exceed 1 kilowatt continuous thermal load). 3. Installations solely designed for the production or enrichment of nuclear fuels, for the reprocessing of irradiated nuclear fuels or for the storage, disposal and processing of radioactive waste. 4. Major installations for the initial smelting of cast-iron and steel and for the production of non-ferrous metals. 5. Installations for the extraction of asbestos and for the processing and transformation of asbestos and products containing asbestos: for asbestos-cement products, with an annual production of more than 20,000 tonnes finished product; for friction material, with an annual production of more than 50 tonnes finished product; and for other asbestos utilization of more than 200 tonnes per year. 6. Integrated chemical installations. 7. Construction of motorways, express roads*) and lines for long-distance railway traffic and of airports with a basic runway length of 2,100 metres or more. 8. Large-diameter oil and gas pipelines. 9. Trading ports and also inland waterways and ports for inland-waterway traffic which permit the passage

I. Überblick zu Ursprüngen und Inhalt des Präventionsprinzips

1. Vom nachbarrechtlichen Schädigungsverbot zum präventiven Schadensvermeidungsgebot

Das Verbot der erheblichen grenzüberschreitenden Schädigung in seiner ursprünglich erfolgsbezogenen Form galt schon früh als gesicherter Befund[5] des universellen Völkergewohnheitsrechts[6] und wird als von der internationalen Judikatur bestätigt angesehen.[7] Mit fortschreitender Industrialisierung, die unweigerlich auch die Umwelt benachbarter Territorien zu belasten begann,[8] wurde das Schädigungsverbot zunehmend auch umweltrechtlich betrachtet, auch wenn dieses „Gebot schonenden Souveränitätsausgleichs" im Kern auf den wechselseitigen Souveränitätsansprüchen der beteiligten Staaten beruht.[9] Probleme bereitete freilich

---

of vessels of over 1,350 tonnes. 10. Waste-disposal installations for the incineration, chemical treatment or landfill of toxic and dangerous wastes. 11. Large dams and reservoirs. 12. Groundwater abstraction activities in cases where the annual volume of water to be abstracted amounts to 10 million cubic metres or more. 13. Pulp and paper manufacturing of 200 air-dried metric tonnes or more per day. 14. Major mining, on-site extraction and processing of metal ores or coal. 15. Offshore hydrocarbon production. 16. Major storage facilities for petroleum, petrochemical and chemical products. 17. Deforestation of large areas.

[5] *Kunig*, Nachbarrechtliche Staatenverpflichtungen bei Gefährdungen und Schädigungen der Umwelt, in: Dolzer u. a. (Hrsg.), Umweltschutz im Völkerrecht und Kollisionsrecht, S. 9–46, 16; *Durner*, Common Goods, S. 61.

[6] Vgl. statt aller den hinsichtlich präventiver Rechtspflichten sehr reservierten *Heintschel von Heinegg*, Internationales öffentliches Umweltrecht, in: Ipsen (Hrsg.), Völkerrecht, S. 986–1054, 1037 ff.; hiervon zu unterscheiden ist die Frage nach der Haftung für grenzüberschreitende Umweltschäden, die auch unabhängig davon eintreten kann, ob ein Staat für die Schäden völkerrechtlich verantwortlich ist oder nicht. Vgl. dazu *Gündling*, ZaöRV 45 (1985), S. 265–292; *Schmalenbach*, Verantwortlichkeit und Haftung, in: Proelß (Hrsg.), Internationales Umweltrecht, S. 211–242, 214 ff., 237 ff.

[7] *Arbitration Tribunal*, Trail Smelter Case (United States vs. Canada), Awards, 16.04.1938 / 11.03.1941, RIAA III, 1905, S. 1941; *ICJ*, Corfu Channel Case (United Kingdom vs. Albania), ICJ Reports 1949, 4, S. 22 f.; angeführt wird auch *Arbitration Tribunal*, Island of Palmas Case (Netherlands vs. United States of America), Award, 04.04.1928, RIAA II, 829, S. 839.

[8] Vgl. *Odendahl*, Die Umweltpflichtigkeit der Souveränität, S. 110 ff.; gemeinhin beginnen die entwicklungsgeschichtlichen Anmerkungen zum internationalen Nachbarrecht mit der – eigentlich untrefflich auf das Wasserrecht bezogenen – Doktrin absoluter Souveränität des Außenministers Harmon im ausgehenden 19. Jahrhunderts, dazu *Durner*, Common Goods, S. 63, 161 f.

[9] *Kloepfer/Kohler*, Kernkraftwerk und Staatsgrenze, S. 36 ff.

I. Überblick zu Ursprüngen und Inhalt des Präventionsprinzips

von Beginn an die begriffliche Unschärfe des Schädigungsverbots,[10] weshalb sich der Schwerpunkt der Diskussion bald auf die vorgelagerte Pflicht zur Vermeidung und Minimierung grenzüberschreitender Beeinträchtigungen verlagerte.[11] Ihre prominenteste und oft wiederholte Formulierung fand diese präventive Ausrichtung des Schädigungsverbotes in den Prinzipien 21 bzw. 2 der Deklarationen von Stockholm und Rio de Janeiro:

„States have (...) the responsibility to ensure that activities within their jurisdiction or control do not cause damage to the environment of other States or of areas beyond the limits of national jurisdiction."[12]

Die Verlagerung umweltrechtlicher Pflichten auf die vorbeugende Schadensvermeidung erscheint sachgerecht, da sie deutlich besser geeignet ist für die weltweite Zunahme energie- und schadstoffintensiver Tätigkeiten eine nennenswerte Steuerungswirkung zu entfalten, zumal bereits eingetretene Schäden oft nur unzureichend kompensiert werden können.[13] In der nahezu einheitlichen Völkerrechtslehre wird zumeist von der gewohnheitsrechtlichen Geltung des nachbarlichen Präventionsprinzips ausgegangen.[14] Gestützt wird dies insbesondere

---

[10] Vgl. bereits *Arbitration Tribunal*, Trail Smelter Case (United States vs. Canada), Awards, 16.04.1938 / 11.03.1941, RIAA III, 1905, 1963: „But the real difficulty often arises rather when it comes to determine what, pro subjecta materie, is deemed to constitute an injurious act".

[11] *Wolfrum*, GYIL (1990), S. 308–330 (310); *Handl*, Transboundary Impacts, in: Bodansky/Brunée/Hey (Hrsg.), The Oxford Handbook of International Environmental Law, S. 531–549, 531 ff.; *Birnie/Boyle/Redgwell*, International Law and the Environment, S. 143 ff.; *Beyerlin/Marauhn*, International Environmental Law, S. 39 ff.; *Proelß*, Prinzipien des internationalen Umweltrechts, in: Proelß (Hrsg.), Internationales Umweltrecht, S. 69–103, 76 f.

[12] Das hier augenfällige Entfallen des Merkmals der Erheblichkeit sollte in Anbetracht der übrigen Staatenpraxis nicht überbewertet werden, ist es doch nach allgemeiner Auffassung im Präventionsprinzip impliziert und lässt sich wohl am ehesten durch die damalige Betonung präventiver Maßnahmen erklären. Vgl. *Odendahl*, Die Umweltpflichtigkeit der Souveränität, S. 129 ff.; *Birnie/Boyle/Redgwell*, International Law and the Environment, S. 184 ff.; *Beyerlin/Marauhn*, International Environmental Law, S. 41.

[13] *Epiney*, AVR 33 (1995), S. 309–360 (329); *Odendahl*, Die Umweltpflichtigkeit der Souveränität, S. 124 f.; *ICJ*, Case Concerning the Gabcikovo-Nagymaros Project (Hungary vs. Slovakia), ICJ Reports 1997, 7, Rn. 140; *ILC*, Draft articles on Prevention of Transboundary Harm from Hazardous Activities, with commentaries, 148 Rn. 2.

[14] Stellvertretend *Wolfrum*, GYIL (1990), S. 308–330 (310); *Handl*, Transboundary Impacts, in: Bodansky/Brunée/Hey (Hrsg.), The Oxford Handbook of International Environmental Law, S. 531–549, 531 ff.; *Birnie/Boyle/Redgwell*, International Law and the Environment, S. 143 ff.; *Beyerlin/Marauhn*, International Environmental Law, S. 39 ff.; *Sands/Peel*, Principles of International Environmental Law, S. 211 ff.; *Proelß*, Prinzipien des internationalen Umweltrechts, in: Proelß (Hrsg.), Internationales Umweltrecht, S. 69–103, 76 f.; zurückhaltend wohl einzig *Heintschel von Heinegg*, Internationales öffentliches Umweltrecht, in: Ipsen (Hrsg.), Völkerrecht, S. 986–1054, 1037 ff.; aus Rechtsquellenper-

auf die beständige internationale Judikatur, insbesondere des IGH, die den Bestand des Präventionsprinzips mit zunehmender Konsistenz und mit Zustimmung der – insb. lateinamerikanischen – Streitparteien anwendet.[15] Schwerpunktmäßig folgt die Pflicht zur Schadensvermeidung dabei aus der Verantwortlichkeit des Ursprungsstaates für Tätigkeiten innerhalb seines eigenen Staatsgebiets bzw. unter seiner Kontrolle („responsibility to ensure").[16] Nach Bemühungen in der ILC bereits seit Ende der 1970er Jahre empfahl diese schließlich 2001 der UN-Generalversammlung eine das Präventionsprinzip konkretisierende Entwurfsfassung der Articles on Prevention of Transboundary Harm from Hazardous Activities (nachfolgend: ILC-Prevention Articles)[17], die eng entlang bestehender Staatenpraxis und Judikatur entwickelt wurde und von der seither – ungeachtet ihrer eigenständigen Rechtsunverbindlichkeit – in der Staatenpraxis reger Gebrauch gemacht wird.[18] Die umweltrechtliche Praxis betrifft insoweit schwerpunktmä-

---

spektive wird z.T. auch für einen allgemeinen Rechtsgrundsatz argumentiert, was freilich nicht gegen eine (gleichzeitige) gewohnheitsrechtliche Norm spricht. Vgl. zur Übersicht *Odendahl*, Die Umweltpflichtigkeit der Souveränität, S. 117 m.w.N.

[15] *Arbitration Tribunal*, Trail Smelter Case (United States vs. Canada), Awards, 16.04.1938 / 11.03.1941, RIAA III, 1905, S. 1963, 1966, 1974; *Tribunal arbitral*, Affaire du lac Lanoux (Espagne vs. France), Award, 16.11.1957, RIAA XII, 281, S. 303, 315; *ICJ*, Legality of the Threat or Use of Nuclear Weapons, ICJ Reports 1996, 226 – Advisory Opinion, Rn. 29; ders., Case Concerning the Gabcikovo-Nagymaros Project (Hungary vs. Slovakia), ICJ Reports 1997, 7, Rn. 53; *Arbitral Tribunal*, Iron Rhine Railway Arbitration (Belgium vs. Netherlands), Award, 24.05.2005, RIAA XXVII, 35, Rn. 59; *ICJ*, Pulp Mills on the River Uruguay (Argentina v. Uruguay), ICJ Reports 2010, 14, Rn. 101; ders., Certain Activities carried out by Nicaragua in the border area (Costa Rica vs. Nicaragua) and Construction of a Road in Costa Rica along the San Juan River (Nicaragua vs. Costa Rica), ICJ Reports 2015, 665, Rn. 104.

[16] Vgl. etwa Ders., Pulp Mills on the River Uruguay (Argentina v. Uruguay), ICJ Reports 2010, 14, Rn. 101: „(T)he principle of prevention, as a customary rule, has its origins in the due diligence that is required of a State in its territory"; *Wolfrum*, GYIL (1990), S. 308–330 (310); *Proelß*, Prinzipien des internationalen Umweltrechts, in: Proelß (Hrsg.), Internationales Umweltrecht, S. 69–103, 75 f.; stellvertretend für eine einheitlich behandelte Geltung von Schädigungsverbot und Präventionsprinzip etwa die Formulierung bei *Scovazzi*, YIEL 12 (2001), S. 43–67 (49): „(T)he main objective of international rules on the environment is to prevent damage rather than merely to provide the victim with an entitlement to receive compensation. The idea of prevention is itself integrated in the primary rule on the prohibition of transboundary harm."

[17] *ILC*, Draft articles on Prevention of Transboundary Harm from Hazardous Activities, with commentaries.

[18] Vgl. *Birnie/Boyle/Redgwell*, International Law and the Environment, S. 141 f.m.w.N.

I. Überblick zu Ursprüngen und Inhalt des Präventionsprinzips 57

ßig das Wasserrecht[19], aber auch an allgemeineren[20], regionalen[21] und globalen[22] Beispielen mangelt es nicht, sodass zurecht von einer universellen Geltung des Präventionsprinzips ausgegangen wird.

2. Von gemeinsamen Gewässern zu gemeinsamen Regionen

In den meisten Fällen industrieller Vorhaben existiert durch die Nutzung großer Wassermengen ein intensiver Bezug zum Wasserrecht. Hier entwickelte sich als zweite Ausprägung relativer Souveränität – maßgeblich unter der Ägide der International Law Association (ILA) – das ebenfalls gewohnheitsrechtlich anerkannte Prinzip der ausgewogenen und angemessenen Nutzung gemeinsamer Ressourcen, das bei der Nutzung grenzüberschreitender Flüsse und Seen verlangt, die Inter-

---

[19] *Kunig*, Nachbarrechtliche Staatenverpflichtungen bei Gefährdungen und Schädigungen der Umwelt, in: Dolzer u. a. (Hrsg.), Umweltschutz im Völkerrecht und Kollisionsrecht, S. 9–46, 27 f.; *Durner*, Common Goods, S. 64 ff.; *Reichert*, Schutz der Binnengewässer, in: Proelß (Hrsg.), Internationales Umweltrecht, S. 455–529, 482 f.

[20] Vgl. ferner m.w.N. *Epiney*, AVR 33 (1995), S. 309–360 (316 ff.); *Odendahl*, Die Umweltpflichtigkeit der Souveränität, S. 114 ff., 124 ff.; *Sands/Peel*, Principles of International Environmental Law, S. 214 f.

[21] Vgl. beispielsweise das UNECE-Übereinkommen über weiträumige grenzüberschreitende Luftverunreinigung von 1979/Convention on Long-Range Transboundary Air Pollution (LRTRAP), BGBl. 1982 II Nr. 15 S. 373 ff., Ratifikationsstand unter: https://treaties.un.org/Pages/ViewDetails.aspx?src=TREATY&mtdsg_no=XXVII-1&chapter=27&clang=_en; einschlägige Bestimmungen finden sich ferner in den umweltrechtlichen Verträge der ASEAN-Staaten: Agreement on the Conservation of Nature and Natural Resources von 1985 (Art. 20), Agreement on Transboundary Haze Pollution von 2002 (Art. 3), Texte und Ratifikationsstand abrufbar unter: agreement.asean.org. Dass sich die Staatenpraxis ursprünglich vor allem in Nordamerika und Westeuropa nachweisen lies, findet seine Ursache nicht zuletzt in der frühzeitigen Industrialisierung eben dieser Regionen und ist insoweit nicht ohne weiteres ein Argument für eine bloß regionale Geltung des Präventionsprinzips, *Odendahl*, Die Umweltpflichtigkeit der Souveränität, S. 127

[22] Art. 7 des Übereinkommens über das Recht der nichtschifffahrtlichen Nutzung internationaler Wasserläufe von 1997 (UN-Wasserlaufkonvention)/Convention on the law of the non-navigational uses of international watercourses (Water Course Convention), BGBl. II 2006 Nr. 22 S. 742 ff., Ratifikationsstand unter: https://treaties.un.org/Pages/ViewDetails.aspx?src=TREATY&mtdsg_no=XXVII-12&chapter=27&clang=_en; Art. 194 des Seerechtsübereinkommens von 1982 (zum Status S. 165); Art. 3 der Biodiversitätskonvention von 1992/Convention on Biological Diversity, BGBl II 1993 Nr. 32 S. 1741 ff. Ratifkationsstand unter: https://www.cbd.int/information/parties.shtml.

essen aller Anrainerstaaten gebührend zu berücksichtigen.[23] Im Ursprung handelte es sich hierbei, wie anhand des weiteren Anwendungsfalles der Förderung grenzüberschreitend belegener Öl- und Gasfelder deutlich wird,[24] nicht um einen Rechtssatz des Umweltschutzes – die Brennstoffe sollen ja gerade verbraucht werden –, sondern um ein umweltnutzungsbezogenes Gebot der Verteilungsgerechtigkeit,[25] das weniger als Abwehr- denn als Zugriffsrecht verstanden wurde.[26] Trotz dieses genuin unterschiedlichen Anwendungsbereichs der Wasserquantität gegenüber der Wasserqualität[27] entstanden durch die zunehmende Verlagerung des Wasserrechts auf Fragen des Gewässerschutzes[28] namentlich im Dunstkreis der Kodifikationsarbeiten der ILC[29] bis heute andauernde dogmatische Unklarheiten über das wechselseitige Verhältnis zum nachbarlichen Schädigungsverbot,[30] denen jedoch letztlich infolge des weitgehenden Gleichklangs der dominierenden

---

[23] Vgl. dazu eingehend m.w.N. *Odendahl*, Die Umweltpflichtigkeit der Souveränität, S. 158 ff.; *Durner*, Common Goods, S. 74 ff.; *McCaffrey*, The Law of International Watercourses, S. 384 ff., 406 ff.; aus der allgemeineren Literatur *Dahm/Delbrück/Wolfrum*, Völkerrecht, I/1, S. 395 ff.; *del Castillo-Laborde*, Equitable Utilization of Shared Resources, in: Wolfrum (Hrsg.), MPEPIL-Online, Rn. 10 ff.; *Birnie/Boyle/Redgwell*, International Law and the Environment, S. 190 ff., 547 ff.; *Reichert*, Schutz der Binnengewässer, in: Proelß (Hrsg.), Internationales Umweltrecht, S. 455–529, 478 ff.; *Sands/Peel*, Principles of International Environmental Law, S. 226 ff.

[24] *Durner*, Common Goods, S. 91 ff., 96 ff.

[25] Den besonderen Zusammenhang mit Fragen der Equity betonen etwa *del Castillo-Laborde*, Equitable Utilization of Shared Resources, in: Wolfrum (Hrsg.), MPEPIL-Online, Rn. 8 ff.; *Birnie/Boyle/Redgwell*, International Law and the Environment, S. 192 ff., 202 ff., 541 ff.

[26] Anschaulich insofern die von der ILA urprünglich verwendeten Formulierung als „right to a reasonable and equitable share", vgl. Art. 4 der Helsinki Rules in *ILA*, Report of the Fifty-second Conference Held at Helsinki, S. 484 ff.; ferner *McCaffrey*, The Law of International Watercourses, S. 386 ff.

[27] Zu diesem Ansatz *Utton*, NRJ 36 (1996), S. 635–641.

[28] Vgl. nur *Reichert*, Schutz der Binnengewässer, in: Proelß (Hrsg.), Internationales Umweltrecht, S. 455–529, 470 ff., 481 ff.

[29] Dazu die Informationen unter http://legal.un.org/ilc/guide/8_5.shtml sowie http://legal.un.org/ilc/guide/8_6.shtml.

[30] Dezidiert zum Verhältnis der beiden Normen mit umfassendem Nachweis *Durner*, Common Goods, S. 62 f., 87 ff., 116 ff., 121 ff., 126 ff.; *Reszat*, Gemeinsame Naturgüter im Völkerrecht, S. 408 ff.; vgl. etwa die als Konsolidierung gedachten Art. 12 und 16 der *ILA*, Berlin Rules on Water Resources, Berlin conference (2004), S. 20 ff.

I. Überblick zu Ursprüngen und Inhalt des Präventionsprinzips 59

Verfahrenspflichten[31] und einer allenfalls im Extremfall bestehenden Justiziabilität[32] eher geringe praktische Bedeutung zukommen dürfte.[33]

Jedenfalls aber handelt es sich bei dem Grundsatz der angemessenen Nutzung um eine – letztlich sogar ältere – Ausprägung des souveränitätsrechtlichen Präventionsprinzips.[34] Tatsächlich erfolgte der Großteil der inhaltlichen und dogmatischen Entwicklung des Präventionsprinzips in der internationalen Judikatur im Wasserrecht und anhand des Prinzips der angemessenen Nutzung (equitable utilisation).[35] Symptomatisch für die zunehmende Verwischung der unterschiedlichen Ursprünge steht neben der wechselbezüglichen Fassung in den Berlin Rules der

---

[31] Namentlich Umweltverträglichkeitsprüfungen sowie wohlwollende Information, Konsultation und Interessenberücksichtigung. Vgl. etwa die Ausarbeitung in Art. 11 der UN-Wasserlaufkonvention; wegweisend hierfür insbesondere ders., Report of the Fifty-second Conference Held at Helsinki, S. 484 ff.; *UNEP*, ILM 17 (1978), S. 1097–1099.

[32] *Durner*, Common Goods, 121, 129 ff., in solchen Extremfällen werden ohnehin mehrere, wenn nicht gar alle Schädigungsrisiken – Wasserentzug, Flussökologie und sonstige nachbarliche Umwelt samt Gesundheit der Bevölkerung – zusammenfallen und die Nutzung zugleich unangemessen sein.

[33] Trotz der vielfach beschworenen normtheoretischen Unterscheidung der beiden Normen als objektives Verbot bzw. abwägungsoffenes Prinzip zeigt sich, nicht zuletzt mit Blick auf die genannten Artikel der ILA-Berlin Rules, dass es sich vor allem um Formulierungsmodalitäten handelt; vgl auch *Birnie/Boyle/Redgwell*, International Law and the Environment, S. 550; vgl. auch *McCaffrey*, The Law of International Watercourses, S. 464 ff.

[34] Ausdrücklich etwa *ILC*, Draft articles on Prevention of Transboundary Harm from Hazardous Activities, with commentaries, General Commentary, Rn. 4; *del Castillo-Laborde*, Equitable Utilization of Shared Resources, in: Wolfrum (Hrsg.), MPEPIL-Online, Rn. 10 ff., 24; *Proelß*, Prinzipien des internationalen Umweltrechts, in: Proelß (Hrsg.), Internationales Umweltrecht, S. 69–103, 75 f.; Parallelen bereits aufgezeigt bei *Kloepfer/Kohler*, Kernkraftwerk und Staatsgrenze, S. 36 ff.; Zitat von *Kunig*, Nachbarrechtliche Staatenverpflichtungen bei Gefährdungen und Schädigungen der Umwelt, in: Dolzer u. a. (Hrsg.), Umweltschutz im Völkerrecht und Kollisionsrecht, S. 9–46, 18 f., der im Verhältnis zum Nachbarrecht von einem „ergänzenden Normbestand" spricht.

[35] Zum Überblick *McCaffrey*, The Law of International Watercourses, S. 203–255, 406 ff., 419 ff.; *Heintschel von Heinegg*, Internationales öffentliches Umweltrecht, in: Ipsen (Hrsg.), Völkerrecht, S. 986–1054, 1038–1047; aus der Judikatur insbesondere *Tribunal arbitral*, Affaire du lac Lanoux (Espagne vs. France), Award, 16.11.1957, RIAA XII, 281; *ICJ*, Case Concerning the Gabcikovo-Nagymaros Project (Hungary vs. Slovakia), ICJ Reports 1997, 7; ders., Pulp Mills on the River Uruguay (Argentina v. Uruguay), ICJ Reports 2010, 14, Rn. 169 ff.

ILA³⁶, die – offensichtlich von der Espoo Konvention inspirierte – Formulierung des IGH, dass die Präventivpflicht zur Durchführung von Umweltverträglichkeitsprüfungen dort greife,

„where there is a risk that the proposed industrial activity may have a significant adverse impact in a transboundary context, in particular, on a shared resource."³⁷

In seiner jüngeren Entscheidung zwischen Nicaragua und Costa Rica formulierte das Gericht nun erstmals ausdrücklich den Anwendungsbereich des Präventionsprinzips ohne Ressourcenbezug:

„The Parties broadly agree on the existence in general international law of an obligation to conduct an environmental impact assessment concerning activities carried out within a State's jurisdiction that risk causing significant harm to other States, *particularly in areas or regions of shared environmental conditions.*"³⁸

Durch die distanziertere Formulierung als Staatenpraxis macht sich der Gerichtshof diese Fassung zwar nicht unmittelbar zu eigen, es kann jedoch in den nachfolgenden Ausführungen³⁹ kaum ein Zweifel daran bestehen, dass er von einer Kongruenz mit der vorherigen Rechtsprechung ausgeht. Der Wandel des Wortlautes wurde vermutlich vollzogen, um Unschärfen in der Einordnung des Río San Juan als geteilte Ressource zu vermeiden, weil sich die wechselseitigen Vorwürfe der Streitparteien zwar auf Beeinträchtigungen der Grenzflussökologie und eines nahe gelegenen Ramsar-Naturschutzgebiets⁴⁰ bezogen, der Fluss jedoch vollständig nicaraguanischer Souveränität unterliegt.⁴¹ Damit bestätigt der IGH erstmals das nachbarrechtliche Präventionsprinzip als raumbezogenes, regionales Grenzrecht, das auch ohne Bezug zum internationalen Wasserrecht gelte.⁴²

---

³⁶ *ILA*, Berlin Rules on Water Resources, Berlin conference (2004), 20 ff.: Art. 12: „Basin States shall in their respective territories manage the waters of an international drainage basin in an equitable and reasonable manner having due regard for the obligation not to cause significant harm to other basin States". Art. 16: „Basin States, in managing the waters of an international drainage basin, shall refrain from and prevent acts or omissions within their territory that cause significant harm to another basin State having due regard for the right of each basin State to make equitable and reasonable use of the waters",

³⁷ *ICJ*, Pulp Mills on the River Uruguay (Argentina v. Uruguay), ICJ Reports 2010, 14, Rn. 204.

³⁸ Ders., Certain Activities carried out by Nicaragua in the border area (Costa Rica vs. Nicaragua) and Construction of a Road in Costa Rica along the San Juan River (Nicaragua vs. Costa Rica), ICJ Reports 2015, 665, Rn. 101, Hervh. d. Verf.

³⁹ Vgl. ebd., Rn. 104.

⁴⁰ Vgl. dazu unten S. 110 ff.

⁴¹ Vgl. *ICJ*, Certain Activities carried out by Nicaragua in the border area (Costa Rica vs. Nicaragua) and Construction of a Road in Costa Rica along the San Juan River (Nicaragua vs. Costa Rica), ICJ Reports 2015, 665, Rn. 56 ff., 100 ff., 145 ff.

⁴² Eine Geltung des Schadensvermeidungsgebots außerhalb wasserrechtlicher Zusammenhänge bislang ablehnend *Heintschel von Heinegg*, Internationales öffentliches Umweltrecht, in: Ipsen (Hrsg.), Völkerrecht, S. 986–1054, 1038–1047.

I. Überblick zu Ursprüngen und Inhalt des Präventionsprinzips 61

Während das allgemeine Nachbarrecht durch Gewässer vermittelte Umweltschädigungen erst dann erfasste, wenn sie über den Gewässerkörper hinaus reichten,[43] hatte das Wasserrecht also die Wirkung, auch ein Schädigungsrisiko des Gewässerkörpers und seiner Ökologie als Teil eines allgemeinen Präventionsgrundsatzes[44] zu formulieren[45] und dessen Struktur zunehmend in Richtung eines an den Grundsätzen der Billigkeit ausgerichteten, prozessualen Interessenausgleichs zu verschieben.[46] In der Tat ist es aus Sicht des Wasserrechts je nach Region unterschiedlich zu bewerten, ob eine Schädigung eher im Entzug von Wasser, in seiner Verunreinigung selbst oder in durch Wasser vermittelten Schädigungen sonstiger Rechtsgüter liegt.[47] Da das Präventionsprinzip insbesondere im mit dem Gewässerschutz eng verbundenen Schutz der Meeresumwelt Anwendung findet[48] und ohnehin das gesamte Umweltrecht mit seiner zukunftsorientierten Ausrichtung Fragen des gerechten Interessenausgleichs betrifft,[49] ist diese Entwicklung historisch schlüssig und konzeptuell überzeugend.

3. Prävention als unscharfe Sorgfaltspflicht

Der sachliche Anwendungsbereich des Präventionsprinzips im Sinne des Art. 1 der ILC-Prevention Articles erstreckt sich auf

„activities not prohibited by international law which involve a risk of causing significant transboundary harm through their physical consequences."

Es handelt sich hierbei um einen nicht abgeschlossenen Kreis unmittelbar physisch relevanter Aktivitäten, wobei die ILC auf eine Spezifikation bewusst verzichtet hat, insbesondere um zu gewährleisten, dass der Anwendungsbereich bei zukünftigen Entwicklungen durch verzögerte Anpassungen nicht unnötig be-

---

[43] *Durner*, Common Goods, S. 116 f., 128.

[44] *Proelß*, Raum und Umwelt im Völkerrecht, in: Vitzthum/Proelß (Hrsg.), Völkerrecht, S. 361–454, 471.

[45] Schon *Tribunal arbitral*, Affaire du lac Lanoux (Espagne vs. France), Award, 16.11.1957, RIAA XII, 281, 303 bezog sich vor allem auf Fragen der Wasserqualität.

[46] Vgl. dazu noch ausführlicher S. 69 ff.; Ansätze des Gedankens der Billigkeit finden jedoch bereits bei *Arbitration Tribunal*, Trail Smelter Case (United States vs. Canada), Awards, 16.04.1938 / 11.03.1941, RIAA III, 1905, S. 1965; vgl. auch *Hector*, Das völkerrechtliche Abwägungsgebot, S. 103 ff.; *Kloepfer/Kohler*, Kernkraftwerk und Staatsgrenze, S. 37; *McCaffrey*, The Law of International Watercourses, S. 401 ff., 464; *Birnie/Boyle/Redgwell*, International Law and the Environment, S. 115.

[47] *Reszat*, Gemeinsame Naturgüter im Völkerrecht, S. 96 f.; *Reichert*, Schutz der Binnengewässer, in: Proelß (Hrsg.), Internationales Umweltrecht, S. 455–529, 483 f.

[48] Vgl. nur Art. 194 und 207 des Seerechtsübereinkommens von 1982; dazu ausführlich ab S. 215 ff.

[49] *Francioni*, Equity in International Law, in: Wolfrum (Hrsg.), MPEPIL-Online, Rn. 23 ff.; *Birnie/Boyle/Redgwell*, International Law and the Environment, S. 190 ff.

schränkt ist,[50] eine Sichtweise, die sich auch jüngst vor dem IGH durchgesetzt hat.[51] Gesicherte Beispiele im Gewohnheitsrecht sind neben den judizierten Fällen industrieller Emissionen und des Wasserbaues jedenfalls kerntechnische Anlagen[52], große Bergbauvorhaben mit erstaunlich weitreichenden hydrologischen Auswirkungen[53] sowie im Einzelfall sogar die Auswirkungen grenzflussnaher Straßenbaus.[54]

Der Nachbarbegriff bzw. die Frage der Grenzüberschreitung werden heute nicht mehr exklusiv territorial gesehen, sondern als Problem der Beeinträchtigungen staatlicher Kontrollsphären, die unter fremdstaatlicher Kontrolle entspringen und meist, aber nicht notwendigerweise, Folge einer räumlichen Nähebeziehung mit typischer Umweltgefährdungslage sind[55], wie sie insbesondere auch bei von Schiffen oder maritimen Anlagen ausgehenden Beeinträchtigungen gegeben sein können.[56] Gemessen an der Gesamtheit aller umweltrelevanten Tätigkeiten reduziert sich der Anwendungsbereich des nachbarrechtlich fundierten Präventionsprinzips – jedenfalls im Bereich raumbeanspruchender Vorhaben – auf einen relativ charakteristischen Projektbestand mit besonderer Grenznähe oder (wassergefährdender) Gefahrstoffdimension.[57]

---

[50] *ILC*, Draft articles on Prevention of Transboundary Harm from Hazardous Activities, with commentaries, Art. 1 Rn. 2 ff.

[51] *ICJ*, Certain Activities carried out by Nicaragua in the border area (Costa Rica vs. Nicaragua) and Construction of a Road in Costa Rica along the San Juan River (Nicaragua vs. Costa Rica), ICJ Reports 2015, 665, Rn. 104: „Although the Court's statement in the Pulp Mills case refers to industrial activities, the underlying principle applies generally to proposed activities which may have a significant adverse impact in a transboundary context".

[52] *Odendahl*, Die Umweltpflichtigkeit der Souveränität, S. 78 f.

[53] Beispielsweise hat der Tagebau Garzweiler II nordwestlich von Köln hydrologische Auswirkungen bis in die Niederlande; vgl. dazu etwa die Beiträge im Tagungsband der *Bezirksregierung Köln*, 10 Jahre Monitoring Garzweiler II.

[54] Vgl. *ICJ*, Certain Activities carried out by Nicaragua in the border area (Costa Rica vs. Nicaragua) and Construction of a Road in Costa Rica along the San Juan River (Nicaragua vs. Costa Rica), ICJ Reports 2015, 665, Rn. 145 ff.

[55] *Kunig*, Nachbarrechtliche Staatenverpflichtungen bei Gefährdungen und Schädigungen der Umwelt, in: Dolzer u. a. (Hrsg.), Umweltschutz im Völkerrecht und Kollisionsrecht, S. 9–46, 14; *Epiney*, AVR 33 (1995), S. 309–360 (331 ff.); *ICJ*, Legality of the Threat or Use of Nuclear Weapons, ICJ Reports 1996, 226 – Advisory Opinion, Rn. 29; *Proelß*, Raum und Umwelt im Völkerrecht, in: Vitzthum/Proelß (Hrsg.), Völkerrecht, S. 361–454, 471.

[56] Dazu *Gündling*, ZaöRV 45 (1985), S. 265–292 (267 ff.); *ILC*, Draft articles on Prevention of Transboundary Harm from Hazardous Activities, with commentaries, Art. 1 Rn. 7 ff., Art. 2 Rn. 9.

[57] Ders., Draft articles on Prevention of Transboundary Harm from Hazardous Activities, with commentaries, Art. 7 Rn. 9, vgl. auch Anhang III der Espoo Konvention mit abstrakten Merkmalen betreffend Größe, Lage und Auswirkungen potentiell erfasster Vorhaben; *Birnie/Boyle/Redgwell*, International Law and the Environment, S. 547.

I. Überblick zu Ursprüngen und Inhalt des Präventionsprinzips 63

Im übrigen sind die Voraussetzungen denkbar unscharf: So ist bereits viel diskutiert worden, dass die Reichweite des scheinbar greifbaren Merkmals der Schädigung stark abhängig davon variiert, wie weit man den Begriff der betroffenen Rechtsgüter fasst und wann man – insbesondere bei Summationsschäden – von einer Beeinträchtigung derselben ausgeht.[58] Die ILC-Prevention Articles jedenfalls definieren „harm" gemäß Art. 2 lit. b als „harm caused to persons, property or the environment", ohne hierzu Näheres auszuführen.[59] Eine differenziertere Definition des Umweltbegriffs findet sich dagegen – entsprechend Art. 1 Nr. vii der Espoo Konvention – in Principle 2 der haftungsrechtlichen ILC-Allocation of Loss Principles von 2006, zu denen die ILC ausdrücklich erklärt, dass der intendierte Anwendungsbereich kongruent mit den ILC-Prevention Articles sein soll.[60] Der hier erfolgende Einbezug von „environmental values" in den Anwendungsbereich des Nachbarrechts[61] lässt jedenfalls den Schluss zu, dass ein weit gefasster Umweltbegriff im Recht der ILC mehr Unterstützung findet, als es die Ausdifferenzierung von Umwelt-, Gesundheits- und Sachschäden (Art. 2) sowie die Begrenzung auf „physical consequences" (Art. 1)[62] es zunächst vermuten lassen.[63]

---

[58] Vgl. *Gündling*, ZaöRV 45 (1985), S. 265–292 (268 f., 276 ff.); *Wolfrum*, GYIL (1990), S. 308–330 (311 ff.); *Kunig*, Nachbarrechtliche Staatenverpflichtungen bei Gefährdungen und Schädigungen der Umwelt, in: Dolzer u. a. (Hrsg.), Umweltschutz im Völkerrecht und Kollisionsrecht, S. 9–46, 14 ff., 19 f., 24; *Epiney*, AVR 33 (1995), S. 309–360 (311 ff., 326 ff., 337); *Odendahl*, Die Umweltpflichtigkeit der Souveränität, S. 114, 118.

[59] Laut ILC ist diese Definition „self explanatory", *ILC*, Draft articles on Prevention of Transboundary Harm from Hazardous Activities, with commentaries, Art. 2 Rn. 8.

[60] Art. 2 lit. b: „'environment' includes: natural resources, both abiotic and biotic, such as air, water, soil, fauna and flora and the interaction between the same factors; and the characteristic aspects of the landscape". Vgl. dazu ders., Draft principles on the allocation of loss in the case of transboundary harm arising out of hazardous activities, with commentaries, General commentary, Rn. 1 ff., Zitat: Rn. 7 sowie Principle 1 Rn. 1 ff.: „(T)he scope of the liability aspects should be the same as the scope of the Draft articles on prevention of transboundary harm from hazardous activities which the Commission also adopted in 2001".

[61] Ebd., Art. 2 Rn. 19 f.

[62] Dieses Merkmal bezieht sich freilich nur auf Emissionen einer Tätigkeit und nicht auf den immissionsbezogenen Umweltschaden, vgl. ders., Draft articles on Prevention of Transboundary Harm from Hazardous Activities, with commentaries, Art. 1 Rn. 16: „The fourth criterion is that the significant transboundary harm must have been caused by the 'physical consequences' of such activities. It was agreed by the Commission that in order to bring this topic within a manageable scope, it should exclude transboundary harm which may be caused by State policies in monetary, socioeconomic or similar fields. The Commission feels that the most effective way of limiting the scope of these articles is by requiring that these activities should have transboundary physical consequences which, in turn, result in significant harm".

[63] Siehe dazu ferner anhand des Landschaftsbegriffs S. 81 ff.

§ 4 Das souveränitätsrechtliche Präventionsprinzip

Als Rechtssatz der Gefahrenabwehr bezieht sich das Präventionsprinzip zwar auf Risikozusammenhänge, die wissenschaftlich weitgehend gesichert nachvollziehbar und nicht nur abstrakt möglich, sondern sogar wahrscheinlich sind.[64] Die genauen Voraussetzungen dessen, was das Risiko einer erheblichen Schädigung ausmacht, bleiben indessen wenig greifbar. So geht die ILC davon aus, dass das jeweilige Schadensrisiko sich anhand einer wechselbezüglichen Betrachtung von erwartetem Schadensausmaß und der Wahrscheinlichkeit seines Eintritts bemesse. Dabei handele es sich zwar tendenziell um eine faktenbasierte Entscheidung, gleichwohl aber um eine „value determination which depends on the circumstances of a particular case and the period in which such determination is made".[65] In diesem Zusammenhang ist es jedenfalls das relativierende Merkmal des erheblichen Schadens – laut ILC „something more than ‚detectable' but need not be at the level of ‚serious'"[66] – durch das eine argumentative Beliebigkeit eröffnet wird, die das Präventionsprinzip – wie bereits angemerkt – allenfalls in eindeutigen Extremfällen unmittelbar operationalisierbar sein lässt.[67]

Bei der Präventionspflicht handelt es sich um eine verhaltensbezogene „obligation of conduct".[68] Sie bedeutet daher nicht, dass der Ursprungsstaat verpflichtet wäre, bereits im Vorfeld das Ausbleiben von Umweltschäden zu garantieren oder dass der Staat für jedes einzelne Verhalten seiner Individuen international verantwortlich gemacht werden könnte. Vielmehr ist der Anspruch, an dem sich die Sicherungsverantwortlichkeit des Ursprungsstaates („to ensure") messen lassen muss, die Beachtung der gebührenden Sorgfalt (due diligence). Was dabei im Einzelfall als sorgfältig anzusehen ist, kann nicht allgemein formuliert werden,

---

[64] Dies unterscheidet es klar vom Vorsorgeprinzip, vgl. ausführlich *Proelß*, Prinzipien des internationalen Umweltrechts, in: Proelß (Hrsg.), Internationales Umweltrecht, S. 69–103, 79 f.

[65] *ILC*, Draft principles on the allocation of loss in the case of transboundary harm arising out of hazardous activities, with commentaries, Art. 2 Rn. 1 ff.

[66] Auf nationaler und regionaler Ebene – z.B. Anhang I der Espoo-Konvention – ist das Erheblichkeitsmerkmal daher anhand konkreter Vorhabengruppen typisiert, *Epiney*, Umweltschutz durch Verfahren, in: Proelß (Hrsg.), Internationales Umweltrecht, S. 105–132, 118, 122.

[67] Ders., AVR 33 (1995), S. 309–360 (311 ff., 334 ff., 340 ff., 350 ff.); *Odendahl*, Die Umweltpflichtigkeit der Souveränität, S. 119 ff.; *Durner*, Common Goods, S. 64.

[68] Vgl. zum nachfolgenden Absatz *ILC*, Draft articles on Prevention of Transboundary Harm from Hazardous Activities, with commentaries, Art. 3 mit Kommentar; ausdrücklich in der Rechtsprechung etwa *ICJ*, Pulp Mills on the River Uruguay (Argentina v. Uruguay), ICJ Reports 2010, 14, Rn. 197; *ITLOS*, Responsibilities and obligations of States with respect to activities in the Area, Case No. 17, 01.02.2011, ITLOS Reports 2011, 10 – Advisory Opinion, Rn. 110 f.; aus der Literatur insbesondere *Zhu/He*, YIEL 23 (2012), S. 106–130 (107 ff.); *Proelß*, Prinzipien des internationalen Umweltrechts, in: Proelß (Hrsg.), Internationales Umweltrecht, S. 69–103, 76 ff.; *Birnie/Boyle/Redgwell*, International Law and the Environment, S. 143 ff.; *Sands/Peel*, Principles of International Environmental Law, S. 212.

sondern richtet sich nach dem Optimierungsbedarf der konkreten Umstände. Grob formuliert ist der Staat gehalten, bei Tätigkeiten mit potentiell grenzüberschreitenden Auswirkungen mit fortlaufender Achtsamkeit alle ihm rechtlich möglichen und zumutbaren Maßnahmen zu ergreifen, um eben jene Schädigungen zu vermeiden.[69] Dazu gehört als fundamentaler verfahrensrechtlicher Ankerpunkt jedenfalls die Ausbildung eines geeigneten Rechtsrahmens auch für privatwirtschaftliche Projekte einschließlich einer präventiven Genehmigungspflicht.[70] Zu beachtende Belange sind Art und Umfang der Tätigkeit, die verwendeten Materialien sowie ihr Standort samt Umgebungsbedingungen. Indiziert wird ein sorgfältiges Verhalten regelmäßig durch die Berücksichtigung aktueller internationaler Standards und die Verwendung der besten verfügbaren Techniken, fortlaufende Umweltüberwachung sowie die öffentliche Zugänglichkeit der relevanten Informationen. Das Paradebeispiel informationeller Präventionmaßnahmen ist dabei namentlich die Durchführung von Umweltverträglichkeitsprüfungen (UVP).[71] Die Anforderungen unterliegen im Detail erheblichen Unsicherheiten, weil vergleichbare Standards und Gesetzgebung je nach beteiligten Staaten variieren oder sich technische Möglichkeiten, wissenschaftliche Erkenntnisse oder die tatsächlichen Umstände einer Tätigkeiten ändern.[72]

II. Prävention durch informationelle Kooperation

Aufgrund der beschriebenen Unschärfen kommt der frühzeitigen und fortlaufenden informationellen Kooperation in der Planungsphase vor abschließender Entscheidung über die Zulässigkeit potentiell grenzüberschreitend belastender Vorhaben eine besondere Bedeutung zu, da die so gewonnen Informationen zumeist elementar für die Erfüllung der materiellen Pflicht des Interessenausgleichs sind.[73] Die schon in den Prinzipien 17 und 19 der Rio Deklaration enthaltenen Verfahrenspflichten sind daher als notwendiges Korrelat dem Präventionsprinzip inhärent, werden jedoch z.T. auch als eigenständige Ausprägung des allgemeineren

---

[69] Vgl. ferner *ICJ*, Case Concerning the Gabcikovo-Nagymaros Project (Hungary vs. Slovakia), ICJ Reports 1997, 7, Rn. 89, 140.

[70] Vgl. *ILC*, Draft articles on Prevention of Transboundary Harm from Hazardous Activities, with commentaries, Art. 5 und 6 mit Kommentar.

[71] *Kämmerer*, Die Antarktis in der Raum- und Umweltschutzordnung des Völkerrechts, S. 239 ff., 362.

[72] *Wolfrum*, GYIL (1990), S. 308–330 (311 f.); *Bryde*, AVR 31 (1993), S. 1–12 (10 ff.).

[73] *Wolfrum*, GYIL (1990), S. 308–330 (313 f.); zurecht weißt jedoch *Kunig*, Nachbarrechtliche Staatenverpflichtungen bei Gefährdungen und Schädigungen der Umwelt, in: Dolzer u. a. (Hrsg.), Umweltschutz im Völkerrecht und Kollisionsrecht, S. 9–46, 24 f.daraufhin, dass die Anforderung auch rein unilateral erfüllt werden könnten, wenn die betroffenen Interessen und die Umweltprobleme eines Vorhabens klar ist.

Kooperationsprinzips anerkannt.[74] Sie gelten jedoch lediglich vorhabenbezogen, während jüngere Entwicklungen wie die sog. strategische Umweltprüfung[75] nicht Bestandteil des Gewohnheitsrechts sind.[76]

1. Risikoprüfung, Notifikation und Konsultation

Die ILC-Prevention Articles nennen als Verfahrensschritte informationeller Kooperation

1. eine einleitende Risikoprüfung einschließlich einer Umweltverträglichkeitsprüfung (Art. 7),
2. soweit sich ein potentielles Risiko feststellen lässt, die Notifizierung des Vorhabens und seines Risikos samt Bereitstellung aller relevanten Informationen aus der Risikoprüfung für potentiell betroffene Staaten (Art. 8) sowie
3. die Aufnahme konsultativer Verhandlungen über Präventionsmaßnahmen zur Erreichung eines angemessenen Interessenausgleichs (Art. 9 und 10).

Wie es komplexen Planungsverfahren immanent ist,[77] handelt es sich hierbei also um einen hintereinander geschalteten und ggf. reflexiven Prozess der Informationsermittlung, Informationsvermittlung und Informationsverhandlung.

---

[74] Aus der Rechtsprechung: *ICJ*, Corfu Channel Case (United Kingdom vs. Albania), ICJ Reports 1949, 4, S. 22 f.; *Tribunal arbitral*, Affaire du lac Lanoux (Espagne vs. France), Award, 16.11.1957, RIAA XII, 281, S. 303 ff.; *ICJ*, Case Concerning the Gabcikovo-Nagymaros Project (Hungary vs. Slovakia), ICJ Reports 1997, 7, Rn. 112 ff.; ders., Pulp Mills on the River Uruguay (Argentina v. Uruguay), ICJ Reports 2010, 14, Rn. 26, 77, 80 ff., 204 f.; ders., Certain Activities carried out by Nicaragua in the border area (Costa Rica vs. Nicaragua) and Construction of a Road in Costa Rica along the San Juan River (Nicaragua vs. Costa Rica), ICJ Reports 2015, 665, Rn. 101, 104, 106, 108 , 153, 168; vgl. weitreichende Nachweise aus Staatenpraxis und Literatur bei *Kloepfer/Kohler*, Kernkraftwerk und Staatsgrenze, S. 60 ff.; *Odendahl*, Die Umweltpflichtigkeit der Souveränität, S. 141 ff.; *Durner*, Common Goods, S. 65 ff., 130 ff.; *Zhu/He*, YIEL 23 (2012), S. 106–130 (112 ff.); aus der Lehrbuchliteratur *Birnie/Boyle/Redgwell*, International Law and the Environment, S. 146 ff., 164 ff.; *Epiney*, Umweltschutz durch Verfahren, in: Proelß (Hrsg.), Internationales Umweltrecht, S. 105–132, 108 ff., 113 ff.; *Proelß*, Prinzipien des internationalen Umweltrechts, in: Proelß (Hrsg.), Internationales Umweltrecht, S. 69–103, 83 ff.; *Sands/Peel*, Principles of International Environmental Law, S. 216 f.; vorsichtiger *Beyerlin/Marauhn*, International Environmental Law, S. 227 ff.; ablehnend *Heintschel von Heinegg*, Internationales öffentliches Umweltrecht, in: Ipsen (Hrsg.), Völkerrecht, S. 986–1054, 1047 ff.

[75] Vgl. dazu ausführlicher S. 150.

[76] *Epiney*, Umweltschutz durch Verfahren, in: Proelß (Hrsg.), Internationales Umweltrecht, S. 105–132, 120.

[77] Vgl. S. 9 ff. sowie S. 13 ff.

II. Prävention durch informationelle Kooperation

Inhärentes Kernstück im Anschluss an ein – oftmals auch Screening genanntes[78] – „preliminary assessment", ist die Durchführung einer sorgfältigen Umweltverträglichkeitsprüfung durch den Vorhabenstaat,[79]

„ to assess the existence of a risk of significant transboundary harm (...), on the basis of an objective evaluation of all the relevant circumstances."[80]

Mit Blick auf die hier behandelte souveränitätsrechtliche Konfliktsituation wird man vom Ursprungsstaat also zumindest eine sachgerechte Untersuchung möglicher Belastungen anderer Staaten verlangen können, was sich in aller Regel freilich kaum isoliert von Beeinträchtigungen der eigenen Umwelt betreiben lassen dürfte. Gerade die rechtliche Standardbildung bleibt hierbei jedoch Hauptmanko dieser sehr abstrakten Ermittlungspflichten, da fast allen verbindlichen internationalen Dokumenten eine justiziable Spezifikation fehlt[81] und die Formulierung des genauen Inhalts der jeweiligen nationalen Gesetzgebung überlassen bleibt.[82] Namentlich die Espoo Konvention taugt hierbei wohl allenfalls regional als konkretisierendes Indiz gewohnheitsrechtlicher Pflichten,[83] schließlich war eine vertragliche Konkretisierung eben deshalb möglich, weil die Vertragsparteien einem weitgehend homogenen Rechtskreis entstammen.[84] Insbesondere regelt die Konvention eine Pflicht zur nicht-diskriminierenden Beteiligung der betrof-

---

[78] *Finland/Sweden/the Netherlands*, Guidance on the practical application of the Espoo Convention, S. 14.

[79] Vgl. nachfolgend *ILC*, Draft articles on Prevention of Transboundary Harm from Hazardous Activities, with commentaries, Art. 7 mit Kommentar, das Risk Assessment der ILC ist tendenziell nicht auf Umweltbelange beschränkt, die ILC widmet sich in ihrem Kommentar jedoch nahezu ausschließlich Umweltbelangen.

[80] *ICJ*, Certain Activities carried out by Nicaragua in the border area (Costa Rica vs. Nicaragua) and Construction of a Road in Costa Rica along the San Juan River (Nicaragua vs. Costa Rica), ICJ Reports 2015, 665, Rn. 153 und nochmal Rn. 154, vgl. auch Rn. 104; ferner ders., Pulp Mills on the River Uruguay (Argentina v. Uruguay), ICJ Reports 2010, 14, Rn. 204.

[81] Vgl. *Durner*, Common Goods, S. 67 f.; *Birnie/Boyle/Redgwell*, International Law and the Environment, S. 140; *Epiney*, Umweltschutz durch Verfahren, in: Proelß (Hrsg.), Internationales Umweltrecht, S. 105–132, 119 f.

[82] Vgl. *ICJ*, Pulp Mills on the River Uruguay (Argentina v. Uruguay), ICJ Reports 2010, 14, Rn. 205; ders., Certain Activities carried out by Nicaragua in the border area (Costa Rica vs. Nicaragua) and Construction of a Road in Costa Rica along the San Juan River (Nicaragua vs. Costa Rica), ICJ Reports 2015, 665, Rn. 104.

[83] *Boyle*, RECIEL 20 (2011), S. 227–231 (230 f.); auch *ICJ*, Pulp Mills on the River Uruguay (Argentina v. Uruguay), ICJ Reports 2010, 14, Rn. 204: „(The Court) points out moreover that Argentina and Uruguay are not parties to the Espoo Convention. (...) Consequently, it is the view of the Court that it is for each State to determine in its domestic legislation or in the authorization process for the project, the specific content of the environmental impact assessment required in each case (...)."

[84] *Finland/Sweden/the Netherlands*, Guidance on the practical application of the Espoo Convention, S. 9.

fenen nachbarstaatlichen Öffentlichkeit, was über den Stand des universellen Gewohnheitsrechts hinausgehen dürfte.[85] Einschränkend macht aber auch die Espoo Konvention die Pflicht zur Umweltverträglichkeitsprüfung und Öffentlichkeitsbeteiligung von einer vorgelagerten Entscheidung des betroffenen Staates abhängig, ob er am grenzüberschreitenden Kooperationsverfahren teilnehmen wird (Art. 3 Nr. 4). Die tatsächliche Existenz einer Pflicht zur Umweltverträglichkeitsprüfung hängt deshalb indirekt davon ab, ob und inwieweit man es für überzeugend hält, der – zumindest formal bemerkenswert paradierenden – nationalen Staatenpraxis sowie den Empfehlungen und der Praxis internationaler Organisationen hinreichend gesicherte schematische Merkmale darüber zu entnehmen, was unter einer sorgfältigen Umweltverträglichkeitsprüfung zu verstehen ist.[86] Eine gerichtliche Anfechtung unzureichender Umweltverträglichkeitsprüfung scheint jedenfalls – dem Rahmencharakter des Präventionsprinzips entsprechend – auch im Spiegel der jüngeren internationalen Rechtsprechung allenfalls in offensichtlich unzureichenden Fällen bloßer Projektbeschreibung sowie dann erfolgversprechend zu sein, wenn eine Untersuchung gänzlich unterblieben ist.[87]

Soweit sich durch die Risikoprüfung die Hinweise auf ein grenzüberschreitendes Schädigungspotential verdichten, ist der Vorhabenstaat im Anschluss gehalten eventuell betroffene Staaten über das Vorhaben zu informieren sowie ihren berechtigten und fristgerecht übermittelten Einwänden in ernsthaften Verhandlungen über sachgerechte Präventionsmaßnahmen gebührend Rechnung zu tragen.[88] Auf welche Weise er die relevanten Informationen übermittelt, bleibt ihm im Rahmen gutgläubiger Zweckmäßigkeit freigestellt. Ersten Anlaufpunkt dürften die meist regulären diplomatischen Einrichtungen sein, zumal oftmals auch institutionalisierte Foren der Zusammenarbeit bestehen; entscheidendes Zugpferd bleibt vor allem der informelle Austausch jenseits der offiziellen Notifikation.[89]

---

[85] Siehe Art. 2 Nr. 6, 3 Nr. 8, 4 Nr. 2 der Espoo Konvention; gegen eine universelle gewohnheitsrechtliche Geltung *ICJ*, Pulp Mills on the River Uruguay (Argentina v. Uruguay), ICJ Reports 2010, 14, Rn. 215 ff.; *Odendahl*, Die Umweltpflichtigkeit der Souveränität, S. 153 f.; *Beyerlin/Marauhn*, International Environmental Law, S. 45, 234 ff.; wohlwollend aber zurückhaltend *ILC*, Draft articles on Prevention of Transboundary Harm from Hazardous Activities, with commentaries, Art. 13 mit Kommentar („new trends"); *Birnie/Boyle/Redgwell*, International Law and the Environment, S. 174 f., 306 f.; für eine gewohnheitsrechtliche Geltung *Boyle*, RECIEL 20 (2011), S. 227–231 (230); *Epiney*, Umweltschutz durch Verfahren, in: Proelß (Hrsg.), Internationales Umweltrecht, S. 105–132, 125.

[86] Dazu ab S. 139 ff., insbesondere S. 146 ff.

[87] *Boyle*, RECIEL 20 (2011), S. 227–231 (229 ff.).

[88] Vgl. zum nachfolgenden Absatz neben der eingangs zitierten Literatur *ILC*, Draft articles on Prevention of Transboundary Harm from Hazardous Activities, with commentaries, Art. 8 und 9 samt Kommentar; *Odendahl*, Die Umweltpflichtigkeit der Souveränität, S. 141 ff., 146 ff.; *Hutchinson*, McGIJSDP 2 (2006), S. 117–153; *Scovazzi*, YIEL 12 (2001), S. 43–67 (52 ff.); *Kloepfer/Kohler*, Kernkraftwerk und Staatsgrenze, S. 60 ff.

[89] *Kloepfer*, AVR 25 (1987), S. 277–293 (282 ff.); *Finland/Sweden/the Netherlands*, Guidance on the practical application of the Espoo Convention, S. 16 ff.

Dies insbesondere auch deshalb, weil – auch im Rahmen der Espoo-Konvention – die staatlichen Verhandlungsparteien regelmäßig nicht die letztendlichen Zulassungsbehörden sind.[90] Die Grundsätze des guten Glaubens erfordern es jedenfalls, das Konsultationsverfahren nicht durch ein mangelndes Einigungs- und Kompromissinteresse zu einem bloßen Formerfordernis zu degradieren.[91] Da namentlich mit der Umweltverträglichkeitsprüfung dem betroffenen Nachbarstaat eine realistische Einschätzung des bevorstehenden Risikos ermöglicht werden soll, wird man verlangen können, dass ihm zumindest alle aus dieser Untersuchung verfügbaren Informationen übermittelt werden. Das Recht zur vorherigen Information beinhaltet nach allgemeiner Auffassung jedoch keinen Anspruch betroffener Staaten auf weitergehende Informationsbeschaffung oder Verfahrensbeteiligung und erst recht keinen Anspruch auf Zustimmung oder Einlegung eines Vetos bzw. darauf, dass die vorgetragenen Einwände auch durchschlagen.[92] Soweit die Suche nach einer einvernehmlichen Lösung scheitert, bleibt der Vorhabenstaat dennoch materiell-rechtlich dazu verpflichtet, die Interessen des Nachbarn angemessen zu berücksichtigen.[93]

2. Konsultation als kommunikativer Interessenausgleich

In der großen Mehrzahl aller Fälle handelt es sich beim Präventionsprinzip also zuvörderst um ein prozessuales Gebot kommunikativen Interessenausgleichs, eine Pflicht zur Abwägung konfligierender Staateninteressen durch Konsultation.[94]

---

[90] *Kment*, Grenzüberschreitendes Verwaltungshandeln, S. 304.

[91] Vgl. etwa *Tribunal arbitral*, Affaire du lac Lanoux (Espagne vs. France), Award, 16.11.1957, RIAA XII, 281, S. 308; *ICJ*, North Sea Continental Shelf (Germany vs. Denmark, The Netherlands), ICJ Reports 1969, 3, Rn. 85, 87.

[92] Für ein Einvernehmenserfordernis jedoch *Reszat*, Gemeinsame Naturgüter im Völkerrecht, 494 ff.in Fällen eines „offenkundige(n) Risikos weitreichender und irreversibler Schäden", wobei freilich die ohnehin alles entscheidende Frage, wann derartige Gefahren vorliegen, nicht geklärt wird.

[93] Zum Teil werden die Pflichten zur Konsultation bzw. zur Verhandlung begrifflich unterschieden, wobei bei letzterem ein Scheitern der Verhandlungen im Gegensatz zur Konsultation nicht vorgesehen sei. Die Gutglaubensanforderungen sind jedoch kongruent. Vgl. dazu *Hector*, Das völkerrechtliche Abwägungsgebot, S. 99 ff.; *Hutchinson*, McGIJSDP 2 (2006), S. 117–153; *ILC*, Draft articles on Prevention of Transboundary Harm from Hazardous Activities, with commentaries, Art. 9 Rn. 4.

[94] *Kunig*, Nachbarrechtliche Staatenverpflichtungen bei Gefährdungen und Schädigungen der Umwelt, in: Dolzer u. a. (Hrsg.), Umweltschutz im Völkerrecht und Kollisionsrecht, S. 9–46, 20; *Hector*, Das völkerrechtliche Abwägungsgebot, S. 95 ff., 109 ff.; *Kloepfer/Kohler*, Kernkraftwerk und Staatsgrenze, S. 36 ff.; *McCaffrey*, The Law of International Watercourses, S. 401 ff., 464.

a) Rückverweis auf den politischen Prozess

Art. 9 Abs. 1 und 2 der ILC-Prevention Articles formulieren hierzu:

„The States concerned shall enter into consultations, at the request of any of them, with a view to achieving acceptable solutions regarding measures to be adopted in order to prevent significant transboundary harm or at any event to minimize the risk thereof. (…) The States concerned shall seek solutions based on an equitable balance of interests (…)."[95]

Es erfolgt eine Rückverweisung des Rechts auf den politischen Prozess, für welchen es zumindest insofern einen Rahmen bildet, als es zwar nicht die Lösung, wohl aber dessen Gegenstand aufzeigt:[96]

„It is not for the Court to determine what shall be the final result of these negotiations to be conducted by the Parties. It is for the Parties themselves to find an agreed solution (…), which must be pursued in a joint and integrated way (…)."[97]

Dieser Effekt wird insbesondere dadurch verstärkt, dass nicht nur bezüglich der Präventionsmaßnahmen, sondern bei Uneinigkeiten bereits über die vorgelagerte Frage des grenzüberschreitenden Auswirkungspotentials eines Vorhabens und damit über die Anwendbarkeit der Präventionspflichten zu verhandeln ist.[98] Im Rahmen der Interessenabwägung gilt es dann Korrelate und Relationen zu bilden und einzelnen Interessen letztlich auch einen Vorrang einzuräumen.[99] In diesem Sinne ist es jedoch weder Praxis noch Anspruch der Kooperationspflicht, in jedem Einzelfall auch eine Lösung zu finden, die auch von allen Beteiligten und Betroffenen als gerecht und billig empfunden wird.[100] Objektiv bestimmen oder generalisieren ließe sich ein derartiges Gerechtigkeitsideal ohnehin nur schwerlich.[101] Deshalb ist es nachvollziehbar, dass solch flexible Modelle aufgrund ihres geringen materiellen Gehalts stets dahingehend kritisiert worden sind, dass sie kaum normative Steuerungskraft entfalten.[102] Zugleich gilt aber auch, dass selbst abstrakte Verpflichtungen zum höchstmöglichen Umweltschutz letztlich immer der Schranke vertretbaren Aufwandes unterliegen und damit im Ergebnis auf eine flexible Abwägung hinauslaufen (müssen).[103] Letztlich verbleibt in einem sozialen Kommunikationsprozess koordinativer Rechtssetzung wie dem Völkerrecht

---

[95] Vergleichbares formuliert Art. 17 der Water Course Convention.

[96] *Hutchinson*, McGIJSDP 2 (2006), S. 117–153 (130 ff.); *Hector*, Das völkerrechtliche Abwägungsgebot, S. 218 ff.

[97] *ICJ*, Case Concerning the Gabcikovo-Nagymaros Project (Hungary vs. Slovakia), ICJ Reports 1997, 7, Rn. 141.

[98] Vgl. etwa Art. 11 der ILC-Prevention Articles; dies zu Standardisieren ist ein besonderer Mehrwert der Espoo-Konvention, vgl. S. 79 ff.

[99] *Reszat*, Gemeinsame Naturgüter im Völkerrecht, S. 318 ff.

[100] *Durner*, Common Goods, S. 79, 120 f.

[101] Anders aber etwa *Reszat*, Gemeinsame Naturgüter im Völkerrecht, S. 353 ff.

[102] Stellvertretend *Birnie/Boyle/Redgwell*, International Law and the Environment, S. 543 f.

[103] In diesem Sinne etwa *Hector*, Das völkerrechtliche Abwägungsgebot, S. 114.

also von vornherein oft nur der – von manchen als unbefriedigend empfundene – Glaube an die heilbringende Steuerungswirkung reziproker Verhandlung.[104] Insofern zeugt die Lösung der ILC durchaus von gesundem Realismus, die Konsultationsparteien zwar im Sinne einer wertgeleiteten Kooperationspflicht[105] auf ein Streben nach höheren Idealen, im Ergebnis aber nur zur Aushandlung einer für beide Seiten akzeptablen Lösung zu verpflichten,[106] eine Sichtweise lediglich eingeschränkter Justiziabilität, die auch in der Rechtsprechung Anerkennung findet.

b) Geringe Bedeutung von Katalogen und Vorrang der Konsulation

Welche Interessen es in diesem Rahmen zu balancieren gilt, ist in Art. 10 der ILC-Prevention Articles kataloghaft näher beschrieben worden, was aufgrund des hohen Abstraktionsgrades jedoch kaum konkretere Anleitung bietet, als die einleitende Pflicht „(to) take into account all relevant factors and circumstances".[107] Inspiriert wurde Art. 10 durch Kataloge, die unter dem Eindruck des wasserrechtlichen Grundsatzes der angemessen Nutzung elaboriert wurden und die ebenfalls eine Gesamtabwägung vorsehen, in deren Rahmen keinem Belang ein inhärenter Vorrang einzuräumen ist.[108] Solche abstrakte Kataloge dürften deshalb in der Staa-

---

[104] Ders., Das völkerrechtliche Abwägungsgebot, S. 187 ff.; *McCaffrey*, The Law of International Watercourses, S. 464 f.

[105] *Wolfrum*, International Law of Cooperation, in: Wolfrum (Hrsg.), MPEPIL-Online, Rn. 1 f.

[106] Freilich lässt sich wieder bezweifeln, dass akzeptierte Lösungen tatsächlich akzeptabel sind, was aber wieder die Existenz objektiver Abkzeptabilitätsnormen voraussetzt.

[107] Art. 10 der ILC-Prevention Articles: „In order to achieve an equitable balance of interests as referred to in paragraph 2 of article 9, the States concerned shall take into account all relevant factors and circumstances, including: (a) the degree of risk of significant transboundary harm and of the availability of means of preventing such harm, or minimizing the risk thereof or repairing the harm; (b) the importance of the activity, taking into account its overall advantages of a social, economic and technical character for the State of origin in relation to the potential harm for the State likely to be affected; (c) the risk of significant harm to the environment and the availability of means of preventing such harm, or minimizing the risk thereof or restoring the environment; (d) the degree to which the State of origin and, as appropriate, the State likely to be affected are prepared to contribute to the costs of prevention; (e) the economic viability of the activity in relation to the costs of prevention and to the possibility of carrying out the activity elsewhere or by other means or replacing it with an alternative activity; (f) the standards of prevention which the State likely to be affected applies to the same or comparable activities and the standards applied in comparable regional or international practice".

[108] Vgl. *ILC*, Draft articles on Prevention of Transboundary Harm from Hazardous Activities, with commentaries, Art. 10 Rn. 1; inspiriert etwa durch Art. 6 der Water Course Convention: „Utilization of an international watercourse in an equitable and reasonable manner within the meaning of article 5 requires taking into account all relevant factors and circumstances, including: (a) Geographic, hydrographic, hydrological, climatic, eco-

tenpraxis kaum normative Wirkung entfalten, da die auszugleichenden Interessen in grenzüberschreitenden Schädigungskonflikten letztlich jene Faktoren verbleiben, die den beteiligten Staaten im jeweiligen Konsultationsverfahren zweckmäßig und verhandlungswürdig erscheinen.[109] Dies gilt selbst für Vorrangnormen wie Art. 10 der Water Course Convention[110]: Die Deckung der lebensnotwendigen Grundbedürfnisse („vital human needs") der Bevölkerung dürfte auch ohne eine solche Verpositivierung stets als prioritär begründbar sein.[111]

c) Zur Gewichtung widerstreitender Staateninteressen

Trotz des weitgehend ungebundenen Charakters völkerrechtlicher Abwägungsvorgänge,[112] ist es verschiedentlich unternommen worden, abstrakte rechtliche Vorrangrelationen zu konstruieren. Hierbei stellt sich eine Thesengruppe in Vollziehung des Gedankens relativer Souveränität als jeweils abgeschwächte Fassung der Extrempositionen absoluter territorialer Souveränität bzw. Integrität dar. Eine zweite Gruppe betrifft dagegen – vom Souveränitätsrecht weitgehend losgelöst – den Umweltschutzgedanken und stellt sich damit als Spielart der These der übergeordneten Gemeinschaftsinteresses (community interests) dar.

---

logical and other factors of a natural character; (b) The social and economic needs of the watercourse States concerned; (c) The population dependent on the watercourse in each watercourse State; (d) The effects of the use or uses of the watercourses in one watercourse State on other watercourse States; (e) Existing and potential uses of the watercourse; (f) Conservation, protection, development and economy of use of the water resources of the watercourse and the costs of measures taken to that effect; (g) The availability of alternatives, of comparable value, to a particular planned or existing use. (...) The weight to be given to each factor is to be determined by its importance in comparison with that of other relevant factors. In determining what is a reasonable and equitable use, all relevant factors are to be considered together and a conclusion reached on the basis of the whole."; ebenso Art. 13 und 14 der *ILA*, Berlin Rules on Water Resources, Berlin conference (2004); vgl. dazu auch *Reszat*, Gemeinsame Naturgüter im Völkerrecht, S. 320 ff.

[109] Vgl. nur *ILC*, Draft articles on Prevention of Transboundary Harm from Hazardous Activities, with commentaries, Art. 9 Rn. 9: „Neither paragraph 2 of this article nor article 10 precludes the parties from taking account of other factors which they perceive as relevant in achieving an equitable balance of interests"; positiver gestimmt trotz seiner insgesamt kritischen Haltung *Kersten*, YJIL 34 (2009), S. 173–206 (202 f.).

[110] Ebenso Art. 14 Nr. 1 der ILA-Berlin Rules.

[111] Vgl. auch *Reszat*, Gemeinsame Naturgüter im Völkerrecht, S. 334 ff.

[112] *Hector*, Das völkerrechtliche Abwägungsgebot, S. 185 ff.

aa) These vom Vorrang des Souveränitätsinteresses

So ist argumentiert worden, dass den Ausgangspunkt des Nachbarrechts Handlungen bilden, die im Verantwortungsbereich eines Staates bzw. oftmals innerhalb seines Territoriums liegen, sodass die Vermutung primär zugunsten seines Souveränitätsanspruches bestehe, nicht zuletzt als Folge seiner Einschätzungsprärogative.[113] So realitätsnah dies Argument auch sein mag, bleibt doch fraglich, ob die durch die Gebietshoheit eingeräumte Prärogative überhaupt eine Aussage hinsichtlich der rechtlichen Wertigkeit der betroffenen Interessen beinhaltet. Denn Zuständigkeitsregeln beschränken sich zumeist auf die inhaltsleere Zuweisung einer Entscheidungsbefugnis, in deren Rahmen ja gerade unterschiedliche Abwägungsergebnisse erzielt werden dürfen.[114] Zudem ist berechtigterweise darauf hingewiesen worden, dass es sich auch bei dem Integritätsinteresse letztlich nur um eine Begriffsvariante für ein eigenständiges gleichrangiges Souveränitätsinteresse des betroffenen Staates handelt.[115] Ferner wird man anerkennen müssen, dass das Nachbarrecht in extremen Schädigungsfällen und Fällen bloßer Schädigungsabsicht einen klaren Vorrang des Integritätsinteresses statuiert.[116] Vor diesem Hintergrund ist die Vermutung der Lotus-Regel zwar zugunsten der Zuständigkeit eines Staates zu verstehen, nicht aber im Sinne einer grundsätzlichen rechtlichen Höherrangigkeit seiner Interessen. Aus dem Gedanken relativer Souveränität ergibt sich vielmehr, dass die auszugleichenden Interessen formal gleicher Staaten auch formal gleichwertig sind.[117] Ganz in diesem Sinne ist auch die genannte Verpflichtung zu verstehen, die Interessen betroffener Staaten auch im Falle eines Scheiterns der Konsultationsbemühungen angemessen zu berücksichtigen.

bb) These vom Vorrang des Integritätsinteresses

Demgegenüber ist es anhand des souveränitätsrechtlichen Narrativs nachbarrechtlicher Beziehungen unternommen worden, einen abstrakten Wertungsvorrang der Interessen des belasteten Staates zu begründen: Die Verschmutzungsfreiheit der Staaten ende nämlich im Sinne der Lotus-Regel im Ausgangspunkt hart an der räumlichen Grenze. Deshalb bedeute das Schädigungsverbot hierzu keine eigen-

---

[113] Insbesondere *Meng*, ZaöRV 44 (1984), S. 675–783 (765, 773); mit Bezug auf die oben zitierte Passage von *PCIJ*, The Case of the S.S. Lotus (France vs. Turkey), Judment No. 9, PCIJ Publications 1927, Series A No. 10, S. 18 f.

[114] Entsprechend *Isensee*, Die bundesstaatliche Kompetenz, in: Isensee/Kirchhof (Hrsg.), Handbuch des Staatsrechts, S. 455–513, 456 ff., 486 ff.; zur Souveränität als räumliche Zuständigkeit *Dahm/Delbrück/Wolfrum*, Völkerrecht, I/1, S. 316 ff.

[115] Insbesondere *Epiney*, AVR 33 (1995), S. 309–360 (321 ff.).

[116] Letztlich doch *Meng*, ZaöRV 44 (1984), S. 675–783 (773 ff.); *Hector*, Das völkerrechtliche Abwägungsgebot, S. 186 f.

[117] *Kloepfer/Kohler*, Kernkraftwerk und Staatsgrenze, S. 36 ff.; *Wolfrum*, GYIL (1990), S. 308–330 (310 f.); *Hector*, Das völkerrechtliche Abwägungsgebot, S. 155 ff.; *Reszat*, Gemeinsame Naturgüter im Völkerrecht, S. 315 ff.

ständige Souveränitätsschranke, sondern vielmehr eine eng auszulegende Ausnahmeermächtigung zur unerheblichen grenzüberschreitenden Schädigung.[118]

So dogmatisch schlüssig diese Ableitung auch klingen mag, sie hält einem Realitätstest kaum stand.[119] Denn bereits die Prämisse, dass die Lotus-Regel strukturell jede grenzüberschreitende Beeinträchtigung – also auch den Rauch des Hirtenfeuers im Grenzland – im Ausgangspunkt untersagt, ist (historisch) fragwürdig. Namentlich der grenzüberschreitende Fluss von Schadstoffen ist wohl eher die Regel als die Ausnahme.[120] Wahrscheinlicher, als dass im zwischenstaatlichen Rechtsaustausch unerhebliche Beeinträchtigungen konkludent gestattet wurden[121], ist es deshalb, dass hierzu überhaupt keine Gedanken verloren wurden, schließlich ist das Wesen unerheblicher Beeinträchtigungen ihre Bedeutungslosigkeit. Jedenfalls legen Beispiele aus der Zeit vor der umweltrechtlichen „Entdeckung" des Nachbarrechts wie grenzüberschreitende Geschosse[122] nahe, dass die zwischenstaatlichen (!) Rechtsbeziehungen stets nur erhebliche Beeinträchtigungen betrafen. Überdies ist zurecht darauf hingewiesen worden, dass es sich bei Rechtssätzen im souveränitätsrelevanten Bereich um ein Rahmenkonzept handele, das stets der Ausformung in Bezug auf hinreichend konkrete und für relevant erkannte Problemlagen in der Staatenpraxis bedürfe.[123] Insoweit ist das Nachbarrecht primär eine Antwort auf die fortschreitende Industrialisierung und diente von Beginn an nicht nur dem Integritätsschutz, sondern vor allem auch dazu, den auf beiden Seiten der Grenze bestehenden Willen zur technischen Entwicklung gerade nicht durch das jeweilige Integritätsinteresse benachbarter Staaten übermäßig zu begrenzen.[124] Eben dieser Umstand dürfte auch der Grund sein, weshalb das Schädigungsverbot dann nach und nach zu einer Bemühenspflicht abgemildert wurde[125] und sich ein allgemeines Schutzgebot für die eigene Umwelt bis

---

[118] Vgl. *Bryde*, AVR 31 (1993), S. 1–12 (1 ff.); *Epiney*, AVR 33 (1995), S. 309–360 (319 ff.); erneut ders., Gegenstand, Entwicklung, Quellen und Akteure des internationalen Umweltrechts, in: Proelß (Hrsg.), Internationales Umweltrecht, S. 1–35, 9 in und bei Fn. 28; wohl auch *Beyerlin/Marauhn*, International Environmental Law, 40: „(No harm) is a compromise clearly favouring territorial integrity over territorial sovereignty".

[119] Treffend *Kämmerer*, Die Antarktis in der Raum- und Umweltschutzordnung des Völkerrechts, 349, für die Gültigkeit einer Rechtsregel komme es nicht auf deren rechtsdogmatischen Wert, sondern die mit einer Rechtsüberzeugung korrespondierenden Staatenpraxis an.

[120] *Bodansky*, The Art and Craft of International Environmental Law, S. 198 f.

[121] So *Bryde*, AVR 31 (1993), S. 1–12 (6 f.); *Epiney*, AVR 33 (1995), S. 309–360 (322).

[122] *Odendahl*, Die Umweltpflichtigkeit der Souveränität, S. 110.

[123] *Kunig*, Nachbarrechtliche Staatenverpflichtungen bei Gefährdungen und Schädigungen der Umwelt, in: Dolzer u. a. (Hrsg.), Umweltschutz im Völkerrecht und Kollisionsrecht, S. 9–46, 17 ff.

[124] Vgl. auch *Hector*, Das völkerrechtliche Abwägungsgebot, S. 110.

[125] Ausdrücklich etwa *Reichert*, Schutz der Binnengewässer, in: Proelß (Hrsg.), Internationales Umweltrecht, S. 455–529, 485.

heute nicht durchsetzen konnte.[126] Auch die These vom gestattenden Ausnahmecharakter des Präventionsprinzips vermag daher nicht zu überzeugen.

cc) Thesen vom Vorrang des Umweltschutzinteresses

Eine Ausprägung der These vom Vorrang des Umweltschutzinteresses, die zugleich eng verwandt ist mit der These vom Vorrang des Integritätsinteresses, ist die Behauptung, Zweck der zwischenstaatlichen Verhandlungen sei die Optimierung des Umweltschutzes, was insofern das geforderte Ergebnis der Verhandlungen determiniere.[127] Diese Sichtweise verlangt also, dass der zu erreichende billige Interessenausgleich darauf verpflichtet sei, Umweltschutzbelangen einen besonderen Stellenwert einzuräumen. Dies mag in vielen Fällen tatsächlich erklärtes und praktiziertes Ziel sein. Im Ergebnis würde eine entsprechende Rechtspflicht jedoch bedeuten, dass etwa ein von den beteiligten Staaten für akzeptabel befundener Konsens, der jedoch auf – nicht unüblichen – üppigen Kompensationszahlungen beruht, aufgrund der Verfehlung eines wie auch immer gearteten Umweltschutzzwecks nicht den völkerrechtlichen Anforderungen entspräche? Eine solche vom Einzelfall losgelöste Sichtweise ist kaum aus Gründen des extravertierten Präventionsprinzips begründbar: Durch seine vorwiegende Verwurzelung im Souveränitätsanspruch und nicht im Umweltschutz per se[128] dürfte es den betroffenen Staaten auch dann, wenn sie anfangs eine besonders umweltschutzagitativ gefärbte Sprache gepflegt haben sollten, unbenommen sein, der Konsultation nachträglich einen eher reparativen Charakter zu verleihen. Die rechtliche Ursache hierfür liegt letztlich darin, dass im Falle einer Zustimmung des betroffenen Staates im Kern eine – mangels allgemeinem Umweltschutzgebot – zulässige Eigenschädigung vorliegt. Die These von der Verfehlung des umweltrechtlichen Konsultationszwecks könnte also allenfalls dann virulent werden, wenn dritte Staaten die Verletzung intraterritorialer umweltrechtlicher Pflichten erga omnes geltend machen könnten.[129]

Ein ähnlicher Ansatz ist schließlich die These vom Vorrang der Ergebnisse der Umweltverträglichkeitsprüfung. So wird man etwa mit der Präambel der Espoo Konvention zurecht davon ausgehen dürfen, dass die durch die Umweltverträglichkeitsprüfung erhobenen Umweltfaktoren auch tatsächlich in die behördliche Entscheidung einzubeziehen und abzuwägen sind, denn anderenfalls wären derartig aufwendige Untersuchungen gänzlich sinnlos.[130] Dies bedeutet jedoch nicht notwendigerweise, dass sich die Untersuchung „auch materiell in der Entschei-

---

[126] Vgl. noch ausführlich S. 91 ff.

[127] In diesem Sinne mit einem Vergleich zum Recht der friedlichen Streitbeilegung *Hutchinson*, McGIJSDP 2 (2006), S. 117–153 (133 ff.); ähnlich anhand des Wasserrechts *Reszat*, Gemeinsame Naturgüter im Völkerrecht, S. 488 f., 353 ff.

[128] Vgl. *Birnie/Boyle/Redgwell*, International Law and the Environment, S. 548, 553.

[129] Dazu S. 104 ff.

[130] *Epiney*, Umweltschutz durch Verfahren, in: Proelß (Hrsg.), Internationales Umweltrecht, S. 105–132, 119.

dung niederschlägt" und „geplante Projekte redimensioniert" werden müssen.[131] Eine solche Sicht, die letztlich eine bevorzugte Gewichtung ermittelter Umweltbelange bedeutete, verkennt bereits den lediglich formellen Charakter verfahrensrechtlicher Umweltprüfungen, der zwar auf eine wohl informierte Entscheidungsfindung abzielt, über den Inhalt der Entscheidung aber keine Aussage trifft, sondern die Abwägung der gewonnen Informationen in den Händen der jeweils zuständigen Behörde belässt.[132] Darüber hinaus ist selbst der Katalog relevanter Umweltbelange des Anhangs II der Espoo Konvention – ebenso wie Art. 10 der ILC-Prevention Articles[133] – nicht ausschließlich auf Umweltbelange i.e.S. beschränkt, sondern schließt auch sozio-ökonomische Belange mit ein.[134] Im Einzelfall wird die höhere Gewichtung der ermittelten Belange also aus Gründen der Sorgfalt erforderlich und wünschenswert sein, generell zwingend ist sie aber nicht.

In Anbetracht der vorstehende Argumentation kann sich eine vorrangige Gewichtung von Umweltbelangen also allenfalls aus einer übergeordneten Umweltschutzpflicht erga omnes ergeben, namentlich dann, wenn durch das konkrete Vorhaben Gegenstände eines fundamentalen Staatengemeinschaftsinteresses betroffen wären, denn nur in solchen Fällen ist überhaupt es möglich, einen von Partikularinteressen weitgehend losgelösten Vergleichsmaßstab zu formulieren.[135] Wie sich im nächsten Kapitel noch zeigen wird, sind dies zwar insbesondere der Klimaschutz, der Biodiversitätsschutz und der Menschenrechtsschutz, auch in diesen Bereichen bleiben eindeutige Wertung jedoch die Ausnahme.[136] So kann namentlich die potentielle Beeinträchtigung eines Ramsar-Schutzgebietes im Falle einer beiderseitigen vertraglichen Bindung an die Ramsar-Konvention vorrangig zu vermeiden bzw. in besonderer Weise in der Risikoeinschätzung zu berücksichtigen sein.[137] Demgegenüber bleibt etwa den weltweiten Waldbeständen der Status des Common Concern bislang verwehrt.[138] Eine grenzüberschreitende Zer-

---

[131] So aber *Epiney*, Umweltschutz durch Verfahren, in: Proelß (Hrsg.), Internationales Umweltrecht, S. 105–132, 119.
[132] Ausdrücklich *Birnie/Boyle/Redgwell*, International Law and the Environment, S. 165; *Boyle*, RECIEL 20 (2011), S. 227–231 (228).
[133] S. 71 f.
[134] Vgl. auch S. 77 f. sowie S. 81 ff.
[135] Insoweit kritisch *Meng*, ZaöRV 44 (1984), S. 675–783 (774).
[136] Siehe im einzelnen im nächsten Kapitel ab S. 104 ff.
[137] Siehe *ICJ*, Certain Activities carried out by Nicaragua in the border area (Costa Rica vs. Nicaragua) and Construction of a Road in Costa Rica along the San Juan River (Nicaragua vs. Costa Rica), ICJ Reports 2015, 665, Rn. 49, 58, 102 ff., 155 f.; vgl. zum Donaudelta auch *Espoo Inquiry Commission*, Report on the likely significant adverse transboundary impacts of the Danube-Black Sea Navigation Route at the border of Romania and the Ukraine.
[138] Siehe m.w.N. *Jakel*, Natur und Recht 2015, S. 27–31 (28 f.); *Durner*, AVR 54 (2016), S. 355–381 (359).

störung von Waldflächen könnte also – wie nicht zuletzt im Trail Smelter-Fall – jedoch durch den betroffenen Staat zweifellos auch trotz erfolgter Verträglichkeitsprüfung hingenommen werden.

dd) These der Tendenzwirkung von Befugnisnormen

Schon eingangs ist darauf hingewiesen worden, dass mit der Zuordnung von Entscheidungskompetenzen zu den verschiedenen Trägern hoheitlicher Gewalt stets eine wesentliche Vorentscheidung im Ausgleich konfligierender Interessen getroffen wird.[139] Wenn also einerseits festgestellt wurde, dass sich kein völkerrechtlicher Vorrang zwischen kollidierenden Staateninteressen konstruieren lässt, so bedeutet dies andererseits nicht, dass nicht faktisch dennoch ein Vorrang des Territorialinteresses bestünde. Denn im Rahmen seiner Regelungsbefugnis wird jeder Territorialstaat meist zugunsten eigener Interessen abwägen. Dieser faktische Vorrang des Territorialinteresses durch seine formal-kompetenzielle Stellung lässt sich als Tendenzwirkung von Befugnisnormen bezeichnen.[140] Trifft ein Staat im Rahmen seiner Genehmigungsrechte eine Entscheidung, die von einem Drittstaat als beeinträchtigend empfunden wird, trifft diesen Staat infolge seiner Stellung als Beschwerdeführer zugleich die Beweislast der Beeinträchtigung, weshalb das souveränitätsrechtliche Präventionsprinzip eben auch nur in den genannten Extremfällen hinreichende Steuerungswirkung zu entfalten vermag.

3. Wichtige Besonderheiten der Espoo-Konvention

Projektträgerstaaten werden sich in aller Regel nicht auf ein Nichtbestehen grenzüberschreitender Präventionspflichten berufen, sondern vielmehr darauf, dass entweder die erforderlichen Präventionsmaßnahmen durchgeführt worden sind, namentlich eine angemessene Umweltverträglichmeitsprüfung, oder aber darauf, dass der Anwendungsbereich des Präventionsprinzips mangels Umwelterheblichkeit des jeweiligen Projektes gar nicht erst eröffnet ist. Aus diesem Grund sind die – im Recht der ILC gänzlich fehlende – Standardisierung der Informationsdarstellung im zwischenstaatlichen Kooperationsverfahren sowie die Regelung eines Entscheidungsverfahrens zur Lösung von Uneinigkeiten über die Eröffnung des Anwendungsbereichs der eigentliche Kern der Espoo-Konvention.

a) Dokumentation der Umweltverträglichkeitsprüfung

Instrument zur Standardisierung des zwischenstaatlichen Kooperationsverfahrens ist gemäß Art. 2 Abs. 2 i.V.m Art. 3 bis 6 des Abkommens die durch den Ursprungsstaat zu veranlassende Ausarbeitung einer „Environmental Impact Assessment Documentation", die als Mindeststandard alle gemäß Anhang II erforder-

---

[139] Vgl. S. 35.
[140] Vgl. dazu ferner im nächsten Teil S. 221 ff.

lichen Informationen zu enthalten hat.¹⁴¹ Die durch den Ursprungsstaat gemäß Art. 3 benachrichtigten Parteien sind nach Abs. 6 verpflichtet, auf Verlangen alle in angemessener Weise verfügbaren Informationen bereitzustellen, die für die Ausarbeitung der Dokumentation erforderlich sind. Nach ihrer Fertigstellung ist die zuständige Genehmigungsbehörde gemäß Art. 4 Abs. 2 verpflichtet, die Dokumentation allen betroffenen Behörden und der betroffenen Öffentlichkeit über geeignete Kanäle zur Verfügung zu stellen und übermittelte Stellungnahmen entgegenzunehmen, was über den genannten Stand des Gewohnheitsrechts klar hinausgehen dürfte.¹⁴² Die sich gemäß Art. 5 anschließende Konsultation über die möglichen grenzüberschreitenden Auswirkungen der geplanten Tätigkeit und über Maßnahmen zur Verringerung oder Beseitigung solcher Auswirkungen soll explizit auf der Grundlage der Dokumentation zur Umweltverträglichkeitsprüfung erfolgen. Gleiches gilt für die gemäß Art. 6 ergehende endgültige Entscheidung, die Ergebnis und Dokumentation der Umweltverträglichkeitsprüfung, eingegangene Stellungnahmen sowie das Konsultationsergebnis gebührend zu berücksichtigen hat. Die Espoo Konvention erzeugt also durch den verbindlichen Inhalt der UVP-Dokumentation einen für den Einzelfall ausformulierten Interessenkatalog, anhand dessen zwischen den Staaten der erforderliche Souveränitätsausgleich erfolgen soll.

So bedeutsam diese Standardisierung im Verhältnis zum Gewohnheitsrecht auch sein mag, in der Sache teilt auch dieser Interessenkatalog das Problem schwer operationalisierbarer Abstraktion, da er zum einen infolge des weiten Umweltbegriffs des Art. 1 Nr. vii auch „socio-economic conditions" mit einschließt und ihm in der Verhandlung gemäß Art. 5 lit. c auch „any other appropriate matters relating to the proposed activity" zugeordnet werden kann.¹⁴³ Darüber hinaus verbleibt ein praktischer Mangel, der gerade im vielsprachigen Europa gravierend ist: Die Vertragsparteien sind nicht verpflichtet die Informationen sowie die Dokumenta-

---

¹⁴¹ Anhang II im Wortlaut: „Information to be included in the environmental impact assessment documentation shall, as a minimum, contain, in accordance with Article 4: (a) A description of the proposed activity and its purpose; (b) A description, where appropriate, of reasonable alternatives (for example, locational or technological) to the proposed activity and also the no-action alternative; (c) A description of the environment likely to be significantly affected by the proposed activity and its alternatives; (d) A description of the potential environmental impact of the proposed activity and its alternatives and an estimation of its significance; (e) A description of mitigation measures to keep adverse environmental impact to a minimum; (f) An explicit indication of predictive methods and underlying assumptions as well as the relevant environmental data used; (g) An identification of gaps in knowledge and uncertainties encountered in compiling the required information; (h) Where appropriate, an outline for monitoring and management programmes and any plans for post-project analysis; and (i) A non-technical summary including a visual presentation as appropriate (maps, graphs, etc.)".

¹⁴² Dennoch verbleiben diese Bestimmungen sehr allgemein, vgl. kritisch *Kment*, Grenzüberschreitendes Verwaltungshandeln, S. 302 ff.

¹⁴³ Vgl. zur Interessenabwägung noch sogleich S. 69 ff.

tion in die in den konsultierten Staaten gebräuchlichen Sprachen zu übersetzen. Die UNECE mahnt deshalb die Parteien ausdrücklich an, entsprechende Übersetzungen in angemessenem Umfang sicherzustellen, da viele Studien gezeigt hätten, dass bereits kleinste sprachliche Hürden sachgerechte Konsultationsverfahren und Öffentlichkeitsbeteiligungen verhindern.[144]

b) Konsultation über Unklarheiten des Anwendungsbereichs

Wie oben bereits angemerkt verweist Art. 11 der ILC-Prevention Articles die betroffenen Staaten im Falle von Uneinigkeiten über den Anwendungsbereich des Präventionsrechts auf das zwischenstaatliche Konsultationsverfahren des Art. 9. Dagegen sieht die Espoo-Konvention für solche Unklarheiten ein zweispuriges Verfahren vor, das zwischen Annex I-Vorhaben und sonstigen, nicht in Annex I gelisteten Vorhaben unterscheidet.

Bei Uneinigkeiten über die Umweltintegritätsrelevanz eines nicht gelisteten Vorhabens sieht auch die Espoo-Konvention gemäß Art. 2 Abs. 5 auf Antrag die Verhandlung der betroffenen Parteien über die Notwendigkeit von Präventionsmaßnahmen vor. Hierzu ist die Eröffnung des Anwendungsbereichs anhand der abstrakten Projektmerkmale des Annex III durch die Verhandlungspartner zu eruieren. Die Zweifel können sich also sowohl auf die Umweltwirksamkeit eines Vorhaben als solches, als auch auf die Grenzüberschreitung der Auswirkungen beziehen. Dies relativ unscharfe Verfahren erscheint deshalb angemessen, weil die Typisierungen sicher erheblich umweltbelastender Vorhaben des Annexes I den Großteil derartiger Vorhaben abdecken dürfte. Da das Abkommen folglich auch nicht bestimmt, was im Falle einer Nichteinigung geschieht, wird man dem Gewohnheitsrecht entsprechend annehmen müssen, dass keine grenzüberschreitende Risikoprüfung und auch kein weitergehendes Konsultationsverfahren durchzuführen sind, der Projektträgerstaat aber gleichwohl zur Berücksichtigung der nachbarlichen Interessen verpflichtet bleibt.

Dagegen sind die betroffenen Espoo-Parteien im Falle der nicht erfolgenden Notifikation eines Annex I-Vorhabens gemäß Art. 3 Abs. 7 zwar zunächst ebenfalls zur Konsultation über die Anwendung der Bestimmungen des Abkommens verpflichtet. Soweit die Parteien jedoch zu keiner Einigung gelangen, sind sie – vorbehaltlich anderer Vereinbarung – in Verbindung mit Annex IV zur Bildung einer dreiköpfigen, angemessen ausgestatteten, technisch-wissenschaftlichen Untersuchungskommission verpflichtet, von deren Einrichtung alle Vertragsparteien durch das Espoo-Sekretariat unterrichtet werden. Die Kommission erarbeitet auf wissenschaftlicher Basis innerhalb zweier Monate in eigener Regie ihr Gutachten, das sie durch Mehrheitsbeschluss verabschiedet und den Streitparteien und dem Sekretariat übermittelt.[145]

---

[144] *Finland/Sweden/the Netherlands*, Guidance on the practical application of the Espoo Convention, S. 22 f.

[145] Mangelnde Kooperation der beteiligten Staaten, insbesondere durch Nichtzuleitung

Da die erhebliche Umweltrelevanz von Annex I-Vorhaben ohnehin kaum in Zweifel stehen dürfte und damit der Fokus auf der Frage der möglichen Grenzüberschreitung erwarteter Umweltauswirkungen liegen dürfte, wäre es höchst erstaunlich, wenn eine eingesetzte Kommission tatsächlich einmal zur Nichtanwendbarkeit der Konvention in Bezug auf ein gesamtes Vorhaben gelangen sollte. Dies gilt umso mehr, wenn wie im bislang einzigen Verfahren von 2006 die Vertiefung des Donaudeltas im Grenzgebiet zwischen Rumänien und der Ukraine in Frage steht.[146] Dass hier ein potentielles grenzüberschreitenden Risikos bestätigt und von den konsultierenden Parteien bis auf Weiteres anerkannt wurde, taugt deshalb kaum als Argument für eine Rechtsverbindlichkeit der Kommissionsentscheidung.[147] Auch wenn das Ziel der Entscheidung selbstverständlich ihre Akzeptanz und Einhaltung ist – daher das formalisierte Verfahren – legt doch der Wortlaut der Bestimmungen („to advise", „opinion") nahe, dass die Stellungnahme keine rechtliche Verbindlichkeit hat.

4. Zwischenergebnis

Kern des souveränitätrechtlichen Präventionsprinzips ist die zwischenstaatliche informationelle Kooperation. Schematische Schritte der planungsrechtlichen Zusammenarbeit sind die Durchführung vorhabenbezogener Umweltprüfungen, die angemessene Vermittlung der ermittelten Informationen zu betroffenen Adressaten sowie die Aufnahme wohlwollender Konsultationsgespräche mit dem Ziel eine für alle Seiten akzeptable Lösung zu finden. Erheblich relativiert werden diese Pflichten durch die Unsicherheit der Umsetzung im Detail, insbesondere durch unklare Qualitätsstandards der Durchführung von Umweltprüfungen, und einer grundsätzlich bestehenden Unschärfe des Anwendungsbereichs, über den ebenfalls zu verhandeln ist. Insoweit kann es an dieser Stelle als entscheidende Pflicht ausgemacht werden, mit den betroffenen Staaten in wohlwollende Verhandlungen über die konkrete Konfliktsituation einzutreten. Das Präventionsprinzip beinhaltet für die beteiligten Staaten eine reziproke Pflicht zum kommunikativen Interessenausgleich. Aufgrund des souveränitätsrechtlichen Ursprungs handelt es sich hierbei jedoch um ein Verfahren, das keine eigenständige rechtliche Interessengewichtung enthält und deshalb von den Priorisierungen der beteiligten Staaten im Einzelfall abhängt. Dementsprechend bietet das souveränitätsrechtliche Präventionsprinzip keine abstrakte Wertungsdirektive, auch nicht zugunsten einer vorrangigen Gewichtung von Umweltschutzbelangen im Rahmen der Um-

---

von relevanten Dokumenten und Informationen, ist kein Hemmnis des Verfahrens; andere Espoo-Parteien mit berechtigten Interessen können auf Beschluss der Kommission angehört werden.

[146] *Espoo Inquiry Commission*, Report on the likely significant adverse transboundary impacts of the Danube-Black Sea Navigation Route at the border of Romania and the Ukraine.

[147] So aber *Epiney*, Umweltschutz durch Verfahren, in: Proelß (Hrsg.), Internationales Umweltrecht, S. 105–132, 121.

setzung erheblich umweltbelastender Vorhaben. Faktisch ergibt sich gleichwohl eine solche höhere Gewichtung zugunsten des Territorialstaatsinteresses aus der Tendenzwirkung seiner Genehmigungshoheit über der Vorhaben innerhalb seines Staatsgebietes.

III. Prävention durch Raumplanung?

Da die Raumplanung das Instrument raumbezogener Konfliktvermeidung ist[148] und das Präventionsprinzip der geographisch veranlassten Interessenkonkordanz dient[149], scheint die Funktion der Raumplanung als Instrument der Prävention auf der Hand zu liegen. Tatsächlich nennt auch Art. 10 lit. e der ILC-Prevention Articles als einen Aspekt in der Auswahl geeigneter Präventionsmaßnahmen „the possibility of carrying out the activity elsewhere". Obgleich Abstandsgebote die offensichtlichste Form räumlicher Schutzansprüche darstellen, ist eine solche ebenso simple wie effektive Prävention durch Standortplanung nur eingeschränkt Bestandteil zwischenstaatlicher Optimierungspflichten. Vielmehr liegt – wie zu zeigen sein wird – das Primat bei den technischen Präventionsmaßnahmen.

1. Landschaftsschutz als räumliches Kohärenzgebot?

Die Reichweite nachbarrechtlicher Pflichten variiert erheblich in Abhängigkeit davon wo die Grenze zulässiger unerheblicher grenzüberschreitender Schädigungen gezogen wird.[150] Namentlich im Umweltbereich ist dieser Umstand zwar ein wenig erstaunlich, da die souveränitätsrechtliche Fundierung des Nachbarrechts eine Differenzierung betroffener Umweltgüter eigentlich erübrigen sollte.[151] Dass dies jedoch nicht ohne Weiteres der Fall ist, lässt sich am besten anhand des in der Raumforschung gängigen Begriffs der „Landschaft" erkennen. Hierbei handelt es sich um einen vielschichtig verwendeten Terminus in Wissenschaft und Alltagssprache, der insbesondere in einem geographischen und einem ästhetischen Sinne verwendet wird, in beiden Fällen jedoch Ergebnis einer kompositorisch-konstruktivistischen Betrachtung ist.[152] Während der geographische Begriff eher eine typisierende Beschreibung des physiognomischen Gestalt-

---

[148] Siehe dazu im ersten Teil S. 9 ff.

[149] *Kunig*, Nachbarrechtliche Staatenverpflichtungen bei Gefährdungen und Schädigungen der Umwelt, in: Dolzer u. a. (Hrsg.), Umweltschutz im Völkerrecht und Kollisionsrecht, S. 9–46, 26.

[150] Vgl. S. 61 ff.

[151] *Kunig*, Nachbarrechtliche Staatenverpflichtungen bei Gefährdungen und Schädigungen der Umwelt, in: Dolzer u. a. (Hrsg.), Umweltschutz im Völkerrecht und Kollisionsrecht, S. 9–46, 16.

[152] *Jessel*, Landschaft, in: ARL (Hrsg.), Handwörterbuch der Raumordnung, S. 579–586, 579 ff., 581 ff.; *Phillips*, Management Guidelines for IUCN Category V Protected Areas, Protected Landscapes/Seascapes, S. 5 f.

charakters eines Ausschnittes der Erdoberfläche ist (z.B. Seenlandschaft), umfasst der ästhetische Begriff einen bildhaften (Ideal-) Zustand, der über die Wahrnehmung der materiellen Gegebenheiten hinaus in diese hineininterpretiert wird und oft von historischen Vorstellungen geprägt ist sowie eine positive Konnotation des Wohlgefühls besitzt.[153] Ganz in diesem Sinne definiert die unter der Ägide des Europarates geschlossene Europäische Landschaftskonvention von 2000[154] gemäß Art. 1 lit. a „landscape" als

„an area, as perceived by people, whose character is the result of the action and interaction of natural and/or human factors"

und betont in der Präambel den fundamentalen Wert der Landschaften für die Ausprägung kultureller Identität und menschliches Wohlergehen, insbesondere auch im Hinblick auf ästhetische Belange.[155] Auch wenn der Landschaftsbegriff also immer einen menschlichen Einfluss beinhaltet und in Begriffen wie der Kulturlandschaft sogar zum bestimmenden Merkmal erhoben wird,[156] wird deutlich, dass im Falle des ästhetischen Landschaftsbegriffes eine Landschaft schon etwa durch die „unvorteilhafte" Positionierung von Windrädern (Stichwort: „Verspargelung der Landschaft") oder wie im Falle der Waldschlösschenbrücke derart „verschandelt" werden kann, dass die UNESCO-Kommission dem Dresdener Elbtal den Welterbestatus entzog.[157] Dagegen kann eine Landschaftsschädigung im Falle des geographischen Landschaftsbegriffes nur durch massive Änderung der typisierenden Landschaftsmerkmale entstehen kann, etwa durch die intensive Regulierung von Fließgewässern[158].

Nun erfasst beispielsweise der weite Umweltbegriff des Art. 1 Nr. vii der Espoo Konvention auch Auswirkungen eines Vorhabens auf die Landschaft, die es im Rahmen einer grenzüberschreitenden Umweltverträglichkeitsprüfung zu un-

---

[153] *Jessel*, Landschaft, in: ARL (Hrsg.), Handwörterbuch der Raumordnung, S. 579–586, 581 ff.

[154] European Landscape Convention; Text und Ratifikationsstatus einsehbar beim Europarat unter https://www.coe.int/en/web/conventions/full-list/-/conventions, letzter Abruf: 21.05.2019.

[155] Vgl. Absätze 5 und 6 der Präambel: „Aware that the landscape contributes to the formation of local cultures and that it is a basic component of the European natural and cultural heritage, contributing to human well-being and consolidation of the European identity; Acknowledging that the landscape is an important part of the quality of life for people everywhere: in urban areas and in the countryside, in degraded areas as well as in areas of high quality, in areas recognised as being of outstanding beauty as well as everyday areas".

[156] *Jessel*, Landschaft, in: ARL (Hrsg.), Handwörterbuch der Raumordnung, S. 579–586, 584.

[157] *UNESCO*, Dresden Elbe Valley (Germany) (C 1156), Decision: 33 COM 7A.26; ders., World Heritage Committee Thirty-third session, S. 89 ff.

[158] *Jessel*, Landschaft, in: ARL (Hrsg.), Handwörterbuch der Raumordnung, S. 579–586, 584.

III. Prävention durch Raumplanung?

tersuchen gilt.[159] Dagegen ist der Umweltbegriff der ILC-Prevention Articles – wie bereits beschrieben – nicht weiter spezifiziert, Principle 2 der insoweit kongruenten ILC-Allocation of Loss Principles subsumiert jedoch ausdrücklich „characteristic aspects of the landscape" hierunter und zählt hierzu explizit „aesthetic aspects of the landscape (including) the enjoyment of nature because of its natural beauty and its recreational attributes and opportunities (...)".[160]

Es ist überzeugend, Umweltbeeinträchtigungen im Sinne des geographischen Landschaftsbegriffs unter das Präventionsprinzip zu fassen, da sich nur so massive Veränderungen einer ganzen regionalen Ökosystematik erfassen lassen, die eher kumulativ als durch erhebliche Schädigung einzelner Organismen entstehen. Ob dies jedoch auch für ästhetische Eindrücke gelten kann, ist schon deshalb zweifelhaft, weil man zur Eröffnung des Anwendungsbereichs dann genau genommen die optische Wahrnehmbarkeit von Gebäuden und Infrastrukturen infolge ihrer bloßen Existenz als „physical consequence" einordnen müsste. Nichtsdestotrotz nennt etwa Espoo Konvention als typische Merkmale UVP-pflichtiger Vorhaben solche, „which threaten the existing or potential use of an affected area".[161] Und auch wenn der Landschaftsschutz vor allem in Europa viel Aufmerksamkeit erhält,[162] bieten „negative visual impact(s) on the natural landscape" durch Straßen am Rande nachbarlicher Naturschutz- und Tourismusgebiete auch außerhalb Europas praktisches Konfliktpotential.[163] Gerade große Offshore-Windparks beinhalten infolge der spezifischen maritimen Barrierefreiheit ein erhebliches Potential zur grenzüberschreitenden Beeinträchtigung des offenen Seelandschaftsbildes, das letztlich allein durch Rückbau wiederhergestellt werden könnte.[164] Im Ergebnis würde diese Sicht zu einem grenzüberschreitenden Kohärenzgebot räumlicher Nutzungen führen, das sich im Einzelfall zu einem Grenzabstandsge-

---

[159] Siehe oben S. 77 ff.; ebenso die bis heute nicht in Kraft getretene Lugano Convention on Civil Liability for Damage Resulting from Activities Dangerous to the Environment von 1993, https://www.coe.int/en/web/conventions/search-on-treaties/-/conventions/treaty/150.

[160] Vgl. dazu allgemeiner oben S. 61 ff.; *ILC*, Draft principles on the allocation of loss in the case of transboundary harm arising out of hazardous activities, with commentaries, Art. 2 Rn. 19 f.

[161] Vgl. Anlage III Nr. 1 lit. c.

[162] *Phillips*, Management Guidelines for IUCN Category V Protected Areas, Protected Landscapes/Seascapes, S. 1.

[163] So begründete Nicaragua die Beeinträchtigung potentiellen Tourismus' durch den Bau einer grenzflussnahen Straße. Mangels substanziierten Vortrags nahm der Gerichtshof zur rechtlichen Statthaftigkeit dies ästhetischen Arguments jedoch keine Stellung, *ICJ*, Certain Activities carried out by Nicaragua in the border area (Costa Rica vs. Nicaragua) and Construction of a Road in Costa Rica along the San Juan River (Nicaragua vs. Costa Rica), ICJ Reports 2015, 665, Rn. 214 ff.

[164] *Acker/Hodgson*, Legal Aspects of Maritime Spatial Planning, Final Report to DG Maritime Affairs & Fisheries, S. 1; *Wolf*, ZUR 2010, S. 365–371 (369).

bot optisch unattraktiver Vorhaben[165], einer Pflicht zur „regionaltypischen Bebauung" und zu einem absurd anmutenden internationalen Nachbarrecht auf „Erhalt der schönen Aussicht" verdichten würde.

Zweifelsohne spielen derartige Argumente im politischen Austausch eine Rolle. Jedoch enthält schon Art. 9 der Europäischen Landschaftskonvention mit der Ermutigung zu grenzüberschreitender Koordinierung der Landschaftsplanung lediglich weich formulierte Bestandteile des Präventionsprinzips.[166] Schon im Falle des stark integrierten europäischen Raumes ist daher die Annahme völkerrechtlicher Pflichten ästhetischen Landschaftsschutzes kaum überzeugend, zumal – wie schon eingangs angemerkt – die räumliche Staatsgrenze oftmals die kulturlandschaftliche Grenze markiert.[167] In weniger integrierten Regionen der Welt lassen sie sich folglich sicher als Bestandteil des Präventionsprinzips ausschließen. Die vielerorts – auch an europäischen Außengrenzen – praktizierte Errichtung physischer Grenzmauern und -anlagen mit mehreren hundert Kilometern Länge, bieten hierfür jedenfalls ein plakatives Indiz.

2. Grenzabstandsgebot für Großvorhaben?

Zumindest im Falle potentiell umweltbeeinträchtigender Großvorhaben sollte man annehmen, dass das Präventionprinzip die Pflicht zu Einhaltung angemessener Abstände impliziert. Dass räumliche Erwägungen stets auch in Bezug auf drittstaatliches Gebiet als Mittel der Risikominimierung genutzt werden, ergibt sich schon aus umwelt- und wirtschaftspolitischen sowie strategischen Erwägungen.[168] Doch selbst die UNECE-Konvention über Industrieunfälle[169] bestimmt in Art. 7 lediglich zurückhaltend, dass der Projektträgerstaat die Reglementierung der Standortentscheidung „anstreben solle", und weder das in Art. 6 ausdrücklich enthaltene Präventionsgebot noch der hierzu konkretisierende Annex IV enthalten räumliche Maßgaben.

a) Das Beispiel grenznaher Atomkraftwerke

Namentlich anhand der Standortes kerntechnischer Anlagen ist das Thema des Grenzabstandes bereits früh in den Fokus der Rechtswissenschaft gelangt, wenn auch nicht aus ästhetischen, sondern aus Gründen des – zweifellos vom Nachbar-

---

[165] Von der Entindustrialisierung der Grenzgebiete sprechen *Kloepfer/Kohler*, Kernkraftwerk und Staatsgrenze, S. 39.

[166] Art. 9: „The Parties shall encourage transfrontier co-operation on local and regional level and, wherever necessary, prepare and implement joint landscape programmes".

[167] *Schwind*, Allgemeine Staatengeographie, S. 1.

[168] Als „extra legal factor" gekennzeichnet bei *Kunig*, Nachbarrechtliche Staatenverpflichtungen bei Gefährdungen und Schädigungen der Umwelt, in: Dolzer u. a. (Hrsg.), Umweltschutz im Völkerrecht und Kollisionsrecht, S. 9–46, 20 f.

[169] Konvention über grenzüberschreitende Auswirkungen von Industrieunfällen von 1992/Convention on the Transboundary Effects of Industrial Accidents, 2105 UNTS 457.

recht erfassten – Gesundheitsschutzes.[170] Unter der Annahme, dass es für höchst Risiko geneigte Tätigkeiten (ultra hazardous activities) erforderlich ist „measures of ultra prevention"[171] zu ergreifen, ist argumentiert worden, dass namentlich die Positionierung von Kernkraftwerken in Grenznähe völkerrechtswidrig sei, da sie schon im Normalbetrieb und erst recht bei Unfällen die Schwelle der Erheblichkeit überschritten.[172] Hiergegen ist zum einen eingewandt worden, dass bei heutigen Kernkraftwerkstandards weder eine hohe Unfallwahrscheinlichkeit gegeben sei, noch im Regelbetrieb eine erhebliche Strahlungsmenge emittiert werde, sodass es sich schon gar nicht um eine hochgefährliche Tätigkeit handele.[173] Zum anderen ist die Positionierung eines Atomkraftwerkes mit einem solchen Grenzabstand, der auch im Schadensfall mit an Sicherheit grenzender Wahrscheinlichkeit keine erheblichen Auswirkungen für Nachbarstaaten zu erwarten ließe, für die meisten Länder und insbesondere in Europa ohnehin unmöglich.[174] Schließlich ist überhaupt unklar, was der abstrakte Maßstab hochgradig gefährlicher Tätigkeiten sein soll, da namentlich Gebietsspezifika nicht jede Tätigkeit an jedem Ort gleich gefährlich sein lassen.[175] Dem entspricht auch die – aktive und reaktive – Staatenpraxis, zumal sich nachbarliche Proteste allenfalls auf technische Vorbeugung und Beteiligung im Planungsverfahren, nicht aber auf ein Verbot der Anlage als solcher bezogen.[176] Es muss hieraus also geschlussfolgert werden, dass die Errichtung selbst hochgradig gefährlicher Anlagen in Grenznähe als prinzipiell zulässig anzusehen ist.[177]

Dies unterstreichen auch die Vorschriften des im Rahmen der International Atomic Energy Agency (IAEA) entwickelten Übereinkommens über die Nukleare

---

[170] Grundlegend *Randelzhofer/Simma*, Das Kernkraftwerk an der Grenze, in: Blumenwitz (Hrsg.), Festschrift für Friedrich Berber, S. 389–432; *Kloepfer/Kohler*, Kernkraftwerk und Staatsgrenze; ferner *Odendahl*, Die Umweltpflichtigkeit der Souveränität, S. 127 ff.

[171] *Scovazzi*, YIEL 12 (2001), S. 43–67 (49).

[172] *Randelzhofer/Simma*, Das Kernkraftwerk an der Grenze, in: Blumenwitz (Hrsg.), Festschrift für Friedrich Berber, S. 389–432, 414 ff.; *Blümel*, Die Standortvorsorgeplanung für Kernkraftwerke und andere umweltrelevante Großvorhaben, in: Grupp/Ronellenfitsch (Hrsg.), Beiträge zum Planungsrecht (1959–2000), S. 211–277, 257 f.spricht von der Erforderlichkeit der „internationalen Abstimmung der Standortplanung für Kernkraftwerke".

[173] So *Kloepfer/Kohler*, Kernkraftwerk und Staatsgrenze, S. 34 ff.; dagegen *Birnie/Boyle/Redgwell*, International Law and the Environment, 258: „(...) ultra-hazardous activities, of which nuclear reactors are an obvious example".

[174] *Kloepfer/Kohler*, Kernkraftwerk und Staatsgrenze, S. 15.

[175] Trefflich am Beispiel eines kerntechnischen Unfalles in der Antarktis *Kämmerer*, Die Antarktis in der Raum- und Umweltschutzordnung des Völkerrechts, S. 355.

[176] *Epiney*, AVR 33 (1995), S. 309–360 (330 f.); *Odendahl*, Die Umweltpflichtigkeit der Souveränität, 127 ff.m.w.N. *Durner*, Internationales Umweltverwaltungsrecht, in: Möllers/Voßkuhle/Walter (Hrsg.), Internationales Verwaltungsrecht, S. 121–164, 135.

[177] *Odendahl*, Die Umweltpflichtigkeit der Souveränität, S. 129; *Heintschel von Heinegg*, Internationales öffentliches Umweltrecht, in: Ipsen (Hrsg.), Völkerrecht, S. 986–1054, 1045.

Sicherheit von 1994[178]. Namentlich Art. 17 befasst sich mit der Standortwahl (siting) als Mittel der Anlagensicherheit. Alle Staaten sollen demnach zum Schutz von Individuen, der Gesellschaft und der Umwelt alle notwendigen Erwägungen in die Frage des Standortes einbeziehen. Eine besondere Berücksichtigung von Auswirkungen für fremdes Staatsgebiet ist hingegen nicht ersichtlich. Vielmehr sind gemäß Unterpunkt vii lediglich Sorge zu tragen, dass potentiell betroffenen Nachbarstaaten die notwendigen Informationen bereitgestellt werden, um ihnen eine Einschätzung des eigenen Sicherheitsrisikos zu ermöglichen.[179] Ein materieller Anspruch auf Grenzabstand ergibt sich damit nicht.

b) Das Beispiel grenznaher Flughäfen – Ein Fall des Nachbarrechts?

Zumeist werden ohne weitere Erläuterung auch Lärmbelastungen durch von grenznahen Flughäfen ausgehenden Flugbewegungen wie im Falle des bereits erwähnten Flughafens Zürich[180] als ein Fall des internationalen Nachbarrechts angesehen.[181] Daran, dass der belastende Lärm jedoch gar nicht selbst primär grenzüberschreitend ist, sondern von Flugzeugen ausgeht, die sich bereits im Luftraum des Nachbarstaates befinden, wird allerdings deutlich, dass es sich bei aller Gemeinsamkeit zunächst um eine simple Verletzung der nachbarlichen Lufthoheit durch extraterritoriale Hoheitsausübung handelt.[182] Denn im Gegensatz zu industriellen Immissionen wäre es dem beeinträchtigten Staat durchaus möglich notfalls militärisch den grenzüberschreitenden Flugverkehr – und damit auch die Lärmbelastung – zu unterbinden, sodass die dem Nachbarrecht zugrundeliegende unvermeidbare Umweltinterdependenz nicht in demselben Maße gegeben ist. Ganz in diesem Sinne untersuchte der IGH auch die bereits erwähnten Kanalarbeiten Nicaraguas, soweit sie auf Staatsgebiet Costa Ricas stattfanden, allein anhand des allgemeinen Integritätsanspruches, hingegen die von Kanalarbeiten auf nicaraguanischem Staatsgebiet ausgehenden Auswirkungen anhand des Präventions-

---

[178] Convention on Nuclear Safety, BGBl. II 1997 Nr. 2 S. 133 ff.

[179] Art. 17 Unterpunkt vii: „(...) consulting Contracting Parties in the vincinity of a proposed nuclear installation, insofar as they are likely to be affected by that installation and, upon request providing the necessary information to such Contracting Parties, in order to enable them to evaluate and make their own assessment of the likely safety impact on their own territory of the nuclear installation".

[180] Vgl. S. 39 ff.

[181] Etwa *ILC*, Draft articles on Prevention of Transboundary Harm from Hazardous Activities, with commentaries, Art. 6 Rn. 5; *Durner*, Internationales Umweltverwaltungsrecht, in: Möllers/Voßkuhle/Walter (Hrsg.), Internationales Verwaltungsrecht, S. 121–164, 137 f.

[182] Anschaulich hinsichtlich der Gemeinsamkeit beider Rechtsgebiete der Terminus der „jurisdiktionellen Immission" bei *Hector*, Das völkerrechtliche Abwägungsgebot, S. 126; von einem „Recht zur unschädlichen Durchquerung fremder Lufträume" spricht *Wehrle*, Der Streit um die Nordanflüge, S. 145 ff., 165 ff., 179 ff.

prinzips.[183] Soweit einem Staat also die Nutzung des nachbarlichen Luftraumes im Rahmen seiner Lufthoheit versagt wird, ist letztlich kein Raum für eine Anwendung des Nachbarrechts.

Gleichwohl lässt sich eine nachbarrechtliche Situation dann konzipieren, wenn ein betroffener Nachbarstaat belastenden Flugbewegungen über seinem Staatsgebiet grundsätzlich zugestimmt hat: Bei entsprechender räumlicher Ausrichtung des Flughafens können durch die Bündelung der Flugbewegungen erhebliche Lärmbelastungen[184] unvermeidlich werden,[185] bzw. sich nur durch die Reglementierung des Luftbetriebumfangs vermindern lassen.[186] In diesem Augenblick ist dann also tatsächlich ein Fall grenzüberschreitender Umweltbeeinträchtigung gegeben, die den Nachbarstaat in der Planung des Flughafens zur Durchführung der oben beschriebenen Präventionsverfahren informationeller Kooperation[187] verpflichtet. Der Nachbarstaat besitzt durch seine Lufthoheit jedoch eine weitaus stärkere Position als in anderen Fällen des Nachbarrechts: Durch die Möglichkeit einer Untersagung des erheblich schädlichen Durchflugs seines Gebiets besitzt er mittelbar ein Veto-Recht gegenüber dem projektierten Flughafen. Dies reicht zugleich aber wiederum nur soweit, wie der Vorhabenstaat grenzüberschreitende Flüge nicht durch die Anpassung der Ausrichtung des Flughafens und veränderte Flugroutenführung vermeiden könnte. Soweit ein Staat also in der Planung eines größeren Flughafens die erforderliche Zustimmung des Nachbarstaates nicht erhält, wird er dann, wenn die grenzüberschreitenden Flugbewegungen die Grenze der Unerheblichkeit übersteigen und anderweitige Flugrouten nicht möglich sind, zugleich faktisch genötigt sein, den Abstand zur Grenze zu erhöhen. Hiermit lässt sich also zusätzlich der vorherige Befund bestärken, dass das Nachbarrecht selbst kein Grenzabstandsgebot enthält, im Falle der grenznahen Flughäfen ein solches als Ausfluss der Lufthoheit aber dennoch gegeben sein kann.

---

[183] *ICJ*, Certain Activities carried out by Nicaragua in the border area (Costa Rica vs. Nicaragua) and Construction of a Road in Costa Rica along the San Juan River (Nicaragua vs. Costa Rica), ICJ Reports 2015, 665, Rn. 113: „The Court has already found that Nicaragua is responsible for the harm caused by its activities in breach of Costa Rica's territorial sovereignty. What remains to be examined is whether Nicaragua is responsible for any transboundary harm allegedly caused by its dredging activities which have taken place in areas under Nicaragua's territorial sovereignty (...)"

[184] Allgemein zur Gesundheitsbelastung durch Flughafenlärm anhand des Londoner Flughafens Heathrow *ECHR*, Hatton and Others v. The United Kingdom, 08.06.2003, No. 36022/97; dazu kritisch *Schladebach*, Luftrecht, S. 95.

[185] *Wehrle*, Der Streit um die Nordanflüge, S. 46 ff., 60 ff., 75 ff.

[186] Namentlich durch Nachtflugverbote unterhalb einer bestimmten Flughöhe; dazu *Bentzien*, ZLW 2012, S. 597–608 (597); *Thürmer*, StoffR 2007, S. 40–44 (42).

[187] S. 65 ff.

3. Standortausschluss durch Wasserrecht?

Da nahezu allen industriellen Vorhaben ein wasserwirtschaftlicher Bezug inhärent ist, kann die Wahl von Standortalternativen aus wasserrechtlichen Gründen angezeigt sein, insbesondere deshalb, weil sich Umweltbelastungen durch den Gewässerkörper über große Entfernungen grenzüberschreitend auswirken können. Indessen gilt es hierbei zunächst zu klären, inwieweit einzelne Gewässerkörper überhaupt von den Bewirtschaftungspflichten des internationalen Wasserrechts erfasst werden. Da zwischen Ober- und Unterliegerstaaten nachvollziehbarerweise widerstreitende Positionen vertreten werden – einerseits den vollständigen Einbezug hydrologischer Einzugsgebiete, andererseits die Begrenzung auf einen konkreten grenzüberschreitenden Gewässerkörper –, lässt sich diese Frage nicht universell beantworten. Namentlich das UN-Übereinkommen zum Recht der internationalen Binnengewässer stellt mit seinem Begriff des „international water course" (Art. 2 lit. a) hierzu einen Kompromiss dar, der zwar einerseits ganze Gewässersysteme erfasst, aber andererseits stärker auf die Gewässerkörper fokussiert ist, als das gesamte geographische Gebiet eines Flusssystems, wie namentlich der in den einflussreichen ILA-Berlin Rules propagierte Begriff des „international drainage basin" (Art. 3 Nr. 5).[188] Jedenfalls verwenden zahlreiche regionale Abkommen die Einzugsgebiete als Anknüpfungspunkt, es scheint aber, dass in Anbetracht der engen hydrologischen Verknüpfungen eine rechtliche Differenzierung in der Sache eher geringere Auswirkungen hat, da die Wasserlaufstaaten in jedem Fall am Ort der Grenzberührung ein entsprechendes Gewässerqualitätsniveau erreichen müssen, was zwingend eine integrative Betrachtung auch der Nebengewässer eines Hauptflusses erfordert.[189] Besonders unklar verbleibt dagegen zumeist der rechtliche Status der Grundwasserkörper, obgleich sich diese nicht sachgerecht von Oberflächengewässern loslösen lassen.[190]

Schon vor diesem Hintergrund ist es also äußerst fraglich, ob ein Staat verpflichtet ist, vorrangig Standorte zu wählen, an denen die Durchführung des Vorhabens grenzüberschreitende Beeinträchtigungen entfallen ließe oder zumindest verringert. Selbstverständlich können etwa erhebliche Reduktionen der Wassermengen[191] oder Überschreitungen vereinbarter Wasserqualitätsstandards[192] zu un-

---

[188] *ILA*, Berlin Rules on Water Resources, Berlin conference (2004), Art. 3, S. 11; *McCaffrey*, The Law of International Watercourses, S. 36 ff.; *Birnie/Boyle/Redgwell*, International Law and the Environment, S. 536 ff., 558.

[189] *McCaffrey*, The Law of International Watercourses, S. 36 ff.; *Reichert*, Schutz der Binnengewässer, in: Proelß (Hrsg.), Internationales Umweltrecht, S. 455–529, 475 ff.; *Birnie/Boyle/Redgwell*, International Law and the Environment, S. 539.

[190] Vgl. *Durner*, Common Goods, S. 81 ff.; *Mechlem*, YIEL 14 (2003), S. 47–80 (47 ff., 52 ff., 62 ff.); *McCaffrey*, The Law of International Watercourses, S. 24 ff., 34 ff., 482 ff.; *Traversi*, HJIL 33 (2011), S. 453–488 (464 ff., 468 ff.).

[191] Vgl. dazu *Utton*, CJIELP 10 (1999), S. 7–38.

[192] *ICJ*, Pulp Mills on the River Uruguay (Argentina v. Uruguay), ICJ Reports 2010, 14, Rn. 214; *Kloepfer/Kohler*, Kernkraftwerk und Staatsgrenze, S. 33.

angemessenen Beeinträchtigung anderer Anrainerstaaten führen, selbst dann, wenn der betroffene Staat bei einer gemeinsamen Umsetzung des Projektes bereit gewesen wäre, die Beeinträchtigungen hinzunehmen.[193] Gleichwohl werden die verschiedenen Standorte stets solch eine Vielzahl schwer vergleichbarer Nachteile mit sich bringen, dass sie eine Abwägung durch den Vorhabenstaat erfordern, der hierzu nach dem Grundsatz der angemessenen Nutzung auch befugt ist und insbesondere Argumenten der sozialen Notwendigkeit, Wirtschaftlichkeit und Praktikabilität den Vorzug geben kann.[194] Aus diesem Grund wird der Ursprungsstaat – je nach wirtschaftlicher oder auch ökologischer (In-) Konvenienz anderer Standorte – im Einzelfall eher danach trachten, vereinbarte Standards neu zu verhandeln oder sonst auf politischem Wege die Akzeptanz betroffener Staaten zu erreichen, zumal ein Veto der unterliegenden Staaten nach allgemeiner Auffassung nicht erforderlich ist. Eine allgemeine Pflicht in dem Sinne, dass im Zweifel der Standort mit den geringsten Auswirkungen für fremdes Staatsgebiet zu wählen sei, ggf. sogar unter Inkaufnahme relativ größerer Belastungen des eigenen Gebiets, existiert jedenfalls nicht.[195] Wie die bereits ein halbes Jahrhundert andauernden und nunmehr teilweise umgesetzten Planungen der Türkei zum Bau des Ilisu-Staudamms nahe der irakischen Grenze verdeutlichen, wäre die Annahme einer solchen Rechtspflicht im Zweifel auch illusorisch: Obgleich durch die türkischen Aufstauungen u.a. die zugleich als Welterbe und als Ramsar-Gebiet gelisteten mesopotamischen Sümpfe gefährdet sind, konnten nationalem und internationalem Druck zum Trotz bislang keine Projektänderungen bewirkt werden.[196]

4. Zwischenergebnis

So evident die Raumplanung als Instrument zur Vermeidung grenzüberschreitender Beeinträchtigungen auch geeignet zu sein scheint, lässt sich aus dem souveränitätsrechtlichen Präventionsprinzips keine Pflicht ableiten, im Einzelfall auf raumplanerischem Wege vorbeugend tätig zu werden. Selbst dann, wenn im Einzelfall immense Schäden im Bereich des Möglichen erscheinen, lässt sich kaum belastbar vertreten, dass der Vorhabenstaat dazu verpflichtet wäre, Standorte zu wählen, denen aus räumlichen Gründen eine besonders präventive Funktion zu eigen wäre.

---

[193] *ICJ*, Case Concerning the Gabcikovo-Nagymaros Project (Hungary vs. Slovakia), ICJ Reports 1997, 7, Rn. 72 ff., 86.

[194] Ders., Pulp Mills on the River Uruguay (Argentina v. Uruguay), ICJ Reports 2010, 14, Rn. 207 ff.

[195] In diese Richtung weisen die Ausführungen bei *Odendahl*, Die Umweltpflichtigkeit der Souveränität, S. 129 ff., 136 ff.

[196] Zum Projekt *Yalcin/Tigrek*, International Journal of Water Resources Development 32 (2016), S. 247–266; zum Status der Sümpfe siehe *Al-Asady*, Al-Ahwar im Südirak: Schutzgebiet der Artenvielfalt und Reliktlandschaft mesopotamischer Städte; List of Wetlands of International Importance, S. 24.

IV. Ergebnis

Das souveränitätsbezogene Präventionsprinzip erfordert von Vorhabenstaaten die angemessene Berücksichtigung der Interessen betroffener Staaten und damit implizit auch die Sicherstellung eines angemessenen Niveaus der Umweltqualität. Im Kern steht dabei die rechtlich weitgehend ungebundene Abwägung der wechselseitigen Staateninteressen durch ein Konsultationsverfahren auf der Grundlage gegenseitiger Information, jedoch ohne ein Vetorecht betroffener Staaten. Bedeutendes Instrument dieser informationellem Kooperation ist zwar die Durchführung von Umweltverträglichkeitsprüfungen im Hinblick auf grenzüberschreitende Auswirkungen, jedoch besteht über die hierbei einzuhaltenden Qualitätsstandards weitreichende Unsicherheit. Letztlich steht und fällt die Wirkung des Präventionsprinzips deshalb mit der verfahrensrechtlichen Pflicht zur konsultativen Verhandlung zum Zwecke der für die beteiligten Parteien akzeptablen Lösung.

Infolge der Breite möglicher Ursachen umweltbeeinträchtigender Tätigkeiten wird es für den Vorhabenstaat in aller Regel erforderlich und zweckmäßig sein, zur Erfüllung dieser nachbarrechtlichen Pflichten auch planerische Instrumente einzusetzen. Eine konkrete Pflicht zur räumlichen Planung, insbesondere im Hinblick auf den Standort der potentiell grenzüberschreitend schädigenden Vorhaben, besteht jedoch im Anwendungsbereich des souveränitätsrechtlichen Präventionsprinzips nicht.

§ 5 Das umweltrechtliche Präventionsprinzip

Dieses Kapitel befasst sich unter dem Begriff des „umweltrechtlichen Präventionsprinzips" mit den planungsrechtlichen Implikationen verschiedener intraterritorialer Umweltschutzgebote im Völkerrecht.[1] Auch hier stehen ausdrücklich präventive Umweltschutzpflichten im Vordergrund, da – wie bereits erwähnt – Prävention aus ökonomischen und ökologischen Erwägungen die Goldene Regel des Umweltschutzes ist.[2] Namentlich für Planungsverfahren brachte bereits Prinzip 16 der – in ihrer Umsetzung eher mäßig erfolgreichen – World Charta for Nature von 1982[3] alle Forderungen des präventiven Umweltschutzes auf den Punkt:

„All planning shall include, among its essential elements, the formulation of strategies for the conservation of nature, the establishment of inventories of ecosystems and assessments of the effects on nature of proposed policies and activities; all of these elements shall be disclosed to the public by appropriate means in time to permit effective consultation and participation."

I. Ansätze eines allgemeinen präventiven Umweltschutzgebots

1. Zur Abwesenheit eines intraterritorialen Schädigungsverbots

Dennoch wurde und wird bis heute, vom Gesamtkomplex des Meeresumweltschutzes abgesehen[4], die Existenz eines allgemeinen völkerrechtlichen Umweltschutz- oder gar Naturschutzgebotes für das eigene Staatsgebiet überwiegend abgelehnt. Soweit Umweltnutzungen ausschließlich das eigene Staatsgebiet betreffen, wird zumeist darauf verwiesen, dass dem internationalen Umweltrecht eine allgemein anerkannte Umweltdefinition fehlt, sich der Großteil aller Dokumente auf die Reglementierung sektoraler Fragestellungen beschränkt und im Übrigen das grundsätzliche Recht der Staaten ihre Umwelt und Ressourcen nach der Maßgabe eigener Politik und Rechtsordnung zu nutzen betont wird. Gerade das Recht, die innerhalb des eigenen Territoriums belegenen Bodenschätze umfassend wirtschaftlich zu nutzen und damit auch besonders umweltbelastenden Bergbau zu betreiben, zu regeln, zu fördern und einzuschränken, ist seit jeher zentrales Ele-

---

[1] Zur Begründung der Terminologie siehe oben S. 29 ff.
[2] *Magraw/Ruis*, Principles and concepts of international environmental law, in: UNEP (Hrsg.), UNEP Training Manual on International Environmental Law, S. 23–37, Rn. 57, 61.
[3] *UN-General Assembly*, World Charta for Nature.
[4] Dazu im nächsten Teil S. 233 ff.

ment staatlicher Souveränität. Zudem wird – wie nicht zuletzt an den beinahe unwirklich umfassend ausgestalteten Umweltschutzabkommen der ASEAN-Staaten und der panafrikanischen African Union deutlich wird[5] – eine völkerrechtliche Eingrenzung nationaler Umweltübernutzung zumeist schon daran scheitern, dass es kaum sinnvoll ist, einzelne Staaten entgegen ihrem Willen zur Durchsetzung gegen sich selbst gerichteter Pflichten zu verpflichten.[6] Dies ist auch deshalb so relevant, weil es – neben der fehlenden Reziprozität – ein wesentlicher Unterschied zwischen extravertierten Integritätsschutzpflichten und ausschließlich intraterritorialen Umweltschutzpflichten ist, dass der rechtliche Bezugspunkt des Integritätsschutzes territorial und damit räumlich bestimmt wird und insoweit – zumindest strukturell – keine Differenzierung einzelner Umweltgüter verlangt.[7] Dies gilt in Bezug auf die nationale Umwelt dagegen nicht, weil ein allgemeiner Umweltbegriff dem Völkerrecht fehlt und sich das internationale Umweltrecht aus einer Vielzahl sektoraler Bestimmungen zusammensetzt.[8] Insoweit erscheint es methodisch sehr problematisch unter – ggf. sogar ausdrücklichem – Verweis

---

[5] Vgl. ASEAN Agreement on the Conservation of Nature and Natural Resources; Text und Ratifikationsstand abrufbar unter: http://agreement.asean.org.; African Convention on the Conservation of Nature and Natural Resources (Revised Version); ursprüngliche Fassung von 1968; Text und Ratifikationsstand abrufbar unter: https://au.int/en/treaties; ebenfalls abgedruckt in *UNEP*, Selected Texts Of Legal Instruments In International Environmental Law, Nr. 67.

[6] Vgl. *Wolfrum*, GYIL (1990), S. 308–330 (328); *Kämmerer*, Die Antarktis in der Raum- und Umweltschutzordnung des Völkerrechts, S. 370 ff.; *Odendahl*, Die Umweltpflichtigkeit der Souveränität, S. 43 ff., 292 ff.; *Odendahl*, Nature, International Protection, in: Wolfrum (Hrsg.), MPEPIL-Online, Rn. 14 ff.; *Durner*, Common Goods, S. 57 ff.; ders., AVR 54 (2016), S. 355–381 (356 ff.); *Birnie/Boyle/Redgwell*, International Law and the Environment, S. 3 ff., 137 ff.; *Sands/Peel*, Principles of International Environmental Law, S. 154, 202 ff.; *Peel*, Transboundary Pollution: Principles, Policy and Practice, in: Jayakumar u. a. (Hrsg.), Transboundary Pollution: Evolving Issues of International Law and Policy, 11 f.; für ein allgemeines Umweltschutzgebot *Rauber*, Strukturwandel als Prinzipienwandel, S. 458 ff.; auch *Lücke*, AVR 35 (1997), S. 1–28 (5 ff., der es dann aber nur in zwischenstaatlichen Fällen für operationalisierbar hält).

[7] Vgl. bereits S. 81; *Kunig*, Nachbarrechtliche Staatenverpflichtungen bei Gefährdungen und Schädigungen der Umwelt, in: Dolzer u. a. (Hrsg.), Umweltschutz im Völkerrecht und Kollisionsrecht, S. 9–46, 16; dies beschreibt auch *Scheyli*, AVR 38 (2000), S. 217–252 (225 f., der daraus aber schlussfolgert, der notwendige Oberbegriff sei die Umwelt als solche).

[8] *Birnie/Boyle/Redgwell*, International Law and the Environment, S. 4 ff.; *Sands/Peel*, Principles of International Environmental Law, S. 14 ff.; *Kloepfer*, Umweltrecht, S. 857.

auf lediglich sektorale Umweltschutzpflichten eine allgemeine und medienübergreifende Pflicht zum Umweltschutz herzuleiten,[9] die es dann im Ergebnis wieder gilt anhand einzelner Umweltgüter zu operationalisieren.[10]

2. Das Gebot der umweltgerechten und nachhaltigen Entwicklung

Befürwortungen eines allgemeinen Umweltschutzgebotes finden sich heute zumeist im Zusammenhang mit dem Gebot der umweltgerechten und nachhaltigen Entwicklung.

a) Planungsaffines Entwicklungskonzept mit unklarem Rechtsstatus

Das Konzept der nachhaltigen Entwicklung ist in seinen Ursprüngen wirtschaftlichen und entwicklungspolitischen Charakters, hat seine spezifische Prägung jedoch insbesondere im Rahmen der Umweltbewegung ab den 1970er Jahren erfahren. Systematisierten weltpolitischen Niederschlag fand es in der Rio Deklaration von 1992 und dominiert seither den Diskurs internationaler Umweltethik. Das Konzept der nachhaltigen Entwicklung ist auf eine holistische Betrachtung menschlicher Aktivitäten gerichtet und verlangt nach integrativer Abwägung und wechselseitiger Optimierung ökonomischer, ökologischer und sozialer Belange unter besonderer Berücksichtigung der globalen Bedürfnisse und der Bedürfnisse zukünftiger Generationen. In den oft zitierten Worten des grundlegenden Brundtland-Berichts ist es das Ziel

„to make development sustainable to ensure that it meets the needs of the present without compromising the ability of future generations to meet their own needs."[11]

Hierzu gehören insbesondere die Achtung fundamentaler Menschenrechte, der sparsame Umgang mit (erschöpflichen) Ressourcen, Maßnahmen zum Erhalt der Biodiversität und grundlegend das friedliche und kooperative Miteinander der internationalen Staatengemeinschaft.[12] Als prozedurale Elemente werden insbesondere das Erfordernis der Durchführung von Umweltverträglichkeitsprüfungen sowie die Information und Beteiligung der betroffenen Öffentlichkeit in staatlichen Entscheidungsprozessen genannt.[13]

---

[9] Sehr kritisch *Heintschel von Heinegg*, Internationales öffentliches Umweltrecht, in: Ipsen (Hrsg.), Völkerrecht, S. 986–1054, 1046.

[10] So aber *Rauber*, Strukturwandel als Prinzipienwandel, S. 451 ff., 458 ff.; im Zusammenhang des Verfahrensrecht auch *Epiney*, Umweltschutz durch Verfahren, in: Proelß (Hrsg.), Internationales Umweltrecht, S. 105–132, 117 mit Fn. 68.

[11] *WCED*, Our Common Future, Rn. 27.

[12] Ebd., Annex I, Rn. 1–8.

[13] Vgl. aus der unüberschaubaren Literatur mit (völker-) rechtlichem und raumplanerischem Bezug *Bode*, Der Planungsgrundsatz der nachhaltigen Raumentwicklung, S. 24 ff., 36 ff., 91 ff.; *Appel*, Staatliche Zukunfts- und Entwicklungsvorsorge, S. 15 ff., 217 ff., 242 ff., 265 ff., 303 ff.; *Kersten*, Nachhaltigkeit und Städtebau, in: Kahl (Hrsg.), Nachhaltigkeit als Verbundbegriff, S. 396–422; *Gärditz*, Nachhaltigkeit und Völkerrecht, in: Kahl

Bezüglich seines konkreten Inhalts und der damit indirekt zusammenhängenden Frage nach der völker(gewohnheits)rechtlichen Geltung des Prinzips nachhaltiger Entwicklung finden sich drei wesentliche Strömungen: Die Einordnung des Nachhaltigkeitsgrundsatzes als bloßes außerrechtliches Leitbild, dem zwar formender Charakter in der Ausbildung speziellerer Normen des Umweltvölkerrechts, aber mangels fassbaren Rechtsbefehls keine eigenständige Rechtsnormqualität zukommt; die Beschränkung der Rechtspflichten auf die ökologischen Forderungen des Nachhaltigkeitsprinzips, die als dessen historischem Ursprung hinreichend konkret und infolge der existenziellen Bedeutung des Erhaltes der natürlichen Lebensgrundlagen ohnehin dessen normatives Kernstück seien; die Einordnung als integratives und kooperatives Abwägungsgebot ökonomischer, ökologischer und sozialer Belange, das insoweit einen klaren Rechtsbefehl beinhalte und sich anhand anderer völkerrechtlicher Prinzipien und Verfahrenspflichten weiter konkretisieren lasse.[14] Eine weitere Spielart der Position rein ökologisch zu verstehender Nachhaltigkeit ist die Annahme eines eigenständigen allgemeinen völkerrechtlichen Umweltschutzgebotes; der Umweltschutz wird hier stets mit ökonomischen Entwicklungsinteressen abgewogen.[15] Während die Einordnung als durchaus prägendes, aber bloßes Leitbild bislang überwiegende Auffassung ist und sich der ökologische Nachhaltigkeitsbegriff im rechtlichen Diskurs nicht durchzusetzen konnte, erfährt namentlich die letztgenannte Annahme eines nachhaltigen Optimierungsgebotes in jüngerer Zeit zunehmende Rezeption, ist mittlerweile rechtstheoretisch fundiert worden, dürfte zumindest mit seinem Kerngehalt der integrativen Abwägung einen roten Faden der nationalen und internationalen Staatenpraxis bilden und wird z.T. als auch gewohnheitsrechtlichen Charakters beschrieben.[16] Die unüberschaubare Komplexität einer solch holistischen Pflicht

---

(Hrsg.), Nachhaltigkeit als Verbundbegriff, S. 137–179; *Gehne*, Nachhaltige Entwicklung als Rechtsprinzip, S. 11 ff., 73 ff., 107 ff.; grundlegend auch *ICJ*, Case Concerning the Gabcikovo-Nagymaros Project (Hungary vs. Slovakia), ICJ Reports 1997, 88 – Separate Opinion of Vice-president Weeramantry; aus der allgemeineren Literatur *Magraw/Hawke*, Sustainable Development, in: Bodansky/Brunée/Hey (Hrsg.), The Oxford Handbook of International Environmental Law; *Birnie/Boyle/Redgwell*, International Law and the Environment, S. 115 ff.; *Sands/Peel*, Principles of International Environmental Law, S. 215 f.; *Beyerlin*, Sustainable Development, in: Wolfrum (Hrsg.), MPEPIL-Online; *Proelß*, Prinzipien des internationalen Umweltrechts, in: Proelß (Hrsg.), Internationales Umweltrecht, S. 69–103, 97 ff.

[14] Eingehender Überblick *Gehne*, Nachhaltige Entwicklung als Rechtsprinzip, 179 ff.m.w.N.

[15] Vgl. zuletzt ausführlich begründet bei *Rauber*, Strukturwandel als Prinzipienwandel, S. 458 ff., 473 ff., 478 ff.; ferner *Lücke*, AVR 35 (1997), S. 1–28 (5 ff.); für den ökologischen Nachhaltigkeitsbegriff *Epiney/Scheyli*, Strukturprinzipien des Umweltvölkerrechts, S. 57 ff.; *Tietje*, Internationalisiertes Verwaltungshandeln, S. 365 f.

[16] Etwa *Proelß*, Prinzipien des internationalen Umweltrechts, in: Proelß (Hrsg.), Internationales Umweltrecht, S. 69–103, 97 ff., 101 ff.; *Rauber*, Strukturwandel als Prinzipienwandel, S. 476 ff.; aus der Rechtsprechung *ICJ*, Case Concerning the Gabcikovo-

zur Ermittlung und Einbeziehung relevanter Belange gilt es jedenfalls durch Verfahrenselemente abzuschichten, d.h. solche Belange zu bewerten und abzuwägen, die im Rahmen öffentlicher Beteiligungsprozesse tatsächlich aufgeworfen werden.[17] Die Abwägung selbst ist unabhängig von ihrer jeweiligen nationalgesetzlichen Ausgestaltung im Kern eine multipolare und polygonale Verhältnismäßigkeitsprüfung, wie sie insbesondere aus planerischen Sachzusammenhängen bekannt ist.[18] Aus völkerrechtlicher Sicht träfe alle Staaten dann – anderen präventiven Rechtspflichten entsprechend – eine Pflicht zur gebührenden Sorgfalt (due diligence) in der Ermittlung und Abwägung der betroffenen Belange.[19] Auch wenn Umweltbelangen im Rahmen des Nachhaltigkeitsprinzips damit kein genereller Vorrang einzuräumen ist, enthält es gleichwohl eine allgemeine Umweltschutzpflicht als integralen Bestandteil, weil es Umweltschutzbelangen über das Einbeziehungsgebot überhaupt einen rechtlichen Rang zuordnet,[20] wie er sich bereits in Prinzip 4 der Rio Deklaration findet:

„In order to achieve sustainable development, environmental protection shall constitute an integral part of the development process and cannot be considered in isolation from it."

Dabei enthält das subsidiaritätsfreundliche Nachhaltigkeitsprinzip trotz seiner Schrankenfunktion[21] keine generelle Infragestellung des Souveränitätsprinzips,[22] da Menschen in überschaubaren Räumen eher fähig und willens sind Verantwortung für andere und die Umwelt zu tragen, und ortsnahe Organisations- und Wirtschaftsprozesse tendenziell ökonomische Kostenvorteile implizieren.[23]

Schon Prinzip 14 der Stockholm Erklärung betont Planung als für die nachhaltige Entwicklung essentielles prospektives Instrument,[24] und der geographische Raum als quantitativ begrenzte, qualitativ durch Umnutzung und Unterschutzstellung zugleich auch in begrenztem Umfang regenerative Ressource ist geeigneter

---

Nagymaros Project (Hungary vs. Slovakia), ICJ Reports 1997, 88 – Separate Opinion of Vice-president Weeramantry; *Arbitral Tribunal*, Iron Rhine Railway Arbitration (Belgium vs. Netherlands), Award, 24.05.2005, RIAA XXVII, 35, Rn. 59.

[17] *Gehne*, Nachhaltige Entwicklung als Rechtsprinzip, S. 75 f., 217 f., 242 ff.

[18] Ebd., S. 219 f., 224–254.

[19] *ICJ*, Case Concerning the Gabcikovo-Nagymaros Project (Hungary vs. Slovakia), ICJ Reports 1997, 88 – Separate Opinion of Vice-president Weeramantry, S. 89.

[20] Siehe zur Gleichrangigkeit der Belange auch *Gehne*, Nachhaltige Entwicklung als Rechtsprinzip, S. 78 ff.

[21] *Redgwell*, JSDLP 8 (2017), S. 378–395 (384).

[22] Insgesamt sehr kritisch gegenüber dem Souveränitätsgedanken dagegen *Epiney/ Scheyli*, Strukturprinzipien des Umweltvölkerrechts, S. 71 ff.

[23] *Spehl*, Nachhaltige Raumentwicklung, in: ARL (Hrsg.), Handwörterbuch der Raumordnung, S. 679–685, 680, 682.

[24] Principle 14 Stockholm Declaration: „Rational planning constitutes an essential tool for reconciling any conflict between the needs of development and the need to protect and improve the environment".

Gegenstand von Nachhaltigkeitsentwürfen.[25] Planung als flexible, wertneutrale Entscheidungsmethodik trifft jedoch keine eigenständige Aussage über die zu erreichenden Ziele und betont vor allem den optimistischeren Aspekt der prinzipiellen Gestaltbarkeit.[26] Obgleich auch das Nachhaltigkeitskonzept in seinen Ursprüngen dieses optimistische Gestaltbarkeitspostulat teilt,[27] wird zumeist seine tendenziell pessimistischere Annahme betont, dass es zuvörderst gelte in einer zunehmend degradierten Welt lebenswerte Umstände überhaupt zu erhalten.[28] In diesem Sinne spielt das Leitbild der nachhaltige Entwicklung auch für die Raumplanung eine große Rolle als fachlich-ethischer Orientierungsrahmen, wobei der umweltorientierte Nachhaltigkeitsbegriff deutlich vorherrscht und dem Natur- und Landschaftsschutz der Status einer eigenständigen anthropozentrischen Entwicklungsprogrammatik verleiht.[29] Diese fachliche Betonung ökologischer Aspekte steht dabei nicht im Widerspruch zu einem weiter gefassten rechtlichen Nachhaltigkeitsbegriff, sondern bedeutet zumeist nur seine Konkretisierung für räumliche Fragestellungen, beispielsweise weil sowohl wachsende als auch schrumpfende Städte paradoxer Weise mit einem erhöhten Flächenverbrauch einhergehen.[30]

b) Instrumentalisierung der Stadtplanung für die New Urban Agenda

Insbesondere in der UN-Nachhaltigkeitsstrategie lässt sich ein zunehmender Fokus auf die Stadtentwicklung erkennen:

„Our struggle for global sustainability will be won or lost in cities."[31]

---

[25] *Jänicke*, Ökologisches Wirtschaften 9 (1994), (15).

[26] *Appel*, Staatliche Zukunfts- und Entwicklungsvorsorge, S. 307 ff.

[27] Selten zitiert werden etwa die einleitenden Worte der Brundlandt- Nachhaltigkeitsdefinition („Humanity has the ability to make development sustainable (...)") oder auch nur die eher optimistischen die Eingangsworte des Berichts („This Commission believes that people can build a future that is more prosperous, more just, and more secure. Our report, Our Common Future, is not a prediction of ever increasing environmental decay, poverty, and hardship in an ever more polluted world among ever decreasing resources. (...)"), *WCED*, Our Common Future, Rn. 3, 27.

[28] *Appel*, Staatliche Zukunfts- und Entwicklungsvorsorge, S. 307 ff.; *Bode*, Der Planungsgrundsatz der nachhaltigen Raumentwicklung, S. 91 ff.

[29] *Vogt*, Das Prinzip der Nachhaltigkeit in ethischer Perspektive, in: Lendi/Hübler (Hrsg.), Ethik in der Raumplanung, S. 50–67, 50 ff.; *Kersten*, Nachhaltigkeit und Städtebau, in: Kahl (Hrsg.), Nachhaltigkeit als Verbundbegriff, S. 396–422, 399 f., 415 ff.; zur Planungspraxis etwa auch *Goppel/Maier*, Nachhaltigkeit und Raumordnung, in: Kahl (Hrsg.), Nachhaltigkeit als Verbundbegriff, S. 369–395, 378 ff.

[30] *Kersten*, Nachhaltigkeit und Städtebau, in: Kahl (Hrsg.), Nachhaltigkeit als Verbundbegriff, S. 396–422, 400, 415 ff.

[31] *Ban*, Remarks to the High-level Delegation of Mayors and Regional Authorities in New York, 23.04.2012; vgl. auch *WCED*, Our Common Future, Chapter 9, The Urban Challenge.

Als Antwort auf die stark zunehmende Urbanisierung suchte sich die internationale Nachhaltigkeitspolitik mit der UN-Conference on Human Settlements (Habitat I) bereits ab 1976 auch städtebaupolitisch weiter zu konkretisieren.[32] Dies führte im Post-Rio-Prozess dann 1996 zur Habitat II-Konferenz in Istanbul[33] und schließlich 2002 zur Einrichtung des – eher gering finanzierten – UN-Human Settlements Programme (HABITAT).[34] 2015 mündeten die Bemühungen in die Neuaufnahme eines eigenständigen Sustainable Development Goal für die Stadtentwicklung (SDG Nr. 11) in die Agenda 2030[35], dass mit der UN-Conference on Housing and Sustainable Urban Development (Habitat III) in Quito ab 2016 unter dem Titel New Urban Agenda (NUA) weiter entwickelt wird.[36]

Im Nachhaltigkeitsziel 11 fällt die dreimalige Betonung auf, grundsätzlich partizipatorische und integrative planerische Ansätze der Stadt- und Regionalplanung zu stärken (11.3, 11.a und 11.b). Diese Befürwortung transparenter, gemeinwohlorientierter Stadtplanung als Mittel zur Verbesserung der urbanen Lebensqualität lässt sich von Beginn an als Leitfaden internationaler Siedlungspolitik erkennen und fand sich bereits im Vancouver Action Plan der Habitat I-Konferenz mit erstaunlich konkreten planungsorganisatorischen Strukturen: Anzustreben sind demnach hierarchisch aufgebaute Planungskaskaden von überörtlichen zu lokalen Entscheidungsträgern mit jeweils unterschiedlichen ebenenspezifischen Planungsinhalten, die gesamtplanerische Betrachtung von Infrastruktur und Siedlung, ganz grundlegend die hoheitliche Kontrolle über Art und Ausmaß der Bodennutzung sowie die informationelle Öffnung des Planungsprozesses für die betroffene Öffentlichkeit.[37] Insofern ist der Umstand, dass sich allein ein tautologisches Stadt-Nachhaltigkeitsziel mit weitgehend unkonkreten Unterzielen[38] als kompromissfähig erwiesen hat,[39] ebenso vielsagend wie enttäuschend, auch wenn klar ist, dass eine solch hohe Ebene der Zielformulierung ohnehin auf die dezentra-

---

[32] *UN-Conference on Human Settlements*, The Vancouver Declaration on Human Settlements.

[33] Ders., Istanbul Declaration on Human Settlements and the Habitat Agenda.

[34] Vgl. zum Überblick *Birch*, JAPA 82 (2016), S. 398–411 (398 ff.); *Wortmann*, United Nations Human Settlements Programme (UN-HABITAT), in: Wolfrum (Hrsg.), MPEPIL-Online.

[35] *UN-General Assembly*, Transforming our world: the 2030 Agenda for Sustainable Development.

[36] Siehe *UN-Conference on Housing and Sustainable Urban Development*, New Urban Agenda.

[37] Vgl. *UN-Conference on Human Settlements*, The Vancouver Action Plan.

[38] *UN-General Assembly*, Transforming our world: the 2030 Agenda for Sustainable Development, 14: „Make cities and human settlements inclusive, safe, resilient and sustainable", die inhaltlichen Unterziele bieten mit seinen Forderungen nach sozialer Wohnungs- und Verkehrspolitik, Verbesserung der Luftqualität, der Abfallentsorgung und des Katastrophenschutzes und verstärktem Naturschutz wenig operable Anleitung.

[39] Laut *Birch*, JAPA 82 (2016), S. 398–411 (404 war Ziel 11 hart umfochten).

le Umsetzung ihrer Leitbilder angewiesen ist.[40] Im Gegensatz zu ihren Vorläufern beschränkt sich die neue Stadtagenda nicht auf eher verwaltungsorganisatorische Forderungen, sondern enthält vermehrt auch gestalterische Maßgaben dafür, was denn nachhaltige und lebenswerte Städte ausmacht:[41]

„There is a fairly clear picture of what cities should aim for (…). Indeed, the NUA is quite specific in enumerating desired urban outcomes. (…) Without adequate legal urban frameworks, cities face multiple risks: uncontrolled urban sprawl, the loss of valuable natural protected areas, deepening social inequalities, inappropriate and/or unaccountable land management, conflicting land uses and inadequate public space. (…) Appropriate planning and design processes will contribute to the definition of compact urban footprint, preventing unwanted urban sprawl and identifying zones to be exempt from urbanization. (…) Adequate planning and design processes will shape high quality urban spaces with (…) an appropriate mix of uses, quality green public space, adequate services and sufficient transport infrastructure."[42]

Trotz des durchweg betonten Fokus' auf „evidence-based policy" bleibt gerade die Messbarmachung dieser äußerst abstrakten Leitbilder der gesunden und kompakten Stadt das Hauptproblem.[43] Dies gilt umso mehr als gerade in Ländern mit besonders ungesunder und ungeregelter Stadtentwicklung schon gar kein Konnex zwischen individueller Siedlungstätigkeit und hoheitlichen Planungsentwürfen besteht[44] und zudem die Begrünung von Städten unglücklicherweise vor allem Platz braucht.[45] Am konkretesten fällt hierbei vermutlich noch die Forderung nach verstärkter Einrichtung von Grünflächen aus, die sich bereits im SDG 11.7 der Agenda 2030 findet und entsprechend durch HABITAT elaboriert wird.[46] Damit zeigt sich, dass das Problem der Standardisierung der Nachhaltigkeit nicht nur ein rechtliches, sondern auch ein fachliches ist, sodass die Umsetzung faktisch von der Interpretation der einzelnen Staaten abhängt,[47] zur Vermeidung einer Dekontextualisierung aber auch abhängen sollte. Damit bleibt auch nach 40 Jahren UN-Städtebaupolitik der tatsächliche Einfluss der New Urban Agenda nur zu erhoffen:

---

[40] Vgl. zur praktischen Umsetzung der „Leitbilder guten urbanen Regierens" *Aust*, Das Recht der globalen Stadt, S. 273 ff.

[41] Vgl. *UN-Conference on Housing and Sustainable Urban Development*, New Urban Agenda, insb. Rn. 93 ff.

[42] *UN-HABITAT*, Action Framework for Implementation of the New Urban Agenda, Introduction sowie Einleitungen zu Nr. 2 und 3.

[43] *Caprotti* u. a., URP 2017, S. 367–378 (368 ff.).

[44] Ebd., S. 367–378 (373 ff.; vgl. bereits oben S. 19 ff.).

[45] *Mees/Driessen*, CL 2 (2011), S. 251–280 (253).

[46] Vgl. *UN-HABITAT*, Action Framework for Implementation of the New Urban Agenda, Tabellen in Nr. 2 und 3.

[47] *Martens/Obenland*, Die 2030-Agenda, S. 91.

„In sum, promising signs exist that Habitat III can have an impact on the course of urban development, yet obstacles remain. (...) However, the NUA is a guidance document that initiates a 20-year cycle for its dissemination and implementation. This leaves a good deal of room to spread the message, develop the necessary advocacy, and hold national governments responsible for their commitments to sustainable urban development, an area in which city and regional planners worldwide have the knowledge to undertake. But do they have the will?"[48]

c) Geringe Relevanz eines rechtlichen Nachhaltigkeitsbegriffes

aa) Mangelnde fachliche und rechtliche Eindeutigkeit

Sowohl das Recht als auch die Planung können sich als gesellschaftliche Kommunikationsprozesse des Einflusses moralischer, politischer und anderer gesellschaftlicher Normen nicht entziehen, sondern stehen zu ihnen in enger Wechselwirkung und setzen sie voraus.[49] Da sich der schöpferische Planungsvorgang einer rechtlichen Determination weitgehend entzieht und die planerische Abwägung damit einen – rechtlich inkorporierten – Kanal für den Influx fachlicher und gesellschaftlicher Strömungen der Nachhaltigkeit bereithält, entstehen in jeder öffentlichen Planungsentscheidung Verpositivierungen der Wertvorstellungen des jeweiligen Planers – samt nicht-rechtlicher Normvorstellungen und nicht-nachhaltiger Erwägungen wie persönlichen Karriereabsichten und Bestechungsgeldern.[50] So enthusiastisch der Nachhaltigkeitsbegriff in allen gesellschaftlichen Foren in Anspruch genommen wird, so elementar erscheint es, namentlich planungsfachliche Nachhaltigkeitsentwürfe und die völkerrechtliche Nachhaltigkeitsbewertung und damit unterschiedliche Nachhaltigkeitsbegriffe zu trennen.[51] Auch wenn die Aufnahme des Nachhaltigkeitsbegriffs in verschiedenste rechtliche Dokumente der planungsfachlichen Zielformulierung ein Gefühl der Absicherung vermitteln mag, geht es dem (idealtypischen) Planer doch ohnehin nicht um die destruktive Verfolgung einer sicher nicht nachhaltigen – und damit rechtlich im

---

[48] *Birch*, JAPA 82 (2016), S. 398–411 (408).
[49] Etwa *Lendi*, Rechtliche Grundlagen, in: ARL (Hrsg.), Methoden und Instrumente räumlicher Planung, S. 23–38, 25 f.; ders., Rechtsethik als Grundlage für die Raumplanung, in: Lendi/Hübler (Hrsg.), Ethik in der Raumplanung, S. 132–163, 132 ff.; *Peter*, PlanerInnen als 'deliberative practitioners', in: Hamedinger u. a. (Hrsg.), Strategieorientierte Planung im kooperativen Staat, S. 309–321; die soziologische Konstruktion solcher Phänomene mag freilich unterschiedlich ausfallen. Vgl. grundlegend *Luhmann*, Das Recht der Gesellschaft, S. 407 ff., 440 ff.; dazu *Calliess*, Systemtheorie: Luhmann/Teubner, in: Buckel/Christensen/Fischer-Lescano (Hrsg.), Neue Theorien des Rechts, S. 57–75; kritischer *Bolsinger*, Politische Vierteljahresschrift 42 (2001), S. 3–29; *Röhl*, § 70, Das Recht als autopoietisches System, S. 2 ff.
[50] In der Systemtheorie Luhmanns wird dieser Umstand strukturelle Kopplung genannt, wobei der Einfluss praktisch größer sein kann, als theoretisch angenommen. Vgl. *Luhmann*, Das Recht der Gesellschaft, S. 440 ff.; *Röhl*, § 70, Das Recht als autopoietisches System, S. 2, 4 f.
[51] Eine entsprechende Trennung des konzeptuellen vom rechtlichen Nachhaltigkeitsbegriff findet sich auch bei *Gehne*, Nachhaltige Entwicklung als Rechtsprinzip, S. 73.

Zweifel unzulässigen – Planungsstrategie, sondern darum die räumlichen Bedürfnisse innerhalb eines Planungsraumes in einen möglichst funktionalen, gesunden und zugleich ästhetisch ansprechenden Zusammenhang zu setzen. Er mag dabei dem insgesamt „internationalistisch" geprägten Begriff der Nachhaltigkeit beispielsweise eine Grenze dahingehend entnehmen, dass die Planung einer „völkischen Stadt" kein legitimes Planungsziel sein kann. Unmittelbare Folgen hat dies jedoch allenfalls für die verbale Begründung, nicht aber notwendigerweise für die Gestalt seines Entwurfs: So erlebt der Begriff der „Gartenstadt" derzeit in der Stadtplanung eine Renaissance – vormals im 19. Jahrhundert in England als Antwort auf die Industrialisierung entwickelt und dann im dritten Reich im Sinne einer völkischen Gartenstadt instrumentalisiert.[52] Bei Wegfall der völkischen Semantik dürfte sich die Gartenstadt in ihrer funktional-ästhetischen Konzeption auf geradezu frappierende Weise in das Ideal der grünen und kompakten Stadt der New Urban Agenda einfügen.

Auch in der rechtswissenschaftlichen Debatte wird es zumeist unternommen anhand konkreterer fachlicher Orientierungsparameter nachhaltiges Verhalten auch rechtlich zu operationalisieren.[53] Dabei bleibt die eigentliche rechtliche Gretchenfrage, nämlich was denn nun rechtssicher kein nachhaltiges Verhalten ist, bislang weitgehend ungeklärt. Es ist dieser Umstand, der oftmals mit der Feststellung kaschiert wird, dass sich aus dem Nachhaltigkeitsprinzip bis auf weiteres keine von anderen Staaten einklagbaren Pflichten ergäben, zumal es meist allen Konfliktparteien möglich sein wird, das Argument der Nachhaltigkeit zu führen.[54] Letztlich wird man konstatieren müssen, dass selbst für Kriege und Bürgerkriege, die zumeist eine Negation aller sozialen, ökonomischen und ökologischen Belange zugleich bedeuten, Konzepte wie die humanitäre oder ökologische Intervention[55] und andere Entwürfe des „gerechten Krieges" erahnen lassen, dass sie nicht zwingend als nicht-nachhaltig einzustufen sind.[56]

Dennoch wird vielfach angenommen, in Extremfällen sei das Nachhaltigkeitsgebot dann justiziabel,

---

[52] Vgl. dazu *Schubert*, Die Gartenstadtidee zwischen reaktionärer Ideologie und pragmatischer Umsetzung, Theodor Fritschs völkische Version der Gartenstadt, 9 ff., Vergleich des englischen und des völkischen Konzepts auf S. 78 ff., Originaldokumente ab S. 107 ff.; zu jüngsten Rezeptionen in Berlin siehe *Müller*, Die Gartenstadt der Zukunft.

[53] Elaboriert bei *Gehne*, Nachhaltige Entwicklung als Rechtsprinzip, S. 107–177, 217–256.

[54] *Birnie/Boyle/Redgwell*, International Law and the Environment, S. 116, 125 ff.; *Beyerlin/Marauhn*, International Environmental Law, S. 79 ff.; *Proelß*, Prinzipien des internationalen Umweltrechts, in: Proelß (Hrsg.), Internationales Umweltrecht, S. 69–103, 99, 102.

[55] Vgl. *Nettesheim*, AVR 34 (1996), S. 168–217.

[56] Zur Bedeutung von Frieden und Stabilität für die nachhaltige Entwicklung und zu den Ursprüngen des Nachhaltigkeitskonzepts in der Nachkriegszeit, vor der Umweltbewegung der 1970er Jahre, *Gehne*, Nachhaltige Entwicklung als Rechtsprinzip, S. 12 ff., 109 f.

„wenn aus ökonomischen Gründen (Produktion, Gewinne, Wachstum) ein Investitionsvorhaben zugelassen wird, das den unkontrollierten, umweltschädlichen Abbau von Rohstoffen erlaubt, ohne von Maßnahmen für Naturhaushalt, Gesundheitsschutz und Nutzen für die lokale Bevölkerung und Entwicklung flankiert zu sein."[57]

Eine solche Extremfalljustiziabilität, wie sie etwa im Bereich von Souveränitätskonflikten in der Tat internationalgerichtlich bestätigt worden ist,[58] ist im Rahmen des Nachhaltigkeitsgebots unergiebig: Denn zum einen wird es stets erforderlich sein, das Nachhaltigkeitsprinzip anhand konkreterer Rechtspflichten zu operationalisieren.[59] Hierdurch streifen freilich viele Fallkonstellationen indirekt auch Fragen der Nachhaltigkeit,[60] die Nachhaltigkeit selbst bleibt aber – wie es sich bereits in der Gerichtspraxis widerspiegelt – nichttragende Besinnungsformel.[61] Zum anderen handelt es sich bei dem Gebot der Nachhaltigkeit als offenes Optimierungsgebot[62] um ein Gebot der integrativen Zweck-Mittel-Relation,

---

[57] Ders., Nachhaltige Entwicklung als Rechtsprinzip, S. 223; auch *Birnie/Boyle/Redgwell*, International Law and the Environment, S. 125 f.; *Proelß*, Prinzipien des internationalen Umweltrechts, in: Proelß (Hrsg.), Internationales Umweltrecht, S. 69–103, 102.

[58] Vgl. oben insbesondere S. 61 ff., sowie mehrfach auf S. 57 ff., 69, 72 ff.

[59] Statt vieler dann doch auch *Epiney/Scheyli*, Strukturprinzipien des Umweltvölkerrechts, S. 87; konkretisierend insoweit etwa *WCED*, Our Common Future, Annex 1.

[60] *Redgwell*, JSDLP 8 (2017), S. 378–395 (394).

[61] Fragwürdig daher etwa die axiomatische Annahme von *ICJ*, Case Concerning the Gabcikovo-Nagymaros Project (Hungary vs. Slovakia), ICJ Reports 1997, 88 – Separate Opinion of Vice-president Weeramantry, 88, „(that the) principle that enables the Court to (balance even between the environmental considerations and the developmental considerations raised by the respective Parties) is the principle of sustainable development"; denn die Abwägung erfolgte ausschließlich im Anwendungsbereich des Präventionsprinzip für grenzüberschreitende Gewässer, vgl. ders., Case Concerning the Gabcikovo-Nagymaros Project (Hungary vs. Slovakia), ICJ Reports 1997, 7, Rn. 78, 85, 141, 147, 15, dazu insbesondere oben S. 57 ff., dagegen war der Bezug auf das Nachhaltigkeitsprinzip bloß beiläufig und ohne Rechtsaussage, Rn. 140: „Owing to new scientific insights and to a growing awareness of the risks for mankind (...) new norms and standards have been developed (and) have to be taken into consideration, and (...) given proper weight (...). This need to reconcile economic development with protection of the environment is aptly expressed in the concept of sustainable development"; nichttragende Referenz auch bei ders., Pulp Mills on the River Uruguay (Argentina v. Uruguay), ICJ Reports 2010, 14, Rn. 177: „Consequently, it is the opinion of the Court that Article 27 embodies this interconnectedness between equitable and reasonable utilization of a shared resource and the balance between economic development and environmental protection that is the essence of sustainable development".

[62] *Tietje*, Internationalisiertes Verwaltungshandeln, S. 366 f.; *Gehne*, Nachhaltige Entwicklung als Rechtsprinzip, S. 74 f.; *Proelß*, Prinzipien des internationalen Umweltrechts, in: Proelß (Hrsg.), Internationales Umweltrecht, S. 69–103, 100.

dem schon aus strukturellen Gründen weder konkrete Relationierungen[63] noch – jenseits von Souveränitäts- und Menschenrechtsverletzungen – eine sichere Bestimmung illegitimer Zwecke und damit kein sachgerechter Maßstab entnommen werden kann,[64] zumal alle Nachhaltigkeitsansätze zugleich von grundlegenden epistomologischen Problemen begleitet sind. Dies ist deshalb so bedeutsam, weil im Gegensatz zu Souveränitätskonflikten bei intraterritorialen Rechtspflichten der heilsame Rechtfertigungsdruck unmittelbarer Reziprozitätsverhältnisse fehlt. Trotz der negativ geprägten Nachhaltigkeitsdefinition des Brundtland-Berichts („without compromising")[65] fehlt damit mangels eines normativen Ankerpunktes zumeist ein eigenständiger „Vermeidungsimperativ"[66]. Dies wurde beispielsweise vom Schiedsgericht im Iron Rhine-Fall selbst im rechtlich homogenen Europa ausdrücklich bestätigt, wenn es zunächst feststellt,

„that where development may cause significant harm to the environment there is a duty to prevent, or at least mitigate, such harm. This duty, in the opinion of the Tribunal, has now become a principle of general international law",

um im nächsten Atemzug zu erklären:

„The mere invocation of such matters does not, of course, provide the answers in this arbitration to what may or may not be done, where, by whom and at whose costs".[67]

Zwar mag dem Begriff der Nachhaltigkeit durchaus eine leitende Rolle in der Interpretation und Kanalisierung von Ermessensentscheidungen zukommen.[68] Wie die Entwicklung des Umweltvölkerrechts und die internationale Gerichtspraxis zeigen, tut er dies aufgrund seines gesellschaftspolitischen Ranges auch unabhängig von einer gesicherten rechtlichen Geltung bzw. der Einordnung in die völkerrechtliche Rechtsquellenlehre.[69] Die Frage nach einem (völker-) rechtlichen Nachhaltigkeitsbegriff ist damit praktisch und dogmatisch weniger relevant, als seine allgegenwärtige Inanspruchnahme es prima facie nahelegt.

---

[63] *Bode*, Der Planungsgrundsatz der nachhaltigen Raumentwicklung, S. 51; *Beyerlin*, Sustainable Development, in: Wolfrum (Hrsg.), MPEPIL-Online, Rn. 13.

[64] Siehe *Gärditz*, Nachhaltigkeit und Völkerrecht, in: Kahl (Hrsg.), Nachhaltigkeit als Verbundbegriff, S. 137–179, 170 f.

[65] Hinweis nach *Hauhs*, Nachhaltigkeit und Landnutzung, in: Kahl (Hrsg.), Nachhaltigkeit als Verbundbegriff, S. 471–495, 489.

[66] So aber gekennzeichnet von *Jänicke*, Ökologisches Wirtschaften 9 (1994), (15).

[67] *Arbitral Tribunal*, Iron Rhine Railway Arbitration (Belgium vs. Netherlands), Award, 24.05.2005, RIAA XXVII, 35, Rn. 59 f.

[68] *Gehne*, Nachhaltige Entwicklung als Rechtsprinzip, S. 291 ff.

[69] So auch *Reichert*, Schutz der Binnengewässer, in: Proelß (Hrsg.), Internationales Umweltrecht, S. 455–529, 474 f.; vgl. hierzu vor allem auch *Bodansky*, The Art and Craft of International Environmental Law, S. 199 ff.; zur Berücksichtigung unverbindlicher internationaler Empfehlungen *Tietje*, Internationalisiertes Verwaltungshandeln, S. 621 ff.

bb) Beispiel: Energierohstoffbergbau

Diese Maßgaben – fehlende negative Verbindlichkeit sowie nichttragende Normativität – lassen sich anschaulich anhand des auch unter Nachhaltigkeitsaspekten fundamentalen Energierohstoffbergbaus illustrieren, dessen Eingriffe in besonderer Weise Umweltkonflikte aufwerfen. Für sich genommen ist der Abbau von Erdöl, Gas und Kohle aber sicher keine rechtlich illegitime Zwecksetzung; insbesondere gibt es auch keine allgemeine Pflicht zur Installation sog. erneuerbarer Energien.[70] So praktizieren beispielsweise die USA bereits seit den 1990er Jahren zur Gewinnung von untertägig nicht mehr rentabel förderbarer Steinkohle die Methode des Mountaintop-Removal-Mining, bei dem das bis zu 120m mächtige Deckgebirge – d.h. die Bergkuppe – gesprengt, abgetragen und in nahegelegenen Tälern abgesetzt wird (valley fill), sodass die freigelegte Kohle kostengünstig im Tagebau gewonnen werden kann.[71] Dies führt neben der großflächigen Umgestaltung ganzer Gebirgszüge zu immensen Störungen der Ökosystematik und des Wasserhaushalts und führt als Folge der Talverfüllung zur Freisetzung einer breiten Toxinpalette und überregionalen Belastungen im Trinkwasser.[72] Während die kritische Rezeption dieser Praktik die betroffenen Regionen plastisch als „environmental sacrifice zone" kennzeichnet,[73] verteidigen andere diese Rohstoffpolitik unter Hinweis auf Umweltschutzbemühungen, Renaturierungen und vor allem die sozialen Belange dieser strukturschwachen Region mit dem Prädikat „Sustainable Development in Appalachia".[74] Es kann mit Gewissheit ausgeschlossen werden, dass die USA für diese Rohstoffpolitik, die ja überdies nur einen winzigen Bruchteil des amerikanischen Staatsgebietes betrifft, deshalb international verantwortlich gemacht werden, weil sie „auf's Ganze" gesehen dauerhaft untragbar wäre.

Demgegenüber zeigen öffentlichkeitswirksame Fälle wie die unverantwortliche Erdölförderung im Gebiet des nigerianischen Volkes der Ogoni, die vom nigerianischen Staat zudem militärisch sichergestellt worden war, dass – auch ohne grenzüberschreitendes Moment – Extremfälle existieren können, die aufgrund ihres Menschenrechtsbezuges tatsächlich völkerrechtliche Relevanz erlangen kön-

---

[70] Vgl. *Redgwell*, JSDLP 8 (2017), S. 378–395 (378 ff., 384 ff.).

[71] Einen genehmigungsrechtlichen Überblick bietet *Subacz*, ANRLJ 2009, S. 49–68; mit historischen Perspektiven *McGinley*, Environmental Law 2004, S. 21–106; aus umweltschutzpolitischer Perspektive *U. S. Environmental Protection Agency*, The Effects of Mountaintop Mines and Valley Fills on Aquatic Ecosystems of the Central Appalachian Coalfields; *Copeland*, Mountaintop Mining.

[72] *U. S. Environmental Protection Agency*, The Effects of Mountaintop Mines and Valley Fills on Aquatic Ecosystems of the Central Appalachian Coalfields, S. 15 ff., 27 ff., 45 ff., 59 ff.

[73] *Fox*, Organization & Environment 1999, S. 163–183; *Evans*, HELR 2010, S. 521–576.

[74] Etwa *Gardner/Sainatot*, ANRLJ 2006, S. 89–106.

nen. Zwar fehlt auch hier der formelhafter Verweis auf die nachhaltige Entwicklung nicht, ein eigenständiger rechtlichen Inhalt wird indessen nicht aufgezeigt.[75]

3. Zwischenergebnis

Im traditionellen Völkerrecht existiert kein allgemeines Umweltschutzgebot der Staaten für ihr eigenes Staatsgebiet. In jüngerer Zeit mehren sich (wieder) die Stimmen, die eine solche Umweltschutzpflicht als integralen Bestandteil des Prinzips der nachhaltigen Entwicklung annehmen. Dies Konzept hat eine beispiellose Karriere in nahezu allen gesellschaftlichen Foren erlebt und diese jedenfalls „nachhaltig" verändert. Namentlich für die Raumplanung ist das Leitbild der nachhaltigen Entwicklung zum fachlichen und ethischen Orientierungpunkt avanciert und hat insbesondere den Natur- und Landschaftsschutz zu einer eigenständigen Programmatik der internationalen Entwicklungspolitik werden lassen. Auch im Rechtsdiskurs nimmt der Nachhaltigkeitsbegriff erheblichen Raum ein. Im Gegensatz zur immensen gesellschaftlichen Bedeutung bleibt seine rechtliche Relevanz indessen marginal, weil er mangels eindeutiger Rechtsfolge kaum eigenständig operationalisierbar ist, und er im Falle seiner Operationalisierung anhand konkreterer Rechtssätze keine tragende Normativität besitzt. Ob man dem Prinzip der Nachhaltigkeit daher einen Rechtsstatus beimessen möchte oder nicht, ist für die räumliche Entwicklung und auch aus rechtlicher Sicht weitgehend bedeutungslos.

II. Sektorale Ansätze umweltrechtlicher Präventionspflichten

Konkretere intraterritoriale umweltrechtliche Präventions- und Schutzpflichten mit raumplanerischer Relevanz lassen sich in den Sachbereichen ausmachen, die sich als fundamentale Gemeinschaftsinteressen (community interests) bezeichnen lassen und in jüngerer Zeit verstärkt als Gegenstand des Grundsatzes nachhaltiger Entwicklung betrachtet werden, namentlich der Klimaschutz, der Biodiversitätsschutz und der Menschenrechtsschutz.[76] Sie basieren auf einem Zusammenfallen fundamentaler Wertvorstellungen bei gleichzeitiger Sorge um den Bestand eben dieser Werte, und ihnen ist insbesondere unter dem Einfluss des

---

[75] Siehe *ACHPR*, Social and Economic Rights Action Center (SERAC) and Center for Economic and Social Rights (CESR) vs. Nigeria, No. 155/96 – Decision on the Merits, Rn. 52: „The right to a general satisfactory environment (...) therefore imposes clear obligations upon a government. It requires the state to take reasonable and other measures to prevent pollution and ecological degradation, to promote conservation, and to secure an ecologically sustainable development and use of natural resources", siehe zu Menschenrechtsschutz ferner unten S. 124 ff.

[76] Siehe zur Übersicht *WCED*, Our Common Future, Annexe 1: Summary of Proposed Legal Principles for Environmental Protection and Sustainable Development Adopted by the WCED Experts Group on Environmental Law.

common concern-Prinzips eine staatliche Schutzverpflichtung mit Wirkung erga omnes zu entnehmen. Trotz des insoweit zunehmenden Bewusstseins über die ökologisch-räumliche Verwobenheit, bleibt die tatsächliche Umsetzung dieser Schutzverpflichtung mangels unmittelbarer Reziprozitätsverhältnisse zumeist an den entsprechenden politischen Willen der jeweiligen Territorialstaaten gebunden.[77] Eine besondere Rolle, allerdings ebenfalls ohne gehobenes Verpflichtungsniveau, kommt ferner dem ökologischen Gewässerschutz zu.

1. Klimaschutz durch vorsorgende Raumplanung

a) Überblick zum internationalen Klimaschutz

Ein besonders betontes Themenfeld des internationalen Umweltrechtes ist der Klimaschutz. Die internationale Klimaschutzpolitik basiert auf einem weitreichenden wissenschaftlichen Konsens in der Klimaforschung, dass die anthropogene Zunahme sogenannter Treibhausgase (Kohlenstoffdioxid, Methan ua.) in der Atmosphäre zu globalen klimatischen Veränderungen – insbesondere einer Erwärmung der globalen Jahresmitteltemperatur – und zu insgesamt nachteiligen Folgen führt.[78] In diesem Zusammenhang werden vielschichtige Szenarien beschrieben, von denen als hier relevante verstärkte Überschwemmungen in Küsten- und Flussregionen durch Meeresspiegelanstieg und Starkregen, die Beeinträchtigung von Ballungsräumen und Infrastrukturen durch Unwetter und Hitzeperioden, sowie das Erfordernis eines veränderten Umgangs mit Wasserressourcen und veränderter Landwirtschaft infolge einer Verschiebung klimatischer Zonen genannt seien.[79] Es wird also weniger ein Auftreten völlig neuer Phänomene als vielmehr ein verändertes Auftreten und eine veränderte Intensität von Wetter- und Klimaphänomenen erwartet.[80] Insgesamt verbleibt die wissenschaftliche Unsicherheit in Bezug auf Umfang und Ausmaß der prognostizierte Folgen und die ökologischen Wechselwirkungen so groß, dass die Bildung sachgerechter Entscheidungsprozesse oder auch nur eine regionale Zielformulierung erheblich erschwert ist[81] und die Wirkungen der Klimaschutzpolitik vor allem von öffentlicher Bewusstseinsbildung abhängt.[82]

---

[77] Vgl. zum Ganzen jeweils m.w.N. *Brunée*, ZaöRV 49 (1989), S. 791–808; ders., Common Areas, Common Heritage, and Common Concern, in: Bodansky/Brunée/Hey (Hrsg.), The Oxford Handbook of International Environmental Law, S. 550–573, 553 ff., 564 ff.; *Durner*, Common Goods, S. 234 ff., 242 ff., 253 ff.; *Feichtner*, Community Interest, in: Wolfrum (Hrsg.), MPEPIL-Online, Rn. 13 ff., 56 ff.

[78] *IPCC*, Climate Change 2014, Synthesis Report, S. 2 ff.

[79] Ebd., S. 13 ff.

[80] *Schanze/Daschkeit*, Risiken und Chancen des Klimawandels, in: Birkmann/Vollmer/Schanze (Hrsg.), Raumentwicklung im Klimawandel, S. 69–89, 69.

[81] *Franck* u. a., Klimaanpassung durch strategische Regionalplanung?, in: Birkmann/Vollmer/Schanze (Hrsg.), Raumentwicklung im Klimawandel, S. 149–162, 151.

[82] Vgl. etwa Art. 4 lit. i und 6 der Klimarahmenkonvention sowie Art. 11 und 12 des Pariser Übereinkommens; z.T. dürfte in diesem Bereich eine Bezeichnung als „Klima-

Infolge dieser potentiellen Gefährdungslage gründeten das Umweltprogramm der Vereinten Nationen (UNEP) und die World Meteorological Organisation 1988 zur wissenschaftlichen Unterstützung des politischen Prozesses das Intergovernmental Panel on Climate Change (IPCC). In der Folge wurde nach Vorarbeiten der Generalversammlung in einem beispiellos zügigen Verfahren die Klimarahmenkonvention von 1992 erarbeitet und innerhalb kürzester Zeit von der großen Mehrheit aller Staaten unterzeichnet und ist mit heute fast 200 Vertragsparteien[83] ein völkerrechtlicher Vertrag mit realer Universalität. Als konkretisierende Verträge wurden in den Folgejahren das – im Ergebnis nur mäßig erfolgreiche – Kyoto-Protokoll von 1997[84] sowie 2015 das Übereinkommen von Paris[85] geschlossen, wobei letzteres mit nunmehr 170 Vertragsparteien einem ähnlichen Status entgegen zu streben scheint, wie die Mutterkonvention.[86] Gemäß ihres Art. 2 beabsichtigt die Klimarahmenkonvention die

„stabilization of greenhouse gas concentrations in the atmosphere at a level that would prevent dangerous anthropogenic interference with the climate system. Such a level should be achieved within a time frame sufficient to allow ecosystems to adapt naturally to climate change, to ensure that food production is not threatened and to enable economic development to proceed in a sustainable manner."

Als grundsätzliche Strategien zum Umgang mit den Risiken klimatischer Veränderungen gelten Maßnahmen zur Vermeidung weiterer menschlich induzierter Veränderungen und Abmilderung möglicher Folgen (mitigation) sowie Maßnahmen zur Anpassung an unvermeidbare Folgen eintretender klimatischer Veränderungen (adaptation).[87] Die Klimarahmenkonvention formuliert hierzu einige Grundsätze (Art. 3) sowie allgemeine Kooperationsverpflichtungen (Art. 4 ff.), anhand derer die Vertragsparteien ihre nationale Politik gestalten sollen. Es handelt sich hierbei um eine Ausprägung des Präventionsprinzips, für das die oben beschriebenen Maßstäbe gelten, sie mit gebührender Sorgfalt für den Einzelfall umzusetzen. Trotz derzeit weitreichendem Konsens in den Grundannahmen wird vielfach ein allzu zurückhaltendes Umsetzungsengagement der Vertragsstaaten bemängelt.[88] Die völkerrechtliche Antwort auf die wissenschaftliche Unsicherheit

---

Propaganda" ebenfalls angemessen sein, so bei *Bojanowski*, Klima-Propaganda: Die Verkäufer der Wahrheit.

[83] *UNFCCC*, List of Ratifications.
[84] BGBl. II 2002 Nr. 16, S. 966 ff.
[85] BGBl. II 2016 Nr. 26, S. 1082 ff.
[86] Siehe zum Überblick m.w.N. *Sands/Peel*, Principles of International Environmental Law, S. 295 ff., 318 ff.; *Birnie/Boyle/Redgwell*, International Law and the Environment, S. 356 ff.; *Fischer*, Grundlagen und Grundstrukturen eines Klimawandelanpassungsrechts, S. 24 ff.
[87] Vgl. *IPCC*, Climate Change 2014, Synthesis Report, S. 17 ff.; *Schanze/Daschkeit*, Risiken und Chancen des Klimawandels, in: Birkmann/Vollmer/Schanze (Hrsg.), Raumentwicklung im Klimawandel, S. 69–89, S. 69 sowie die vorhergehende Kapitel 2 und 3 in diesem Band.
[88] *Heller*, IJGLS 3 (1996), S. 295–340; *Burkett*, DELPF 27 (2016), S. 1–50 (10 ff.).

in der Klimatologie ist das Vorsorgeprinzip in Art. 3 Nr. 3, dessen insoweit gesicherter Anwendungsbereich – auch entsprechend Prinzip 15 der Rio Deklaration – besagt, dass im Falle schwerer Umweltschäden das Argument fehlender wissenschaftlicher Sicherheit nicht dazu genutzt werden solle, wirtschaftlich effiziente Maßnahmen aufzuschieben.[89] Das Vorsorgeprinzip trägt also durchaus Züge einer materiellen Präklusionsregelung, die bestimmte Argumente vorsorglich vom Abwägungsdiskurs ausschließt.

Konkretisierend nennt das Pariser Abkommen hierzu in Art. 2 erstmalig ein numerisches Jahresmitteltemperaturerhöhungsziel („well below 2°C above preindustrial levels"), sowie in Art. 4 – gewissermaßen als Konkretisierung der Absätze 1 lit. b sowie 2 lit. a des Art. 4 der Rahmenkonvention – die Pflicht aller Vertragsparteien im Fünfjahresrhythmus sog. „intended national determined contributions" (NDC) auszuarbeiten, zu übermitteln und diese sukzessive zu intensivieren, um so das ausgegebene Temperaturziel zu erreichen. Hierbei ist den Staaten grundsätzlich die Wahl der Mittel vorbehalten.[90]

b) Raumplanung als Instrument der Klimaschutzpolitik

Der Großteil aller Klimaschutzmaßnahmen, insbesondere Maßnahmen der Vermeidung klimaverändernder Verhaltensweisen, ist ohne unmittelbare Raumrelevanz und betrifft vor allem die Steigerung der Energieeffizienz auf allen wirtschaftlichen und gesellschaftlichen Ebenen.[91] Zwar finden sich auch in der Rahmenkonvention Hinweise darauf, dass räumliche Planung ein Instrument des Klimaschutzes darstellen kann,[92] jedoch verpflichtet keiner der vorgenannten Verträge die Vertragsparteien explizit zur räumlichen Planung für die Zwecke der Klimaschutzpolitik. Seine Ursache findet dies unter anderem darin, dass klimatische Veränderungen weniger selbst konkrete raumgreifende, koordinierungsbedürftige Nutzungen erzeugen, sondern vielmehr die Umstände verändern, unter denen räumliche Planung erfolgt.[93] Dabei können erforderlich werdende Maßnahmen

---

[89] *Proelß*, Prinzipien des internationalen Umweltrechts, in: Proelß (Hrsg.), Internationales Umweltrecht, S. 69–103, 87.

[90] *Fischer*, Grundlagen und Grundstrukturen eines Klimawandelanpassungsrechts, S. 33 f.; *Sands/Peel*, Principles of International Environmental Law, S. 321 ff.

[91] Vgl. die aufgeführten Einsendungen im NDC-Registry unter: http://www4.unfccc.int/ndcregistry/Pages/All.aspx; speziell in Bezug zur Adaption vgl. http://unfccc.int/focus/adaptation/undertakings_in_adaptation_planning/items/8932.php; auch *Fleischhauer* u. a., Raumplanung und Klimaschutz – ein Überblick, in: Birkmann/Vollmer/Schanze (Hrsg.), Raumentwicklung im Klimawandel, S. 119, 94 ff.; *Mees/Driessen*, CL 2 (2011), S. 251–280 (252 ff.).

[92] Etwa Art. 4 Abs. 1 lit.e: (All Parties shall) develop and elaborate appropriate and integrated plans for coastal zone management, water resources and agriculture, and for the protection and rehabilitation of areas, (...) affected by drought and desertification, as well as floods(...).

[93] *van Buuren* u. a., JEEPL 2013, S. 29–53 (51).

nur in Abhängigkeit von den regional konkret eintretenden Veränderungen sowie der jeweiligen Vulnerabilität der betroffenen Gebiete bestimmt werden, die ihrerseits regelmäßig weitgehend unklar sind.[94] Darüber hinaus operiert die Klimawissenschaft mit einem viele Dekaden umfassenden Prognosehorizont, der über die in der Raumplanung üblichen Betrachtungszeiträume um ein Vielfaches hinausgeht, sodass die Effektivität möglicherweise tatsächlich bestehender Steuerungsoptionen ohnehin schwierig überprüfbar sein wird.[95] So gehen beispielsweise große Staudammprojekte, wie sie etwa in Brasilien und China forciert werden und denen landläufig der gute Ruf der Wasserkraft vorauseilt, mit kaum mehr messbaren Eingriffen in die Fauna und Flora einher, machen an den Unterläufen durch stark veränderte Pegelschwankungen und Sedimentflüsse einen großräumigen Wandel der Siedlungsstrukturen nötig und können daher schon rein theoretisch erst nach Jahrzehnten erfolgreichen Betriebs überhaupt eine positive Energiebilanz aufweisen.[96] Zu guter Letzt scheinen die Veränderungen in den Wasserkörpern mitunter selbst zum Austritt großer Mengen potentiell klimaverändernder Gase zu führen, die denen konventioneller Stromerzeugung etwa entsprechen.[97] Die Klimapolitik führt also in besonderer Weise in die Tiefen der Erkenntnistheorie, und die Einordnung einzelner Projekte als nennenswerte Klimaschutzmaßnahme – etwa bezüglich des Panamakanals durch die IMO[98] – muss als bloße politische Agitation gewertet werden.

Wenn sich damit aus den Klimamodellen keine unmittelbaren Vorgaben für die räumliche Planung herleiten lassen,[99] so bleibt auch darüber hinaus zweifelhaft, ob die Annahme einer Pflicht zur raumbezogenen Klimaschutzplanung überhaupt einen praktischen Vorteil böte, weil die lokalen Vulnerabilitäten stets derart individuell sind, dass es allenfalls in geradezu grotesken Fällen möglich sein dürfte, mit hinreichenden Argumenten den Vorwurf zu erheben, dass ein Staat es sorgfaltswidrig unterlassen haben soll, eine andere oder stärker raumbezogene Klimaschutzpolitik zu verfolgen, die im konkreten Kontext zu vorhersagbar besseren Ergebnissen geführt hätte. Eine Rechtspflicht zur räumlichen Klimaschutzplanung

---

[94] Zusammenfassend *Franck* u. a., Klimaanpassung durch strategische Regionalplanung?, in: Birkmann/Vollmer/Schanze (Hrsg.), Raumentwicklung im Klimawandel, S. 149–162, 149.

[95] Ebd., 152.

[96] *Lingenhöhl*, Staudämme am Amazonas gefährden das Klima und den Regenwald; *Yang/Zhang/Xu*, Geophysical Research Letters 34 (2007),

[97] *Fearnside*, MASGC 10 (2005), S. 675–691.

[98] Siehe *ACP*, International Maritime Organization Highlights Panama Canal Expansion and CO2 Emissions Reduction (Press Release), „(The Expansion) will contribute to the reduction of climate change issues and CO2 emissions", zur umweltpolitischen Bedeutung des Panamakanals ferner S. 48 ff.

[99] *Franck* u. a., Klimaanpassung durch strategische Regionalplanung?, in: Birkmann/Vollmer/Schanze (Hrsg.), Raumentwicklung im Klimawandel, S. 149–162, 151.

kann damit kaum sinnvoll argumentiert werden und bleibt im Ergebnis eine Frage des öffentlichen Konsenses.

c) Signifikante Adressierung von Städtebau und Forstwirtschaft

Durchforstet man die von nunmehr 170 Mitgliedstaaten seit Inkrafttreten des Pariser Abkommens sukzessive übermittelten nationalen Klimaschutzbeiträge (NDC), so lässt sich klar der Trend erkennen, stets auch raumplanerische Maßnahme einzusetzen, insbesondere soweit sie Fragen der Urbanisierung, der agrarischen Landnutzung sowie der Forstwirtschaft betreffen.[100] Die Ursachen hierfür scheinen auf der Hand zu liegen:[101] Städtische Agglomerationsräume weisen eine besondere Vulnerabilität auf und versammeln auf Grund ihrer ökonomischen Konzentration auch den Großteil klimarelevanten Verhaltens.[102] Da auch für die kommenden Jahrzehnte ein anhaltender Trend zur Urbanisierung prognostiziert wird, wird der Stadtentwicklungsplanung damit unweigerlich eine zentrale Rolle im Rahmen des Klimaschutzes zugeordnet und von einschlägigen Interessengruppen und transnationalen Stadtverbänden auch entsprechender Einfluss ausgeübt.[103] Angestrebt sind konkreter der Ausbau von Kanalisationssystemen zur Aufnahme von Starkregen, die planerische Berücksichtigung ausreichender Frischluftschneisen, Frei- und Grünflächen zur Abmilderung von Hitzeperioden und Flächenvorsorge und Dammbau in hochwassergefährdeten Gebieten, sowie abstrakter das Streben nach energiesparender und verkehrsvermeidender Siedlungs- und Verkehrsflächenentwicklung und der raumverträgliche Ausbau erneuerbarer Energien.[104] Waldgebiete wiederum halten einen Großteil des globalen Kohlenstoffes (sog. Senken), sind eng verbunden mit dem hydrologischen Kreislauf, wirken regulierend auf klimatische Extremereignisse wie Hitze, Kälte und Stürme und stellen aufgrund ihrer Artenvielfalt nach den Meeren das zweitgrößte Ökosystem der Erde dar. Ausweislich Art. 4 Nr. 1 lit. d der Klimarahmenkonventi-

---

[100] Vgl. zu nachfolgenden Feststellungen die Einsendungen im NDC-Registry unter: http://www4.unfccc.int/ndcregistry/Pages/All.aspx; speziell in Bezug zur Adaption siehe: http://unfccc.int/focus/adaptation/undertakings_in_adaptation_planning/items/8932.php; ferner die Untersuchung von *Tollin/Hamhaber*, Sustainable Urbanization in the Paris Agreement, Comparative review of nationally determined contributions for urban content, 39 ff.und passim; *FAO*, Forests and Climate Change, S. 9.

[101] Ausführlich *Aust*, Das Recht der globalen Stadt, 275 ff., dort aber auch kritische Töne zur empirischen Grundlage des Fokus auf die Stadtentwicklung.

[102] *Mees/Driessen*, CL 2 (2011), S. 251–280 (251 ff.).

[103] *Aust*, Das Recht der globalen Stadt, S. 287 ff.; *Birch*, JAPA 82 (2016), S. 398–411 (403 f.).

[104] *Frommer* u. a., Die Rolle der räumlichen Planung bei der Anpassung an die Folgen des Klimawandels, in: Birkmann/Vollmer/Schanze (Hrsg.), Raumentwicklung im Klimawandel, S. 120–148, 148; *Fleischhauer* u. a., Raumplanung und Klimaschutz – ein Überblick, in: Birkmann/Vollmer/Schanze (Hrsg.), Raumentwicklung im Klimawandel, S. 119, 94 ff.

on bieten sich als räumliche Maßnahmen zur Vermeidung eines Nettoverlustes der globalen Waldfläche insbesondere die Unterschutzstellung natürlicher Wälder, Aufforstungsprogramme sowie – mittelbar – Vorgaben zur nachhaltigen Bewirtschaftung von Forstplantagen an.[105] Ob sich dann, wenn räumliche Instrumente von den meisten Staaten als Instrument zur Erfüllung abstrakter Klimaschutzpflichten eingesetzt werden, vertragsinterne Auslegungsgrundsätze[106] bilden, die es verdienen als klimaschutzbezogene Raumplanungspflicht angesehen zu werden, mag abzuwarten bleiben, wird vor dem Hintergrund der bisherigen Argumentation jedoch kaum rechtspraktische Relevanz erlangen.

d) Zwischenergebnis

Die internationale Klimaschutzpolitik ist Kernelement des Strebens nach nachhaltiger Entwicklung. Aufgrund des globalistischen Charakters unterliegt die gesamte räumliche Umwelt den Änderungen des Weltklimas, unter dessen Einfluss sich auch die Umstände räumlicher Planung ändern können. Für kleinere räumliche Einheiten lassen sich eben diese Veränderungen indes nur äußerst begrenzt vorhersagen, weshalb es gilt auf lokaler und regionaler Ebene durch öffentliche Diskurse Adaptionsmaßnahmen zu evaluieren und ggf. zu beschließen. Soweit es Maßnahmen der Minderung klimatischer Veränderung betrifft, dürfte räumlichen Ansätzen eine eher untergeordnete Rolle zukommen, ungeachtet dessen, dass freilich viele Projekte im Namen des Klimaschutzes instrumentalisiert werden. Gleichwohl werden räumliche Maßnahmen wohl weiterhin eine große Rolle im Rahmen der Klimaschutzpolitik spielen, insbesondere deshalb, weil die meisten beschriebenen Akzentuierungen, wie sie auch im Rahmen der New Urban Agenda forciert werden,[107] auch unabhängig vom Klimaschutzgedanken als erstrebenswert gelten dürften und im Falle von Naturschutzgebieten zugleich dem Biodiversitätsschutz dienen.

2. Biodiversitätsschutz durch Lebensraumschutz

a) Überblick zum internationalen Biodiversitätsschutz

Der Begriff der Biodiversität ist artifiziell und zumeist umweltpolitisch gefärbt. Die meist verwendete Begriffsbestimmung entstammt Art. 2 Abs. 2 der mittlerweile quasi-universell akzeptierten Biodiversitätskonvention von 1992 (CBD)[108] wonach biologische Vielfalt die genetische Variablität der Lebewesen terrestrischer und aquatischer Herkunft, innerhalb der Arten, zwischen den Arten sowie

---

[105] Siehe *IUCN*, Forests and Climate Change; *FAO*, Forests and Climate Change.

[106] *Hailbronner*, ZaöRV 36 (1976), S. 190–226 (194, 266).

[107] Vgl. S. 96 ff.

[108] Übereinkommen über die biologische Vielfalt/Convention on Biological Diversity, 1760 UNTS 79; Ratifikationsstand unter: https://treaties.un.org/Pages/ViewDetails.aspx?src=TREATY&mtdsg_no=XXVII-8&chapter=27&clang=_en.

II. Sektorale Ansätze umweltrechtlicher Präventionspflichten 111

die Vielfalt ihrer Ökosysteme (Abs. 14) umfasst. Als komplex-adaptives Fließgebilde geht sie somit über die bloße Summe aller Arten und Ökoysteme hinaus. Aufgrund einer inhärenten wissenschaftlichen Ungewissheit ist auch der Biodiversitätsschutz besonderer Ausdruck des Vorsorgeprinzips.[109]

Neben der Biodiversitätskonvention wird der internationale Naturschutz vor allem von den globalen, quasi-universellen Abkommen geprägt,[110] namentlich dem Ramsar-Übereinkommen von 1971[111], der Welterbekonvention von 1972 (WHC)[112], der Bonner Konvention (CMS) von 1979 mit ihren zugehörigen Schwesterkonventionen und Absichtserklärungen (sog. CMS-Family)[113] sowie dem Washingtoner Artenschutzübereinkommen von 1973[114], die allesamt in intensiver Kooperation stehen.[115] Auch auf regionaler Ebene existieren mit dem

---

[109] Vgl. zum Ganzen jeweils m.w.N. *Matz-Lück*, Biological Diversity, International Protection, in: Wolfrum (Hrsg.), MPEPIL-Online, Rn. 3 f., 5 ff., 14 ff.; *Birnie/Boyle/Redgwell*, International Law and the Environment, S. 585 ff., 665 ff.; *Bowman/Davies/Redgwell*, Lyster's International Wildlife Law, S. 587 ff.; *Beyerlin/Marauhn*, International Environmental Law, S. 177 f., 181 ff.; *Sands/Peel*, Principles of International Environmental Law, S. 384 ff.; *Markus*, Erhalt und Nachhaltige Nutzung der Biodiversität, in: Proelß (Hrsg.), Internationales Umweltrecht, S. 321–366, 323 ff.

[110] *Beyerlin/Marauhn*, International Environmental Law, S. 178.

[111] Übereinkommen über Feuchtgebiete, insbesondere als Lebensraum für Wasser- und Watvögel, von internationaler Bedeutung/Convention on Wetlands of International Importance Especially as Waterfowl Habitat, 996 UNTS 245.

[112] Übereinkommen zum Schutz des Kultur- und Naturerbes der Welt/Convention Concerning the Protection of the World Cultural and Natural Heritage, 1037 UNTS 151.

[113] Übereinkommen über die Erhaltung der wandernden wildlebenden Tierarten/Convention on the Conservation of Migratory Species of Wild Animals, 1651 UNTS 333; die Aufgabe konkretisierender Abkommen ergibt sich aus Art. II Abs. 3 i.V.m Anhang II CMS; verbindliche Instrumente sind: Agreement on the Conservation of Albatrosses and Petrels (ACAP), 2258 UNTS, 257; Agreement on the Conservation of Cetaceans of the Black Sea, Mediterranean Sea and Contiguous Atlantic Area (ACCOBAMS), 2183 UNTS 303; Agreement on the Conservation of Small Cetaceans of the Baltic, North East Atlantic, Irish and North Seas (ASCOBANS), 1772 UNTS 217; Agreement on the Conservation of Populations of European Bats (EUROBATS), BGBl. II 1993 Nr. 1106; Agreement on the Conservation of African-Eurasian Migratory Waterbirds (AEWA), 2365 UNTS 203; Agreement on the Conservation of Seals in the Wadden Sea, 2719 UNTS 283; Agreement on the Conservation of Gorillas and Their Habitats, 2545 UNTS 55; vgl. eine Aufstellung samt Memoranda of Understanding unter https://www.cms.int/sites/default/files/publication/Agreements%20%26%20MOUs_3.pdf.

[114] Übereinkommen über den internationalen Handel mit gefährdeten Arten freilebender Tiere und Pflanzen/Convention on International Trade in Endangered Species of Wild Fauna and Flora (CITES), BGBl. II 1975, S. 773 ff.; auch abgedruckt in: *UNEP*, Selected Texts Of Legal Instruments In International Environmental Law, Nr. 23.

[115] Zum Überblick und Abrufen verschiedenster Memoranda of Cooperation siehe insbesondere: https://www.cbd.int/cooperation/related-conventions/mandates.shtml.

Berner Übereinkommen von 1979[116], dem ASEAN-Naturschutzabkommen von 1985[117], dem zentralamerikanischen Biodiversitäts- und Wildnisschutzübereinkommen von 1992[118] sowie der überarbeiteten panafrikanischen Maputo Naturschutzkonvention von 2003[119] auf allen Kontinenten multilaterale Naturschutzabkommen, sodass der Schutz der Biodiversität insgesamt völkerrechtlich gut ausgebildet ist.[120] Gleichwohl wird mangels konsistenter Staatenpraxis und oft fundamentalen Implementationsproblemen zumeist verneint, dass sich gewohnheitsrechtliche Pflichten herausfiltern lassen, sondern dass der Naturschutz – auch infolge des insgesamt niedrigen Verpflichtungsniveaus – von der weitgehend ungezähmten Ressourcensouveränität beherrscht ist.[121] Dennoch verleiht der quasi-universelle Status der Biodiversität als Common Concern nach wohl überwiegender Auffassung den bestehenden Pflichten des Biodiversitätsschutzes erga omnes-Charakter.[122] In der Sache ist dieser Umstand indes weniger entscheidend, sondern vielmehr, dass die spezifische Komplexität und Ambiguität des Schutzes der biologischen Vielfalt im Ergebnis eine scharfe Problemformulierung erschweren und damit auch zu einer – namentlich im Vergleich zum Klimaschutz – geringeren Publizität führen.[123]

---

[116] Bern Convention on the Conservation of European Wildlife and Natural Habitats, 1284 UNTS 209.

[117] ASEAN Agreement on the Conservation of Nature and Natural Resources; Text und Ratifikationsstand abrufbar unter: http://agreement.asean.org.

[118] Convention for the Conservation of the Biodiversity and the Protection of Priority Wilderness Areas in Central America; englische Fassung enthalten in *UNEP*, Selected Texts Of Legal Instruments In International Environmental Law, Nr. 53.

[119] African Convention on the Conservation of Nature and Natural Resources (Revised Version); urspüngliche Fassung von 1968; Text und Ratifikationsstand abrufbar unter: https://au.int/en/treaties; ebenfalls abgedruckt in ebd., Nr. 67.

[120] So die Schlussfolgerung von *McGraw*, RECIEL 11 (2002), S. 17–28 (18 ff.); *Matz-Lück*, Biological Diversity, International Protection, in: Wolfrum (Hrsg.), MPEPIL-Online, Rn. 4.

[121] *Gillespie*, Protected Areas and International Environmental Law, S. 9 ff., 183 ff.; *Birnie/Boyle/Redgwell*, International Law and the Environment, S. 596 ff.; *Odendahl*, Nature, International Protection, in: Wolfrum (Hrsg.), MPEPIL-Online, Rn. 14, 23 f.; *Durner*, AVR 54 (2016), S. 355–381 (361 ff., 373 f.); *Markus*, Erhalt und Nachhaltige Nutzung der Biodiversität, in: Proelß (Hrsg.), Internationales Umweltrecht, S. 321–366, 325 ff.; das niedrige Verpflichtungsniveau lässt sich aber positiv als Ursache des Erfolgs einzelner Konvention deuten, *Gärditz*, AVR 54 (2016), S. 413–434 (416 ff., 428).

[122] Vgl. Abs. 3 der CBD-Präambel; ausführlich *Durner*, Common Goods, S. 244 ff.; *Birnie/Boyle/Redgwell*, International Law and the Environment, S. 128 ff.; *Brunée*, Common Areas, Common Heritage, and Common Concern, in: Bodansky/Brunée/Hey (Hrsg.), The Oxford Handbook of International Environmental Law, S. 550–573, 564 ff.; *Matz-Lück*, Biological Diversity, International Protection, in: Wolfrum (Hrsg.), MPEPIL-Online, Rn. 13.

[123] *McGraw*, RECIEL 11 (2002), S. 17–28 (23 ff.); siehe auch *Birnie/Boyle/Redgwell*, International Law and the Environment, S. 671 ff.

b) Lebensraumschutz als räumliche Planung

Da Landlebewesen eher geringe lokale Bewegungsradien haben, ist der territorialbezogene Schutz bestimmter Lebensräume bzw. Habitate, d.h. der natürlichen Vorkommensgebiete von Arten und Populationen, ein besonders machtvolles Instrument des Schutzes der biologischen Vielfalt und findet sich deshalb in allen genannten Naturschutzabkommen und steht auch im Fokus der Biodiversitätskonvention (Art. 8 i.V.m. 2 Abs. 11 CBD), die als (nachträgliche) Rahmenkonvention auch für die älteren Abkommen des Gebietsschutzes einen neuen Legitimationsstrang bereithält.[124] Basisstruktur des internationalen Habitatschutzrechts ist die territoriale Identifikation artenspezifisch oder ökosystemar erhaltenswerter Lebensräume, ihre zweckmäßige kartographische Eingrenzung, Aufnahme in eine Liste und nationale Ausformulierung eines Schutzregimes zum Erhalt der jeweiligen ökologischen Funktionalität.[125] Gegenstand der jeweiligen Schutzregime sind dann – neben dem hergebrachten Ausschluss spezifisch artenschutzrechtlicher Jagd- und Entnahmeverbote – der partielle oder umfängliche Ausschluss lebensraumverändernder Aktivitäten, allen voran Siedlungen und Tourismus, Industrie und Infrastrukturen, Landwirtschaft und Bergbau.[126] Als kleinsten gemeinsamen Nenner des Schutzgebietsbegriffes, der sich in der internationalen Praxis als ebenso mannigfaltig darstellt, wie die jeweils verfolgten Schutzzwecke, definiert Art. 2 der Biodiversitätskonvention „protected area" als Schutzgebiete als

„a geographically defined area which is designated or regulated and managed to achieve specific conservation objectives".

Hinsichtlich des hiermit angesprochenen spezifischen Schutzzweckes fällt die Definition der IUCN etwas konkreter aus, die sich zur Messbarmachung der internationalen Widersprüchlichkeiten und Unklarheiten schon früh um die Ausarbeitung eines internationalen Klassifikationssystems bemühte:[127]

„An area of land and/or sea especially dedicated to the protection of biological diversity, and of natural and associated cultural resources, and managed through legal or other effective means".[128]

---

[124] *Bowman/Davies/Redgwell*, Lyster's International Wildlife Law, S. 599 ff.; d. *Klemm/Shine*, Biological Diversity Conservation and the Law, S. 173 ff.; *Beyerlin/Marauhn*, International Environmental Law, 178 f., zum Vergleich mit marinen Schutzgebieten siehe S. 198 f.

[125] Trefflich *Gärditz*, AVR 54 (2016), S. 413–434 (415); ausführlicher *Gillespie*, Protected Areas and International Environmental Law, S. 131 ff., 147 ff.; abstrakter *Kämmerer*, Die Antarktis in der Raum- und Umweltschutzordnung des Völkerrechts, S. 63, 96 f., 100.

[126] d. *Klemm/Shine*, Biological Diversity Conservation and the Law, S. 125 ff.; *Gillespie*, Protected Areas and International Environmental Law, 228 ff., bzw. im Einzelnen ab S. 185 ff.

[127] Siehe insbesondere ders., Protected Areas and International Environmental Law, S. 27 ff.

[128] *Thomas/Middleton*, Guidelines for Management Planning of Protected Areas, S. 3.

In Rahmen dieses Schutzgebietsbegriffes unterscheidet die IUCN sechs Gebietstypen, die in den Anforderungen der Nutzungsregime von eher ökozentrischen Natur- und Wildnutzschutzgebieten (Kat. I) bis hin zum eher antropozentrischen Landschaftsschutz (Kat. V) reichen.[129]

aa) Gebietsgestaltung durch Raumdefinition und Veränderungsschutz

Eine zumindest formale Räumlichkeit von Schutzgebieten ergibt sich bereits aus ihrer geographischen Abgrenzung und spezifisch raumbezogenen Unterschutzstellung, ein auch im Übrigen gängiges Instrument der Raumgestaltung.[130] Soweit noch keine unmittelbare Gefährdungslage für einen bestimmten Lebensraum durch menschliche Einflüsse vorliegt, z.B. weil das Gebiet in bislang weitgehend unbeeinträchtigten Landschaften liegt, ist die formalisierte Raumdefinition und Nutzungsreglementierung im Bereich des Biodiversitätsschutzes in besonderer Weise vom Vorsorgegedanken getragen. Die zumeist auch sinnlich wahrnehmbare Räumlichkeit von Schutzgebieten ergibt sich hingegen aus der Tatsache, dass die Ausweisungen in der Regel als korrektiver Steuerungseingriff gegen menschliche Inanspruchnahme erfolgt. Namentlich im Falle des Biodiversitätsschutzes ist die Nutzung des räumlichen Prinzips also eher ein Reflex darauf, dass der Großteil der Verluste an Biodiversität auf die anthropogene Konversion natürlicher Flächen zurückgeht und bloße artenschutzrechtliche Entnahme- und Jagdverbote ein nur unzureichendes Schutzniveau erreichen.[131] Selbstverständlich aber bilden auch Jagd- und Entnahmeverbote einen fundamentalen Bestandteil des Habitatschutzes,[132] zumal zwar nicht das einzelne Exemplar, eine erhöhte lokale Konzen-

---

[129] Vgl. *Thomas/Middleton*, Guidelines for Management Planning of Protected Areas, S. 3: Category I Protected area managed mainly for science or wilderness protection (I(a) Strict Nature Reserves, and I(b) Wilderness Areas). Category II Protected area managed mainly for ecosystem protection and recreation (National Park). Category III Protected area managed mainly for conservation of specific natural features (Natural Monument). Category IV Protected area managed mainly for conservation through management intervention. Category V Protected area managed mainly for landscape/seascape conservation and recreation (Protected Landscape/Seascape). Category VI Protected area managed mainly for the sustainable use of natural ecosystems (Managed Resource Protected Area); eine Besprechung im Überblick findet sich z.B. bei *Gillespie*, Protected Areas and International Environmental Law, S. 33 ff.

[130] Vgl. bereits oben S. 11; ferner den Begriff des „formalen Ordnungsraums" der modernen Raumplanung, *Blotevogel*, Raum, in: ARL (Hrsg.), Handwörterbuch der Raumordnung, S. 831–841, 833 f.; sowie *Breuer*, Die hoheitliche raumgestaltende Planung, S. 36, 39.

[131] Vgl. bereits oben S. 15 f.; *Gillespie*, Protected Areas and International Environmental Law, S. 183 ff., 228; *Matz-Lück*, Biological Diversity, International Protection, in: Wolfrum (Hrsg.), MPEPIL-Online, Rn. 6 f.; *Birnie/Boyle/Redgwell*, International Law and the Environment, S. 596.

[132] Vgl. etwa Art. 8 lit. c, d f und k CBD; Art. III Abs. 4 und 5 CMS; Art. 4 Abs. 1 und 5 Ramsar-Konvention.

tration von Tieren und Pflanzen aber sehr wohl raumbedeutsam sind. Soweit es die Gebietskategorien der IUCN betrifft, impliziert jeder Typus erhebliche raumgestaltende Steuerungseingriffe, da selbst im Falle der landschaftsbezogenen Kategorie V,[133] die in insgesamt stärkstem Grad menschliche Einflüsse akzeptiert („lived-in working landscapes"), nur solche Gebiete als schützenswert angesehen werden, die weitgehend unbeeinflusst von Urbanisierung, Industrie und Infrastrukturen sind.[134]

bb) Erfordernis der gebiets- und regionenübergreifenden Nutzungskoordination

Aus dem naturräumlichen Erhaltungszweck von Schutzgebieten folgt zugleich auch ihr planerischer Charakter, insbesondere deshalb, weil sie in einem koordinativen Wechselbezug zu ihrer Umgebung stehen und den faunistisch-floristischen Naturraum zu einem – geliebten oder unbeliebten – eigenständigen Raumanspruch werden lassen („(N)o park is an island").[135] Dieser beinah sachlich zwingende gebietsübergreifende Schutzansatz spiegelt sich insbesondere im Zusammenspiel der Art. 6 und 8 lit. e der Biodiversitätskonvention wieder, anhand derer die CBD-Vertragsstaatenkonferenz mantrahaft die Notwendigkeit der Integration der In-situ-Erhaltung in alle relevanten „sectoral or cross-sectoral plans" betont.[136] Auch Art. 3 der älteren Ramsar Konvention zum Schutz von Feuchtgebieten normiert ausdrücklich die Pflicht der Vertragsstaaten, ihre Vorhaben und andere Pläne in einer Weise zu verwirklichen, dass – einem zweigliedrigen Schutzsystem folgend[137] – gemäß Art. 2 gelistete Feuchtgebiete in ihrem Schutz gefördert werden, sowie alle anderen Feuchtgebiete – unabhängig von ihrer Listung – nicht übermäßig in Anspruch genommen werden (wise use).[138] Durchaus praktizierte Änderungen der Schutzgebietsgrenzen einschließlich Gebietsverkleinerungen[139] sollen gemäß Art. 2 und 4 der Ramsar Konvention nur im dringenden nationalen Interesse erfolgen und durch zusätzliche Schutzgebiete an anderer Stel-

---

[133] Vgl. dazu sogleich unten S. 121; zum Begriff der Landschaft bereits oben S. 81 ff.

[134] *Phillips*, Management Guidelines for IUCN Category V Protected Areas, Protected Landscapes/Seascapes, S. 6 f., 9 ff., 33 f.; *Gillespie*, Protected Areas and International Environmental Law, S. 39 f.

[135] Vgl. d. *Klemm/Shine*, Biological Diversity Conservation and the Law, 195 ff., inkl. Zitat; *Czybulka*, Natur und Recht 2001, S. 367–374 (368); *Kloepfer*, Umweltrecht, S. 253 ff., 946.

[136] Siehe *CBD-Secretariat*, Handbook of the Convention on Biological Diversity, 95 f., 120 f.m.w.N.

[137] *Gärditz*, AVR 54 (2016), S. 413–434 (416 ff.).

[138] In der Praxis ist diese textuelle Unterscheidung weitgehend irrelevant, *Bowman/Davies/Redgwell*, Lyster's International Wildlife Law, S. 414 ff.; zum wise use-Konzept siehe *Ramsar Convention Secretariat*, Wise use of wetlands, 16 ff.: „Wise use of wetlands is the maintenance of their ecological character, achieved through the implementation of ecosystem approaches, within the context of sustainable development".

[139] *Bowman/Davies/Redgwell*, Lyster's International Wildlife Law, S. 412.

le kompensiert werden, was ebenfalls einen erhöhten Planungsbedarf impliziert, weshalb die Vertragsstaatenkonferenz empfiehlt, entsprechende Vorgänge in die räumliche und wasserwirtschaftliche Planung zu integrieren.[140] Steuern lassen sich Einflüsse der näheren Umgebung insbesondere durch Pufferzonen und verbindende Korridore.[141] Gerade in Bezug auf Feuchtgebiete ist dagegen auch die großräumige Betrachtung unerlässlich, weil sich Eingriffe in den Wasserhaushalt – z.B. durch Bergbau oder Staudämme – auch über große Entfernungen massiv auf die ökologische Entwicklung der Habitate auswirken können,[142] anschaulich nicht zuletzt anhand des bereits genannten Welterbe- und Ramsar-relevanten Ilisu-Staudammes in der Türkei.[143]

Hinzu tritt ein weiterer Aspekt, durch den der Habitatschutz vermehrt raumplanerischen Koordinationsbedarf aufweist: Die vernetzte Betrachtung von Lebensräumen bzw. die hieran ausgerichtete koordinierte Ausweisung ökologisch verbundener Schutzgebiete (Schutzgebietsnetze), insbesondere zum Schutz wandernder Tierarten entlang ihrer Wanderrouten, gewissermaßen als „Naturinfrastruktur".[144] Wandernde Tierarten sind auf Grund ihrer raumübergreifenden Querverbindungsfunktion für die biologische Vielfalt von besonderer Bedeutung und sind durch ihre spezifische Abhängigkeit von unterschiedlichen Lebensraumtypen in besonderer Weise gefährdet und bedroht.[145] Bekanntestes Beispiel ist Art. V Nr. 5 lit. f der Bonner Konvention über wandernde Tierarten, der als Leitlinie für die im Rahmen des Abkommen zu schließenden Schwesterabkommen insbesondere die Einrichtung eines „network of suitable habitats appropriately disposed in relation to the migration routes" vorhält. Der Netzansatz findet sich aber auch in Art. 4 Abs. 3 und Art. 10 der im gleichen Jahr beschlossenen europäischen Berner Konvention, die zusammen mit der Bonner Konvention als gemeinsamer völkerrechtlicher Ausgangspunkt des europäischen Schutzgebietsnetzes „Natura 2000" gilt[146], sodass beide Abkommen einen nicht unerheblichen Anteil daran haben dürften, dass der Begriff des „Netzes" mittlerweile zu einem Schlüsselbegriff der unionalen Raumentwicklungspolitik avanciert ist.[147] Der Gedanke der

---

[140] Vgl. Conference of the Contracting Parties to the Convention on Wetlands, 7th Meeting, San José, Costa Rica, 10.–18.05.1999, Res. VII.24: Compensation for lost wetland habitats and other functions, Nr. 11; *Gärditz*, AVR 54 (2016), S. 413–434 (619 ff.).

[141] d. *Klemm/Shine*, Biological Diversity Conservation and the Law, S. 188, 193, 195; *Gillespie*, Protected Areas and International Environmental Law, S. 147 ff.; *CBD-Secretariat*, Handbook of the Convention on Biological Diversity, S. 128.

[142] *UNEP / CMS-Secretariat*, Renewable Energy Technologies and Migratory Species, S. 37 f.; *Kloepfer*, Umweltrecht, S. 958.

[143] Oben S. 88 f.

[144] Siehe *Worboys* u. a., IUCN Connectivity Conservation Area Guidelines (Advanced Draft), S. 5 ff.

[145] *Bauer/Hoy*, Science 344 (2014), S. 54–62; *Glowka*, JIWLP 3 (2000), S. 205–252 (209 f.).

[146] *Durner*, AVR 54 (2016), S. 355–381 (370 ff.m.w.N.).

[147] Dazu *Gärditz*, Europäisches Planungsrecht, S. 22 ff., 35 f.

überregionalen Konnektivität zugunsten wandernder Arten findet sich sowohl als maßgebliches Merkmal zur Identifikation schützenswerter Gebiete in Art. 7 lit. a i.V.m. Annex 1 der Biodiversitätskonvention als auch als besonders zu berücksichtigender Belang in Art. 4 Abs. 6 der Ramsar Konvention. Das Netz-Konzept bildet folglich einen international anerkannten Grundsatz des Biodiversitätschutzes, der vereinzelt selbst als Gegenstand der Pflicht zur Errichtung eines „system of protected areas" in Art. 8 lit. a der Biodiversitätskonvention ausgemacht wird.[148] Durch den Netzansatz wird jedenfalls zugleich der gebietsübergreifende Koordinationsauftrag deutlich ausgeweitet, etwa weil Vorhaben der erneuerbaren Energierzeugung (insb. Biomasse, Windkraft und Wasserkraft) erheblichen Einfluss auf wandernde Arten und ihre Habitate haben können.[149] Da die Wege der Arten ferner oft – aber nicht immer – Staatsgrenzen überschreiten, erhält die koordinative Ausweisung von Schutzgebietsnetzen zudem den Charakter einer internationalen Planung.[150]

c) Das biodiversitätsrechtliche Präventionsprinzip als planungsaffine Sorgfaltspflicht

Obgleich der Biodiversitätsschutz auch Ausdruck des Vorsorgeprinzips ist, ist der Lebensraumschutz infolge seines konkreten Ortsbezuges und der (häufig) konkretisierten Bedrohungslage weitaus weniger von wissenschaftlicher Unsicherheit geprägt. Insoweit passt sich auch der Lebensraumschutz trefflich in den größeren Zusammenhang des umweltrechtlichen Präventionsprinzips ein.[151] Namentlich die am Beispiel der Ramsar-Konvention gezeigte Pflicht zur sorgfältigen transräumlichen Koordination bildet ein Optimierungsgebot, das im Rahmen nationaler Planungsentscheidungen operationalisierbar ist.[152] Eine Berücksichtigungspflicht von Ramsar Schutzgebieten wurde auch vom IGH als Bestandteil des nachbarrechtlichen Präventionsprinzips anerkannt, insbesondere soweit es um die Einschätzung geht, ob erhebliche grenzüberschreitende Umweltrisiken geplanter Tätigkeiten überhaupt bestehen.[153] Soweit man ferner anerkennt, dass der Schutz wandernder Tierarten zugleich ein Anwendungsfall des Grundsatzes der angemessenen Nutzung gemeinsamer Ressourcen und damit des zweiten Entwick-

---

[148] *Jakobsen*, Marine Protected Areas in International Law, S. 155 ff.

[149] Vgl. *UNEP / CMS-Secretariat*, Renewable Energy Technologies and Migratory Species, S. 16 ff., 26 ff., 49 ff.

[150] Vgl. ebd., 7 f., weiterführend S. 245 ff.

[151] Den Naturschutzschutz im Zusammenhang mit dem Präventionsprinzip nennt auch *Sands/Peel*, Principles of International Environmental Law, S. 213.

[152] *Durner*, AVR 54 (2016), S. 355–381 (365); zurückhaltender zwar *Gärditz*, AVR 54 (2016), S. 413–434 (423 f., der i.E. dann aber doch von einer Berücksichtigungspflicht ausgeht, S. 431 f.).

[153] Vgl. *ICJ*, Certain Activities carried out by Nicaragua in the border area (Costa Rica vs. Nicaragua) and Construction of a Road in Costa Rica along the San Juan River (Nicaragua vs. Costa Rica), ICJ Reports 2015, 665, Rn. 58, 102 ff., 155 f.

lungspfades des souveränitätsrechtlichen Präventionsprinzips ist,[154] lässt sich eine entsprechende im Reziprozitätsverhältnis stehende Sorgfaltspflicht nicht nur für grenzüberschreitende Schutzgebietsbeeinträchtigungen, sondern auch für rein national belegene Lebensraumeingriffe begründen, wenn diese Schutzgebiete betreffen, die von Bedeutung für wandernde Arten sind.[155]

Da der Lebensraumschutz eine qualifizierte Form des Biodiversitätsschutzes darstellt, muss berücksichtigt werden, dass insbesondere Art. 8 lit. a der Biodiversitätskonvention dahingehend kritisiert wird, aufgrund seiner Einschränkung, den in-situ-Schutz „as far as possible and as appropriate" zu betreiben, keinerlei fassbare Rechtspflicht zu formulieren.[156] Gleichwohl sprechen gute Gründe für eine restriktivere Interpretation dieser Wendung, die sich anschaulicherweise anstatt mit „soweit möglich" auch mit „so weit wie möglich" übersetzen ließe. In diesem Sinne ist nicht das „ob", sondern lediglich das „wie" zu ergreifender Schutzmaßnahmen in einzelstaatliches, aber dennoch sorgfältig auszuübendes Ermessen gestellt und insoweit vor allem eine Ausformung des Grundsatzes der gemeinsamen, aber unterschiedlich zu tragenden Verantwortlichkeit.[157] Da das vorrangige Ziel der Biodiversitätskonvention und letztlich aller Naturschutzverträge die Verfolgung eines möglichst hohen Schutzniveaus ist („as far as possible"), mag man hieraus im Rahmen der Ausweisung von Schutzgebieten einen tendenziellen Vorrang des Naturschutzinteresses ableiten;[158] in der konkret-praktischen Anwendung dürften solche Erwägungen jedoch – wie schon mehrfach angemerkt – bestenfalls diskursiven Wert haben. Konkretisierend wird man immerhin feststellen können, dass Art. 8 lit. a der Biodiversitätskonvention die Errichtung des In-situ-Schutzes dort verlangt,

„where special measures need to be taken to conserve biological diversity".

Eine besondere Bedeutung für die Bemühungen der Mitgliedstaaten kommt dabei angesichts der Identifikationsmerkmale des Art. 7 lit. a i.V.m Annex I Nr. 1 – „containing high diversity, large numbers of endemic or threatened species, or wilderness; required by migratory species; of social, economic, cultural or scientific importance (...)" – und der oben genannten Kooperation zwischen den globalen

---

[154] Für eine Anwendung des Rechts gemeinsamer Ressourcen auch auf wandernde Tierarten etwa *Glowka*, JIWLP 3 (2000), S. 205–252 (210 f.); *Durner*, Common Goods, 96 ff.m.w.N. *Reszat*, Gemeinsame Naturgüter im Völkerrecht, S. 136 ff.; zurückhaltender *Odendahl*, Die Umweltpflichtigkeit der Souveränität, S. 175 ff.

[155] Bezugspunkt bleiben freilich die geschützten Arten, da Waldgebiete nicht dadurch zur einer gemeinsamen Ressourcen werden, dass sie von wandernden Arten genutzt werden, *Durner*, Common Goods, S. 70.

[156] Statt vieler ders., AVR 54 (2016), S. 355–381 (374).

[157] Ausführlich mit Streitstand *Jakobsen*, Marine Protected Areas in International Law, S. 145 ff., 153, 159 ff.; so auch *Birnie/Boyle/Redgwell*, International Law and the Environment, S. 133; *Hey*, Common but Differentiated Responsibilities, in: Wolfrum (Hrsg.), MPEPIL-Online, allgemein zum Grundsatz.

[158] *Jakobsen*, Marine Protected Areas in International Law, S. 163 ff.

Naturschutzabkommen jedenfalls solchen Gebieten zu, die zugleich vom sachlichen Anwendungsbereich eben dieser globalen Naturschutzabkommen erfasst sind, weil sie (a) als Gebiete in einer internationalen Liste geführt sind, (b) ungelistete Feuchtgebiete im Sinne der Ramsar Konvention sind, (c) Lebensstätte wandernder Tierarten im Sinne der Bonner Konvention oder (d) Lebensraum einer gefährdeten Art im Sinne des Washingtoner Artenschutzabkommens sind.[159]

Besonders deutlich wird der konzeptionelle Zusammenhang des Lebensraumschutzes mit dem Präventionsprinzip auch in Art. 14 der Biodiversitätskonvention: Namentlich litera a und b verpflichten die Mitgliedstaaten auch über die nachbarrechtliche Kooperation hinaus bei erheblich biodiversitätsbeeinträchtigenden Projekten, Plänen und Programmen in der typischen Terminologie des präventiven Umweltrechtes auf die Durchführung von Verträglichkeitsprüfungen und Öffentlichkeitsbeteiligungen

„with a view to avoiding or minimizing such effects and (...) to ensure that the environmental consequences (...) are duly taken into account".

Damit erweist sich der Biodiversitätsschutz als raumplanungsaffine Ausformung des Präventionsprinzips. Da raumplanerische Instrumente vor allem unter diesem Topos diskutiert und rechtspolitisch beworben werden, erweist sich die Biodiversitätspolitik insoweit als ein Vehikel zur Verbreitung raumplanerischer Steuerungsansätze. Die hängt nicht zuletzt damit zusammen, dass das enorm weitgefasste Schutzgut der Biodiversität selbst nahezu unweigerlich eine gesamtplanerische Raumbetrachtung erfordert.

Besonders weitreichend umgesetzt findet sich dieser Befund in den Bestimmungen der panafrikanischen Maputo-Konvention von 2003 sowie des ASEAN-Naturschutzabkommens von 1985, eindrucksvoll kulminiert in dessen Art. 12 Abs. 1:

„The Contracting Parties shall, wherever possible in the implementation of their development planning, give particular attention to the national allocation of land usage. They shall endeavour to take the necessary measures to ensure the integration of natural resource conservation into the land use planning process and shall, in the preparation and implementation of specific land use plans at all levels, give as full consideration as possible to ecological factors as to economic and social ones. In order to achieve optimum sustainable land use, they undertake to base their land use plans as far as possible on the ecological capacity of the land".

Dem geneigten Betrachter bleibt angesichts der meist bedrückenden Naturschutz- und Stadtentwicklungssituation in Afrika und Südostasien allenfalls die Hoff-

---

[159] Vgl. in diesem Sinne auch Art. 25 des zentralamerikanischen Biodiversitäts- und Wildnisschutzübereinkommens: „Greater efforts should be made to see that each of the States in the region ratifies, as soon as possible, the Convention on International Trade in Endangered Species of Wild Fauna and Flora (CITES), the Convention on Wetlands of International Importance, especially as Waterfowl Habitat (RAMSAR), and the UNESCO Convention Concerning the Protection of the World Cultural and Natural Heritage, providing all the guarantees for internal compliance with them.".

nung, dass zumindest ein entsprechender öffentlicher Wille besteht.[160] Auch im Rahmen der globalen Naturschutzabkommen mag der räumliche Veränderungsschutz eher gering sein: Gemäß Art. 2 Abs. 5 der Ramsar Konvention verbleibt es im Ermessen der Staaten, aus Gründen nationaler Erfordernisse die Grenzen betroffener Schutzgebiete zur (formalen) Vermeidung von Raumnutzungskonflikten zu ändern. Die Welterbekonvention sieht zwar eine Entlistung geschützter Gebiete nicht vor, ihre konventionswidrige Schädigung hat indessen lediglich diesen Effekt der Streichung in der Liste,[161] ein Umstand der auch im naturschutzrechtlich so fortschrittlichen Westen Realität erlangt.[162] Auch im Regelungsgefüge des Bonner Übereinkommens, dessen unmittelbarer Listungsansatz wandernde Arten sind und nicht ihre Lebensräume, können Arten durch die Vertragstaatenkonferenz im Falle eines stabilen Populationsniveaus gestrichen werden, über die im Einzelnen übernutzten Habitate sagt dies indessen nichts aus, da die Staaten lediglich eine Bemühenspflicht zum Lebensraumerhalt trifft (Art. 3 Abs 3 und 4 CMS).[163] Deutlich verbindlicher sind dagegen etwa die Lebensraumschutzpflichten der Berner Konvention ausgestaltet, doch auch diese sehen sich dem Vorwurf mangelnder Präzision ausgesetzt.[164]

Dennoch: Der räumliche Biodiversitätsschutz ist als Common Concern zu einer Pflicht erga omnes erhoben worden.[165] Mögen namentlich die Bestimmungen der Biodiversitätskonvention für sich genommen allzu programmatisch sein, so lassen sie sich für den Gebietsschutz doch unmittelbar anwenden:[166] Soweit ein Staat als Ausdruck eigener Sorge um die biologische Vielfalt ökologischen Gebietsschutz betreibt, insbesondere in Erfüllung seiner quasi-universellen Vertragspflichten, muss er sich hieran auch völkerrechtlich messen lassen, weil er das abstrakte Gebot des Biodiversitätsschutzes für ein konkretes räumliches Schutzobjekt operationalisierbar gemacht hat. Wie bereits oben angemerkt, ist insbesondere die öffentliche Bewusstseinsbildung für die Realisierung des Biodiversitäts- und Naturschutzes von besonderer Dringlichkeit.[167] Sollte es daher von einem Staat für erforderlich gehalten werden, im Zuge räumlicher Entwicklungsbedürfnisse Grenzen und Nutzungsregime eines Schutzgebietes neu zu definieren, ist es

---

[160] Vgl. stellvertretend zur Kritik *Bowman/Davies/Redgwell*, Lyster's International Wildlife Law, S. 265 f., 294 f., 382 f.

[161] d. *Klemm/Shine*, Biological Diversity Conservation and the Law, S. 149 f.

[162] *Durner*, AVR 54 (2016), S. 355–381 (362 ff.).

[163] Vgl. *Bowman/Davies/Redgwell*, Lyster's International Wildlife Law, S. 547 ff.

[164] Ebd., S. 298, 306 f., 310 f.

[165] Ders., Lyster's International Wildlife Law, S. 52; *Durner*, Common Goods, S. 244 f., 253 ff.; *Jakobsen*, Marine Protected Areas in International Law, S. 89 f.

[166] Andere Auffassung *Odendahl*, Die Umweltpflichtigkeit der Souveränität, S. 297 f.; *Durner*, AVR 54 (2016), S. 355–381 (373 f.).

[167] *Gillespie*, Protected Areas and International Environmental Law, S. 167 ff.; *Klein*, Umweltinformation im Völker- und Europarecht, S. 87 ff.; zur Hauptfunktion der internationalen Listung als Mittel des politischen Drucks auch *Gärditz*, AVR 54 (2016), S. 413–434 (416 f.).

ihm deshalb im Sinne völkerrechtlicher Sorgfalt zumindest aufgetragen, diesen Akt auch prozedural-formal zu vollziehen und sich nicht in die bloße Nichtimplementation zu flüchten. Dies bedeutet, dass ein Vorhabenstaat bei objektiver Verletzung dieser erga omnes-Verpflichtung zur sorgfältigen Anpassung des national praktizierten Lebensraumschutzes an wirtschaftliche Entwicklungsbedürfnisse auch gegenüber territorial nicht betroffenen Drittstaaten völkerrechtlich verantwortlich wird. Dass ein Drittstaat diese Verantwortlichkeit – etwa durch wirtschaftliche Sanktionen – auch einfordert, erscheint aber eher unwahrscheinlich. Bislang verbleibt es allenfalls bei der Bereitschaft, ein etwaiges Missfallen in den bestehenden Foren der globalen Naturschutzübereinkommen zu verbalisieren. Weitaus häufiger ist dagegen der umgekehrte Fall, dass ein Naturschutzgebiet den wirtschaftlichen Interessen eines Drittstaates zu wider läuft und dieser deshalb eine Anpassung des Gebietsregimes verlangt.

d) Im Spiegel: Landschaftsschutz und Biodiversität

Landschaften als kompositorisch-konstruktivistische Raumanschauung, sind in besonderer Weise Ergebnis der Interaktion zwischen Mensch und Natur. Der Naturschutz ist daher neben Erholung und Kulturschutz nur eines der verfolgten Ziele, weshalb dem Landschaftsschutz eine überfachliche, gesamtplanerische Betrachtung inhärent ist.[168] Auch Gebietsregime mit dem – insoweit abweichenden – Zweck des Erhaltes anthropogen überformter Landschaften lassen sich unter die oben zitierte Definition von Schutzgebieten subsumieren und werden von der genannten IUCN-Kategorie V ausdrücklich erfasst. Die IUCN-Landschaftsschutzgebiete teilen den naturbetonten Schutzansatz und die korrektiv-räumlich gestaltende Wirkung, da sie nur solche Gebiete betreffen, die allenfalls in geringem Maße urbanisiert und industriell erschlossen und infolge ihrer Vielgestaltigkeit äußerst artenvielfältig sind und insbesondere auch bedeutsame Habitate umfassen können.[169] Aufgrund ihres gleichwohl bestehenden multipel use-Charakters eignen sie sich in besonderer Weise zur Umsetzung weiträumiger Schutzkonzepte, als trans-räumliche Pufferzonen um striktere Kategorien sowie deren inter-gebietlicher Verbindung.[170] Eine herausgehobene Schutzfunktion für die biologische Vielfalt kommt dem Landschaftsschutz aber nicht notwendigerweise zu, weil auch Landschaftsschutzgebiete zumeist intensiv landwirtschaftlich und touristisch genutzt werden und insbesondere ästhetische Werte Gegenstand

---

[168] Vgl. zum Landschaftsbegriff bereits oben S. 81 ff. *Jessel*, Landschaft, in: ARL (Hrsg.), Handwörterbuch der Raumordnung, S. 579–586, 579 ff., 581 ff., 584 f.; *Phillips*, Management Guidelines for IUCN Category V Protected Areas, Protected Landscapes/Seascapes, S. 5 f., 8 ff., 18 ff.

[169] Ders., Management Guidelines for IUCN Category V Protected Areas, Protected Landscapes/Seascapes, S. 6 f., 9 ff., 33 f.; *Gillespie*, Protected Areas and International Environmental Law, S. 33, 39 f.

[170] Vgl. *Phillips*, Management Guidelines for IUCN Category V Protected Areas, Protected Landscapes/Seascapes, S. 25 f.

des Schutzinteresses sind.[171] Vor dem Hintergrund, dass gerade Wälder trotz ihres ökologischen Potentials völkerrechtlich einen äußerst niedrigen Schutzstatus aufweisen,[172] überrascht es daher beispielsweise nicht, dass der Landschaftsschutz Hauptansatzpunkt der ökologischen Bemühungen der forstwirtschaftlich orientierten International Tropical Timber Organisation (ITTO) ist.[173] Im Bereich des kulturbetonten Landschaftsschutzes samt Denkmalschutz fehlt schließlich, wie etwa anhand historischer Städte deutlich wird, der ökologische Bezug nahezu vollständig.

Der Landschaftsschutz ist bislang eine europäische Domäne und international nur vergleichsweise marginal vertreten.[174] Völkerrechtlich spiegelt sich dieser Umstand darin wieder, dass regional einzig mit dem Europäischen Landschaftsübereinkommen von 2000 ein Abkommen existiert, dessen zentrales Anliegen der Landschaftsschutz ist.[175] Das Verpflichtungsniveau bleibt indes niedrig; betont werden gemäß Art. 6 vornehmlich Maßnahmen der öffentlichen Bewusstseinsbildung. Unter dem Einfluss der federführenden IUCN ist zumindest die Landschaftsschutzkategorie in die afrikanische Maputo Konvention von 2003 aufgenommen worden,[176] ohne hiermit jedoch einen eigenständigen Pflichtenkatalog zu verbinden. Auf globaler Ebene spielen landschaftliche Erwägungen – schon ausweislich der Begriffsbestimmungen des Kultur- und Naturerbes – eine erhebliche Rolle unter dem Regime der Welterbekonvention (Art. 1 WHC).[177]

Auch das Europäische Landschaftsübereinkommen sieht sich laut seiner Präambel ausdrücklich in der Tradition der bislang genannten Naturschutzabkommen und der Nachhaltigkeit des Post-Rio-Prozesses. Ziel der Konvention ist es dabei eine angemessene harmonische Balance in der Landschaftsentwicklung zu

---

[171] Allgemeiner zur praktizierten Spannweite geschützter Werte *Gillespie*, Protected Areas and International Environmental Law, S. 48 ff., 60 ff., 86 ff.

[172] Vgl. die Nachweise auf S. 76.

[173] Vgl. *ITTO/IUCN*, Guidelines for the conservation and sustainable use of biodiversity in tropical timber production forests, 20 ff.sowie die Prinzipien ab S. 25 ff.; *Gillespie*, Protected Areas and International Environmental Law, S. 39 ff.; zur ITTO im Überblick *Desai*, Forests, International Protection, in: Wolfrum (Hrsg.), MPEPIL-Online, Rn. 10 ff.

[174] *Phillips*, Management Guidelines for IUCN Category V Protected Areas, Protected Landscapes/Seascapes, S. 11 f.

[175] Vgl. zum Europäischen Landschaftsübereinkommen bereits oben S. 81 f.; siehe ferner Art. 2 Abs. 2 lit. f und g des Übereinkommens zum Schutz der Alpen von 1991/Convention concerning the Protection of the Alps, BGBl. II 1994 Nr. 46 S. 2538 ff.; dazu unten S. 334 ff.

[176] Art. 5 Nr. 6 i.V.m Annex 2; zum Einfluss der IUCN *Bowman/Davies/Redgwell*, Lyster's International Wildlife Law, S. 266, 276 ff.

[177] Ausführlicher *Gillespie*, Protected Areas and International Environmental Law, S. 86 ff., 93 ff.

finden (Art. 3, 5), wobei neben Erhalt und Fortentwicklung auch die Wiederherstellung erheblich beschädigter Landschaften Teil des Zielkanons ist.[178] Diesem integrativen Ansatz entsprechend umfasst das Abkommen gemäß Art. 2 und 3 – im Gegensatz zur IUCN-Kategorie V – alle Landschaftstypen inklusive gewöhnlicher urbaner Landschaften, die wie bereits angemerkt eher geringe Biodiversitätsschutzfunktion haben.

Anders differenziert das World Heritage Comitee u.a. zwischen (a) Cultural Landscapes und (b) Historic Towns and Town Centres. Insoweit betont das Komitee:

„Cultural landscapes often reflect specific techniques of sustainable land-use, considering the characteristics and limits of the natural environment they are established in, and a specific spiritual relation to nature. Protection of cultural landscapes can contribute to modern techniques of sustainable land-use and can maintain or enhance natural values in the landscape. The continued existence of traditional forms of land-use supports biological diversity in many regions of the world. The protection of traditional cultural landscapes is therefore helpful in maintaining biological diversity".[179]

Auch wenn die Welterbekonvention damit formal den Landschaftsbegriff der IUCN teilt, reicht der von ihr angebotene Schutzstatus mit Kategorien des Denkmal- und historischen Städtebauschutzes weit über diesen naturbetonten Ansatz hinaus und ist insoweit im Ergebnis – gemeinsam mit dem europäischen Landschaftsübereinkommen – nur teilweise als Instrument des Biodiversitätsschutzes zu bewerten. Allein für Gebiete, die auch fachlich einen Beitrag zum Biodiversitätsschutz leisten, gilt insoweit im Sinne des biodiversitätsrechtlichen Präventionsprinzip ein erhöhtes völkerrechtliches Schutzinteresse.

e) Zwischenergebnis

Der Biodiversitätsschutz ist eines der zentralen Anliegen der internationalen Umweltpolitik. Namentlich der Lebensraumschutz ist hier ein zentrales Instrument. Seinen raumplanerischer Charakter erhält der Lebensraumschutz, der insoweit eher ein notwendiger Reflex ist, durch seine präventive Funktion im Schutz vor konkreter menschlicher Übernutzung bedeutsamer Naturräume und dem Erfordernis, die Schutzregime mit den Nutzungen ihrer Umgebung (trans-gebietlich) sowie unter dem Einfluss des Rechts wandernder Tierarten in Schutzgebietsnetzwerken (inter-gebietlich) zu koordinieren. Anhand des Zweckes von Schutzgebieten, dem Verlust von Lebensräumen in zumeist konkret lokalisierbaren Gefährdungslagen vorzubeugen, lässt sich zudem zeigen, dass auch das Habitatschutzrecht im Kern eine Ausformung des Präventionsprinzips ist und es den Staaten völkerrechtlich aufgetragen ist, die Bewirtschaftung ihrer Habitate mit gebührender Sorgfalt zu betreiben. Unter dem Eindruck des common concern-Status wird man insoweit zumindest verlangen können, dass Staaten im Falle einer Rekonfigu-

---

[178] Siehe *Council of Europe*, Explanatory Report to the European Landscape Convention, Rn. 36, 40 ff.

[179] *UNESCO*, Operational Guidelines for the Implementation of the World Heritage Convention, Annex 3, Rn. 5 ff., Zitat Rn. 9.

ration biodiversitätsschutzrelevanter Naturschutzgebiete diese Änderungen auch formal vollziehen.

Aufgrund seines immanenten Raumbezuges besitzt der terrestrische Biodiversitätsschutz in Form des Habitat- und Landschaftsschutzes im Vergleich zu allen anderen Materien des präventiven Umweltrechtes eine spezifische Affinität zur Raumplanung. Infolge des zugleich jedoch auf allen Ebenen vorherrschenden Territorialitätsprinzips verbleibt das Verpflichtungsniveau der völkerrechtlichen Vorgaben praktisch gering.

3. Menschenrechtsschutz durch Raumplanung

Primäre Ziele des Umweltvölkerrechts sind nach alledem die Lösung grenzüberschreitender Konfliktlagen sowie globaler Umweltprobleme auf zwischenstaatlicher Ebene. Daneben besteht aber auch ein Individualinteresse des Menschen[180] am Erhalt einer intakten Umwelt, welchem ein völkerrechtlicher Schutz insbesondere dann dienlich sein kann, wenn der jeweilige Staat nicht in der Lage oder Willens ist, ein zuträgliches Umweltqualitätsniveau zu gewährleisten.[181]

a) Überblick zum internationalen Menschenrechtsschutz

Obgleich Prinzip 1 der Stockholm Erklärung noch ein Recht auf eine saubere und gesunde Umwelt proklamierte, beschränkten sich die Rio Erklärung sowie alle nachfolgenden Erklärungen globaler Umweltkonferenzen darauf, den Menschen ins Zentrum nachhaltiger Entwicklung zu stellen, ohne das vom Brundtlandreport geforderte „fundamental right to an environment adequate for their health and well being"[182] sowie nachfolgend von der UN-Menschenrechtskommission ausgearbeitete, aber letztlich wenig erfolgreiche „right to a secure, healthy and ecologically sound environment"[183] gewohnheitsrechtlich zu verfestigen, sodass

---

[180] Die individualbezogene Perspektive des Menschenrechtsschutzes ist im traditionell auf Staatenbeziehungen gerichteten Völkerrecht ein besonderes Charakteristikum, vgl. dazu *Merrills*, Environmental Rights, in: Bodansky/Brunée/Hey (Hrsg.), The Oxford Handbook of International Environmental Law, S. 665–680; *Birnie/Boyle/Redgwell*, International Law and the Environment, S. 268 ff.

[181] Vgl. nachfolgend *Shelton*, SJIL 28 (1991), S. 103–138; *Shelton/Duer*, Human Rights and the Environment, in: UNEP (Hrsg.), UNEP Training Manual on International Environmental Law, S. 313–326; *Birnie/Boyle/Redgwell*, International Law and the Environment, S. 271 ff.; *Beyerlin/Marauhn*, International Environmental Law, S. 391 ff.; *Sands/Peel*, Principles of International Environmental Law, S. 811 ff.; *Vöneky/Beck*, Umweltschutz und Menschenrechte, in: Proelß (Hrsg.), Internationales Umweltrecht, S. 133–181, 139 ff.

[182] *WCED*, Our Common Future, Annex I, Rn. 1.

[183] *Ksentini*, Human Rights and the Environment, Annex 1, Rn. 2.

II. Sektorale Ansätze umweltrechtlicher Präventionspflichten

sich ein universelles Recht auf Umweltschutz, das sich auch nicht in den beiden UN-Menschenrechtspakten[184] wiederfindet, bislang nicht feststellen lassen dürfte. Auf regionaler Ebene gewähren Art. 11 des Protocol of San Salvador von 1988 zur American Convention on Human Rights von 1969 (AMRK)[185] sowie Art. 38 der überarbeiteten Arab Charter on Human Rights von 2004[186] ein Individualrecht auf gesunde bzw. sichere Umwelt sowie Art. 24 der African Charter on Human and Peoples' Rights von 1981 (Bajul-Charta)[187] ein Kollektivrecht auf eine zufriedenstellende Umwelt, wobei die praktische Wirksamkeit in allen Fällen erhebliche Probleme bereitet, nicht zuletzt wegen mangelnden Durchsetzungsmechanismen. Auch vereinzelt angenommene Ableitungen eines Rechts auf eine gesunde Umwelt aus der zurückhaltend formulierten Zwecksetzung des Art. 1 der Århus-Konvention können nicht überzeugen.[188]

Da erhebliche Umweltbeeinträchtigungen die Verwirklichung fundamentaler Menschenrechtsgarantien (Leben, Gesundheit, Eigentum, private und kulturspezifische Lebensführung) unterminieren können,[189] finden sich insbesondere in der EGMR-Rechtsprechung zur Europäischen Menschenrechtskonvention (EMRK) von 1950[190] Bestrebungen konkretere Menschenrechtsgarantien im Sinne präventiver Umweltschutzverpflichtung zu deuten (greening of human rights),[191] deren normative Spannweite es fraglich erscheinen lässt, ob ein allgemeines Individualrecht auf Umweltschutz überhaupt noch erforderlich ist.[192]

---

[184] International Covenant on Civil und Political Rights/Internationaler Pakt über bürgerliche und politische Rechte (UN-Zivilpakt), 999 UNTS 171; International Covenant on Economic, Social and Cultural Rights/Internationaler Pakt über wirtschaftliche, soziale und kulturelle Rechte (UN-Sozialpakt), 993 UNTS 3.

[185] OAS, Treaty Series, No. 69; 1144 UNTS 123.

[186] Abgedruckt in: International Human Rights Reports, 2005, Vol 12, S. 893 ff.

[187] 1520 UNTS 217.

[188] So etwa *Schwerdtfeger*, Der deutsche Verwaltungsrechtsschutz unter dem Einfluss der Aarhus-Konvention, S. 22; überzeugend dagegen *Epiney* u. a., Aarhus-Konvention, Handkommentar, S. 89 ff.

[189] Vgl. *ICJ*, Case Concerning the Gabcikovo-Nagymaros Project (Hungary vs. Slovakia), ICJ Reports 1997, 88 – Separate Opinion of Vice-president Weeramantry, S. 91.

[190] Konvention zum Schutz der Menschenrechte und Grundfreiheiten/Convention for the Protection of Human Rights and Fundamental Freedoms, 213 UNTS 221; Rechtsprechungsorgan ist der Europäische Gerichtshof für Menschenrechte (EGMR) gemäß Art. 19 ff. EMRK i.V.m. dem 11. Zusatzprotokoll von 1994, BGBl. II 1995 Nr. 22 S. 578 ff.

[191] *Boyle*, Environment and Human Rights, in: Wolfrum (Hrsg.), MPEPIL-Online, Rn. 16 ff.; *Birnie/Boyle/Redgwell*, International Law and the Environment, S. 283 ff.; Aufstellungen der umweltbezogenen Rechtsprechung des EGMR finden sich bei *Council of Europe*, Manual on Human Rights and the Environment, Appendix II; *ECHR*, Environment and the European Convention on Human Rights, Factsheet; ausführliche Analysen bei *Schmidt-Radefeld*, Ökologische Menschenrechte, S. 66–195; *Braig*, Umweltschutz durch die Europäische Menschenrechtskonvention, S. 7–200.

[192] *Merrills*, Environmental Rights, in: Bodansky/Brunée/Hey (Hrsg.), The Oxford

b) Das menschenrechtliche Präventionsprinzip als Sorgfaltspflicht

Grundsätzlich lässt sich im Bereich des menschenrechtlichen Umweltschutzes als übergreifende Gemeinsamkeit die erhebliche Beeinträchtigung individueller oder kollektiver Rechte durch von einzelnen industriellen Vorhaben (Fabriken, Bergbau, Abfalldeponien) ausgehende Umwelteinwirkungen ausmachen; dem zuständigen Staat wird – ungeachtet eigener Beteiligung oder Vorhabenträgerschaft – als Ausdruck staatlicher Schutzpflicht die Verantwortung zugeordnet, angemessene Präventionsmaßnahmen zu ergreifen und durchzusetzen.[193] Insbesondere in der vom EGMR zu Art. 8 der EMRK entwickelten und auf andere Garantien und insbesondere auf Art. 2 EMRK übertragenen Dogmatik staatlicher Schutzpflichten (positive obligations)[194] scheinen damit Aspekte des allgemeinen Präventionsprinzips durch, im Rahmen einer staatlichen Sorgfaltspflicht (due diligence) die erforderlichen Maßnahmen zu ergreifen, um erhebliche Schädigungen fundamentaler (Menschen-) Rechtspositionen zu vermeiden, insbesondere durch Ausprägung eines geeigneten rechtlichen und administrativen Rahmens.[195] Insoweit konsistent den Kreis schließen die Ausführungen der afrikanischen Menschenrechtskommission im Ogoniland-Fall zur umweltrechtlichen Präventionspflicht aus Art. 24 der Bajul-Charta[196] sowie nun auch jüngst die Bestätigung des Interamerikanischen Gerichtshofes für Menschenrechte (IACtHR) in seiner Advisory Opinion zur menschenrechtlichen Signifikanz des Umweltschutzes, in der er das menschenrechtliche Präventionsprinzip ausdrücklich im größeren dogmatischen Zusammenhang des Nachbar- und des Seerechts als „obligación de medios, no de resultado" mit einem „estándar de debida diligencia" anerkennt und insbesondere die Pflicht des Staates betont, für einen geeigneten Rechtsrahmen und dessen

---

Handbook of International Environmental Law, S. 665–680, 668 f.; *Redgwell*, JSDLP 8 (2017), S. 378–395 (390 f.).

[193] *Boyle*, Environment and Human Rights, in: Wolfrum (Hrsg.), MPEPIL-Online, Rn. 16 ff.; *Birnie/Boyle/Redgwell*, International Law and the Environment, S. 283 ff.

[194] Statt vieler *ECHR*, Hatton and Others v. The United Kingdom, 08.06.2003, No. 36022/97, Rn. 123: „(T)he State is required to give due consideration to the particular interests, (...) it must in principle be left a choice between different ways and means of meeting this obligation"; siehe auch ders., Öneryıldız v. Turkey, 30.11.2004, No. 48939/99, Rn. 89 ff.; dogmatische Einordnung m.w.N. bei *Braig*, Umweltschutz durch die Europäische Menschenrechtskonvention, S. 201 ff.

[195] Siehe *UN-Human Rights Committee*, International covenant on civil and political rights, The Nature of the General Legal Obligation Imposed on States Parties to the Covenant, General Comment No. 31 (80), Rn. 7 f.; auch *Vöneky/Beck*, Umweltschutz und Menschenrechte, in: Proelß (Hrsg.), Internationales Umweltrecht, S. 133–181, 147.

[196] Vgl. *ACHPR*, Social and Economic Rights Action Center (SERAC) and Center for Economic and Social Rights (CESR) vs. Nigeria, No. 155/96 – Decision on the Merits, Rn. 44, 46, 52.

Kontrolle zu sorgen.[197] Unter dem Eindruck des präventiven Nachbarrechts sei dabei die Pflicht zum Lebens- und Gesundheitsschutz nicht bloß territorial zu verstehen, sondern schließe selbst den Schutz extraterritorialer Individuen ein.[198]

Ausgehend von der Schutzpflichtendogmatik des EGMR setzt sich dabei in der internationalen Rechtsprechung zunehmend die – aus dem deutschen und französischen Recht entlehnte – Subsidiaritätsdoktrin des einzelstaatlichen Einschätzungsspielraumes über die im Einzelfall sachgerechten Maßnahmen durch (margin of appreciation), insbesondere bei technisch und sozial komplexen Sachverhalten.[199] Auch der IACtHR betonte in seinem Gutachten diese Doktrin, indem er im Rahmen der „obligaciones positivas" – im Anschluss an den EGMR – einerseits den Einsatz aller angemessenen Maßnahmen verlangt, anderseits jedoch zur Vermeidung unangemessener Präventionsverpflichtung („carga imposible o desproporcionada") die Pflicht auf vernünftigerweise erwartbare Risikominimierung begrenzt („las medidas necesarias (...) que razonablemente podían esperarse para prevenir o evitar ese riesgo").[200] Menschenrechtliche Fundierung und nationaler Einschätzungsspielraum bedingen jedenfalls, dass es sich beim menschen-

---

[197] Vgl. *IACtHR*, Opinión Consultiva Solicitada por la República de Colombia, Medio ambiente y derechos humanos, 15.11.2017, OC–23/17, Rn. 115 ff., 123 ff., 127 ff., 131 ff., 141 ff.

[198] Ders., Opinión Consultiva Solicitada por la República de Colombia, Medio ambiente y derechos humanos, 15.11.2017, OC–23/17, Rn. 127 ff.; zur ähnlichen Position des EGMR siehe m.w.N. *Birnie/Boyle/Redgwell*, International Law and the Environment, S. 299.

[199] Vgl. etwa *ECHR*, Hatton and Others v. The United Kingdom, 08.06.2003, No. 36022/97, Rn. 123: „The Court's supervisory function being of a subsidiary nature, it is limited to reviewing whether or not the particular solution adopted can be regarded as striking a fair balance"; ders., Budayeva and Others v. Russia, 20.3.2008, No. 15339/02, 21166/02, 20058/02, 11673/02, 15343/02, Rn. 128 ff., insb. Rn. 134: „As to the choice of particular practical measures, the Court has consistently held that where the State is required to take positive measures, the choice of means is in principle a matter that falls within the Contracting State's margin of appreciation. There are different avenues to ensure Convention rights, and even if the State has failed to apply one particular measure provided by domestic law, it may still fulfil its positive duty by other means"; ders., Hatton and Others v. The United Kingdom, 08.06.2003, No. 36022/97, Rn. 100 f.; siehe hierzu und zur Anwendung insb. in der welthandelsrechtlichen Judikatur m.w.N. *Benevisti*, NYJILP 1998, S. 843–854; *Arai-Takahashi*, The Margin of Appreciation Doctrine and the Principle of Proportionality in the Jurisprudence of the ECHR; *Shany*, EJIL (2005), S. 907–940 (910 f.); *de la Rasilla del Moral*, GLJ 2006, S. 611–623; *Cot*, Margin of Appreciation, in: Wolfrum (Hrsg.), MPEPIL-Online.

[200] *IACtHR*, Opinión Consultiva Solicitada por la República de Colombia, Medio ambiente y derechos humanos, 15.11.2017, OC–23/17, Rn. 121, 123, 120, 146 ff.; parallel zu *ECHR*, Öneryıldız v. Turkey, 30.11.2004, No. 48939/99, Rn. 107: „(A)n impossible or disproportionate burden must not be imposed on the authorities (...)" Ders., Budayeva and Others v. Russia, 20.3.2008, No. 15339/02, 21166/02, 20058/02, 11673/02, 15343/02, Rn. 135.

rechtlichen Präventionsprinzip nicht um ein allgemeines Umweltschutzgebot,[201] sondern ein auf konkrete Rechtspositionen beschränktes ökologisches Existenzminimum handelt.[202]

c) *Raumplanung als Präventionsinstrument in der Rechtsprechung des Europäischen Gerichtshofs für Menschenrechte*

Wie schon mehrfach betont ist hoheitliche Planung konfligierender räumlicher Nutzungen ein geeignetes Instrument der Prävention. Der EGMR, dessen umweltbezogene Rechtsprechung ohnehin großteils auf Sachverhalten mit Bezug zu raumbeanspruchenden Vorhaben beruht, hatte bereits Gelegenheit eine konsistente Judikatur zu der materiellen Frage zu entwickeln, inwieweit sich menschenrechtliche Anforderungen zu einer räumlichen Planungspflicht verdichten können.

aa) *Alternativverhältnis zwischen technischer und räumlicher Prävention*

Schon relativ früh bestätigte der EGMR im Fall Buckley v. The United Kingdom, in dem eine Genehmigung zur dauerhaften Aufstellung und Bewohnung von Wohnwagen versagt worden war, ausdrücklich für planerische Sachverhalte, dass dem Staat in der Verfolgung öffentlicher Interessen ein – tendenziell sogar überdurchschnittlich – weiter Abwägungsspielraum zuzubilligen sei und es nicht Aufgabe des Gerichtes sei, eigene planerische Abwägungen zu entwickeln.[203] In

---

[201] Daher auch die Absage des EGMR die Stadtentwicklungsplanung deshalb als fehlerhaft auszuweisen, weil sie zur Zerstörung eines Sumpfes führte, *ECHR*, Kyrtatos v. Greece,22.05.2003, No. 41666/98, Rn. 52: „(N)either Article 8 nor any of the other articles of the Convention are specifically designed to provide general protection of the environment as such".

[202] *Vöneky/Beck*, Umweltschutz und Menschenrechte, in: Proelß (Hrsg.), Internationales Umweltrecht, S. 133–181, 151.

[203] „(T)own and country planning schemes involve the exercise of discretionary judgment in the implementation of policies adopted in the interest of the community (...) It is not for the Court to substitute its own view of what would be the best policy in the planning sphere or the most appropriate individual measure in planning cases (...) By reason of their direct and continuous contact with the vital forces of their countries, the national authorities are in principle better placed than an international court to evaluate local needs and conditions. In so far as the exercise of discretion involving a multitude of local factors is inherent in the choice and implementation of planning policies, the national authorities in principle enjoy a wide margin of appreciation" *ECHR*, Buckley v. The United Kingdom, 25.09.1996, No. 20348/92, Rn. 74 ff.; ferner ders., Gorraiz Lizarraga and Others v. Spain, 27.04.2004, No. 62543/00, Rn. 70: „Urban and regional planning policies are, par excellence, spheres in which the State intervenes, particularly through control of property in the general or public interest. In such circumstances, where the community's general interest is pre-eminent, the Court takes the view that the State's margin of appreciation is greater than when exclusively civil rights are at stake".

II. Sektorale Ansätze umweltrechtlicher Präventionspflichten 129

der Regel beschränkt sich daher die menschenrechtliche Fehleranalyse[204] im Rahmen eines fair balance-Tests[205] darauf zu überprüfen, ob den räumlichen Erfordernissen angemessen Rechnung getragen wurde und es insbesondere unternommen wurde, die Umweltauswirkungen der Vorhaben durch technische Maßnahmen sowie notfalls durch Entschädigungen zu mindern, ohne aber selbst räumliche Aussagen zu formulieren.[206]

Auch in der Rechtsprechung des EGMR existiert hierbei jedoch ein wechselbezügliches Alternativverhältnis zwischen technischer und räumlicher Prävention: So hatten bereits im Fall Budayeva and Others v. Russia, in dem Teile einer Stadt unter einer Schlammlawine begraben worden waren, die russischen Behörden zwar zulässigerweise den Fokus auf die Errichtung mächtiger Dammanlagen gelegt, diese jedoch trotz mehrfacher Lawinenereignisse nicht in Stand gehalten. Insoweit befand das Gericht,

„(that) it does not appear that at the material time the authorities were implementing any alternative land-planning policies in the area that would dispense with the concept of the mud-defence facilities or suspend their maintenance".[207]

Dies Alternativverhältnis konkretisierte der EGMR schließlich im Fall Kolyadenko and Others v. Russia, in dem eine unterliegende Siedlung durch die aufgrund heftiger Regenfälle unternommene Notflutung eines Staudammes betroffen war, wie folgt:

„The authorities were therefore expected either to apply town planning restrictions and to prevent the area in question from being inhabited, or to take effective measures to protect the area from floods before allowing any development there".[208]

Je geringer also das tatsächliche Niveau technischen Schutzes ist bzw. je weniger technische Optionen überhaupt zur Verfügung stehen, umso größere Anforderungen müssen also an die räumliche Prävention gestellt werden, insbesondere durch

---

[204] *Cot*, Margin of Appreciation, in: Wolfrum (Hrsg.), MPEPIL-Online, Rn. 16 ff.

[205] *ECHR*, Hatton and Others v. The United Kingdom, 08.06.2003, No. 36022/97, Rn. 100, 119, 123.

[206] Vgl. mit insoweit einheitlicher Stoßrichtung ders., López Ostra v. Spain, 09.12.1994, No. 16798/90, Rn. 11, 54 ff.– stark emittierende Müllverwertungsanlage; ders., Katikaridis and Others v. Greece, 15.11.1996, No. 19385/92, Rn. 44 ff.– eigentumsrechtliche Auswirkungen i.S.d. Art. 1 des 1. Zusatzprotokolls von 1952 (213 UNTS 262) einer Hochstraße; ders., Hatton and Others v. The United Kingdom, 08.06.2003, No. 36022/97, Rn. 122 ff.m.w.N. – Flughafen Heathrow; ders., Flamenbaum and Others v. France, 13.12.2012, No. 3675/04, 23264/04, Rn. 133 ff.– Flughafen Deauville.

[207] Ders., Budayeva and Others v. Russia, 20.3.2008, No. 15339/02, 21166/02, 20058/02, 11673/02, 15343/02, Rn. 150.

[208] Ders., Kolyadenko and Others v. Russia, 28.02.2012, No. 17423/05, 20534/05, 20678/05, 23263/05, 24283/05, 35673/05, Rn. 168 ff., siehe auch Rn. 183 ff.

die Einschränkung der Siedlungstätigkeit in gefährlichen Gebieten. Sollen derartige Gebiete gleichwohl wissentlich urbanisiert werden, gilt wiederum der technischen Adaption oberste Priorität und hierbei insbesondere der Kontrolle ihrer tatsächlichen Umsetzung.[209]

bb) Abstandsgebot bei Lebens- und Gesundheitsgefahr

Dies Alternativverhältnis neigt sich namentlich im Falle des Rechtes auf Leben (Art. 2 EMRK) tendenziell in Richtung räumlicher Prävention, da der EGMR es als „non-derogable right" nur sehr eingeschränkt einer Abwägung mit öffentlichen Interessen unterzieht[210]: So erkannte das Gericht im Fall Öneryıldız v. Turkey über eine explodierte Müllkippe, dass der nach türkischem Recht – und den meisten europäischen Rechtsordnungen – verpflichtende Abstand der verschütteten illegalen Siedlung die Todesfälle verhindert hätte. Neben der zudem mangelhaften technischen Instandhaltung der Deponie sei die Katastrophe auch eine Folge mangelhafter Stadtplanung, da die Stadt die Slumentwicklung am Fuße der Müllkippe durch Amnestiegesetze faktisch legalisiert hatte, die Siedlung mit Strom und Wasser versorgt wurde und die Stadt im Gegenzug auch Steuern und Gebühren erhielt, sodass es sich ungeachtet der gesetzlichen Verbote faktisch um einen Teil der langjährigen Stadtentwicklungspolitik gehandelt habe.[211] Zwar bestätigte der Gerichtshof den staatlichen Einschätzungsspielraum in Planungsfragen, fügte jedoch einschränkend hinzu,

„(that) when faced with an issue such as that raised in the instant case (i.e. right to live) the authorities cannot legitimately rely on their margin of appreciation, which in no way dispenses them from their duty to act in good time, in an appropriate and, above all, consistent manner".[212]

Im ausdrücklichen Anschluss an die Öneryıldız-Rechtsprechung erklärte der Gerichtshof dann im genannten Budayeva-Fall, dass für Naturkatastrophen zwar tendenziell ein geringerer Sorgfaltsmaßstab gelte als der oben genannte no disproportionate burden-Ansatz für gefährliche Tätigkeiten:

---

[209] Zur Durchsetzung einer Sicherheitszone im Radius einer Stahlfabrik *ECHR*, Fadeyeva v. Russia, 09.06.2005, No. 55723/00, Rn. 116 ff.; zur planmäßigen aber nachlässigen Bebauung eines als „disaster zone" ausgewiesenen Erdbebengebietes ders., Özel and Others v. Turkey, 17.11.2015, No. 14350/05, 15245/05, 16051/05, Rn. 173 ff.

[210] *Cot*, Margin of Appreciation, in: Wolfrum (Hrsg.), MPEPIL-Online, Rn. 18.

[211] *ECHR*, Öneryıldız v. Turkey, 30.11.2004, No. 48939/99, Rn. 53, 56, 58, 104 ff., kritisch zu dieser Annahme faktischer Gebietsausweisung dagegen die sich anschließende Dissention Opinion von Judge Mularoni, Rn. 2.

[212] Ebd., Rn. 128.

II. Sektorale Ansätze umweltrechtlicher Präventionspflichten

„(T)he Court considers that natural disasters, which are as such beyond human control, do not call for the same extent of State involvement. Accordingly, its positive obligations as regards the protection of property from weather hazards do not necessarily extend as far as in the sphere of dangerous activities of a man-made nature".[213]

Zugleich stellte der Gerichtshof jedoch fest,

„that there was no justification for the authorities' omissions in implementation of the land-planning and emergency relief policies in the hazardous area (...) regarding the foreseeable exposure of residents, including all applicants, to mortal risk".[214]

Die Schutzpflichtenrechtsprechung des EGMR indiziert damit jedenfalls dann eine Reduktion des staatlichen Ermessens auf ein räumliches Abstandsgebot, wenn für die Bewohner eines Gebietes anderenfalls eine vernünftigerweise vorhersehbare Lebensgefahr besteht, namentlich in unmittelbarer Nähe gefährlicher Tätigkeiten sowie im erkennbaren räumlichen Wirkungsbereich von Naturkatastrophen.

Parallel entwickelte sich ein entsprechendes Abstandsgebot auch im Rahmen des Gesundheitsschutzes gemäß Art. 8 EMRK, dessen Nichtanwendung im Hatton-Urteil von einigen Richtern ausdrücklich kritisiert wurde:

„Although we might agree with the judgment when it states: 'the Court must consider whether the State can be said to have struck a fair balance between those interests [namely, the economic interests of the country] and the conflicting interests of the persons affected by noise disturbances' (...), the fair balance between the rights of the applicants and the interests of the broader community must be maintained. The margin of appreciation of the State is narrowed because of the fundamental nature of the right to sleep, which may be outweighed only by the real, pressing (if not urgent) needs of the State. (...) As stated above, reasons based on economic arguments referring to 'the country as a whole' without any 'specific indications of the economic cost of eliminating specific night flights' are not sufficient. Moreover, it has not been demonstrated by the respondent State how and to what extent the economic situation would in fact deteriorate if a more drastic scheme – aimed at limiting night flights, halving their number or even halting them – were implemented".[215]

Die Richter fordern hier also die Einstellung des Flugverkehres aus Gründen des Gesundheitsschutzes in gravierenden Fällen. Eine solche Flugbetriebseinschränkung ist einem Abstandsgebot bei immobilen Vorhaben aufgrund seiner räumlichen Entzerrungswirkung zumindest nicht unähnlich. Der hieran anklingenden Ratio, den grundlegenden Schutz vor massiven Gesundheitsschädigungen letztlich dem Schutz des Lebens anzugleichen („the fundamental nature of the right to sleep") und namentlich angemessene Abstände zum Schutz von Individuen dann durchzusetzen, wenn technische Abhilfe nicht möglich ist, schloss sich der EGMR schließlich im Fall Fadeyeva v. Russia in Bezug auf Belastungen in der Umgebung einer Stahlfabrik an:

---

[213] Ders., Budayeva and Others v. Russia, 20.3.2008, No. 15339/02, 21166/02, 20058/02, 11673/02, 15343/02, Rn. 134 ff., 174.
[214] Ebd., Rn. 158.
[215] Ders., Hatton and Others v. The United Kingdom, 08.06.2003, No. 36022/97 – Joint Dissenting Opinion of Judges Costa, Ress, Türmen, Zupančič and Steiner, Rn. 17 f.

„(T)he environmental consequences of the Severstal steel plant's operation are not compatible with the environmental and health standards established in the relevant Russian legislation. In order to ensure that a large undertaking of this type remains in operation, Russian legislation, as a compromise solution, has provided for the creation of a buffer zone around the undertaking's premises in which pollution may officially exceed safe levels. Therefore, the existence of such a zone is a condition sine qua non for the operation of an environmentally hazardous undertaking – otherwise it must be closed down or significantly restructured. The main purpose of the sanitary security zone is to separate residential areas from the sources of pollution and thus to minimise the negative effects thereof on the neighbouring population".[216]

Im Fall Dubetska and Others v. Ukraine bestätigte er diese Rechtsprechung zu den Auswirkungen einer Goldmine, bei der die Umsiedlung betroffener Personen durch die Ortsgebundenheit des Minenbergbaus offensichtlich nichts anderes ist als die Umsetzung eines räumlichen Abstandsgebotes.[217]

d) Zwischenergebnis

Auch im völkerrechtlichen Schutz der Menschenrechte gelangen Umweltbelange bereits seit geraumer Zeit in den Blick. Hierbei entwickelt sich im Einklang mit dem allgemeinen Umweltvölkerrecht ein auf konkrete menschenrechtliche Positionen bezogenen Präventionsprinzip, das sich als Ausprägung des due diligence-Konzepts deuten lässt: In der Judikatur regionaler Menschenrechtskonventionen wird es als positive Verpflichtung der Staaten zur Ergreifung angemessener Maßnahmen beschrieben, insbesondere die Ausbildung eines geeigneten Rechtsrahmens und seine Kontrolle. Im Gegensatz zum souveränitätsrechtlichen Präventionsprinzip, in dessen Geltungsbereich sich zwar die Zulässigkeit, aber gerade keine konkretisierte Pflicht zur Anwendung räumlicher Präventionsinstrumente und insbesondere kein Abstandsgebot nachweisen lässt,[218] lässt sich in der Judikatur des EGMR tatsächlich eine Pflicht zur hoheitlichen Durchsetzung angemessener Abstände zwischen konkurrierenden Nutzungen dann ausmachen, wenn betroffenen Personen anderenfalls eine Gefahr für Leib und Leben im Sinne der Art. 2 und 8 EMRK droht.

4. Binnengewässerschutz in der Raumnutzung

a) Binnengewässerschutz als mittelbare Folge anderweitig motivierter Rechtspflichten

Obgleich der Wasserkreislauf von fundamentaler Bedeutung für Mensch und Natur ist und durch Wasserbau, Landwirtschaft, Bergbau, Industrie- und Siedlungsabwässer der chemische und biologische Zustand insbesondere der Oberflächen-

---

[216] *ECHR*, Fadeyeva v. Russia, 09.06.2005, No. 55723/00, Rn. 116 f.

[217] „(T)he Government have failed either to facilitate the applicants' relocation or to put in place a functioning policy to protect them from environmental risks associated with continuing to live within their immediate proximity", ders., Dubetska and Others v. Ukraine, 10.02.2011, No. 30499/03, Rn. 88 ff., Zitat Rn. 154.

[218] Siehe oben S. 81 ff.

II. Sektorale Ansätze umweltrechtlicher Präventionspflichten

gewässer stark belastet wird,[219] sind die Belange des ökologischen Binnengewässerschutzes völkerrechtlich vergleichsweise rudimentär ausgebildet und zumeist eine mittelbare Folge anderweitig motivierter Rechtspflichten.[220]

An erster Stelle verzeichnet der souveränitätsrechtliche Integritäts- und Ressourcenschutz einen besonderen Bezug zum Wasserrecht und gebietet die sorgfältige Vermeidung aquatisch vermittelter grenzüberschreitender Schädigungen anderer Anrainerstaaten sowie die Schädigung grenzüberschreitend belegener Binnengewässer.[221] Hierzu gehört im Zusammenhang mit Maßnahmen des Wasserbaues insbesondere auch die Aufrechterhaltung einer bestimmten Mindestwasserflussmenge bei Fließgewässern, auch zur Sicherstellung ökologischer Funktionen.[222]

Darüber hinaus können intraterritoriale Aspekte des Binnengewässerschutzes auch dann zu berücksichtigen sein, wenn erhebliche Auswirkungen auf die Meeresumwelt zu befürchten sind, da ein Vorhabenstaat gemäß Teil XII des Seerechtsübereinkommens von 1982 (SRÜ) auch in Bezug auf rein national belegene Sachverhalte zum vorbeugenden Meeresumweltschutz verpflichtet ist.[223] Insbesondere soweit es im Inland belegene Vorhaben betrifft, erstreckt namentlich Art. 207 SRÜ seine Präventionsverpflichtung auch auf Verschmutzungen, die vom Lande ausgehen, eine Pflicht die sich spiegelbildlich auch in Art. 23 der UN-Wasserlaufkonvention wiederfindet, und auch außer-maritime Tätigkeiten erfasst.[224] Dabei verdeutlicht die Tatsache, dass der weit überwiegende Anteil

---

[219] Vgl. im europäischen Raum *European Environment Agency*, European waters – Assessment of status and pressures 2018; breit zusammenfassend *McCaffrey*, The Law of International Watercourses, S. 3 ff., 446 ff.; *Karbach*, Die Wasserversorgung von Mensch und Natur als Herausforderung des Völkerrechts, S. 25 ff.; *Laskowski*, Das Menschenrecht auf Wasser, S. 11 ff.

[220] *Birnie/Boyle/Redgwell*, International Law and the Environment, S. 535 f.

[221] Vgl. S. 57 ff. und 88 ff.

[222] Vgl. mit unterschiedlichen Positionen zur gewohnheitsrechtlichen Geltung *Utton*, CJIELP 10 (1999), S. 7–38 (7 ff., 12 ff.); *Freestone/Salman*, Ocean and Freshwater Ressources, in: Bodansky/Brunée/Hey (Hrsg.), The Oxford Handbook of International Environmental Law, S. 337–361, 352; zurückhaltender *Reichert*, Schutz der Binnengewässer, in: Proelß (Hrsg.), Internationales Umweltrecht, S. 455–529, 489 f.

[223] United Nation Convention on the Law of the Sea (UNCLOS), BGBl. II 1994 Nr. 41 S. 1798 ff.; vgl. dazu noch ausführlich den nächsten Teil insbesondere S. 233 ff.

[224] *Hafner*, Meeresumwelt, Meeresforschung und Technologietransfer, in: Vitzthum (Hrsg.), Handbuch des Seerechts, S. 347–460, 357; *Freestone/Salman*, Ocean and Freshwater Ressources, in: Bodansky/Brunée/Hey (Hrsg.), The Oxford Handbook of International Environmental Law, S. 337–361, 348; *Birnie/Boyle/Redgwell*, International Law and the Environment, S. 554, 557; *Wacht*, Art. 207–210, 212, in: Proelss (Hrsg.), UNCLOS, Art. 207 Rn. 3.

aller Meeresverschmutzung vom Lande ausgeht,[225] sowohl die ökonomische Allzweckfunktion der Binnengewässer als auch die Abhängigkeit der marinen Ökologie von der Qualität der sie erreichenden Binnengewässer.[226] Wenn Art. 207 SRÜ daher dem ersten Anschein nach seinen Anwendungsbereich erstaunlich tief bis in die terrestrischen Herrschaftsbereiche aller Staaten hinein erstreckt,[227] so überrascht es zugleich nicht, dass er mit seiner – insbesondere im Vergleich zu den anderen Bestimmungen des Abschnittes (Art. 208–211 SRÜ) – schwachen Pflicht zur bloßen Berücksichtigung internationaler Standards („taking into account") im Ergebnis keine gesicherten Kriterien für Maßnahmen der verpflichteten Staaten beinhaltet.[228] Konkreter verpflichtet allein Absatz 5 der Vorschrift, die Einbringung gefährlicher Stoffe so weit wie möglich zu minimieren, was etwa für die Qualität unmittelbar oder über Flüsse eingeleitete Abwässer oder auch die Verwendbarkeit von Korrosionsschutzmitteln bei Pipelines Relevanz erlangen kann.[229] Letztlich bleibt damit auch das Recht der vom Lande ausgehende Meeresverschmutzung in der Praxis nur eine spezielle Ausprägung des nachbarrechtlichen Schadensvermeidungsgebots, wenn über Flüsse vermittelte Belastungen sich bis in die Meeresumwelt hinein erstrecken und sich mit der Meeresströmung entlang der Küsten über mehrere Jurisdiktionsgebiete ausbreiten.[230]

Schließlich finden sich auch der Menschenrechts-, der Biodiversitäts- und letztlich auch der Klimaschutz oftmals mit aquatisch verursachten und aquatisch vermittelten Gefahrenlagen konfrontiert.[231] Ein Gewässerkörper kann daher – wie im Falle des genannten irakischen Marschlandes[232] – insbesondere dann besonderen Schutz erfordern, wenn er als ökologisch wertvoller Lebensraum von internatio-

---

[225] Insbesondere diffuse Einträge der Landwirtschaft, vgl. *UN-General Assembly*, World Ocean Assessment I, Chapter 20; *Proelß*, Meeresschutz im Völker- und Europarecht, S. 54 ff.

[226] *Reichert*, Schutz der Binnengewässer, in: Proelß (Hrsg.), Internationales Umweltrecht, S. 455–529, 496.

[227] Zum Teil wird vertreten, dass selbst die Emissionen des Autoverkehrs in den Anwendungsbereich der Norm fielen, *Hafner*, Meeresumwelt, Meeresforschung und Technologietransfer, in: Vitzthum (Hrsg.), Handbuch des Seerechts, S. 347–460, 357.

[228] Vgl. *Boyle*, AJIL 79 (1985), S. 347–372 (354); *Freestone/Salman*, Ocean and Freshwater Ressources, in: Bodansky/Brunée/Hey (Hrsg.), The Oxford Handbook of International Environmental Law, S. 337–361, 350; *Wacht*, Art. 207–210, 212, in: Proelss (Hrsg.), UNCLOS, Art. 207 Rn. 9, 20.

[229] *Wiese*, Grenzüberschreitende Landrohrleitungen und seeverlegte Rohrleitungen im Völkerrecht, S. 354 ff.; *Wolf*, Unterseeische Rohrleitungen und Meeresumweltschutz, S. 132 f.

[230] So fließen beispielsweise Belastungen des Rheins nördlich ins Wattenmeer, *Hey*, IJMCL 17 (2002), S. 325–350 (329).

[231] Vgl. *Reichert*, Schutz der Binnengewässer, in: Proelß (Hrsg.), Internationales Umweltrecht, S. 455–529, 461 f., 464 ff.; ferner oben S. 110 ff.und 124 ff.

[232] Zu den Mesopotamischen Sümpfen oben S. 88 f.

naler Bedeutung anerkannt ist[233] oder wenn konsumierende Gewässernutzungen durch Verbrauch, Entnahme oder Verschmutzung die angemessene Wasserversorgung der örtlichen Bevölkerung gefährden, wenngleich ein Menschenrecht auf Wasser nur zurückhaltend völkerrechtliche Unterstützung findet.[234] Der überwiegende Großteil aller räumlichen Vorhaben wird diese Schwelle freilich nicht erreichen.

b) Gewässerschutz als eigenständiges ökologisches Ziel

Da die aufgezeigten Rechtsgebiete vor dem Hintergrund stetig zunehmender Gewässerübernutzung und -verschmutzung als unzureichend empfunden werden, zeigt sich eine bereits mehrere Dekaden andauernde Entwicklung des internationalen Wasserrechts hin zu einem ökosystemorientierten Gewässerschutzrecht.[235] Besonderes weitreichend postuliert nunmehr Art. 22 der einflussreichen ILA-Berlin Rules einen umfassenden Schutz der gesamten hydrologischen Ökologie samt umgebender Landgebiete. Dies würde die umfassende Berücksichtigung der Belange des Gewässerschutzes im Rahmen nahezu aller intraterritorialen räumlichen Vorhaben verlangen. Auch laut dem Interessenverband findet die hiermit eingenommene Perspektive indes – der wohl fachlichen Gebotenheit zum Trotz – bislang keine hinreichende Grundlage in der Staatenpraxis, auch nicht in den Art. 20 ff. der UN-Wasserlaufkonvention.[236]

Zumindest aber sei angemerkt, dass sich die Wasserlaufkonvention zwar im Großteil ihrer Bestimmungen und insbesondere bezüglich der Verschmutzungsproblematik (Art. 23) auf die Konkretisierung des souveränitätsrechtlichen Prä-

---

[233] Zur Bedeutung der Ramsar-Konvention für den Gewässerschutz *McCaffrey*, The Law of International Watercourses, S. 459; *Reichert*, Schutz der Binnengewässer, in: Proelß (Hrsg.), Internationales Umweltrecht, S. 455–529, 471; auch *ICJ*, Certain Activities carried out by Nicaragua in the border area (Costa Rica vs. Nicaragua) and Construction of a Road in Costa Rica along the San Juan River (Nicaragua vs. Costa Rica), ICJ Reports 2015, 665, Rn. 102 ff., 155 ff.

[234] Zur menschenrechtlichen Dimension des Gewässerschutzes *ILA*, Berlin Rules on Water Resources, Berlin conference (2004), Art. 17, S. 23 f. und Art. 20, S. 26 f.; *Karbach*, Die Wasserversorgung von Mensch und Natur als Herausforderung des Völkerrechts, S. 68 ff., 87–172; *Traversi*, HJIL 33 (2011), S. 453–488 (478 ff.).

[235] *Malla*, NJIL 77 (2008), S. 461–508 (475 ff., 494 ff., 498 ff.); *McCaffrey*, International Watercourses, Environmental Protection, in: Wolfrum (Hrsg.), MPEPIL-Online, Rn. 3 ff.; *Reichert*, Schutz der Binnengewässer, in: Proelß (Hrsg.), Internationales Umweltrecht, S. 455–529, 471 ff., 487 ff.

[236] *ILA*, Berlin Rules on Water Resources, Berlin conference (2004), Art. 22, S. 27 f., Art. 29, S. 32; *McCaffrey*, The Law of International Watercourses, S. 446 f., 453 ff.; *Birnie/Boyle/Redgwell*, International Law and the Environment, S. 547 f., 558 f.; *Reichert*, Schutz der Binnengewässer, in: Proelß (Hrsg.), Internationales Umweltrecht, S. 455–529, 487 ff.; weiterreichend definiert die ökologischen Gewässerschutzpflichten hingegen *Freestone/Salman*, Ocean and Freshwater Ressources, in: Bodansky/Brunée/Hey (Hrsg.), The Oxford Handbook of International Environmental Law, S. 337–361, 352 f., 355.

ventionsgebotes beschränkt. Gleichwohl werden die Wasserlaufstaaten gemäß Art. 20 der Konvention zum Schutz der Ökologie internationaler Wasserläufe auch unabhängig von einer messbaren grenzüberschreitenden Schädigung verpflichtet. Soweit man in systematischer Hinsicht Art. 20 nicht als bloße Rahmenstimmung des im Übrigen souveränitätsrechtlich geprägten Teils IV des Abkommens auffasst, löst dies den Gewässerschutz aus seinem rein souveränitätsrechtlichen Gepräge.[237] Eine solche Pflicht zum Gewässerschutz auch unterhalb der Schwelle eines Risikos grenzüberschreitender Schädigung ist deshalb sachgerecht, weil auch für sich genommen geringere Eingriffe in die Gewässerökologie bei einer größeren Anzahl von Anrainerstaaten zu massiven grenzüberschreitenden Beeinträchtigungen kumulieren können, deren Ursachen zugleich nicht nachvollzogen werden können.[238] Die regionale Staatenpraxis – unter anderen das UNECE-Wasserlaufübereinkommen von 1992[239] und das asiatische Mekong-Übereinkommen von 1995[240] – scheint diese Sicht zu bestätigen.[241] Zumindest für Vorhaben, die Auswirkungen auf internationale Wasserläufe haben können, verdichten sich damit die Hinweise, dass jedenfalls regional eine gewohnheitsrechtliche Pflicht im Entstehen ist, ökologische Beeinträchtigungen auch unterhalb der Schwelle unmittelbarer grenzüberschreitender Schadensrisiken auf ein Mindestmaß zu reduzieren. Die staatliche Verantwortlichkeit stellt sich hierbei im Einklang mit dem bislang betrachteten Umweltrecht als ein Optimierungsgebot sorgfältiger Gewässerbewirtschaftung dar.[242] Gewässerschutzaspekte sind in diesem Rahmen gegenüber navigatorischen und nicht-navigatorischen Nutzungs-

---

[237] *McCaffrey*, The Law of International Watercourses, S. 459; *McCaffrey*, International Watercourses, Environmental Protection, in: Wolfrum (Hrsg.), MPEPIL-Online, Rn. 8, 12; *Birnie/Boyle/Redgwell*, International Law and the Environment, S. 559 ff.; *Reichert*, Schutz der Binnengewässer, in: Proelß (Hrsg.), Internationales Umweltrecht, S. 455–529, 488, 490 f.

[238] *McCaffrey*, The Law of International Watercourses, S. 459 f.

[239] Helsinki Übereinkommen zum Schutz und zur Nutzung grenzüberschreitender Wasserläufe und internationaler Seen/Convention on the Protection and Use of Transboundary Watercourses and International Lakes, BGBl. II 1994 Nr. 42 S. 2334 ff.

[240] Agreement on the Cooperation for the Sustainable Development of the Mekong River Basin, abgedruckt in *UNEP*, Selected Texts Of Legal Instruments In International Environmental Law, Nr. 58.

[241] Vgl. m.w.N. *Reichert*, Schutz der Binnengewässer, in: Proelß (Hrsg.), Internationales Umweltrecht, S. 455–529, 488 ff.; *Malla*, NJIL 77 (2008), S. 461–508 (475 ff., 494 ff., 498 ff.); *McCaffrey*, International Watercourses, Environmental Protection, in: Wolfrum (Hrsg.), MPEPIL-Online, Rn. 9; ders., The Law of International Watercourses, S. 454 ff.; *Freestone/Salman*, Ocean and Freshwater Ressources, in: Bodansky/Brunée/Hey (Hrsg.), The Oxford Handbook of International Environmental Law, S. 337–361, 355 ff.

[242] Ders., Ocean and Freshwater Ressources, in: Bodansky/Brunée/Hey (Hrsg.), The Oxford Handbook of International Environmental Law, S. 337–361, 353; *McCaffrey*, The Law of International Watercourses, S. 459 f.; *Birnie/Boyle/Redgwell*, International Law and the Environment, S. 555, 558.

interessen zu einem rechtlich gleichwertigen Belang des internationalen Wasserrechts avanciert[243] – zumindest theoretisch, denn unklar bleibt ein weiteres Mal die praktische Wirksamkeit dieser Bestimmungen, da Staaten weiterhin dazu tendieren werden, Umweltbeeinträchtigungen erst dann zum Gegenstand zwischenstaatlicher Beziehungen zu machen, wenn grenzüberschreitende Beeinträchtigungen offensichtlich werden.[244]

5. *Zwischenergebnis*

Trotz des Mangels eines allgemeinen völkerrechtlichen Umweltschutzgebotes, lässt sich das umweltrechtliche Präventionsprinzip zumindest für einzelne Sektoren des Umweltschutzrechtes nachweisen, namentlich im Bereich des Klimaschutzes, des Biodiversitätsschutzes und des Menschenrechtsschutzes. Zunehmend finden sich auch Ansätze im Bereich des Schutzes der Binnengewässer, im Wesentlichen bleibt dies Rechtsgebiet jedoch dem Recht der internationalen Wasserläufe verhaftet. Der Gewässerschutz verbleibt damit vornehmlich ein bloßes Surrogat anderer Rechtspflichten, insbesondere des zwischenstaatlichen Integritäts-, des Biodiversitäts- und des Meeresumweltschutzes.

Soweit es den Klimaschutz betrifft, ist dieser ein Kernelement des Strebens nach nachhaltiger Entwicklung, da die gesamte räumliche Umwelt den Änderungen des Weltklimas unterliegt. Obgleich sich unter diesem Einfluss auch die tatsächlichen Umstände räumlicher Planung ändern (können), lassen sich die Veränderungen für kleinere räumliche Einheiten kaum prognostizieren, weshalb es auf lokaler und regionaler Ebene vor allem gilt, durch öffentlichen Diskurs Adaptionsmaßnahmen zu evaluieren und ggf. zu beschließen; verpflichtend ist hierbei die Verwendung räumlicher Adaptionsmaßnahmen hingegen nicht, und sie kann es aufgrund der zeitlichen und räumlichen Komplexität des Themas auch gar nicht sein. Soweit es Maßnahmen zur Vermeidung klimarelevanten Verhaltens betrifft, kommt räumlichen Maßnahmen ohnehin eine eher untergeordnete Rolle zu, ungeachtet der Tatsache davon, dass eine Vielzahl von Projekten verbal im Namen des Klimaschutzes geführt wird. Gleichwohl werden räumliche Maßnahmen eine große Rolle im Rahmen der Klimaschutzpolitik spielen. Dies insbesondere deshalb, weil die räumlichen Akzentuierungen der Vorsorge auch unabhängig vom Klimaschutzgedanken einer erhöhten Lebensqualität (z.B. begrünte Städte) sowie anderen Rechtsgütern (z.B. dem Biodiversitätsschutz) dienlich sein können.

Der Biodiversitätsschutz ist fundamentales Anliegen der internationalen Umweltpolitik und namentlich der Lebensraumschutz ist hierzu ein zentrales Instrument; das völkerrechtliche Verpflichtungsniveau bleibt indes gering. Raumplanerischen Charakter erhält der moderne Lebensraumschutz durch seine präventive Funktion im Schutz vor konkreter menschlicher Übernutzung bedeutsamer Na-

---

[243] *Malla*, NJIL 77 (2008), S. 461–508 (461, 506).
[244] *McCaffrey*, The Law of International Watercourses, S. 459 f.; *Birnie/Boyle/Redgwell*, International Law and the Environment, S. 548, 539.

turräume und dem Erfordernis die Schutzregime mit den Nutzungen ihrer Umgebung (trans-gebietlich) sowie unter dem Einfluss des Rechtes wandernder Tierarten in Schutzgebietsnetzwerken (inter-gebietlich) zu koordinieren. Neben seinem vorsorgenden Charakter zeigt sich, dass das Habitatschutzrecht im Kern eine Ausformung des umweltrechtlichen Präventionsprinzips ist, weil es bezweckt Lebensräume vor lokalisierbaren Gefährdungslagen zu bewahren. Den Staaten ist damit völkerrechtlich aufgetragen, die Bewirtschaftung ihrer Habitate mit gebührender Sorgfalt zu betreiben. Unter dem Eindruck des quasi-universellen common concern-Status der Biodiversität wird man insoweit zumindest verlangen können, dass Staaten im Falle einer Rekonfiguration biodiversitätsschutzrelevanter Naturschutzgebiete diese Änderungen auch formal vollziehen und sich nicht in die bloße Nichtimplementation ihrer Schutzregime flüchten. Aufgrund seines immanenten Raumbezuges besitzt der terrestrische Habitat- und Landschaftsschutzes – im Gegensatz zu allen anderen Materien des präventiven Umweltrechtes – eine spezifische Affinität zur Raumplanung.

Schließlich gelangen auch im Menschenrechtsschutz Umweltbelange seit geraumer Zeit vermehrt in den Fokus. Im Einklang mit dem allgemeinen Umweltvölkerrecht hat sich insbesondere in der Judikatur regionaler Menschenrechtskonvention auch hier eine auf konkrete Rechtspositionen bezogene Dogmatik entwickelt, deren Pflicht zur Ergreifung präventiver Schutzmaßnahmen sich als Ausprägung des Präventionsprinzip einordnen lässt. Insbesondere in der Judikatur des EGMR hat sich diese Schutzpflicht mittlerweile zu einer räumlichen Präventionspflicht im Sinne eines Abstandsgebotes zwischen konfligierenden Nutzungen verdichtet, jedenfalls dann, wenn betroffenen Personen anderenfalls eine Gefahr für Leib und Leben im Sinne der Art. 2 und 8 EMRK droht.

III. Planungsrelevante Umweltverfahrenspflichten

Umweltbezogene Verfahrenspflichten in Bezug auf Vorhaben mit potentiell erheblichen grenzüberschreitenden Auswirkungen gehören zum gesicherten Kernbestand nachbarlicher Präventionspflichten, weil diese ohne eine verfahrensrechtliche Einbindung nicht operabel sind.[245] Die Prinzipien 10 und 17 der unverbindlichen Rio Deklaration fordern entsprechende Verfahrenspflichten – namentlich Umweltverträglichkeitsprüfung und Öffentlichkeitsbeteiligung – in Bezug auf jegliche Umweltnutzung und damit auch für räumliche Nutzungen, deren Auswirkungen rein national belegen sind. Aufgrund der hier eingenommenen Position, dass sich Umweltschutzgebote nur sektoral hinreichend sicher ausmachen

---

[245] Siehe ausführlich S. 65 ff.

lassen,²⁴⁶ wird nachfolgend davon ausgegangen, dass auch Umweltverfahrenspflichten zumindest in Abhängigkeit von sektoralen Umweltschutzmaterien bestimmbar sein können.

1. Projektbezogene und strategische Umweltprüfungen

Kernstück präventiver Umweltschutzpflichten ist die Durchführung von Umweltverträglichkeitsprüfungen (UVP) in deren Rahmen der Umwelteinfluss geplanter Vorhaben samt möglicher Alternativen untersucht werden, um die Planungsentscheidung vorsorglich auf eine sachgerechte informationelle Basis zu stellen und zu rationalisieren, ohne zugleich ein Urteil über die Gebotenheit eines Vorhabens zu treffen. Als formelles Instrument sind Umweltprüfungen kultur- und ökologieunspezifisch und können daher weltweit eingesetzt werden. Im Idealfall erfolgt durch die Untersuchung ein Übergang von der Vorsorge zur Vorbeugung, indem wissenschaftliche Unsicherheiten behoben und bestehende Risiken kalkulierbar und steuerbar werden.²⁴⁷ Zumeist erfolgen Umweltprüfungen im Zusammenhang mit Beteiligungs- und Informationsrechten für die betroffene Öffentlichkeit, sodass Umweltprüfungen in Planungsprozessen nicht nur Analyse- sondern auch Kommunikationsinstrument sind.²⁴⁸ Unter dem Eindruck des Nachhaltigkeitskonzeptes verlagert sich der internationale Fachdiskurs zunehmend auf sog.

---

[246] Siehe oben S. 91 ff., sowie ab S. 104 ff.

[247] Vgl. bereits Prinzipien 14 und 18 der Stockholm Deklaration: „Rational planning constitutes an essential tool for reconciling any conflict between the needs of development and the need to protect and improve the environment. Science and technology, as part of their contribution to economic and social development, must be applied to the identification, avoidance and control of environmental risks and the solution of environmental problems (...)".

[248] Siehe zum Ganzen aus der Literatur *Kämmerer*, Die Antarktis in der Raum- und Umweltschutzordnung des Völkerrechts, S. 239 ff.; *Wood*, Environmental Impact Assessment, A comparative review, S. 1 ff.; *Epiney/Scheyli*, Strukturprinzipien des Umweltvölkerrechts, S. 126 ff.; *Epiney*, Environmental Impact Assessment, in: Wolfrum (Hrsg.), MPEPIL-Online; ders., Umweltschutz durch Verfahren, in: Proelß (Hrsg.), Internationales Umweltrecht, S. 105–132, 115 ff.; *Di Leva/Duer*, Environmental Impact Assessment, in: UNEP (Hrsg.), UNEP Training Manual on International Environmental Law, S. 295–300; *Magraw/Hawke*, Sustainable Development, in: Bodansky/Brunée/Hey (Hrsg.), The Oxford Handbook of International Environmental Law, 635 ff.; *Ebbesson*, Access to Information on Environmental Matters, in: Wolfrum (Hrsg.), MPEPIL-Online; *Birnie/Boyle/Redgwell*, International Law and the Environment, S. 164 ff., 156; *Sands/Peel*, Principles of International Environmental Law, S. 657 ff.; zur Unterscheidung von Vorsorge und Vorbeugung siehe *Proelß*, Prinzipien des internationalen Umweltrechts, in: Proelß (Hrsg.), Internationales Umweltrecht, S. 69–103, 79 ff., 88.

Nachhaltigkeitsprüfungen, deren Prüfprogramm gegenüber rein umweltbezogenen Untersuchungen um soziale und ökonomische Auswirkungen erweitert ist, was der räumlichen Perspektive der Raumplanung eher entspricht.[249]

In der Praxis werden die meisten Vorhaben im Planungsverfahren tatsächlich stark modifiziert, trotz vielfacher Beteuerung bleibt aber bislang unklar, ob hierfür tatsächlich die jeweiligen Verträglichkeitsprüfungen oder eher andere Umstände wie öffentliche Transparenz- und Klagerechte ursächlich sind, zumal in den seltensten Fällen eine nachträgliche Evaluation ergriffener Präventionsmaßnahmen erfolgt.[250] Letztlich muss es bei komplexen Planungen ohnehin eine rechtliche Fiktion bleiben, wann die Umstände eines Vorhabens als hinreichend ermittelt gelten.[251] Aus diesem Grund hängt auch im Falle der Umweltverträglichkeitsprüfung die Frage nach ihrem völkerrechtlichen Status indirekt mit ihrer normativen Konkretisierung zusammen. Rechtspolitisch dürfte der Trend zur Durchführung von Umweltprüfungen zu begrüßen sein, da umweltgerechte aber unprofitable Projekte eine deutlich geringere Lobby haben, als umgekehrt.[252] Etwaige Zweifel an der Wertigkeit dieses Instrumentariums basieren dabei zumeist auf einer Negation der insgesamt äußerst positiven Effekte.[253]

a) Überblick über internationale Umweltprüfungspflichten

aa) Lediglich sektorale oder auch bereichsübergreifende UVP-Pflichten?

Auch ungeachtet der unklaren Frage, was im Detail Gegenstand einer Umweltverträglichkeitsprüfung ist, finden sich in der Literatur fundamental gegenläufige Argumentationslinien zur völkerrechtlichen Verbindlichkeit der Pflicht zur Umweltverträglichkeitsprüfung: Auf der einen Seite wird im Anschluss an die

---

[249] *ARL*, Mehr Nachhaltigkeit in Landes- und Regionalplänen (Positionspapier), S. 2; *Appel*, Staatliche Zukunfts- und Entwicklungsvorsorge, S. 318 ff.; *Magraw/Hawke*, Sustainable Development, in: Bodansky/Brunée/Hey (Hrsg.), The Oxford Handbook of International Environmental Law, 635 f.; ausführlicher zur Nachhaltigkeitsprüfung *Gehne*, Nachhaltige Entwicklung als Rechtsprinzip, S. 89 ff.

[250] *Kersten*, YJIL 34 (2009), S. 173–206 (180 f.); *Robinson*, BCEALR 19 (1992), S. 591–621 (596).

[251] *Durner*, Materieller Konflikt, Information und informationelle Kooperation in der Raumplanung, in: Spieker gen. Döhmann/Collin (Hrsg.), Generierung und Transfer staatlichen Wissens im System des Verwaltungsrechts, S. 219–238, 234 ff.

[252] *Yeater/Kurukulasuriya*, Environmental Impact Assessment Legislation in Developing Countries, in: Lin (Hrsg.), UNEP's New Way Forward: Environmental Law and Sustainable Development, S. 257–275, 258; zum strukturellen Nachteil des Umweltschutzes trefflich *Czybulka*, Natur und Recht 2001, S. 367–374 (368 f.).

[253] *Robinson*, BCEALR 19 (1992), S. 591–621 (594 f.); *Wood*, Environmental Impact Assessment, A comparative review, S. 253 ff., 265.

Rio-Deklaration aus der nationalen und internationalen Staatenpraxis gefolgert, eine allgemeine Pflicht zur Umweltverträglichkeitsprüfung sei auch im intraterritorialen Rahmen inzwischen zu Gewohnheitsrecht erwachsen.[254] Demgegenüber wird dies angesichts der lediglich sektoralen und kaum belastbaren Implementationspraxis sowie dem Hinweis darauf, dass eine nationale Umweltprüfungspraxis bezüglich rein innerstaatlicher Umweltangelegenheiten nicht ohne weiteres als Nachweis einer völkerrechtlichen UVP-Pflicht gedeutet werden könne, zumeist noch abgelehnt.[255] Soweit es die erstgenannte positive Auffassung zur Existenz einer allgemeinen intraterritorialen UVP-Pflicht betrifft, kann diese deshalb nicht überzeugen, weil die vorgebrachten Belege sich mit Ausnahme der Rio Deklaration durchweg auf regionale, sektorale und/oder unzureichend implementierte Staaten- und Gerichtspraxis sowie solche Literaturstimmen beziehen, die sich ihrerseits nur sektorale Pflichten erkennen bzw. zurückhaltend von einer im Entstehen begriffenen Pflicht sprechen.[256] Zwar wird diesem Problem zum Teil damit begegnet, aus der nationalen Staatenpraxis einen allgemeinen Rechtsgrundsatz im Sinne des Art. 38 des IGH-Statuts abzuleiten, dessen Anerkennung nicht originär von Rechtsüberzeugung und Praxis der Staaten abhängt.[257] Doch auch wenn zwischen den einzelnen Rechtsquellen keine hierarchische Ordnung besteht und sie eher wechselbezüglicher Natur sind[258], ist eine solche Rechtsauffassung abzulehnen,[259] weil sie eine – im Falle anderer anerkannter Rechtsgrundsätze nicht bestehende und systematisch auch kaum erklärliche – Divergenz von Gewohnheitsrecht und Rechtsgrundsätzen beinhaltet und dies dadurch erreicht, dass sie die diffizile Problematik des Nachweises von Gewohnheitsrecht schlicht simplifiziert und so nochmals verstärkt in das Belieben einzelner Richter stellt.[260] Da inso-

---

[254] Insbesondere *Epiney/Scheyli*, Strukturprinzipien des Umweltvölkerrechts, S. 126 ff.; *Epiney*, Environmental Impact Assessment, in: Wolfrum (Hrsg.), MPEPIL-Online, Rn. 47 ff.; ders., Umweltschutz durch Verfahren, in: Proelß (Hrsg.), Internationales Umweltrecht, S. 105–132, 117.

[255] Statt vieler *Sands/Peel*, Principles of International Environmental Law, S. 680 f.; *Beyerlin/Marauhn*, International Environmental Law, S. 231; *Birnie/Boyle/Redgwell*, International Law and the Environment, S. 166 f.

[256] Vgl. unter diesem Aspekt die seit 1998 konstant angebotenen Nachweise von *Epiney*; bezeichnenderweise begründet zur gleichen Zeit *Odendahl*, Die Umweltpflichtigkeit der Souveränität, 151 ff. mit weitgehend identischen Nachweisen eine abwartende Position selbst für grenzüberschreitende UVP-Pflichten.

[257] Vorsichtig *Kloepfer*, Umweltrecht, S. 833 f.; *Handl*, Transboundary Impacts, in: Bodansky/Brunée/Hey (Hrsg.), The Oxford Handbook of International Environmental Law, S. 531–549, 541.

[258] Siehe S. 23 ff.

[259] Ablehnend jetzt auch *Birnie/Boyle/Redgwell*, International Law and the Environment, 167, die noch in der Vorauflage von 2002, S. 131 von einem allgemeinen Rechtsgrundsatz ausgingen.

[260] Wohlwollender zwar die Perspektive von *Robinson*, BCEALR 19 (1992), S. 591–621 (491: „Indeed, except for the other EC member states, each legislature that has follo-

weit die besseren Gründe gegen die Geltung einer generellen Pflicht zur Umweltverträglichkeitsprüfung sprechen, lässt sich, mangels konkretisierbarer Rechtsverbindlichkeit des Nachhaltigkeitsprinzips, erst recht davon ausgehen, dass auch keine völkerrechtliche Pflicht zur Nachhaltigkeitsprüfung besteht.

Die überzeugendere Lösung erscheint daher – neben der Orientierung an regionalen Entwicklungen[261] – im Einklang mit der sektoralen Struktur des umweltrechtlichen Präventionsprinzips die Anerkennung sektoraler Pflichten zur Umweltverträglichkeitsprüfung, insbesondere soweit sie aufgrund quasi-universeller Vertragspraxis weniger von den zusätzlichen Unsicherheiten des Gewohnheitsrechts geprägt sind.[262] Zwar mag die Tatsache, dass Umweltverträglichkeitsprüfungen die integrative und holistische Betrachtung von Umweltwechselwirkungen immanent ist,[263] die Vorstellung einer sektoralen UVP-Pflicht oberflächlich widersinnig erscheinen lassen, jedoch gilt die vielbeschworene Feststellung, dass sich Ökosysteme und Umweltauswirkungen nicht an völkerrechtliche Grenzen halten, auch umgekehrt: Das Völkerrecht hält sich nicht notwendigerweise an ökologische Grenzen. Insoweit wird man nicht grundsätzlich die Möglichkeit sektoraler Umweltprüfungspflichten ablehnen müssen.

---

wed the lead of Congress in enacting EIA has done so unilaterally. No duty imposed under a framework treaty or the exhortation of a United Nations resolution has produced this result. Rather, the world has embraced EIA on its own merits"; letztlich wird aber auch hier der Mangel an internationaler Staatenpraxis bestätigt).

[261] Vgl. etwa Art. 14 Nr. 2 der AU-Maputo Konvention, Art. 14 des ASEAN-Naturschutzabkommens, Art.; SEA-Protocol zur Espoo-Konvention; dazu unten S. 150; von regionalem UVP-Gewohnheitsrecht in Europa spricht *Beyerlin*, Different Types of Norms in International Environmental Law, in: Bodansky/Brunée/Hey (Hrsg.), The Oxford Handbook of International Environmental Law, S. 425–448, 440; gegenüber regionalen Ansätzen aufgeschlossen auch *Heintschel von Heinegg*, Internationales öffentliches Umweltrecht, in: Ipsen (Hrsg.), Völkerrecht, S. 986–1054, 1033 f., 1049.

[262] In diese Richtung weisen auch *Birnie/Boyle/Redgwell*, International Law and the Environment, 167: „Subject to what is said below about transboundary EIA, and excluding specific treaty commitments such as the Anarctic Protocol or the 1982 UNCLOS, it seems necessary to conclude that at present general international law neither requires states to assess possible global effects nor effects wholly within their own borders"; vgl. auch *Proelß*, Prinzipien des internationalen Umweltrechts, in: Proelß (Hrsg.), Internationales Umweltrecht, S. 69–103, 145, der anhand des Vorsorgeprinzips die Wichtigkeit betont, den Schwerpunkt weg von der Geltung, hin zur Operationalisierung zu verschieben.

[263] *Kämmerer*, Die Antarktis in der Raum- und Umweltschutzordnung des Völkerrechts, S. 240.

III. Planungsrelevante Umweltverfahrenspflichten 143

Derartige sektorale UVP-Pflichten haben sich bereits im Rahmen des nachbarrechtlichen Präventionsprinzips etabliert[264] und bestehen auch im Rahmen des Meeresumweltschutzes gemäß Art. 206 des Seerechtsübereinkommens von 1982 sowie gemäß Abschnitt 1 Abs. 7 des Durchführungsübereinkommens zu Teil XI im Gebiet sowie im Gebiet der Antarktis gemäß Art. 8 des Umweltschutzprotokolls von 1991 zum Antarktisvertrag.[265]

bb) Sektorale Pflicht im Biodiversitätsschutz

Neben den soeben genannten lässt sich eine quasi-universelle Präventivpflicht zur Untersuchung von intraterritorialen Projektauswirkungen auf die biologische Vielfalt Art. 14 lit. a der Biodiversitätskonvention entnehmen.[266] Zwar mag auch das Bekenntnis der Biodiversitätskonvention eher „lauwarm" sein,[267] im Vergleich zum ungeschriebenen Gewohnheitsrecht wird man diesen Vorwurf aber kaum erheben können. Da die Vorschrift aber in der Tat unter dem allzu weit gefassten Vorbehalt der Angemessenheit stehen, wird man sie im Sinne der oben angeführten Argumentation, dass die Biodiversitätskonvention im Lebensraum- und Artenschutz durch die anderen globalen Naturschutzabkommen konkretisiert wird,[268] dahingehend kondensieren können, dass eine Pflicht zur präventiven Überprüfung der Einwirkung von Vorhaben jedenfalls dann erforderlich ist, wenn Gebiete und Arten im Anwendungsbereich eben dieser Abkommen betroffen sein können.[269] Die unter der Biodiversitätskonvention, zum Teil gemeinsam

---

[264] Vgl. oben S. 61 ff. und 65 ff.

[265] Weiterführend zum Meeresumweltschutz ab S. 233 sowie zum Antarktischen System ab S. 292.

[266] Ebenso *Tarlock*, Ecosystems, in: Bodansky/Brunée/Hey (Hrsg.), The Oxford Handbook of International Environmental Law, S. 575–595, 591 f.; *Gillespie*, Protected Areas and International Environmental Law, S. 157 f.; ablehnend ohne weitere Begründung aber *ICJ*, Certain Activities carried out by Nicaragua in the border area (Costa Rica vs. Nicaragua) and Construction of a Road in Costa Rica along the San Juan River (Nicaragua vs. Costa Rica), ICJ Reports 2015, 665, Rn. 163 f.: „The Court considers that the provision at issue does not create an obligation to carry out an environmental impact assessment before undertaking an activity that may have significant adverse effects on biological diversity".

[267] *Birnie/Boyle/Redgwell*, International Law and the Environment, S. 167.

[268] Siehe oben S. 110 ff. und S. 117 ff.

[269] Diese Auslegung entspricht auch der Auffassung der Gremien dreier der Abkommen, die eine Pflicht zur Verträglichkeitsprüfung zumindest normativ impliziert ansehen und dabei insbesondere auf die Biodiversitätskonvention verweisen. Normativ angeknüpft wird namentlich an Art. 3 Abs. 2 Ramsar-Konvention, Art. II Abs. 2, III Abs. 4 Bonner Konvention, Art. 5 lit. c Welterbekonvention; dazu jeweils Conference of the Contracting Parties to the Convention on Wetlands, 7th Meeting, San José, Costa Rica, 10.–18.05.1999, Res. VII.16: The Ramsar Convention and impact assessment: strategic, environmental and social, Nr. 7; CMS-Conference of the Parties, 7th Meeting, Bonn, 18.–24.09.2002, Resolution 7.2, Impact Assessment and Migratory Species, Nr. 1, 3; Committee of the World Heritage Convention, 39th session 2015, Decision 39 COM 7, Nr. 11.

mit den anderen Abkommen erstellten und ausdrücklich unverbindlichen Guidelines gehen über diese Schwelle freilich weit hinaus, und sind mit ihrem Einbezug selbst sozioökonomischer Auswirkungen eher als Nachhaltigkeitsprüfungen ausgelegt.[270] Auch ist es im Sinne dieser Leitlinien durchaus empfehlenswert gemäß Art. 14 lit. b der Konvention strategische Umweltprüfungen auch in Bezug auf biodiversitätsschutzrelevante Pläne und Programme der Bauplanung zu erstrecken, da in der Staatenpraxis Umweltuntersuchungen lediglich an größere Vorhaben gebunden werden,[271] und etwa die Errichtung einzelner Wohnhäuser letztlich nicht erfasst ist. Aufgrund der zurückhaltenden und sprachlich allgemeinen Fassung des litera b wird man eine entsprechende Pflicht jedoch nicht begründen können.[272]

cc) Keine Pflicht aus Menschenrechten und Binnengewässerrecht

Da die Menschenrechte lediglich indirektes Instrument des Umweltschutzes sind, finden sich keine ausdrücklichen UVP-Bestimmungen in den einschlägigen Vertragswerken. Obgleich es im Rahmen der positiven Umweltschutzpflichten der Menschenrechtsdogmatik meist praktisch erforderlich sein dürfte, die Auswirkungen von Vorhaben zu untersuchen, unterstrich der EGMR zugleich, dass hoheitliche Entscheidungen auch ohne umfassende Datengrundlage möglich und zulässig seien, und bemängelte eine unsachgerechte Umweltprüfung bislang nur unter der Voraussetzung, dass das jeweilige nationale Recht die Durchführung einer solchen präventiven Untersuchung vorschreibt.[273] In der Literatur wird diese Interpretation teilweise auch auf Unionsrechtsakte (Richtlinie 2011/92/EU) oder völkerrechtliche Verpflichtungen (Espoo-Konvention) erweitert.[274] Im Ergebnis wird dies zumindest dahingehend einzugrenzen sein, dass eine menschen-

---

[270] *CBD-Conference of the Parties*, Guidelines for Incorporating Biodiversity-related Issues into Environmental Impact Assessment Legislation and/or Process and in Strategic Environmental Assessment, in: CBD-Secretariat (Hrsg.), Handbook of the Convention on Biological Diversity, S. 720–739; *Slootweg* u. a., Biodiversity in EIA and SEA, Backround Document to CBD Decision VIII/28, Voluntary Guidelines on biodiversity-inclusiv Impact Assessment; besonders für die Interessen indigener Völker sensibilisiert etwa *CBD-Secretariat*, Akwé:Kon-Guidelines, Voluntary guidelines for the conduct of cultural, environmental and social impact assessments regarding developments proposed to take place on, or which are likely to impact on, sacred sites and on lands and waters traditionally occupied or used by indigenous and local communities.

[271] *Robinson*, BCEALR 19 (1992), S. 591–621 (596).

[272] Vgl. zur strategischen Umweltprüfung des SEA-Protokolls zur Epsoo-Konvention sogleich ab S. 150.

[273] *ECHR*, Hatton and Others v. The United Kingdom, 08.06.2003, No. 36022/97, Rn. 128; ders., Giacomelli v. Italy, 02.11.2006, No. 59909/00, S. 60 f., 87 ff., 93 ff.; ders., Eckenbrecht and Ruhmer vs. Germany, 10.06.2014, No. 25330/10, Rn. 36.

[274] So *Vöneky/Beck*, Umweltschutz und Menschenrechte, in: Proelß (Hrsg.), Internationales Umweltrecht, S. 133–181, 151.

rechtliche Verletzung jedenfalls nur insoweit entstehen kann, als sich die Untersuchungsmängel einer Umweltprüfung auch auf die Verletzung menschenrechtlicher Schutzgüter beziehen. Eine eigenständige staatliche Pflicht und ein korrespondierendes Individualrecht auf Durchführung einer Umweltverträglichkeitsprüfung lässt sich auch aus der EGMR-Judikatur damit bislang nicht herleiten.[275]

Demgegenüber hat der IACtHR eine Pflicht zur Umweltverträglichkeitsprüfung als verfahrensrechtliche Absicherung zumindest in solchen Fällen anerkannt, in denen im Kollektiveigentum stehende Ländereien indigener Völker im Sinne der Art. 1 und Art. 21 der AMRK betroffen sind, die eine besondere geographische Verbundenheit aufweisen; zur Konkretisierung verwies er auf die soeben genannten CBD-Guidelines.[276] In seinem jüngsten Gutachten bestätigte das Gericht die UVP-Pflichten ferner generell bei umweltgefährdenden Vorhaben, leitet dies aber nicht aus menschenrechtlichen Bestimmungen, sondern vielmehr aus der Rio-Deklaration und dem nationalen Gesetzesbestand in Lateinamerika ab, wobei eine exakte Einordnung im Sinne der völkerrechtlichen Rechtsquellenlehre unterblieb.[277] Mangels formaler Unverbindlichkeit dieses Gutachtens und der Tatsache, dass aufgrund des fehlenden Menschenrechtsbezuges zweifelhaft sein dürfte, dass es sich hierbei überhaupt um eine kompetenzgemäße Auslegung der amerikanischen Menschenrechtskonvention durch das Gericht handelt,[278] wird man damit eine menschenrechtliche UVP-Pflicht auch im System der AMRK bislang nur begrenzt nachweisen können. Selbiges gilt für die unverbindliche und etwas saloppe Feststellung der afrikanischen Menschenrechtskommission, dass die Durchführung präventiver Untersuchungen über die Auswirkungen industrieller Vorhaben auf die Gesundheit der Bevölkerung Bestandteil der Umweltschutzpflicht des Art. 24 der Bajul-Charta sei.[279] Auch auf universeller Ebene erkannte das UN-Human Rights Comitee nur äußerst vage prozedurale Präventionsverpflichtungen aus Art. 27 des UN-Zivilpakts gegenüber indigenen Gemeinschaften,[280] und auch das Komitee zum UN-Sozialpakt spricht in seinem General Comment No. 15 zum Recht auf Wasser aus Art. 11 und 12 des UN-Sozialpaktes lediglich zurückhaltend davon, dass die Staaten Auswirkungen von Vorhaben auf

---

[275] Auch ders., Umweltschutz und Menschenrechte, in: Proelß (Hrsg.), Internationales Umweltrecht, S. 133–181, 158; wohlwollender dagegen *Boyle*, Environment and Human Rights, in: Wolfrum (Hrsg.), MPEPIL-Online, Rn. 25.

[276] *IACtHR*, Saramaka People vs. Suriname, 28.11.2007, Serie C No. 172, Judgment on Preliminary Objections, Merits, Reparations, and Costs, Rn. 129; ders., Saramaka People vs. Suriname, 12.08.2008, Series C No. 185, Interpretation of the Judgment, Rn. 40 f.

[277] Ders., Opinión Consultiva Solicitada por la República de Colombia, Medio ambiente y derechos humanos, 15.11.2017, OC–23/17, Rn. 156 ff.

[278] Vgl. zum Mandat des IACHR Art. 61 ff. der AMRK.

[279] *ACHPR*, Social and Economic Rights Action Center (SERAC) and Center for Economic and Social Rights (CESR) vs. Nigeria, No. 155/96 – Decision on the Merits, Rn. 53, zur Verbindlichkeit siehe Art. 52 f. ACHPR.

[280] *UNHRC*, Länsman et al. vs. Finland, 26.10.1994, Communication No. 511/1992, Rn. 9.4.

die Verfügbarkeit von Wasser und die Ökosysteme von Wassereinzuggebieten untersuchen sollten („should").[281]

Auch im übrigen Binnengewässerschutzrecht[282] ist eine UVP-Pflicht lediglich im Rahmen zwischenstaatlicher Notifikationspflichten anerkannt.[283] Zwar mag sich eine derartige Pflicht aus regionalen vertraglichen Regelungen ergeben, selbst progressivere Beispiele wie Art. 3 Abs. 1 des UNECE-Binnengewässerübereinkommens von 1992 bleiben diesbezüglich aber lediglich grenzüberschreitenden Auswirkungen verpflichtet. Entsprechend weitreichende Bestimmungen finden sich freilich in Art. 29 ff. der umweltschutzorientierten ILA-Berlin Rules, wobei die ILA einen gewohnheitsrechtlichen Status ebenfalls nur für grenzüberschreitende Sachverhalte als gesichert ansieht.[284]

dd) Zwischenergebnis

Eine quasi-universelle intraterritoriale völkerrechtliche Pflicht zur vorsorglichen und vorbeugenden Untersuchung von Umweltauswirkungen räumlicher Vorhaben besteht damit allein sektoral und hier stark eingegrenzt auf den (räumlich konkretisierten) Biodiversitätsschutz sowie – wie unten noch zu zeigen sein wird – zum Zwecke des Meeresschutzes und im Antarktischen System. Menschenrechtlichen und wasserrechtlichen Bestimmungen lässt sich eine universelle UVP-Pflicht bislang nicht mit hinreichender Sicherheit entnehmen.

b) Intersektorale Konkretisierungsansätze der Sorgfaltspflichten

Selbst im Bereich des vergleichsweise gesicherten Nachbarrechts wird einhellig darauf verwiesen, dass in der internationalen Vertragspraxis meist keine Spezifikation des genauen Inhalts von Umweltverträglichkeitsprüfungen erfolge und diese Konkretisierungsleistung den Projektträgerstaaten überlassen sei. Zugleich stellte der IGH jedoch auch fest, dass die Pflicht zur Durchführung von Umweltverträglichkeitsprüfungen dem Sorgfaltsmaßstab unterliege, der insbesondere das Wesen und die Größe eines Vorhabens berücksichtigen müsse.[285] Hierzu verweisen alle Stellungnahmen[286] auf einen einheitlichen Kreis internationaler

---

[281] *Office of the High Commissioner for Human Rights*, General Comment No. 15: The Right to Water (Arts. 11 and 12 of the Covenant), Rn. 28.

[282] Zur lediglich rudimentären Ausbildung des Gewässerschutzes im Völkerrecht siehe oben S. 132 ff.

[283] Vgl. oben S. 57 ff.sowie Art. 12 der UN-Wasserlaufkonvention; dazu *McCaffrey*, The Law of International Watercourses, S. 474 f.; *Sands/Peel*, Principles of International Environmental Law, S. 341.

[284] *ILA*, Berlin Rules on Water Resources, Berlin conference (2004), Art. 29, S. 31 f.

[285] *ICJ*, Pulp Mills on the River Uruguay (Argentina v. Uruguay), ICJ Reports 2010, 14, S. 205.

[286] Statt vieler stellvertretend *ILC*, Draft articles on Prevention of Transboundary Harm from Hazardous Activities, with commentaries, Art. 7 Rn. 6; *ICJ*, Pulp Mills on the River

Dokumente und Verträge, namentlich die Espoo-Konvention von 1991 mit ihren Anhängen, Art. 8 des Umweltschutzprotokolls zum Antarktisvertrag mit Anhang I[287], die UVP-Richtlinien von UNEP[288], die Richtlinien zur Biodiversitätskonvention[289], die Richtlinien der Weltbankgruppe zur umweltgerechten Projektfinanzierung[290] sowie der International Seabed Authority (ISA) für den meeresschutzrelevanten Tiefseebodenbergbau des Teils XII des Seerechtsübereinkommens, deren Konkretisierungsfunktion der internationale Seegerichtshof im Anschluss an die IGH-Rechtsprechung gutachterlich anerkannt hat.[291] Unterstützend wird ferner auf einige rechtsvergleichende Untersuchungen verwiesen, die im wesentlichen die Strukturen der internationalen Staatenpraxis auch auf nationaler Ebene bestätigen.[292]

aa) Qualitätsanforderungen und Verfahrensschritte

Eine Zusammenschau der genannten Praxisbelege ergibt folgendes Bild einheitlicher Qualitätsanforderungen: Bezugspunkt aller Umweltverträglichkeitsprüfungen sind Projekte, die aufgrund ihrer besonderen Größe, ihres Umgangs mit besonders gesundheitsschädlichem Material oder einer besonders gefährlichen räumlichen Lage ein erhöhtes Umweltschädigungspotential beinhalten (Erheblichkeit). Zur vereinfachten Operationalisierung und Überprüfbarkeit sind UVP-Pflichten gesetzlich vorzuschreiben und Typenkataloge prüfungspflichtiger Vorhaben einzurichten (Gesetzlichkeit). Als präventives Instrument sind sie vor Erteilung einer hoheitlichen Genehmigung bzw. vor wesentlichen Genehmigungsstufen durchzuführen (Frühzeitigkeit). Als Instrument der Informationsgewinnung müssen sie unparteiisch und unter unabhängiger hoheitlicher Kontrolle durchge-

---

Uruguay (Argentina v. Uruguay), ICJ Reports 2010, 14, Rn. 203, 205; *Epiney*, Umweltschutz durch Verfahren, in: Proelß (Hrsg.), Internationales Umweltrecht, S. 105–132, 119.

[287] Nachweise auf S. 292.

[288] *UNEP*, EPL 7 (1981), S. 50–52; ders., Goals and Principles of Environmental Impact Assessment.

[289] *CBD-Conference of the Parties*, Guidelines for Incorporating Biodiversity-related Issues into Environmental Impact Assessment Legislation and/or Process and in Strategic Environmental Assessment, in: CBD-Secretariat (Hrsg.), Handbook of the Convention on Biological Diversity, S. 720–739.

[290] *World Bank Group*, Environmental Assessment, OP/BP 4.01, January 1999, Revised April 2013.

[291] *ISA*, Legislative History of the "Enterprise" under the United Nations Convention on the Law of the Sea and the Agreement relating to the Implementation of Part XI of the Convention; *ITLOS*, Responsibilities and obligations of States with respect to activities in the Area, Case No. 17, 01.02.2011, ITLOS Reports 2011, 10 – Advisory Opinion, Rn. 141 ff., 150.

[292] *Robinson*, BCEALR 19 (1992), S. 591–621 (593 ff.); *Yeater/Kurukulasuriya*, Environmental Impact Assessment Legislation in Developing Countries, in: Lin (Hrsg.), UNEP's New Way Forward: Environmental Law and Sustainable Development, S. 257–275, 259 ff.; *Wood*, Environmental Impact Assessment, A comparative review, S. 16 ff.

führt werden (Unparteilichkeit). Sie sollen keine Entscheidung über den Wert oder die Gebotenheit des untersuchten Vorhabens treffen, sondern allein die erforderlichen Daten zur Umweltauswirkung des Vorhabens bereitstellen (Fachlichkeit). Der betroffenen Öffentlichkeit und den betroffenen Staaten muss Gelegenheit zur Stellungnahme zu den Ergebnissen der Untersuchung gegeben werden (Öffentlichkeit). Die Ergebnisse der Untersuchung sowie die hoheitliche Genehmigung müssen schriftlich fixiert werden (Schriftlichkeit). Die Genehmigung muss begründet sein und sich in der Begründung substanziell mit den Ergebnissen der Umweltprüfung auseinandersetzen (Wirksamkeit). Namentlich das formale Kriterium der Frühzeitigkeit ist hierbei ein einfach messbares Qualitätsmerkmal, das zwar im ersten Eindruck eine niedrige Hürde sein mag, dessen Umsetzung aber – wie nicht zuletzt das Beispiel des Panama-Kanals zeigt[293] – erhebliche Interessen zuwider laufen. Ursächlich hierfür dürfte sein, dass die Frühzeitigkeit der Untersuchung in engem Zusammenhang mit dem Erfordernis der Wirksamkeit steht.

Die einheitlich anerkannten Verfahrensschritte sind demnach:

1. Screening: Vorläufige Feststellung der UVP-Pflicht in Bezug auf ein konkretes Vorhaben oder Teile eines Vorhabens.
2. Scoping: Feststellung des Prüfprogramms hinsichtlich zu untersuchender Umweltauswirkungen (direkte, indirekte, kumulative, längerfristige) sowie möglicher räumlicher oder technischer Alternativen einschließlich der Einstellung des Projektes. Dies umfasst auch die Klärung der verwendeten Methoden und Grundannahmen.
3. Assessment: Die Durchführung des im Scoping festgestellten Prüfprogramms.
4. Report: Schriftliche Fixierung der Ergebnisse des Assessments.
5. Participation: Gelegenheit der betroffenen Öffentlichkeit bzw. betroffener Staaten zur Stellungnahme auf der Grundlage des Reports.
6. Decision: Genehmigung oder Versagung des Vorhabens unter Berücksichtigung der Ergebnisse des Reports und des Partizipationsverfahrens.
7. Monitoring: Überprüfung der Umsetzung der konkreten Autorisierung.

Der Report muss damit mindestens enthalten: Eine Beschreibung des Vorhabens, eine Beschreibung seiner potentiellen Auswirkungen, eine Beschreibung der Untersuchung samt Methoden und Hypothesen, eine Beschreibung möglicher Präventionsmaßnahmen, eine Beschreibung möglicher Alternativen und eine nichttechnische Zusammenfassung.

bb) Verbindlichkeit der Maßgaben

Man mag diese Qualitätsanforderungen und Verfahrensschritte als weitgehend inhaltsleer kritisieren, zumal Dreh- und Angelpunkt einer hochwertigen Umweltverträglichkeitsprüfung schon das Screening bleibt, dessen Aufgabe die

---

[293] Oben S. 48.

etwas zirkelschlüssige Klärung der Frage ist, welches potentielle Umweltgefährdungsniveau erreicht sein muss, um die Pflicht auszulösen, eben jene Umweltgefahren zu untersuchen; als sicher wird man zumindest unterstellen dürfen, dass noch keine Sicherheit in Bezug auf den Eintritt der Umweltschäden vorliegen muss.[294] Da dennoch zu erwarten ist, dass selbst bei formalisierter Orientierung an den genannten UVP-Strukturen meist ein erhöhtes Umweltschutzniveau erreicht wird, lassen sich diese rein formalen Konkretisierungen bestehender UVP-Pflichten auch positiv betrachten. Denn auch wenn es – wie oben dargestellt – problematisch ist, die Geltung präventiver Rechtspflichten bereichsübergreifend zu generalisieren,[295] spricht im Sinne völkerrechtlicher Systembildung nichts dagegen, bestehende Präventionspflichten bereichsübergreifend zu operationalisieren.[296] Dies dürfte jedenfalls dann gelten, wenn die jeweiligen Pflichten gleichartig sind, mit hinreichender Sicherheit dem Grunde nach gelten und in allen Fällen der internationalen und nationalen Staatenpraxis kongruente Strukturen aufweisen. Unter diesen Voraussetzungen wird man argumentieren können, dass es sich hierbei um fachlich und logisch ableitbare und in der Staatenpraxis anerkannte Grundsätze der Implementation von Umweltverträglichkeitsprüfungen handelt, deren Nichtbeachtung sorgfaltswidrig ist.[297] In diese Richtung lässt sich auch die – gleichwohl zurückhaltendere – Formulierung des IGH verstehen, die Standards der internationalen Staatenpraxis seien zu berücksichtigen.[298] Eine solche formelle Betrachtung des UVP-Rechtes, die sich gerade einer Aussage über die Zulässigkeit eines Vorhabens enthält, trifft offensichtlich auf deutlich geringeren Widerstand in der Staatenpraxis[299] als konkrete Vorgaben zur Erhöhung des Umweltschut-

---

[294] *Boyle*, RECIEL 20 (2011), S. 227–231 (227 f.); *Birnie/Boyle/Redgwell*, International Law and the Environment, S. 171 ff.; *Epiney/Scheyli*, Strukturprinzipien des Umweltvölkerrechts, S. 132.

[295] S. 91 ff.

[296] Vgl. dazu auch Art. 31 Abs. 3 lit. c der Wiener Vertragsrechtskonvention; so auch in Bezug auf das Vorsorgeprinzip *Proelß*, Prinzipien des internationalen Umweltrechts, in: Proelß (Hrsg.), Internationales Umweltrecht, S. 69–103, 89 ff.

[297] Anderer Auffassung aber *Epiney*, Umweltschutz durch Verfahren, in: Proelß (Hrsg.), Internationales Umweltrecht, S. 105–132, 120, die zwar einerseits nachdrücklich für die Geltung allgemeiner intraterritorialer UVP-Pflichten votiert, im Hinblick auf die Konkretisierung dann aber von mangelnder Kontinuität der Staatenpraxis spricht.

[298] *ICJ*, Pulp Mills on the River Uruguay (Argentina v. Uruguay), ICJ Reports 2010, 14, Rn. 205.

[299] Auch die Espoo-Konvention trifft keine inhaltliche Aussage über die Zulässigkeit eines Vorhabens.

zes.³⁰⁰ Von diesen inzwischen verbindlichen Standards kann somit nur in begründeten Ausnahmefällen abgewichen werden, wobei die bereits formale Struktur der Standards kaum eine abstrakte Beschreibung von Ausnahmetatbeständen zulassen dürfte.

c) Strategische Umweltprüfung im SEA-Protokoll

Viele Umweltbeeinträchtigungen lassen sich nur durch angemessene Informationsgewinnung auf höher gelagerten Planungsebenen erkennen und vermeiden, zumal Standorte und Trassenführungen durch Pfadabhängigkeiten und vorgelagerte Entscheidungen oftmals vorgezeichnet sind, sodass räumliche Alternative auf Vorhabenebene nur noch sehr eingeschränkt berücksichtigt werden können.³⁰¹ Obgleich damit strategische Umweltprüfungen (strategic environmental assessment, Abk: SEA oder SUP), die bereits im vorgelagerten Stadium von Plänen und Programme ansetzen, eine logische Erweiterung projektbezogener Umweltprüfungen sind, sind sie weitaus weniger verbreitet und gewohnheitsrechtlich nicht anerkannt. Beachtenswertes regionales Vertragswerk ist jedoch das 2010 in Kraft getretene Kiew-Protokoll der UNECE über die Strategische Umweltprüfung zur Espoo Konvention von 2003 (SEA-Protokoll).³⁰² Das Protokoll ist u.a eine verbindliche Konkretisierung des Art. 2 Nr. 7 der Espoo Konvention, der den Vertragparteien bereits aufgab, sich um die Vorverlagerung von Umweltprüfungen auf die Planungsebene zu bemühen.³⁰³

---

³⁰⁰ Beispielsweise die deutlich weitergehenden Forderungen des Prinzips 11 der Weltnaturcharta: Vorhaben mit nicht-revidierbaren Auswirkungen sind zu vermeiden, bei Vorhaben mit erheblichen Auswirkungen sind diese Auswirkungen zu untersuchen und zu vermindern; *UN-General Assembly*, World Charta for Nature; als „allgemeine inhaltliche Vorgaben für UVP" bezeichnet bei *Kämmerer*, Die Antarktis in der Raum- und Umweltschutzordnung des Völkerrechts, S. 241.

³⁰¹ *Paetow/Wahl*, Umweltschutz in der Fachplanung, in: Hansmann/Sellner (Hrsg.), Grundzüge des Umweltrechts, S. 301–361, 334 ff.

³⁰² Protokoll über die strategische Umweltprüfung zum Übereinkommen über die Umweltverträglichkeitsprüfung im grenzüberschreitenden Rahmen/Protocol on Strategic Environmental Assessment to the Convention on Environmental Impact Assessment in a Transboundary Context, 2685 UNTS 140.

³⁰³ Vgl. im Überblick *UNECE*, Protocol on Strategic Environmental Assessment, Facts and Benefits; *Feldmann*, Die strategische Umweltprüfung im Völkerrecht, in: Hendler u. a. (Hrsg.), Die strategische Umweltprüfung (sog. Plan-UVP) als neues Instrument des Umweltrechts, S. 27–36; *Di Leva/Duer*, Environmental Impact Assessment, in: UNEP (Hrsg.), UNEP Training Manual on International Environmental Law, S. 295–300, Rn. 19 ff.; *Epiney*, Umweltschutz durch Verfahren, in: Proeß (Hrsg.), Internationales Umweltrecht, S. 105–132, 120, 122 f.; zur Rechtsvergleichung *UNECE*, Application of Environmental Impact Assessment Principles to Policies, Plans and Programmes, S. 43 ff.

aa) Struktur des Abkommens und der Umweltprüfung

Gemäß seines Art. 1 bezweckt das SEA-Protokoll die weitergehende Unterstützung des Nachhaltigkeitsgedankens durch die frühzeitige Integration von Umweltschutzerwägungen in der Entwicklungspolitik der Vertragsparteien und die Beteiligung der durch die staatlichen Planungen betroffenen Öffentlichkeit.[304] Hierzu formuliert es einen weit gefassten Umweltbegriff, der alle Umweltmedien und Umweltgüter umfasst, einschließlich Biodiversität, menschlicher Gesundheit, Landschaften und Kulturgüter (Art. 2 Nr. 7). Die Verfahrensschritte der strategischen Umweltprüfung in den Art. 5 bis 12 decken sich im Wesentlichen mit denen der Umweltverträglichkeitsprüfung.[305] Die Pflicht zur strategischen Umweltprüfung erstreckt sich gemäß Art. 4 Nr. 2 i.V.m. Annex I auf alle Planungsebenen, die verbindliche Vorgaben gegenüber größeren raumbeanspruchenden Vorhaben des Wasser-, Berg- und Infrastruktur- und Anlagenbaues statuieren; die Projekttypisierungen decken sich insoweit mit Annex I der Espoo Konvention. Darüber hinaus sind strategische Umweltprüfungen gemäß Art. 4 Nr. 2 i.V.m. Annex II auch bei Plänen und Programmen durchzuführen, die Maßgaben für Projekte enthalten, die nach nationalem Recht einer Umweltverträglichkeitsprüfung bedürfen, also alle erdenklichen Industrie-, Infrastruktur-, Bergbau- und Wasserbauvorhaben, die nicht bereits von Annex I erfasst sind. Lediglich Pläne und Programme, die kleinere Plangebiete und bloße Planmodifikationen betreffen sowie solche, die nicht mit den Annexen erfasst sind, sollen nur dann einer Umweltprüfung unterzogen werden, wenn ihre SUP-Pflicht im Rahmen eines Screenings gemäß Art. 5 Abs. 1 von einer Vertragspartei festgestellt wird (Art. 4 Nr. 3 und 4).[306] Pläne und Programme die Fragen der Landesverteidigung und des zivilen Katastrophenschutzes betreffen oder rein fiskalischer Natur sind, sind von Anwendungsbereich des Abkommens ausgeschlossen (Art. 4 Nr. 5).

Die Erfordernisse des SEA-Protokolls gehen also über den Anwendungsbereich der Espoo Konvention weit hinaus. Namentlich durch die Verlagerung auf höhere Planungsebenen wird dem Merkmal der Frühzeitigkeit ein besonderer Stellenwert eingeräumt. Da aber zwischen Informationsermittlung und Projektumsetzung in aller Regel viele Jahre liegen, perpetuieren sich die in Bezug auf

---

[304] Vgl. auch *Kment*, Grenzüberschreitendes Verwaltungshandeln, S. 302 ff.

[305] Siehe zuvor S. 146 ff.; ebenso *UNECE*, Application of Environmental Impact Assessment Principles to Policies, Plans and Programmes, 3 ff., samt allgemeinen Hinweisen auf Unterschiede.

[306] Dies bedeutet, dass für die mit Art. 4 Nr. 2 erfassten enthaltenen Pläne und Programme kein formales Screening gemäß Art. 5 mehr erforderlich ist, sondern dies im Abgleich mit den getroffenen Typisierungen aufgeht.

vorhabenbezogene Umweltprüfungen vielfach monierten Probleme der Standardisierung und Qualitätssicherung in potenzierter Form bei den nochmals unschärferen strategischen Umweltprüfungen, zumal deren Anwendungsbereich mit Plänen und Programmen ein vollkommen polymorphes Feld politischer Betätigung auf unterschiedlichsten Organisationsebenen betrifft.[307]

bb) Nachbarrechtliche oder intraterritoriale Prävention?

Der gravierendste Unterschied des SEA-Protokolls gegenüber seiner Mutterkonvention ist die Herauslösung der Umweltprüfung aus dem Souveränitätsrecht, da sich der sachliche Anwendungsbereich des Protokolls nach dem klaren Wortlaut auf ausnahmslos alle genannten umweltwirksamen Pläne und Programme erstreckt, also auch solche, die ausschließlich intraterritoriale Umweltauswirkungen erwarten lassen.[308] Gegen eine solche Auslegung mag man allenfalls den institutionellen Zusammenhang mit der nachbarrechtlichen Espoo Konvention ins Feld führen, wie er sich auch in den Absätzen 3 und 8 der Präambel wiederspiegelt. Indessen zeigt bereits die Verhandlungsgeschichte, dass mit dem SEA-Protokoll vor allem die Erweiterung des räumlichen Geltungsbereiches der zeitgleich verhandelten und breit angelegten Unionsrichtlinie zur Strategischen Umweltprüfung beabsichtigt war sowie die Koordination mit der ebenfalls auf intraterritoriale Umweltinformationsrechte angelegten Århus Konvention.[309] Auch im Übrigen lässt sich dem Protokoll keine Begrenzung auf grenzüberschreitende Sachverhalte entnehmen, weder aus dem Wortlaut der Art. 1 bis 4 des Protokolls, noch aus den verbleibenden sechs Absätzen der Präambel.[310] Für eine solche Auslegung sprechen zudem die Sondervorschriften über zwischenstaatliche Konsultationsverfahren im Falle potentiell grenzüberschreitender Auswirkungen (Art. 10 SEA-Protokoll) und über die nichtdiskriminierend durchzuführenden Öffentlichkeits-

---

[307] *UNECE*, Application of Environmental Impact Assessment Principles to Policies, Plans and Programmes, S. 3.

[308] Ebenso *Feldmann*, Die strategische Umweltprüfung im Völkerrecht, in: Hendler u. a. (Hrsg.), Die strategische Umweltprüfung (sog. Plan-UVP) als neues Instrument des Umweltrechts, S. 27–36, 34; *Di Leva/Duer*, Environmental Impact Assessment, in: UNEP (Hrsg.), UNEP Training Manual on International Environmental Law, S. 295–300, Rn. 26; *Klein*, Umweltinformation im Völker- und Europarecht, 100 in Fn. 86; von einer bloßen Erweiterung der grenzüberschreitenden Espoo-Pflichten auf Pläne und Programme sprechen hingegen *Epiney*, Umweltschutz durch Verfahren, in: Proelß (Hrsg.), Internationales Umweltrecht, S. 105–132, 122; *Wu*, Öffentlichkeitsbeteiligung an umweltrechtlichen Fachplanungen, S. 112; *Beyerlin/Marauhn*, International Environmental Law, S. 233.

[309] Zur Verhandlungsgeschichte *Feldmann*, Die strategische Umweltprüfung im Völkerrecht, in: Hendler u. a. (Hrsg.), Die strategische Umweltprüfung (sog. Plan-UVP) als neues Instrument des Umweltrechts, S. 27–36, 27 ff.

[310] Im Gegensatz zu den Eingangsbestimmungen der Espoo Konvention bietet das Protokoll in seinen Begriffsbestimmungen nicht einmal eine Legaldefinition für grenzüberschreitende Auswirkungen.

beteiligungen (Art. 8 und 9 SEA-Protokoll). Überhaupt würde der Anwendungsbereich des Protokolls beinahe widersinnig geschmälert, wenn beispielsweise im Bereich der lokalen Bauleitplanung nur solche Pläne SUP-pflichtig wären, die grenzüberschreitende Auswirkungen haben könnten.

Selbst wenn das SEA-Protokoll damit kein reines Instrument des Nachbarrechts ist, ist doch bemerkenswert, dass – zumindest aus Sicht des Espoo-Systems – für die größeren Vorhaben des Annexes I stets strategische Umweltprüfungen erforderlich sind, die nachfolgenden vorhabenbezogenen Umweltprüfungen hingegen nur insoweit, als das konkrete Vorhaben möglicherweise grenzüberschreitende Auswirkungen verzeichnet. Das völkerrechtliche UVP-Regime wurde folglich nicht in gleicher Weise auf intraterritoriale Sachverhalte erweitert,[311] wenngleich Vorhaben, die auf vorgelagerten Ebenen strategisch untersucht wurden, regelmäßig auch UVP-pflichtig sind, weshalb unter anderem Art. 4 Abs. 2 für Annex II-Vorhaben am Merkmal der innerstaatlichen UVP-Pflichtigkeit anknüpft. Auch im Recht der UNECE besteht damit bislang keine allgemeine vorhabenbezogene Umweltprüfungspflicht. Das Espoo-Regime bleibt damit bis auf weiteres dem Nachbarrecht verpflichtet, was sich damit erklären lässt, dass – wie eingangs erwähnt – Standortentscheidungen auf vorhabenbezogener Ebene oftmals nicht mehr zu ändern sind, und ausgerechnet im Rahmen des zwischenstaatlichen Souveränitätsausgleichs räumliche Abstandsgebote nicht anerkannt sind.[312] Seine Unterstützung dürfte das SEA-Protokoll deshalb weniger seiner Funktion als Instrument des präventiven Umweltschutzes per se verdanken, als vielmehr – mangels substanzieller Standortvorgaben des Nachbarrechts – seinem Charakter als notwendiges Korrelat des grenzüberschreitenden Integritätsschutzes.

2. Information und Beteiligung der Öffentlichkeit

Während im Nachbarrecht das zwischenstaatliche Notifikations- und Konsultationsverfahren den betroffenen Staat in die Lage versetzen soll, betroffene Interessen zu erkennen und angemessen auf ihrer Berücksichtigung zu beharren, ist – wie bereits mehrfach angemerkt – ein wesentlicher Mangel intraterritorialer Umweltpflichten das Fehlen dieses Reziprozitätsverhältnisses. Damit ist es nur schlüssig Einwohner und Interessengruppen eines jeden Staates zu dessen „Sparringspartner" in Fragen der Umweltpolitik zu machen. Öffentlichkeitsbeteiligungen haben also in komplexen umweltrelevanten Planungsverfahren einen vielfältigen Nutzen: Einerseits dienen sie dazu dem Entscheidungsträger relevante Informationen zuzuleiten, zu vergegenwärtigen und so die informationelle Herausforderung ab-

---

[311] Namentlich Art. 4 definiert den Anwendungsbereich des Protokolls nur für Pläne und Programme „which set the framework for future development consent for projects". Nicht geregelt werden folglich die Vorhaben, Vorhabengenehmigungen oder Genehmigungsverfahren selbst. Es bleibt gem. Art. 3 Nr. 4 des Protokolls jeder Partei unbenommen weitergehende Regelungen zu treffen.

[312] Oben S. 81 ff.

zuschichten. Andererseits dienen sie auch der Transparenz für und der Kontrolle durch die (betroffene) Bevölkerung über die hoheitliche Entscheidungsfindung und führen damit im Idealfall zu größerer Akzeptanz der – ganz gleich ob positiv oder negativ beschiedenen – Entscheidung.[313] Sie basieren deshalb auf einer inhärenten Pflicht zur angemessenen Information der Öffentlichkeit und sind wesentlicher Bestandteil von Umweltprüfungen. Der öffentliche Zugang zu umweltrelevanten Informationen ist meist – aber nicht notwendigerweise – als menschenrechtlich geprägtes Individualrecht ausgestaltet und deshalb eng verbunden mit der Möglichkeit einen Anspruch auf Zugang zu Umweltinformationen auch gerichtlich durchsetzen zu können. Diese drei Aspekte des Umweltinformationsrechts (Informations-, Beteiligungs-, Klagerechte) finden sich bereits im Prinzip 10 der Rio-Deklaration wieder.[314]

a) Überblick und Status internationaler Umweltinformationspflichten

Auch wenn zahlreiche Dokumente den Zugang und die Beteiligung der Öffentlichkeit in Planungsverfahren gefordert haben, ist das Umweltinformationsrecht im Völkerrecht vergleichsweise unausgebildet.[315] Zumindest in der Judikatur des EGMR ist das Umweltinformationsrecht mit seinen drei Säulen Informationszugang, Beteiligung im Entscheidungsverfahren und Zugang zu Rechtsschutz wesentlicher Aspekt zur Sicherstellung eines angemessenen Umweltschutzniveaus,[316] ein Ansatz, der auch die Unterstützung anderer Institutionen des Men-

---

[313] In der Praxis dienen Umweltinformationsrechte jedoch insbesondere auch der (zweckfremden) Industriespionage.

[314] Siehe zum Überblick *Partan*, BUILJ 6 (1988), S. 43–88; *Shelton*, SJIL 28 (1991), S. 103–138 (117 ff.); *Ebbesson*, YIEL 8 (1998), S. 51–97; *Scheyli*, AVR 38 (2000), S. 217–252; *Klein*, Umweltinformation im Völker- und Europarecht, S. 92 ff.; *Wu*, Öffentlichkeitsbeteiligung an umweltrechtlichen Fachplanungen, S. 91 ff.; sowie allgemeiner *Shelton/Bankobeza/Ruis*, Information, public participation, and access to justice in environmental matters, in: UNEP (Hrsg.), UNEP Training Manual on International Environmental Law, S. 79–90; *Ebbesson*, Public Participation, in: Bodansky/Brunée/Hey (Hrsg.), The Oxford Handbook of International Environmental Law, S. 681–703; *Ebbesson*, Public Participation in Environmental Matters, in: Wolfrum (Hrsg.), MPEPIL-Online; *Birnie/Boyle/Redgwell*, International Law and the Environment, S. 288 ff.; *Beyerlin/Marauhn*, International Environmental Law, S. 234 ff.; *Epiney*, Umweltschutz durch Verfahren, in: Proelß (Hrsg.), Internationales Umweltrecht, S. 105–132, 124 ff.

[315] Zum (historischen) Überblick *Scheyli*, AVR 38 (2000), S. 217–252 (222 ff.); *Schwerdtfeger*, Der deutsche Verwaltungsrechtsschutz unter dem Einfluss der Aarhus-Konvention, S. 5 ff.; *Klein*, Umweltinformation im Völker- und Europarecht, S. 35 ff.

[316] Insbesondere *ECHR*, Eckenbrecht and Ruhmer vs. Germany, 10.06.2014, No. 25330/10, Rn. 36 ff.; ders., Gorraiz Lizarraga and Others v. Spain, 27.04.2004, No. 62543/00, Rn. 118 ff.; ferner ders., Guerra and Others vs. Italy, 19.02.1998, No. 14967/89, Rn. 60; ders., Hatton and Others v. The United Kingdom, 08.06.2003, No. 36022/97 – Joint Dissenting Opinion of Judges Costa, Ress, Türmen, Zupančič and Steiner, Rn. 127; ders., Öneryıldız v. Turkey, 30.11.2004, No. 48939/99, Rn. 90.

schenrechtsschutzes findet.[317] Im Vergleich zur Århus-Konvention ist diese menschenrechtlich induzierte Verfahrenspflicht deutlich enger gefasst und bezieht sich namentlich nicht auf Umweltgüter im Allgemeinen, sondern lediglich auf den Schutz von Individuen, weshalb diese ein besonderes Interesse nachzuweisen haben und auch nur diese Personen ein Recht auf Beteiligung in hoheitlichen Entscheidungsprozessen geltend machen können.[318] Eine weitere sektorale Pflicht zur Information und Beteiligung der Öffentlichkeit wird man im Rahmen des UVP-Rechtes mit Art. 14 Abs. 1 lit. a der Biodiversitätskonvention zumindest in Bezug auf die Beeinträchtigung von Naturschutzgebieten von internationaler Bedeutung annehmen können.[319] Eine individualrechtliche Struktur kommt Öffentlichkeitsbeteiligungen in diesem Rahmen jedoch nicht zu.[320] Schließlich lässt sich auch aus Bestimmungen des Binnengewässerschutzes keine Pflicht zur Beteiligung der (betroffenen) Öffentlichkeit herleiten.[321]

Auf regionaler Ebenen ist es – neben Art. 16 der Maputo-Konvention von 2003 – insbesondere die Århus-Konvention von 1998, die die bislang konkreteste regionale Ausprägung eines Mindeststandards im Umweltinformationsrecht abbildet und es von seiner bisherigen Beheimatung im Menschenrechtsschutz und dem Recht der Umweltverträglichkeitsprüfung emanzipiert. Das vielbeachtete Abkommen basiert auf einem sachlich weit gefassten und individualrechtlich ausgerichteten Umweltschutzansatz (Art. 1 ff.), der es durch die drei Säulen des Umweltinformationsrechts konkretisiert, namentlich dem öffentlichen Zugang zu Informationen in Umweltangelegenheiten (Art. 4 und 5), der Beteiligung Betroffener in umweltrelevanten Entscheidungsverfahren (Art. 6 bis 8) sowie dem möglich weitreichenden Zugang zu gerichtlichem Rechtsschutz in eben diesen Umweltangelegenheiten (Art. 9).[322] Insbesondere die Pflicht zur Information und Be-

---

[317] Ausführlich *IACtHR*, Opinión Consultiva Solicitada por la República de Colombia, Medio ambiente y derechos humanos, 15.11.2017, OC-23/17, Rn. 211 ff.; ferner *UNHRC*, Länsman et al. vs. Finland, 26.10.1994, Communication No. 511/1992, Rn. 9; *ACHPR*, Social and Economic Rights Action Center (SERAC) and Center for Economic and Social Rights (CESR) vs. Nigeria, No. 155/96 – Decision on the Merits, Rn. 53 und Entscheidungsgründe.

[318] *Birnie/Boyle/Redgwell*, International Law and the Environment, S. 296; vgl. auch *ECHR*, Kyrtatos v. Greece, 22.05.2003, No. 41666/98, Rn. 52.

[319] Wie oben bereits angemerkt ist die Informationsverbreitung und Bewusstseinsbildung schon unerlässlich, um Schutzgebieten überhaupt reale Wirksamkeit und Akzeptanz zu verleihen, S. 117 ff.

[320] *Ebbesson*, Public Participation, in: Bodansky/Brunée/Hey (Hrsg.), The Oxford Handbook of International Environmental Law, S. 681–703, 699 f.

[321] Ausführlich *Woodhouse*, NRJ 43 (2003), S. 137–183.

[322] Vgl. aus der reichhaltigen Literatur m.w.N. neben den zuvor genannten insbesondere *Scheyli*, AVR 38 (2000), S. 217–252 (227 ff.); *Schwerdtfeger*, Der deutsche Verwaltungsrechtsschutz unter dem Einfluss der Aarhus-Konvention, S. 5–35; *Ebbeson* u. a., The Aarhus Convention, A Implementation Guide; *Epiney* u. a., Aarhus-Konvention, Handkommentar, 61 ff. sowie ab S. 89 zu den einzelnen Bestimmungen.

teiligung der betroffenen Öffentlichkeit in der zweiten Säule besteht bei umweltgefährlichen Tätigkeiten auf Planungs- und Projektebene sowie schon im Rahmen normativer Vorbereitungen.[323] Im Verhältnis zu den – den Umweltprüfungen vor- und nachgelagerten – Öffentlichkeitsbeteiligungen der Abkommen von Espoo und Kiew[324] verfügt die Århus-Konvention über einen nochmals weiter gefassten Anwendungsbereich, insbesondere geht der Katalog relevanter Pläne und Projekte in Annex I über den des Annex I der Espoo-Konvention deutlich hinaus.[325] Auch dürfte die individualrechtliche Struktur der UVP-internen Öffentlichkeitsbeteiligung in der nachbarrechtlich geprägten Espoo-Konvention zweifelhaft sein.[326] Anhand welcher Partizipationsmethoden die Mitgliedstaaten ihre Öffentlichkeitsbeteiligungen durchführen, bleibt ihnen jedenfalls auch unter der Århus-Konvention weitgehend freigestellt.[327]

b) Unterschiede in der Schutzrichtung der Öffentlichkeitsbeteiligung in den UNECE-Abkommen

Insbesondere drei der Umweltabkommen des UNECE-Regimes – die Abkommen von Espoo, Kiew und Århus – betreffen erheblich umweltrelevante Tätigkeiten auf Planungs- und Projektebene und haben sich, wie bereits angeklungen, insbesondere im Informationsrecht wechselseitig intensiv beeinflusst.[328] Zwar enthält die Århus-Konvention keine ausdrücklichen Bestimmungen zur Anwendbarkeit auf grenzüberschreitende Sachverhalte, die Pflicht zur nichtdiskriminatorischen Anwendung legt eine entsprechende Erstreckung der Informationsrechte auf ausländische Bürger aber nahe.[329] Demgegenüber lässt sich feststellen, dass die Århus-Konvention und das SEA-Protokoll mit ihrer innerstaatlichen Schutzrichtung einen wesentlichen Unterschied zur nachbarrechtlichen Espoo-Konvention aufweisen. So wurde bereits festgestellt, dass selbst dann, wenn strategische Umweltprüfungen nach dem SEA-Protokoll vorzunehmen sind, im intraterritoria-

---

[323] Vgl. zur Abgrenzung der einzelnen Tatbestände *Ebbesson* u. a., The Aarhus Convention, A Implementation Guide, S. 123 f.; *Epiney* u. a., Aarhus-Konvention, Handkommentar, S. 189, 192 f.

[324] Vgl. Art. 2 Nr. 2, 6; Art. 3 Nr. 8; Art. 4 Nr. 2 Espoo Konvention; Art. 2, Nr. 2,3,7; Art. 5 Nr. 3,4, Art. 6 Nr. 3; Art. 8 und 10 SEA-Protokoll; zum Überblick *Wu*, Öffentlichkeitsbeteiligung an umweltrechtlichen Fachplanungen, S. 106 ff.

[325] *Ebbesson* u. a., The Aarhus Convention, A Implementation Guide, S. 122; *Epiney* u. a., Aarhus-Konvention, Handkommentar, S. 207.

[326] So aber *Finland/Sweden/the Netherlands*, Guidance on the practical application of the Espoo Convention, S. 21.

[327] Beispiele bei *Schwab*, UPR 2014, S. 281 (284); *Epiney* u. a., Aarhus-Konvention, Handkommentar, S. 191.

[328] Vgl. *UNECE*, Guidance on Land-Use Planning, the Siting of Hazardous Activities and related Safety Aspects, S. 4 ff.; *Ebbesson* u. a., The Aarhus Convention, A Implementation Guide, S. 122 ff.; *Birnie/Boyle/Redgwell*, International Law and the Environment.

[329] *Kment*, Grenzüberschreitendes Verwaltungshandeln, S. 308 f.

III. Planungsrelevante Umweltverfahrenspflichten   157

len Bereich Umweltverträglichkeitsprüfungen nach der Espoo-Konvention nicht obligatorisch sind.[330] Vielmehr wird im SEA-Protokoll teilweise implizit vorausgesetzt, dass bei den Vertragsparteien bereits innerstaatliche UVP-Pflichten vorhanden sind, weshalb an deren Existenz – etwa in Art. 4 Abs. 2 – die Eröffnung des Anwendungsbereichs des Protokolls geknüpft werden kann. Dieser Umstand gilt gleichermaßen für Öffentlichkeitsbeteiligungen, die unter der Århus-Konvention für Umweltverträglichkeitsprüfungen nur dann verpflichtend sind, wenn im innerstaatlichen Recht eine UVP-Pflicht besteht. Die Århus-Konvention statuiert selbst keine Pflicht zur Umweltverträglichkeitsprüfung, auch wenn praktisch Umweltprüfungen erforderlich sind, um ihren informationellen Anforderungen gemäß Art. 6 Abs. 6 zu genügen, die sich nicht zuletzt mit Art. 8 der Espoo-Konvention weitgehend decken.[331] Dass sie aber dennoch für alle erheblich umweltrelevanten Pläne und Projekte stets Öffentlichkeitsbeteiligungen verlangt, bedeutet zumindest systemisch, dass in Bezug auf Projekte mit ausschließlich intraterritorialen Umweltauswirkungen die betroffene Öffentlichkeit sowohl im Rahmen einer vorgelagerten strategischen Umweltprüfung zu konsultieren wäre, als auch im Rahmen eines nachfolgenden Genehmigungsverfahrens, ohne dass auf Projektebene eine entsprechende völkerrechtliche UVP-Pflicht bestünde. Die Århus-Konvention schließt damit für das Umweltinformationsrecht verbindlich sowie für Umweltprüfungen unverbindlich die „Lücke", die Espoo-Konvention und SEA-Protokoll für Vorhaben mit ausschließlich intraterritorialen Auswirkungen im UVP-Recht bislang offen lassen.

3. Zwischenergebnis

Planungsrelevante Umweltverfahrenspflichten, wie sie sich in den Prinzipien 10 und 17 der Rio Deklaration wiederfinden – insbesondere die Pflicht zur Umweltverträglichkeitsprüfung und die Information und Beteiligung der betroffenen Öffentlichkeit und Staaten vor der Genehmigung erheblich umweltbelastender Vorhaben – sind ebenfalls nur sektoral und zudem regional ausgeprägt und korrelieren nicht vollständig mit den sektoralen Umweltschutzgeboten. So gilt die Pflicht zur Durchführung von Umweltverträglichkeitsprüfungen nur für erheblich umweltbelastende Vorhaben und lässt sich nur für drei Umweltsektoren hinreichend sicher nachweisen, namentlich im zwischenstaatlichen Nachbarrecht, im Biodiversitätsschutzrecht sowie im Bereich des Meeresumweltschutzes. Im Rahmen des Menschenrechts- und des Binnegewässerschutzes ist eine solche Pflicht bislang nicht hinreichend gesichert.

Zur Konkretisierung der UVP-Pflicht wird hier ein bislang nicht beachteter Ansatz vorgeschlagen: Anstatt entweder eine allgemeine UVP-Pflicht zu beja-

---

[330] Vgl. S. 150 ff.

[331] *Ebbesson* u. a., The Aarhus Convention, A Implementation Guide, S. 122; *Epiney* u. a., Aarhus-Konvention, Handkommentar, S. 232; *Birnie/Boyle/Redgwell*, International Law and the Environment, S. 293.

hen oder aber eine solche zu verneinen, lassen sich einerseits lediglich sektorale Prüfungspflichten akzeptieren, insoweit aber aus der weitgehend einheitlichen Staatenpraxis zugleich vorherrschende Parameter ableiten, die im Rahmen dieser sektoralen Umweltprüfungen zu beachten sind. Dies bedeutet, dass dann wenn eine UVP-Pflicht hinreichend gesichert gilt, in der Staatenpraxis formale, aber einheitliche bereichsübergreifende Qualitätsmerkmale und Verfahrensschritte zu finden sind, die maßstäblich für eine sorgfältige Umweltprüfung sind und deren Umsetzung inzwischen als Inhalt insbesondere vertraglicher UVP-Pflichten völkergewohnheitsrechtlich anerkannt sein dürften.

Die Pflicht zur Information und Beteiligung der Öffentlichkeit schließlich ist völkerrechtlich vergleichsweise unausgebildet und basiert vor allem auf Entwicklungen im regionalen Menschenrechtsschutz, unter dessen Einfluss sich eine individualrechtliche Struktur des Umweltinformationsrechts durchsetzt.

Im Zusammenhang mit sektoralen UVP-Pflichten lässt sich eine Pflicht zur Beteiligung der betroffenen Öffentlichkeit auch im Bereich des biodiversitätsrechtlichen Lebensraumschutzes begründen; im Recht der Binnengewässer bestehen diese Pflichten hingegen nicht.

Regionales Flaggschiff der Umweltverfahrenspflichten bilden die Abkommen der UNECE von Espoo (UVP), Kiew (SUP) und Århus (Umweltinformation), die bedeutend zur Schärfung des Rechts der Umweltprüfungen und des Umweltinformationsrechtes beigetragen haben. Insbesondere im Zusammenspiel der Abkommen konnte aber gezeigt werden, dass trotz des Anwendungsbereichs des SEA-Protokolls im intraterritorialen Bereich mangels gleichzeitiger Ausweitung des Espoo-Regimes das UVP-Recht der UNECE im Ergebnis dem Nachbarrecht verhaftet bleibt. Dieser Umstand perpetuiert sich auch im Zusammenspiel mit der Århus-Konvention, die ebenfalls Umweltverträglichkeitsprüfungen im intraterritorialen Rahmen nur voraussetzt, nicht aber selber statuiert. Anders als das SEA-Protokoll verlangt die Århus-Konvention aber Information und Beteiligung der Öffentlichkeit auch unabhängig von vorhabenbezogenen Umweltprüfungen und schließt damit die bislang bestehende Lücke im UVP-Recht der Espoo-Konvention in Bezug auf erheblich umweltwirksame Vorhaben zumindest im Bereich des Umweltinformationsrechts.

IV. Ergebnis

Im Völkerrecht existiert kein allgemeines Umweltschutzgebot der Staaten für ihr eigenes Staatsgebiet, auch wenn sich immer Stimmen finden, die eine solche Umweltschutzpflicht befürworten, in jüngerer Zeit insbesondere als Bestandteil des Prinzips der nachhaltigen Entwicklung. Dies Konzept hat eine beispiellose Karriere in nahezu allen gesellschaftlichen Foren erlebt, ist auch für Raumplanung zu einem maßgeblichen Orientierungspunkt avanciert und hat insbesondere den Natur- und Landschaftsschutz zu einer eigenständigen Programmatik werden lassen. Auch im Rechtsdiskurs nimmt der Nachhaltigkeitsbegriff erheblichen Raum

IV. Ergebnis

ein, seine eigenständige rechtliche Bedeutung bleibt indessen marginal, weil er mangels eindeutiger und verbindlicher Rechtsfolgen kaum eigenständig operationalisierbar ist; sobald er hingegen anhand weiterer Rechtssätze konkretisiert wird, verliert er eine tragende Funktion. Ob man dem Prinzip der Nachhaltigkeit daher einen Rechtsstatus beimessen möchte oder nicht, ist jedenfalls für die räumliche Entwicklung und auch aus rechtlicher Sicht weitgehend bedeutungslos.

Trotz des Fehlens eines allgemeinen völkerrechtlichen Umweltschutzgebotes, lässt sich das umweltrechtliche Präventionsprinzip zumindest für einzelne Sektoren des Umweltschutzrechtes nachweisen, namentlich im Bereich des Klimaschutzes, des Biodiversitätsschutzes und des Menschenrechtsschutzes. So spielen räumliche Maßnahmen in der Vermeidung globaler klimatischer Veränderungen und ihrer Folgen zwar nur eine untergeordnete Rolle, auch wenn eine Vielzahl von Infrastrukturprojekten verbal im Namen des Klimaschutzes geführt wird. Jedoch werden räumliche Maßnahmen stets eine große Rolle im Rahmen der adaptiven Klimaschutzpolitik spielen, da sich mit dem Klima die Umstände räumlicher Planung maßgeblich ändern (können) und zudem die angezeigten räumlichen Akzentuierungen auch unabhängig vom Klimaschutzgedanken die humane Lebensqualität erhöhen und biologische Vielfalt erhalten dürften. Dies sollte jedoch nicht darüber hinwegtäuschen, dass sich die lokalen und regionalen Folgen klimatischer Veränderungen kaum prognostizieren lassen, weshalb der Klimaschutz hier vor allem eine Frage des öffentlichen Konsenses ist und eine Pflicht zu räumlichen Klimaschutz insoweit kaum sachgerecht zu begründen ist. Auch der Lebensraumschutz, als zentrales Instrument des quasi-universellen Biodiversitätsschutzes, weist eine spezifische Affinität zur Raumplanung auf, da er insbesondere dem Schutz bestimmter Naturräume vor menschlicher Übernutzung dient. Durch die lokalisierte Gefährdungslage ist er neben seiner Vorsorgefunktion vor allem auch ein Instrument der Umweltprävention, das es gilt mit der gebotenen Sorgfalt ein- und umzusetzen. Insbesondere durch das Erfordernis der trans-gebietlichen Koordination mit der Umgebung sowie der inter-gebietlichen Koordination zum Zwecke des Schutzes wandernder Tierarten verzeichnet der moderne Lebensraumschutz planerischen Charakter. Im menschenrechtlichen Umweltschutz schließlich hat sich parallel eine eigenständige Dogmatik staatlicher Schutzpflichten entwickelt, die sich trefflich in den größeren Zusammenhang des umweltrechtlichen Präventionsprinzips einordnen lässt. Insbesondere in der Judikatur des EGMR hat sich diese Schutzpflicht mittlerweile zu einer räumlichen Präventionspflicht im Sinne eines Abstandsgebotes zwischen konfligierenden Nutzungen jedenfalls dann verdichtet, wenn betroffenen Personen anderenfalls eine Gefahr für Leib und Leben im Sinne der Art. 2 und 8 EMRK droht.

Die Verfahrenspflichten des Präventionsprinzips korrelieren nicht vollständig mit dem Geltungsbereich des sektoralen Umweltschutzgebotes. Insbesondere die Pflicht zur Umweltverträglichkeitsprüfung lässt sich nur im zwischenstaatlichen Integritätsschutz, im Meeresschutz und im Biodiversitätsschutz hinreichend überzeugend nachweisen. Die Pflicht zur Information und Beteiligung der Öffentlichkeit hat vor allem im Bereich des Menschenrechtsschutzes einige Tradition. Der Binnengewässerschutz geht vor allem im Zwischenstaatenrecht auf. Auch wenn sich im UVP-Recht keine bereichsübergreifende Pflicht zur Prüfung von Umweltauswirkungen herleiten lässt, lässt sich dann, wenn eine UVP-Pflicht hinreichend gesichert gilt, aus der einheitlichen Staatenpraxis ein formaler bereichsübergreifender Qualitäts- und Verfahrensstandard für eine sorgfältige Umweltprüfung ausmachen, der inzwischen völkergewohnheitsrechtlich gelten dürfte und von dem nur im begründeten Ausnahmefall abgewichen werden darf. Regionales Flaggschiff der Umweltverfahrenspflichten sind die Abkommen der UNECE von Espoo (UVP), Kiew (SUP) und Århus (Umweltinformation), die beutend zur Schärfung des Rechts der Umweltprüfungen und des Umweltinformationsrechtes beigetragen haben. Dennoch wird das fehlende intraterritoriale Umweltschutzgebot durch die Begrenzung der Espoo-Konvention auf grenzüberschreitenden Angelegenheiten auch in verfahrensrechtlicher Hinsicht perpetuiert, eine Lücke, die zwar durch die Åhus-Konvention im Bereich des Umweltinformationsrechts geschlossen wurde, nicht aber durch das SEA-Protokoll im Hinblick auf vorhabenbezogene Umweltprüfungen.

Im Ergebnis findet sich die These bestätigt, dass die „Einwirkungsintensität des Völkerrechts auf den Bau und Betrieb von Infrastruktur recht gering" sei.[332] Gleichwohl ist nicht zu übersehen, dass insbesondere in verfahrensrechtlicher Hinsicht die völkerrechtlichen Einflüsse das Wesen des Planungsrechtes erheblich dahingehend gewandelt haben, dass Umweltbelange zunehmend in den Fokus der Entscheidungsfindung geraten sind. Dies entspricht zugleich spiegelbildlich der aus umweltrechtlicher Perspektive beobachteten Feststellung, dass zunehmend planungsrechtliche Ansätze materielle Umweltschutzvorgaben ersetzen. Umwelt- und Planungsrecht zeigen sich also letztlich als zwei sich immer weiter wechselseitig durchdringende Rechtsgebiete.

---

[332] So *Dörr*, VVDStRL 73 (2014), S. 323–362 (359).

Dritter Teil

Der völkerrechtliche Rahmen maritimer Raumplanung

§ 6 Eigenheiten der maritimen Raum- und Rechtsbeziehungen

Die umfließende Natur der Ozeane ist ein Musterbeispiel globaler Interdependenz.[1] Zudem siedelt bald die Hälfte aller Menschen in Küstenregionen, auf denen – nicht zuletzt auch wegen zunehmendem Tourismus – ein enormer Nutzungsdruck lastet.[2] Dazu treten neben die tradierten Nutzungen wie Fischerei und Seefahrt zunehmend Bergbau- und Infrastrukturprojekte, was sich plastisch dahingehend ausdrücken lässt, dass der Meeresraum zu einem „Infrastrukturraum"[3] geworden sei, der zwar von beeindruckender Weite, im – wirtschaftlich weit überdurchschnittlich potenten – küstennahen Bereich aber überfüllt ist.[4] Auch im Meer gewinnt die hoheitliche Steuerung der räumlichen Nutzung zunehmend praktische Bedeutung und hat über die letzten zwei Dekaden auch zu einer weitreichenden rechtswissenschaftlichen Erschließung von Fragen der maritimen Infrastruktur- und Gesamtplanung sowie der Ausweisung mariner Schutzgebiete geführt.[5] Da das Seerecht damit der einzige Teilbereich des Völkerrechts ist, der

---

[1] *Prescott/Schofield*, The Maritime Political Boundaries of the World, S. 216 ff.
[2] *UN-General Assembly*, World Ocean Assessment I, Summary, S. 23.
[3] *Schubert*, Maritimes Infrastrukturrecht, S. 1 ff., Zitat S. 3.
[4] *UN-General Assembly*, World Ocean Assessment I, Summary, S. 22 ff., sowie ausführlich Kapitel 10–31; ferner *maribus*, Mit den Meeren leben – ein Bericht über den Zustand der Weltmeere, Kapitel 6–8; *Lagoni*, Festlandsockel, in: Vitzthum (Hrsg.), Handbuch des Seerechts, S. 166–221, 264–286, 170 ff., 184, 200 ff.
[5] Vergleich mit völkerrechtlicher Schwerpunktsetzung aus der kaum mehr überschaubaren Literatur *Stoll*, Natur und Recht 1999, S. 666–674; *Czybulka*, Natur und Recht 1999, S. 562; ders., Natur und Recht 2001, S. 367–374; *Erbguth*, Natur und Recht 1999, S. 491–497; *Erbguth/Müller*, DVBl 2003, S. 625; *Erbguth*, DÖV 2011, S. 373–382; *Jarass*, Naturschutz in der Ausschließlichen Wirtschaftszone; *Lagoni*, Natur und Recht 2002, S. 121–133; *von Nicolai*, IzR 2004, S. 491–498; *Wolf*, ZUR 2005, S. 176–184; ders., Natur und Recht 2005, S. 375–386; *Kment*, Die Verwaltung 2007, S. 53–74; *Proelß*, EurUP 2009, S. 2–10; in monographischer Form *Keller*, Das Planungs-und Zulassungsregime für Offshore-Windenergieanlagen in der deutschen Ausschliesslichen Wirtschaftszone; *Castringius*, Meeresschutzgebiete; *Forkel*, Maritime Raumordnung in der AWZ; *ARL*, Maritime Raumordnung; *Schubert*, Maritimes Infrastrukturrecht; aus der englischsprachigen Literatur *Acker/Hodgson*, Legal Aspects of Maritime Spatial Planning, Final Report to DG Maritime Affairs & Fisheries; *Maes*, Marine Policy 12 (2008), S. 797–810; *Proelß*, Ocean Yearbook 26 (2012), S. 87–112; *CBD-Secretariat*, Marine Spatial Planning in the Context of the Convention on Biological Diversity; *Jay* u. a., Ocean Yearbook 27 (2013), S. 171–212; *Jakobsen*, Marine Protected Areas in International Law; zahlreiche Beiträge

explizit Gegenstand planungsrechtlicher Untersuchungen war, sollen die in den vorangehenden Kapitel aufgefundenen Strukturen im vorliegenden Kapitel gespiegelt werden und ggf. Unterschiede zur Rechtsordnung zu Lande betont werden. Zudem wurden einerseits bislang Infrastrukturfragen im Bereich der hohen See und des Tiefseebodens weitgehend ausgespart.[6] Zum anderen soll durch eine gemeinsame Betrachtung von Fragen des Gebietsschutzes, des Bergrechtes und des Infrastrukturrechts versucht werden, die rechtlichen Wechselbezüge zwischen den einzelnen Raumentwicklungsregimen zu betonen. Da seerechtliche Fragen auch im weiteren Verlauf der Untersuchung eine Rolle spielen werden, bietet das vorliegende Kapitel die erforderliche Zusammenfassung planungsrechtlicher Fragestellungen im Seevölkerrecht.

I. Unterschiede der Nutzungs- und Schutzbedürfnisse im Meeresraum

Im Wasserkörper können sich Belastungen und Störungen um ein Vielfaches komplexer auswirken als zu Lande. Zudem sind viele Wirkungszusammenhänge im Meer noch unbekannt oder zumindest unklar.[7] Für langstreckige Infrastrukturen bietet die Meeresroute oft die insgesamt kostengünstigere und transkontinental die einzige Möglichkeit der Konnexion,[8] ihre Verlegung geht jedoch mit erheblichen Eingriffen in die Meeresumwelt einher, und auch später bedeuten sie ein fortdauerndes Risiko.[9] Auch ist die Errichtung von Windenergieanlagen in Küstennähe in energiewirtschaftlicher Hinsicht vorteilhaft (stärkere Winde, kürzere Anbindung, niedrigere Wassertiefe), nicht aber im Hinblick auf umwelt-, fischerei- und tourismuspolitische Interessen.[10] Deshalb ist vielfach angemerkt worden, Planung im Meeresraum sei geprägt durch die spezifische räumliche Dreidimensionalität und damit von erhöhter Komplexität gegenüber terrestrischer Raumpla-

---

in *Hassan/Kuokannen/Soininen*, Transboundary Marine Spatial Planning and International Law.

[6] Ausdrücklich etwa *von Nicolai*, IzR 2004, S. 491–498 (S. 494 in Fn. 10); *Proelß*, EurUP 2009, S. 2–10 (4); *Schubert*, Maritimes Infrastrukturrecht, S. 17 in Fn. 9.

[7] *UN-General Assembly*, World Ocean Assessment I, Summary, S. 2 ff., 42 ff.

[8] Maritime Pipelines können deutlich schneller verlegt und anschließend mit höherem Druck betrieben werden, vgl. *Nord Stream AG*, Sichere Energie für Europa – Das Nord Stream-Pipelineprojekt, S. 20.

[9] Vgl. *UN-General Assembly*, World Ocean Assessment I, Chapter 19, S. 3 f., 9, Chapter 21, S. 13 ff.

[10] *Vitzthum*, Maritimes Aquitorium und Anschlusszone, in: Vitzthum (Hrsg.), Handbuch des Seerechts, S. 63–159, 94; *Acker/Hodgson*, Legal Aspects of Maritime Spatial Planning, Final Report to DG Maritime Affairs & Fisheries, S. 1, 3 ff.

nung.¹¹ Gängige Fragestellungen wie Bodenbelastungen, Lärmimmissionen und wasserrechtliche Anforderungen¹² zeigen jedoch, dass „dreidimensionale" Problemlagen gerade keine Besonderheit maritimer Raumplanung sind.¹³ Zudem entfallen vielfach sogar traditionelle räumliche Orientierungsparameter menschlicher Aktivität wie Besiedelung, Verkehrswege und erholsame Freiräume, was sich insoweit sogar tendenziell komplexitätsreduzierend auswirkt.¹⁴ Eine Folge hiervon ist nur, dass Meeresraumplanung zum einen oftmals grobmaschiger angelegt ist und Festsetzungen eher korridorhaft anhand von Koordinaten erfolgen¹⁵ und sich zum anderen ökologische Belange zu einem hervorstechenden Parameter in der planerischen Abwägung entwickelt haben.¹⁶ Die zu bewältigenden Konfliktschwerpunkte sind also mitunter anders gelagert, sodass terrestrische Techniken und Wertungen nicht unreflektiert auf maritime Situationen übertragen werden sollten. Terrestrische und maritime Raumplanung sind aber dennoch wesensgleich und die hergebrachten Planungsinstrumente auch im maritimen Raum prinzipiell zweckmäßig.¹⁷

II. Abweichende Rechtskomplexität im Seerecht

Maritime Raumplanung sieht sich mit den Besonderheiten des Seerechts konfrontiert und muss sich in den Rahmen des als „Verfassung der Meere" gekennzeichneten Seerechtsübereinkommens von 1982 (SRÜ)¹⁸ einfügen,¹⁹ dessen hier re-

---

¹¹ Vgl. *Kment*, Die Verwaltung 2007, S. 53–74 (63); *Wolf*, ZUR 2005, S. 176–184 (181); *Acker/Hodgson*, Legal Aspects of Maritime Spatial Planning, Final Report to DG Maritime Affairs & Fisheries, S. 3 ff.; *Forkel*, Maritime Raumordnung in der AWZ, S. 222.
¹² Vgl. oben S. 57 ff. sowie S. 86 ff.
¹³ *ARL*, Maritime Raumordnung, S. 55.
¹⁴ *Proelß*, EurUP 2009, S. 2–10 (2); *Erbguth*, DÖV 2011, S. 373–382 (380); dies ist insofern wesentlich, als Raumplanung im Kern weniger den Raum selbst, als raumbezogenes menschliches Verhalten betrifft. Vgl. bereits einführend S. 9 ff.; im seerechtlichen Kontext auch ders., Natur und Recht 2012, S. 85–91 (89).
¹⁵ *von Nicolai*, IzR 2004, S. 491–498 (492 f.); *ARL*, Maritime Raumordnung, S. 63.
¹⁶ Vgl. *Schubert*, Maritimes Infrastrukturrecht, S. 130 ff.
¹⁷ Ebd., S. 190 ff.
¹⁸ Seerechtsübereinkommen der Vereinten Nationen von 1982/United Nation Convention on the Law of the Sea (UNCLOS), BGBl. II 1994 Nr. 41 S. 1798 ff.; zum Ratifikationsstand siehe United Nation Convention on the Law of the Sea – List of Ratifications, 03.04.2018; Zitat von *Koh*, A Constitution for the Oceans, Remarks by the President of the Third United Nations Conference on the Law of the Sea, Adapted from statements by the President on 6 and 11 December 1982 at the final session of the Conference at Montego Bay.
¹⁹ *Maes*, Marine Policy 12 (2008), S. 797–810 (799); *Proelß*, EurUP 2009, S. 2–10 (2 f.); *Schubert*, Maritimes Infrastrukturrecht, S. 14.

levante Bestimmungen weitgehend als gewohnheitsrechtlich geltend anerkannt sind.[20]

Aus systematischen Zwecken soll auch in diesem Teil getrennt werden zwischen formalen Planungs- und Genehmigungsbefugnissen und solchen Regelungen, die den Staaten darüber Planungs- und planungsrelevante Rechtspflichten auferlegen.[21]

1. Hohe Bedeutung des Jurisdiktionsvölkerrechts

Im Gegensatz zur Situation auf dem vollständig verstaatlichten Festland besitzt das Seerechtsübereinkommen eine fein austarierte und polymorphe Kompetenzordnung, die insbesondere mit dem nutzungsorientierten[22] Zonenregime und seinen ausschließlichen Rechten und seerechtlichen Freiheiten sowie der Hoheit des Flaggenstaates über seine Schiffe spezielle Ausprägungen funktionaler Hoheitsbestimmungen kennt,[23] die tendenziell mit steigender Entfernung von der Küste

---

[20] Auch wenn das Seerechtsübereinkommen durch den bisher fehlenden Beitritt der USA mit seiner Universalität hadert, kodifiziert es in hier relevanten Teilen weitgehend Gewohnheitsrecht und die überwiegende Staatenpraxis – auch der USA – bedient sich ihm als primärem Bezugspunkt, vgl. ebenso *Treves*, Law of the Sea, in: Wolfrum (Hrsg.), MPEPIL-Online, Rn. 14 f., 21 f., 58; *Talmon*, Law of the Sea, in: Volger (Hrsg.), A Concise Encyclopedia of the United Nations, S. 466–477, 468, 471 f.; *Acker/Hodgson*, Legal Aspects of Maritime Spatial Planning, Final Report to DG Maritime Affairs & Fisheries, S. 7; *Vitzthum*, Begriff, Geschichte und Rechtsquellen des Seerechts, in: Vitzthum (Hrsg.), Handbuch des Seerechts, S. 1–61, S. 46; die im Übrigen geltenden Genfer Seerechtskonventionen von 1958 umfassten die folgenden: Übereinkommen über das Küstenmeer und die Anschlusszone; Übereinkommen über die Hohe See; Übereinkommen über die Fischerei und die Erhaltung der biologischen Reichtümer der Hohen See; Übereinkommen über den Festlandsockel, abrufbar unter: UNTS, Chapter XXI, Law of the Sea, Nr. 1–5, https://treaties.un.org/pages/CTCTreaties.aspx?id=21&subid=A&lang=en.

[21] Dies mag zwar vereinzelt sachlich zusammengehörige Problemstellungen ungünstig aufteilen, dient aber der klaren Differenzierung verschiedener Rechtsfragen, *Isensee*, Die bundesstaatliche Kompetenz, in: Isensee/Kirchhof (Hrsg.), Handbuch des Staatsrechts, S. 455–513, 456 ff., 486 ff.

[22] *Tanaka*, A dual Approach to Ocean Governance, S. 54.

[23] Landwärts der sog. Basislinie liegen die inneren Gewässer eines Staates, seewärts folgen die übrigen Zonen ihrem Verlauf: Das bis zu 12 sm breite Küstenmeer und die Anschlusszone (Teil II) bzw. der Sonderfall der Archipelgewässer (Teil IV) sowie die sich regelmäßig 200 sm ab Basislinie anschließenden, gebietsrechtlichen freien, aber nutzungsrechtlich weitgehend den Küstenstaaten zugeordneten Funktionshoheitszonen ausschließliche Wirtschaftszone (AWZ, Teil V) und Festlandsockel (Teil VI). Der verbleibende Teil des Meeresraumes sind hohe See (Teil VII) und Tiefseeboden (Teil XI). Die Hoheit eines angelaufenen Hafenstaats als dritter küstenstaatlicher Zuständigkeit ist vor allem im Bereich umweltrechtlicher Durchsetzung und hier nicht spezifisch relevant. Vgl. zu alledem aus infrastrukturrechtlicher Perspektive etwa *Schubert*, Maritimes Infrastrukturrecht, S. 15 ff.; die mehr schifffahrts- und umweltschutzrechtliche Perspektive findet sich bei

abnehmen,[24] denen aber zugleich zertifiziert worden ist, sich zu Gunsten küstenstaatlicher Dominanz immer weiter dem Küstenmeer anzugleichen.[25] Gleichwohl sind diese Befugnisse „nicht bloße Abwägungsposition, sondern Schranke zulässigen staatlichen Handelns",[26] wobei vertragliche Verlagerungen von Zuständigkeiten, beispielsweise in Bezug auf den Rechtsstatus von Rohrleitungen oder den Abbau von Bodenschätzen, entsprechend den im vorigen Kapitel gemachten Ausführungen zur extraterritorialen Raumplanung weiterhin zulässig sind.[27] Neben den Problemen um die Brücke über die Straße von Kertsch zeigen die Streitigkeiten über die Abgrenzung des Festlandsockels zwischen Ghana und der Elfenbeinküste aufgrund von Erdölgewinnungsprojekten[28] ein weiteres Mal, dass räumliche Nutzungen auch jenseits eindeutiger Staatsgrenzen keine Seltenheit sind.

Auch wenn sich seewärts des souveränen Küstenmeeres und insbesondere in der ausschließlichen Wirtschaftszone jeder staatliche Planungsakt auf speziell enumerierte souveräne Rechte bzw. ausschließliche Hoheitsbefugnisse zurückführen lassen muss,[29] bedürfen die insgesamt weit gefassten und auch weitreichend gedachten[30] küstenstaatlichen Befugnisse der innerstaatlichen Konkretisierung, deren Ausgestaltung damit letztlich maßgeblich für die tatsächliche Entwicklung der Meeresgebiete wird.[31] Im Ergebnis verhält sich die Jurisdiktionsordnung des Seerechtsübereinkommens umgekehrt proportional zur tatsächlichen Raumnutzungsintensität, wenn sie sich eingehend den Zuständigkeitsfragen in der ausschließlichen Wirtschaftszone und einer umfangreichsten Regelung des bislang nicht erfolgenden Tiefseebergbaus widmet, es bezüglich der territorialen

---

Proelß, Meeresschutz im Völker- und Europarecht, S. 74 ff.; *Gavouneli*, Functional Jurisdiction in the Law of the Sea, S. 33 ff.; für eine knappere Aufstellung aller Zonen und Beispiele für solche, die nicht im SRÜ vorgesehen sind siehe *Treves*, Law of the Sea, in: Wolfrum (Hrsg.), MPEPIL-Online, Rn. 23 ff.; breit zusammenfassend m.w.N. *Rothwell* u. a., The Oxford Handbook of the Law of the Sea, Kapitel 4–12; *Vitzthum*, Handbuch des Seerechts, Kapitel 2–4; *Tanaka*, The International Law of the Sea, S. 5, 44 ff.; detailliert zu einzelnen Bestimmungen *Proelss*, UNCLOS.

[24] Insoweit wegweisend die Formulierung „that the land dominates the sea", *ICJ*, North Sea Continental Shelf (Germany vs. Denmark, The Netherlands), ICJ Reports 1969, 3, S. 52 Rn. 96.

[25] Vgl. die Bilanz bei *Proelß*, Raum und Umwelt im Völkerrecht, in: Vitzthum/Proelß (Hrsg.), Völkerrecht, S. 361–454, 399; grundlegend *Vitzthum*, EA 1976, S. 129.

[26] *Proelß*, EurUP 2009, S. 2–10 (8).

[27] Vgl. zu völkerrechtlichen Souveränitätsverlagerungen S. 39 ff.; im Seerecht *Lagoni*, Festlandsockel, in: Vitzthum (Hrsg.), Handbuch des Seerechts, S. 166–221, 264–286, 206.

[28] *ITLOS*, Dispute Concerning Delimitation of the Maritime Boundary between Ghana and Côte d'Ivoire in the Atlantic Ocean, Ghana vs. Côte, Case No. 23, 23.09.2017.

[29] *Wolf*, Natur und Recht 2005, S. 375–386 (376); *Proelß*, EurUP 2009, S. 2–10 (6).

[30] *Gavouneli*, Functional Jurisdiction in the Law of the Sea, S. 11; *Dahm/Delbrück/Wolfrum*, Völkerrecht, I/1, S. 524.

[31] *Wolf*, AWZ-Vorhaben, S. 8; *Schubert*, Maritimes Infrastrukturrecht, S. 62 f.; *Lagoni*, Festlandsockel, in: Vitzthum (Hrsg.), Handbuch des Seerechts, S. 166–221, 264–286, 184.

Gewässer aber bei dem bloßen Hinweis auf die Souveränität der Küstenstaaten bewenden lässt. Zwar ist dies auch eine schlichte Folge der verwendeten Regelungstechnik, gerade diese zeigt jedoch ihrerseits eindrucksvoll den globalen Wettbewerb um Zugangsrechte zum wirtschaftlichen Potential der Meere.[32]

2. Vielschichtige Umweltschutz- und Rücksichtnahmegebote

Über dem gesamten Meeresraum liegt die zonenunabhängige, ökologieorientierte[33] und kooperative Pflicht zum Meeresumweltschutz des Teiles XII sowie ein vielgestaltig normiertes Gebot wechselseitiger Rücksichtnahme, beides Ausprägungen eines allgemeinen Präventionsprinzips.[34] Zugleich bleiben die Staaten im maritimen Bereich dazu verpflichtet, auch ihre allgemeinen völkerrechtlichen Umweltschutzpflichten zu erfüllen, z.B. das auch in Art. 194 Abs. 2 SRÜ enthaltene präventive Gebot zur Vermeidung grenzüberschreitender Schädigungen, welches damit auch funktionshoheitszonenübergreifende Beeinträchtigungen sowie – trotz fehlendem Souveränitätszusammenhang – nach allgemeiner Auffassung auch die nichtstaatlichen Räume erfasst.[35] All diesen völkerrechtlichen Schranken ist ihre Struktur als vorbeugende Sorgfaltspflicht gemeinsam. Infolge der großräumigen Interdependenzen im Meer lassen sich jedoch extraterritoriale und intraterritoriale Integritätsinteressen bzw. Schutzpflichten weit weniger klar voneinander abgrenzen als dies zu Lande der Fall ist.[36] Insoweit lässt sich das Meeresumweltrecht also durchaus als ein Fall des „erweiterten Nachbarrechts" begreifen,[37] dessen spezifische Reziprozität zumindest ein Grund dafür sein dürfte, weshalb sich ein allgemeines Umweltschutzgebot im Meer überhaupt durchsetzen konnte, auch wenn zur wirksameren Implementation eine Stärkung institutioneller Kontrollmechanismen gefordert wird[38].

Eine eigenständige Definition der Meeresumwelt bietet das Seerechtsübereinkommen nicht. Anhand des Verschmutzungsbegriffs in Art. 1 Abs. 1 Nr. 4 sowie des Art. 194 Abs. 5 SRÜ lässt sich jedenfalls ausmachen, dass das Seerechtsübereinkommen einem weiteren Begriff der Meeresumwelt verpflichtet ist und

---

[32] Siehe zum Zonenregime als antizipierter Interessenausgleich S. 216 ff.

[33] *Tanaka*, A dual Approach to Ocean Governance, S. 24.

[34] Vgl. dazu S. 215 ff.

[35] Zum Präventionsprinzip siehe den vorherigen Teil ab S. 53 ff.; sehr weitgehend in diesem Sinne bereits *Gündling*, ZaöRV 45 (1985), S. 265–292 (268 f., der selbst von in fremden Hoheitszonen liegenden Schiffen ausgehende Beeinträchtigungen dem Nachbarrecht zuordnet); zum gewohnheitsrechtlichen Schädigungsverbot für die internationalen Gemeinschaftsräumen *Durner*, Common Goods, S. 165 ff.

[36] Vgl. insoweit die hier getroffene Differenzierung eines souveränitätsrechtlichen und eines umweltrechtlichen Präventionsprinzips im vorherigen Teil.

[37] Schon früh wurden Stimmen laut, alle Umweltgüter entlang einer Prinzipientrias aus Souveränität, gemeinsamen Ressourcen und hoheitfreien Räumen zuzuordnen. Im Ergebnis indes abschlägig m.w.N. *Durner*, Common Goods, S. 74 f.

[38] *Tanaka*, A dual Approach to Ocean Governance, S. 24.

insoweit alle lebenden und nicht-lebenden Komponenten der marinen Ökosystematik im Meeresraum einschließlich ihrer biologischen Varianz erfasst.[39] Das Meeresumweltschutzgebot des auf Fortentwicklung angelegten Seerechtsübereinkommens[40] wird durch zahlreiche internationale und regionale Meeresschutzabkommen, die u.a. 18 Meeresregionen definieren, mit unterschiedlicher Intensität konkretisiert.[41] Keine dieser Schutzpflichten, insbesondere auch nicht Art. 194 Abs. 5 SRÜ, vermittelt eigenständige Umweltschutzbefugnisse, sondern den Verpflichtungen ist im Rahmen der bestehenden Meeresnutzungsbefugnisse des Seerechtsübereinkommens Geltung zu verleihen.[42]

---

[39] *Hafner*, Meeresumwelt, Meeresforschung und Technologietransfer, in: Vitzthum (Hrsg.), Handbuch des Seerechts, S. 347–460, 361 f.; *König*, Marine Environment, International Protection, in: Wolfrum (Hrsg.), MPEPIL-Online, Rn. 7; *Tanaka*, The International Law of the Sea, S. 276 ff.; *Czybulka*, Art. 192–196, 237, in: Proelss (Hrsg.), UNCLOS, Art. 192 Rn. 25.

[40] Siehe Art. 123, 197, 237, 311 SRÜ. Dazu *Buga*, Between Stability and Change in the Law of the Sea Convention, in: Rothwell u. a. (Hrsg.), The Oxford Handbook of the Law of the Sea, S. 46–68; *Vitzthum*, Begriff, Geschichte und Rechtsquellen des Seerechts, in: Vitzthum (Hrsg.), Handbuch des Seerechts, S. 1–61, 42 ff., 45 ff.

[41] Allgemeine Umweltschutzabkommen sind insbesondere im Rahmen der International Maritime Organisation ausgehandelt worden, insbesondere das Internationale Übereinkommen zur Verhütung der Meeresverschmutzung durch Schiffe/International Convention for the Prevention of Pollution from Ships (MARPOL) von 1973, modifizierte Fassung von 1978, BGBl. II 1982 Nr. 1 S. 2 ff.; vgl. die Liste mit Ratifikationsständen unter *IMO*, Status of IMO-Conventions; die regionalen Abkommen umfassen ca. 140 Mitgliedstaaten, die in unterschiedlicher Intensität miteinander sowie mit dem Umweltprogramm der Vereinten Nationen (UNEP) kooperieren. Die Regionen sind namentlich Antarctic, Arctic, Baltic, Black Sea, Caspian, Eastern Africa, East Asian Seas, Mediterranean, North-East Atlantic, North-East Pacific, North-West Pacific, Pacific, Red Sea and Gulf of Aden, ROPME Kuweit Sea Area, South Asian Seas, South-East Pacific, Western Africa and the Wider Caribbean. Vgl. *UNEP*, The Regional Seas Programme; eine Aufstellung relevanter Abkommen und Protokolle auch bei *Hafner*, Meeresumwelt, Meeresforschung und Technologietransfer, in: Vitzthum (Hrsg.), Handbuch des Seerechts, S. 347–460, 419 ff., vgl. auch S. 374 ff., 380 ff.; *Proelß*, Meereschutz im Völker- und Europarecht, S. 71 ff., 124 ff.; *Wolf/Bischoff*, Marine Protected Areas, in: Wolfrum (Hrsg.), MPEPIL-Online; *Baker/Share*, Regional Seas, Environmental Protection, in: Wolfrum (Hrsg.), MPEPIL-Online.

[42] Nunmehr *PCA*, Chagos Marine Protected Area Arbitration (Mauritius v. United Kingdom), Case No. 2011-03, 18.03.2015 – Dissenting Opinion Kateka und Wolfrum, Rn. 54: „Part XII of the Convention does not provide a general competence for coastal States to issue rules on the protection of the marine environment", Beispiele für ausdrückliche Kollisionsregelungen zum Seerechtsübereinkommen sind etwa Art. 22 CBD oder Art. 3 MARPOL; für eine erweiterte Auslegung streitet namentlich *Czybulka*, Natur und Recht 1999, S. 562 (562 f.); ders., Natur und Recht 2001, S. 367–374 (367 ff.); anders aber nun ders., Art. 192–196, 237, in: Proelss (Hrsg.), UNCLOS, Art. 194 Rn. 34 f.; dagegen ferner *Jarass*, Naturschutz in der Ausschließlichen Wirtschaftszone, S. 25 ff., 29; *Lagoni*, Natur und Recht 2002, S. 121–133 (128 ff.); *Castringius*, Meeresschutzgebiete, S. 74 ff., 89 ff.;

III. Ergebnis

Die ökologischen Zusammenhänge im Meeresraum sind einerseits unmittelbarer, aus Sicht der Raumplanung wegen geringerer räumlicher Nutzungsdichte jedoch andererseits auch weniger konfliktreich. Der Fokus liegt damit eher auf Fragen des Ressourcen- und Naturschutzes, beispielsweise im Zusammenhang mit Problemlagen der Fischerei, als auf Fragen der raumbezogenen Mensch-Mensch-Koordination.

Aus planungsrechtlicher Perspektive weist das Seerechtsübereinkommen eine erstaunlich dichte Ordnung auf: Nicht nur sattelt das Seerechtsübereinkommen zusammen mit zahlreichen regionalen Abkommen den allgemeinen umweltvölkerrechtlichen Bestimmungen eine zusätzliche Schicht von Meeresumweltschutz- und Rücksichtnahmepflichten auf, sondern bereits die vorgelagerte Frage, wer wo überhaupt zur Nutzung des Meeresraumes befugt ist, bildet den überwiegenden Regelungsansatz der jurisdiktionsvölkerrechtlich inspirierten Konvention.

Forkel, Maritime Raumordnung in der AWZ, S. 208 ff.; *Jakobsen*, Marine Protected Areas in International Law, S. 18; *Proelß*, AVR 54 (2016), (471).

§ 7 Seerechtliche Befugnisse zur hoheitlichen Raumplanung

Zunächst gilt es auch im Seerecht die Ordnung der hoheitlichen Planungsbefugnisse in den Blick zu nehmen. Auch hier folgen die Zuständigkeiten als Aufgabenerledigungskompetenzen aus den Sachkompetenzen.[1] Die Befugnis eines Staates, bestimmte raumgestaltende Tätigkeiten einer hoheitlichen Planung zu unterwerfen, besteht also immer dann, wenn entweder für einen bestimmten Planungsraum die Gebietshoheit oder aber zumindest für die durch die Planung zu reglementierenden Tätigkeiten souveräne Rechte oder andere Hoheitsbefugnisse eines Staates begründet sind.

I. Raumbeanspruchende Planungen

Den ersten Ansatzpunkt für hoheitliche Planungsmaßnahmen bilden raumbeanspruchende Vorhaben, namentlich der maritime Bergbau sowie verschiedenste maritime Infrastrukturen wie Anlagen, Kabel und Rohrleitungen.

1. Maritimer Bergbau

Maritimer Bergbau ist eine stetig wachsende Industrie, wobei die Förderung fossiler Brennstoffe deutlich andere wirtschaftliche Strukturen aufweist als die der Förderung sonstiger Rohstoffe. Rund ein Drittel der globalen Rohölförderung erfolgt offshore und der Anteil der Förderung in über 100 m tiefen Gewässern bis hin zu Tiefstgewässern ab 1500 m steigt kontinuierlich.[2] Erfolgte der Bergbau ursprünglich vornehmlich durch multinationale private Unternehmen,[3] die in der Lage waren die immensen Investitionen und das Risiko zu tragen, ist in den letzten Jahren eine deutliche Verlagerung auf staatliche Betreiberunterneh-

---

[1] Statt vieler *Erbguth/Müller*, DVBl 2003, S. 625 (627); zurückgehend auf *Schmidt-Assmann*, Kommunalrecht, in: Schmidt-Assmann/Schoch (Hrsg.), Besonderes Verwaltungsrecht, S. 16–125, 31; auch *Gärditz*, Europäisches Planungsrecht, S. 19.

[2] *Vysotsky/Gloumov*, Petroleum Potential and Development Prospects in Deep-sea Areas of the World, in: ISA (Hrsg.), Workshop on Minerals Other than Polymetallic Nodules of the International Seabed Area, S. 484–516, 484 ff.; *UN-General Assembly*, World Ocean Assessment I, Chapter 21, S. 1 ff.; *Franke/Rehde*, Erdölförderung aus großen Wassertiefen.

[3] So auch noch *Lagoni*, Festlandsockel, in: Vitzthum (Hrsg.), Handbuch des Seerechts, S. 166–221, 264–286, 173 f.

men zu beobachten.[4] Dagegen ist die sonstige Bergbauindustrie zur Förderung von Metallen, Sanden, Kiesen und Diamanten – im Gegensatz zum Bergbau zu Lande – vornehmlich in der Hand kleinerer Unternehmen.[5] Da Förderkosten und Produktpreise in einem nur mäßig gewinnträchtigen Verhältnis stehen, werden die meisten Rohstoffe in den ersten 100 m vor der Küste abgebaut.[6] Da in vielen Ländern Asiens der für den Hausbau notwendige Sand zunehmend knapp wird, entwickelt sich der illegale Sandabbau vor der Küste mit einfachsten Mitteln zu einem drängenden Umweltproblem.[7]

a) Souveränität und souveräne Rechte in Küstennähe

Küstennahe Tätigkeiten zur Gewinnung mariner Bodenschätze unterliegen der Souveränität des Küstenstaates, sind aber auch jenseits der Hoheitsgewässer in der ausschließlichen Wirtschaftszone bzw. am Festlandsockel Gegenstand souveräner Rechte des Küstenstaates, ohne dessen ausdrückliche Zustimmung niemand die Ressourcen des Festlandsockels erforschen oder ausbeuten darf, selbst wenn der Küstenstaat diese Tätigkeiten unterlässt (Art. 77, ggf. i.V.m. Art. 56 Abs. 1 und 3 SRÜ).[8] In einem engen Zusammenhang mit bergbaulichen Vorhaben stehen insoweit die ausschließlichen Rechte des Küstenstaates zum bergbaulichen Anlagen- und Leitungsbau,[9] zur Zulassung jeglicher Bohrungen auf dem Festlandsockel (Art. 81 SRÜ) sowie der ressourcenbezogenen wissenschaftlichen Forschung (Art. 246 Abs. 5 lit. a SRÜ). Auf dieser Grundlage unterliegen alle bergbaulichen Tätigkeiten samt Vorerkundungen sowie die tatsächlich gehobenen Bodenschätze der umfassenden Kontrolle durch den Küstenstaat.[10] Seine Befugnisse übt dieser durch bloße Vorhabengenehmigungen und Konzessionen, aber auch durch tiefergreifende hoheitliche Planung gegenüber privatwirtschaftlichen Vorhaben aus.[11]

---

[4] *UN-General Assembly*, World Ocean Assessment I, Chapter 21, S. 25.

[5] Ebd., Chapter 23, S. 1 ff.

[6] Die kontinuierlichen Wellenbewegungen haben hier über die Jahrtausende die höchsten Vorkommen entstehen lassen, ebd., Chapter 23, S. 1 ff.

[7] Vgl. *Blasberg/Henk*, Wie Gold am Meer – Dossier; *UN-General Assembly*, World Ocean Assessment I, Chapter 23, S. 2 ff.

[8] Die souveränen Rechte sind zwar funktional begrenzt, insoweit aber umfassend und bereits lange vor Inkrafttreten des Seerechtsübereinkommens anerkannt gewesen, *Gündling*, Die 200 Seemeilen-Wirtschaftszone, S. 196 f., 200 f.; *Lagoni*, Festlandsockel, in: Vitzthum (Hrsg.), Handbuch des Seerechts, S. 166–221, 264–286, 173, 184 ff.

[9] Dazu ausführlich S. 180 sowie S. 193 und 194 ff.

[10] *Stoll*, Continental Shelf, in: Wolfrum (Hrsg.), MPEPIL-Online, Rn. 26.

[11] *Stoll*, Continental Shelf, in: Wolfrum (Hrsg.), MPEPIL-Online, Rn. 26 f.; *McDorman*, The Continental Shelf, in: Rothwell u. a. (Hrsg.), The Oxford Handbook of the Law of the Sea, S. 181–202, 187.

b) Mineralischer Tiefseebodenbergbau im Gebiet

Anders gestaltet sich die Situation jenseits einzelstaatlicher Hoheit. Jenseits des Festlandsockels bzw. der ausschließlichen Wirtschaftszone liegt das internationalisierte Tiefseebodengebiet des Teils XI des Seerechtsübereinkommens. Teil XI brachte erhebliche Einschränkungen der ursprünglich auch für den Tiefseeboden geltenden Freiheit der hohen See (Teil VII SRÜ) mit sich, weshalb der Großteil der Industriestaaten das Seerechtsübereinkommen nur in Verbindung mit dem modifizierenden Durchführungsübereinkommen zum Teil XI (DFÜ) von 1994 zu ratifizieren bereit war.[12] Wegen der ab der 1960er Jahre befürchteten Knappheit wirtschaftlich wichtiger Erze und anderer Mineralien wurden in den zurückliegenden Dekaden große Aufwendungen unternommen, um die in den Tiefseebecken lagernden polymetallischen Knollen und Sulphide sowie kobaltreiche Eisenmangankrusten zu erforschen.[13] Das Konfliktpotential im Hinblick auf diese Ressourcen zeigt sich nicht zuletzt daran, dass drei Übereinkommen, die eine intensivere Regelung bzw. auch Ermöglichung bergbaulicher Tätigkeiten in den internationalen Gemeinschaftsräumen[14] beabsichtigt hatten – der Mondvertrag von 1979, die CRAMRA von 1988 bezüglich der Antarktis und Teil XI SRÜ in seiner ursprünglichen Form –, letztlich gescheitert sind.[15]

Im Zentrum des Teiles XI steht das common heritage-Prinzip gemäß Art. 136 ff. SRÜ, dem zufolge bergbauliche Nutzungen des Tiefseebodens der gesamten Menschheit zu Gute kommen sollen. Rohstoffe dürfen allein im Rahmen des vorgesehenen Verfahrens beansprucht und sich angeeignet werden. Der Tiefseeboden darf alleinig für friedliche Zwecke genutzt werden und ist in besonderer Form dem Umweltschutz und der wissenschaftlichen Forschung gewidmet.

---

[12] Siehe das Übereinkommen zur Durchführung des Teiles XI des Seerechtsübereinkommens der Vereinten Nationen von 1994/Agreement relating to the Implementation of Part XI of the United Nations Convention on the Law of the Sea, BGBl. 1994 II Nr. 46 S. 2565 ff.; zur Geschichte ausführlich *Vitzthum*, Der Rechtsstatus des Meeresbodens; *Wolfrum*, Die Internationalisierung staatsfreier Räume, S. 328 ff.; *Nandan/Lodge/Rosenne*, The development of the regime for deep seabed mining; zum Verhältnis von SRÜ und DFÜ siehe *Anderson*, ZaöRV 55 (1995), S. 275–289; *Jenisch*, NordÖR 2010, S. 373–382 (380); keine Änderungen konnte das DFÜ wegen Art. 311 Abs. 6 SRÜ für das common heritage-Prinzip bringen, *Durner*, Common Goods, S. 192; *Wolfrum*, ZaöRV 43 (1983), S. 312–337 (313 f.).

[13] Zum Forschungsstand siehe *Rona*, Science 299 (2003), S. 673–674; *ISA*, ISA-Workshop on Minerals Other than Polymetallic Nodules of the International Seabed Area (2000), Kapitel 1–11; *UN-General Assembly*, World Ocean Assessment I, Chapter 22.

[14] Zu dieser Begrifflichkeit etwa *Dahm/Delbrück/Wolfrum*, Völkerrecht, I/2, S. 339 ff.; *Proelß*, Raum und Umwelt im Völkerrecht, in: Vitzthum/Proelß (Hrsg.), Völkerrecht, S. 361–454, 444 ff.; *Feichtner*, Community Interest, in: Wolfrum (Hrsg.), MPEPIL-Online, Rn. 24.

[15] Treffend *Tronchetti*, The Exploitation of Natural Resources of the Moon and Other Celestial Bodies, A Proposal for a Legal Regime, 162 f., zu Mondvertrag und CRAMRA siehe S. 288 ff. bzw. S. 292 ff. m.w.N.

Als Ausdruck internationaler Verteilungsgerechtigkeit sind die gezogenen wirtschaftlichen Vorteile aus Meeresbodenaktivitäten gegenüber anderen Staaten gerecht auszugleichen.[16] Die institutionelle Sicherung dieses Gemeinwohlgrundsatzes obliegt gemäß Art. 153 ff. SRÜ der International Seabed Authority (ISA), der alle Parteien des Seerechtsübereinkommens ipso facto angehören und für die anstatt einzelstaatlicher Freiheit ein internationalisiertes Behördenmonopol bezüglich der mineralischen Ressourcen des Tiefseebodens statuiert wird.[17]

Da der Tiefseebodenbergbau bis heute noch keine kommerziellen Sphären erreicht hat, konnte sich noch keine Staatenpraxis entwickeln, die der konkreten Ausgestaltung des Seerechtsübereinkommens und insbesondere einem generellen Verbot der einzelstaatlichen wirtschaftlichen Nutzung des Tiefseebodens völkergewohnheitsrechtliche Geltung verliehen hätte.[18] Dies gilt auch für die mit der Kontrolle des Tiefseebergbaus betrauten ISA.[19] Zumindest aber belegt auch die Staatenpraxis der Nichtvertragsparteien, dass das common heritage-Prinzip zumindest dem mineralischen Tiefseebergbau einige Schranken setzt und insbesondere einem Gebot gemeinnützigen Vorteilsausgleichs unterliegt.[20]

Die Ausbeutung der mineralischen Ressourcen des Meeresbodens stellt im Sinne der anfangs aufgestellten Differenzierung[21] eine internationale Planung durch eine internationale Organisation dar und wird in diesem Zusammenhang genauer untersucht.[22]

---

[16] Ausführlich zum Ganzen m.w.N. *Wolfrum*, ZaöRV 43 (1983), S. 312–337 (316 ff.); *Dahm/Delbrück/Wolfrum*, Völkerrecht, I/2, S. 404 ff.; *Wolfrum*, Common Heritage of Mankind, in: Wolfrum (Hrsg.), MPEPIL-Online, Rn. 12 ff.; *Durner*, Common Goods, S. 181 ff., 215 ff.; *Frakes*, WILJ 2003, S. 409–434.

[17] *Dahm/Delbrück/Wolfrum*, Völkerrecht, I/2, S. 417; *Wolfrum*, Hohe See und Tiefseeboden (Gebiet), in: Vitzthum (Hrsg.), Handbuch des Seerechts, S. 287–345, 340; die Völkerrechtssubjektivität der Behörde folgt aus Art. 176 SRÜ; zur Organisation im Überblick *Wood*, International Seabed Authority, in: Wolfrum (Hrsg.), MPEPIL-Online, Rn. 1 ff.

[18] Diese beiden Aspekte sind der eigentliche Kern des Menschheitserbegrundsatzes, dessen übrigen Forderungen bereits Teil der Freiheit der hohen See waren, sodass er weniger eine statusrechtliche Neuschöpfung als vielmehr eine Verschiebung der Akzente war; ausführlicher *Wolfrum*, Die Internationalisierung staatsfreier Räume, S. 113 f.; *Durner*, Common Goods, S. 228 f.

[19] Das Durchführungsübereinkommen hat letztlich bewiesen, dass die zuvor getroffenen Regelungen nicht die einzig denkbare Institutionalisierung unter dem Menschheitserbegrundsatz sind, *Wolfrum*, Die Internationalisierung staatsfreier Räume, S. 335, 389.

[20] Selbst die USA halten einen Fonds zur Verteilung gezogener Vorteile aus dem Tiefseebergbau vor; ausführlich m.w.N. *Durner*, Common Goods, S. 190 ff., 215 ff., 222 ff.; *Wolfrum*, Hohe See und Tiefseeboden (Gebiet), in: Vitzthum (Hrsg.), Handbuch des Seerechts, S. 287–345, 342 ff.; *Starre*, Der Meeresboden, Haftungsregime des Tiefseebergbaus, S. 114 ff.

[21] S. 27.

[22] Siehe S. 302.

c) Nicht-mineralischer Tiefseebergbau nach dem Recht der hohen See

Da das Tiefseebodenregime ausweislich des Wortlautes des Art. 133 SRÜ auf mineralische Ressourcen beschränkt ist, umfasst dies keine lebenden und genetischen Ressourcen des Tiefseebodens.[23] Bei Zugrundelegung eines engen mineralogischen Wortsinns sind zudem nicht-kristalline Stoffgemische wie Erdöl und Erdgas, auch in Form von Methangashydraten, nicht erfasst.[24] Gesicherte Informationen darüber, inwieweit jenseits der Festlandsockel überhaupt nicht-mineralische Lagerstätten – insbesondere von Methangashydraten – vorhanden sind, sind bisher äußerst rar.[25] Dass es dennoch zukünftig zur Förderung derartiger Ressourcen kommen kann, für die die seerechtliche Statusfrage auftritt, kann nicht ausgeschlossen werden.[26]

---

[23] Vgl. die Klassifizierung des Streitstandes mit sehr umfassendem Nachweis von *Leary*, IJMCL 27 (2012), S. 435–448 (439 f.); in monographischer Form ders., International Law and the Genetic Resources of the Deep Sea; *Annweiler*, Die Bewirtschaftung der genetischen Ressourcen des Meeresbodens jenseits der Grenzen nationaler Hoheitsgewalt; als grundlegende Beiträge mit widerstreitenden Positionen aus der reichhaltigen Literatur vgl. *Glowka*, Ocean Yearbook 12 (1996), S. 154–178; *Scovazzi*, YIEL 1996, S. 481–487; *Leary*, MJICEL 2004, S. 137–178; *Oude Elferink*, IJMCL 22 (2007), S. 143–176; *Proelß*, Natur und Recht 2007, S. 650–656; *Proelss*, GYIL 51 (2008), S. 417–446; *Tanaka*, ODIL 2008, S. 129–149.

[24] So bereits mit bloßer Wortlautbegründung *Dahm/Delbrück/Wolfrum*, Völkerrecht, I/2, S. 409 f.; *Wolfrum*, Hohe See und Tiefseeboden (Gebiet), in: Vitzthum (Hrsg.), Handbuch des Seerechts, S. 287–345, 335; *Jenisch*, NordÖR 2010, S. 373–382 (382); *Starre*, Der Meeresboden, Haftungsregime des Tiefseebergbaus, S. 37; vgl. zum mineralogischen Mineralbegriff *Pohl*, Mineralische und Energie-Rohstoffe, 3, bei Gashydraten ist das Gas in den Hohlräumen des kristallisierten Wassers eingeschlossen, aber nicht selbst kristallin, auch Kohle als Gestein würde nicht umfasst.

[25] Einige Erwägungen finden sich bei *Hinz*, Antarktica, in: Kulke (Hrsg.), Regional Petroleum Geology of the World, 673 f.; sowie die Kapitel 13 (Öl und Gas), 14 (Methangashydrat) und 17 (Gesamtschau), *ISA*, ISA-Workshop on Minerals Other than Polymetallic Nodules of the International Seabed Area (2000), die sich im Ergebnis jedoch vornehmlich auf Festlandsockelgebiete beziehen; einzige besser untersuchte Ausnahme der geologischen Tiefsee bildet das Gebiet des Lord Howe Rise, rund 600 km vor der australischen Küste, für den ein kontinentaler Ursprung und damit reiche Öl und Gasvorkommen vermutet werden: 2003 führte die australische Regierung eine umfangreiche Studie zur Erforschung mineralischer und fossiler Lagerstätten durch. Der Untersuchungsraum ist freilich der Bereich des Lord Howe Rise, der von Australien im Umfeld der Lord Howe-Insel exklusiv beansprucht wird und insoweit gerade nicht dem rechtlichen Tiefseeboden zugerechnet werden kann, *van de Beuque* u. a., Geological Framework of the Northern Lord Howe Rise and Adjacent Areas; allgemeiner zu Potential und Gefahr von Gashydraten auch *Collett*, Alaska North Slope Gas Hydrate Energy Resources; *maribus*, Rohstoffe aus dem Meer – Chancen und Risiken, S. 96 ff.

[26] *Parson*, Evaluation of the Non-Living Resources of the Continental Shelf Beyond the 200-mile Limit of the World's Margins, in: ISA (Hrsg.), Workshop on Minerals Other than Polymetallic Nodules of the International Seabed Area, S. 667–761, 681 f.; *Hosseini*,

Gegenüber der Annahme eines engen Mineralbegriffes ist argumentiert worden Teil XI bediene sich vorsorglich einer weit zu verstehenden Begrifflichkeit, um auch bisher unbekannte Ressourcen der Hoheit der ISA zu unterstellen.[27] In der Tat könnte man argumentieren, dass für einen weiter gefassten Mineralienbegriff, wie er sich in anderen Abkommen[28] und auch in der alltäglichen Sprachpraxis in Begriffen wie „Mineralöl" findet, die auf den Aggregatzustand bezogenen Attribute des Art. 133 SRÜ sprechen („solid, liquid or gaseous"), da das mineralogische Kristallinitätsmerkmal zwingend einen festen Zustand bedingt, und flüssige Minerale insoweit per definitionem nicht existieren.

Eine genauere Analyse des historischen Kontextes weist jedoch eine andere Richtung, da die gesamte Geschichte des Tiefseebodenregimes eine Geschichte zunehmender Verengung des Anwendungsbereichs war: Während die Pardo-Initiative der 1960er-Jahre noch eine umfassende Internationalisierung aller Ressourcen gefordert hatte[29], war der informelle Verhandlungstext bereits auf „mineral ressources in situ" beschränkt, ergänzt durch eine nicht abschließende Beispielaufzählung („such as"), die namentlich auch „petroleum" nannte.[30] Die letztendlich vereinbarte Fassung dagegen verknüpft den Mineralienbegriff durch eine semantischen Ausweitung mit polymetallischen Knollen („including"). Diese Ausweitung ergibt sprachlich nur bei Anwendung eines engen Mineralienbegriffs Sinn, weil polymetallische Knollen keine Mineralien sind, sondern hochgradig mineralienhaltige Aggregate. Die Vertragsparteien zielten also darauf ab sicherzustellen, dass sie zumindest die viel diskutieren Knollen erfassen. Dafür, dass trotz dieser massiven Änderungen des Wortlauts ein identisches weitgefasstes Verständnis beibehalten wurde, gibt es keine Anhaltspunkte,[31] und die Entwurfsentwicklung spiegelt vor allem die Uneinigkeit der Vertragsparteien wider.[32] Zudem

---

The Legal Regime of Offshore Oil Rigs in International Law, 87 verweist darauf, dass die Förderung von Erdgas in der Tiefsee bereits technisch möglich sei.

[27] Konkrete Nachweise für diese Auffassung werden aber nicht angeboten; siehe *Wolf*, Unterseeische Rohrleitungen und Meeresumweltschutz, S. 150; *Scovazzi*, Art. 133–135, 149, 303, in: Proelss (Hrsg.), UNCLOS, Art. 133 Rn. 6 ff.

[28] Beispielsweise subsumiert Annex I, Regulation 39 (Special requirements for fixed or floating platforms) des MARPOL von 1973/1978 Erdöl unter „sea-bed mineral resources".

[29] So selbst *Scovazzi*, Art. 133–135, 149, 303, in: Proelss (Hrsg.), UNCLOS, Art. 133 Rn. 5 ein; selbst hier bestanden jedoch bereits schrittweise Einengungen, vgl. *Wolfrum*, Die Internationalisierung staatsfreier Räume, S. 348 ff.; ausführlicher zur Entwicklung *Nandan/Lodge/Rosenne*, The development of the regime for deep seabed mining, S. 3 ff.

[30] Vgl. Art. 1 *United Nations*, Third United Nations Conference on the Law of the Sea, 7 May 1975, Informal single negotiating text, A/CONF.62/WP.8/PART I.

[31] Vielmehr erklärte das General Commitee in seinen Empfehlungen vom 25. August 1981 zur Verhandlung der offiziellen Entwurfsfassung, „(...) that the revised text should now have a higher status than the present text", ders., Third United Nations Conference on the Law of the Sea, Draft convention on the law of the sea, 1981, A/CONF.62/L.78, Rn. 2.

[32] Die Industriestaaten trachteten anfangs danach das Tiefseebodenregime auf ein blo-

zeigt ein Diktionsvergleich zu Art. 77 Abs. 4 SRÜ und dem mit Teil XI im engen Zusammenhang stehenden Art. 82 SRÜ über den erweiterten Festlandsockel, dass sich die Verhandlungsparteien durchaus zielgerichtet des Einsatzes verschiedenster Varianten des Ressourcenbegriffes bedient haben.[33] Überdies schließt beinahe die gesamte bisher ersichtliche Staatenpraxis bezüglich Teil XI des Seerechtsübereinkommens implizit oder explizit fossile Brennstoffe aus[34], und auch die Praxis der ISA beschränkt sich bisher auf Regelungen bezüglich mineralischer Ressourcen einschließlich mineralienhaltiger Aggregate.[35] Ausgehend von der Staatsfreiheit des Tiefseebodens[36] lässt sich damit bislang allein bezüglich eines

ßes Register für nationale Claims zu beschränken, *Churchill/Lowe*, The Law of the Sea, S. 226 ff.

[33] Art. 77 Abs. 4 SRÜ: „The natural resources referred to in this Part consist of the mineral and other non-living resources of the seabed and subsoil together with living organisms belonging to sedentary species (...).“; Art. 82 Abs. 1 und 4 SRÜ: „The coastal State shall make payments or contributions in kind in respect of the exploitation of the non-living resources of the continental shelf beyond 200 nautical miles (...). A developing State which is a net importer of a mineral resource produced from its continental shelf is exempt from making such payments or contributions in respect of that mineral resource".

[34] Vgl. die einsehbare Meeresbodenbergbaugesetzgebung unter *ISA*, Database on National Legislation with Respect to Activities in the Area, . Impliziter oder expliziter Ausschluss fossiler Brennstoffe: India: „all minerals except mineral oil and hydrocarbon resources", Japan: für den Tiefseeboden „nodule-shaped ores which include one or more minerals of the group consisting of copper, manganese, nickel, or cobalt", im allgemeinen Bergrecht dagegen unter Einschluss von „oil, (...) combustible natural gas, (...)", Frankreich: unspezifiziert „ressources mincrales", jedoch zuvor zum Festlandsockel „ressources minerales, fossiles et biologiques", Kuba: „sustancia inorgánica", New Zealand: unspezifiziert „resources of the Area", dagegen differenziert für den Festlandsockel „minerals includes coal" sowie einen eigenständigen Teil für „petroleum", jeweils Fiji, Kiribati, Naru, Tonga und Tuvalu: „hard mineral resources (...) which contain (...) metalliferous or non-metalliferous elements", sowie USA: „Hard mineral resource means any deposit of (...) nodules which include one or more minerals, at least one of which contains manganese, nickel, cobalt, or copper", dagegen am erweiterten Festlandsockel „minerals includes oil, gas (...)", Nigeria: bisher keine Regelung für den Tiefseeboden, jedoch im Bergrecht mit Geltung für die AWZ, „any substance wether in solid, liquid, or gaseous form (...), including, (...) coal, (...) but with the exclusion of Petroleum (...)", bloße Übernahme der SRÜ-Terminologie: Belgien, China, Deutschland, Singapur und Großbritannien.

[35] Vgl. ausführlicher zum Sekundärrecht der ISA unten S. 302 ff.; für mitunter behauptete Bemühungen um Regelungen für Gashydrate im Gebiet, existieren bisher keine Nachweise. So indes *Gavouneli*, From Unity to Fragmentation? The Ability of the UN Convention on the Law of the Sea to Accommodate New Uses and Challenges, in: Strati/Gavouneli/Skourtos (Hrsg.), Unresolved Issues and New Challenges to the Law of the Sea, S. 205–234, 222; der oben zitierte ISA-Workshop aus dem Jahre 2000 beschränkte sich auf naturwissenschaftliche Vorträge und Diskussionen ohne rechtliche Stellungnahmen, siehe *ISA*, ISA-Workshop on Minerals Other than Polymetallic Nodules of the International Seabed Area (2000), Kapitel 13 bis 17.

[36] *Wolfrum*, Die Internationalisierung staatsfreier Räume, S. 328.

engen Mineralienbegriffs mit hinreichender Sicherheit annehmen[37], dass die Vertragsparteien des Seerechtsübereinkommen übereinstimmende Willenserklärungen abgegeben haben.[38]

Dagegen kann die Argumentation nicht gänzlich überzeugen, dass sich bereits im Anschluss an die Pardo-Initiative ab 1967 unmittelbar der Tiefseebodenstatus in Form eines spontanen Völkergewohnheitsrechts verfestigt und den Tiefseeboden als solchen den – ohnehin nur schwerlich operationalisierbaren – Schranken des common heritage-Prinzips unterworfen habe.[39] Unter dem Begriff des spontanen entstandenen Gewohnheitsrechts wird die zweistufige Methode zur Erkennung von Völkergewohnheitsrecht, wie sie sich auch in Art. 38 des IGH-Statuts wiederfindet, dahingehend kritisiert, dass das Erfordernis eines Nachweises der Staatenpraxis dann nicht sachgerecht sei, wenn die Entwicklung beständiger Staatenpraxis – wie etwa in der Astronautik – technisch nicht oder nur eingeschränkt möglich sei.[40] Doch selbst unter der Annahme, dass eine solche Rechtsquelle nach Art. 38 des IGH-Statuts heute anerkannt wäre, kann eine hiermit begründete Ableitung eines verbindlichen Menschheitserbegrundsatzes für den gesamten Tiefseeboden zweifelhaft, weil jedenfalls zu Beginn der Tiefseebodenpolitik Ende der 1960er Jahre[41] spontan entstandenes Völkergewohnheitsrecht noch keine völkergewohnheitsrechtlich anerkannte Rechtsquelle war. Deshalb werden im Zeitpunkt etwa der Meeresbodenprinzipienerklärung von 1970[42] die Generalversammlung bzw. die jeweiligen Staatenvertreter überhaupt nicht über einen rechtlichen Bindungswillen verfügt haben: Bemerkenswert ist in diesem Zusammenhang nicht nur, dass die Resolutionen der Generalversammlung schon damals unstreitig unverbindlich waren, sondern auch, dass alle Beratungen zunächst erfolglos geblieben waren und eine Einigung im Plenum letztlich ohne eingehende

---

[37] „(C)ontractual clauses limiting the independence of States are to be interpreted restrictively – in dubio pro libertate/in dubio mitius, in case of doubt the interpretation prevails which leaves most independence and sovereignty to States", *Kokott*, State, Sovereign Equality, in: Wolfrum (Hrsg.), MPEPIL-Online, Rn. 26.

[38] Trotz anderer Stoßrichtung bestätigt dies letztlich auch *Annweiler*, Die Bewirtschaftung der genetischen Ressourcen des Meeresbodens jenseits der Grenzen nationaler Hoheitsgewalt, S. 188 ff.

[39] So begründet von ders., Die Bewirtschaftung der genetischen Ressourcen des Meeresbodens jenseits der Grenzen nationaler Hoheitsgewalt, 118 ff., Ergebnis auf S. 214 ff.; ausdrücklich dagegen m.w.N. bereits *Vitzthum*, Der Rechtsstatus des Meeresbodens, S. 362; *Wolfrum*, Die Internationalisierung staatsfreier Räume, S. 343 ff.; *Dahm/Delbrück/Wolfrum*, Völkerrecht, I/2, S. 431 f.

[40] Grundlegend *Cheng*, IJIL 5 (1965), S. 23–112 (23 ff.); zusammenfassend *Annweiler*, Die Bewirtschaftung der genetischen Ressourcen des Meeresbodens jenseits der Grenzen nationaler Hoheitsgewalt, S. 124 ff., 197 ff.

[41] Vgl. den umfassenden Nachweis bei *Wolfrum*, Die Internationalisierung staatsfreier Räume, S. 329.

[42] *UN-General Assembly*, Declaration of Principles Governing the Sea-Bed and the Ocean Floor, and the Subsoil thereof, beyond the Limits of National Jurisdiction.

Diskussion zustande kam, wobei allen Beteiligten klar war, dass die Transformation in ein konkret gefasstes Regime größeren Schwierigkeiten entgegensah.[43] Auch wenn der IGH bestätigt hat, dass Resolutionen der Generalversammlungen „may sometimes have normative value"[44], so würde ein Rekurrieren auf spontanes Gewohnheitsrecht den damaligen politischen Vorgängen nachträglich eine Rechtserheblichkeit beimessen, die von den damaligen Akteuren der Staatengemeinschaft wahrscheinlich nicht beabsichtigt gewesen ist.

Durch seinen inhärenten Zusammenhang mit den funktionalen Kompetenzen der ISA ist der Menschheitserbegrundsatz des Seerechtsübereinkommens eine lediglich funktionale Statusregelung, die auf den Mineralienbergbau beschränkt ist,[45] und nicht losgelöst von ihrem historischen Sachzusammenhang in Anspruch genommen werden kann.[46]

Wenn es somit theoretisch für den nicht-mineralischen Tiefseebergbau bei der Anwendbarkeit des – nicht abschließend formulierten[47] – Rechts der hohen See bleiben müsste, käme praktisch doch kein Staat umhin, in umfangreicher Weise mit der ISA zu kooperieren und sich an deren Standards soweit wie möglich zu

---

[43] *Wolfrum*, Die Internationalisierung staatsfreier Räume, S. 337, 345 f.

[44] *ICJ*, Legality of the Threat or Use of Nuclear Weapons, ICJ Reports 1996, 226 – Advisory Opinion, Rn. 70; dies in Bezug nehmend *Annweiler*, Die Bewirtschaftung der genetischen Ressourcen des Meeresbodens jenseits der Grenzen nationaler Hoheitsgewalt, S. 211 f.

[45] Ausdrücklich der seit 2017 amtierende Generalsekretär der ISA: „Clearly, Article 137 substantially qualifies the application of the common heritage principle set out in 136 by limiting its scope to the resources of the area", *Lodge*, The Deep Seabed, in: Rothwell u. a. (Hrsg.), The Oxford Handbook of the Law of the Sea, S. 226–253, 230; „There exists a logical link between the status of the Area and its resources and the utilization regime", *Wolfrum*, ZaöRV 43 (1983), S. 312–337 (317); vgl. ferner *Proelß*, Natur und Recht 2007, S. 650–656 (652 f.); ders., Raum und Umwelt im Völkerrecht, in: Vitzthum/Proelß (Hrsg.), Völkerrecht, S. 361–454, 400 bei und in Fn. 196, 444 f.; *Wood*, International Seabed Authority, in: Wolfrum (Hrsg.), MPEPIL-Online, Rn. 33.

[46] Das common heritage-Prinzip war von Beginn an zusammen mit dem Konzept der permanenten Souveränität über natürliche Ressourcen Teil der sozialpolitischen Forderung nach einer neuen Weltwirtschaftsordnung, also ein Postulat veränderter Wohlstands- und damit letztlich Ressourcenverteilung. Dass darüber hinaus eine generelle „Tiefseebodenfrage" oder sogar „hohe See-Frage" zu lösen gewesen wäre, wie von Pardo ursprünglich beabsichtigt, war von vornherein umstritten und hat keine Mehrheit in der Staatengemeinschaft gefunden; vgl. *Durner*, Common Goods, S. 181 f., 228 ff.; *Wolfrum*, Die Internationalisierung staatsfreier Räume, S. 339; anders aber *Oude Elferink*, IJMCL 22 (2007), S. 143–176 (150 ff., der für „object and purpose" der Regelung schlicht auf „the ordinary meaning of the terms 'seabed', 'ocean floor' and 'subsoil'" verweist); für eine 'dynamischere' Auslegung plädieren auch *Scovazzi*, IJMCL 19 (2004), S. 383–409 (391); *Tanaka*, ODIL 2008, S. 129–149 (139 ff.); *Vöneky/Höfelmeier*, Art. 136–142, in: Proelss (Hrsg.), UNCLOS, Art. 136 Rn. 22.

[47] Die Vermutung spricht eher für die Zulässigkeit neuartiger Nutzungen, *Durner*, Common Goods, S. 159 ff.

orientieren.⁴⁸ Ein nationaler Alleingang – gleich ob durch Vertrags- oder Nichtvertragsstaaten – würde eine erhebliche Provokation⁴⁹ bedeuten, die zumindest solange vermieden werden wird, wie das tatsächliche wirtschaftliche Potential ungeklärt ist. Nicht zuletzt aus diesem Grund bewegt sich jedenfalls bislang jeglicher Tiefseebodenbergbau im Rahmen des einheitlichen SRÜ-DFÜ-Regimes.⁵⁰

2. Künstliche Inseln, Anlagen und andere Einrichtungen

a) Ausschließliche Errichtungsbefugnisse in Küstennähe

Mit der Gebietshoheit erstreckt sich das Recht souveräner räumlicher Entwicklung der Küstenstaaten auch über ihre inneren, Küsten- und ggf. Archipelgewässer (Art. 2, 49 SRÜ). Dies umfasst die Befugnis, Infrastrukturen jeder Art zu planen, zu genehmigen, zu untersagen oder von umweltrechtlichen Auflagen abhängig zu machen,⁵¹ und auch die eigene Landmasse künstlich zu vergrößern.⁵² In der ausschließlichen Wirtschaftszone bzw. auf dem Festlandsockel⁵³ beschränken sich die ausschließlichen Reglementierungsbefugnisse des Küstenstaates gemäß Art. 60 und 80 SRÜ auf Maßnahmen gegenüber punktförmigen, ortsfesten Objekten („artificial islands, installations and structures") mit wirtschaftlicher Zweckrichtung sowie solchen, die solche wirtschaftlichen Interessen des Küstenstaates

---

⁴⁸ *Wood*, MPYBUNL 11 (2007), S. 47–98 (55); *Gavouneli*, From Unity to Fragmentation? The Ability of the UN Convention on the Law of the Sea to Accommodate New Uses and Challenges, in: Strati/Gavouneli/Skourtos (Hrsg.), Unresolved Issues and New Challenges to the Law of the Sea, S. 205–234, 222.

⁴⁹ *Jenisch*, NordÖR 2010, S. 373–382 (381).

⁵⁰ Vgl. *Lodge*, RBDI 47 (2014), S. 129–136 (132); namentlich die USA sollen aber 2012 eine nationale Konzession zur Durchführung von Tiefseebodenaktivitäten ohne Beteiligung der Behörde vorgenommen haben, vgl. *Jenisch*, NordÖR 2015, S. 513–518 (515).

⁵¹ *Wolf*, AWZ-Vorhaben, S. 50; *Keller*, Das Planungs-und Zulassungsregime für Offshore-Windenergieanlagen in der deutschen Ausschliesslichen Wirtschaftszone, S. 41; *Maes*, Marine Policy 12 (2008), S. 797–810 (800); *Proelß*, EurUP 2009, S. 2–10 (2 ff.); *Schubert*, Maritimes Infrastrukturrecht, S. 15 ff., 31 f.

⁵² *Papadakis*, The International Legal Regime of Artificial Islands, S. 51 ff.; *Fitzpatrick*, Künstliche Inseln und Anlagen auf See, S. 60, 62.

⁵³ Die Regelungen der beiden Zonen verweisen zum Teil aufeinander, dabei hat die Unterscheidung von souveränen Rechten und ausschließlichen Hoheitsbefugnissen bloß redaktionelle Bedeutung, *Lagoni*, Festlandsockel, in: Vitzthum (Hrsg.), Handbuch des Seerechts, S. 166–221, 264–286, 234 f.; im Ergebnis wird zurecht angenommen, dass die ausschließliche Wirtschaftszone das Regime des Festlandsockels integriert, wobei bei einer fehlenden AWZ-Ausweisung zahlreiche Befugnisse für den von einer Ausweisung unabhängigen Festlandsockel erhalten bleiben; ausführlich *Proelß*, Ausschliessliche Wirtschaftszone, in: Vitzthum (Hrsg.), Handbuch des Seerechts, S. 222–264, 230 ff.; zum Ausweisungserfordernis siehe Art. 57, 77 Abs. 3 SRÜ; dazu *Attard*, The exclusive economic zone in international law, S. 56 ff.

potentiell beeinträchtigen.⁵⁴ Gerade die im Bereich des Bergbaus zentralen Befugnisse zur Einrichtung – ggf. nur temporärer – Bohr- und Baggervorrichtungen und anderer Bauten sind hiermit erfasst.⁵⁵ Mit Ausnahme der räumlichen Einschränkung gemäß Art. 60 Abs. 7, durch die Bauten internationale Schifffahrtsrouten nicht zu beeinträchtigen, verbleibt den Küstenstaaten jedoch ein weitgehender Beurteilungsspielraum, ob und mit welcher Prüfungsdichte sie Einrichtungen in ihren Funktionshoheitszonen reglementieren.⁵⁶

Um die Sicherheit der Infrastrukturen und der passierenden Schifffahrt sicherzustellen, sind die Küstenstaaten befugt unter Berücksichtigung internationaler Standards – insbesondere der IMO-Res. A.671(16)⁵⁷ – angemessene Sicherheitszonen mit einem Radius von bis zu 500m für alle Schiffe verbindlich auszuweisen,

---

⁵⁴ Vgl. zum Ganzen samt kasuistischer Abgrenzungsvorschläge der einzelnen Begriffe *Gündling*, Die 200 Seemeilen-Wirtschaftszone, S. 219 f.225 ff., 257 f.; *Fitzpatrick*, Künstliche Inseln und Anlagen auf See, S. 75 f.; *Proelß*, Ausschliessliche Wirtschaftszone, in: Vitzthum (Hrsg.), Handbuch des Seerechts, S. 222–264, 250 f.; *Keller*, Das Planungs-und Zulassungsregime für Offshore-Windenergieanlagen in der deutschen Ausschliesslichen Wirtschaftszone, S. 45 f., 49; *Oude Elferink*, Artificial Islands, Installations and Structures, in: Wolfrum (Hrsg.), MPEPIL-Online, Rn. 1 f., 6 f.; *Schubert*, Maritimes Infrastrukturrecht, S. 44 ff.; *Proelss*, Art. 55–60, 306–307, in: Proelss (Hrsg.), UNCLOS, Art. 60 Rn. 8 f.

⁵⁵ Metallbergbau bediente sich traditionell künstlicher Inseln als Ausgangspunkt für Schachtbohrungen im Festlandsockel, *Lagoni*, GYIL 18 (1975), S. 241–282 (246 f.); Öl- und Gasbohrungen sowie Auskiesungen gehen eher von schwimmenden Bohr- und Baggerschiffen, halbversenkten Plattformen oder temporär auf Grund stehenden Hubinseln aus, die in ihrer bestimmungsgemäßen Funktion aber ortsgebunden und damit Anlagen i.S.d. Art. 60, 80 SRÜ sind, vgl. *Hosseini*, The Legal Regime of Offshore Oil Rigs in International Law, S. 12 ff., 20 ff.; *Lagoni*, Festlandsockel, in: Vitzthum (Hrsg.), Handbuch des Seerechts, S. 166–221, 264–286, 170; *Proelss*, Art. 55–60, 306–307, in: Proelss (Hrsg.), UNCLOS, Art. 60 Rn. 10; auch *IMO-Assembly*, Safety zones and safety of navigation around offshore installations and structures, Resolution A.671(16), 19.10.1989, 288 in Fn. *; der Sache nach auch *UN-General Assembly*, World Ocean Assessment I, Chapter 21, S. 3, Chapter 23, S. 2 ff.

⁵⁶ *Stoll*, Natur und Recht 1999, S. 666–674 (670); *Gündling*, Die 200 Seemeilen-Wirtschaftszone, S. 224; lediglich Vorschläge, grundsätzlich alle Installationen der Hoheit des Küstenstaats zu unterwerfen konnten sich nicht durchsetzen, sodass die Wortlautgrenze jedenfalls mit der teils bestehenden Staatenpraxis überschritten sein dürfte, jegliche Anlagen unter küstenstaatlichen Genehmigungsvorbehalt zu stellen *Papadakis*, The International Legal Regime of Artificial Islands, S. 71 ff.; *Kwiatowski*, ODIL 1991, S. 153–187 (164); einzige stillschweigende Ausnahme sind kleine militärische Installation, *Treves*, AJIL 74 (1980), S. 808–857 (811 ff., 831 ff., 840 ff.); *Zedalis*, AJIL 75 (1981), S. 926–935 (926 ff.mit Rückantwort von *Treves* ab S. 933 ff.); *Gündling*, Die 200 Seemeilen-Wirtschaftszone, S. 227 ff.; unklar ist freilich bereits, was überhaupt militärische Zwecke sind, *Wolfrum*, GYIL 24 (1981), S. 200–241 (201 ff., 240 f.).

⁵⁷ *IMO-Assembly*, Safety zones and safety of navigation around offshore installations and structures, Resolution A.671(16), 19.10.1989.

die Vorgaben für die Schiffsausrüstung, sichere Passagerouten bis hin zu Durchfahrtsverboten statuieren können (Art. 60 Abs. 4 bis 7 SRÜ).[58]

Im Falle einer fehlenden Ausschließlichen Wirtschaftszone – wie beispielsweise in Teilen des Mittelmeers[59] – verbleibt die Wassersäule über dem Festlandsockel hohe See (Art. 78 Abs. 1 SRÜ).[60] Da im Bereich des Festlandsockels Art. 80 SRÜ die entsprechende Geltung des Art. 60 SRÜ anordnet, wird einerseits davon ausgegangen, dass das Anlagenerrichtungsrecht des Küstenstaates in beiden Zonen deckungsgleich sei.[61] Andererseits ist argumentiert worden, dass es geboten sei Art. 80 SRÜ insoweit restriktiv auszulegen, dass er nicht die AWZ-Rechte gemäß Art. 56 SRÜ in Bezug nehme, sondern vielmehr Art. 60 im Sinne der Festlandsockelrechte gemäß Art. 77 Abs. 1 SRÜ verstanden wissen wolle. Der Küstenstaat habe damit zwar das alleinige Recht, Anlagen für ressourcenbezogene Zwecke zu reglementieren, nicht aber die Errichtung von Anlagen der wind- und wasserkraftgestützten Stromerzeugung und andere wirtschaftliche Zwecke, die lediglich die Wassersäule und den Luftraum beträfen.[62] Diese einschränkende Auffassung übersieht jedoch, dass – selbst unter der nicht eben zwingenden Annahme, dass gemäß Art. 80 lediglich Art. 77 Abs. 1 SRÜ entsprechend anzuwenden sei[63] – Art. 60 anerkanntermaßen im Spezialitätsverhältnis zu Art. 56 SRÜ steht.[64] Art. 60 Abs. 1 lit. b trägt jedoch das eigenständige und zusätzliche Merkmal der „other economic purposes" in sich und hängt insoweit gerade nicht von

---

[58] Dazu *Fitzpatrick*, Künstliche Inseln und Anlagen auf See, S. 95; *Keller*, Das Planungs-und Zulassungsregime für Offshore-Windenergieanlagen in der deutschen Ausschliesslichen Wirtschaftszone, S. 51 ff.; zurückhaltender *Attard*, The exclusive economic zone in international law, S. 90 ff.

[59] Vgl. Table of claims to maritime jurisdiction as at 15 July 2011.

[60] *Papadakis*, The International Legal Regime of Artificial Islands, S. 70 f.; *Proelß*, Ausschliessliche Wirtschaftszone, in: Vitzthum (Hrsg.), Handbuch des Seerechts, S. 222–264, 232.

[61] *Gündling*, Die 200 Seemeilen-Wirtschaftszone, S. 201; *Stoll*, Continental Shelf, in: Wolfrum (Hrsg.), MPEPIL-Online, Rn. 31.

[62] *Proelß*, Ausschliessliche Wirtschaftszone, in: Vitzthum (Hrsg.), Handbuch des Seerechts, S. 222–264, 249 f.; *Proelss*, Art. 55–60, 306–307, in: Proelss (Hrsg.), UNCLOS, Art. 56 Rn. 19; Art. 60 Rn. 14; wohl auch *Churchill/Lowe*, The Law of the Sea, S. 168; *Andreone*, The Exclusive Economic Zone, in: Rothwell u. a. (Hrsg.), The Oxford Handbook of the Law of the Sea, S. 159–180, 171.

[63] Trotz historischer Analyse findet sich keine derartige Differenzierung bei *Fitzpatrick*, Künstliche Inseln und Anlagen auf See, S. 77 ff.

[64] Die Hoheitsbefugnisse ergeben sich gerade nicht unmittelbar aus letzterem, sondern „as provided for in the relevant provisions", namentlich Art. 60. So selbst *Proelß*, Ausschliessliche Wirtschaftszone, in: Vitzthum (Hrsg.), Handbuch des Seerechts, S. 222–264, 249; *Proelss*, Art. 55–60, 306–307, in: Proelss (Hrsg.), UNCLOS, Art. 56 Rn. 1; auch *Forkel*, Maritime Raumordnung in der AWZ, S. 247; *Schubert*, Maritimes Infrastrukturrecht, S. 37.

Art. 56 Abs. 1 lit. a SRÜ ab.[65] Art. 60 Abs. 1 lit. b SRÜ geht damit im Bereich des Insel- und Anlagenbaus nicht nur über Art. 77 Abs. 1 SRÜ, sondern sogar über Art. 56 Abs. 1 lit. a SRÜ hinaus.[66] Damit spielt es namentlich für fest verankerte Windräder keine Rolle, dass ihre Wertschöpfung erst durch die Nutzung der Kräfte im Luftraum erfolgt[67], weil sie jedenfalls für wirtschaftliche Zwecke auf dem Festlandsockel errichtet werden, in aller Regel ohnehin unter Einsatz von – küstenstaatlich für jegliche Zwecke reglementierbaren – Bohrmaßnahmen (Art. 81 SRÜ).[68] Dies gilt letztlich auch für die Errichtung zunehmend erprobter schwimmender Photovoltaik- und Windkraftanlagen, die zwar nicht auf einem eingelassenen Fundament stehen, aber doch ortsfest verankert und vertäut werden müssen.[69] Im Übrigen erscheint die Annahme unilateraler ortsgebundener Nutzung oberhalb fremder Festlandsockel praxisfern, da aus politischen und vor allem Gründen der Investitionssicherheit ohnehin ein Einvernehmen oder sogar gemeinschaftliches Tätigwerden mit dem Festlandsockelstaat zu suchen sein dürfte.[70]

b) Errichtungsfreiheiten auf hoher See

Obgleich bei der Errichtung von künstlichen Inseln und Anlagen, im Gegensatz zu bloß vorübergehenden Nutzungen wie Fischerei und Schifffahrt, danach gestrebt wird „auf Dauer terrestrische Lebensverhältnisse zu schaffen", war schon vor Geltung des Seerechtsübereinkommens gewohnheitsrechtlich anerkannt, dass auch auf hoher See alle Staaten im Rahmen der Gemeinverträglichkeit zur Errichtung von künstlichen Inseln, Anlagen und anderen ortsfesten Konstruktionen befugt sind.[71] In diesem Sinne findet sich dieses Recht auch in Art. 87 Abs. 1 lit. d SRÜ

---

[65] Dies beweist der Umstand, dass Art. 60 Abs. 1 lit. b SRÜ die Befugnisse des Küstenstaates kumulativ vorsieht: „(...) for the purposes provided for in article 56 *and* other economic purposes (...)" (Hervorh. d. Verf.).

[66] Dieser systematische Zusammenhang spiegelt sich auch in den Umweltschutzpflichten gemäß Art. 208, 214 SRÜ wider, die – ohne Erwähnung der Art. 56 bzw. 77 SRÜ – von „artificial islands, installations and structures under their jurisdiction, pursuant to articles 60 and 80" sprechen (Hervorh. d. Verf.).

[67] So *Proelß*, Ausschliessliche Wirtschaftszone, in: Vitzthum (Hrsg.), Handbuch des Seerechts, S. 222–264, 249 f.

[68] Siehe den Vergleich der Rechtslage vor und nach dem SRÜ *Papadakis*, The International Legal Regime of Artificial Islands, S. 66 ff., 78 f.; auch *Maggio*, Art. 77–78, 80–81, 85, in: Proelss (Hrsg.), UNCLOS, Art. 80 Rn. 17.

[69] Vgl. *Aigner*, Mehr Platz für die Sonne; *Reimer/Schadwinkel*, Jetzt wird beim Wellenreiten Strom gemacht.

[70] *Papadakis*, The International Legal Regime of Artificial Islands, 68 f., 78, vgl. auch die hierzu verwandte Problematik extraterritorialer Raumplanung auf S. 39 ff.

[71] Vgl. *Lagoni*, GYIL 18 (1975), S. 241–282 (256 ff.mit Zitat); *Papadakis*, The International Legal Regime of Artificial Islands, S. 54 ff.; *Attard*, The exclusive economic zone in international law, S. 87.

explizit normiert, vorbehaltlich der Einschlägigkeit des Festlandsockelregimes, der Regelungskomplex ist im Übrigen jedoch vergleichsweise unausgebildet.[72]

Eine ausschließliche Regelungs- und Kontrollkompetenz der ISA ist Art. 147 Abs. 2 lit. a SRÜ für solche Anlagen zu entnehmen, die der Förderung mineralischer Ressourcen dienen, bzw. in direktem Zusammenhang mit diesen Tätigkeiten im Gebiet stehen.[73] Trotz der Ähnlichkeit zu Art. 60 SRÜ, sprechen Systematik und Historie dafür den Begriff der „installations" für diesen Teil eigenständig zu definieren und alle ortsgebundenen und menschengemachten Konstruktionen hierunter zu fassen, ggf. auch Kabel und Rohrleitungen.[74] Soweit ein unmittelbarer Zusammenhang mit mineralischen Bergbau nicht gegeben ist, bleibt es bei der Anwendbarkeit des Rechts der hohen See.[75]

Trotz fehlender Regelungen über Sicherheitszonen wird auch für Infrastrukturen auf hoher See vertreten, dass einzelne Staaten befugt seien Sicherheitszonen auszuweisen, soweit sie nicht zu einer unangemessenen Einschränkung der Meeresfreiheit führen,[76] bzw. im Sinne wechselseitiger Rücksichtnahme gemäß Art. 87 Abs. 2 SRÜ alle Staaten dazu verpflichtet seien, angemessene Sicherheitszonen zu respektieren.[77] In der Tat ließe sich argumentieren, dass das Recht zur Errichtung von Anlagen auch das Recht beinhaltet, für einen angemessenen Schutz der Anlagen zu sorgen. Insoweit wird man zumindest ein reziprokes Interesse der Anlagen- und Schiffsbetreiber an Warneinrichtungen durchaus unterstellen können. Dass diese Gegenseitigkeit auch im Sinne von rechtsverbindlichen, sprich: notfalls gegenüber Schiffen durchsetzbaren, Sicherheitsabständen und Wegefüh-

---

[72] Das Regime der hohen See gibt im Wesentlichen die Normen der Vorgängerregimes wieder. Der Anlagenbegriff ist sprachlich etwas weiter gefasst als Art. 60 SRÜ, die Vielzahl der Anlagenbegriffe im Seerechtsübereinkommen spricht jedoch dafür, dass auch hier grundsätzlich alle Formen immobiler Bauten erfasst sein sollten, vgl. *Wolfrum*, Hohe See und Tiefseeboden (Gebiet), in: Vitzthum (Hrsg.), Handbuch des Seerechts, S. 287–345, 324; *Oude Elferink*, Artificial Islands, Installations and Structures, in: Wolfrum (Hrsg.), MPEPIL-Online, Rn. 17 ff.

[73] Letztere umfassen etwa die Trennung der Mineralien von wirtschaftlich uninteressantem Material sowie dessen Entsorgung, je nach Sachlage aber nicht mehr der Transport an Land *ITLOS*, Responsibilities and obligations of States with respect to activities in the Area, Case No. 17, 01.02.2011, ITLOS Reports 2011, 10 – Advisory Opinion, Rn. 82 ff., insb. Rn. 94 ff.

[74] Vgl. *Wiese*, Grenzüberschreitende Landrohrleitungen und seeverlegte Rohrleitungen im Völkerrecht, S. 204 f.; *Vöneky/Beck*, Art. 143–148, in: Proelss (Hrsg.), UNCLOS, Art. 147 Rn. 18 ff.; *Wolf*, Unterseeische Rohrleitungen und Meeresumweltschutz, S. 151.

[75] Zu weit daher die Formulierung von *Dahm/Delbrück/Wolfrum*, Völkerrecht, I/2, 387 f., jegliche Anlagen, die der wirtschaftlichen Nutzung des Meeresbodens dienen, bedürften der Genehmigung durch die ISA.

[76] *Fitzpatrick*, Künstliche Inseln und Anlagen auf See, S. 96 f.

[77] *Oude Elferink*, Artificial Islands, Installations and Structures, in: Wolfrum (Hrsg.), MPEPIL-Online, Rn. 17 f.; *Vöneky/Beck*, Art. 143–148, in: Proelss (Hrsg.), UNCLOS, Art. 147 Rn. 30.

rungen gilt, ist dagegen kaum gesichert. Die mit Art. 60 weitgehend identische Regelung in Art. 147 Abs. 2 lit. c SRÜ bezüglich Anlagen mit Bezug zum Tiefseebodenbergbau, findet jedenfalls nur im Rahmen des Teiles XI Anwendung – unter Aufsicht der ISA und gerade nicht der Hoheit eines einzelnen Staates. Dass für wissenschaftliche Anlagen gemäß Art. 260 SRÜ sogar zonenübergreifend das Recht zur Errichtung von Sicherheitszonen besteht, spricht letztlich eher gegen eine darüber hinausgehende Befugnis auch für alle sonstigen, insbesondere wirtschaftliche Anlagen.

Auch wenn die ersichtlichen Normen – u.a. die genannte IMO-Resolution A.671(16) über Sicherheitszonen[78] – zumindest einen praktischen Orientierungspunkt dafür bieten dürften, was unter wechselseitiger Rücksichtnahme verstanden werden darf,[79] scheidet eine schlichte analoge Anwendung damit aus. Die Hürden zur Erklärung dauerhafter[80] Durchfahrtsverbote mit einem Radius von bis zu 500m auf hoher See, dürften jedenfalls hoch gesteckt werden.

c) Anforderungen an private Vorhaben im Bereich seerechtlicher Freiheiten

Das Seerechtsübereinkommen regelt nur die Beziehungen zwischen Staaten und nur ihnen stehen die Freiheiten der hohen See zu.[81] Private wiederum besitzen im Grundsatz keine Völkerrechtssubjektivität und können damit auch nicht Träger dieser Freiheiten sein, sondern sind darauf angewiesen, dass ein Staat ihnen eine Freiheit der hohen See vermittelt.[82] Auf hoher See sind private Infrastrukturvorhaben völkerrechtlich nur insoweit zulässig, als sie Ausdruck einer staatlichen seerechtlichen Freiheit sind,[83] d.h. soweit ein Staat bereit ist, die völkerrechtliche

---

[78] Die Empfehlung dürfte auf hoher See keine Geltung beanspruchen. Zwar klammert die Vorschrift die hohe See nicht ausdrücklich aus, die durchweg verwendete Terminologie der Pflichten von Küstenstaaten – die es auf hoher See ja in diesem Sinne gar nicht gibt – sowie die ausschließliche Erwähnung von Wirtschaftszonen und Festlandsockel legen eine entsprechende Beschränkung auf die Funktionshoheitszonen jedoch nahe.

[79] *Oude Elferink*, Artificial Islands, Installations and Structures, in: Wolfrum (Hrsg.), MPEPIL-Online, Rn. 17 f.; *Vöneky/Beck*, Art. 143–148, in: Proelss (Hrsg.), UNCLOS, Art. 147 Rn. 30.

[80] Die Einrichtung temporärer Sicherheitszonen zur Vornahme militärischer Übungen ist übliche Praxis, *Dahm/Delbrück/Wolfrum*, Völkerrecht, I/2, S. 348.

[81] *Lagoni*, GYIL 18 (1975), S. 241–282 (278 f.); *Fitzpatrick*, Künstliche Inseln und Anlagen auf See, S. 86; *Wiese*, Grenzüberschreitende Landrohrleitungen und seeverlegte Rohrleitungen im Völkerrecht, S. 210; *Wolf*, Unterseeische Rohrleitungen und Meeresumweltschutz, S. 123.

[82] *Lagoni*, GYIL 18 (1975), S. 241–282 (278 f.); *Wiese*, Grenzüberschreitende Landrohrleitungen und seeverlegte Rohrleitungen im Völkerrecht, S. 210; *Wolf*, Unterseeische Rohrleitungen und Meeresumweltschutz, S. 123.

[83] Selbiges gilt für Kabel und Rohrleitungen im Bereich fremder Festlandsockel, da insoweit ebenfalls die seerechtlichen Freiheiten gelten, vgl. sogleich S. 189 ff.

Verantwortlichkeit für das Vorhaben zu übernehmen.[84] Aus diesem Abhängigkeitsverhältnis erklären sich zugleich die hoheitlichen Befugnisse des zuständigen Staates über die oftmals in privater Trägerschaft stehenden Vorhaben, und nur in diesem Rahmen kann er rechtmäßige Genehmigungen an Private erteilen, da ein Staat seinen Bürgern nicht mehr Rechte gewähren kann, als er selbst inne hat.[85]

Einzige Norm im Seerechtsübereinkommen zu dieser Frage der zulässigen Vorhaben Privater ist Art. 153 Nr. 2 lit. b, der Vorhaben im Anwendungsbereich des Teiles XI für Staaten und staatliche Unternehmen sowie für natürliche oder juristische Personen für zulässig erklärt, die entweder die Staatsangehörigkeit eines Vertragsstaats besitzen oder von ihm oder seinen Staatsangehörigen tatsächlich kontrolliert werden, wenn sie von diesen Staaten protegiert werden. Im Einklang hiermit wird der von anderen Staaten und Privatpersonen zu respektierende Rechtsstatus von Infrastrukturen in der Literatur zumeist anhand der zivilrechtlichen Eigentumsverhältnisse und anderer nach außen erkennbarer Formen der Zuordnung beschrieben.[86] Die Nationalität des Eigentümers einer Infrastruktur bildet insoweit einen völkerrechtlichen Zurechnungstatbestand, auf dessen Grundlage ein Staat auch außerhalb seines Gebiets bauliche Vorhaben reglementieren kann.[87] In dem am häufigsten vorkommenden Fall einer Unternehmensgesellschaft entsteht die Verknüpfung dann durch den Sitz und/oder die Registrierung des Unternehmens in dem jeweiligen Staat.[88] Bei vielschichtigen Eigentumsverhältnissen oder der Verlegung von Leitungen zwischen mehreren Staaten können damit auch mehrere Verlegestaaten für ein Gesamtprojekt bestehen.[89]

---

[84] *Hosseini*, The Legal Regime of Offshore Oil Rigs in International Law, S. 85; die Verantwortlichkeit ergibt sich hier jedenfalls nicht aus territorialen Gründen, *Dahm/Delbrück/Wolfrum*, Völkerrecht, I/1, S. 320; *Proelß*, Raum und Umwelt im Völkerrecht, in: Vitzthum/Proelß (Hrsg.), Völkerrecht, S. 361–454, 371.

[85] *Lagoni*, GYIL 18 (1975), S. 241–282 (279).

[86] *Dahm/Delbrück/Wolfrum*, Völkerrecht, I/2, S. 386; *Lagoni*, Festlandsockel, in: Vitzthum (Hrsg.), Handbuch des Seerechts, S. 166–221, 264–286, 204; *Wolf*, Unterseeische Rohrleitungen und Meeresumweltschutz, S. 122; für Installationen der wissenschaftlichen Meeresforschung *Hafner*, Meeresumwelt, Meeresforschung und Technologietransfer, in: Vitzthum (Hrsg.), Handbuch des Seerechts, S. 347–460, 447.

[87] *Lagoni*, GYIL 18 (1975), S. 241–282 (278); *Wolf*, Unterseeische Rohrleitungen und Meeresumweltschutz, S. 122 f.; *Wiese*, Grenzüberschreitende Landrohrleitungen und seeverlegte Rohrleitungen im Völkerrecht, S. 184; allgemein *Oxman*, Jurisdiction of States, in: Wolfrum (Hrsg.), MPEPIL-Online, Rn. 18 ff.; *Epping/Heintze*, Völkerrechtssubjekte, in: Epping/Heintschel von Heinegg (Hrsg.), Ipsen, Völkerrecht, S. 73–452, 116 ff., 123 ff.

[88] *Wolf*, Unterseeische Rohrleitungen und Meeresumweltschutz, S. 122 f.; *Epping/Heintze*, Völkerrechtssubjekte, in: Epping/Heintschel von Heinegg (Hrsg.), Ipsen, Völkerrecht, S. 73–452, 130 f.

[89] *Wolf*, Unterseeische Rohrleitungen und Meeresumweltschutz, S. 124 ff.

In diesem Zusammenhang ist bemängelt worden, dass sich die Nationalität von Betreiberunternehmen durch Sitzverlagerung, Verkauf oder Fusion mehrfach ändern könnten, was ein erhebliches Missbrauchspotential berge.[90] Zur Vermeidung von unbeabsichtigten Hoheitslücken ist daher gefordert worden, eine der Flaggenstaatenzugehörigkeit von Schiffen entsprechende Registrierungspflicht einzuführen,[91] bzw. wird vereinzelt – kaum überzeugend – vertreten, eine solche Registrierungspflicht existiere bereits.[92] Zudem wird gefordert, dass bei Änderungen der nationalen Zugehörigkeit des Betreiberunternehmens staatsvertragliche Übergangstatbestände zu schaffen seien.[93]

Im Ergebnis können die vorstehenden Forderungen nicht überzeugen: Nicht nur ist bereits die Wirksamkeit von Registrierungspflichten vor dem Hintergrund der aus der Schifffahrt bekannten Billigflaggen fraglich,[94] auch besteht eine grundsätzliche Reserviertheit der seefahrenden Nationen gegenüber Registrierungspflichten, die Zweifel an der praktischen Funktionalität derartiger Regelungsansätze nähren.[95] Vor allem aber kann die Sorge um unbeabsichtigte Hoheitslücken nicht nachvollzogen werden. Denn es mag zwar Fälle geben, in denen sich ein Wechsel der Gesellschaftsnationalität als rentabel erweist, z.B. entsorgungswirtschaftlich nach Ende der operativen Phase. In Anbetracht der hohen Investitionskosten maritimer Infrastrukturvorhaben dürfte dem Träger aber

---

[90] Ebd., S. 124 ff.

[91] *Kaye*, TMLJ 2006, S. 377–423 (423).

[92] So argumentiert *Fitzpatrick*, Künstliche Inseln und Anlagen auf See, 86 f.eine entsprechende Pflicht folge aus Art. 109 Abs. 3 lit. b SRÜ; die Registrierung von Anlagen ist im Seerechtsübereinkommen nur in Art. 109 Abs. 3 lit. b, Art. 209 Abs. 2 sowie Art. 262 erwähnt, wobei diese Normen die Registrierungsmöglichkeit anerkennen, jedoch keine Pflicht statuieren, die Art. 94 Abs. 2 lit. a SRÜ vergleichbar wäre; vgl. auch Art. 209 Abs. 2 SRÜ, der zeigt, dass die Umstände völkerrechtlicher Anknüpfung unterschiedlich sein können; vgl. auch *Papanicolopulu*, Art. 242–244, 258–262, 278, in: Proelss (Hrsg.), UNCLOS, Art. 262 Rn. 4 f.; *Kaye*, TMLJ 2006, S. 377–423 (387 f.).

[93] *Wolf*, Unterseeische Rohrleitungen und Meeresumweltschutz, S. 126.

[94] Die Bedingungen der Registrierung sind den Staaten freigestellt sind (vgl. Art. 91 Abs. 1 SRÜ) und greifen zudem meist erst ab einer bestimmten Schiffsgröße, *Wolfrum*, Hohe See und Tiefseeboden (Gebiet), in: Vitzthum (Hrsg.), Handbuch des Seerechts, S. 287–345, S. 301 mit Fn. 58; im Überblick m.w.N. *König*, Flags of Convenience, in: Wolfrum (Hrsg.), MPEPIL-Online.

[95] Ein bereits 1986 ausgehandeltes Registrierungsabkommen zur weiteren Spezifizierung des Flaggenstaatenprinzips ist bisher nicht in Kraft getreten (United Nations Convention on Conditions for Registration of Ships von 1986; Text einsehbar unter: http://unctad.org/en/PublicationsLibrary/tdrsconf23_en.pdf; auch für Weltraumobjekte sind entsprechende Registrierungspflichten erst auf der Grundlage des Übereinkommens über die Registrierung der in den Weltraum gestarteten Gegenstände von 1974/Convention on Registration of Objects Launched into Outer Space, BGBl. II 1979 Nr. 26 S. 650 ff. vereinbart worden; zum Register vgl. f. *Outer Space Affairs*, Online Index of Objects Launched into Outer Space.

zuvörderst an Rechtssicherheit gelegen sein. Der zügige Wechsel in eine Rechtsordnung also, in der etwa geringere Umweltschutzanforderungen gestellt oder durchgesetzt werden, bedeutete doch zugleich auch ein deutlich höheres Risiko in Bezug auf die rechtliche Verlässlichkeit des Schutzstaates.[96] Dem entspricht daher der Befund, dass in der Praxis etwa bei Rohrleitungen Hoheitsbefugnisse außerordentlich stabil bei einem Verlegestaat verbleiben.[97] Doch auch in rechtlicher Hinsicht macht es keinen Unterschied, auf welche Weise ein Staat seine Freiheiten ausübt. Staatliche Eigenplanungen, die zweifellos dem Vorhabenstaat zuzuordnen sind, bleiben ihm zugeordnet, solange er sich dieser Zugehörigkeit nicht durch zurechenbares Verhalten entledigt; dies gilt im Falle eines privaten Vorhabens ebenso. Ein privates Vorhaben wird nur auf der Grundlage einer staatlichen Verlege- und Errichtungsfreiheit völkerrechtlich zulässig. Der völkerrechtliche Status des Vorhabens kann folglich nicht durch rechtliches Verhalten des privaten Vorhabenträgers einseitig geändert werden. Die Befugnisse eines Staates als Verlege- und Errichtungsstaat haften weniger an der Person des Eigentümers, Vorhabenträgers oder sonstigen Genehmigungsadressaten, sondern vielmehr an der Genehmigung des Vorhabens selbst. Die Nationalität des Vorhabenträgers bildet also die rechtliche Ursache dafür, dass ein Staat verlangen kann, ein Vorhaben zu reglementieren und zu genehmigen. Hat ein Staat ein Vorhaben auf diese Weise seiner Hoheit unterstellt und es als Ausdruck seiner Meeresfreiheit akzeptiert, hat er das dauerhafte Recht die Einrichtung zu reglementieren und zu kontrollieren.[98] Unbeabsichtigte Jurisdiktionslücken können also gar nicht entstehen. Vorhabenstaatlich beabsichtigte Jurisdiktionslücken, etwa zur Umgehung umweltrechtlicher Anforderungen, können dagegen durchaus entstehen, sie sind als ungünstige Verquickungen von Staaten mit ihrer (großindustriellen) Wirtschaft aber ein anderes Problem.

3. Kabel und Rohrleitungen

Leitungsinfrastrukturen lassen sich technisch und nach Versorgungszweck vielfältig kategorisieren,[99] werden vom Seerechtsübereinkommen aber unter den Begriffen der Kabel (Strom und Telekommunikation) und Rohrleitungen (Öl, Gas und im Einzelfall Wasser) rechtlich weitgehend gleich behandelt.[100]

---

[96] Zumal sich Immobilien im Gegensatz zu Schiffen dem unliebsamen Zugriff eines Staates nicht ohne weiteres durch bloße Fortbewegung entziehen könnten.
[97] So *Lagoni*, Festlandsockel, in: Vitzthum (Hrsg.), Handbuch des Seerechts, S. 166–221, 264–286, 206.
[98] In diese Richtung ebd., 206.
[99] *UN-General Assembly*, World Ocean Assessment I, Chapter 19, S. 1 ff., 6 ff., 9 ff.; *Wiese*, Grenzüberschreitende Landrohrleitungen und seeverlegte Rohrleitungen im Völkerrecht, S. 50; *Wolf*, Unterseeische Rohrleitungen und Meeresumweltschutz, S. 28 ff.
[100] *Lagoni*, Festlandsockel, in: Vitzthum (Hrsg.), Handbuch des Seerechts, S. 166–221, 264–286, 203.

a) Souveränität und Verlegefreiheit als Planungskompetenzen

Auch maritime Kabel und Rohrleitungen können unter der Souveränität des Küstenstaates umfassend reglementiert werden, und auch die Freiheit zur Verlegung von Kabeln und Rohrleitungen auf hoher See gehört in der Fassung des Art. 87 Abs. 1 lit. c, 112 Abs. 2 SRÜ zum Kanon des universellen Völkergewohnheitsrechts.[101] Die Verlegefreiheit selbst bildet insoweit die rechtliche Grundlage, auf der die Rechtsordnung desjenigen Staates das einzuhaltende Planungsverfahren normiert, dessen Staatsgewalt die jeweilige Leitung – nach den oben anhand von Anlagen auf hoher See erörterten Maßgaben – unterworfen ist.[102] Einzige Ausnahme hiervon bildet das ausschließliche Recht der ISA zur Reglementierung von Rohrleitungen, die im unmittelbaren Zusammenhang mit dem mineralischen Tiefseebodenbergbau stehen. Auch wenn der Verlegestaat nicht befugt ist fremde Rohrleitungen zu beschädigen oder zu entfernen, so ist er – infolge des räumlichen Okkupationsverbots auf hoher See – nicht daran gehindert fremde Leitungen ohne Zustimmung des jeweiligen Verlegestaates oder Eigentümers zu passieren, beispielsweise durch eine Brückenkonstruktion.[103] Dieselbe originäre Freiheit der hohen See gegenüber anderen Staaten und Privaten genießen alle Staaten auch für Leitungen auf einem Festlandsockel (Art. 79 Abs. 1 i.V.m. 86, 87 Abs. 1 lit. c SRÜ) bzw. in einer ausschließlichen Wirtschaftszone (Art. 58 Abs. 1 SRÜ),[104] für die die oben dargestellten Erwägungen über private Vorhabenträgerschaft im Bereich partikularer Zuständigkeiten entsprechend gelten.[105] Im – vertraglich änderbaren – Ausgangspunkt gilt damit, dass Trassierung, Zulassung und Umweltschutzauflagen samt vorbereitender Untersuchung von Sedimenten, Flora und Fauna jenseits des Küstenmeeres grundsätzlich nach Maßgabe des Rechts des

---

[101] *Wolfrum*, Hohe See und Tiefseeboden (Gebiet), in: Vitzthum (Hrsg.), Handbuch des Seerechts, S. 287–345, S. 323 in Fn. 190.

[102] Vgl. oben S. 183 ff.; *Wiese*, Grenzüberschreitende Landrohrleitungen und seeverlegte Rohrleitungen im Völkerrecht, S. 184, 247; *Dahm/Delbrück/Wolfrum*, Völkerrecht, I/2, S. 386; *Lagoni*, Festlandsockel, in: Vitzthum (Hrsg.), Handbuch des Seerechts, S. 166–221, 264–286, 206.

[103] Die Kreuzung zweier Rohrleitungen findet daher in der Regel bloß eine privatrechtsvertragliche Regelung; *Wolf*, Unterseeische Rohrleitungen und Meeresumweltschutz, S. 83 f., 122; *Lagoni*, Festlandsockel, in: Vitzthum (Hrsg.), Handbuch des Seerechts, S. 166–221, 264–286, 204; *Dahm/Delbrück/Wolfrum*, Völkerrecht, I/2, S. 386; *Wolfrum*, Hohe See und Tiefseeboden (Gebiet), in: Vitzthum (Hrsg.), Handbuch des Seerechts, S. 287–345, 323.

[104] Mit Errichtung einer AWZ bildet das Recht zur Leitungsverlegung für den Küstenstaat zunächst ein nichtausschließliches „anderes Recht" im Sinne von Art. 56 Abs. 1 lit. c SRÜ, *Attard*, The exclusive economic zone in international law, S. 123; *Wiese*, Grenzüberschreitende Landrohrleitungen und seeverlegte Rohrleitungen im Völkerrecht, S. 163 f., 177 f.; *Geber*, Die Netzanbindung von Offshore-Anlagen im europäischen Supergrid, S. 23 ff., 27.

[105] Vgl. S. 185 ff.

Verlegestaats erfolgen.[106] Die Einrichtung langstreckiger Sicherheitszonen ist dabei jedoch weder ausdrücklich vorgesehen noch sachgerecht, angemessen oder praktikabel.[107]

b) Ressourcen-, Anlagen- und Umweltschutz bei Transitleitungen

Die Freiheit zur Leitungsverlegung wird durch Art. 79 SRÜ im Bereich des Festlandsockels – und ggf. der ausschließlichen Wirtschaftszone – zugunsten der Rechtsordnung des Küstenstaates eingeschränkt, wobei sich Transitleitungen, anlandende Leitungen und Anbindungsleitungen unterscheiden lassen.[108] So ist der Küstenstaat gemäß Art. 79 Abs. 2 SRÜ gegenüber allen Rohrleitungen und Kabeln, einschließlich bloßer Transitleitungen ohne Gebietsberührung[109], befugt, angemessene Maßnahmen zur Erforschung und Ausbeutung seiner Festlandsockelressourcen sowie gegenüber Rohrleitungen auch angemessene Maßnahmen zur Verhütung, Verringerung und Überwachung der Verschmutzung zu treffen. Neben dem Recht von den Verlegestaaten die zur Durchsetzung seiner Interessen relevanten Informationen zu erhalten, ist hiervon die Befugnis des Küstenstaates umfasst, geplante Leitungen (auch Kabel!) anderer Staaten im Bereich eigener Lagerstättennutzung zielgerichtet einer Genehmigungspflicht zu unterwerfen und störendenfalls auszuschließen, notfalls unter Kostenbeteiligung; lediglich eine bloß hypothetische zukünftige Ressourcennutzung dürfte die Verlegefreiheit unangemessen beeinträchtigen.[110] Da dem Küstenstaat im Gebiet der Funktionshoheitszonen zugleich das ausschließliche Recht der Anlagenerrichtung zukommt, kann er

---

[106] *Wiese*, Grenzüberschreitende Landrohrleitungen und seeverlegte Rohrleitungen im Völkerrecht, S. 181, 247; *Lagoni*, Festlandsockel, in: Vitzthum (Hrsg.), Handbuch des Seerechts, S. 166–221, 264–286, 205 f.; *Proelß*, ZUR 2010, S. 359–364 (360); *Wolf*, Unterseeische Rohrleitungen und Meeresumweltschutz, S. 84 ff.; *Geber*, Die Netzanbindung von Offshore-Anlagen im europäischen Supergrid, S. 30.

[107] *Wolf*, Unterseeische Rohrleitungen und Meeresumweltschutz, S. 135 ff., 215 ff.; *Wiese*, Grenzüberschreitende Landrohrleitungen und seeverlegte Rohrleitungen im Völkerrecht, S. 273, 280.

[108] Vgl. nachfolgend *Schubert*, Maritimes Infrastrukturrecht, S. 52 ff.; der Küstenstaat ist nicht befugt jegliche Leitungen auf seinem Festlandsockel einer generellen Genehmigungspflicht zu unterwerfen, *Wiese*, Grenzüberschreitende Landrohrleitungen und seeverlegte Rohrleitungen im Völkerrecht, 262 ff., S. 239 ff.zur Frage, inwieweit Art. 79 Abs. 2 SRÜ tatsächlich selbst die Befugnisse zuweist oder lediglich eine Konkretisierung von Art. 77 Abs. 1 SRÜ ist.

[109] Ders., Grenzüberschreitende Landrohrleitungen und seeverlegte Rohrleitungen im Völkerrecht, S. 182 ff., 264 f.

[110] Mitunter wird sogar ein Anspruch auf kostspielige Verlegung bestehender Leitungen als umfasst angesehen, etwa zur Ausbeutung neu aufgesuchter Lagerstätten. Vgl. mit teils abweichenden Vorstellungen ders., Grenzüberschreitende Landrohrleitungen und seeverlegte Rohrleitungen im Völkerrecht, S. 211 ff., 225 f., 236 f.; *Lagoni*, Festlandsockel, in: Vitzthum (Hrsg.), Handbuch des Seerechts, S. 166–221, 264–286, 209 f.; *Wolf*, Unterseeische Rohrleitungen und Meeresumweltschutz, S. 201 ff.

auf dieser Grundlage auch die Leitungspassage durch errichtete Sicherheitszonen untersagen, soweit dies für die Sicherheit der Schifffahrt oder der Anlage erforderlich ist (Art. 60 Abs. 4 f. SRÜ).[111] Das entscheidende und zugleich unscharfe Merkmal der „reasonableness" weist insgesamt sowohl auf einen großen Gestaltungsspielraum als auch eine weitreichende Berücksichtigungspflicht hin.[112]

Soweit es die umweltschutzrechtlichen Befugnisse des Art. 79 Abs. 2 SRÜ a.E. betrifft, sind die Küstenstaaten darauf beschränkt, ökologisch motivierte Maßnahmen zu ergreifen, die Verschmutzungen durch Rohrleitungen zu minimieren suchen,[113] namentlich materialbezogene Anforderungen an den Rohrleitungskörper zum Korrosionsschutz sowie die Anordnung, Rohrleitungen einzugraben, einzubetonieren, abzudecken und zu verankern.[114] Keine Reglementierungen – wie etwa Kompensationserfordernisse – können indes auf dieser Grundlage für solche Eingriffe statuiert werden, die durch das Verlegen und Vergraben der Rohrleitungen selbst erfolgen, auch wenn Eingriffe durch Sedimentumlagerungen oft das größere Problem darstellen als vereinzelte Verschmutzungen.[115]

Im engen Zusammenhang mit Absatz 2 steht Art. 79 Abs. 3, der diesen dahingehend konkretisiert, dass die Festlegung einer Rohrleitungstrasse auf dem Festlandsockel grundsätzlich der Zustimmung des Küstenstaates bedarf. Diesem wird damit eine präventive verfahrensrechtliche Absicherung seiner Bergbau- und Anlagenschutzinteressen gegenüber der Planung des Verlegestaates an die Hand ge-

---

[111] *Lagoni*, Festlandsockel, in: Vitzthum (Hrsg.), Handbuch des Seerechts, S. 166–221, 264–286, 208; *Wolf*, Unterseeische Rohrleitungen und Meeresumweltschutz, S. 203, 205.

[112] *Wiese*, Grenzüberschreitende Landrohrleitungen und seeverlegte Rohrleitungen im Völkerrecht, S. 221 f.; *Lagoni*, Festlandsockel, in: Vitzthum (Hrsg.), Handbuch des Seerechts, S. 166–221, 264–286, 208; *Wolf*, Unterseeische Rohrleitungen und Meeresumweltschutz, 199 ff., zum seerechtlichen Rücksichtnahmegebot unten S. 215 ff.; allgemeiner *Corten*, Reasonableness in International Law, in: Wolfrum (Hrsg.), MPEPIL-Online, Rn. 18 ff.

[113] *Stoll*, Natur und Recht 1999, S. 666–674 (672); *Proelß*, ZUR 2010, S. 359–364 (362); *Schubert*, Maritimes Infrastrukturrecht, S. 53 ff.

[114] Zwar könnten auch Sicherheitszonen in Form von Fischerei- und Ankerverboten prinzipiell geeignet sein, ihre Ausdehnung entlang von Leitungen dürfte jedoch – im Gegensatz zu bloßen Warneinrichtungen – regelmäßig unangemessen sein, vgl. *Wolf*, Unterseeische Rohrleitungen und Meeresumweltschutz, S. 218 f.; zum Übrigen siehe *UN-General Assembly*, World Ocean Assessment I, Chapter 21, S. 13 ff.; *Wiese*, Grenzüberschreitende Landrohrleitungen und seeverlegte Rohrleitungen im Völkerrecht, S. 224 f., 232 f.

[115] Rechtspolitisch mögen Befugnisse der betroffenen Küstenstaaten dennoch wünschenswert sein. Zu dem Vorschlag den Verschmutzungsbegriff weiter zu interpretieren siehe *Kersandt*, Rechtliche Vorgaben und Defizite bei Schutz und Nutzung der Nordsee, S. 217; überzeugender dagegen *Proelß*, ZUR 2010, S. 359–364 (361 f.); *Wolf*, ZUR 2010, S. 365–371 (369); *Wolf*, Unterseeische Rohrleitungen und Meeresumweltschutz, S. 112; *Schubert*, Maritimes Infrastrukturrecht, S. 54 f.

geben.[116] Infolge der Verknüpfung mit Absatz 2 berechtigt Absatz 3 ebenfalls nicht zum verschmutzungsunabhängigen Biotopschutz, sondern allenfalls dann, wenn im Einzelfall geringe Wassertiefen ein erhöhtes Verschmutzungsrisiko der Biotope durch schifffahrtliche Rohrleitungsbeschädigungen bedeuten.[117] Zudem beschränkt sich das bloße Genehmigungsrecht auf die negative Feststellung derjenigen Gebiete, durch die eine Rohrleitung nicht verlaufen darf, und befugt den Küstenstaat – zumindest formal – nicht dazu, eine eigene Trassenführung vorzunehmen.[118] Als Trassengenehmigung können in diesem Rahmen zudem nur räumliche Erwägungen an die Genehmigung geknüpft werden, nicht aber z.B. monetäre Kompensationsbedingungen[119].

Die verschmutzungsbezogene Regelung des Absatzes 2 a.E. sowie das Recht zur Trassengenehmigung des Absatzes 3 gelten allein für Rohrleitungen, weshalb es für seeverlegte Kabel insoweit bei dem Verbot bleibt, deren Verlegung zu behindern.[120] Eine mitunter vorgeschlagene analoge Anwendung der Regelungen auf Seekabel[121] scheidet aufgrund des klaren Wortlautes[122], vor allem aber mangels

---

[116] *Wiese*, Grenzüberschreitende Landrohrleitungen und seeverlegte Rohrleitungen im Völkerrecht, S. 181, 211 ff., 242 ff.; *Lagoni*, Festlandsockel, in: Vitzthum (Hrsg.), Handbuch des Seerechts, S. 166–221, 264–286, 209 f.

[117] *Castringius*, Meeresschutzgebiete, S. 121; *Wiese*, Grenzüberschreitende Landrohrleitungen und seeverlegte Rohrleitungen im Völkerrecht, S. 252; von einer generellen Pflicht zur Nutzung zumutbarer Alternativtrassen spricht aber *Jarass*, Naturschutz in der Ausschließlichen Wirtschaftszone, S. 34 f.; ein grundsätzliches Recht zum Ausschluss von Rohrleitungen annehmend *Wolf*, AWZ-Vorhaben, S. 18; *Wolf*, Unterseeische Rohrleitungen und Meeresumweltschutz, S. 199.

[118] *Wiese*, Grenzüberschreitende Landrohrleitungen und seeverlegte Rohrleitungen im Völkerrecht, S. 247, 256.

[119] *Schubert*, Maritimes Infrastrukturrecht, S. 55 f.; *Wolf*, ZUR 2010, S. 365–371 (369).

[120] Eine auf Absatz 2 gestützte Trassengenehmigungspflicht für Seekabel bedeutete daher eine Umgehung des Absatzes 3, *Wiese*, Grenzüberschreitende Landrohrleitungen und seeverlegte Rohrleitungen im Völkerrecht, S. 243; *Kaye*, TMLJ 2006, S. 377–423 (400); *Schubert*, Maritimes Infrastrukturrecht, S. 57 f.; in der Staatenpraxis finden sich gleichwohl Belege für derartige Regelungen, vgl. *Kwiatowski*, ODIL 1991, S. 153–187 (163); *Churchill/Lowe*, The Law of the Sea, S. 174.

[121] *Wolf*, Natur und Recht 2005, S. 375–386 (377 f.); *Castringius*, Meeresschutzgebiete, S. 122; *Forkel*, Maritime Raumordnung in der AWZ, S. 256; mit denselben Argumenten jeweils unterschiedliche Ergebnisse für beide Absätze begründet *Lagoni*, Festlandsockel, in: Vitzthum (Hrsg.), Handbuch des Seerechts, S. 166–221, 264–286, 209 f.

[122] *Wiese*, Grenzüberschreitende Landrohrleitungen und seeverlegte Rohrleitungen im Völkerrecht, S. 243; *Proelß*, ZUR 2010, S. 359–364 (S. 361 in Fn. 19); *Heintschel von Heinegg*, Internationales öffentliches Seerecht, in: Epping/Heintschel von Heinegg (Hrsg.), Ipsen, Völkerrecht, S. 795–865, 861.

historisch nachweislich fehlender Regelungslücke[123] und eines weitaus geringeren Umweltschutzbedürfnisses[124] aus.

c) Reglementierungsbefugnisse bei anlandenden Leitungen

Der 1. Halbsatz des Art. 79 Abs. 4 SRÜ differenziert Kabel- und Rohrleitungen aufgrund ihrer Verbindungsrichtung dahingehend, dass das Recht des Küstenstaats durch Teil VI nicht berührt werde, Bedingungen für solche Leitungen festzulegen, die in oder durch staatliche Hoheitsgewässer führen (Anlandende Leitungen). Praktisch betrifft die Regelung nur Leitungen von Binnenstaaten sowie Leitungen, die aus wirtschaftlichen Gründen von anderen Festlandsockelstaaten direkt von ihrem Festlandsockel in fremdes Gebiet geführt werden.[125] Als Unberührtheitsklausel hat Absatz 4 dahingehend klarstellenden Charakter, dass ein Verlegestaat nicht als Ausfluss seiner Verlegefreiheit beanspruchen kann, nach eigener Maßgabe auch fremde Hoheitsgewässer zu durchqueren.[126] Zudem stellt er klar, dass sich die Befugnisse des Küstenstaates letztlich aus seiner Souveränität sowie den anderen souveränen Rechten und ausschließlichen Hoheitsbefugnissen in den Funktionszonen ergeben und damit nicht auf die Zwecksetzungen des Absatz 2 beschränkt sind.[127] Jedoch kann eine nochmals weiter gehende Auslegung, dass die Küstenstaaten auch zum Erlass allgemeiner Umweltschutzauflagen allein auf der Grundlage des Art. 56 Abs. 1 lit.b Nr. iii SRÜ befugt seien, nicht überzeu-

---

[123] Im Gegensatz zur unbelegten Behauptung, die Gefahren durch Seekabel seien unterschätzt worden, zeigt die Entstehungsgeschichte, dass die Regelungen auch in Bezug auf Seekabel diskutiert wurden, sich im Schlusstext jedoch nicht wiederfanden, vgl. *Englender*, Art. 79, in: Proelss (Hrsg.), UNCLOS, Art. 79 Rn. 23; auch sahen die Anträge Maltas und Dänemarks eine noch weitergehende Ungleichbehandlung beider Leitungsarten vor, und im Gegensatz zur schon früher anerkannten Verlegefreiheit für Kabel, wurde sie für Rohrleitungen nur für eine gestärkte Rechtsposition der Küstenstaaten anerkannt. Vgl. *Wiese*, Grenzüberschreitende Landrohrleitungen und seeverlegte Rohrleitungen im Völkerrecht, S. 363 ff.m.w.N. *Wolf*, Unterseeische Rohrleitungen und Meeresumweltschutz, S. 106 f.

[124] Sowohl hinsichtlich der Verschmutzung durch elektromagnetische Abstrahlung als auch der erheblich geringeren Eingriffe bei der Verlegung. Vgl. explizit *UN-General Assembly*, World Ocean Assessment I, Chapter 19, S. 3 f., 6, 9, Chapter 21, S. 13 ff.

[125] *Wiese*, Grenzüberschreitende Landrohrleitungen und seeverlegte Rohrleitungen im Völkerrecht, S. 166 ff.

[126] Ders., Grenzüberschreitende Landrohrleitungen und seeverlegte Rohrleitungen im Völkerrecht, S. 166 f., 170, 213; *Lagoni*, Festlandsockel, in: Vitzthum (Hrsg.), Handbuch des Seerechts, S. 166–221, 264–286, 210; *Proelß*, ZUR 2010, S. 359–364 (362).

[127] Damit enthält die Norm freilich eine gewisse Redundanz. Hieraus wird z.T. gefolgert, sie müsse einen noch weiteren Anwendungsbereich haben, so ders., ZUR 2010, S. 359–364 (362); *Schubert*, Maritimes Infrastrukturrecht, S. 56; küstenstaatliche Befugnisse jenseits des Küstenmeeres hingegen grundsätzlich ablehnend *Wiese*, Grenzüberschreitende Landrohrleitungen und seeverlegte Rohrleitungen im Völkerrecht, S. 168 f.; *Lagoni*, Pipelines, in: Wolfrum (Hrsg.), MPEPIL-Online, 13.

gen.[128] Dies liegt daran, dass lit. b – wie bereits in Bezug auf das Anlagenrecht ausgeführt[129] – keine eigenständigen Befugnisse verleiht, sondern diese nur entsprechend den „diesbezüglichen Bestimmungen" anordnet.[130] Solche speziellen Bestimmungen existieren aber namentlich für anlandende Leitungen anderer Staaten nicht. Gleichwohl ergibt sich ohnehin ein überwiegender Einfluss der Küstenstaaten auf anlandende Leitungen, sowohl in technischer Hinsicht, weil sich die Leitungen nicht ohne weiteres variabel konstruieren lassen, als auch in räumlicher Hinsicht über die Festlegung des Eintrittspunktes in staatliche Gewässer.[131]

d) Begleitinstallationen und Anbindungsleitungen

Während Rohrleitungen und Stromkabel aus technischen Gründen in regelmäßigen Abständen Pump- und Verdichtungsplattformen bzw. Konverterstationen zur Überführung von Wechsel- in Gleichstrom benötigen (Begleitinstallationen), die mitunter bis zu 50 m und mehr an Ausdehnung erreichen können,[132] müssen insbesondere bergbauliche und energiewirtschaftliche Anlagen durch Kabel und Rohrleitungen erschlossen werden (Anbindungsleitungen). In diesen Fällen des engen Funktionsbezugs wird zumeist eine rechtliche Bewertung anhand des Rechtsstatus der Haupteinrichtung vorgeschlagen, um eine jeweils systemwidrige Anwendung des Anlagen- bzw. des Leitungsrechts zu vermeiden.[133] So sollen beispielsweise häufig Sicherheitszonen um Begleitinstallationen errichtet werden,

---

[128] So *Proelß*, ZUR 2010, S. 359–364 (362); *Schubert*, Maritimes Infrastrukturrecht, S. 56.

[129] Siehe S. 180 ff.

[130] So dann doch *Proelss*, Art. 55–60, 306–307, in: Proelss (Hrsg.), UNCLOS, Art. 56 Rn. 1.

[131] *Lagoni*, Festlandsockel, in: Vitzthum (Hrsg.), Handbuch des Seerechts, S. 166–221, 264–286, 210 f.; *Wiese*, Grenzüberschreitende Landrohrleitungen und seeverlegte Rohrleitungen im Völkerrecht, S. 285 ff.

[132] Vgl. *Lagoni*, Festlandsockel, in: Vitzthum (Hrsg.), Handbuch des Seerechts, S. 166–221, 264–286, 203; *Geber*, Die Netzanbindung von Offshore-Anlagen im europäischen Supergrid, S. 30 f.

[133] Die Anwendung des Leitungsrechts auf Begleitinstallationen mit dem Argument, der Küstenstaat könne ansonsten die Freiheit des Leitungstransits untergraben wird vertreten von *Wiese*, Grenzüberschreitende Landrohrleitungen und seeverlegte Rohrleitungen im Völkerrecht, S. 322 ff.; *Lagoni*, Festlandsockel, in: Vitzthum (Hrsg.), Handbuch des Seerechts, S. 166–221, 264–286, 203; *Lagoni*, Pipelines, in: Wolfrum (Hrsg.), MPEPIL-Online, Rn. 10; *Wolf*, Unterseeische Rohrleitungen und Meeresumweltschutz, S. 196; *Geber*, Die Netzanbindung von Offshore-Anlagen im europäischen Supergrid, S. 25 ff., 31 f.; die Annahme unmittelbarer Anwendung der ausschließlichen Bergbau- und Anlagenerrichtungsrechte (Art. 56, 60, 77 Abs. 1, 80 SRÜ) für Anbindungsleitungen findet sich ohne weitere Begründung bei *Schubert*, Maritimes Infrastrukturrecht, S. 37; *Wolf*, Unterseeische Rohrleitungen und Meeresumweltschutz, S. 217.

die zwar nach Maßgabe des Leitungsrechts zu beurteilen seien, aus der Praxis ergebe sich aber zugleich einen gewohnheitsrechtliche analoge Anwendung des Anlagenrechts.[134]

Bei Lichte besehen führt eine solche analoge „Rückanwendung" des Art. 60 SRÜ jedoch zu dem gleichsam systemwidrigen Ergebnis, dass ein Staat zwar in einer fremden ausschließlichen Wirtschaftszone, nicht aber auf hoher See[135] dazu befugt wäre, allgemeinverbindliche Sicherheitszonen auszuweisen. Um die unter dem Seerechtsübereinkommen grundlegende Unterscheidung von Anlagen und Leitungen[136] nicht unnötig zu konterkarieren, sollte anstatt von einer analogen Anwendung von einer teleologische Reduktionen des jeweils nach dem Wortlaut ohnehin einschlägigen Normkomplexes ausgegangen werden: Im Falle der Begleitinstallationen ist die Genehmigung nach Art. 60 SRÜ grundsätzlich als ausschließliches Recht der Küstenstaaten einzuordnen. In Bezug auf Begleitinstallationen anderer Staaten – und nur dieser Fall ist letztlich problematisch – ist der küstenstaatliche Beurteilungsspielraum jedoch unter dem Eindruck der fremden Verlegefreiheit zu einem Anspruch auf Genehmigung der geplanten Begleitinstallation verengt, ggf. samt Sicherheitszonen.[137] Dies entspricht systematisch zugleich dem küstenstaatlichen Trassengenehmigungsrecht des Art. 79 Abs. 3 SRÜ. Im Falle von Anbindungsleitungen unterliegen diese zwar grundsätzlich auch der allgemeinen Verlegefreiheit des Art. 79 Abs. 1 SRÜ. Im Funktionszusammenhang mit ausschließlichen Ressourcen- und Anlagenrechten unterliegt ihre Reglementierung jedoch als notwendiger Realisierungsannex ebenfalls allein der küstenstaatlichen Rechtsordnung.[138]

---

[134] Ohne weitere Nachweise *Lagoni*, Festlandsockel, in: Vitzthum (Hrsg.), Handbuch des Seerechts, S. 166–221, 264–286, 213, 231; *Lagoni*, Pipelines, in: Wolfrum (Hrsg.), MPEPIL-Online, Rn. 11; *Wolf*, Unterseeische Rohrleitungen und Meeresumweltschutz, S. 197, 218.

[135] S. 180 ff., 183 ff.

[136] *Oude Elferink*, Artificial Islands, Installations and Structures, in: Wolfrum (Hrsg.), MPEPIL-Online, Rn. 7; *Lagoni*, Pipelines, in: Wolfrum (Hrsg.), MPEPIL-Online, Rn. 10.

[137] Ähnliche Vorstellungen bei *Wiese*, Grenzüberschreitende Landrohrleitungen und seeverlegte Rohrleitungen im Völkerrecht, S. 325.

[138] Ders., Grenzüberschreitende Landrohrleitungen und seeverlegte Rohrleitungen im Völkerrecht, S. 166, 171, 177, 269 f.; *Keller*, Das Planungs-und Zulassungsregime für Offshore-Windenergieanlagen in der deutschen Ausschliesslichen Wirtschaftszone, S. 46, 55 ff.; mit gleichem Ergebnis *Wolf*, AWZ-Vorhaben, S. 18; *Lagoni*, Festlandsockel, in: Vitzthum (Hrsg.), Handbuch des Seerechts, S. 166–221, 264–286, S. 203 mit Fn. 199, 207; *Lagoni*, Pipelines, in: Wolfrum (Hrsg.), MPEPIL-Online, Rn. 10; *McDorman*, The Continental Shelf, in: Rothwell u. a. (Hrsg.), The Oxford Handbook of the Law of the Sea, S. 181–202, 186 ff.

4. Zwischenergebnis

Im souveränitätsrechtlichen Raum beschränkt sich auch das Seerechtsübereinkommen weitgehend auf die Feststellung staatlicher Allzuständigkeit. Dagegen sind die funktionalen Befugnisse in der ausschließlichen Wirtschaftszone und am Festlandsockel, soweit sie den Infrastrukturbau betreffen, erstaunlich ausdifferenziert. Soweit sie den Bergbau betreffen, beschränken sich die Regelungen dagegen ebenfalls auf die schlichte Feststellung souveräner Rechte samt umfassender Hoheit über – hiermit in unauflösbarem Zusammenhang stehende – Bohrungen. Doch während auch künstliche Inseln, Anlagen und Bauwerke jenseits der Küstengewässer bis zur hohen See der nahezu ausschließlichen Hoheit des Küstenstaates unterliegen, gilt diese Ausschließlichkeit für Kabel und Rohrleitungen nur für Anbindungsleitungen, die der Erschließung von Anlagen und Bergbaufeldern dienen. Im Übrigen verlangen Kabeln und Rohrleitungen eine differenziertere Betrachtung: Bereits jenseits der souveränen Gewässer gilt hier der Grundsatz der Reglementierungshoheit des Verlegestaats, die der Küstenstaat nur punktuell durch das Setzen von planungsrelevanten Umweltschutznormen einzuschränken vermag, ohne die eigentliche Planung an sich zu ziehen. Das schärfste Schwert des Küstenstaates ist sein Recht, die Trasse der Rohrleitungen anderer Staaten zu genehmigen und in diesem Rahmen die Beachtung seiner souveränen Rechte und ausschließlichen Hoheitsbefugnisse durchsetzen. Dass hier bei jedoch auch den Schutz seiner Ressourcen sowie im Bereich des allgemeinen Umweltschutzes auf Problemlagen stofflicher Verschmutzung beschränkt ist, verdeutlicht demgegenüber die immense Bedeutung, die Verbindungsleitungen in einer zunehmend vernetzten Welt zukommt.[139]

Die Kompetenzen für Anlagen und Leitungen auf hoher See sind im Seerechtsübereinkommen nur generalklauselartig ausgebildet, und eine dem Recht der Funktionshoheitszonen vergleichbare Austarierung rechtlicher Steuerungsmöglichkeiten existiert nicht. Aus den seerechtlichen Freiheiten ergibt sich gleichwohl – im Gegensatz zu den sogleich zu erörternden großräumigeren Nutzungsregimen – im Ausgangspunkt die Zulässigkeit von Infrastrukturvorhaben, für die dem jeweiligen Vorhabenstaat auch die erforderlichen Befugnisse zukommen, soweit sie nicht vom spezielleren Regime des Teiles XI verdrängt.

Private Vorhaben sind im Anwendungsbereich solch partikularer Zuständigkeiten darauf angewiesen, dass ein Staat ihnen das Recht zur Nutzung der hohen See vermittelt. Die rechtliche Verbindung liegt hierbei in der Genehmigung eines staatszugehörigen Vorhabens. Diese Verknüpfung kann nur mit Zustimmung des Vorhabenstaates wieder gelöst oder geändert werden. Eine einseitige Gestaltung des völkerrechtlichen Status durch einen privaten Vorhabenträger (z.B. durch Fusion oder Sitzverlagerung) ist rechtssystematisch ausgeschlossen.

---

[139] Vgl. auch Abs. 4 der Präambel: „establishing through this Convention, with due regard for the sovereignty of all States, a legal order for the seas and oceans which will facilitate international communication (...)".

II. Großräumige Planungen und integrierter Meeresschutz

Ein zweiter Ansatzpunkt hoheitlicher Raumbeeinflussung im Meer bedient sich großräumigerer Festsetzungen, namentlich zum Zweck der maritimen Gesamtplanungen sowie durch die Ausweisung von Meeresschutzgebieten.

Spätestens mit dem Seerechtsübereinkommen hatte die internationale Umweltpolitik auch das universelle Seerecht erfasst.[140] Unter dem Einfluss des Konzeptes der nachhaltigen Entwicklung wurden Forderungen nach holistisch-integrativem und ökosystemorientierten „Ocean Management" die tragende Meeresumweltagenda der letzten Jahrzehnte.[141] Zwar basiert das Zonenregime noch primär auf einer räumlichen Aufteilung der Meeresumwelt, die den tatsächlichen Wechselwirkungen nur unzureichend gerecht wird. Dennoch finden sich in den zonenunabhängigen Umweltschutzregelungen des Teiles XII auch integrative und ökoystemorientierte Elemente, deutlich etwa in Art. 194 Abs. 5 der Konvention.[142]

Der integrierte Meeresschutz bedient sich vielfach der Instrumente räumlicher Planung, indem Nutzungen der Meeresumwelt in Bezug auf ihren räumlichen Standort und insbesondere zum raumbezogenen Biotopschutz reglementiert werden.[143] Die regional gesetzten Schwerpunkte liegen hierbei durchaus verschieden: Während im Mittelmeer die ökologischen Wechselwirkungen an der Küste betont werden *(Integrated Costal Zone Management)* und im pazifischen Raum vornehmlich sensible Ökosysteme durch Schutzgebiete geschützt werden sollen *(Marine Protected Areas)*, liegt der Fokus in Nordeuropa und Nordamerika vornehmlich auf dem umweltverträglichen Ausgleich konfligierender Offshore-Raumnutzungen *(Marine Spatial Planning)*.[144] Obgleich die unmittelbare Motivationsrich-

---

[140] Das Seerechtsübereinkommen als „große Umweltkonvention" kennzeichnet etwa *Proelß*, Meereschutz im Völker- und Europarecht, S. 74; *König*, Marine Environment, International Protection, in: Wolfrum (Hrsg.), MPEPIL-Online, Rn. 5.

[141] Dies spiegelt sich auch in unzähligen umweltrechtlichen Dokumenten wider, vgl. jeweils m.w.N. *Täufer*, Die Entwicklung des Ökosystemansatzes im Völkerrecht und im Recht der Europäischen Union; *Scott*, Integrated Ocean Management, in: Rothwell u. a. (Hrsg.), The Oxford Handbook of the Law of the Sea, S. 463–490, 463 ff.; *Tanaka*, A dual Approach to Ocean Governance, S. 8 ff., 16 ff., 68 ff.; *Tarlock*, Ecosystems, in: Bodansky/Brunée/Hey (Hrsg.), The Oxford Handbook of International Environmental Law, S. 575–595, 578 ff., 586 f.

[142] *Czybulka*, Natur und Recht 2001, S. 367–374 (368).

[143] *Wille*, Raumplanung in der Küsten- und Meeresregion, S. 53 ff.; *Tanaka*, A dual Approach to Ocean Governance, S. 161 ff.; *Scott*, Integrated Ocean Management, in: Rothwell u. a. (Hrsg.), The Oxford Handbook of the Law of the Sea, S. 463–490, 466.

[144] Vgl. m.w.N. *Jay* u. a., Ocean Yearbook 27 (2013), S. 171–212 (177 ff., 206 ff.); *Scott*, Integrated Ocean Management, in: Rothwell u. a. (Hrsg.), The Oxford Handbook of the Law of the Sea, S. 463–490, 466, 468 ff., 473 ff.; *CBD-Secretariat*, Marine Spatial Planning in the Context of the Convention on Biological Diversity, S. 13 ff.; *Seddik/Cebrian*, Marine Spatial Planning and the protection of biodiversity Beyond national jurisdiction (BBNJ) in the Mediterranean Sea, S. 6 ff.

tung bei Schutzgebieten und gesamtplanerischen Instrumenten unterschiedlich ist, verfolgen beide das Ziel einer umweltschonenden Meeresnutzung, zumal Schutzgebiete ohnehin selten isoliert ausgewiesen werden, sondern zugleich Ergebnis eines marinen Gesamtplanungsprozesses sind.[145]

1. Meeresschutzgebiete

a) Zur Eigenheit raumgestaltender Meeresschutzgebiete

Bei dem Begriff der Meeresschutzgebiete handelt es sich um einen Sammelbegriff für eine ganze Bandbreite an Schutzregimen unterschiedlichster Größe und Schutzgüter, die von einer Vielzahl völkerrechtlicher Verträge gefordert und definiert werden und die – wie eine oft zitierte Definition der IUCN für Meeresschutzgebiete anschaulich zeigt[146] – von kleinen spezifischen Gebietseinheiten bis hin zu ganzen Ozeanen und vom Schutz einzelner Spezies bis zur gesamten Ökologie eines Gebiets reichen.[147] All diese Instrumente sind zwar ortsgebundene Umweltnutzungsregime,[148] vielen Normierung in diesem Bereich fehlt jedoch eine raumbeeinflussende Wirkung, die über den allgemeinen Raumbezug von Rechtsnormen[149] hinausginge. Etwas plakativ lässt sich dies beispielsweise anhand des Internationalen Walfangübereinkommens von 1946[150] verdeutlichen, das zweifellos keinen raumrelevanten Umweltschutzakt darstellt. Dies hängt grundsätzlich damit zusammen, dass der spezifische Zusammenhang des Artenschutzes mit räumlichem Lebensraumschutz im Meer nicht in demselben Umfang gegeben ist wie zu Lande, da viele Arten frei schwimmen und durch die andauern-

---

[145] *Seddik/Cebrian*, Marine Spatial Planning and the protection of biodiversity Beyond national jurisdiction (BBNJ) in the Mediterranean Sea, S. 1 ff.; *Jay* u. a., Ocean Yearbook 27 (2013), S. 171–212 (173 ff.); *Matz-Lück/Fuchs*, Marine Living Ressources, in: Rothwell u. a. (Hrsg.), The Oxford Handbook of the Law of the Sea, S. 491–515, 514 f.

[146] „Any area of intertidal or subtidal terrain, together with its overlying water and associated flora, fauna, historical and cultural features, which has been reserved by law or other effective means to protect part or all of the enclosed environment" *Kelleher/Kenchington*, Guidelines for Establishing Marine Protected Areas, S. 7.

[147] *Wolf/Bischoff*, Marine Protected Areas, in: Wolfrum (Hrsg.), MPEPIL-Online, Rn. 1 f.; *Tanaka*, A dual Approach to Ocean Governance, S. 164 ff.; *Dux*, Specially Protected Marine Areas in the Exclusive Economic Zone, S. 10 ff.; vgl. auch den Vergleich mit der Definition der Biodiversitätskonvention bei *Jakobsen*, Marine Protected Areas in International Law, S. 5 ff.; weitere Definitionsansätze bei *Gillespie*, Protected Areas and International Environmental Law, S. 27 ff.

[148] Vgl. etwa die Kennzeichnung als „place-based management, regardless of the scale and in what social context or biome it is being practiced", *CBD-Secretariat*, Marine Spatial Planning in the Context of the Convention on Biological Diversity, S. 11.

[149] *Winkler*, Raum und Recht, S. 1 ff., 50 ff.; *Kämmerer*, Die Antarktis in der Raum- und Umweltschutzordnung des Völkerrechts, S. 63, 97.

[150] Internationales Übereinkommen zur Regelung des Walfangs/International Convention for the Regulation of Whaling, BGBl. II 1982, Nr. 24 S. 558 ff.

II. Großräumige Planungen und integrierter Meeresschutz

de Bewegung von Wassermassen weit weniger ortsgebunden sind.[151] Vor allem aber sind Schutzgebiete zu Lande deshalb raumrelevant, weil sie Gebiete von fortschreitender Urbanisierung freihalten.[152] Jenseits der ersten küstennahen Kilometer, auf denen in der Tat ein erheblicher räumlicher Nutzungsdruck lastet,[153] ist der Meeresraum dagegen weit weniger vom Menschen überformt und weitgehend unzerschnitten.[154] Ein Großteil der hier bestehenden Umweltprobleme ist zudem auf vom Lande ausgehende Verschmutzungen zurückzuführen[155] und kann damit ohnehin nicht durch zonale Raumplanungen bewältigt werden.[156] Schließlich dienen auch die (meist verschmutzungsbezogenen) Verhaltensanforderungen regionaler und universeller Meeresschutzverträge zwar der Verbesserung der Meeresumwelt insgesamt.[157] Sie sind aber, wie auch die genannten Artenschutzverträge, gerade nicht multifunktional auf die räumliche Koordinierung einer Vielzahl von Nutzungen ausgerichtet,[158] sodass sie nicht über die typische Konnexi-

---

[151] „On land the concept of habitat critical to the survival of rare or endangered species often plays a decisive role in identifying areas worthy of protected status. The area of a distinctive habitat may be small (and) linkages for most land animals are generally short. As a consequence (the) protection of an area to save a species from extinction is usually powerful and likely to receive public support. In the sea, habitats are rarely precisely or critically restricted. Survival of species cannot usually be linked to a specific site. Many free swimming species have huge ranges and water currents carry the genetic material of sedentary or territorial species overlarge distances, often hundreds of kilometres. (...) Therefore, in the sea, the ecological case for protection of an area can less often be based on concepts of critical habitat of endangered species (...)", *Kelleher/Kenchington*, Guidelines for Establishing Marine Protected Areas, S. 13.

[152] Bereits oben S. 15 f.

[153] *Wille*, Raumplanung in der Küsten- und Meeresregion, S. 4 ff.; *Castringius*, Meeresschutzgebiete, S. 33.

[154] *Erbguth*, Natur und Recht 1999, S. 491–497 (492); *Czybulka*, Natur und Recht 1999, S. 562 (564); *ARL*, Maritime Raumordnung, S. 55.

[155] *UN-General Assembly*, World Ocean Assessment I, Chapter 20; *Proelß*, Meereschutz im Völker- und Europarecht, S. 54 ff.

[156] *Jarass*, Naturschutz in der Ausschließlichen Wirtschaftszone, S. 35 in und bei Fn. 114 f.; *Wolf*, ZUR 2005, S. 176–184 (177); *Castringius*, Meeresschutzgebiete, S. 62.

[157] Namentlich etwa die in den Anlagen I, II und V des MARPOL vorgesehenen „special areas" in denen schärfere Vorgaben zur Zulässigkeit von Einleitungen und Einbringungen vorgesehen sind. Vgl. die Aufstellung der Gebiet bei *IMO*, Special Areas under MARPOL; dazu mit Übersichten *IMO-Assembly*, Guidelines for the designation of special areas and the identification of particularly sensitive areas, Res. A.720 (17), 02.11.1991, Rn. 1.2.6, 1.3 ff.; *Tanaka*, A dual Approach to Ocean Governance, S. 169 ff.; *Fitzmaurice*, The International Convention for the Prevention of Pollution from Ships (MARPOL), in: Attard (Hrsg.), The IMLI Manual on International Maritime Law, S. 33–77, 57 ff.

[158] *Jakobsen*, Marine Protected Areas in International Law, S. 377 f., 388 f.; *Scott*, Integrated Ocean Management, in: Rothwell u. a. (Hrsg.), The Oxford Handbook of the Law of the Sea, S. 463–490, 484; *Castringius*, Meeresschutzgebiete, S. 54.

tät von Planungsentwürfen verfügen.[159] Der hier zugrunde gelegte, terrestrisch geprägte Begriff räumlicher Naturschutzplanung ist daher nur eingeschränkt auf das Meer übertragbar.[160] Instrumente im Bereich des gebietsbezogenen Meeresumweltschutzes sind vielmehr nur unter zusätzlichen Voraussetzungen zugleich auch als Instrumente der Raumplanung zu qualifizieren.[161]

So entstehen im Meeresraum beispielsweise oftmals unmittelbare großflächige physische Schäden durch Schifffahrt und Fischerei.[162] Diesbezüglichen Einschränkungen kann also im Einzelfall dennoch raumgestaltende Wirkung zukommen. Dies gilt insbesondere dann, wenn gebietliche Festsetzungen den Schutz fragiler ökosystemarer „hotspots" bezwecken, „complex three-dimensional physical structures", die über eine so außergewöhnliche Biodiversitätsdichte verfügen, dass sie bereits prägend für die Raumstruktur sind und in besonderer Weise durch Siedlungs-, Wirtschafts- und Verkehrstätigkeiten betroffen sind, namentlich Korallenriffe und kleine Inselgebiete, Seegraswiesen und Mangrovenwälder sowie marine Feucht- und Mündungsgebiete.[163] Raumgestaltende Meeresschutz-

---

[159] Dazu *Erbguth*, Natur und Recht 1999, S. 491–497 (492); *Breuer*, Die hoheitliche raumgestaltende Planung, S. 39; *Kloepfer*, Umweltrecht, S. 254.

[160] Siehe etwa Art. 4 Abs. 1 der FFH-Richtlinie (92/43/EWG) vom 21.05.1992, ABl. L 206 vom 22.07.1992, S. 7 ff.: „Für im Wasser lebende Tierarten, die große Lebensräume beanspruchen, werden solche Gebiete nur vorgeschlagen, wenn sich ein Raum klar abgrenzen lässt"; bei der Einrichtung „mobiler Gebiete" zum Schutz wandernder Arten *(Adaptive Protected Areas)* fehlt ohnehin jeder Raumbezug. Dazu siehe *Blaesbjerg* u. a., Marine Spatial Planning in the Nordic region, S. 46 f.; vgl. auch *Wille*, Raumplanung in der Küsten- und Meeresregion, S. 54; *Proelß*, Meeresschutz im Völker- und Europarecht, S. 91 f., 357 f.

[161] Vgl. auch *ARL*, Maritime Raumordnung, S. 55.

[162] Durch den Wasserdruck großer Schiffe können in flachen Gewässern der Meeresgrund umgepflügt oder durch Anker Furchen in sensible Biotope gerissen werden, *IMO-Assembly*, Guidelines for the designation of special areas and the identification of particularly sensitive areas, Res. A.720 (17), 02.11.1991, S. 1.2.13; *Castringius*, Meeresschutzgebiete, S. 36; bestimmte Fischereitechniken, namentlich das Verwenden schwerer Baumkurren (bottom-contact trawling), führt zum Umpflügen des Meeresbodens und damit zu heftigen Eingriffen in den Benthos, dessen Regeneration viele Jahrzehnte dauern kann, *UN-General Assembly*, World Ocean Assessment I, Summary, S. 18, Part IV, S. 11 f., zu den Auswirkungen des Tourismus Chapter 27, S. 13 ff.

[163] Ders., World Ocean Assessment I, Summary, S. 21 f., 23 f., Chapter 52, S. 1 ff.; ders., Oceans and the law of the sea, Report of the Secretary-General, S. 54, 56; vgl. auch *IMO-Assembly*, Guidelines for the designation of special areas and the identification of particularly sensitive areas, Res. A.720 (17), 02.11.1991, Rn. 1.1.3.

gebiete sind damit nur solche Regime, die strikte Veränderungsverbote für räumlich manifestierte Schutzobjekte statuieren und sich hierbei auf eine lokalisierbare Gefährdungslage beziehen.[164]

b) Lokalisierte Einschränkungen zu Naturschutzzwecken

Die Errichtung eines Schutzgebietes erfordert also erstens die Abgrenzung eines lokalisierten Schutzobjektes sowie zweitens ein System im Vergleich zur Umgebung verschärfter raumbezogener Schutzmaßnahmen. Wie auch bei terrestrischen Schutzgebieten ist nicht erforderlich, dass jede Nutzung in einem Gebiet untersagt ist, zumal abgestufte Schutzzonensysteme (buffer zones) auch in der marinen Umwelt Anwendung finden können.[165] Viele besonders gefährdete räumliche Ökosysteme liegen in inneren Gewässern und dem anschließenden Küstensaum[166], wo ein vollständiges Verbot unmittelbarer anthropogener Nutzung mit Wirkung erga omnes von der küstenstaatlichen Souveränität gedeckt ist.[167] Da das Seerechtsübereinkommen unilaterale Totalreservate in den anderen Meereszonen – auch im Küstenmeer – nur äußerst eingeschränkt zulässt,[168] kann die Zulässigkeit von Meeresschutzgebieten im Übrigen nicht allgemein geklärt werden.[169] Vielmehr muss jede konkrete Einschränkung menschlicher Tätigkeiten – auch bei multisektoralen Ausweisungen – für sich kompetenziell gedeckt sein bzw. ein effektiver Schutzstatus kann nur durch die Bündelung von Kompetenzen erreicht werden.[170]

---

[164] Vgl. zu dieser These die verschiedenen in der Wissenschaft verwendeten Raumbegriffe *Blotevogel*, Raum, in: ARL (Hrsg.), Handwörterbuch der Raumordnung, S. 831–841, 833 f., 839 f.; ferner *Czybulka*, Natur und Recht 2001, S. 367–374 (368); *Castringius*, Meeresschutzgebiete, S. 52, 55 f., 66 f.; *Jakobsen*, Marine Protected Areas in International Law, S. 377 f., 388 f.

[165] *Castringius*, Meeresschutzgebiete, S. 58 f.; *Jakobsen*, Marine Protected Areas in International Law, S. 20; *Gillespie*, Protected Areas and International Environmental Law, S. 147 ff.

[166] *IMO-Assembly*, Guidelines for the designation of special areas and the identification of particularly sensitive areas, Res. A.720 (17), 02.11.1991, Rn. 1.1.4.

[167] *Wille*, Raumplanung in der Küsten- und Meeresregion, S. 27 ff.; *Lagoni*, Natur und Recht 2002, S. 121–133 (122); *Castringius*, Meeresschutzgebiete, S. 93 ff.

[168] *Proelß*, Meereschutz im Völker- und Europarecht, S. 92 ff., 95 f.; ders., AVR 54 (2016), (471); *Wolf*, Natur und Recht 2005, S. 375–386 (378).

[169] *Jakobsen*, Marine Protected Areas in International Law, S. 20 f.

[170] *Czybulka*, Natur und Recht 2001, S. 367–374 (373 f.); ders., Art. 192–196, 237, in: Proelss (Hrsg.), UNCLOS, Art. 194 Rn. 35; *Wolf/Bischoff*, Marine Protected Areas, in: Wolfrum (Hrsg.), MPEPIL-Online, 7 f.; *Lagoni*, Natur und Recht 2002, S. 121–133 (124, 128).

aa) Einschränkung raumbeanspruchender Vorhaben

Eine zentrale Rolle unter dem Blickwinkel der Raumbedeutsamkeit spielt der Ausschluss von Infrastrukturen und Bergbau.[171] In Küstenmeer, ausschließlicher Wirtschaftszone und Festlandsockel ist die Reglementierung samt gebietsbezogenem Ausschluss auf der Grundlage der Souveränität sowie den ausschließlichen Hoheitsrechten des Küstenstaates (Art. 56, 60, 77, 80 SRÜ) auch aus Naturschutzmotiven bis hin zum Landschaftsschutz zulässig.[172] Auch Sicherheitszonen um erbaute Anlagen dagegen dienen zwar ebenfalls dem Schutz der Umwelt, insbesondere vor Verschmutzung durch Unfälle[173] und haben zudem oftmals faktische Habitatschutzwirkung.[174] Als sicherheitsrechtliche Maßnahmen bieten die diesbezüglichen Bestimmungen aber keine Rechtsgrundlage zur Ausweisung eigenständiger „infrastrukturnaher" Naturschutzgebiete.[175]

Kein vollständiger Ausschluss ist von Kabeln und Rohrleitungen jenseits des Küstenmeeres möglich, da der Küstenstaat zwar gemäß Art. 79 Abs. 2 SRÜ Maßnahmen gegen die Verschmutzung durch Kabel- und Rohrleitungen treffen kann, die Regelung aber gerade nicht die unmittelbaren Eingriffe durch die Verlegung selbst erfasst.[176] Da der Küstenstaat für Leitungen anderer Staaten keine eigenständige Planungskompetenz besitzt, sondern nur planungsrelevante Umweltschutznormen zu setzen vermag, kann er über sein Trassengenehmigungsrecht aus Art. 79 Abs. 3 SRÜ im Falle einer verschmutzungsbezogenen Gefährdungslage zwar punktuell die Meidung eines Schutzgebietes verlangen, nicht aber im Sinne einer grundsätzlichen Pflicht des Verlegestaates zur Nutzung zumutbarer Alternativtrassen[177]. Auf den Verlauf von Transitseekabeln kann er – zumindest rechtlich – gar nicht einwirken.[178] Dies bedeutet freilich nicht, dass der Verlegestaat eigenmächtig die Zerstörung sensibler Ökosysteme durch die Verlegung

---

[171] *Castringius*, Meeresschutzgebiete, S. 66; *Jakobsen*, Marine Protected Areas in International Law, S. 41 f.

[172] Eine Beschränkung auf bestimmte Verzichtsgründe ist den Befugnissen nicht zu entnehmen, *Czybulka*, Natur und Recht 2001, S. 367–374 (373); *Jarass*, Naturschutz in der Ausschließlichen Wirtschaftszone, S. 34; *Lagoni*, Natur und Recht 2002, S. 121–133 (123 f.); *Castringius*, Meeresschutzgebiete, S. 110; *Schubert*, Maritimes Infrastrukturrecht, 44 f., vgl. zu den Befugnissen im Einzelnen oben S. 171 ff.

[173] *IMO-Assembly*, Safety zones and safety of navigation around offshore installations and structures, Resolution A.671(16), 19.10.1989, S. 287.

[174] *Blaesbjerg* u. a., Marine Spatial Planning in the Nordic region, S. 45; *Matz-Lück*, Meeresschutz, in: Proelß (Hrsg.), Internationales Umweltrecht, S. 393–453, 427.

[175] Ebenso *Lagoni*, Natur und Recht 2002, S. 121–133 (124 mit Fn. 31); *Keller*, Das Planungs-und Zulassungsregime für Offshore-Windenergieanlagen in der deutschen Ausschliesslichen Wirtschaftszone, S. 51.

[176] *Jarass*, Naturschutz in der Ausschließlichen Wirtschaftszone, S. 34 f.; *Lagoni*, Natur und Recht 2002, S. 121–133 (124).

[177] So aber *Jarass*, Naturschutz in der Ausschließlichen Wirtschaftszone, S. 27, 35.

[178] Vgl. zum Ganzen bereits oben aus Infrastrukturperspektive S. 190 ff.

einer Pipeline betreiben könnte, denn auch der Verlegestaat ist zum kooperativen Umwelt- und Lebensraumschutz gemäß Art. 194 ff. SRÜ verpflichtet.[179]

bb) Einschränkungen der Fischerei

Über sesshafte Arten auf dem Meeresgrund, wie Austern und Muscheln, üben die Küstenstaaten unmittelbar ihre souveränen Festlandsockelrechte aus (Art. 77 Abs. 4, 68 SRÜ).[180] Damit können diesbezügliche Abschöpfungsverbote relativ unproblematisch statuiert und insbesondere der Schutz von Korallen betrieben werden.[181] Auch über die sonstigen lebenden Ressourcen üben die Küstenstaaten in ihrer – ursprünglich dem Fischereirecht entspringenden[182] – ausschließlichen Wirtschaftszone souveräne Rechte aus (Art. 56 Abs. 1 lit. a., 61 ff., 69 ff.).[183] Aus diesen folgt auch das Recht des Küstenstaates zu geeigneten Erhaltungs- und Bewirtschaftungsmaßnahmen. Namentlich aus Art. 62 Abs. 4 lit. c SRÜ lässt sich schließen, dass hierzu neben Vorschriften über die verwendete Ausrüstung auch die Ausweisung von verbindlichen Fangschutzgebieten gehören kann.[184] Allerdings dient das Fischereirecht des Seerechtsübereinkommen vor allem dem Bestandsschutz.[185] Deshalb ist als äußerst enge Auslegung vertreten worden, dass Schutzgebietsausweisungen auf dieser Rechtsgrundlage nur dann begründbar seien, wenn sich die Ausweisung auf nutzbare Arten beziehe und deren Fortbestand diene.[186] Da der Küstenstaat aber gemäß Art. 61 Abs. 4 SRÜ ohnehin auch die Wirkung auf mit den befischten Arten vergesellschaftete oder von ihnen abhängige Arten zu berücksichtigen hat, können sich Schutzmaßnahmen mittelbar auch auf wirtschaftlich uninteressante Arten erstrecken, was selbst der Fischereipolitik einen ökosystemaren Drall vermittelt.[187] Auf dieser Grundlage kann es damit im

---

[179] Dazu S. 233 ff.

[180] Schon *ICJ*, North Sea Continental Shelf (Germany vs. Denmark, The Netherlands), ICJ Reports 1969, 3, Rn. 63.

[181] *Gündling*, Die 200 Seemeilen-Wirtschaftszone, S. 182 f.m.w.N. *Lagoni*, Festlandsockel, in: Vitzthum (Hrsg.), Handbuch des Seerechts, S. 166–221, 264–286, 209; *Jakobsen*, Marine Protected Areas in International Law, S. 48 ff.

[182] Ausführlich *Rojahn*, Die Ansprüche der lateinamerikanischen Staaten auf Fischereivorrechte jenseits der Zwölfmeilengrenze, S. 22 ff., 111 ff.; *Attard*, The exclusive economic zone in international law, S. 1 ff.

[183] Vgl. *Proelß*, Meeresschutz im Völker- und Europarecht, S. 107 ff.; ders., Ausschliessliche Wirtschaftszone, in: Vitzthum (Hrsg.), Handbuch des Seerechts, S. 222–264, 235 ff.; *Jakobsen*, Marine Protected Areas in International Law, S. 41 f.

[184] *Gündling*, Die 200 Seemeilen-Wirtschaftszone, S. 122 ff.; *Jarass*, Naturschutz in der Ausschließlichen Wirtschaftszone, S. 32; *Proelß*, Meeresschutz im Völker- und Europarecht, S. 93.

[185] Ders., Meeresschutz im Völker- und Europarecht, S. 105 ff.

[186] *Jarass*, Naturschutz in der Ausschließlichen Wirtschaftszone, S. 32.

[187] *Castringius*, Meeresschutzgebiete, S. 86; *Jakobsen*, Marine Protected Areas in International Law, S. 39 f.

Einzelfall dennoch zulässig sein, beispielsweise die Befischung besonders empfindlicher Seegraswiesen mit Schleppnetzen zu untersagen.[188]

cc) Einschränkungen der Schifffahrt, insb. areas to be avoided

Wie oben ausgeführt, besitzen nur die striktesten Einschränkungen der Schifffahrt eigenständige räumliche Wirkung. Solche gegenüber den allgemeinen Standards verschärften Einschränkungen[189] und insbesondere ein (nahezu vollständiger) Ausschluss der Schifffahrt in bestimmten Gebieten, können jedoch von großer Wichtigkeit sein, weil sie oft die einzige Möglichkeit sind, nachteilige Beeinträchtigungen von Biotopen und Habitaten auch praktisch zu verhindern.[190] Aufgrund ihres hohen Stellenwertes und dem damit einhergehenden Unwillen, die Schifffahrt mehr als nur irgend nötig einzuschränken,[191] stehen küstenstaatliche Einschränkung unter dem grundsätzlichen Vorbehalt internationaler Harmonisierung und sind nur unter Beteiligung der IMO zulässig, der insbesondere im Bereich der Schiffssicherheit „quasi-legislative" Funktionen zukommen.[192] In aller Regel finden nautische Einschränkungen deshalb nur in solchen Schutzgebieten Anwendung, in denen auch im Übrigen strikte Veränderungsverbote gelten.[193]

Im Küstenmeer und ggf. den Archipelgewässern sind die Staaten angehalten das Recht der friedlichen Durchfahrt zu gewährleisten (Art. 17 ff., ggf. 52 f. SRÜ). Sie dürfen aber im Übrigen gemäß Art. 21, 211 SRÜ Vorschriften zur Erhaltung der lebenden Ressourcen und zum Schutz der Meeresumwelt ergreifen, wobei derartige Vorgaben die Schiffskonstruktion und Ausrüstung nur insoweit betreffen dürfen, als sie den Regeln und Standards der IMO entsprechen.[194] Dies kann auch den lokalen Ausschluss der Schifffahrt in klar bestimmten Gebieten umfas-

---

[188] *Lagoni*, Natur und Recht 2002, S. 121–133 (124).

[189] Zu den allgemeinen schifffahrtlichen Standards siehe *Jakobsen*, Marine Protected Areas in International Law, S. 45 f.

[190] *Spadi*, ODIL 2000, S. 285–302 (285 f.); *Roberts*, IJMCL 20 (2005), S. 135–159 (135).

[191] Vgl. mit einem Vergleich nationaler Regelungen *Spadi*, ODIL 2000, S. 285–302 (286 ff.).

[192] *Proelß*, EurUP 2009, S. 2–10 (5); *Jakobsen*, Marine Protected Areas in International Law, S. 378; *Chircop*, The International Maritime Organisation, in: Rothwell u. a. (Hrsg.), The Oxford Handbook of the Law of the Sea, S. 416–438, 429 ff.; einzige Ausnahme von diesem Grundsatz ist Art. 234 SRÜ für eisbedeckte Gebiete.

[193] *Czybulka*, Art. 192–196, 237, in: Proelss (Hrsg.), UNCLOS, Art. 194 Rn. 35; *Castringius*, Meeresschutzgebiete, S. 156.

[194] Der leicht abweichende Wortlaut der beiden Vorschriften bringt keine Unterschiede; vgl. *Maes*, Marine Policy 12 (2008), S. 797–810 (800).

sen,¹⁹⁵ beispielsweise zum Schutz verlegter Kabel und Rohrleitungen in flachen Gewässern.¹⁹⁶ Dies erscheint schon deshalb systematisch stimmig, weil etwa ein Kreuzen vor der Küste – namentlich aus touristischen Gründen – nicht von der friedlichen Durchfahrt des Art. 18 SRÜ gedeckt ist¹⁹⁷. Soweit derartige Einfahrtverbote dagegen auch die Durchfahrtsfreiheit einschränken, können sie nur unter den engen Voraussetzungen des Art. 22 SRÜ zur Ausweisung von Schifffahrtsrouten ausgewiesen werden.¹⁹⁸ Solche Schifffahrtsrouten spielen eine bedeutende Rolle zur naturverträglichen Steuerung der küsten- bzw. hafennahen Verkehrsdichte und haben insoweit eine „raumplanerische Komponente".¹⁹⁹ In diesem Rahmen sind die Küstenstaaten zur Berücksichtigung räumlicher Gegebenheiten, der Verkehrsdichte und der Empfehlungen der IMO verpflichtet (Art. 22 Abs. 3 SRÜ),²⁰⁰ namentlich der Res. A.572(14) on Ships Routeing.²⁰¹ Wegen der quasi-universellen Verbindlichkeit notifizierter Routen²⁰² ist dabei eine weitgehende Kooperation mit der IMO angezeigt.²⁰³ Die Empfehlungen gestatten neben Regelungen des Schiffsverkehrs (z.B. Verkehrstrennung) in ausführlich begründeten Fällen besonderer Gefahr für die Meeresumwelt auch die Ausweisung von Areas to Be Avoided (Rn. 2.1.12, 5.6). Hierbei ist stets im Einzelfall zu betrachten, ob ein Totalverbot tatsächlich erforderlich ist oder etwa der Ausschluss bestimmter

---

¹⁹⁵ *Wolf/Bischoff*, Marine Protected Areas, in: Wolfrum (Hrsg.), MPEPIL-Online, Rn. 15; die Durchfahrt durch das Küstenmeer vollständig unterbinden kann der Küstenstaat nur unter der Voraussetzung der Unfriedlichkeit gemäß Art. 19 und 220 SRÜ; vgl. dazu *Proelß*, Meeresschutz im Völker- und Europarecht, S. 92 f.

¹⁹⁶ *Castringius*, Meeresschutzgebiete, S. 99.

¹⁹⁷ *Vitzthum*, Maritimes Aquitorium und Anschlusszone, in: Vitzthum (Hrsg.), Handbuch des Seerechts, S. 63–159, 123.

¹⁹⁸ So *Proelß*, Meereschutz im Völker- und Europarecht, S. 93.

¹⁹⁹ *Maes*, Marine Policy 12 (2008), S. 797–810 (S. 800; eine ähnliche Regelung findet sich in Art. 41 SRÜ für Meerengen); Zitat *Proelß*, EurUP 2009, S. 2–10 (4).

²⁰⁰ Dazu *Rothwell*, Sea lanes, in: Wolfrum (Hrsg.), MPEPIL-Online, Rn. 12 ff.

²⁰¹ *IMO-Assembly*, General Provisions on Ships Routeing, Resolution A.572(14), 20.11.1985, weitere Routenführungen können mit Wirkung inter partes auf der Grundlage zweier unter der Ägide der IMO zustande gekommenen Verträge – SOLAS und COLREG ausgewiesen werden, die jedoch keine „areas to be avoided" beinhalten, Internationales Übereinkommen zum Schutz des menschlichen Lebens auf See von 1974/International Convention for the Safety of Life at Sea (SOLAS), 1184 UNTS, 278, Internationale Regeln zur Verhütung von Zusammenstößen auf See von 1972/Convention on the International Regulations for Preventing Collisions at Sea (COLREG), 1050 UNTS, 16.

²⁰² Die Routen werden durch die IMO regelmäßig veröffentlicht und den Flaggenstaaten zugeleitet. Vgl. *IMO*, Ships' Routeing.

²⁰³ Insbesondere kann eine mangelhafte Berücksichtigung der Guidelines als Hinweis darauf gewertet werden, dass die küstenstaatlichen Maßnahmen die friedliche Durchfahrt unangemessen beeinträchtigen und deshalb gegenüber anderen Staaten unwirksam sind (Art. 24 Abs. 1 SRÜ); *Maes*, Marine Policy 12 (2008), S. 797–810 (801); *Castringius*, Meeresschutzgebiete, S. 134.

Schiffskategorien ausreicht.[204] Obgleich es etablierte Praxis seit den 1990er Jahren ist[205] und die IMO gemäß Rn. 5.3.9 ausdrücklich empfiehlt, auch (potentielle) Naturschutzgebiete zu berücksichtigen,[206] handelt es sich nach dem Wortlaut des Art. 22 SRÜ um sicherheitsrechtliche Vorschriften, die vor allem durch das erhöhte Schiffsverkehrsaufkommen erforderlich wurden.[207] Daher können Naturschutzerwägungen allein Routenführungen und Einfuhrverbote nicht rechtfertigen. Vielmehr ist insoweit stets erforderlich, dass die Schutzgebiete in navigatorisch gefährlichen Gewässern liegen und deshalb z.B. größere Abstände auch aus Umweltschutzgründen zweckmäßig sind.[208]

Auch jenseits der Küstengewässer gestattet Art. 211 Abs. 6 SRÜ den Küstenstaaten in ihrer ausschließlichen Wirtschaftszone striktere Maßnahmen zu ergreifen als die im Rahmen der IMO ausgearbeiteten internationalen Standards zur Verhütung der Verschmutzung durch Schiffe, insbesondere des MARPOL.[209] Voraussetzung hierfür ist gemäß lit. a, dass in einem genau bezeichneten Gebiet[210] die konkrete Sorge besteht, dass diese Regelungen angesichts der konkreten verkehrlichen Nutzung und den ökologischen Verhältnissen unzureichend sind.[211]

---

[204] *Castringius*, Meeresschutzgebiete, S. 132 f.

[205] *Maes*, Marine Policy 12 (2008), S. 797–810 (800).

[206] IMO-Res. A.572(14), Rn. 5.3.9 :„When planning (a routeing system it shall be taken into account) the existence of environmental conservation areas and foreseeable developments in the establishment of such areas".; vgl. auch die vielfach wiederholte Fassung des lit. a des Annexes zur IMO-Res. MSC.46(65) vom 16. Mai 1995: „Ships' Routeing systems contribute to safety of life at sea, safety and efficiency of navigation, and/or protection of the marine environment".

[207] Freilich stellt auch die IMO in Res. A.572(14), Rn. 3.16 ausdrücklich klar, keinerlei Änderung des Seerechtsübereinkommens oder der Rechtsauffassung der Staaten bezüglich ihrer Kompetenzen bewirken zu wollen; *Rothwell*, Sea lanes, in: Wolfrum (Hrsg.), MPEPIL-Online, Rn. 2 ff.

[208] Beispielsweise auch zur Vermeidung von Kollisionen mit Walen, *Maes*, Marine Policy 12 (2008), S. 797–810 (803); *Proelß*, Meereschutz im Völker- und Europarecht, S. 92; *Roberts*, IJMCL 20 (2005), S. 135–159 (144); *Castringius*, Meeresschutzgebiete, S. 96, 131 f.; anders *Wille*, Raumplanung in der Küsten- und Meeresregion, S. 55.

[209] *Chircop*, The International Maritime Organisation, in: Rothwell u. a. (Hrsg.), The Oxford Handbook of the Law of the Sea, S. 416–438, 430; *Proelß*, Meereschutz im Völker- und Europarecht, S. 86 sowie nachfolgend S. 89 ff.; *Castringius*, Meeresschutzgebiete, S. 124 ff.; *Fitzmaurice*, The International Convention for the Prevention of Pollution from Ships (MARPOL), in: Attard (Hrsg.), The IMLI Manual on International Maritime Law, S. 33–77, 38 ff.

[210] Soweit nicht die gesamte ausschließliche Wirtschaftszone erfasst ist, soll im Grundsatz keine generelle Begrenzung der räumlichen Ausdehnung bestehen, *IMO*, Report of The Legal Committee on the Work of its Eighty-seventh Session, Leg.87/17, 23.10.2003, Annex 7, S. 2.

[211] *Dux*, Specially Protected Marine Areas in the Exclusive Economic Zone, S. 194 ff.; *Jakobsen*, Marine Protected Areas in International Law, S. 378 ff.; *Bartenstein*, Art. 211, 215, 217, 219, 221–222, 266–269, in: Proelss (Hrsg.), UNCLOS, Art. 211 Rn. 40 ff.

Schifffahrtsrouten können auf dieser Grundlage allerdings nur insoweit eingeführt werden, als sie auf vertraglichen Regelungen für Sondergebiete basieren.[212] Insbesondere die hier relevanten Areas to Be Avoided sind jedoch nur in der nicht verbindlichen, sondern nur zu berücksichtigenden IMO-Res. A.572(14) vorgesehen.[213] Eine nochmalige Anhebung des Schutzniveaus vor Verschmutzung kann jedoch durch zusätzliche Regelungen gemäß lit. c erreicht werden, soweit sie sich auf Einleitungen und Schifffahrtspraxis beziehen.[214] Der Wortlaut und Zusammenhang mit Absatz 1 legen nahe, dass es sich bei der Schifffahrtspraxis auch um Maßnahmen der Routenführung handelt, soweit diese nicht schon von lit. a erfasst sind, also namentlich kleinere Areas to Be Avoided.[215] Gerade zum Zwecke des hiermit intendierten, lokalen Schutzes besonders sensibler Ökosysteme wie Korallen, Mangrovenwälder und Seegraswiesen[216] ist es den Küstenstaaten demnach gestattet, Einfahrtverbote zu statuieren und die Schifffahrt umzuleiten.

Bislang sind auf der Grundlage des Art. 211 Abs. 6 SRÜ keine Maßnahmen ergangen, mit der zunehmenden Bedeutung des Meeresschutzes mag sich dies jedoch ändern.[217] Obgleich in dem komplizierten Verfahren alle betroffenen Staaten zu konsultieren sind und die IMO die Festsetzungen genehmigen muss, verbleiben das Initiativrecht und die Auswahl der Maßnahmen den Küstenstaaten,[218] für die sich durch die wechselseitige Limitierung ohnehin ein geringes Miss-

---

[212] Etwa SOLAS und COLREG, vgl. zuvor S.204; *Castringius*, Meeresschutzgebiete, S. 145; *Dux*, Specially Protected Marine Areas in the Exclusive Economic Zone, S. 197 ff.; *Jakobsen*, Marine Protected Areas in International Law, S. 380.

[213] *Castringius*, Meeresschutzgebiete, S. 145; andere Auffassung *Dux*, Specially Protected Marine Areas in the Exclusive Economic Zone, S. 203.

[214] Nicht zulässig sind Maßnahmen in Bezug auf die Konstruktion der Schiffe, die über die Anforderungen des MARPOL hinausgehen. Vgl. *Fitzmaurice*, The International Convention for the Prevention of Pollution from Ships (MARPOL), in: Attard (Hrsg.), The IMLI Manual on International Maritime Law, S. 33–77, 45.

[215] *Jakobsen*, Marine Protected Areas in International Law, S. 380 f.; *Castringius*, Meeresschutzgebiete, S. 133, 148; anders *Lagoni*, Natur und Recht 2002, S. 121–133 (127).

[216] *Hafner*, Meeresumwelt, Meeresforschung und Technologietransfer, in: Vitzthum (Hrsg.), Handbuch des Seerechts, S. 347–460, 382; *Jakobsen*, Marine Protected Areas in International Law, S. 379.

[217] Ders., Marine Protected Areas in International Law, S. 381; *Bartenstein*, Art. 211, 215, 217, 219, 221–222, 266–269, in: Proelss (Hrsg.), UNCLOS, Art. 211 Rn. 42.

[218] *IMO-Assembly*, Guidelines for the designation of special areas and the identification of particularly sensitive areas, Res. A.720 (17), 02.11.1991, Rn. 1.3.7; *Dux*, Specially Protected Marine Areas in the Exclusive Economic Zone, S. 195 ff., 207 ff.; zustimmend *Lagoni*, Natur und Recht 2002, S. 121–133 (127); *Gavouneli*, Functional Jurisdiction in the Law of the Sea, S. 71 ff.; *Bartenstein*, Art. 211, 215, 217, 219, 221–222, 266–269, in: Proelss (Hrsg.), UNCLOS, Art. 211 Rn. 45; nach Auffassung bei *IMO*, Identification and Protection of Special Areas and Particularly Sensitive Sea Areas, Submitted by the Division for Ocean Affairs and the Law of the Sea, Office of Legal Affairs, United Nations, MEPC 43/6/2, 31.03.1999, Rn. 22, trifft jedenfalls im Rahmen von lit. a die IMO die Auswahl der Schutzmaßnahmen.

brauchspotential ergibt.[219] Überdies wird man davon ausgehen können, dass derartige überobligatorische Ausweisungen sich erst recht über das landwärtige Küstenmeer erstrecken dürfen, zumal eine einheitliche Regelung bei zonenübergreifend belegenen Ökosystemen aus Kohärenzgründen ohnehin zu befürworten wäre.[220]

2. Maritime Gesamtplanung

Die verschiedenen Nutzungen im Meer fordern ihren Raumanteil zwar mit sehr unterschiedlicher Intensität,[221] durch ihre zunehmende Verdichtung in den küstennahen Meereszonen wird dennoch zunehmend ein Bedürfnis nach gesamtplanerischer Koordination der verschiedenen Raumnutzungen empfunden.[222] Dies nicht zuletzt deshalb, weil neben dem zwischenfachlichen Ausgleich räumliche Planungen auch vielversprechendes Instrument des marinen Ökosystemschutzes sind, wenn sie der willkürlichen Verteilung von Infrastrukturen Erwägungen des Lebensraumschutzes gegenüberstellen.[223]

a) Eingeschränkte Zulässigkeit überfachlicher Gesamtplanung

Flächendeckende überfachliche und überörtliche Gesamtplanung ist in Meereszonen, die staatlicher Gebietshoheit unterliegen, grundsätzlich zulässig,[224] wobei hier auch der Nutzungsdruck und folglich die Anstrengungen und Erfolge am größten sind.[225] Dagegen lässt sich eine flächendeckende – oder zumindest großflächige – Gesamtplanung, die darauf abzielt eine Vielzahl von Belangen überfachlich zu steuern, in der ausschließlichen Wirtschaftszone und auf dem Fest-

---

[219] *Jakobsen*, Marine Protected Areas in International Law, S. 379 ff.; *Chircop*, The International Maritime Organisation, in: Rothwell u. a. (Hrsg.), The Oxford Handbook of the Law of the Sea, S. 416–438, 432; *Castringius*, Meeresschutzgebiete, S. 148.

[220] *Bartenstein*, Art. 211, 215, 217, 219, 221–222, 266–269, in: Proelss (Hrsg.), UNCLOS, Art. 211 Rn. 43; *Jakobsen*, Marine Protected Areas in International Law, S. 378; *Castringius*, Meeresschutzgebiete, S. 149.

[221] Eher punktuell-ausschließlich wie Bergbau und Anlagen oder weitläufig und weniger ausschließlich wie Kabel oder Schifffahrtsrouten, *UN-General Assembly*, World Ocean Assessment I, Summary, S. 22.

[222] *Seddik/Cebrian*, Marine Spatial Planning and the protection of biodiversity Beyond national jurisdiction (BBNJ) in the Mediterranean Sea, S. 6 ff.; *Jay* u. a., Ocean Yearbook 27 (2013), S. 171–212 (173 ff., 211 f.); *Forkel*, Maritime Raumordnung in der AWZ, S. 60 ff.

[223] *Scott*, Integrated Ocean Management, in: Rothwell u. a. (Hrsg.), The Oxford Handbook of the Law of the Sea, S. 463–490, 485 f.; *Castringius*, Meeresschutzgebiete, S. 51 f.

[224] *Maes*, Marine Policy 12 (2008), S. 797–810 (799 ff.); *Proelß*, EurUP 2009, S. 2–10 (5).

[225] Siehe *Jay* u. a., Ocean Yearbook 27 (2013), S. 171–212 (173 ff.).

landsockel nicht als Annex zu den souveränen Rechten und Hoheitsbefugnissen der Art. 56, 77 SRÜ begründen (creeping jurisdiction).[226]

Dennoch wurde – vermutlich aus Ausfluss deutscher Vorstellungen von Planung, wo sich die Diskussion um Gesamtplanung in der Ausschließlichen Wirtschaftszone maßgeblich vollzieht – verschiedentlich versucht, eine allgemeine räumliche Ordnungskompetenz des Küstenstaates zu begründen. Ein erster Ansatz hierzu wurde in Art. 79 SRÜ gesehen.[227] Namentlich Absatz 2 sei dahingehend weit auszulegen, dass der Küstenstaat nicht nur eigenen souveränen Rechten gegenüber der Verlegung von Kabel und Rohrleitungen durch andere Staaten Geltung verleihen könne. Vielmehr komme ihm auch bei Interessenkollisionen zwischen anderen Verlegestaaten eine allgemeine „Ordnungsfunktion" für vielfältigste Meeresnutzungen im Bereich seines Festlandsockels zu.[228] Indes, auch wenn es durchaus dem praktischen Interesse der Küstenstaaten entsprechen dürfte, eigene und fremde Nutzungen zu koordinieren,[229] sprechen das Prinzip der Einzelermächtigung, der eng begrenzte Sachzusammenhang des Art. 79 Abs. 2 SRÜ sowie die Tatsache, dass gerade diese Norm vornehmlich freiheitserhaltenden Charakter hat („the coastal State may not impede")[230], klar gegen eine derart ausufernde Auslegung zugunsten küstenstaatlicher Befugnisse.

Andere Ansätze knüpfen daran an, dass das Seerechtsübereinkommen laut seiner Präambel dem Geiste ganzheitlicher und integrativer Betrachtung der Meeresumwelt entspringe und die „planlose" Nutzung der ausschließlichen Wirtschaftszone diesem Ziel kaum entspräche.[231] Deshalb müsse man das Abkommen dahingehend auslegen, dass die souveränen Rechte und ausschließlichen Hoheitsbefugnisse der Küstenstaaten in begrenztem Maße auch gesamtplanerische Entscheidungen zulassen.[232] Da die jeweiligen sektoralen Planungen stets auch ge-

---

[226] *Stoll*, Natur und Recht 1999, S. 666–674 (667); *Erbguth/Müller*, DVBl 2003, S. 625 (628 f.); *Wolf*, Natur und Recht 2005, S. 375–386 (376); *Proelß*, EurUP 2009, S. 2–10 (4–9); *Wille*, Raumplanung in der Küsten- und Meeresregion, S. 44; ausführliche Zusammenfassungen bei *Forkel*, Maritime Raumordnung in der AWZ, S. 203 ff.; *Schubert*, Maritimes Infrastrukturrecht, S. 59 ff.

[227] Zu dieser Norm ausführlicher S. 189 ff.

[228] *Wiese*, Grenzüberschreitende Landrohrleitungen und seeverlegte Rohrleitungen im Völkerrecht, S. 226 f., 265 f.; sich anschließend *Wolf*, Unterseeische Rohrleitungen und Meeresumweltschutz, S. 205; *Wille*, Raumplanung in der Küsten- und Meeresregion, S. 81.

[229] So das ausschlaggebende Argument bei *Wiese*, Grenzüberschreitende Landrohrleitungen und seeverlegte Rohrleitungen im Völkerrecht, S. 230, 266; *Wille*, Raumplanung in der Küsten- und Meeresregion, S. 81.

[230] So selbst *Wiese*, Grenzüberschreitende Landrohrleitungen und seeverlegte Rohrleitungen im Völkerrecht, S. 211 f., 264.

[231] *Erbguth/Müller*, DVBl 2003, S. 625 (628 f.); *Kment*, Die Verwaltung 2007, S. 53–74 (61 f.); *Proelß*, EurUP 2009, S. 2–10 (8).

[232] *Erbguth/Müller*, DVBl 2003, S. 625 (628 f.); *Kment*, Die Verwaltung 2007, S. 53–74 (61 f.); *Proelß*, EurUP 2009, S. 2–10 (4 ff.).

samträumliche Aspekte beinhalten,[233] komme den Küstenstaaten insoweit auch in den Funktionshoheitszonen jedenfalls eine auf ihre funktionalen Rechte begrenzte Gesamtplanungsbefugnis zu.[234]

So anschaulich dieser Umstand denn auch mit Begriffen wie „Selektivraumordnung"[235], sollte dies doch nicht darüber hinwegtäuschen, dass es sich hierbei lediglich um ein Oxymoron dafür handelt, dass das Seerechtsübereinkommen auch solche Festsetzungen zulässt, die im deutschen Planungsrecht vornehmlich der Gesamtplanung zugeordnet werden. Auch lassen sich – wie beschrieben – durchaus Tendenzen erkennen, mit dem Argument des Naturschutzes eine Vielzahl von Nutzungen samt der Schifffahrt räumlich zu koordinieren, was etwa der Errichtung großräumiger Meeresschutzgebiete durchaus Züge einer überfachlichen Gesamtplanung verleihen kann. Hierbei handelt es sich aber um einen bloßen Summationseffekt. In rechtlicher Hinsicht ist aber entscheidend, dass die zulässige Planungsbreite gerade nicht überfachlich ist,[236] sondern das Seerechtsübereinkommen den Küstenstaaten im Rahmen ihrer ausschließlichen Hoheitsbefugnisse lediglich eine überörtliche und fachübergreifende Koordinationsplanung gestattet.

b) Maßstäbe für fachübergreifende Koordinationsplanungen

Soweit im Rahmen einer solchen fachübergreifenden Koordinationsplanung gegenüber einem Fachgebiet (z.B. der Energiewirtschaft) ein weiträumiger staatlicher Steuerungsanspruch angestrebt wird, wird man Festsetzungen vornehmen müssen, die auch gegenüber anderen Staaten verbindlich sein sollen.[237] Gebietsregime, die anderen Staaten privilegierte Positionen zuweisen – beispielsweise Windkraftwerke oder Anlagen zu Forschungszwecken zu errichten – sind zumindest seerechtlich unproblematisch.[238] Entsprechend den Ausführungen zu Meeresschutzgebieten[239] sind ferner unilaterale Festsetzungen und Trassenverläufe immer dort verbindlich, wo dem Küstenstaat das ausschließliche Recht zur Reglementierung raumbeanspruchender Nutzungen zukommt.[240] Ein solches besteht etwa im Bereich des Anlagen- und Bergbaues, für die positive Allokationspla-

---

[233] *von Nicolai*, IzR 2004, S. 491–498 (495); *Wolf*, ZUR 2005, S. 176–184 (376); *Proelß*, EurUP 2009, S. 2–10 (9 f.).

[234] Zusammenfassend *Forkel*, Maritime Raumordnung in der AWZ, S. 208 ff., 218 ff.; *Schubert*, Maritimes Infrastrukturrecht, S. 61 f.

[235] Begriff von *von Nicolai*, IzR 2004, S. 491–498 (495).

[236] *ARL*, Maritime Raumordnung, S. 23; *Wolf*, ZUR 2005, S. 176–184 (180).

[237] Insbesondere in einem kostenintensiven Feld wie dem Infrastrukturbau werden sich Investoren an unverbindlichen Positionspapieren – die als staatliche Serviceleistung selbstverständlich immer möglich wären – nur eingeschränkt orientieren, *Forkel*, Maritime Raumordnung in der AWZ, S. 232; *von Nicolai*, IzR 2004, S. 491–498 (495, 498).

[238] *Proelß*, EurUP 2009, S. 2–10 (8 f.).

[239] Siehe oben S. 201 ff.

[240] Auch *Forkel*, Maritime Raumordnung in der AWZ, S. 239 ff.

nungen ebenso zulässig sind²⁴¹ wie Vorbehalte des ausreichenden Abstandes von der Küste oder negative Festsetzungen zur Freihaltung von Naturschutzgebieten von Windkraftanlagen. Auch aus Gründen der Schiffssicherheit können mittels Sicherheitszonen²⁴² und Schifffahrtsroutenführungen²⁴³ räumliche Kollisionsgefahren präventiv gebannt werden,²⁴⁴ wobei das Seerechtsübereinkommen in Art. 60 Abs. 4 ortsgebundene Einrichtungen und Sicherheitszonen internationaler Schifffahrtswege ohnehin ausschließt. In Absatz 5.3. der für Routenführungen ergangenen IMO-Resolution A. 572 (14) finden sich daher als in der Planung berücksichtigungsfähige Kriterien namentlich Schutz und Ausgleich von Bergbaustätten, Fischgründen, Offshore-Windfarmen und Häfen sowie Verkehrsdichte und Verkehrsführung in angrenzenden Meereszonen (Rn. 5.3 ff.). Umgekehrt können stets für die Zwecke der Schifffahrt Meeresbereiche vollständig von Anlagen freigehalten werden.²⁴⁵

Gerade in Bezug auf Kabel und Rohrleitungen anderer Staaten hat der Küstenstaat eigenständige Planungskompetenzen allerdings lediglich in den Küstengewässern und für Anbindungsleitungen.²⁴⁶ Dennoch kann der Küstenstaat mittels der Genehmigung fremder Rohrleitungstrassen Belange der räumlichen Umgebung in die Planung einbringen, denn welchen Sinn hätte ein solches „Verlaufsveto" sonst. Gleichwohl sind hier seine Einwirkungsmöglichkeiten auf negative Vorgaben in eng umrissenen Gebieten beschränkt, sodass es ihm z.B. verwehrt ist, Vorgaben zur verpflichtenden Nutzung bestimmter Bündelungstrassen mit externer Ausschlusswirkung durchzusetzen. Überhaupt dürfen Gesamtplanungen des Küstenstaats – aus Gründen des Rechtsmissbrauchsverbot und als originärer Sinn und Zweck der Verlegefreiheit – nicht zu einer Verhinderungsplanung gegenüber Kabeln und Rohrleitungen anderer Staaten führen. Dennoch bleibt es zulässig, Transitkabeltrassen unverbindlich in ein raumordnerisches Planungskonzept einzubinden, etwa durch vorrangige Berücksichtigung fremder Verlegevorhaben in bestimmten Gebieten.²⁴⁷

Da es jedoch grundsätzlich einiger Vorhabenkonkretisierung bedarf, damit ein Küstenstaat zulässig auf den Trassenverlauf einer Rohrleitung einwirken darf,²⁴⁸ würde eine vorbeugende Überplanung der ausschließlichen Wirtschaftszone dem begrenzten Charakter der Funktionshoheiten nicht gerecht. Denn auch wenn andere Staaten oftmals von deren räumlichen Maßgaben profitieren dürften, so bedeuten gebietliche Festsetzungen, die größere Räume einer bestimmten Form der

---

[241] *Proelß*, EurUP 2009, S. 2–10 (8).
[242] Siehe S. 180 ff.
[243] Siehe S. 204 ff.
[244] *Maes*, Marine Policy 12 (2008), S. 797–810 (800 ff.); *Wille*, Raumplanung in der Küsten- und Meeresregion, S. 54 f.; *ARL*, Maritime Raumordnung, S. 24.
[245] *Forkel*, Maritime Raumordnung in der AWZ, S. 281 f.
[246] Vgl. ab S. 188 ff.
[247] *Forkel*, Maritime Raumordnung in der AWZ, S. 260 f.
[248] *Proelß*, EurUP 2009, S. 2–10 (8; vgl. bereits S. 190 ff.).

Nutzung unterstellen – und sei es auch zugunsten einzelner Vorhaben – stets auch eine Minderung der Nutzungsoptionen der übrigen Staaten.

3. Hohe See und Tiefseeboden – Raumplanungsfreie Räume?

Auf hoher See gelten die bereits teilweise beschriebenen Freiheiten der hohen See (Art. 87 SRÜ), zu denen spiegelbildlich das Verbot einzelstaatlicher Okkupation steht (Art. 89 SRÜ).[249] Die Freiheit der hohen See hat also insbesondere eine negative Komponente zur Abwehr aller Reglementierungen staatlicher Freiheitsbetätigung von anderer Seite.[250] Mangels ausschließlicher Befugnisse einzelner Staaten sind deshalb jegliche großräumigen Planungen – räumliche Gesamtplanungen wie Meeresschutzgebiete – mit Wirkung für andere Staaten unzulässig.[251] Zugleich folgt namentlich aus den Infrastrukturfreiheiten dennoch die Pflicht anderer Staaten die tatsächliche unilaterale Raumbeanspruchung in der genutzten Trasse zu respektieren.[252] Da auf hoher See indes ohnehin kaum Orte mit planbedürftiger Raumnutzungsdichte vorhanden sind, ist vor allem die Feststellung relevant, dass großflächige Claims durch einzelne Staaten in Bezug auf Ressourcen, aber auch die zunehmend diskutierte Ausweisung strikter Meeresschutzgebieten in Räumen jenseits staatlicher Hoheitsgewalt, die als „Vorranggebiete Naturschutz" zugleich strukturelle Gemeinsamkeiten mit Gesamtplanungen haben, unter dem Vorbehalt internationaler Kooperation stehen. Ohnehin sind derartige Hoheitsbegrenzungen nur bei einem Zusammenwirken eines Großteils der Staatengemeinschaft überhaupt sinnvoll möglich. Da sie insofern als ein Fall internationaler Raumplanung zu qualifizieren sind, werden namentlich die aktuellen Entwicklungen im Rahmen der UNO zur Ausarbeitung eines internationalen Abkommens zur Errichtung von Schutzgebieten in Räumen jenseits staatlicher Hoheitsgewalt[253] in diesem Zusammenhang näher beleuchtet.[254]

---

[249] Dazu im Überblick *Verdross/Simma*, Universelles Völkerrecht, S. 724 ff.; *Wolfrum*, Hohe See und Tiefseeboden (Gebiet), in: Vitzthum (Hrsg.), Handbuch des Seerechts, S. 287–345, 294 f.; *Treves*, High Seas, in: Wolfrum (Hrsg.), MPEPIL-Online, Rn. 1 ff.

[250] *Dahm/Delbrück/Wolfrum*, Völkerrecht, I/2, S. 346.

[251] *Maes*, Marine Policy 12 (2008), S. 797–810 (799); *Wolf/Bischoff*, Marine Protected Areas, in: Wolfrum (Hrsg.), MPEPIL-Online, Rn. 9.

[252] Aus diesem Grund ist auch der von *Proelß*, EurUP 2009, S. 2–10 (S. 4 gezogene Vergleich mit marinen Schutzgebieten ungeeignet, weil diese gerade keine entsprechende Körperlichkeit besitzen); wie hier zur Raumbeanspruchung von Tunneln im Festlandsockel *Lagoni*, Festlandsockel, in: Vitzthum (Hrsg.), Handbuch des Seerechts, S. 166–221, 264–286, 220 f.

[253] *UN-General Assembly*, Development of an international legally binding instrument under the United Nations Convention on the Law of the Sea on the conservation and sustainable use of marine biological diversity of areas beyond national jurisdiction, Resolution A/RES/69/292 as adopted by the General Assembly on 19 June 2015.

[254] Vgl. S. 288 ff.

4. Zwischenergebnis

Großräumige Planungen durch Küstenstaaten werden vornehmlich zur Sicherung der ökosystemorientierten, umweltverträglichen Meeresnutzung betrieben und erfolgen mangels allgemeiner Raumplanungskompetenz jenseits der Küstengewässer auf der Grundlage kombinierter Hoheitsrechte der Küstenstaaten zur Reglementierung von Infrastrukturen, Bergbau, Fischerei und Schifffahrt. Soweit den jeweiligen Rechten lediglich eine begrenzte Reichweite zukommt, namentlich bei Kabeln, Rohrleitungen und Einschränkungen der Schifffahrt, bestehen auch keine weitergehenden Kompetenzen zur Naturschutz- oder sonstigen fachübergreifenden Raumplanung. Namentlich auf hoher See sind unilaterale großräumige Planungen unzulässig und insbesondere Meeresschutzgebiete nur durch das kooperative Zusammenwirken der Staatengemeinschaft auf vertraglicher Basis möglich.

III. Ergebnis

In den Zonen staatlicher Gebietshoheit ist der Küstenstaat völkerrechtlicher Planungsträger. In den Funktionshoheitszonen sind das Infrastruktur- und das Bergrecht der Dreh- und Angelpunkt räumlicher Planung. Wo der Küstenstaat ausschließliche Rechte zur Planung und Reglementierung raumbeanspruchender Nutzungen hat, hat er auch das Recht diese zum Zwecke des Naturschutzes oder der Gesamtplanung auszuschließen oder zu fördern. Die küstenstaatliche Steuerungsbefugnis endet jedoch an dieser Grenze. Sobald die Planungsträgerschaft, z.B. bei Kabeln und Rohrleitungen, einem anderen Staat obliegt, muss sich der Küstenstaat darauf beschränken, planungsrelevante Umweltschutznormen zu setzen sowie auf Trassenverläufe punktuell einzuwirken und sie nachvollziehend zu genehmigen. Damit verbleibt ihm zwar ein erheblicher Einfluss auf das Infrastrukturwesen auch jenseits der Küstengewässer. Da sich die eigentliche Planungsentscheidung jedoch jeweils in der Hand des Verlegestaates vollzieht, muss betont werden, dass die Transitfreiheiten im Detail deutlich größer sind, als es die weitreichenden Befugnisse der Küstenstaaten zunächst vermuten lassen.

§ 8 Das seerechtliche Präventionsprinzip

Auch im Seerecht findet sich der Präventionsgedanke im Sinne vorbeugender Sorgfaltspflichten zweigestaltig ausgeprägt, namentlich in Form eines wechselseitigen, souveränitätsrechtlich geprägten Rücksichtnahmegebotes zum Ausgleich konfligierender Rechtspositionen an der Meeresnutzung teilnehmender Staaten sowie in Form des zonenunabhängigen, präventiven Meeresumweltschutzgebotes. Im vorliegenden Kapitel gilt es nunmehr – im Anschluss an den vorherigen Teil – ebenfalls die planungsrechtlichen Implikationen dieses „seerechtlichen Präventionsprinzips" herauszustellen.[1]

I. Das allgemeine Rücksichtnahmegebot

Das Seerechtsübereinkommen behandelt zwischenstaatliche Interessenkollisionen als Kollisionen von Rechtspositionen, namentlich den seerechtlichen Nutzungsfreiheiten sowie den ausschließlichen Nutzungs- und Schutzrechten, zwischen denen drei Konfliktkonstellationen unterschieden werden können, in denen staatliche Nutzungen in räumliche Konkurrenz treten: Erstens, die Beanspruchung einer Meeresfläche durch eine Tätigkeit anderer Staaten, die ausschließlich einem Küstenstaat zugewiesen ist (z.B. Anlagen und Bergbau); zweitens, die Beanspruchung einer Meeresfläche in Ausübung einer seerechtlichen Freiheit (z.B. Kabel, Rohrleitung, Schifffahrt) bei gleichzeitiger küstenstaatlicher Beanspruchung von Reglementierungsbefugnissen über eine solche Raumbeanspruchung (z.B. zum Umwelt- oder Anlagenschutz); drittens, das räumliche Zusammenfallen zweier nicht-ausschließlich zugeordneter Nutzungen, jeweils in Ausübung einer seerechtlichen Freiheit.[2] Die damit in Bezug genommenen Konflikte ähneln strukturell denen des souveränitätsrechtlichen Präventionsprinzips, da sie in gleicher Weise konfligierende Nutzungsinteressen von Staaten betreffen, die zwar nicht territorial radiziert sind, aber dennoch räumlich bestimmbar sind. Das Rücksichtnahmegebot verfügt insoweit ebenfalls nicht primär über einen umweltrechtlichen Schutzgehalt.

---

[1] Zur Begründung der Terminologie siehe oben S. 29 ff.
[2] *Schubert*, Maritimes Infrastrukturrecht, S. 47 f.

1. Das Zonenregime als antizipierter Interessenausgleich

Die gesamte Zuständigkeitsordnung des Seerechtsübereinkommens ist selbst Ausdruck eines antizipierten Interessenausgleichs,[3] der die weitergehende Abwägung für den Einzelfall in das sorgfältige Ermessen des jeweils zuständigen Staates stellt. Das im vorhergehenden Kapitel dargestellte Kompetenzprinzip bildet insoweit den primären Ansatz des Seerechtsübereinkommens zur Auflösung von Interessenkonflikten. Auch wenn die Befugnisregelungen selbst keiner Abwägung unterliegen,[4] gebietet namentlich der in Art. 300 SRÜ wiedergegebene allgemeine Rechtsgrundsatz des guten Glaubens, die tatbestandlich sehr offen gestalteten Bestimmungen des Seerechtsübereinkommens im Geiste der Verhältnismäßigkeit auszulegen. Die Pflicht zur wechselseitigen Interessenberücksichtigung besteht daher nicht nur in ausdrücklich genannten Fällen, sondern auch im Rahmen der Auslegung einzelner Merkmale einer Norm.[5] Überhaupt macht das Kompetenzprinzip eine Abwägung konkret betroffener Interessen nicht entbehrlich, die Tendenz des Abwägungsergebnisses ist durch die Wahl des Planungsträgers aber schon zu seinen Gunsten wesentlich vorgeprägt, da die Abwägung von dem Umstand, durch wen sie erfolgt, faktisch nicht zu trennen ist.[6] Diese Tendenzwirkung von Kompetenzen besteht nicht nur im Anwendungsbereich von küstenstaatlichen Befugnissen, sondern auch in der Ausübung von Freiheitsrechten, woraus sich beispielsweise das Erfordernis erklären lässt, dem Küstenstaat korrektive Trassengenehmigungsrechte einzuräumen, um gegenüber der Verlegehoheit des Vorhabenstaates auch tatsächlich ein Instrument zur Durchsetzung des allgemeinen Rücksichtnahmeanspruches zu gewähren.[7] Inwieweit sich darüber hinaus auch ein rechtlicher Vorrang des Küstenstaatesinteresses ergeben kann, wird noch zu untersuchen sein.[8]

---

[3] *Attard*, The exclusive economic zone in international law, S. 75; vom „challenge and response-Schema" spricht *Vitzthum*, Begriff, Geschichte und Rechtsquellen des Seerechts, in: Vitzthum (Hrsg.), Handbuch des Seerechts, S. 1–61, 7.

[4] *Proelß*, EurUP 2009, S. 2–10 (8).

[5] Vgl. nur *Kotzur*, Good Faith (Bona fide), in: Wolfrum (Hrsg.), MPEPIL-Online, Rn. 19 ff.; auch S. 263 f.; auch *PCA*, Chagos Marine Protected Area Arbitration (Mauritius vs. United Kingdom), Case No. 2011-03, Award, 18.03.2015, Rn. 520: „Article 2(3) requires the United Kingdom to exercise good faith with respect to Mauritius' rights in the territorial sea. Article 56(2) requires the United Kingdom to have due regard for Mauritius' rights in the exclusive economic zone. The Tribunal considers these requirements to be, for all intents and purposes, equivalent"; allgemein *Hofmann*, Abwägung im Recht, S. 1.

[6] Siehe insbesondere S. 77; auch *Wiese*, Grenzüberschreitende Landrohrleitungen und seeverlegte Rohrleitungen im Völkerrecht, S. 216.

[7] Vgl. oben S. 190 ff.

[8] Siehe sogleich S. 221 ff.

a) Rücksichtnahmegebote in nichtstaatlichen Zonen

Jenseits der souveränen Gewässer sind alle an der Meeresnutzung teilnehmenden Staaten einem Gebot der sorgfältigen Rücksichtnahme auf die seerechtlichen Freiheiten und sonstigen Rechte und Pflichten der jeweils anderen Staaten verpflichtet, namentlich in AWZ und am Festlandsockel (Art. 56 Abs. 2, 58 Abs. 3, 78 Abs. 2 SRÜ), auf hoher See (Art. 87 Abs. 2 SRÜ), im Gebiet (Art 142, 147 SRÜ) sowie umfassend im Bereich des Meeresumweltschutzes sowie der wissenschaftlichen Meeresforschung (Art. 194 Abs. 4, 240 lit. c SRÜ). Die in den verschiedenen Regelungen gewählten Formulierungen sind zwar nicht gänzlich identisch, ihnen kann aber schon aufgrund ihres hohen Abstraktionsgrades kein abweichender Inhalt entnommen werden.[9] Das materiellen Gebot, die rechtlich legitimierten Interessen anderer Meeresnutzer sorgfältig abzuwägen bzw. sie nicht unangemessen zu beeinträchtigen, differenziert nicht, ob es um den Ausgleich konkreter Raumnutzungen geht oder um normative Einschränkungen einer fremden Rauminanspruchnahme durch den Küstenstaat, etwa zu Umweltschutzzwecken.[10] Es handelt sich damit auch bei dem Rücksichtnahmegebot – zumindest der Struktur nach – um ein Optimierungsgebot, die verschiedenen Nutzungsinteressen in einen Zustand möglichst gering einschränkender Koexistenz zu bringen.[11] Im Einzelfall kann sich dies zu einer hoheitlichen Planungspflicht verdichten, wenn die Integrität der widerstreitenden Rechtspositionen auf andere Weise nicht hinreichend gewährleistet wäre.[12] Welche Anforderungen an das zu erreichende Optimierungsniveau zu stellen sind, bleibt vor dem Hintergrund des sehr allgemeinen Normtextes, der nicht zu Unrecht als „leerformelhaft" kritisiert wurde,[13] fraglich.

b) Durchfahrtsregime als Rücksichtnahmegebote

Ausschnitthaft gilt das Rücksichtnahmegebot auch im Küstenmeer und ggf. in den Archipelgewässern, weitgehend reduziert auf das Recht zur friedlichen Durchfahrt (innocent passage, Art. 17 ff. bzw. 52 ff. SRÜ). Deshalb findet sich für diese Abschnitte – obgleich es sich ebenfalls um Fälle des Konfliktes ausschließlicher und freiheitlicher Rechtspositionen (Souveränität und Schifffahrt) handelt – kein

---

[9] Vgl. *PCA*, Chagos Marine Protected Area Arbitration (Mauritius vs. United Kingdom), Case No. 2011-03, Award, 18.03.2015, Rn. 503, 520, 540; *Wiese*, Grenzüberschreitende Landrohrleitungen und seeverlegte Rohrleitungen im Völkerrecht, S. 214 ff., 220; *Treves*, High Seas, in: Wolfrum (Hrsg.), MPEPIL-Online, Rn. 30 ff.

[10] *Schubert*, Maritimes Infrastrukturrecht, S. 49, 52.

[11] *Wiese*, Grenzüberschreitende Landrohrleitungen und seeverlegte Rohrleitungen im Völkerrecht, S. 215; *Treves*, High Seas, in: Wolfrum (Hrsg.), MPEPIL-Online, Rn. 31, 33.

[12] *Attard*, The exclusive economic zone in international law, S. 124; *Geber*, Die Netzanbindung von Offshore-Anlagen im europäischen Supergrid, S. 30.

[13] *Proelß*, Ausschliessliche Wirtschaftszone, in: Vitzthum (Hrsg.), Handbuch des Seerechts, S. 222–264, 260.

allgemeineres Rücksichtnahmegebot formuliert. Dass die ausführlichen Regelungen zur Durchfahrt des Küstenmeeres letztlich aber ebenfalls Ausdruck dieses Rücksichtnahmegebots sind, zeigt sich – neben einem Blick in die Geschichte[14] – an der vergleichsweise detaillierten Regel-Ausnahme-Struktur der Vorschriften und den internationalen Berücksichtigungspflichten zur Zulässigkeit von Routenführungen.[15] Deshalb ist zurecht angemerkt worden, dass

> „(t)he right of passage is more fluid and less determinate in its limits; in other words, it is more liable to interpretation from a functional perspective, a perspective that, however, should also include some concern for the coastal state's important interests".[16]

Aus raumplanerischer Sicht verpflichtet das Recht der friedlichen Durchfahrt zwar nicht zur aktiven Ermöglichung vorteilhafter Passagen, etwa durch Ausbaggerung von Schifffahrtswegen, durchaus aber dazu, angemessene Korridore mit Hafenzugang vorzuhalten, wobei Routenführungen nicht schon durch die bloße Inkaufnahme von Umwegen unverhältnismäßig werden.[17] Da im Küstenmeer der weit überwiegende Teil aller Raumnutzungen zusammenläuft, erstaunt es letztlich nicht, dass das Regime der friedlichen Durchfahrt letztlich das ausdifferenzierteste, weil praxisrelevante Rücksichtnahmegebot des Seerechtsübereinkommens ist.

Dieselben Erwägungen gelten entsprechend für das Regime der Transitdurchfahrt durch Meerengen, die der internationalen Schifffahrt dienen (Art. 37–,44 SRÜ), welches seinen Ursprung ebenfalls in dem Problem der Küstenmeererweiterung nimmt, da es den Seemächten die Möglichkeit nahm, die bedeutenden Meerengen auf der Grundlage der Freiheit der hohen See zu durchqueren. Die Transitdurchfahrt stellt insoweit eine Kompromisslösung dar, deren Bestimmungen in ihrer normativen Reichweite zwischen der friedlichen Durchfahrt einerseits und der Freiheit der hohen See anderseits einzuordnen sind.[18]

c) Konsultation als Verfahrenselement des Rücksichtnahmegebots

Die Rücksichtnahme ist ohne intensiven und frühzeitigen Informationsaustausch über geplante Vorhaben nicht zu realisieren. Im Kern des Rücksichtnahmegebotes steht damit die Pflicht des Vorhabenstaates, in Konsultation mit den betroffen

---

[14] Die Regime der friedlichen Durchfahrt sowie der Transitdurchfahrt sind eine Folge der Ausweitung der Küstenmeere in Gebiete, die vormals hohe See waren, *Rothwell*, Sea lanes, in: Wolfrum (Hrsg.), MPEPIL-Online, Rn. 5 f., 9.

[15] Dazu bereits S. 204 ff.

[16] *Koskenniemi*, ODIL 1996, S. 255–289 (263).

[17] Vgl. *Dahm/Delbrück/Wolfrum*, Völkerrecht, I/1, S. 431; *Wille*, Raumplanung in der Küsten- und Meeresregion, S. 54; *Fitzpatrick*, Künstliche Inseln und Anlagen auf See, S. 64.

[18] Vgl. *Mahmoudi*, Transit Passage, in: Wolfrum (Hrsg.), MPEPIL-Online, Rn. 1 ff., Rn. 20 ff.

I. Das allgemeine Rücksichtnahmegebot

Staaten einzutreten.¹⁹ Diese Pflicht zur informationellen Zusammenarbeit findet sich in vielen Normen des Seerechtsübereinkommen, insbesondere im Bereich des Meeresumweltschutzes, im Rahmen des allgemeinen Rücksichtnahmegebots fehlt jedoch eine ausdrückliches Nennung.²⁰ Gleichwohl sprechen gute Gründe dafür, auch aus der allgemeinen Pflicht zur sorgfältigen Rücksichtnahme regelmäßig eine Pflicht zur wechselseitigen Konsultation abzuleiten. So formulierte der IGH bereits frühzeitig zu einem Vorläuferregime der Ausschließlichen Wirtschaftszone, dass die Pflicht zur Verhandlung sich aus der grundlegenden Natur wechselseitiger Rechtsansprüche ergebe und zu ihrer sachgerechten Abgrenzung erforderlich sei.²¹ Zwar bezog sich der Fall lediglich auf Fischereirechte, und eine entsprechende Kooperationspflicht findet sich entsprechend in den diesbezüglichen Bestimmungen der Art. 61 ff. SRÜ wieder. Zugleich nahm der Gerichtshof aber auch seine bis heute vielfach bestätigte und auch im Seerechtsübereinkommen grundsätzlich übernommene Rechtsprechung zur räumlichen Abgrenzung benachbarter Festlandsockel insoweit in Bezug, als dass

„the obligation to negotiate (...) merely constitutes a special application of a principle which underlies all international relations (...)".²²

Da es sich bei der wechselseitigen Rücksichtnahme auf Rechte und Pflichten letztlich ebenso wie bei der Festlandsockelabgrenzung um eine Frage der Abgrenzung von Hoheitssphären – nun in sachlicher Hinsicht – handelt, erscheint diese Übertragung auch geeignet.²³ Insofern ist es zu begrüßen, dass auch das Schiedsgericht in der Entscheidung zum Chagos-Meeresschutzgebiet diese Rechtsprechung hinsichtlich des Art. 56 Abs. 2 SRÜ aufgriff. Hier hatte Mauritius argumentiert, das grundlegende Prinzip der IGH-Rechtsprechung sei

---

¹⁹ *Wiese*, Grenzüberschreitende Landrohrleitungen und seeverlegte Rohrleitungen im Völkerrecht, S. 221 f.; *Lagoni*, Festlandsockel, in: Vitzthum (Hrsg.), Handbuch des Seerechts, S. 166–221, 264–286, 208.
²⁰ Vgl. die Auflistung bei *Wiese*, Grenzüberschreitende Landrohrleitungen und seeverlegte Rohrleitungen im Völkerrecht, 222 in Fn. 451.
²¹ *ICJ*, Fisheries Jurisdiction Case (United Kingdom vs. Iceland), ICJ Reports 1974, 3, Rn. 73 ff.: „It is implicit in the concept of preferential rights that negotiations are required in order to define or delimit the extent of those rights (...). The obligation to negotiate thus flows from the very nature of the respective rights of the Parties; to direct them to negotiate is therefore a proper exercise of the judicial function in this case".
²² Ders., North Sea Continental Shelf (Germany vs. Denmark, The Netherlands), ICJ Reports 1969, 3, Rn. 86; Verweis bei ders., Fisheries Jurisdiction Case (United Kingdom vs. Iceland), ICJ Reports 1974, 3, Rn. 75.
²³ Ob der vom IGH gesuchte Bezug zum allgemeinen Kooperationsgebot der UN-Charta Zusätzliches beisteuert, kann jedoch bezweifelt werden; vgl. ders., North Sea Continental Shelf (Germany vs. Denmark, The Netherlands), ICJ Reports 1969, 3, Rn. 86; kritisch *Wiese*, Grenzüberschreitende Landrohrleitungen und seeverlegte Rohrleitungen im Völkerrecht, S. 221.

„(that) where two States seek to exercise rights in a manner that may be incompatible, consultation is required (and) proper balance in any particular set of circumstances (...) is achieved through consultation".[24]

Dem wurde von britischer Seite entgegengehalten, dass eine allgemeine Konsultationspflicht, wenn sie denn intendiert gewesen wäre, wie andernorts im Seerechtsübereinkommen auch ausdrücklich zu finden wäre. Ohnehin sei es möglich und täglicher Usus, die Interessen anderer Staaten auch ohne Konsultation angemessen zu berücksichtigen.[25] Das Schiedsgericht verfolgt hierzu einen Mittelweg:

„The Tribunal declines to find in this formulation any universal rule of conduct. (...) Rather, the extent of the regard required by the Convention will depend upon the nature of the rights held by Mauritius, their importance, the extent of the anticipated impairment, the nature and importance of the activities contemplated by the United Kingdom, and the availability of alternative approaches. In the majority of cases, this assessment will necessarily involve at least some consultation with the rights-holding State".[26]

Insoweit schlussfolgert das Schiedsgericht,

„(the) obligation to act in good faith and to have 'due regard' to Mauritius' rights and interests (...) entails, at least, both consultation and a balancing exercise with its own rights and interests".[27]

Diese Rechtsprechung steht in bemerkenswertem Einklang mit derjenigen zum souveränitätsrechtlichen Präventionsprinzip, an deren oben genannte Formulierung des IGH erneut erinnert sei, eine Pflicht zur Umweltverträglichkeitsprüfung bestehe „particularly in areas or regions of shared environmental conditions".[28] Im Falle kollidierender Raumnutzungen im Meer handelt es sich offensichtlich um eine solche gemeinsame Umgebung, die oftmals nur faktisch, nicht aber auch rechtlich geteilt wird.

Vor diesem Hintergrund lässt sich dann auch die nachbarrechtliche Pflicht zur Umweltverträglichkeitsprüfung als Pflicht zur Prüfung von Auswirkungen auf seerechtlich legitimierte Nutzungsinteressen anderer Staaten interpretieren. Dies insbesondere deshalb, weil die Umweltsicherheit räumlicher Vorhaben stets nur in Zusammenschau mit weiteren potentiell kollidierenden Nutzungen ermittelt werden kann.[29] Die Einschränkung der Konsultationspflicht durch den PCA im Lichte der Verhältnismäßigkeit – namentlich die Art und Bedeutung der betroffenen Rechte sowie alternative Lösungsmethoden – entspricht dem Erheblichkeitserfordernis bei Souveränitätskonflikten. Bezüglich der Struktur und inhaltlicher

---

[24] *PCA*, Chagos Marine Protected Area Arbitration (Mauritius vs. United Kingdom), Case No. 2011-03, Award, 18.03.2015, Rn. 473.

[25] Ebd., Rn. 477.

[26] Ebd., S. 519.

[27] Ebd., Rn. 534.

[28] *ICJ*, Certain Activities carried out by Nicaragua in the border area (Costa Rica vs. Nicaragua) and Construction of a Road in Costa Rica along the San Juan River (Nicaragua vs. Costa Rica), ICJ Reports 2015, 665, Rn. 101.

[29] *Wiese*, Grenzüberschreitende Landrohrleitungen und seeverlegte Rohrleitungen im Völkerrecht, S. 223.

Anforderung der Risikoprüfung lässt sich auf die oben – auch anhand des Seerechts – entwickelten Maßstäbe verweisen.[30]

Vor diesem Hintergrund lässt sich davon ausgehen, dass jedenfalls in den hier relevanten Fällen konfligierender Raumnutzungen und strenger Raumnutzungsbeschränkungen, die stets von großer Bedeutung und großem Aufwand begleitet sind, eine Pflicht zur Konsultation betroffener Staaten besteht. Ein generelles Veto betroffener Staaten folgt hieraus – mit Ausnahme der Trassengenehmigungsbefugnis des Küstenstaates in Art. 79 Abs. 3 SRÜ – jedoch ebenso wenig[31] wie eine spiegelbildliche Pflicht, Nutzungskonkurrenzen zwingend vertraglich beizulegen,[32] auch wenn dies in aller Regel zweckmäßig sein dürfte.

2. Zur Gewichtung widerstreitender Staateninteressen

a) Grundsätzliche Interessengleichwertigkeit und vereinzelte Vorrangregelungen

Grundsätzlich legen die wechselseitigen Berücksichtigungspflichten zunächst eine formelle Gleichwertigkeit der Staateninteressen nahe und fordern die – vom Gemeinwohl getragene – Pflicht zum schonenden Interessenausgleich im Einzelfall.[33] Diese Sichtweise hatte sich bereits vor Inkrafttreten des Seerechtsübereinkommens in der Rechtsprechung des IGH durchgesetzt, der im Kern dieser Ausgleichspflicht insbesondere die Pflicht der beteiligten Staaten sieht, miteinander Verhandlungen in gutem Glauben zu führen.[34] Namentlich im Bereich der ausschließlichen Wirtschaftszone spezifiziert Art. 59 SRÜ diesen Grundsatz, Interes-

---

[30] Vgl. S. 66 ff. und S. 146 ff.

[31] Vgl. auch die britische Position bei *PCA*, Chagos Marine Protected Area Arbitration (Mauritius vs. United Kingdom), Case No. 2011-03, Award, 18.03.2015, Rn. 475: „the formulation 'shall have due regard to' does not somehow mean 'shall give effect to'".

[32] So aber *Wolfrum*, Hohe See und Tiefseeboden (Gebiet), in: Vitzthum (Hrsg.), Handbuch des Seerechts, S. 287–345, 297.

[33] *Gündling*, Die 200 Seemeilen-Wirtschaftszone, S. 274; *Dahm/Delbrück/Wolfrum*, Völkerrecht, I/1, S. 530; *Wiese*, Grenzüberschreitende Landrohrleitungen und seeverlegte Rohrleitungen im Völkerrecht, S. 219; *Treves*, High Seas, in: Wolfrum (Hrsg.), MPEPIL-Online, Rn. 30 f.; *Schubert*, Maritimes Infrastrukturrecht, S. 49.

[34] Vgl. zur Konsultationspflicht oben S. 218; sowie *ICJ*, Fisheries Jurisdiction Case (United Kingdom vs. Iceland), ICJ Reports 1974, 3, Rn. 72 f.; dazu insbesondere die – im Ergebnis aber abweichende – Darstellung von *Proelß*, Ocean Yearbook 26 (2012), S. 87–112 (93 ff.).

senkonflikte im Sinne einer an den Grundsätzen der Billigkeit orientierten Abwägung aller relevanten Umstände und Gemeinwohlbelange aufzulösen, zumindest für Fälle, in denen keine konkrete Befugniszuweisung erfolgt ist.[35]

Zugleich finden sich im Seerechtsübereinkommen vereinzelte Ausnahmen, die bestimmten Nutzungen im Verhältnis zu anderen einen ausdrücklichen Vorrang einräumen: Im Bereich des Anlagenbaus sind dies etwa die Verhältnismäßigkeitsanforderungen für Anlagen und Sicherheitszonen (Art. 60 Abs. 4–7 SRÜ),[36] deren Ausschluss in internationalen Schifffahrtswegen ein „räumliches Korsett" zugunsten der Schifffahrt bedeuten[37] und die auch für Anlagen des Tiefseebergbaus und Meeresforschung entsprechend normiert sind (Art. 240 Abs. 2 bzw. 261 SRÜ). Ferner lässt sich Art. 246 Abs. 3 SRÜ entnehmen, dass die Küstenstaaten zur Erweiterung der wissenschaftlichen Kenntnisse über die Meeresumwelt und zum Nutzen der gesamten Menschheit in aller Regel auch wissenschaftliche Forschungsprojekte anderer Staaten genehmigen sollen. Des Weiteren ergibt sich jenseits der Küstenzonen ein grundsätzlicher Vorrang bestehender ortsgebundener Nutzungen aus dem den Seefreiheiten immanenten Prioritätsprinzip, deren Ausübung insoweit gerade nicht als gebietliche Okkupation im Sinne von Art. 89 SRÜ gelten kann.[38] Ausdrücklichen Niederschlag hat das Prioritätsprinzip zudem in dem besonderen Bezug zu Reparatur- und Unterhaltungsmöglichkeiten in Art. 79 Abs. 5 und Art. 112 SRÜ gefunden, demnach nicht nur bei Verlegung, sondern auch während des fortlaufenden Betriebes die Belange anderer Leitungsstaaten zu berücksichtigen sind.[39] Schließlich wird vereinzelt vertreten, auch wenn dies

---

[35] So *Wiese*, Grenzüberschreitende Landrohrleitungen und seeverlegte Rohrleitungen im Völkerrecht, S. 220 f.; anders *Proelß*, Ocean Yearbook 26 (2012), S. 87–112 (94 f., der ableitet, dass im Anwendungsbereich von Befugnisse eine anderen Wertung gelten solle Konflikte im Rahmen der funktionale Hoheiten indes anders bewertet. Vgl. sogleich ab S. 223).

[36] Siehe S. 180 ff.

[37] Vgl. *Treves*, High Seas, in: Wolfrum (Hrsg.), MPEPIL-Online, Rn. 38; Zitat *Erbguth/ Müller*, DVBl 2003, S. 625 (628).

[38] Vgl. bereits oben S. 212; ähnlich *Lagoni*, Festlandsockel, in: Vitzthum (Hrsg.), Handbuch des Seerechts, S. 166–221, 264–286, 204, 220; zum Prioritätsprinzip etwa *Proelß*, Raum und Umwelt im Völkerrecht, in: Vitzthum/Proelß (Hrsg.), Völkerrecht, S. 361–454, 445.

[39] *Geber*, Die Netzanbindung von Offshore-Anlagen im europäischen Supergrid, S. 30; *Attard*, The exclusive economic zone in international law, S. 124; *Lagoni*, Festlandsockel, in: Vitzthum (Hrsg.), Handbuch des Seerechts, S. 166–221, 264–286, 211; eine ähnliche Norm, allerdings ebenfalls mit leicht abweichendem Schutzgehalt als Folge der Anerkennung von Archipelgewässern, ist Art. 51 Abs. 2 SRÜ.

nicht eben zwingend erscheint, dass Art. 78 Abs. 2 SRÜ[40] regelmäßig den Vorrang seerechtlicher Freiheiten vor den souveränen Festlandsockelrechten fordere.[41]

b) These vom Vorrang des Küstenstaateninteresses

Über die vereinzelten Regelungen hinaus ist es unternommen worden abstrakte Vorrangstrukturen abzuleiten, insbesondere unterschiedliche Spielarten der These vom Vorrang des Küstenstaateninteresses.[42] Ein solcher grundsätzlicher Vorrang des Küstenstaateninteresses wird heute vor allem aus dem sui generis-Charakter der ausschließlichen Wirtschaftszone abgeleitet. Die küstenstaatlichen Vorrechte seien nicht als bloße Ausnahme vom Regime der hohen See zu sehen, sondern vielmehr an deren Stelle getreten.[43] Im Ergebnis seien die gemäß Art. 58 SRÜ geltenden Seefreiheiten anderer Staaten grundsätzlich engeren Schranken unterworfen und müssten im Konfliktfall mit küstenstaatlichen Interessen im Zweifel zurücktreten. Dies sei weniger im Sinne eines strikten Vorranges zu verstehen, als vielmehr einer widerlegbaren Vermutung zugunsten der küstenstaatlichen Einschätzung, was – aus prozessualer Sicht – zu einer Verlagerung der Beweislast zulasten des andere Staates führe.[44] Da in der Tat im Großteil aller Fälle die Küstenstaaten eigenen Vorhaben einen Vorrang vor den Vorhaben anderer Staaten einräumen, scheint diese These auch der Praxis zu entsprechen.[45]

Ihre besondere Kraft zieht die These vom Vorrang des Küstenstaateninteresses damit aus der Tatsache, dass sie allem Anschein nach der Staatenpraxis entspricht. Deshalb wurden ihr bislang auch kaum Argumente für eine Interessengleichwertigkeit entgegengehalten. Es wird insoweit lediglich darauf hingewiesen, dass der besondere Charakter der ausschließlichen Wirtschaftszone nicht zwangsläufig ei-

---

[40] Art. 78 Abs. 2 SRÜ: „The exercise of the rights of the coastal State over the continental shelf must not infringe or result in any unjustifiable interference with navigation and other rights and freedoms of other States as provided for in this Convention".

[41] So *Treves*, High Seas, in: Wolfrum (Hrsg.), MPEPIL-Online, Rn. 37; bereits geäußert im Kommentar von *Treves* im Anschluss an *Zedalis*, AJIL 75 (1981), S. 926–935 (933 f.); vgl. auch m.w.N. *Wiese*, Grenzüberschreitende Landrohrleitungen und seeverlegte Rohrleitungen im Völkerrecht, S. 216.

[42] Vgl. den Überblick bei ders., Grenzüberschreitende Landrohrleitungen und seeverlegte Rohrleitungen im Völkerrecht, 216 ff.m.w.N.

[43] Argumentiert wird u.a. anhand von Art. 59 SRÜ: Dass hier allein der Fall geregelt sei, dass keinen speziellen Hoheitsbefugnisse bestünden, lasse den Umkehrschluss zu, dass das Seerechtsübereinkommen eine Entscheidung am Maßstab der Billigkeit zumindest dort nicht erwarte, wo solche ausschließlichen Rechte bestünden. Art. 59 SRÜ zeige damit, dass in der AWZ offensichtlich nicht das Recht der hohen See gelten solle.

[44] Insbesondere elaboriert von *Proelß*, Ausschliessliche Wirtschaftszone, in: Vitzthum (Hrsg.), Handbuch des Seerechts, S. 222–264, 260; ders., Ocean Yearbook 26 (2012), S. 87–112 (93 ff.); bereits angemerkt von *Attard*, The exclusive economic zone in international law, S. 75; verbunden mit einem Vorrang des Umweltschutzinteresses *Kersandt*, Rechtliche Vorgaben und Defizite bei Schutz und Nutzung der Nordsee, S. 212 f.

[45] Vgl. *Proelß*, Ocean Yearbook 26 (2012), S. 87–112 (97 bei und in Fn. 74).

ne Nachrangigkeit der Interessen anderer Staaten bedeute und namentlich der doppelte Vorbehalt des Art. 58 Abs. 1 und 2 SRÜ auch rein deklaratorisch verstanden werden könne. Deshalb sei in Ermangelung eines expliziten Vorranges im Konventionstext letztlich von einer Interessengleichwertigkeit auszugehen.[46]

In der Tat ist die rechtliche Argumentation, dass der Vorrang aus dem sui generis-Charakter der ausschließlichen Wirtschaftszone folge, weniger zwingend. Denn unklar ist, ob sich dieser sui generis-Charakter der ausschließlichen Wirtschaftszone – im Vergleich zur hohen See – vorwiegend aus der Beschränkung seerechtlicher Freiheiten speist oder – im Vergleich zum Küstenmeer – eher aus der lediglich begrenzten Einzelermächtigung der Küstenstaaten. Zudem bleibt bislang ungeklärt, in welchem Verhältnis ein Vorrang des Küstenstaateninteresses in seiner Ausschließlichen Wirtschaftszone zum Festlandsockelregime stünde. Diesbezüglich geht die überwiegende Auffassung davon aus, dass eine Ausschließliche Wirtschaftszone mit ihrer Ausweisung das vorherige Festlandsockelregime integriere.[47] Da nach ständiger Rechtsprechung des IGH die Festlandsockelrechte den Küstenstaaten aber „eo ipso" und „ab initio" zustehen, müsste man dann notwendigerweise davon ausgehen, dass auch bereits am Festlandsockel ein Vorrang des Küstenstaateninteresses besteht. Anderenfalls hätte die Ausweisung einer Ausschließlichen Wirtschaftszone den erstaunlichen Effekt, die Festlandsockelrechte nachträglich in ihrer Wertigkeit zu verändern. Bislang wird im Schrifttum bezüglich der Festlandsockelrechte gemäß Art. 78 Abs. 2 SRÜ jedoch allenfalls von einem gegenläufigen Vorrang der Transitrechte vor den souveränen Festlandsockelrechten ausgegangen.[48]

c) Erneut: These der Tendenzwirkung von Befugnisnormen

Vor diesem Hintergrund erscheint es notwendig zu betonen, dass die Praxis der Küstenstaaten, eigenen Vorhaben regelmäßig den Vorrang einzuräumen, kein eindeutiges Argument für einen rechtlichen Vorrang ihrer Interessen ist. Vielmehr lässt die Systematik des Seerechtsübereinkommens noch eine dritte Sichtweise zu: Wie bereits angemerkt, ist die Befugnisordnung des Zonenregimes selbst in weiten Teilen Ausdruck eines antizipierten Interessenausgleichs zugunsten der Küstenstaaten.[49] Damit erweist sich die These vom Vorrang des Küstenstaaten-

---

[46] *Schubert*, Maritimes Infrastrukturrecht, S. 52; *ARL*, Maritime Raumordnung, S. 25.

[47] So insbesondere auch die Vertreter der These vom Vorrang des Küstenstaateninteresses, *Attard*, The exclusive economic zone in international law, S. 56 ff.; *Proelß*, Ausschliessliche Wirtschaftszone, in: Vitzthum (Hrsg.), Handbuch des Seerechts, S. 222–264, 230 ff.

[48] *Treves*, Law of the Sea, in: Wolfrum (Hrsg.), MPEPIL-Online, Rn. 37; bereits geäußert im Kommentar zu *Zedalis*, AJIL 75 (1981), S. 926–935 (933 f.); insbesondere unter Bezug auf *ICJ*, North Sea Continental Shelf (Germany vs. Denmark, The Netherlands), ICJ Reports 1969, 3, Rn. 65; vgl. auch m.w.N. *Wiese*, Grenzüberschreitende Landrohrleitungen und seeverlegte Rohrleitungen im Völkerrecht, S. 216.

[49] Vgl. oben S. 166 ff. und 216 ff.

interesse letztlich als eine auf seine souveränen Rechte und ausschließlichen Hoheitsbefugnisse erweiterte Spielart der These des Vorranges des Territorialstaateninteresses.[50] Ausgehend von der Überlegung, dass Zuständigkeitsnormen grundsätzlich keine abstrakte Aussage zur rechtlichen Wertigkeit eines Regelungsgegenstandes treffen,[51] erscheint die häufig nachrangige Gewichtung der Interessen anderer Staaten weniger als eine Folge abstrakter Gewichtungsvorgaben, als vielmehr als eine schlichte Folge der Tendenzwirkung küstenstaatlicher Entscheidungsbefugnis. Denn im Rahmen seiner Befugnisse wird der zuständige Küstenstaat seinen eigenen Nutzungsinteressen – selbstverständlich – jeden zulässigen Vorrang einräumen.[52] Ganz in diesem Sinne erzeugt beispielsweise im Falle eines Rohrleitungstransits durch ein großes Gebiet küstenstaatlicher Windenergieanlagen[53] die Kombination aus ausschließlichen Anlagenerrichtungsrechten samt Sicherheitszonen und dem Recht zur Genehmigung der Transitleitungstrasse faktisch einen Vorrang des Küstenstaateninteresses. Insoweit bedarf es dann auch keiner eigenständig begründeten Beweislastumkehr. Denn in aller Regel werden nur solche küstenstaatlichen Genehmigungen von Gegenparteien angefochten, für die geltend gemacht wird, dass sie zulasten der gegenläufigen Interessen abgewogen seien. Für diesen dem Transitstaat günstigen Umstand, dass die im Rahmen küstenstaatlicher Kompetenzen getroffene Entscheidung seine Rechtsposition unangemessen einschränkt, wird ohnehin der andere Staat den anfänglichen Nachweis erbringen müssen. Vermutung und Beweislast neigen sich also in der Praxis ohnehin zugunsten des Küstenstaates. Dies erklärt dann auch, warum ein darüber hinausgehender materieller Vorrang im Konventionstext nicht angelegt ist – bzw. nicht angelegt zu sein brauchte.[54]

Als insoweit vereinigender Befund soll damit die These vom Vorrang des Küstenstaateninteresses im Ergebnis bestätigt werden. Die komplizierte dogmatische Begründung aus dem sui generis-Charakter der ausschließlichen Wirtschaftszone ist hierfür aber nicht erforderlich. Der faktische Vorrang küstenstaatlicher Interessen besteht selbst unter der Prämisse prinzipiell gleichwertiger Staateninteressen. Überdies: Wenn es den Konfliktparteien schon nicht möglich sein sollte, auf der Grundlage holzschnittartiger Befugnisregelungen eine akzeptable Lösung zu finden, bleibt ihnen ohnehin nichts anderes übrig, als in wechselseitige Konsulta-

---

[50] Vgl. S. 69 ff. sowie insbesondere S. 77 ff.

[51] Vgl. oben S. 77.

[52] „If there are good reasons for overriding the rights of other States in the EEZ, then article 56(2) allows that". So die britische Stellungnahme bei *PCA*, Chagos Marine Protected Area Arbitration (Mauritius vs. United Kingdom), Case No. 2011-03, Award, 18.03.2015, Rn. 476, Anm.: EEZ = Ausschließliche Wirtschaftszone.

[53] So das Beispiel von *Proelß*, Ocean Yearbook 26 (2012), S. 87–112 (91).

[54] Damit ließe sich der hier vertretenen Auffassung auch kaum entgegenhalten, aus rechtsstaatlichen Gründen – was im völkerrechtlichen Kontext ohne hin ein mit Vorsicht zu genießendes Argument wäre – seien generelle Wertungsdirektiven ausgeschlossen. So aber gegenüber der These des Küstenstaatenvorrangs *ARL*, Maritime Raumordnung, S. 25.

tionen einzutreten.[55] Dass dogmatischen Vorrangthesen in diesem Rahmen dann eine besondere Steuerungswirkung zukommen würde, kann bezweifelt werden.[56]

3. Beispielhafte Konkretisierung des Rücksichtnahmegebotes

Die zuvor dargestellten Rahmenbedingungen des seerechtlichen Rücksichtnahmegebotes sollen abschließend anhand zweier Problemstellungen näher erläutert werden, namentlich die planerische Koordination militärischer Raumnutzungsansprüche in der ausschließlichen Wirtschaftszone sowie die Berücksichtigung navigatorischer Durchfahrtsrechte bei der Querung von Meerengen durch Tunnel und Brücken.

a) Militärische Raumnutzungsansprüche in der ausschließlichen Wirtschaftszone

Das Seerechtsübereinkommen schweigt sich über militärische Interessen weitgehend aus, insbesondere soweit sie den Infrastrukturbau betreffen.[57] Allein für das Küstenmeer findet sich eine explizite Normierung in Art. 25 Abs. 3 SRÜ, infolge derer jedoch selbst hier das Recht auf friedliche Durchfahrt nur temporär und nach internationaler Bekanntmachung für Wehrübungen eingeschränkt werden soll.[58] Unabhängig von der äußerst strittigen Frage, ob militärische Manöver auch innerhalb fremder ausschließlicher Wirtschaftszonen als ungenannte Freiheit der hohen See gemäß Art. 58 SRÜ zulässig oder vielmehr anhand von Art. 59 SRÜ zu bewerten sind, bieten sich jedenfalls für Küstenstaaten keine allgemeinen Befugnisse zur unilateralen Ausweisung verbindlicher militärischer Sperrgebiete.[59]

Von der Frage, welche Belange durch den Küstenstaat verbindlich festgesetzt werden können, ist die Frage zu unterscheiden, welche Belange im Rahmen anderer zulässiger Festsetzungen berücksichtigt werden dürfen.[60] So wurde bereits

---

[55] Vgl. *Papadakis*, The International Legal Regime of Artificial Islands, S. 174; *Wiese*, Grenzüberschreitende Landrohrleitungen und seeverlegte Rohrleitungen im Völkerrecht, S. 221 ff.

[56] Die besondere Praktikabilität der Vorrangvermutung betont dagegen *Proelß*, Ocean Yearbook 26 (2012), S. 87–112 (95 f.).

[57] Vgl. oben S. 180 ff. in den Fußnoten.

[58] Einsehbar unter: http://www.un.org/depts/los/convention_agreements/innocent_passages_suspension.htm.

[59] Zulässig sind daher allenfalls Warngebiete, *Wille*, Raumplanung in der Küsten- und Meeresregion, S. 86 f.; allgemeiner *Shearer*, Ocean Yearbook 17 (2003), S. 548–562; *Proelß*, Ausschliessliche Wirtschaftszone, in: Vitzthum (Hrsg.), Handbuch des Seerechts, S. 222–264, 262 f.; *Proelss*, Art. 55–60, 306–307, in: Proelss (Hrsg.), UNCLOS, Art. 58 Rn. 18; Art. 59 Rn. 4; *Gündling*, Die 200 Seemeilen-Wirtschaftszone, S. 273; *Attard*, The exclusive economic zone in international law, S. 84 ff.

[60] *von Nicolai*, IzR 2004, S. 491–498 (495); *Maier*, Die Ausdehnung des Raumordnungsgesetzes auf die Ausschließliche Wirtschaftszone dargestellt an der auslösenden Situation der raumordnerischen Steuerung der Errichtung von Offshore-

mehrfach festgestellt, dass der Küstenstaat befugt ist, unabhängig von den Beweggründen über die räumliche Allokation und Nichtallokation von Anlagen oder Bergbauvorhaben zu entscheiden. Es ist dem Küstenstaat im Rahmen seiner ausschließlichen Hoheitsbefugnisse deshalb ebenfalls nicht verwehrt, geeignete Räume von Anlagen freizuhalten, in denen er – oder auch andere Staaten – regelmäßig militärische Übungen vornehmen.[61] Denn der Küstenstaat maßt sich hierbei ja gerade keine Entscheidung über militärische Nutzungen an,[62] sondern – wie auch in Fällen des Naturschutzes – lediglich über die Zulässigkeit ortsgebundener Konstruktionen. Ebenso gilt im umgekehrten Fall, dass es dem begrenzten Charakter der souveränen Rechte gerade nicht entgegen steht, wenn ein Küstenstaat zum Schutz tatsächlicher Bergbaugebiete Sicherheitszonen errichtet, in denen unter anderem auch einzelne militärische Nutzungen untersagt sind, die nachteilige Auswirkungen auf seinen Bergbau haben können.[63] Der Befürchtung, dass in der Folge militärische Belange unzulässigerweise weggewogen werden könnten,[64] kann ausdrücklich nicht gefolgt werden. Denn im Gegenteil würde eine Tabuisierung militärischer Belange in der Abwägung der Anlagenplanung nicht dazu führen, dass militärische Interessen anderer Staaten besser berücksichtigt würden, sondern vielmehr dazu, dass sie gar keinen Eingang in die küstenstaatliche Entscheidung fänden. Gerade um dem begrenzten Charakter der ausschließlichen Hoheitsbefugnisse gerecht zu werden, wird man daher – nur scheinbar paradoxerweise – davon ausgehen müssen, dass Küstenstaaten zur Abwägung militärischer Belange anderer Staaten sogar verpflichtet sind. Wollte man argumentieren, dass es damit letztlich doch zu verschleierten militärischen Gebietsausweisungen käme, ließe dies außer Acht, dass beispielsweise für Transitseekabel eine entsprechende Ausschließlichkeit ebenso wenig besteht wie für die Schifffahrt.[65] Deshalb bleibt in diesen Meeresgebieten für andere Staaten eine Vielzahl von Nutzungen zulässig, die ihrerseits durch militärische Manöver des Küstenstaates nicht beeinträchtigt werden dürfen.

b) Querung von Meerengen durch Tunnel und Brücken

Maritime Verkehrstunnel und -brücken verlassen in aller Regel selbst dann innere Gewässer, Küsten- oder Archipelgewässer nicht, wenn sie die Grenze zweier Staa-

---

Windenergieanlagen, S. 72 ff.; *Wille*, Raumplanung in der Küsten- und Meeresregion, S. 44 mit Fn. 150; dagegen sprechen von der Unzulässigkeit der Abwägung aller Belange etwa *Erbguth/Müller*, DVBl 2003, S. 625 (628 f.); *Kment*, Die Verwaltung 2007, S. 53–74 (64); *Proelß*, EurUP 2009, S. 2–10 (8); *Forkel*, Maritime Raumordnung in der AWZ, S. 219 f., 283 f.

[61] *Wille*, Raumplanung in der Küsten- und Meeresregion, S. 87.
[62] So aber *Forkel*, Maritime Raumordnung in der AWZ, S. 220, 284.
[63] *Proelß*, Ausschliessliche Wirtschaftszone, in: Vitzthum (Hrsg.), Handbuch des Seerechts, S. 222–264, 263.
[64] *Forkel*, Maritime Raumordnung in der AWZ, S. 284.
[65] S. 192 und S. 204 ff.

ten überqueren. So proklamierten etwa England und Frankreich 1988 zeitgleich mit der Planung des Eurotunnels unter dem Ärmelkanal erweiterte Küstenmeere bis zur gesamten Breite der Meerenge.[66] Die Territorialität solcher Bauwerke besteht auch bei den türkischen Brücken über den Bosporus (1973, 1988, 2016) bzw. die Dardanellen (seit 2017 im Bau), den skandinavischen Überbrückungen von Storebælt (1998) und Øresund (2000), der Kertsch-Brücke vom russischen Festland zur Krim[67] sowie der noch im Bau befindlichen kroatischen Pelješac-Brücke zur Umgehung des bosnischen Neum-Korridors. Auch öffentlich diskutierte Querungen der Straße von Messina[68], der Meerenge von Gibraltar oder der Seestraßen des malaiischen Archipels würden küstenstaatliche Hoheitsgewässer nicht verlassen. Dennoch beweisen die Absenktunnelplanungen zur Festen Fehmarnbeltquerung zwischen Deutschland und Dänemark bzw. der aufgegebenen alternativen Rostock-Gedser-Querung, dass derartige Vorhaben auch jenseits der Hoheitsgewässer entstehen (werden).[69]

Gegenstand gerichtlicher Auseinandersetzung vor dem IGH waren bereits die dänischen Planungen zur Brücke über den großen Belt (Storebæltforbindelsen).[70] Da der Weg durch die dänischen Meerengen die einzigen Verbindungen zwischen Nord- und Ostsee sind, opponierte Finnland 1991 unter Hinweis auf seine Passagefreiheit gegen die Planungen, weil es seit 20 Jahren mehrfach bis zu 150m hohe Bohrtürme durch diese Meerenge gebracht hatte und die Brücke eine Durchfahrt für derartige Bohrtürme oder auch etwaiger zukünftiger Schiffstypen erheblich teurer oder sogar unmöglich machen würde. Dänemark und Finnland einigten sich 1991/92 letztlich außergerichtlich gegen Zahlung von etwa $15 Mio. auf die Einstellung des Prozesses. Da der Fall damit nicht zur Entscheidung gelangte,

---

[66] Vgl. *Whomersley*, Channel Tunnel, in: Wolfrum (Hrsg.), MPEPIL-Online, Rn. 13.

[67] Dazu bereits oben S. 39 ff.

[68] Dazu *Spadi*, ICLQ 2001, S. 411–419 (412 f.); konkretere Planungen existieren schon seit einem halben Jahrhundert. Die jüngsten Planungen wurden zwar wegen der Schieflage der öffentlichen Haushalte und bisher nicht auszuräumender seismischer Bedenken (Erdbeben) 2013 wieder eingestellt, das Projekt bleibt jedoch aktuell, vgl. *Rogers*, World's longest suspension bridge back on Italy's agenda; *Day*, Sicily bridge plan revived by Italian government despite concerns over earthquakes and the Mafia.

[69] *Schubert*, Maritimes Infrastrukturrecht, S. 40; *Lagoni*, Festlandsockel, in: Vitzthum (Hrsg.), Handbuch des Seerechts, S. 166–221, 264–286, 220.

[70] *ICJ*, Case Concerning Passage through the Great Belt (Finland vs. Denmark), Request for the Indication of Provisional Measures, ICJ Reports 1991, 12 – Order of 29 July 1991; vgl. die Besprechungen von *Wolfrum*, Bridges over Straits, in: Miles/Treves (Hrsg.), The Law of the Sea: New Worlds, New Discoveries, S. 38–56; *Koskenniemi*, ODIL 1996, S. 255–289; ders., Fragmentation of International Law – Report of the Study Group of the International Law Commission, A/CN.4/L.682; sowie *Spadi*, ICLQ 2001, S. 411–419 (412 ff.).

wurde bis dato kein Präzedenzfall in Bezug auf derartige Infrastrukturvorhaben geschaffen; der nachfolgende Bau der Øresundbrücke wurde jedenfalls nicht von derartigen Rechtsstreitigkeiten begleitet.[71]

Die kompetenzrechtliche Einordnung derartiger Vorhaben variiert folglich nur geringfügig in Abhängigkeit von ihrer zonalen Lage, da sie sich in den meisten Fällen nach der souveränen Planungshoheit der beteiligten Küstenstaaten richtet. Dies gilt auch jenseits der Territorialgewässer, da (Verkehrs-) Brücken – auch entsprechend dem technischen Sprachgebrauch – als küstenstaatliche Bauwerke (structure) im Sinne der Art. 60, 80 SRÜ einzuordnen sein dürften.[72] Querungen durch Bohrtunnel unterfallen jedenfalls gemäß Art. 85 i.V.m. 81 SRÜ der ausschließlichen Hoheit des Küstenstaates.[73] Da die kostengünstigeren Absenktunnel durch Versenkung, Zusammenfügung und Abdichtung vorgefertigter Teilstücken in einer ausgebaggerten Mulde mit abschließendem Auspumpen und Bedecken mit Abraum verlegt werden,[74] werden sie zwar – schon rein sprachlich (drilling vs. dredging) – nicht von Art. 81 SRÜ erfasst, dürften aber als Bauwerke gemäß Art. 85 i.V.m. 60, 80 SRÜ ebenfalls ausschließlicher küstenstaatlicher Hoheit unterfallen.[75]

Erhebliche Unterschiede ergeben sich jedoch in Bezug auf die zu beachtenden Limitierungen durch die Freiheit der Schifffahrt. Während Tunnel diesbezüglich regelmäßig unbedenklich sind, muss im Falle von Brücken im Einzelfall geprüft

---

[71] *Bangert*, Belts and Sunds, in: Wolfrum (Hrsg.), MPEPIL-Online, Rn. 23.

[72] Soweit sie lediglich der Verbindung mehrerer maritimer Anlagen dienen, bilden sie freilich einen unselbstständigen Bestandteil der Gesamtanlage; zu den küstenstaatlichen Hoheitbefugnissen siehe oben S. 180 ff.; zum technischen Sprachgebrauch vgl. *Billington/Shirley-Smith/Billington*, Bridge.

[73] Da Tunnelarbeiten im Gebiet des Tiefseebodens als Aneignung gem. Art. 137 Abs. 1 SRÜ generell unzulässig sind, kommt als räumlicher Anwendungsbereich der Norm lediglich der Festlandsockel in Betracht. Als Unberührtheitsklausel statuiert Art. 85 SRÜ ausschließliche Rechte des Küstenstaates allerdings nicht selbst; eine eigenständige Rechtsgrundlage sehen in Art. 85 SRÜ dagegen *Lagoni*, Festlandsockel, in: Vitzthum (Hrsg.), Handbuch des Seerechts, S. 166–221, 264–286, 219 f.; *Maggio*, Art. 77–78, 80–81, 85, in: Proelss (Hrsg.), UNCLOS, Art. 85 Rn. 1 ff., 7 ff., die aber auch davon ausgehen, dass das Tunnelbaurecht unabhängig vom Teil VI existiert; vgl. auch zu wissenschaftlichen Bohrungen Art. 246 Abs. 5 lit. b SRÜ.

[74] Siehe „immersed-tube tunels" bei *Lane*, Tunnels and underground excavations.

[75] Mangels Stoff- oder Energiedurchsatz erscheint eine Einordnung als anlandende Leitung eher fernliegend; die französische Fassung des Art. 85 SRÜ (en creusant de galerie) erfasst nicht allein Bohrtunnel, sondern auch Grabungen. Anders aber *Lagoni*, Festlandsockel, in: Vitzthum (Hrsg.), Handbuch des Seerechts, S. 166–221, 264–286, 219; Absenktunnel ohne weitere Begründung direkt unter Art. 85 SRÜ subsumierend *Schubert*, Maritimes Infrastrukturrecht, S. 40 f.

werden, welches Schifffahrtsregime überhaupt einschlägig ist, wobei neben den allgemeinen Regimen der friedlichen Durchfahrt, Transitdurchfahrt und navigatorischen Freiheit in den meisten Fälle auch spezielle Vertragsregime und Gewohnheitspraktiken eine bedeutsame Rolle spielen.[76]

Auch soweit es die Relation der betroffenen Rechtsgüter angeht, lassen sich anhand der jeweiligen Regimes sehr verschiedene Standpunkte vertreten: So ist beispielsweise ausgeführt worden, dass sich das Recht der friedlichen Durchfahrt und das Recht der Transitdurchfahrt durch eine umgekehrte Regel-Ausnahme-Struktur auszeichneten. Deshalb würden im Küstenmeer im Zweifel nachrangige Ausnahmen zur Souveränität formuliert, wohingegen in Meerengen, die der internationalen Schifffahrt dienen, im Grundsatz die Zulässigkeit der Passage stehe.[77] Unter der Annahme, dass diese Durchfahrtsrechte aber lediglich ein Substitut der ehemaligen Schifffahrtsfreiheit der hohen See darstellen, dürfte der Schifffahrt stets ein hohes Gewicht einzuräumen sein. Namentlich für Bauwerke kann auch Art. 60 Abs. 7 SRÜ ein entsprechendes Indiz entnommen werden.[78] Die zunehmende Anzahl fester Meeresquerungen weist aber zugleich auch darauf hin, dass durchaus die Bereitschaft besteht, auch über bedeutenden Meerengen Brücken in hinreichender Höhe zu akzeptieren. Auch Finnland, dass im Great Belt-Fall zunächst vertreten hatte, dass die Durchfahrtsregelungen schlicht anzuwenden seien und im Übrigen nichts mehr abzuwägen sei, war im Ergebnis doch bereit gegen eine relativ geringe Kompensationzahlung die Beeinträchtigung der Durchfahrt zu akzeptieren, und ließ damit die zunächst beanspruchte Berücksichtigung potentieller zukünftiger Superschiffe fallen.[79]

Anhand der Brücken von Kertsch und Pelješac, die nicht zuletzt im Hinblick auf die zukünftige Passierbarkeit der Seestraßen zu erheblichen Unstimmigkeiten zwischen den Nachbarstaaten führen,[80] wird jedoch deutlich, dass die rechtliche Situation in den meisten Fällen ausgesprochen uneindeutig und damit vor allem verhandlungsbedürftig ist. Nun werden derart kostenintensive Einzelprojekte in aller Regel nur infolge treibender Beweggründe in Angriff genommen. Dies

---

[76] Vgl. *Lapidoth*, Straits, International, in: Wolfrum (Hrsg.), MPEPIL-Online, Rn. 7 ff., 18 ff.

[77] *Mahmoudi*, Transit Passage, in: Wolfrum (Hrsg.), MPEPIL-Online, Rn. 20.

[78] Zumal der Normtext lautet „(...) may not be established where interference may be caused (...)" und nicht „may not be established in modalities that may cause interference".

[79] *Koskenniemi*, ODIL 1996, S. 255–289 (268); ders., Fragmentation of International Law – Report of the Study Group of the International Law Commission, A/CN.4/L.682, Rn. 22.

[80] Im Falle der Pelješac-Brücke bekräftigte die bosnisch-herzegowinische Seite wohl jüngst ihre Kritik, vgl. Bosnia's Izetbegovic complains to EU about Peljesac Bridge; die EU als Hauptfinancier (85 %) vertritt freilich den Standpunkt, dass der Bau umfassend mit den bosnisch-herzegowinischen Behörden abgestimmt wurde, *Europäische Kommission*, Kommission billigt EU-Finanzierung der Pelješac-Brücke in Kroatien – Pressemitteilung; zur Passierbarkeit der Straße von Kertsch siehe *Schatz/Koval*, Ukraine v. Russia: Passage through Kerch Strait and the Sea of Azov, Teil I und II.

kann ein entsprechender verkehrlicher Bedarf sein, aber auch, dass die Anbindung samt der sich auch langfristig einstellenden sozialökonomischen Raumwirkungen politisch für erstrebenswert erachtet werden. Insbesondere die Querungen der dänischen Meerengen – die zugleich Bestandteil des EU-Infrastukturkonzepts „Transeuropäische Netze" sind[81] – haben jedenfalls gezeigt, dass die Anbindung über Meeresbereiche hinweg oftmals sogar ein multilaterales Anliegen ist. Da namentlich regionale und überregionale Interessen oftmals erstaunlich diametral verlaufen, basieren derartige Vorhaben zwangsläufig auf einer weitreichenden Abwägung. Soweit es nun konfligierende Interessen anderer Staaten betrifft, können nur solche Lösungen langfristig tragfähig sein, die auf einer hinreichend flexiblen wechselseitigen Berücksichtigung basieren. Dies insbesondere deshalb, weil einmal errichtete Brücken im Gegensatz zu anderen Meeresnutzungen nicht einfach rückgängig zu machen sind und im Einzelfall denkbare Alternativen (z.B. Hub- und Tischbrücken, Fahrrinnenvertiefung, Tunnel, Standortverlagerung) ihrerseits gewichtige Nachteile aufweisen können, insbesondere deutlich höhere Bau- und Unterhaltungskosten oder auch intensivere Eingriffe in die Meeresumwelt. Schon Dänemark argumentierte eindrücklich auf der Grundlage von Billigkeitserwägungen, dass es unverhältnismäßig sei, die volkswirtschaftlich bedeutende Anbindung der zwei dänischen Hauptinseln mit dem Festland dem Interesse lediglich eines finnischen Unternehmens an der Verschiffung außergewöhnlich hoher Konstruktionen unterzuordnen. Dem wurde von Finnland entgegengehalten, dass nicht das Projekt als solches verhindert werden solle, sondern dass Dänemark lediglich eine Variante zu bauen habe, die mit der umfassenden Transitfreiheit vereinbar sei. Gewährleistet werden könne dies etwa durch einen Tunnel, eine bewegliche Brücke oder zumindest durch eine massive Vertiefung des alternativ zu befahrenden Øresunds, dessen Flachwasser für derartige Verschiffungen bislang nicht geeignet sei.[82] Wenn überhaupt, dann seien also allenfalls die zusätzlichen Kosten für Dänemark mit der Belastung des Finnischen Unternehmens abzuwägen.

Es gilt damit unabhängig von den im Detail anwendbaren Bestimmungen, dass selbst dann, wenn eine umfassende Interessenberücksichtigung normativ nicht ausdrücklich vorgesehen ist, bei derartigen Vorhaben stets eine Abwägung der für die Beteiligten relevanten Umstände erfolgen wird – in welchem Gewande auch immer. Im Idealfall wird dies im Rahmen gegenseitiger Vertragsverhandlungen geschehen. Häufig erfolgen derartige Abwägungen jedoch eher unterschwellig in der Konstruktion des zugrundeliegenden Sachverhalts oder in der Interpreta-

---

[81] Vgl. etwa das Kartenmaterial in Anhang I Nr. 1 der Verordnung (EU) Nr. 1315/2013 des Europäischen Parlamentes und des Rates vom 11.12.2013 über Leitlinien der Union für den Aufbau eines transeuropäischen Verkehrsnetzes und zur Aufhebung des Beschlusses Nr. 661/2010/EU.

[82] Diese letztgenannte Variante hätte wiederum Auswirkungen für die gesamte Ostseeumwelt gehabt. Zudem war der Sund zum damaligen Zeitpunkt bereits Gegenstand der schwedisch-dänischen Brückenplanungen.

tion einzelner Begriffe, beispielsweise „Schiffe" i.S.d. Art. 23 SRÜ.[83] Verorten ließe sich die Abwägung – je nach Rechtslage – in Gutglaubenstatbeständen wie Art. 300 SRÜ sowie in ausdrücklich geregelten Rücksichtnahmegeboten. Anleihen ließen sich in mehreren Bereichen nehmen, die sich ebenfalls mit konfligierenden Staateninteressen befassen: Beim genannten Art. 59 SRÜ, der ständigen Rechtsprechung des IGH zur gerechten Delimitation angrenzender und benachbarter Seezonen[84] sowie bei den Kooperationspflichten des präventiven Nachbarrechts.[85]

4. Zwischenergebnis

Das Seerechtsübereinkommen behandelt zwischenstaatliche Interessenkollisionen als Kollisionen von Rechtspositionen, namentlich seerechtlichen Nutzungsfreiheiten sowie ausschließlichen Nutzungs- und Schutzrechten. Das seerechtliche Rücksichtnahmegebot ähnelt insoweit strukturell dem souveränitätsrechtlichen Präventionsprinzip bzw. lässt sich als eine spezifisch seerechtliche Ausformung desselben verstehen, da der Großteil des Meeresraumes gerade nicht von ausschließlichen Hoheitsräumen geprägt ist. Als Spielart des Präventionsprinzips ist dem Rücksichtnahmegebot damit auch die Pflicht zur zwischenstaatlichen Konsultation inhärent, die zugleich auch die Pflicht impliziert mögliche Beeinträchtigungen anderer Rechtspositionen einer Risikoprüfung zu unterwerfen. Im Rahmen der Konsultation sowie der Abwägung widerstreitender Interessen im Rahmen hoheitlicher Planungs- und Genehmigungsentscheidungen sind die Staateninteressen im Ausgangspunkt gleichwertig. Ein grundsätzlicher rechtlicher Vorrang des Küstenstaateninteresses besteht nicht. Gleichwohl erzeugt die Jurisdiktionssystematik des Seerechtsübereinkommens in den Zonen, in denen der Küstenstaat über umfassende oder limitierte ausschließliche Hoheitsbefugnisse verfügt, eine faktische Vorrangstellung des Küstenstaateninteresses. Diese Tendenzwirkung der Befugnisse führt auch im Rahmen einer gerichtlichen Anfechtungssituation zu einer Beweislastverteilung zu Lasten des anderen Staates. Ein Bedürfnis für die Ableitung einer rechtlichen Vorrangstellung des Küstenstaates, insbesondere auf der Grundlage des sui generis-Charakters der ausschließlichen Wirtschaftszone, bedarf es daher nicht, zumal sich so auch etwaige Inkonsistenzen im Zusammenspiel mit dem Festlandsockelregime vermeiden lassen.

---

[83] Vgl. zu entsprechenden Argumenten etwa *Koskenniemi*, ODIL 1996, S. 255–289 (264 ff., 269 ff.).

[84] So auch ebd., S. 255–289 (268; zur maritimen Abgrenzung von Seezonen unten S. 327).

[85] S. 69 ff.

II. Das Meeresumweltschutzgebot

1. Meeresschutz als präventive und kooperative Sorgfaltspflicht

Wie bereits in den vorausgehenden Kapiteln mehrfach ausgeführt, durchdringt die Frage nach dem Schutz der Meeresumwelt das gesamte maritime Nutzungsspektrum, und der Meeresumweltschutz ist damit ein zentraler Belang im Streben nach nachhaltiger Entwicklung.[86] Der bislang geführte Befund lässt sich insbesondere auf zwei Feststellungen zusammenfassen: Alle Staaten sind entsprechend ihren jurisdiktionellen Befugnissen zum Meeresumweltschutz berechtigt. Zudem ist der integrierte Meeresschutz und die Anwendung des Ökosystemansatzes die dominierende Agenda der letzten Dekaden.[87] Dieser Umstand wiederum folgt nicht zuletzt aus der Tatsache, dass alle Staaten gemäß Art. 192 ff. (Teil XII) des Seerechtsübereinkommens zonenübergreifend zum Schutz der Meeresumwelt verpflichtet sind. Im Gegensatz zum terrestrischen Bereich besteht im Meeresraum also ein in Art. 192 verkörpertes, gewohnheitsrechtlich verfestigtes, integrativ und präventiv angelegtes Meeresumweltschutzgebot mit Wirkung erga omnes. Nicht zuletzt infolge der Ausbreitungsgefahr gilt dieses allgemeine Meeresumweltschutzgebot auch dann, wenn die Schädigung mit hoher Wahrscheinlichkeit auf den nationalen Meeresraum beschränkt bleiben.[88] Auch wenn dem Großteil der Bestimmungen des Teiles XII nur wenig konkreter Inhalt entnommen werden kann, darf zusammen mit der Rechtsprechung als völkergewohnheitsrechtlich anerkannt gelten, dass es sich auch bei den präventiven Meeresumweltschutzpflichten um staatliche Sorgfaltspflichten handelt, die Belange des Umweltschutzes in der Planung und Durchführung räumlicher Nutzungen sorgfältig zu berücksichtigen bzw. gegenüber nichtstaatlichen Aktivitäten, die einem jurisdiktionellen Zugriff unterliegen, die Berücksichtigung von Umweltschutzinteressen durch Ausbildung eines angemessenen Rechtsrahmens und Maßnahmen staatlicher Kontrolle sicherzustellen.[89] Die allgemeine Pflicht zum Meeresumweltschutz begründet infolge

---

[86] Auch Absatz 3 der Präambel des Seerechtsübereinkommen enthält ein integratives Ganzheitlichkeitspostulat.

[87] Siehe insbesondere S. 163 ff., S. 171 ff. und S. ?? ff.

[88] Im Überblick zum Meeresumweltschutz *Boyle*, AJIL 79 (1985), S. 347–372; *Iudicello/Lytle*, TELJ 1994, S. 123–161; *Wolfrum/Matz*, MPYBUNL 4 (2000), S. 445–480; *Proelß*, Meereschutz im Völker- und Europarecht, S. 71 ff.; ders., AVR 54 (2016), *Hafner*, Meeresumwelt, Meeresforschung und Technologietransfer, in: Vitzthum (Hrsg.), Handbuch des Seerechts, S. 347–460; *Freestone/Salman*, Ocean and Freshwater Ressources, in: Bodansky/Brunée/Hey (Hrsg.), The Oxford Handbook of International Environmental Law, S. 337–361, 340 ff.; *Birnie/Boyle/Redgwell*, International Law and the Environment, S. 379 ff.; *König*, Marine Environment, International Protection, in: Wolfrum (Hrsg.), MPEPIL-Online; *Tanaka*, The International Law of the Sea, S. 267 ff., 334 ff.; *Matz-Lück*, Meeresschutz, in: Proelß (Hrsg.), Internationales Umweltrecht, S. 393–453.

[89] *ITLOS*, Responsibilities and obligations of States with respect to activities in the Area, Case No. 17, 01.02.2011, ITLOS Reports 2011, 10 – Advisory Opinion, Rn. 103 f.;

der Zunahme küstenstaatlicher Nutzungsrechte zumindest systematisch eine erhöhte umweltschutzfachliche Verantwortung der Küstenstaaten.[90] Eine besondere Rolle spielen in diesem Zusammenhang die Pflicht zur Durchführung frühzeitiger Umweltverträglichkeitsprüfungen bei potentiell umweltgefährdenden Tätigkeiten (Art. 206 SRÜ, Abschnitt 1 Abs. 7 DFÜ-Annex), zu Berücksichtigung internationaler Standards (Art. 207 ff. SRÜ) sowie – bei grenzüberschreitendem Sachverhalt – die Pflicht zur zwischenstaatlichen Konsultation sowie insgesamt die Pflicht zu kooperativem Umweltschutz (Art. 123, 197 SRÜ).[91] Auch wenn namentlich der Wortlaut des Art. 206 SRÜ eine subjektiver formulierte Fassung des potentiellen Umweltschadens als Eröffnungsschwelle darstellt als andere Dokumente („reasonable grounds for believing (...)"), handelt es sich, trotz des erheblichen staatlichen Spielraums, um einen objektiv zu bestimmenden Maßstab.[92] Da das Meeresumweltrecht insgesamt modellbildend für das gesamte Umweltvölkerrecht ist, gelten die im vorherigen Teil entwickelten Maßstäbe für Umweltprüfungen und zwischenstaatliche Konsultationsverfahren entsprechend.[93] Beispiele aus regionalen Bemühungen zeigen freilich, dass insbesondere in der umweltqualitativen Überwachung „der Teufel im Detail sitzt". So dauerte es etwa im Rahmen der OSPAR-Regimes[94] Jahrzehnte, um zu erkennen, dass weniger die Überprüfung bestimmter Stoffkonzentrationen als vielmehr die Überprüfung der ökologischen Auswirkungen bestimmter Stoffkonzentrationen entscheidend ist.[95] Zwar werden die zunächst auf den Verschmutzungsbegriff limitierten Verpflichtungen des Seerechtsübereinkommens namentlich durch Art. 194 Abs. 5 ökosystemorientiert sensibilisiert.[96] Allerdings wird man das intraterritoriale Verpflichtungsni-

---

PCA, Chagos Marine Protected Area Arbitration (Mauritius vs. United Kingdom), Case No. 2011-03, Award, 18.03.2015, Rn. 537 ff.; ders., The South China Sea Arbitration (Philippines vs. China), Case No. 2013-19, Award, 12.07.2016, Rn. 939 ff.

[90] *Prescott/Schofield*, The Maritime Political Boundaries of the World, S. 43.

[91] *ITLOS*, MOX Plant Case (Ireland v. United Kingdom), Case No. 23, Award, 03.12.2001, ITLOS Reports 2001, 95, S. 110 f.; ders., Case Concerning Land Reclamation by Singapore in and around the Straits of Johor (Malaysia vs. Singapore), Case No. 12, 08.10.2003, ITLOS Reports 2003, 10 – Provisional Measures, Order, S. 27 f.; ders., Responsibilities and obligations of States with respect to activities in the Area, Case No. 17, 01.02.2011, ITLOS Reports 2011, 10 – Advisory Opinion, Rn. 145; *PCA*, The South China Sea Arbitration (Philippines vs. China), Case No. 2013-19, Award, 12.07.2016, Rn. 946 ff.

[92] *Blitza*, Art. 204–206, in: Proelss (Hrsg.), UNCLOS, Art. 206 Rn. 3, 9 ff.

[93] Vgl. zur zwischenstaatlichen Konsultation S. 65 ff.; zu internationalen Maßstäben der Umweltverträglichkeitprüfung S. 146 ff.

[94] Convention for the protection of the marine environment of the North-East Atlantic, 2354 UNTS 67.

[95] *Hey*, IJMCL 17 (2002), S. 325–350 (344 f.).

[96] *PCA*, Chagos Marine Protected Area Arbitration (Mauritius vs. United Kingdom), Case No. 2011-03, Award, 18.03.2015, Rn. 320; *Czybulka*, Art. 192–196, 237, in: Proelss (Hrsg.), UNCLOS, Art. 192 Rn. 3, Art. 194 Rn. 30 ff.

II. Das Meeresumweltschutzgebot

veau des Meeresumweltschutzgebotes im Lichte der meereswirtschaftlichen Realität dahingehend einschränkend auslegen müssen, dass die Staaten lediglich dazu verpflichtet sind, massiven Verschmutzungen der Meeresumwelt vorzubeugen.[97]

2. Räumliche Planungspflichten aus dem Meeresschutzgebot?

Wie in den vorherigen Kapiteln auch, gilt es nunmehr zu untersuchen, inwieweit dem meeresumweltschutzrechtlichen Präventionsprinzip konkretisierte räumliche bzw. raumplanerische Aussagen entnommen werden können.

a) Raumplanung als unverbindliches Instrument

Seit jeher finden sich Stimmen, die aus einer abstrakten Perspektive formulieren, die zunehmende Nutzungsdichte im Meeresraum würde sich angesichts der Pflicht zum Umweltschutz, zumindest im Einzelfall, notwendigerweise zu einer planerischen Koordinationspflicht entwickeln.[98] Namentlich im Infrastrukturbereich ist eine Abstimmung küstenstaatlicher Planungen mit denen anderer Staaten oftmals unerlässlich.[99] In der Tat hat die Ökosystemdiskussion zur weiten Verbreitung planerischer Instrumente geführt.[100] Gleichwohl stellt selbst UNEP im Rahmen des Mittelmeerprogramms ausdrücklich fest,

> „(that) the international law of the sea (United Nations Convention of the Law Of the Sea – UNCLOS) does not contain a provision expressly referring to MSP. In international law, the silence or absence of a formal rule is the expression of the will of the States to be free from any legal obligation. So MSP can be considered as a voluntary instrument that facilitates the implementation of other obligations".[101]

Und in der Tat sind die ökologischen und räumlichen Gegebenheiten zu vielfältig, als dass es überhaupt möglich wäre eine allgemeingültige Planungspflicht zu formulieren. So hält selbst das Sekretariat der Biodiversitätskonvention fest:

---

[97] *Hafner*, Meeresumwelt, Meeresforschung und Technologietransfer, in: Vitzthum (Hrsg.), Handbuch des Seerechts, S. 347–460, 365 ff.

[98] Etwa *Erbguth/Müller*, DVBl 2003, S. 625 (627); *Wolf*, Natur und Recht 2005, S. 375–386 (376); schon vor Verabschiedung des Seerechtsübereinkommens *Papadakis*, The International Legal Regime of Artificial Islands, 38: „Construction in the ocean should be planned, co-ordinated and executed with systematic consideration of its favourable and unfavourable impact on the ocean environment".

[99] *Erbguth/Müller*, DVBl 2003, S. 625 (629); *Schubert*, Maritimes Infrastrukturrecht, S. 61.

[100] Vgl. insbesondere *Jay* u. a., Ocean Yearbook 27 (2013), S. 171–212 (172 ff.; siehe bereits oben S. ?? ff.); *Seddik/Cebrian*, Marine Spatial Planning and the protection of biodiversity Beyond national jurisdiction (BBNJ) in the Mediterranean Sea, S. 6 ff.

[101] Ders., Marine Spatial Planning and the protection of biodiversity Beyond national jurisdiction (BBNJ) in the Mediterranean Sea, S. 7.

„There is little doubt that it is the prevailing political, legal, administrative and cultural regimes that dictates if and how marine spatial planning will be implemented. (...) Marine spatial planning must recognise these differences in circumstance and be responsive to them; for that reason there is no one size fits all marine spatial planning model".[102]

Aus diesem Grund ist es auch nicht möglich, aus einer Zusammenschau der Staatenpraxis für Art. 192 ff. SRÜ als Auslegungsgrundsatz zu definieren, Meeresumweltschutz sei insbesondere durch räumliche Planungsinstrumente sicherzustellen, zumal sich die bedeutsame Praxis ohnehin vornehmlich im westlichen Raum befindet.[103] Insoweit kann der Einsatz planerischer Instrumente selbstverständlich auf der Grundlage regionaler Meeresschutzabkommen verpflichtend sein,[104] wie sie namentlich im Gebiet des Nordostatlantiks[105] und im Rahmen der Europäischen Union[106] vorangetrieben werden. Da wenig Zweifel daran bestehen dürfte, dass die Raumplanung insbesondere in Küstennähe großes Potential hat, zum Meeresschutz beizutragen,[107] ist diese politische Entwicklung sicher begrüßenswert. Rechtsverbindlich ist sie unter dem Seerechtsübereinkommen aber nicht.

b) Geringer Konkretisierungsgrad auch im maritimen Berg- und Infrastrukturbau

Aus räumlicher Sicht kommt eine besondere Bedeutung dem Berg- und Infrastrukturbau zu, in deren Rahmen massive Umweltprobleme bekanntlich an vielen Stellen der Einzelhandlungen entstehen (können), seien es artenschutzrelevante Auswirkungen seismischer Untersuchungen, Bohr-, Ramm- und Aushubarbeiten, die Freisetzung von Schwermetallen und Ölen oder die Umschichtung und Verwirbelung von Schlämmen, ganz zu Schweigen von assoziierten Pipelinebrüchen und Tankerunglücken.[108] Die allgemeine Pflicht zum Schutz der Meeresumwelt

---

[102] *CBD-Secretariat*, Marine Spatial Planning in the Context of the Convention on Biological Diversity, 13 (sic!)

[103] *Scott*, Integrated Ocean Management, in: Rothwell u. a. (Hrsg.), The Oxford Handbook of the Law of the Sea, S. 463–490, 466, 468 ff., 473 ff.

[104] Allgemein zur Bedeutung regionaler Abkommen in der technischen Konkretisierung des Teils XII *Czybulka*, Art. 192–196, 237, in: Proelss (Hrsg.), UNCLOS, Art. 194 Rn. 16.

[105] *Tanaka*, A dual Approach to Ocean Governance, S. 148 ff.; *Jakobsen*, Marine Protected Areas in International Law, S. 113 ff.

[106] *Acker/Hodgson*, Legal Aspects of Maritime Spatial Planning, Final Report to DG Maritime Affairs & Fisheries.

[107] *CBD-Secretariat*, Marine Spatial Planning in the Context of the Convention on Biological Diversity, 33: „Marine spatial planning as an approach supporting ecosystem-based management has the potential to improve and enforce existing management frameworks, reduce the loss of ecosystem services, help address or avoid conflict on use of marine space, and establish conditions promoting economies of scale".

[108] *UN-General Assembly*, World Ocean Assessment I, Chapter 21, S. 10 ff., 16 ff., Chapter 23, S. 10 ff.; *Czybulka*, Natur und Recht 1999, S. 562 (562 f.).

wird deshalb in den Art. 208 und 209 SRÜ für Vorhaben des maritimen Berg- und Infrastrukturbaues wiederholt und insbesondere die Pflicht betont, sich um die Ausarbeitung internationaler Standards zu bemühen, die sich gemäß Art. 194 Abs. 3 lit. c und d SRÜ insbesondere auch auf die technischen Details der Anlagen beziehen sollen.[109] Die Fortschritte im Bereich des Umweltschutzes finden jedoch bislang nicht in demselben Tempo statt wie die technischen Möglichkeiten.[110] Internationale Standards bestehen bis heute deshalb allenfalls sektoral im Bereich der Erdölwirtschaft, insbesondere als unverbindliche Richtlinien der IMO sowie regional als Reaktion auf konkrete Unfälle.[111] Mangelnde Konkretisierung muss namentlich in Bezug auf Meeresbodenaktivitäten auch bezüglich des Art. 194 Abs. 5 SRÜ attestiert werden, der in diesem Zusammenhang deshalb so bedeutsam ist, weil der Abbau von Sanden und Kiesen in vielen Fällen nicht einmal dem Verschmutzungsbegriff des Art. 1 Abs. 4 SRÜ unterfällt.[112] Insgesamt verbleiben die Vorschriften des Seerechtsübereinkommens nur sehr eingeschränkt operationalisierbar, zumal aufgrund der hohen Technizität Analogien zu bestehenden Normierungen kaum möglich sind. Nach Ende ihrer operativen Phase können Anlagen und Rohrleitungen und auch bergbauliche Abfälle jedenfalls auch als Einbringungen (dumping) im Sinne des Seerechtsübereinkommens[113] sowie der London Dumping Convention der IMO von 1972[114] gelten und insoweit einem zunehmend vorsorgeorientierten Regime unterfallen.[115]

Insgesamt fällt auch auf, dass Art. 208 Abs. 1 lediglich die Küstenstaaten konkret zu rechtlich verbindlichen Maßnahmen verpflichtet, wodurch sein Anwendungsbereich auf die küstennahen Zonen ausschließlicher Hoheitsbefugnisse be-

---

[109] *Gündling*, Die 200 Seemeilen-Wirtschaftszone, S. 256 f.; *Lagoni*, Festlandsockel, in: Vitzthum (Hrsg.), Handbuch des Seerechts, S. 166–221, 264–286, 173; *Jakobsen*, Marine Protected Areas in International Law, S. 44.

[110] *UN-General Assembly*, World Ocean Assessment I, Chapter 21, S. 25.

[111] Etwa Convention on Oil Pollution Preparedness, Response and Cooperation (1990), 1891 UNTS 78; Regulations for the Prevention of Pollution by Oil, Annex I, Chapter 7, Regulation 39 MARPOL; IMO-Assembly, Code for the Construction and Equipment of Mobile Offshore Drilling Units, Resolution A.1023(26); siehe ferner m.w.N. *Pereira*, Pollution from Seabed Activities, in: Attard (Hrsg.), The IMLI Manual on International Maritime Law, S. 95–138, 95 f., 133 ff.; *Wacht*, Art. 207–210, 212, in: Proelss (Hrsg.), UNCLOS, Art. 208 Rn. 15 f.

[112] *Czybulka*, Art. 192–196, 237, in: Proelss (Hrsg.), UNCLOS, Art. 194 Rn. 30.

[113] Art. 1 Abs. 1 Unterabs. 5 lit. a Nr. ii i.V.m. Art. 210 SRÜ

[114] Convention on the prevention of marine pollution by dumping of wastes and other matter, 1046 UNTS 120; siehe Art. III Abs. 1 lit. a Nr. ii, wobei gemäß Art. 1 Abs. 1 Unterabs. 2 bergbauliche Abfälle vom Anwendungsbereich ausgenommen sind.

[115] Dazu *Matz-Lück*, Meeresschutz, in: Proelß (Hrsg.), Internationales Umweltrecht, S. 393–453, 425 ff.m.w.N. *Lagoni*, Festlandsockel, in: Vitzthum (Hrsg.), Handbuch des Seerechts, S. 166–221, 264–286, 203 f.; *Wiese*, Grenzüberschreitende Landrohrleitungen und seeverlegte Rohrleitungen im Völkerrecht, S. 152.

schränkt ist.[116] Die alle Staaten treffende Verpflichtung zu sonstigen Maßnahmen in Abs. 2 dient vor allem als Grundlage für unverbindliche Instrumente, sodass das Verpflichtungsniveau nochmals unter dem des Art. 194 Abs. 1 und 2 zu liegen scheint.[117] Aus dem Zusammenspiel mit Art. 209, der sich nur auf Tiefseebodenaktivitäten im Sinne von Teil XI bezieht („activities in the area"),[118] muss somit geschlossen werden, dass sich für Transitstaaten auf dem Festlandsockel sowie im Bereich der hohen See und des Tiefseebodens die konkretisierte Pflicht zu verbindlichen Maßnahmen des Art. 208 Abs. 1 keine Anwendung findet. Die Meeresschutzpflichten für das Verlegen von Pipelines beschränken sich insoweit auf die allgemeinen Umweltschutzgebote der Art. 192 ff. Diese auf Küstenstaaten limitierte Pflichtenreichweite ist umso bemerkenswerter, als die Küstenstaaten bezüglich Rohrleitungen und Seekabeln auf dem Festlandsockel zugleich nur sehr eingeschränkt zum Erlass verbindlicher Normen befugt sind.[119] Die oben beschriebenen Argumente für eine erweiterte Auslegung der küstenstaatlichen Reglementierungsbefugnisse können daher – zumindest rechtspolitisch – nicht nur deshalb nachvollzogen werden, weil dem Küstenstaat ein höheres intrinsisches Interesse an der Umweltintegrität seines Festlandsockels zugeordnet wird, sondern auch deshalb, weil der passierende Transitstaat im System des Seerechtsübereinkommens tatsächlich einem geringeren umweltrechtlichen Verpflichtungsniveau unterliegt. Im Ergebnis kann ein Küstenstaat einen Verlegestaat also nicht verpflichten, eine geeignete Alternativtrasse außerhalb eines Schutzgebietes zu verwenden.[120] Auch wenn der Verlegestaat ebenfalls nicht zur bewussten Zerstörung bedeutsamer Ökosysteme befugt ist (Art. 194 Abs. 5 SRÜ) und dies auch gemäß Art. 206 SRÜ im Vorfeld zu überprüfen hat, bleibt seine eigene Verpflichtung zum Meeresschutz deutlich schwammiger.

c) Sektorale Pflicht zum maritimen Lebensraumschutz

Zentrale Norm zum Schutz der biologischen Vielfalt ist Art. 194 Abs. 5, der die Meeresumweltpolitik auf den Schutz wertvoller Biotope und Habitate und damit den Ökosystemansatz verpflichtet, auch wenn die Allgemeinheit der Bestimmung insgesamt wenig Steuerungskraft entfalten dürfte.[121] Der Schutz der biologischen Vielfalt der marinen Umwelt ist – wie oben ausgeführt – weit weniger mit

---

[116] *Wacht*, Art. 207–210, 212, in: Proelss (Hrsg.), UNCLOS, Art. 208 Rn. 10.

[117] Vgl. die Diktion von Art. 208 Abs. 2 mit Art. 194 Abs. 1 und 2 („other measures as may be necessary" vs. „all measures (...) that are necessary" bzw. „all measures necessary"); siehe ebd., Art. 208 Rn. 11.

[118] Siehe oben S. 173 ff.

[119] Siehe insbesondere S. 190 ff.

[120] So aber *Jarass*, Naturschutz in der Ausschließlichen Wirtschaftszone, S. 35.

[121] *Tanaka*, A dual Approach to Ocean Governance, S. 133; *Czybulka*, Art. 192–196, 237, in: Proelss (Hrsg.), UNCLOS, Art. 194 Rn. 30 ff.

räumlichen Instrumenten verknüpft als zu Lande, namentlich im küstennahen Bereich verdichten sich jedoch die biosphärischen Raumnutzungsansprüche, sodass Schutzgebieten hier auch raumgestaltende Wirkung und planerischer Charakter zukommen kann.[122]

Die systematische Verknüpfung des Art. 194 Abs. 5 mit der Verschmutzungsproblematik legt zwar nahe, dass sich aus ihm keine eigenständige Pflicht zum umfassenden Lebensraumschutz ergibt,[123] zumal räumliche Maßnahmen zum Schutz von Lebensräumen vor Meeresverschmutzung ohnehin ungeeignet sind.[124] Da aber andererseits ein Großteil erheblich meeresumweltschädigender Vorhaben des Berg- und Infrastrukturbaus schon gar nicht als Verschmutzung zu qualifizieren ist, verlöre Art. 194 Abs. 5 damit einen Großteil seiner Bedeutung.[125] Dies spricht – vom Ergebnis hergeleitet – für eine weite Auslegung der Bestimmung. Semantisch begründen lässt sich ein weiter Anwendungsbereich damit, dass die Norm im Gegensatz zu allen anderen Absätzen des Art. 194 gerade nicht auf „pollution" rekurriert, sondern eine Spezifikation („including") der „measures taken in accordance with this Part" bezweckt.[126] Art. 194 Abs. 5 ist damit auch als eine Konkretisierung des Art. 192 SRÜ zu verstehen, und er statuiert eine Pflicht zum Schutz der Meeresumwelt vor den Auswirkungen schiffahrtlicher, infrastruktureller und bergbaulicher Nutzungen samt ökosystemorientierem Lebensraumschutz.[127]

Dem globalen Naturschutzrecht wird man in diesem Zusammenhang Indizwirkung bezüglich der Frage beimessen können, wann schutzwürdige Ökosysteme („rare or fragile ecosystems") und Habitate („the habitat of depleted, threatened or endangered species") vorliegen, da insoweit kein rechtlicher Konflikt der Abkommen vorliegt.[128] Unterstützende Wirkung entfalten zudem Annex I des Seerechtsübereinkommen zu wandernden Tierarten und globale Instrumente wie die Particularly Sensitive Sea Areas (PSSA) der IMO sowie andere – teilweise ausdrücklich marine Arten und Gebiete in ihren Anwendungsbereich einschließende Abkommen wie die Biodiversitätskonvention, die Ramsar-Konvention über Feuchtgebiete, die Bonner Konvention über wandernde Tierarten, die Welterbe Konvention und das Washingtoner Artenschutzabkommen. Da das universelle

---

[122] Siehe S. 198 ff.
[123] *Jarass*, Naturschutz in der Ausschließlichen Wirtschaftszone, S. 30.
[124] Ders., Naturschutz in der Ausschließlichen Wirtschaftszone, S. 35; *Wolf*, ZUR 2005, S. 176–184 (177); *Castringius*, Meeresschutzgebiete, S. 62.
[125] *Czybulka*, Art. 192–196, 237, in: Proelss (Hrsg.), UNCLOS, Art. 194 Rn. 30.
[126] Auch *Jakobsen*, Marine Protected Areas in International Law, S. 141 f.
[127] Ohne Begründung auch *PCA*, The South China Sea Arbitration (Philippines vs. China), Case No. 2013-19, Award, 12.07.2016, Rn. 945; *Wolf/Bischoff*, Marine Protected Areas, in: Wolfrum (Hrsg.), MPEPIL-Online, Rn. 7; *Gjerde*, IJMCL 16 (2001), S. 515–528 (524); *Wolfrum/Matz*, MPYBUNL 4 (2000), S. 445–480 (451 f.).
[128] *Czybulka*, Art. 192–196, 237, in: Proelss (Hrsg.), UNCLOS, Art. 194 Rn. 30 ff.; eingehender zu den PSSA unten ab S. 296.

Lebensraumschutzgebot insoweit aber allzu programmatisch verbleibt, bleiben regionale Bestimmungen (Art. 123, 197 SRÜ) zur Ausweisung von Schutzgebieten, allen voran etwa das OSPAR-Regime im Nordostatlantik, der eigentliche Maßstab.[129]

Dennoch wird es angesichts des sowohl in Art. 22 Abs. 2 der Biodiversitätskonvention als auch Art. 311 SRÜ statuierten Kollisionsvorranges des Seerechtsübereinkommens[130] für klärungsbedürftig gehalten, inwieweit die Mitgliedstaaten des Seerechtsübereinkommens überhaupt zur Ausweisung von Meeresschutzgebieten verpflichtet sind.[131] Man mag sich auch hier auf den Standpunkt stellen, dass es sich bei der Biodiversitätskonvention um eine kooperative Konkretisierung des Meeresumweltschutzgebotes aus Art. 192, 197 SRÜ handelt. Dies dürfte zwar aufgrund des geringen Konkretisierungsgrades des Abkommens zumindest fragwürdig sein, kann angesichts des offensichtlichen Verhaltens der Biodiversitätskonvention zu Fragen des Seerechts aber auch nicht ausgeschlossen werden.[132] Nicht überzeugen kann es, aus der küstenstaatlichen Souveränität abzuleiten, dass die Vertragsstaaten des Seerechtsübereinkommens zumindest in ihren Küstengewässern keine Einschränkungen auferlegt sehen wollen, bloß weil in den 1980er Jahren der Gedanken uneingeschränkter Ressourcensouveränität verbreitet gewesen sei.[133] Hiergegen spricht, dass die gleichzeitig beschlossenen Umweltschutzpflichten des Teils XII SRÜ ja gerade in allen Zonen gelten. Auch die ältere Ramsar-Konvention schließt gemäß Art. 1 Abs. 1 ausdrücklich flache Meeresgebiete ein, die auch tatsächlich einen Großteil der praktizierten Ausweisungen ausmachen und sich definitionsgemäß vornehmlich im Küstensaum befinden.[134] Setzt man ferner an dem in der vorliegenden Untersuchung verfolgten Kompetenzansatz des Seerechtsübereinkommens an, dem widerstreitende Rechtspositionen des anderer Staaten gegenüber gestellt sind,[135] so löst sich der Großteil potentieller Normkonflikte ohnehin auf: Auch Art. 4 der Biodiversitätskonvention definiert seinen Anwendungsbereich in Abhängigkeit von staatlichen Hoheits-

---

[129] Vgl. *Wolf/Bischoff*, Marine Protected Areas, in: Wolfrum (Hrsg.), MPEPIL-Online, Rn. 19 ff.; *Birnie/Boyle/Redgwell*, International Law and the Environment, S. 390 ff.; zum Nordostatlantik *Tanaka*, A dual Approach to Ocean Governance, S. 148 ff.; *Jakobsen*, Marine Protected Areas in International Law, S. 112 ff., 213 ff.; *Täufer*, Die Entwicklung des Ökosystemansatzes im Völkerrecht und im Recht der Europäischen Union.

[130] Vgl. bereits S. 168 ff.

[131] Vgl. zu dieser Frage insbesondere *Wolfrum/Matz*, MPYBUNL 4 (2000), S. 445–480 (461 ff., 472 ff.); *Jakobsen*, Marine Protected Areas in International Law, S. 155 ff.

[132] *CBD-Secretariat*, The Jakarta Mandate – from global consensus to global work, Conservation and sustainable use of marine and coastal biological diversity; *Wolfrum/Matz*, MPYBUNL 4 (2000), S. 445–480 (463, 478); *Jakobsen*, Marine Protected Areas in International Law, S. 265.

[133] So *Wolfrum/Matz*, MPYBUNL 4 (2000), S. 445–480 (478).

[134] *Tanaka*, The International Law of the Sea, S. 346 f.

[135] Siehe S. 165 ff. und S. 215 ff.

befugnissen.¹³⁶ Mag der Biodiversitätsschutz auch umfassend konzipiert sein, so erscheint nur eine solche Auslegung überzeugend, die akzeptiert, dass sich Staaten nicht zu Reglementierungen verpflichtet haben, zu denen sie völkerrechtlich überhaupt nicht befugt sind. So lässt sich auch die Formulierung in Art. 8 lit. a der Biodiversitätskonvention verstehen, den In-situ-Schutz „as far as possible" umzusetzen, was eine Begrenzung auf die völkerrechtliche Zulässigkeit impliziert. Soweit ein Staat also nicht berechtigt ist, biodiversitätsschützende Reglementierungen vorzunehmen bzw. soweit Rechte anderer Staaten entgegenstehen, z.B. die friedliche Durchfahrt oder die Freiheiten der hohen See, ist er insoweit auch nicht zu rechtsverbindlichen Maßnahmen des Biodiversitätsschutzes verpflichtet.¹³⁷ Da es sich aber im Falle widerstreitender Interessen bei der Ausweisung von Meeresschutzgebieten aber ohnehin nicht um binär strukturierte, sondern polygonale Abwägungsentscheidungen in Bezug auf eine Vielzahl von Nutzungen in definierten Räumen handelt, sind Normkollisionen, die auf der Grundlage eines Geltungsvorranges zu lösen wären, mindestens unwahrscheinlich.¹³⁸

3. Zwischenergebnis

Das Seerechtsübereinkommen statuiert ein allgemeines Umweltschutzgebot im Meeresraum unter Anwendung eines weiten Umweltbegriffs. Das Meeresumweltschutzgebot ist hierbei im Einklang mit den allgemeinen umweltvölkerrechtlichen Entwicklungen als Präventionspflicht ausgestaltet, die von den Vertragsstaaten mit gebührender Sorgfalt umzusetzen ist. Wichtigster Bestandteil ist in diesem Rahmen insbesondere die Pflicht zur Durchführung von Umweltverträglichkeitsprüfungen und zur zwischenstaatlichen Kooperation bei grenzüberschreitenden Sachverhalten. Insgesamt verbleibt das Verpflichtungsniveau jedoch niedrig. Insbesondere in Fällen, in denen dem Küstenstaat nur eingeschränkte Befugnisse zu umweltschützenden Reglementierung zustehen, beschränkt sich auch die Umweltschutzverpflichtung der Staaten auf eine allgemeine Pflicht zum Schutz der Meeresumwelt.

Im Rahmen des Meeresumweltschutzgebotes ist auch der Einsatz raumplanerischer Instrumente wie Schutzgebiete und Gesamtplanungen in künstennahen Zonen geeignet zu einer erhöhten Umweltqualität beizutragen. Aus diesem Grund

---

¹³⁶ *Wolfrum/Matz*, MPYBUNL 4 (2000), S. 445–480 (461 ff.); *Jakobsen*, Marine Protected Areas in International Law, S. 265 ff.

¹³⁷ Hieran ändert auch Art. 22 Abs. 1 der Biodiversitätskonvention, der einen Vorrang anderer Pflichten dort nicht zulässt, „where the exercise of those rights and obligations would cause a serious damage or threat to biological diversity"; siehe dazu ders., Marine Protected Areas in International Law, 267 ff., diese Norm vermag gerade nicht die Rechte anderer Staaten vollständig ausschließen, insoweit problematisch die Formulierung auf S. 269: „The coastal State is therefore not obliged to respect the right of another State provided for by the LOS Convention, if the exercise of this right will lead to such damage or threat".

¹³⁸ Auch ebd., „(T)he practical relevance of a conflict between the CBD and the LOS Convention is limited".

werden entsprechende Ansätze auch zunehmend in der Meerespolitik eingesetzt und unter regionalen Meeresschutzregimes verbindlich statuiert, insbesondere im europäischen Raum. Unter dem Seerechtsübereinkommen verbleibt die maritime Raumplanung aber freiwillig.

III. Ergebnis

Der Präventionsgedanke im Sinne vorbeugender Sorgfaltspflichten findet sich auch im Seerecht in zwei Ausprägungen wieder, in Form eines wechselseitigen, souveränitätsrechtlich geprägten Rücksichtnahmegebotes zum Ausgleich konfligierender Rechtspositionen an der Meeresnutzung teilnehmender Staaten sowie in Form des zonenunabhängigen, präventiven Meeresumweltschutzgebotes. Beide Spielarten umfassen die unscharfe Pflicht zur Durchführung von Umweltverträglichkeitsprüfungen sowie, im Falle von grenzüberschreitenden Sachverhalten, die Pflicht zur zwischenstaatlichen Konsultation.

Zwischenstaatliche Interessenkollisionen versteht das Seerechtsübereinkommen als Kollisionen von Rechtspositionen, namentlich seerechtlichen Nutzungsfreiheiten sowie ausschließlichen Nutzungs- und Schutzrechten. Ein allgemeiner Vorrang insbesondere des Küstenstaateninteresses lässt sich in diesem Rahmen nicht ausmachen. Angesichts des ausdifferenzierten Jurisdiktionsrechts erscheint eine solche Vorranghypothese jedoch auch nicht erforderlich, da die Kompetenzverteilung ohnehin in der Tendenz eine Bevorteilung des Küstenstaats bewirkt.

Auch das Verpflichtungsniveau im Meeresumweltschutz ist zwar verbal ambitioniert, verbleibt aber aufgrund des geringen Konkretisierungsgrades niedrig und auf die Ausformung durch regionale Kooperation angewiesen. Der Einsatz raumplanerischer Instrumente wie Schutzgebiete und Gesamtplanungen ist insbesondere in den verdichteten künstennahen Zonen zwar geeignet, zu einer erhöhten Umweltqualität beizutragen, weshalb sich entsprechende Ansätze auch zunehmend in der (europäischen) Meerespolitik wiederfinden. Unter dem Seerechtsübereinkommen verbleibt die maritime Raumplanung aber unverbindlich.

Vierter Teil

Internationale Planungsverfahren

§ 9 Grenzüberschreitende Raumplanung

I. Völkerrecht und grenzüberschreitende Raumplanung

1. Begriffliche Rahmenbedingungen

Grenzüberschreitende Raumplanung ist der Bereich grenzüberschreitender Zusammenarbeit, der final auf die Überwindung und Aufhebung der scheidenden räumlichen Wirkung von Staatsgrenzen bezogen ist.[1] Nicht zur grenzüberschreitenden Raumplanung in diesem engeren Sinne gehören damit Fragen des Nachbarrechts:[2] Es handelt sich hierbei vielmehr um Erscheinungen der grenzüberschreitenden Koordination, denen das Merkmal der Gleichordnung der Beteiligten fehlt, da die jeweilige Vorhabengenehmigung im Kompetenzbereich des Territorialstaates verbleibt.[3] Zudem ist die Grenzüberschreitung im Nachbarrecht lediglich eine Folge des Umstandes, dass – namentlich bei Umweltproblemen – die räumliche Reichweite des Sachverhalts und der Regelungsbefugnis nicht zusammenfallen.[4] Als Regelungskomplex für Souveränitätskonflikte dient das Nachbarrecht damit nicht der Überwindung, sondern vielmehr der Betonung von Grenzen.[5] Damit wird hier erneut die eingangs aufgestellte Differenzierung zwischen internationaler Planung und – im Falle von nachbarrechtlichen Kostellationen – lediglich internationalisierter Raumplanung deutlich.[6]

Eine kooperative Haltung der beteiligten hoheitlichen Planungspartner ist Grundvoraussetzung jeder grenzüberschreitenden Zusammenarbeit.[7] Sie kann anhand verbindlicher und anhand unverbindlicher Instrumente erfolgen.[8] Wo Planungsergebnisse verbindlich fixiert werden sollen, erfolgt dies projektbezogen

---

[1] Allgemein als „grenzgegenständliche Zusammenarbeit" gekennzeichnet von *Niedobitek*, Das Recht der grenzüberschreitenden Verträge, 19 f., zur Raumbedeutsamkeit von Grenzen siehe ferner unten S. 326.

[2] Namentlich *Bothe*, AöR 102 (1977), S. 86–89 (86 ff. behandelt die beiden Fälle in einem Atemzug, greift dann aber grenzüberschreitende Raumordnung als Konkretisierung heraus).

[3] *Niedobitek*, Das Recht der grenzüberschreitenden Verträge, S. 16; ähnlich *Kment*, Grenzüberschreitendes Verwaltungshandeln, S. 534.

[4] *Niedobitek*, Das Recht der grenzüberschreitenden Verträge, S. 16 ff.

[5] Eingehend zum Nachbarrecht bereits oben S. 53 ff.

[6] S. 27 ff.

[7] *Kment*, Grenzüberschreitendes Verwaltungshandeln, S. 614.

[8] *Beyerlin*, AVR 27 (1989), S. 286–327 (290 ff.).

durch einen Vertrag.[9] Die rechtlich mögliche Planungsschärfe dieses grenzüberschreitenden Planvertrages bestimmt sich praktisch anhand der völker- und staatsrechtlich zulässigen Planungsintensität der beteiligten Planungspartner.[10] Die rechtliche Verbindlichkeit der Willenseinigung vertragsfähiger Rechtssubjekte folgt aus der jeweiligen Referenzrechtsordnung; die Unterscheidung verbindlich / unverbindlich ist deshalb letztlich deckungsgleich mit der Unterscheidung von vertraglicher und nicht-vertraglicher Zusammenarbeit, da einerseits rechtsordnungslose und unverbindliche Verträge bzw. anderseits verbindliche grenzüberschreitende Zusammenarbeit ohne Willenseinigung nicht existieren.[11]

Grenzüberschreitende Zusammenarbeit kann auf staatlicher Ebene sowie durch örtliche und regionale hoheitliche Gebietskörperschaften und Zweckverbände erfolgen.[12] Oftmals besteht grade für peripher gelegene Grenzgemeinden ein besonderes Bedürfnis nach grenzüberschreitender Zusammenarbeit, weil sie nicht über das entsprechende Hinterland und die notwendigen Ressourcen verfügen, um finanziell und technisch aufwendige Aufgaben sachgerecht zu erfüllen.[13] Wollen Staaten grenzüberschreitend verbindlich tätig werden, bietet das Völkerrecht ausschließlich den völkerrechtlichen Vertrag an.[14] Zugleich beschränkt das Völkerrecht die Vertragsschlussfähigkeit auf seine Völkerrechtssubjekte, insbesondere Staaten, und schließt nichtvölkerrechtssubjektive Körperschaften wie Regionen, Provinzen und Gemeinden aus; sie haben damit keine autonome Möglichkeit zur völkerrechtlichen grenzüberschreitenden Raumplanung.[15] Die jeweiligen Akteure derartiger nicht-völkerrechtlicher internationaler Planung bleiben insoweit auf Unterstützung ihres Staates durch völkerrechtliche Dachverträge, informelle Kooperationsinstrumente sowie den Abschluss öffentlich-rechtlicher Verträge angewiesen, die sie im Rahmen ihrer Vertragsgewalt selbst einer Rechtsordnung unterwerfen müssen, um ihnen eine entsprechende Rechtsverbindlichkeit zu verschaffen.[16] Am weitesten integriert ist in diesem Feld die Praxis der grenzüberschreitenden Zusammenarbeit durch die europäischen Staaten. Verantwortlich hierfür ist neben weitreichender Wertekongruenz und wirtschaftlicher Verflechtung auch die supranationale Struktur, die einerseits die Raumplanung unter

---

[9] *Bothe*, AöR 102 (1977), S. 86–89 (81); *Niedobitek*, Das Recht der grenzüberschreitenden Verträge, S. 76 f.; *Martínez-Soria*, ZUR 2005, S. 337–342 (338).

[10] *Kment*, Grenzüberschreitendes Verwaltungshandeln, S. 543 f.

[11] *Niedobitek*, Das Recht der grenzüberschreitenden Verträge, S. 115 ff., 142 f.; *Kment*, Grenzüberschreitendes Verwaltungshandeln, S. 617 f.

[12] *Niedobitek*, Das Recht der grenzüberschreitenden Verträge, S. 49 ff.

[13] *Martínez-Soria*, ZUR 2005, S. 337–342 (339).

[14] Siehe bereits eingangs S. 27 f.

[15] *Martínez-Soria*, ZUR 2005, S. 337–342 (338 f.); allgemeiner *Niedobitek*, Das Recht der grenzüberschreitenden Verträge, S. 144 ff., 176 ff.; *Kment*, Grenzüberschreitendes Verwaltungshandeln, S. 562 ff., 623 f.

[16] *Bothe*, AöR 102 (1977), S. 86–89 (73 ff.); *Niedobitek*, Das Recht der grenzüberschreitenden Verträge, S. 324 ff.; *Kment*, Grenzüberschreitendes Verwaltungshandeln, S. 617 ff.

Integrationsdruck setzt, andererseits aber die öffentliche Verwaltung des Raumes in nationalen Grenzen hält.[17] Als regionale völkerrechtliche Rahmenvertragspraxis sei insoweit insbesondere auf das Europäische Rahmenübereinkommen über die grenzüberschreitende Zusammenarbeit zwischen Gebietskörperschaften von 1980[18] sowie auf das Übereinkommen zum Schutz der Alpen von 1991 (Alpenkonvention) samt seiner konkretisierenden Protokolle[19] hingewiesen.

Das Recht grenzüberschreitender Pläne ist also mit dem Recht grenzüberschreitender Verträge untrennbar verbunden, sobald den Plänen eine rechtliche Verbindlichkeit zukommen soll. Der praktische Anwendungsbereich völkerrechtlicher grenzüberschreitender Raumplanung ist insoweit bereits definitorisch erheblich reduziert. Staatlich relevante Planungen finden sich – wie nachfolgend näher ausgeführt werden wird – vornehmlich im Bereich grenzüberschreitender Infrastrukturprojekte wie überregionalen Straßen, Rohrleitungen und Wasserstraßen sowie zu einem geringeren Maße im Bereich grenzüberschreitender Gebietsplanungen, insbesondere des Naturschutzes und der Landschaftspflege.[20] Insgesamt – soviel sei vorweg gestellt – dominiert aber die Praxis grenzüberschreitender Raumplanung ohne völkerrechtliche Einbindung.

2. Der Flughafen Salzburg

Die vorstehenden Differenzierungen sollen kurz anhand des grenznahen Flughafens Salzburg verdeutlicht werden. Der Flughafen Salzburg liegt in unmittelbarer Nähe der deutschen Grenze und lässt sich insoweit als grenzüberschreitend wirksame Infrastruktur einordnen, für die die Regeln des Nachbarrechts Anwendung finden.[21] Der hierzu 1967 geschlossene Staatsvertrag verlieh der österreichischen luftverkehrsrechtlichen Genehmigung die Wirkung einer deutschen Planfeststellung, insbesondere um Ansprüche deutscher Grundstückseigner in den über deutsches Staatsgebiet führenden Einflugschneisen des Flughafens (z. T. Überflughöhe 150 m) zu begrenzen.[22] Für weitere Änderungen des Flughafenbetriebs wurde vereinbart, dass Österreich die deutschen „Erfordernisse der Raumordnung, der Landesplanung, des Städtebaues und des Schutzes gegen Fluglärm berücksichtigen" werde (Art. 2 Abs. 1). Insbesondere Nachtflüge sollen nur genehmigt wer-

---

[17] *Martínez-Soria*, ZUR 2005, S. 337–342 (337 f.).
[18] BGBl. II 1981 Nr. 34 S. 966 ff.
[19] Dazu noch unten S. 334 ff.
[20] Vgl. sogleich S. 249 bzw. 266
[21] Vgl. zu grenznahen Flughäfen im Rahmen des Nachbarrechts oben S. 86.
[22] Vgl. Art. 1 des Vertrages zwischen der Republik Österreich und der Bundesrepublik Deutschland über Auswirkungen der Anlage und des Betriebes des Flughafens Salzburg auf das Hoheitsgebiet der Bundesrepublik Deutschland vom 19.12.1967, BGBl. II 1974 Nr. 2 S. 13 ff.; dazu auch *Durner*, Internationales Umweltverwaltungsrecht, in: Möllers/Voßkuhle/Walter (Hrsg.), Internationales Verwaltungsrecht, S. 121–164, 137 f.; *Walter*, Anwendung deutschen Rechts im Ausland und fremden Rechts in Deutschland, in: Isensee/Kirchhof (Hrsg.), Handbuch des Staatsrechts, S. 429–452, 445.

den, soweit deutsche Interessen nicht beeinträchtigt sind und die zuständigen Behörden zuvor konsultiert wurden (Art. 2 Abs. 2). Dass die flugverkehrsrechtlichen Letztentscheidungsbefugnisse trotz der Sensibilisierung für deutsche (Rechts-) Interessen bei Österreich verblieben, kennzeichnen das Vorhaben zudem als eine extraterritoriale Planung.[23] Darüber hinaus wurde durch den Vertrag die Koordination der Siedlungstätigkeit durch grenzüberschreitende Bauschutzzonen angestrebt. Hierbei verpflichtete sich die deutsche Seite, die notwendigerweise grenzüberschreitend konzipierte österreichische Sicherheitszone im Rahmen des deutschen Luftverkehrsrecht umzusetzen (Art. 3 Abs. 1). Insoweit erfolgte hier also eine kooperativ-grenzüberschreitende, städtebaulich relevante Gebietsplanung hinsichtlich der für den Flughafen erforderlichen Hindernisfreiheit. Im Ergebnis wird jedenfalls deutlich, dass die Grenzen zwischen gebietlichen und infrastrukturellen sowie zwischen grenzüberschreitenden und grenzüberschreitend wirksamen Planungen fließend sein können, zumindest aber in einem engen Zusammenhang stehen.

II. Grenzüberschreitende Infrastrukturplanung

Grenzüberschreitende Infrastrukturen sind beinahe begriffsnotwendig linienförmig, jedenfalls sind sie es im völkerrechtlichen Rahmen.[24] Die Geschichte reicht bis in prähistorische Zeiten und wurde insbesondere unter römischer Herrschaft erheblich fortentwickelt.[25] Sprunghaft wandelte sich das Infrastrukturwesen aber erst mit der Industrialisierung und führte im 19. und 20. Jahrhundert mit der zunehmenden Schiffbarmachung von Flüssen sowie der Entwicklung der Telekommunikation, des Schienenverkehrs, des Rohrleitungsbaues sowie des Ausbaus des Straßennetzes in immer weiterreichendem Maße zu grenzüberschreitenden Projekten.[26] Die weltweite Praxis ist ein kaum überschaubares Feld und eine Darstellung kann nur beispielhaft zur Verdeutlichung wesentlicher Strukturen erfolgen.[27]

---

[23] Dazu oben S. 39 ff.

[24] Als Ausnahmeprojekt existiert auf der deutsch-niederländischen Grenze ein grenzüberschreitendes Gebäude, dass jedoch auf gemeindlicher Kooperation beruht. Vgl. die Informationen unter: https://www.eurode.eu/eurode-business-center-ebc.html, letzter Abruf: 21.05.2019.

[25] *Vitzthum*, Parlament und Planung, 46 in Fn. 1; *Wiese*, Grenzüberschreitende Landrohrleitungen und seeverlegte Rohrleitungen im Völkerrecht, S. 29 ff.; *Internationale Kommission für die Hydrologie des Rheingebietes*, Der Rhein unter der Einwirkung des Menschen, S. 37 ff.

[26] *Delbrück*, Die internationale Verkehrsordnung, S. 53 ff., 153 ff., 262 ff.; *Wiese*, Grenzüberschreitende Landrohrleitungen und seeverlegte Rohrleitungen im Völkerrecht, S. 27 ff.; *Internationale Kommission für die Hydrologie des Rheingebietes*, Der Rhein unter der Einwirkung des Menschen, S. 55 ff.

[27] So auch *Niedobitek*, Das Recht der grenzüberschreitenden Verträge, S. 65.

1. Die Praxis des Infrastrukturbaus

a) Das Eisenbahnwesen als internationale Planungsaufgabe

Namentlich mit dem Eisenbahnverkehr entstand erstmals ein Verkehrsmittel, das von seiner Natur her nicht territorial begrenzt war und allen beteiligten Staaten in bisher ungeahntem Maße grenzüberschreitende Zusammenarbeit auf bi- und multilateraler Ebene abverlangte.[28] Jedenfalls haben nicht nur die transamerikanischen Eisenbahnlinien Geschichte geschrieben, sondern den verkehrstechnischen Umbrüchen dieser Zeit wird sogar eine maßgebliche Rolle in der globalen Verbreitung des europäischen Völkerrechts zugewiesen.[29] Dennoch beschränkte sich die staatliche Zusammenarbeit lange Zeit auf die Betonung des Territorialitätsprinzips, und die erforderliche technische Koordination erfolgte fast ausschließlich auf Grundlage nicht-völkerrechtlicher Verträge der nationalen Eisenbahngesellschaften sowie durch privatwirtschaftliche Verträge der Betreiberunternehmen.[30] Erst 1985 gelang es unter der Ägide der UNECE mit dem Europäischen Übereinkommen über die Hauptlinien des internationalen Eisenbahnverkehrs die Hauptverbindungsachsen räumlich zu modellieren und technisch zu standardisieren.[31] Nicht zuletzt die Präambel qualifiziert dies Übereinkommen als einen paneuropäischen Planungsakt, wenn sie vom Bedürfnis spricht,

„to lay down a co-ordinated plan for the development and construction of railway lines adjusted to the requirements of future international traffic".

1991 wurde diese europäische Errungenschaft durch das European Agreement on Important International Combined Transport Lines and Related Installations (AGTC)[32] nochmals um ein Netzwerk für den kombinierten Verkehr erweitert, das den grenzüberschreitenden Transport in denselben Transporteinheiten mit unterschiedlichen Transportmitteln vereinfachen soll, namentlich die Verknüpfung der Schienenwege mit Häfen und geeigneten Umladebahnhöfen zum Wechsel auf die Straße (Art. 1 ff. i.V.m. den Annexen des Abkommens). Entsprechende globale Bemühungen um eine multimodale Koordination des Verkehrswesens haben indessen bislang keine vertragliche Regelung erfahren.[33] Zumindest aber besteht mit der Zwischenstaatlichen Organisation für den internationalen Eisenbahnverkehr[34] eine völkerrechtliche Organisation, die im europäischen und im angren-

---

[28] *Delbrück*, Die internationale Verkehrsordnung, S. 153 ff.; *Lost-Sieminska*, Railway Transport, International Regulation, in: Wolfrum (Hrsg.), MPEPIL-Online, Rn. 1 ff.

[29] *Dahm/Delbrück/Wolfrum*, Völkerrecht, I/1, S. 5, 9.

[30] *Delbrück*, Die internationale Verkehrsordnung, S. 154 ff., 168 ff., 183 f.

[31] Vgl. insbesondere Art. 1 bis 3 i.V.m. Anlagen I und II, European Agreement on Main International Railway Lines (AGC), 31.05.1985, 1530 UNTS 65.

[32] Vom 01.02.1991, 1746 UNTS 3.

[33] Vgl. zum kombinierten und multimodalen Transport *Delbrück*, Die internationale Verkehrsordnung, S. 111 ff., 162 ff.

[34] Organisation intergouvernementale pour les transports internationaux ferroviaires (OTIF), errichtet durch das Übereinkommen über den internationalen Eisenbahnver-

zenden asiatischen und im südöstlichen Mittelmeerraum den internationalen Eisenbahnverkehr zunehmend harmonisiert und hierbei auch auf die Integration der Belange des kombinierten Verkehrs erheblichen Einfluss ausübt.[35] In anderen Teilen der Welt ist die transkontinentale Erschließung mit Eisenbahnen noch lange nicht abgeschlossen.[36]

b) Der Rohrleitungsbau als transkontinentale Verknüpfung der Energiewirtschaft

Auch im Rohrleitungsbau begann der globale Ausbau erst in den 1930er Jahren im Nahen Osten und ab den 1960er Jahren in Europa. Heute finden Leitungen in beeindruckender Dichte auf allen Kontinenten, und die Gasleitungen innerhalb der europäischen Union werden bereits als Verbundnetz gekennzeichnet.[37] Insbesondere die Tatsache, dass sich die größten Öl- und Gasreserven in Vorder- und Zentralasien finden, die primären Verbrauchszentren aber in Europa und Südostasien liegen, lässt grenzüberschreitende Rohrleitungen immer relevanter werden, zumal die alternative Verschiffung von Flüssiggas ähnlich kostenintensiv ist.[38] Der Großteil von Rohrleitungsprojekten wird mittels völkerrechtlicher Verträge abgesichert.[39] Andererseits existiert insbesondere in Europa eine weitreichende Praxis überregionaler Vorhaben ohne spezielle völkerrechtliche Einbindung.[40] Auch die schon mehrfach erwähnte deutsch-russische Nord Stream-Pipeline wurde ohne völkerrechtlichen Projektvertrag verlegt. Dies war aber insbesondere deshalb möglich, weil lediglich die Hauptinteressenten Russland und Deutschland territo-

---

kehr/Convention relative aux transports internationaux ferroviaires (COTIF), 09.05.1980, 1397 UNTS 2; geändert durch das Vilnius Protocol for the Modification of the Convention concerning International Carriage by Rail (COTIF) of 9 May 1980, 03.06.1999, 2828 UNTS 32.

[35] *Delbrück*, Die internationale Verkehrsordnung, S. 191 ff.

[36] Vgl. *o.V.*, Transkontinentale Eisenbahn: Brasilien und Bolivien gehen das Jahrhundertprojekt an.

[37] Vgl. zum Überblick *Wiese*, Grenzüberschreitende Landrohrleitungen und seeverlegte Rohrleitungen im Völkerrecht, S. 31 ff.; *Bjørnmose* u. a., An Assessment of the Gas and Oil Pipelines in Europe, S. 7 ff.; eingehendere Fallstudien bei *Stevens*, Cross-Border Oil and Gas Pipelines: Problems and Prospects, S. 53 ff.

[38] Ders., Cross-Border Oil and Gas Pipelines: Problems and Prospects, S. 2 f.; *Jamal*, ENLR 21 (2015), S. 103–116 (103).

[39] Allgemein *Lagoni*, Pipelines, in: Wolfrum (Hrsg.), MPEPIL-Online, Rn. 2 ff.; zur eurasischen Praxis *von Gayling-Westphal*, Intergovernmental Agreements and Host Government Agreements on Oil and Gas Pipelines, S. 18 ff.; ferner die Auflistung aus allen Erdteilen bei *Wiese*, Grenzüberschreitende Landrohrleitungen und seeverlegte Rohrleitungen im Völkerrecht, S. 61 ff.

[40] Ders., Grenzüberschreitende Landrohrleitungen und seeverlegte Rohrleitungen im Völkerrecht, 60 f., vgl auch das ASEAN Memorandum of Understanding on the Trans-ASEAN Gas Pipeline Project, 05.07.2002, abrufbar unter: http://agreement.asean.org/media/download/20140119120301.pdf, letzter Abruf: 21.05.2019.

rial berührt waren. Mit Ausnahme eines kurzen Verlaufs durch dänische Küstengewässer vor der Insel Bornholm wurden die anderen Ostseeanrainerstaaten lediglich im Bereich ihrer ausschließlichen Wirtschaftszonen passiert.[41] Aufgrund der seerechtlichen Transitfreiheiten mussten deshalb in lediglich unerheblichem Maße zusätzliche Transitrechte erlangt werden.[42] Je nach Betrachtung existierte also selbst in diesem Fall mit dem Seerechtsübereinkommen zumindest ein völkervertragsrechtlicher Rahmen.[43]

Eine ähnliche Rolle zur Vereinheitlichung des Transitrechtes spielt bei terrestrischen Energiedurchleitungen im eurasischen Raum Art. 7 des Energiecharta-Vertrages von 1994.[44] Durch das Vertragssekretariat sind für die Rechtsverhältnisse bei grenzüberschreitenden Rohrleitungsvorhaben zwischen Staaten und Investoren ausführliche Modellverträge entwickelt worden.[45]

c) Der Straßenbau als Ausdruck eines überregionalen Integrationsinteresses

Die verkehrliche Durchlässigkeit einer Grenze ist entscheidende Voraussetzung für die grenzüberschreitenden Beziehungen, weshalb wirtschaftliche Integrationsbemühungen stets eine Zunahme grenzüberschreitender Verkehrs- und insbesondere Straßenverbindungen bedingen.[46] Die dichtesten Verknüpfungen im Straßenwesen finden sich heute in Europa. Trotz erster Bemühungen um einen „technischen Paneuropäismus" bereits ab Anfang des 20. Jahrhunderts, führte erst die vertiefte europäische Integration der Nachkriegszeit zu einem Anstieg der grenzüberschreitenden Anbindungen, die zuvor aus strategischen Gründen meist noch vermieden wurden.[47] Multilaterale Meilensteine jenseits der gemeinschaftsrechtlichen Entwicklungen bildeten insbesondere die ebenfalls im Rahmen der UN-ECE verabschiedete Deklaration über das europäische Verkehrsrecht von 1950[48]

---

[41] *Vinogradov*, GYIL 52 (2009), S. 241–292 (257 ff.).

[42] Zumal die Strecke durch die Küstengewässer im Falle eine Vetos auch umgangen werden kann. Dies spielt bezüglich des Schwesterprojektes Nord Stream 2 eine Rolle; vgl. Drohendes Veto, Nord Stream 2 könnte an Dänemark vorbeilaufen.

[43] *Vinogradov*, NRE 75 (1999), S. 75–80 (76); *Piri D./Faure*, NCJILCR 40 (2014), S. 55–134 (85 ff.).

[44] The Energy Charter Treaty, 2080 UNTS 95; im Überblick dazu *Lagoni*, Pipelines, in: Wolfrum (Hrsg.), MPEPIL-Online, Rn. 4 ff.; *Piri D./Faure*, NCJILCR 40 (2014), S. 55–134 (94 ff.); *Jamal*, ENLR 21 (2015), S. 103–116 (112 ff.).

[45] Vgl. *Energy Charter's Secretariat*, Model intergovernmental and host government agreements for cross-border pipelines; dazu *von Gayling-Westphal*, Intergovernmental Agreements and Host Government Agreements on Oil and Gas Pipelines, S. 34.

[46] *Perz* u. a., LUP 34 (2013), S. 27–41 (27 f.); *Niedobitek*, Das Recht der grenzüberschreitenden Verträge, S. 66.

[47] *Schot/Lagendijk*, JMEH 2008, S. 196–216 (200 ff., 213 ff.); *Delbrück*, Die internationale Verkehrsordnung, S. 54 ff., 60 ff.

[48] Declaration (with annexes) on the construction of main international traffic arteries, 16.09.1950, 92 UNTS 91.

sowie das hierauf aufbauende Europäische Übereinkommen über die Hauptstraßen des internationalen Verkehrs von 1975.[49] Seit der Jahrtausendwende finden sich auch in anderen Regionen zunehmend Integrationsbemühungen im Straßenwesen, beispielsweise in Arabien und der Levante[50] sowie in Zentral- bis Ostasien[51]. Allein in Afrika fehlt bislang die verbindliche multilaterale Planung eines grenzüberschreitenden Straßennetzes, sowohl aus historischen Gründen als auch wegen der erheblichen geographischen Herausforderungen, auch wenn regionale Projekte eines sog. Trans African Highway Networks punktuell von der UNECA und der African Development Bank unterstützt werden.[52]

Die Pionierarbeit leistete die panamerikanische Konferenz bereits im Jahre 1936 mit der Vereinbarung von Buenos Aires zur Schaffung einer panamerikanischen Straßenverbindung entlang der Pazifikküste von Alaska bis Feuerland (Carretera Panamericana).[53] Heute bildet die Panamerikana tatsächlich ein fast durchgehend mit Lastwagen befahrbares Straßennetz, das lediglich im Grenzwald zwischen Panama und Kolumbien (Darién-Chocó-Region) eine schwer zu überbrückende Lücke aufweist (sog. Darien Gap).[54] Die beiden Staaten sind daher vermutlich die einzigen Nachbarstaaten ohne befestigte Straßenverbindung.[55] Dass es gerade einmal 200 km entfernt von einer der Schlagadern des internationalen Handels – dem Panamakanal – bislang politisch nicht möglich ist, die Straßenanbindung der beiden amerikanischen Kontinente zu vollziehen, lässt sich nur damit erklären, dass die hier aufeinander treffenden Konflikte weitaus größer sind, als die politischen Möglichkeiten der einzelnen beteiligten Staaten.[56] Ursprünglich engagierten sich vor allem die USA aufgrund ihres Interesses an einer Exportverbindung nach Südamerika für den Ausbau der Panamericana in Zentraleame-

---

[49] European Agreement on main international traffic arteries, 15.11.1975, 1302 UNTS 91.

[50] Agreement on International Roads between Arab Mashreq vom 10.05.2001, 2228 UNTS 371; englische Fassung ab S. 410 ff.

[51] Intergovernmental Agreement on the Asian Highway Network vom 18.11.2003, 2323 UNTS 37; englische Fassung ab S. 60 ff.

[52] Vgl. den Überblick bei *Clacherty*, The Trans-Africa Highway Masterplan: Of Masters, Plans and Master Narratives, S. 4 ff.; siehe ferner *African Development Bank*, Review of the Implementation Status of the Trans-African Highways and the Missing Links, Description of Corridors.

[53] Pan American Highway Convention/Convencion sobre la Carretera Panamericana, 23.12.1936, LNTS Volume CLXXXVIII, No. 4354, S. 99 ff.

[54] Dazu ausführlicher *Girot*, The Darién Region between Colombia and Panama: Gap or Seal?, in: Zarsky (Hrsg.), Human rights and the environment: conflicts and norms in a globalising world, S. 172–197, 172 ff.; *Suman*, MIALR 38 (2007), S. 549–614 (572 ff.).

[55] Ders., MIALR 38 (2007), S. 549–614 (551).

[56] Siehe zu den vielfältigen globalen und regionalen Einflussspähren *Girot*, The Darién Region between Colombia and Panama: Gap or Seal?, in: Zarsky (Hrsg.), Human rights and the environment: conflicts and norms in a globalising world, S. 172–197, 178 ff.

rika.⁵⁷ Ein für die amerikanische Bundesverwaltung zuständiges Bezirksgericht untersagte jedoch bald die weitere Beteiligung amerikanischer Bundesbehörden an dem Projekt unter Hinweis auf Verfahrens- und Abwägungsfehler, insbesondere hinsichtlich der Gefahr einer Einschleppung der kolumbianischen Maul- und Klauenseuche.⁵⁸ Implizierte Ursache für den Rückzug der USA aus dem Projekt dürfte aber stets auch der strategische Schutz des Panamakanals (gewesen) sein.⁵⁹ In den folgenden Jahrzehnten war es denn auch Kolumbien, das immer wieder erfolglose Anläufe zum Bau der Verbindung unternahm, eben gerade wegen seines Interesses am Zugang zu den mittel- und nordamerikanischen Märkten und dem Panamakanal.⁶⁰ Zuletzt hatte der Staat entsprechende Bauvorhaben für das Jahr 2010 in Aussicht gestellt, ohne jedoch auf Zustimmung in Panama zu treffen.⁶¹ Klar ist aber auch, dass mit jedem Projektfortschritt auf kolumbianischer Seite der Spielraum für Panama sinkt sowohl hinsichtlich der Frage, ob überhaupt, als auch hinsichtlich der konkreten Trassenführung.⁶² Gegen die endgültige Anbindung der beiden Subkontinente besteht jedenfalls erhebliche umweltpolitische Opposition, auf die im Rahmen des grenzüberschreitenden Naturschutzes noch näher eingegangen wird.⁶³

2. Strukturen der internationalen Infrastrukturplanung

Der vorstehende Überblick zeigt, dass Infrastrukturen auch auf völkerrechtlicher Ebene ein so weites Feld sind, dass eine zusammenfassende rechtliche Beschreibung kaum möglich und bestenfalls unergiebig ist. Zwar sind schon oft wirtschaftliche und technische Gemeinsamkeiten verschiedener Infrastruktureinrichtungen wie Straßen, Schienen und Rohrleitungen betont worden, konkrete rechtliche Folgerungen lassen sich hieraus jedoch nicht ableiten.⁶⁴ Deshalb versteht sich die die nachfolgende Analyse in erster Linie als eine Beschreibung der verfolgten Lösungsansätze und Rechtsstrukturen im Infrastrukturwesen. Ansatzpunkt ist hierbei zunächst ein Überblick zum – rechtswissenschaftlich recht gut erschlossenen

---

⁵⁷ Dazu *Tarlock*, NYJILP 1974, S. 459–473 (459 ff.).

⁵⁸ Ferner bemängelte das Gericht die fehlende Beteiligung der föderalen Umweltbehörde und eine mangelhafte Alternativenprüfung, *US-District Court for the District of Columbia*, ILM 14 (1975), S. 1425–1434 (1425 ff.); bereits im Vorfeld *Tarlock*, NYJILP 1974, S. 459–473 (463 ff.).

⁵⁹ *Girot*, The Darién Region between Colombia and Panama: Gap or Seal?, in: Zarsky (Hrsg.), Human rights and the environment: conflicts and norms in a globalising world, S. 172–197, 173.

⁶⁰ *Suman*, MIALR 38 (2007), S. 549–614 (576 ff.).

⁶¹ *Redacción Negocios*, Licitación de la Transversal de Las Américas finalmente fue adjudicada.

⁶² *Suman*, MIALR 38 (2007), S. 549–614 (603).

⁶³ Siehe S. 278 ff.

⁶⁴ *Wiese*, Grenzüberschreitende Landrohrleitungen und seeverlegte Rohrleitungen im Völkerrecht, 23 m.w.N.

– Recht grenzüberschreitender Rohrleitungen, dem ein Vergleich zum internationalen Straßenwesen gegenübergestellt wird.

a) Ein Überblick zum Rohrleitungsrecht

Die Praxis des grenzüberschreitenden Rohrleitungswesens ist aufgrund seiner wirtschaftlichen Bedeutung in den letzten Jahren rechtswissenschaftlich erfasst worden.[65] Hierbei hat sich gezeigt, dass die Planungspartner meist durch ein (gemeinsames) wirtschaftliches Projektinteresse hinreichend verbunden sind. Mehr noch: Gravierende Umsetzungsprobleme einzelner Leitungsvorhaben hängen stets mit politischen Interessen der beteiligten oder sogar dritter Parteien zusammen und können weichenstellend für den Projekterfolg überhaupt werden.[66]

In Bezug auf Rohrleitungen lassen sich grenzüberschreitende Leitungen im allgemeinen sowie Transitleitungen im Besonderen unterscheiden, wobei letztere mindestens zwei Grenzen überschreiten, weil sie einen Staat lediglich durchqueren, ohne hier das transportierte Material anzuliefern.[67] Es gibt kein einheitliches internationales Regime zu grenzüberschreitenden Rohrleitungen, sondern jede Rohrleitung ist in ein spezielles Mehrebenenregime eingebunden.[68] Die Vertragspraxis lässt sich in zwei Kategorien einteilen: Projektspezifische Verträge (project-specific agreements) und nicht-projektspezifische Verträge (non project-specific agreements).[69] In beiden Fällen beziehen sich die Vertragswerke auf die rechtliche Organisation grenzüberschreitender Pipelineprojekte, im ersten Fall in Bezug auf ein einzelnes Vorhaben, im zweiten Fall auf die generelle Regelung dieses Problemfeldes zwischen den beteiligten Staaten.[70] In der Modellie-

---

[65] Insbesondere *Wiese*, Grenzüberschreitende Landrohrleitungen und seeverlegte Rohrleitungen im Völkerrecht, S. 31 ff., 60 ff.; *Vinogradov*, NRE 75 (1999), S. 75–80 (75 ff.); *Stevens*, Cross-Border Oil and Gas Pipelines: Problems and Prospects, S. 1 ff., 28 ff.; *Martínez-Soria*, Rechtsprobleme grenzüberschreitender Infrastrukturvorhaben im Energiesektor – Der Bau einer Gaspipeline auf dem Ostseegrund, in: Hendler u. a. (Hrsg.), Jahrbuch des Umwelt und Technikrechts, S. 263–293, 266 ff.; *Lagoni*, Pipelines, in: Wolfrum (Hrsg.), MPEPIL-Online, Rn. 2 ff.; *Piri D./Faure*, NCJILCR 40 (2014), S. 55–134 (76 ff.); *von Gayling-Westphal*, Intergovernmental Agreements and Host Government Agreements on Oil and Gas Pipelines, S. 15 ff., 37 ff., 95 ff.

[66] *Stevens*, Cross-Border Oil and Gas Pipelines: Problems and Prospects, S. 32, 45.

[67] *von Gayling-Westphal*, Intergovernmental Agreements and Host Government Agreements on Oil and Gas Pipelines, S. 18.

[68] *Stevens*, Cross-Border Oil and Gas Pipelines: Problems and Prospects, S. 24; *Piri D./Faure*, NCJILCR 40 (2014), S. 55–134 (76).

[69] Anhand weltweiter Praxis *von Gayling-Westphal*, Intergovernmental Agreements and Host Government Agreements on Oil and Gas Pipelines, S. 30; ähnlich unterscheiden *Piri D./Faure*, NCJILCR 40 (2014), S. 55–134 (77 ff., „framework agreements" und „ad hoc agreements"); *Jamal*, ENLR 21 (2015), S. 103–116; bereits *Vinogradov*, NRE 75 (1999), S. 75–80 (76).

[70] Vgl. beispielsweise einerseits das Agreement between the United States of America and Canada on Principles applicable to a Northern Natural Gas Pipeline (with annexes),

rung des Energy Charta Sekretariats werden bezüglich der Vertragsparteien sogenannte Intergovernmental Agreements (IGA) sowie Host Government Agreements (HGA) unterscheiden: Während erstere auf horizontaler Ebene zwischenstaatliche Verhältnisse ordnen, dienen letztere der Reglementierung des vertikalen Staat-Investor-Verhältnisses.[71] Intergovernmental Agreements sind folglich völkerrechtlicher Natur[72] und können sowohl projektbezogen als auch nichtprojektbezogen sein. Im Falle projektbezogener Verträge erfolgt die Konkretisierung des Trassenverlaufs dann oftmals im Wege der Annex-Technik.[73] Host Government Agreements sind dagegen meist projektspezifische Verträge nach innerstaatlichem Recht.[74] Ohnehin tendieren die Projektparteien dazu, für bestimmte Vorhaben individuelle IGA-HGA-Rechtsregime zu vereinbaren, deren Konstruktion davon abhängt, wie viele Vorhaben- und Transitstaaten sowie staatliche und private Investoren beteiligt sind.[75] Die ursprünglich in den Modellverträgen vorgesehene institutionelle Verfestigung durch gemeinsame Kommissionen wurde indes abgeschafft.[76]

In operativer Hinsicht werden das sog. „Interconnecter-model" und das „Unified Project-model" unterschieden, wobei es sich im ersten Fall um zwei verbundene, rechtlich selbstständige Leitungen handelt, im zweiten Fall um eine Leitung, für die ein einheitliches Rechtsregime gilt, insbesondere hinsichtlich finanzwirtschaftlicher Fragen wie Steuern, Gebühren, Beschäftigungsverhältnisse und Durchleitungsmengen.[77] Dies gilt jedoch nicht für die vorgelagerte hoheitliche Planung und den Bau einer Rohrleitung: Selbst bei operativ stark integrierten Leitungen wie dem russisch-kasachischen Caspian Pipeline Consortium waren beteiligten Staaten zwar verpflichtet auf zügige Genehmigungen hinzuwirken, für die Baugenehmigungen waren aber dennoch die regionalen Behörden

---

20.09.1977, 1230 UNTS 312 sowie andererseits das Agreement between the Government of the United States of America and the Government of Canada concerning Transit Pipelines, 28.01.1977, 8720 TIAS 3.

[71] Vgl. die jeweiligen Modellverträge bei *Energy Charter's Secretariat*, Model intergovernmental and host government agreements for cross-border pipelines, 7 ff.(IGA), 37 ff.(HGA), zur grundlegenden Differenzierung S. 5 f.

[72] *Piri D./Faure*, NCJILCR 40 (2014), S. 55–134 (99).

[73] Vgl. beispielhaft Art. 1 zur genannten US-Cananda Northern Natural Gas Pipeline, 1230 UNTS 312.

[74] Vgl. nur die allgemeine Definition 'Project Agreement' in Art. 1 Abs. 1 der beiden Energy Charta-Modellverträge, *Energy Charter's Secretariat*, Model intergovernmental and host government agreements for cross-border pipelines, S. 13, 46.

[75] *von Gayling-Westphal*, Intergovernmental Agreements and Host Government Agreements on Oil and Gas Pipelines, S. 30 f.

[76] Ebd., S. 35.

[77] *Piri D./Faure*, NCJILCR 40 (2014), S. 55–134 (79 ff.); *Jamal*, ENLR 21 (2015), S. 103–116 (109); *Lagoni*, Pipelines, in: Wolfrum (Hrsg.), MPEPIL-Online, Rn. 2 f.

zuständig.⁷⁸ Augenfälligstes Merkmal aller Rohrleitungsverträge – sowohl auf Projekt- als auch auf der Ebene der Rahmensetzung – ist die Bestätigung der territorialen Souveränität über das jeweilige Infrastrukturvorhaben.⁷⁹ Baurechtlich bestehen grenzüberschreitende Rohrleitungen also bislang stets aus mehreren Teilstücken.⁸⁰ Auch wenn aus Sicht des Vorhabenträgers ein einheitliches Rechtsregime vorteilhaft erscheinen mag,⁸¹ führt die staatliche Territorialität damit für Infrastrukturen, die mehrere Grenzen überschreiten, bislang zwingend zu einer Abschnittsbildung zur Klärung des jeweiligen Genehmigungsregimes.⁸²

In Bezug auf wertgeleitete Standardisierungen, insbesondere bezüglich des Umweltschutzes, ist die Praxis eher zurückhaltend: In zwischenstaatlichen Pipelineverträgen finden sich zwar nahezu durchgehend Verweise auf gute Umweltpraxis und international anerkannte Sorgfaltsmaßstäbe. Konkret in Bezug genommen werden aber meist nur das jeweilige nationale Recht, spezielle Vereinbarungen der beteiligten Staaten und Projektträger oder technische Normen der Industrie selbst; das jeweilige Anforderungsniveau variiert hierbei erheblich.⁸³ Diesbezüglich lässt sich also im Ergebnis festhalten, dass nicht nur die Vielgestaltigkeit in der Vertragspraxis kaum Verallgemeinerungen erlaubt, sondern auch dass die zwischenstaatliche Praxis selbst keine eigenständigen umweltrechtlichen Standardisierungen enthält, die einer Generalisierung zugänglich wären.

b) Ein Vergleich zu grenzüberschreitenden Straßen

Zum internationalen Straßenwesen finden sich bislang nur vereinzelte Darstellungen zur Praxis, eine rechtswissenschaftliche Betrachtung fehlt bislang. Ebenso wie im Rohrleitungsrecht lassen sich auch im Straßenwesen als grundlegende Unterscheidung projektspezifische und nicht-projektspezifische Regelungsansätze nachweisen.

---

[78] Vgl. *Vinogradov*, NRE 75 (1999), S. 75–80 (78 ff.); ausführlich zum Vorhaben auch *Stevens*, Cross-Border Oil and Gas Pipelines: Problems and Prospects, S. 94 ff.

[79] Auch *Martínez-Soria*, Rechtsprobleme grenzüberschreitender Infrastrukturvorhaben im Energiesektor – Der Bau einer Gaspipeline auf dem Ostseegrund, in: Hendler u. a. (Hrsg.), Jahrbuch des Umwelt und Technikrechts, S. 263–293, 267, 293.

[80] *Vinogradov*, NRE 75 (1999), S. 75–80 (75); ebenso zu nicht völkerrechtlich eingebundenen Vorhaben *Wiese*, Grenzüberschreitende Landrohrleitungen und seeverlegte Rohrleitungen im Völkerrecht, S. 60 f.

[81] *Piri D./Faure*, NCJILCR 40 (2014), S. 55–134 (81 f.).

[82] *Wolf*, AWZ-Vorhaben, S. 9; *Wolf*, Unterseeische Rohrleitungen und Meeresumweltschutz, S. 66.

[83] Ausführlich *von Gayling-Westphal*, Intergovernmental Agreements and Host Government Agreements on Oil and Gas Pipelines, 71 ff., insb. 76 ff., 79 ff.; ebenso *Piri D./Faure*, NCJILCR 40 (2014), S. 55–134 (100).

aa) Bilaterale Straßenverknüpfung als internationale Planung

Projektspezifische Verträge zu grenzüberschreitenden Straßenanschlüssen finden sich – je nach Integrationsniveau der Region – schon allein deshalb weltweit, weil insbesondere offizielle Grenzposten regelmäßig an ausgebauten Straßen liegen.[84] Für die Einordnung des grenzüberschreitenden Straßenbaues als internationales Planungsverfahren muss jedoch beachtet werden, dass im Gegensatz zum (Rohr-) Leitungswesen der bedeutsame Unterschied besteht, dass Straßen keine wirtschaftliche und technische grenzüberschreitende Einheit bilden. Eine befestigte Straße kann abrupt enden, und der Verkehr auf unbefestigten Pisten weiterführen, auch wenn dies die Traglast erheblich reduziert und damit das Potential grenzüberschreitender Handelsaktivität einschränkt ist.[85] Wenn eine grenzüberschreitend angeschlossene Straße aber weder in rechtlicher, noch in wirtschaftlicher oder technischer Hinsicht als Einheit zu bewerten ist, dann ist sie letztlich keine grenzüberschreitende Straße. Vielmehr handelt es sich um zwei selbstständige, technisch verbundene Anlagen.[86] Die Straße wird letztlich lediglich als grenzüberschreitend empfunden, weil der auf ihr stattfindende Verkehr grenzüberschreitend fließt. Planungsgegenstand projektspezifischer Verträge im Straßenwesen ist also weniger eine gesamte Straße oder ein Straßennetzwerk, als vielmehr der Ort des Straßenanschlusses sowie der Ausbauzustand am Ort des Anschlusses. Hieraus erklärt sich auch die Reduzierung der getroffenen Regelungen in derartigen Verträgen auf den genauen Anschlusspunkt, die Maßangleichung des Straßenkörperregelquerschnitts sowie die notwendigen Regelungen über die Finanzierung des Anschlusses.[87] Namentlich die Koordination des Anschlusspunktes ergibt sich nicht schon aufgrund der avisierten Verbindungsachsen, da zwischen den Endpunkten regelmäßig gleichermaßen geeignete Korridore zur Verfügung stehen. Die Festlegungen dienen vielmehr der Vermeidung von – technisch ohnehin nur eingeschränkt möglichen – unzweckmäßigen Z-Strukturen.[88]

Dennoch bildet diese Überlegung die Realität nur unzureichend ab: So werden Straßen nur dann grenzüberschreitend ausgebaut, wenn beiderseits der Gren-

---

[84] Zur deutschen Völkerrechtspraxis insoweit *Niedobitek*, Das Recht der grenzüberschreitenden Verträge, S. 66 f.

[85] *Perz* u. a., LUP 34 (2013), S. 27–41 (28).

[86] So selbst zu grenzüberschreitenden Schienenwegen *Delbrück*, Die internationale Verkehrsordnung, S. 165 f.

[87] Vgl. beispielsweise aus der deutsch-niederländischen Praxis die Verträge über den Zusammenschluss der deutschen Autobahn A 52 und der niederländischen Regionalstraße N 280 von 2005, BGBl. II 2006 Nr. 3 S. 82 ff. sowie der deutschen Autobahn A 61 und der niederländischen Autobahn A 74 von 2005, BGBl. II 2006 Nr. 3 S. 86 ff.

[88] Zwar könnte ein Projektstaat versucht sein, durch zügigen Bau dem Nachbarstaat einen Zwangspunkt zu oktroyieren, im schlimmsten Fall würde hierdurch aber das Entstehen einer Z-Struktur eher forciert; *Enderle*, Grenzüberschreitende Infrastrukturen, in: Bundesanstalt für Straßenwesen (Hrsg.), Das straßenrechtliche Nutzungsregime im Umbruch, S. 24–30, 25.

ze ein Anschlussinteresse besteht. Dieses punktuelle Verbindungsinteresse wiederum beruht auf einem großräumigen Integrationsinteresse der Erreichbarkeit des nachbarlichen Hinterlands. Zudem gehen Grenzübertritte in den meisten Regionen mit umfangreichen Grenzbauten in der näheren Umgebung einher. Beispielsweise werden im ausführlichen bilateralen Konzept zum Ausbau des andinen Hauptgrenzübergangs zwischen Argentinien und Chile (Paso del Cristo Redentor) – zugleich Bestandteil der Panamericana – auch großräumige Belange der Umweltgeographie, der Bevölkerungsverteilung und der Art und des Ausmaßes der zu erwartenden Verkehrsströme abgewogen.[89] Auch ein Straßenanschluss erschöpft sich folglich selten im bloßen Anschluss des Straßenkörpers. Zum anderen erfordern Grenzstraßen oftmals die Überwindung von Grenzflüssen oder anderen Hindernissen, sodass die Errichtung grenzüberschreitender Straßen oftmals grenzüberschreitende Brücken und Tunnel impliziert.[90] Beispielhaft sei auf die oben bereits genannten Meerengenquerungen verwiesen, z.B. des Fehmarnbelts zwischen Deutschland und Dänemark.[91] Auch der chilenisch-argentinische Grenzübertritt erfolgt letztlich bei der Durchfahrt eines drei Kilometer langen Tunnels auf 3000 m Höhe. Anders als ein bloßer Straßenkörper können derartige Bauwerke ähnlich wie Rohrleitungen nur als technische Einheit entworfen werden und verlangen notwendigerweise eine grenzüberschreitende Planung. Im Ergebnis sind also grenzüberschreitende Straßenanschlüsse selbst dann als grenzüberschreitende Planungen zu qualifizieren, wenn sie allein auf projektspezifischer Ebene erfolgen und hierbei die Straße in rechtlicher Hinsicht keinen territorial übergreifenden Status verliehen bekommt.

bb) Straßennetzplanung durch multilaterale Verträge

Anders ist die Situation im Bereich multilateraler Verträge einzuordnen. Annäherungshalber sollen hier die drei unter UN-Ägide geschlossenen Abkommen über die europäischen Hauptverkehrsadern, über die internationalen arabischen Straßen sowie über das asiatische Autobahnnetzwerk betrachtet werden[92]. Weitaus zurückhaltender als in diesen Abkommen bleibt die Regelungsintensität der älteren

---

[89] *Gobierno de Chile/Republica Argentina*, Estudio Binacional para la Optimizacion del Paso de Frontera Sistema Cristo Redentor – Resumen Ejecutivo, S. 4 ff.

[90] *Niedobitek*, Das Recht der grenzüberschreitenden Verträge, S. 66.

[91] Vertrag zwischen der Bundesrepublik Deutschland und dem Königreich Dänemark über eine Feste Fehmarnbeltquerung von 2008, BGBl. II 2009 Nr. 25 S. 799 ff.; vgl. zur Querung von Meerengen oben S. 227 ff.

[92] European Agreement on main international traffic arteries, 15.11.1975, 1302 UNTS 91; Agreement on International Roads between Arab Mashreq vom 10.05.2001, 2228 UNTS 371; englische Fassung ab S. 410 ff.; Intergovernmental Agreement on the Asian Highway Network vom 18.11.2003, 2323 UNTS 37; englische Fassung ab S. 60 ff.

Panamericana-Konvention von 1936.[93] Zwar verpflichtet auch dieses Abkommen gemäß Art. 1 die Parteien zur Errichtung einer durchgehend für Kraftfahrzeuge geeigneten panamerikanischen Straßenverbindung, bietet hierfür jedoch keine Konkretisierungen oder Standardisierungen. Die Parteien sind lediglich zur sorgfältigen Zusammenarbeit verpflichtet. Einzige Konkretisierung bietet insoweit die Einrichtung einer technischen Expertenkommission zur Koordinierung der einzelstaatlichen Planungen sowie zur Untersuchung und Formulierung konkreten Projektbedarfs in den jeweiligen Transitstaaten (Art. 2).

Im Falle der drei UN-Straßenabkommen liegt die multilaterale, grenzüberschreitende Natur des Planungsentwurfs auf der Hand, da die Absicht der Verträge gerade die Sicherstellung der für den grenzüberschreitenden Verkehr notwendigen Straßenverbindungen ist. Die zentralen Pflichten der äußerst übersichtlichen Abkommen findet sich jeweils in den Art. 1 bis 3, deren weitere Spezifikation umfassend in die Annexe ausgelagert ist; die übrigen Artikel betreffen lediglich Begleitbestimmungen zu Beitritt, Austritt, Streitbeilegung und insbesondere die Änderung der Annexe. Ausdrücklich charakterisieren alle drei Abkommen mit leicht unterschiedlichem Wortlaut in ihrem jeweiligen Art. 1 die Schaffung eines transkontinentalen Straßennetzwerkes durch die Vertragsparteien – hier in der europäischen Variante –

„as a co-ordinated plan for the construction and development of roads of international importance which they intend to undertake within the framework of their national programmes".

Insoweit findet sich also auch hier primär das Territorialitätsprinzip betont. Die Vertragsparteien entwickeln gemäß Art. 2 i.V.m. Annex I ein Verbindungsnetz mit systematischer Hierarchisierung und Bezeichnung der Straßen je nach ihrer Verkehrsbedeutung sowie einer entsprechenden Beschilderung. Die Verbindungsachsen sollen dabei nach ihrer Nord-Süd- bzw. Ost-West-Ausrichtung kategorisiert sein und werden bereits in den Abkommen anhand der jeweils anzusteuernden Städteverbindungen näher beschrieben. Art. 3 i.V.m. Annex II verpflichtet die Vertragsparteien einen Minimalstandard der Straßenkörper und Verkehrseinrichtungen zu realisieren, der sich nach der hierarchischen Stellung des jeweiligen Straßenabschnitts bestimmt; neue Straßenabschnitte sind diesen Standards entsprechend zu planen. Die Standardisierungen betreffen vor allem Sicherheitsmerkmale des Straßenquerschnitts, z.B. die Fahrbahnneigung zur Entwässerung, Spurenzahl und -weite sowie Trennungseinrichtungen zwischen verschiedenen Spurrichtungen und Verkehrsteilnehmern. Zu berücksichtigen sind im Design der Straßen insbesondere das durchschrittene Terrain samt Kreuzungen, Brücken und Tunneln, die zu erwartende Verkehrsbelastung in qualitativer und quantitativer Hinsicht, aber auch Sichtverhältnisse und zu all den Faktoren relationierte

---

[93] Pan American Highway Convention, 23.12.1936, LNTS Volume CLXXXVIII, No. 4354, S. 99 ff.

Geschwindigkeitsmaßgaben. Zur Verkehrsleitung sind die Straßen gemäß Art. 4 i.V.m. Annex III in der Beschilderung anhand der vereinbarten Symbolik als internationales Verbindungsstück auszuweisen.[94]

In umweltrechtlicher Hinsicht bleibt auch das internationale Straßenrecht zurückhaltend. Zwar enthalten alle drei Abkommen eigenständige Umweltbestimmungen, die jedoch über die allgemeine Verpflichtung zur Berücksichtigung von Umweltbelangen nicht hinausgehen.[95] Damit erschöpft sich der Verweis bestenfalls in der Einhaltung des umweltvölkerrechtlichen Rahmens.

Die bereits von der Panamericana-Konvention gewählte institutionelle Ergänzung durch eine technische Kommission wurde nur in Asien mit der Einrichtung einer eigenen Working Group beschritten. Die Arbeitsgruppe soll die Umsetzungspraxis beobachten sowie die Annex-Änderungsverfahren betreuen (Art. 7 ff. des asiatischen Abkommens); die ostasiatisch-pazifische UNESCAP fungiert als Sekretariat des Abkommens (Art. 18). In Europa und Arabien wurden dagegen keine zusätzlichen Institutionen geschaffen, sondern die Änderungsanträge sind bei der jeweils korrespondierenden UN-Unterorganisation (UNECE, UNECWA) einzureichen (Art. 7 f. der beiden Abkommen). Zur Absicherung sieht das arabische Abkommen Umsetzungsfristen von 15 Jahren für technische Anpassungen und 7 Jahre für die Nummerierung und Beschilderung vor; nach Inkrafttreten im Jahre 2003 ist die Anpassungsfrist 2018 abgelaufen. Da sich die internationalen Straßen zumeist mit intranationalen Hauptverbindungsachsen decken, ist der Zustand der Netzwerke im Weltmaßstab vergleichsweise gut, jüngere Untersuchungen bestätigen dies jedenfalls für das Gebiet des asiatischen Abkommens.[96]

Im Schema der Unterscheidung von projektspezifischen und nicht-projektspezifischen Verträgen bilden die genannten Straßennetzabkommen eine Zwischenform: Wenngleich sie keine projektspezifische Vereinbarung über einen konkreten Straßenkörper beinhalten, ist der Entwurf der jeweiligen Verbindungsnetze doch ein eigenständiges Planungsprojekt. Die hierzu statuierten Qualitätsziele bil-

---

[94] Im Falle von Doppelzuweisungen – beispielsweise einer transrussischen Straße zum europäischen und zum asiatischen Netzwerk – hat die jeweilige Partei ein Wahlrecht; Querverweise bei Kreuzung zweier Netzwerke werden befürwortet.

[95] Annex II Nr. 7 des europäischen Abkommens: „The protection of the environment shall be taken into account in the surveying and construction of a new international road"; – Annex II Nr. 6 des arabischen Abkommens: „The region's international road network is not for regional use alone: to a large extent it will serve international traffic and transit to the region. For this reason it must provide means of environmental protection and the greatest possible preservation of adjacent natural areas (rivers, trees, etc.). Furthermore. increased traffic on portions of the network passing in the vicinity of residential areas may require the construction of noise barriers"; – Annex II Nr. 9 des asiatischen Abkommens: „An environmental impact assessment, following national standards, should be carried out when new road projects are prepared. It is also desirable to extend this provision to include reconstruction or major improvements of existing roads".

[96] Vgl. *UNESCAP*, Review of Developments in Transport in Asia and the Pacific, S. 32 ff.

den zudem einen nicht-projektspezifischen verkehrswegetechnischen Standard. Dieser wird durch die nachfolgende nationale Umsetzung für einzelne Straßenabschnitte konkretisiert und erhält hierdurch einen immer stärker projektspezifischen Charakter.

3. Völkerrechtliche Maßstäbe im Infrastrukturbau

Völkerrechtliche Infrastrukturplanungsverträge bilden im Rahmen des zwischenstaatlichen Planungsverfahrens einen rechtsverbindlichen, völkerrechtlichen Planungsbeschluss als Bindeglied zwischen hochstufigeren und konkreteren nationalen Planungsphasen.[97]

a) Völkerrechtsmäßigkeit eines Vorhabens

Auch konkret projektbezogene Verträge zwischen zwei Staaten sind an die völkerrechtlichen Anforderungen gebunden. Dies umfasst insbesondere auch die Bindung der Projektstaaten die in den vorangegangen Kapitel herausgearbeiteten umweltvölkerrechtlichen Verpflichtungen.[98] Noch darüber hinaus hat der IGH im Donaustaudammfall dargelegt, dass die Auslegung völkerrechtlicher Projektverträge sich mitsamt ihres umweltvölkerrechtlichen Kontextes fortentwickeln müsse. Neue Erkenntnisse über Umweltzusammenhänge und verschärfte Umweltstandards seien daher auch dann in der Planung und rechtlichen Bewertung eines Vorhabens zu berücksichtigen, wenn sie erst nach Vereinbarung eines Projektes Bestandteil des Umweltvölkerrechts würden.[99]

Sollten sich im Einzelfall unvorhergesehene technische Hürden zur Umsetzung eines Vorhabens zeigen, finden sich vielfach Revisionsklauseln in den Verträgen. Die Partner verpflichten sich in solchen Fällen etwa alternative Maßnahmen zu untersuchen.[100] In aller Regel dürften technisches Hürden aber schon im Vorfeld dazu führen, dass das betreffende Projekt gar nicht erst vereinbart wird.[101]

---

[97] Vgl. BVerwG, Urt. v. 04.06.1962, Az.: BVerwG IV C 38.62 – Main-Donau-Staatsvertrag, Amtlicher Leitsatz 2: „Ein Staat kann in einem die Schaffung eines Großschiffahrtsweges bezweckenden Vertragswerk das künftige Wirken seiner Behörden in gewisser Richtung (hier: Förderung des Vorhabens) festlegen".

[98] Entsprechend *Arbitral Tribunal*, Iron Rhine Railway Arbitration (Belgium vs. Netherlands), Award, 24.05.2005, RIAA XXVII, 35, Rn. 59.

[99] *ICJ*, Case Concerning the Gabcikovo-Nagymaros Project (Hungary vs. Slovakia), ICJ Reports 1997, 7, Rn. 140.

[100] Vgl. Art. 1 Abs. 3 des Abkommens zwischen der Bundesrepublik Deutschland und der Französischen Republik vom 04.06.1969 über den Ausbau des Rheins zwischen Kehl/Straßburg und Neuburgweiher/Lauterburg, BGBl. II 1970 Nr. 36 S. 726 ff.: „Sollten die Untersuchungen über die Sohlenpanzerung erweisen, dass das gesteckte Ziel nicht erreicht werden kann, so vereinbaren die Vertragsparteien andere geeignete Maßnahmen".

[101] Illustatrativ sei auf Projektvorschläge wie dem Bau von Staumauern an der Straße von Gibraltar oder am Horn von Afrika hingewiesen (Stichworte: „Atlantropa", „Red Sea Dam").

b) Transitrechte als Pflicht zum Infrastrukturbau?

Ein rechtliches Hauptinteresse besteht bei grenzüberschreitenden Rohrleitungen dahingehend, den Transit einer Pipeline durch den durchlaufenen Staat autorisieren zu lassen.[102] Ein entsprechendes allgemeines Transitrecht für Energieprodukte beinhaltet etwa Art. 7 des Energiecharta-Vertrags.[103] Bereits anhand seines Absatzes 5, der namentlich die Ablehnung des Baus einer Rohrleitung aus Gründen der Sicherheit, der Netzeffizienz und der nationalen Versorgungssicherheit zulässt, wird indes deutlich, dass der Energiecharta-Vertrag gerade kein allgemeines Recht auf Rohrleitungstransit enthält.

Unabhängig von derartigen Rahmenbestimmungen, sind beim Rohrleitungstransport die Transportinfrastruktur und das Transportmedium strikt aneinander gebunden, weshalb ein im Einzelfall tatsächlich eingeräumtes Recht auf Transit zugleich die Gestattung zur Errichtung dauerhafter Infrastrukturen auf dem fremden Gebiet impliziert,[104] zumindest soweit das Transitrecht nicht ausdrücklich nur die stoffliche Durchleitung mittels bestehender Leitungsverbindungen erfasst. Dagegen kann bei Schienen und Straßen aufgrund der weniger zwingenden Verknüpfung des Verkehrs mit einer individualisierten Infrastruktureinrichtung zumindest nicht auf der bloßen Grundlage eines Transitrechtes die Errichtung eines bestimmten Verkehrsweges verlangt werden. Etwas anderes gilt freilich dann, wenn das Transitrecht ausdrücklich mit dem Bau einer neuen Trasse verbunden war: So befand das Schiedsgericht im Iron Rhine-Fall, dass sogar die fortlaufende Aufrechterhaltung der Funktionsfähigkeit einer bestimmten, zeitweise stillgelegten Trasse geschuldet sein kann. Dies schließe selbst eine erhebliche Anpassung an gesteigerte Kapazitäten und technische Entwicklungen ein. Als ausreichendes wirtschaftliches Korrektiv könne eine Kostenübernahme durch den begünstigten Nachbarstaat dienen.[105]

Im Ergebnis besteht also jedenfalls dann, wenn ein internationales Recht zum Infrastrukturtransit festgestellt werden kann, zugleich die Pflicht des Transitstaates, die Festsetzung der Infrastrukturplanung zu gewährleisten, sei es durch eigene hoheitliche Planung oder durch Genehmigung der Planung des Verlegestaates bzw. des zugehörigen Unternehmens. Im Rahmen der transitvertraglichen Treuepflichten sind beide Parteien in der Planung zur wechselseitigen Rücksichtnahme auf die jeweiligen Interessen der anderen Partei verpflichtet. Während der Projektstaat in diesem Rahmen insbesondere zur Achtung der fremden Rechtsordnung

---

[102] *Lagoni*, Pipelines, in: Wolfrum (Hrsg.), MPEPIL-Online, Rn. 11.

[103] Ebd., Rn. 7.

[104] *Wiese*, Grenzüberschreitende Landrohrleitungen und seeverlegte Rohrleitungen im Völkerrecht, S. 93.

[105] *Arbitral Tribunal*, Iron Rhine Railway Arbitration (Belgium vs. Netherlands), Award, 24.05.2005, RIAA XXVII, 35, Rn. 75 ff., insb. Rn. 84: „the Tribunal concludes that a request for a reactivation of a line long dormant, with a freight capacity and the means to achieve that considerably surpassing what had existed before for nearly 130 years, is still not to be regarded as a request for a 'new line'".

verpflichtet ist, verbietet sich für den Transitstaat jeder Missbrauch seiner Rechtsstellung, der faktisch zu einer Verhinderung des Transitvorhabens führen würde. Entsprechendes ist hierzu bereits anhand der seerechtlichen Transitfreiheiten ausgeführt worden, die den Küstenstaat grundsätzlich auf die nachvollziehende Genehmigung der verlegestaatlichen Entwürfe beschränken und beide Parteien zur wechselseitigen Rücksichtnahme und Achtung des Rechtsrahmens verpflichten.[106]

c) Interessenabwägung durch politische Verhandlung

Nicht nur treten Staaten – wie bereits besprochen – aufgrund völkerrechtlicher Pflichten in Verhandlungen ein,[107] sie tun es auch zur Steuerung internationaler Projekte und insbesondere zur Aushandlung diesbezüglicher Verträge.[108] Verhandlung, Konsens und Reziprozität sind hierbei höchst effiziente Instrumente des wechselseitigen Interessenausgleichs.[109] Auch internationale Raumplanung wird auf diese Weise zu einem gewissen Grade von einem planerischen Gegenstromprinzip geprägt,[110] Da der Vertragsschluss oder andere Formen der Einigung zeitlich betrachtet punktuelle Ereignisse sind, erfolgen die Abwägungsprozesse, die zur Einigung führen, immer im Vorfeld der Entscheidung. Es handelt sich also nicht um einen völkerrechtlich gesteuerten Vorgang, sondern einen vorgeschalteten Prozess politischer Interessenformulierung ohne allgemeingültige Formalia und mit all seinen Einflussmöglichkeiten.[111] Ganz beispielhaft sei etwa auf einen amerikanisch-kanadischen Pipeline-Disput der ausgehenden 1970er Jahre

---

[106] Siehe ausführlich oben S. 190 ff. und S. 215 ff.

[107] Vgl. insbesondere S. 69 ff. und S. 216 ff.

[108] Vgl. allgemeiner *Bodansky*, The Art and Craft of International Environmental Law, S. 157 ff.

[109] „Negotiation, at its heart, is problem solving. It is getting people with different interests and goals together to find a mutual solution (in) a mixed-motive situation", *Urlacher*, International Relations as Negotiation, S. 2.

[110] Das Gegenstromprinzip ist ein Begriff des deutschen Planungsrechts. Er bezeichnet als Facette planerischer Abwägung die wechselseitige Berücksichtigung der Interessen und räumlichen Vorhaben anderer Planungsträger innerhalb eines bestimmten Planungsraumes; wie hier zum Unionsrecht *Rung*, Strukturen und Rechtsfragen europäischer Verbundplanungen, S. 46 f.; zum Gegenstromprinzip *Durner*, Konflikte räumlicher Planungen, S. 346 f.; *Gärditz*, Europäisches Planungsrecht, S. 121 f.

[111] *Bodansky*, The Art and Craft of International Environmental Law, S. 159 ff., 166 ff.; *Fitzmaurice*, Treaties, in: Wolfrum (Hrsg.), MPEPIL-Online, Rn. 31 ff.; bei einzelnen Projektverträgen unterscheiden sich Verhandlungen wegen der geringeren Teilnehmerzahl deutlich von denen zu multilateralen Verträgen, durch die allgemeinere Regelungen geschaffen werden sollen; bei letzteren führt die Komplexität meist zu weitreichenden Kompromissen und Gruppenbildungen und die Einigung ist weit weniger von einer unmittelbaren Interessenübereinstimmung geprägt, *Wolfrum*, Sources of International Law, in: Wolfrum (Hrsg.), MPEPIL-Online, Rn. 14 ff.

hingewiesen, der entlang der US-Planungen zur Alaska-Pipeline entbrannte.[112] Hier lehnte Kanada zunächst den Bau der Pipelineverbindung zwischen Alaska und dem US-Hauptgebiet ab, da es zwar einen Großteil des Umweltrisikos der Transitpipeline zu tragen hatte, letztlich aber – nach einer kurzen Errichtungsphase – lediglich von Transitgebühren profitiert hätte. Sehr zum Missfallen der US-Gaswirtschaft verband Kanada deshalb die Genehmigung der Rohrleitung mit der Forderung eine Route zu wählen, die den Anschluss einer potentiellen kanadischen Exportleitung aus dem relativ nah gelegenen arktischen Mackenzie Delta profitabel gemacht und somit Kanada befähigt hätte, ebenfalls Gasreserven in den Nachbarstaat zu transportieren. Die Anbindung ist allerdings bis heute nicht erfolgt.

Die politische Offenheit des zwischenstaatlichen Ausgleichs macht ihn also erheblich anfällig für größere politische Einflussnahmen. Namentlich im Bereich des Rohrleitungsbaues ist insoweit moniert worden, dass die starke Bindung der arabischen und zentralasiatischen Exportstaaten an den politischen Westen bislang eine engere Vernetzung dieser Regionen mit dem ostasiatischen Raum verhindert hätten.[113] Überhaupt sind geopolitische Interessen impliziter oder expliziter Bestandteil zwischenstaatlicher Verhandlungen im Infrastrukturbereich, insbesondere im Energiesektor: So werden etwa die schon mehrfach genannten innereuropäischen Uneinigkeiten über Vorzüge und Abhängigkeiten infolge des Baus einer weiteren deutsch-russischen Nord-Stream-Trasse weitgehend öffentlich ausgetragen. Anders dagegen die kolportierte syrische Versagung eines qatarischen Antrags zum Bau einer Transitpipeline über syrisches Gebiet nach Europa; da eine solche Pipeline in empfindliche Konkurrenz zur russischen Exportpolitik treten würde, wird dem Vorhaben eine nicht unwesentlich Bedeutung für den Verlauf des syrischen Bürgerkriegs seit 2011 beigemessen.[114]

Trotz der politischen Offenheit der grenzüberschreitenden Infrastrukturplanung unterliegen auch solche außer-völkerrechtlichen Vorgänge vielfachen Bindungen. Soweit zum einen grenzüberschreitende Umweltschäden zu erwarten sind, werden die nachbarrechtlichen Anforderungen der Durchführung von Umweltverträglichkeitsprüfungen und zwischenstaatlichen Konsultationsverfahren ausgelöst, die den gesamten Verlauf des Verfahrens auf eine breitere informationelle Basis stellen und sich erheblich auf die jeweiligen Verhandlungspositionen auswirken.[115] So wurden beispielsweise im Vorfeld des Vertrags über den deutsch-niederländischen Anschluss der Autobahn A 61 von niederländischen Behörden Umweltprüfungen zu 19 verschiedenen Streckenalternativen durchgeführt und in beiden Ländern zeitgleich zur Stellungnahme öffentlich ausgelegt; anschließend

---

[112] Vgl. nachfolgend *Ballem*, CYIL 18 (1980), S. 146–160 (148 ff.).

[113] *Jamal*, ENLR 21 (2015), S. 103–116 (115 ff.).

[114] Zu dieser Hypothese *Ahmed*, Syria intervention plan fueled by oil interests, not chemical weapon concern.

[115] Anhand der Nord Stream Pipeline *Vinogradov*, GYIL 52 (2009), S. 241–292 (265 ff.).

übernahm die deutsche Seite die niederländische Linienführung.[116] Zum anderen ist jedes internationale Planungsprojekt von den Konkretisierungen und Anforderungen der jeweils vor- und nachgeschalteten (nationalen) Planungsstufen abhängig und geprägt. Daher wird kaum ein Planungsträger bei Vertragsverhandlungen auf Positionen bestehen, die im nationalen Planungsverfahren undurchführbar wären. Im Fall des grenznahen Salzburger Flughafens etwa wurde die innerstaatliche Wirksamkeit des bereits ratifizierten Staatsvertrags im Hinblick auf das Eigentumsgrundrecht betroffener deutscher Bürger sogar nachträglich in Frage gestellt und höchstrichterlich geprüft.[117]

Im Ergebnis zeigt sich also, dass die Eigenschaft räumlicher Planung als im Kern außerrechtlicher, fachlicher Vorgang wertender Interessenkoordination auf stimmige Weise mit der partiellen Außervölkerrechtlichkeit internationaler Beziehungen korreliert. Auch wenn die zwischenstaatlichen Verhandlungen grundsätzlich ein geeignetes Instrument zum wechselseitigen Interessenausgleich darstellen, ist doch auch unverkennbar, dass dieser Abwägungsvorgang weniger rechtlich kanalisiert ist, als dies in nationalen Planungsverfahren der Fall zu sein scheint.

4. Zwischenergebnis

Grenzüberschreitende Infrastrukturen finden sich weltweit. Als Nukleus aller grenzüberschreitenden Infrastrukturen gilt insbesondere das Eisenbahnwesen, das erstmals eine intensive grenzüberschreitende Zusammenarbeit technisch erforderlich machte. Heute stehen transkontinentale Rohrleitungen aufgrund ihrer geopolitischen und wirtschaftlichen Bedeutsamkeit im Fokus des politischen Interesses. Eine große Bedeutung für den wirtschaftlichen Austausch haben zudem grenzüberschreitende Straßennetze, auch wenn sie weniger Ansatz zur auswärtigen Einflussnahme bieten. In Europa, West- und Ostasien und Amerika finden sich bereits multilaterale Abkommen, durch die überregionale Verbindungsachsen mit vereinheitlichten Straßenkörpern geschaffen werden sollen, die sich insoweit als internationale Infrastrukturplanungen verstehen lassen.

Jenseits allgemeiner Strukturbeschreibungen, wie etwa der Anwendung projektspezifischer und nicht-projektspezifischer völkerrechtlicher Verträge oder der teilweise erfolgenden Einrichtung beratender Kommissionen, lassen sich keine eigenständigen rechtlich operationalisierbaren Regelungen aus der Staatenpraxis ableiten. Vorherrschend ist vielmehr durchgehend die territoriale Souveränität. Soweit getroffene Regelungen nicht allein die pragmatische Festlegung bestimm-

---

[116] *Enderle*, Grenzüberschreitende Infrastrukturen, in: Bundesanstalt für Straßenwesen (Hrsg.), Das straßenrechtliche Nutzungsregime im Umbruch, S. 24–30, 25 f.; vgl. ferner BVerwG, Urteil v. 14.04.2010, Az. 9 a 13/08, Rn. 21 ff.

[117] Vgl. Beschluss des BVerfG vom 12.03.1986 – 1 BvL 81/79, BVerfGE 72, 66 ff. – Abwehransprüche deutscher Grundeigentümer gegen Fluglärm des Flughafens Salzburg; zur völkerrechtlichen Bedeutsamkeit *Verdross/Simma*, Universelles Völkerrecht, 447, siehe zu dem Flughafen oben S. 247 ff.

ter technischer Maßgaben oder die Finanzlastverteilung eines Projektes betreffen, sondern wertgeleitete Maßstäbe vorgeben (z.B. zum Umweltschutz), erschöpfen sich die Regelungen – soweit sie überhaupt auf völkervertragsrechtlicher Ebene zu finden sind – auf die Bestätigung des allgemeinen völkerrechtlichen Rahmens. Selbst ein völkerrechtlich eingeräumtes Recht auf Transit durch fremdes Territorium umfasst die hierzu notwendige Infrastruktur nur dann, wenn der Transit wie im Falle von Rohrleitungen anders nicht möglich ist. Ansonsten bleibt der Transitstaat – etwa im Falle von Eisenbahnlinien und Straßen – auf die Nutzung vorhandener Verkehrswege, oder aber auf die ausdrücklich Berechtigung zur infrastrukturellen Nutzung des Staatsgebiets verwiesen. Maßgebend bleibt jedoch auch dann die territoriale Rechtsordnung.

Der zwischenstaatliche Interessenausgleich schließlich vollzieht sich im Wege der Verhandlung und ist in besonderer Weise der politischen Einflussnahme eröffnet. Die völkerrechtliche Fehleranalyse beschränkt sich auf völkerrechtliche Pflichtverletzungen, die ihrerseits der bekannten Unschärfe unterliegen. Eine über die Einhaltung völkerrechtlicher Pflichten des Souveränitäts- und des Umweltschutzes hinausgehende Bewertung grenzüberschreitender Vorhaben im Hinblick auf eine – wie auch immer geartete – vernünftige Abwägung relevanter Belange existiert dagegen nicht, und sie wäre mangels zentraler Rechtsprechungsinstanzen ohnehin nicht messbar zu machen.

III. Grenzübergreifende Gebietsplanungen

Auf überstaatlicher Ebene finden sich Gebietsplanungen vor allem im Rahmen biodiversitätpolitischer Bemühungen,[118] was auch im grenzübergreifenden Kontext überzeugt, da Ökosysteme oftmals schon aus fachlicher Notwendigkeit nach grenzüberschreitender Koordination verlangen, um überhaupt einen effektiven Schutzstatus gewährleisten zu können.[119]

1. Die globale Praxis grenzübergreifender Gebietsplanung

Einer zuletzt 2007 auf der IUCN-World Database on Protected Areas (WDPA) basierende globale Inventur grenzüberschreitender Schutzgebiete unter der Ägide des UNEP World Conservation Monitoring Centre (WCMC) lässt sich entnehmen, dass grenzüberschreitender Gebietsschutz ein weltweites Phänomen

---

[118] Vgl. zur Biodiversitätpolitik als Promotionsvehikel für raumplanerische Instrumente oben S. 117 ff.

[119] *Thomas/Middleton*, Guidelines for Management Planning of Protected Areas, S. 67.

ist.[120] In geographischer Hinsicht verdeutlicht die Studie, dass die europäischen Schutzgebiete hierbei den mit Abstand kleinsten Anteil der gesamten globalen grenzüberschreitend geschützten Flächen belegen.[121] Über die tatsächlich praktizierten Schutzbemühungen enthält dies jedoch keine messbare Aussage, da die aufgenommenen grenzüberschreitenden Schutzkomplexe zumeist aus einer Vielzahl untergeordneter Gebietsregime unterschiedlichster Schutzintensität bestehen und ohnehin für den Großteil der Schutzregime bislang keine anerkannte Kategorisierung vorliegt, die den Datensatz vergleichbar machen würde. Entsprechend abweichend stellt sich auch das Bild grenzüberschreitender Natur- und Landschaftsschutzgebiete dar, die inzwischen durch die globalen Schutzgebietsprogramme anerkannt werden, insbesondere der UNESCO im Rahmen der Welterbekonvention und des Man and the Biosphere-Programms (MAB)[122] sowie im Rahmen der Ramsar Konvention.[123] Der weit überwiegende Teil dieser international ausgezeichneten Schutzgebiete, die damit zumindest einem öffentlichen Monitoring unterworfen sind, ist auf paneuropäischem Boden belegen. Eindrucksvollstes Beispiel grenzüberschreitend koordinierter Gebietsplanung dürfte denn auch das Natura 2000-Schutzgebietsnetzwerk der Europäischen Union sein, das bereits rund 18 % des Gebietes der europäischen Union erfasst; als sekundärrechtliches Instrument besitzt dies Netzwerk jedoch gerade keinen völkerrechtlichen Charakter.[124] Zunehmend erstreckt sich die (europäische) Praxis grenzüberschreitender Planung unter dem Eindruck der integrierten Meeresschutzpolitik auch in den küstennahen maritimen Raum, namentlich in Erfüllung des Kooperationsgebotes des Art. 123

---

[120] *Lysenko/Besançon/Savy*, 2007 UNEP-WCMC Global List of Transboundary Protected Areas, S. 1 ff.; eine weitere Zusammenstellung findet sich bei *Zbizc*, Global list of complexes of internationally adjoining protected area, in: IUCN (Hrsg.), Transboundary Protected Areas for Peace and Co-operation, S. 55–75, 57 ff.

[121] North America: 1,511,627.08 km^2 – Central and South America: 1,424,697.66 km^2 – Africa: 931,617.95 km^2 – Asia: 570,505.86 km^2 – Europe: 188,153.30 km^2; siehe *Lysenko/Besançon/Savy*, 2007 UNEP-WCMC Global List of Transboundary Protected Areas, S. 78.

[122] Allgemein zu dem Programm die Informationen der *UNESCO*, Man and the Biosphere Programme; ferner *Gillespie*, Protected Areas and International Environmental Law, S. 12 f.

[123] Vgl. im Einzelnen List of Wetlands of International Importance; ferner die tabellarische Auflistung bei *Vasilijević* u. a., Transboundary Conservation, S. 15 ff.

[124] Errichtet durch Art. 4 Abs. 1 der FFH-Richtlinie (92/43/EWG) vom 21.05.1992, ABl. L 206 vom 22.07.1992, S. 7 ff.; zur Bilanz siehe *Louis*, Natur und Recht 2012, S. 385–394.

SRÜ.[125] Ein grenzüberschreitendes Schutzgebiet, das letztlich einen Großteil der genannten Maßnahmen auf sich vereint, ist etwa das Wattenmeer an der Nordseeküste der Niederlande, Deutschlands und Dänemarks, anerkannt als UNESCO-Weltnaturerbe, als PSSA der IMO, als europäisches FFH-Gebiet, als Ramsar-Gebiet und als Gebiet wandernder Tierarten unter der Bonner Konvention.[126] Zur gemeinschaftlichen Abstimmung dieser Schutzregime wurde eine trilaterale Kommission eingerichtet[127], die hierzu unter anderem den Wadden Sea Plan (WSP 2010) ausgearbeitet hat, der die gemeinsame Bewirtschaftungsvision der drei Wattstaaten bezüglich unterschiedlicher räumlicher (z.B. Landschaft, Marschland, Dünen), umweltmedialer (Wasser, Sedimente) und vitaler Parameter (z.B. Fische, Vögel, Meeressäuger) samt konkreter Implementationsmaßnahmen entwickelt.[128]

Neben solchen naturschutzorientierten Ansätzen finden sich in den Grenzgebieten europäischer Staaten auch punktuelle Bemühungen regionaler und städtebaulicher Gesamtplanung. Gängiges Mittel der grenzüberschreitenden Abstimmung der Städtebaupolitik ist hierbei ebenfalls die Einrichtung gemeinsamer beratender Kommissionen ohne eigenständige Verpflichtungsbefugnisse.[129] Schließlich sei noch darauf hingewiesen, dass propagiert wird, grenzüberschreitende Gebietsplanungen als Mittel zur Beilegung von Grenzstreitigkeiten einzusetzen: Im Falle konkreter wirtschaftlicher Interessen wird die Einrichtung von „joint development zones" für die gemeinschaftliche Förderung von Ressourcen in umstrittenen Land- und Seegebieten empfohlen, die Praxis zeigt jedoch den klaren Trend der Konfliktparteien, einem Abgrenzungsübereinkommen den Vorzug

---

[125] Vgl. jeweils m.w.N. *Jay* u. a., Marine Policy 65 (2016), S. 85–96; *Soininen/ Kuokkanen/Hassan*, Comparative and Forward-looking Conclusions on Transboundary Marine Spatial Planning, in: Hassan/Kuokannen/Soininen (Hrsg.), Transboundary Marine Spatial Planning and International Law, sowie die vorhergehenden Kapitel in dem Band; *Backer*, JCC 15 (2011), S. 279–289.

[126] Ausführlich zum Ganzen m.w.N. *Strempel* u. a., Introduction, in: Common Wadden Sea Secretariat (Hrsg.), Wadden Sea Quality Status Report 2017; älter zur Entwicklung *van der Zwiep*, IJECL 5 (1990), S. 201–212; als grenzübergreifendes Schutzgebiet gelistet bei *Lysenko/Besançon/Savy*, 2007 UNEP-WCMC Global List of Transboundary Protected Areas, Nr. 80.

[127] Deutsch-dänisch-niederländisches Verwaltungs-Übereinkommen über ein Gemeinsames Sekretariat für die Zusammenarbeit beim Schutz des Wattenmeers sowie über das Außerkrafttreten des früheren Verwaltungs-Übereinkommens von 1987 vom 13.10.2010, BGBl. II 2010 Nr. 26 S. 1090 ff.

[128] *Common Wadden Sea Secretariat*, Wadden Sea Plan 2010, Eleventh Trilateral Governmental Conference on the Protection of the Wadden Sea, S. 11 ff., 25 ff., 81 ff.

[129] Vgl. zur Praxis in Mitteleuropa *Caesar/Pallagst*, Entwicklungspfade der grenzüberschreitenden Zusammenarbeit und Status quo, in: ARL (Hrsg.), Border Futures – Zukunft Grenze – Avenir Frontière, S. 12–27; *Niedobitek*, Das Recht der grenzüberschreitenden Verträge, S. 76 ff.

zu geben.¹³⁰ In anderen Fällen wird versucht, konkurrierende Gebietsinteressen durch die Ausweisung von Naturschutzgebieten zu entschärfen. Entsprechende Praxis findet sich jedenfalls in allen Erdteilen und scheint insbesondere auf afrikanischem Boden oftmals eine praktikable Lösung darzustellen.¹³¹ Derartige als Parks for Peace auch von der IUCN befürwortete Schutzgebiete haben damit vor allem eine soziale Funktion, in naturschutzfachlicher Hinsicht stellen sie jedoch Schutzgebiete im Sinne der verschiedenen Grundkategorien dar.¹³²

Hinsichtlich des Verbindlichkeitsgrades der grenzübergreifenden Kooperation unterscheidet die IUCN formelle und informelle Ansätze. In diesem Rahmen spricht sie jedoch bereits dann von formeller Kooperation, wenn Beschlüsse offiziell dokumentiert werden, ohne dass ihnen rechtliche Verbindlichkeit zukommen muss. Ausreichend können insoweit bereits Memoranda of Understanding der jeweiligen Parksverwaltung sein.¹³³ Selbst unter Anwendung dieses weitgefassten Verständnisses formeller Kooperation zeigt die Erhebung der Praxis, dass das grenzüberschreitende Gebietsmanagement weit überwiegend informell verläuft, und somit über keinerlei messbare Dokumentation verfügt.¹³⁴ Hieraus lässt sich im Ergebnis schließen, dass die hier interessierenden völkerrechtlichen Verträge über grenzüberschreitende Raumnutzungsregime bislang der Ausnahmefall sind.

2. Strukturen kooperativer Gebietsplanung in der IUCN-Konzeption

Da grenzüberschreitende Gebietsplanungen eine homogene Prägung größerer Räume bezwecken, setzen sie zumindest eine grundlegende Werteäquivalenz der beteiligen Parteien voraus, um kulturelle Differenzen überbrückbar zu machen.¹³⁵ Insbesondere ein gemeinsames wirtschaftliches Interesse, wie es etwa bei Infrastrukturplanungen die Triebfeder der Zusammenarbeit darstellt, entfällt bei gebietlichen Planungen oder bildet zumindest kein hinreichend zwingendes Kriterium. Die rechtlichen Strukturen grenzüberschreitender Gebietsplanungen sind eben-

---

¹³⁰ Ausführlich *Becker-Weinberg*, Joint Development of Hydrocarbon Deposits in the Law of the Sea, S. 5 ff., 93 ff., 141 ff., 202.
¹³¹ Vgl. die Länderstudien bei *Pool*, Nebraska Anthropologist 2006, S. 41–57 (44 ff.); als Lösung des Grenzkonflikts zwischen Slowenien und Kroatien auch im Meeresraum vorgeschlagen von *Mackelworth* u. a., The Prospect of a Transboundary Marine Protected Area to Help Resolve the Piran Bay Border Dispute in the Northern Adriatic Peter Mackelworth, in: Mackelworth (Hrsg.), Marine Transboundary Conservation and Protected Areas, S. 111–131, 111 ff.; zum zugrundeliegenden Konflikt siehe *PCA*, Territorial and Maritime Border Dispute (Slovenia vs. Croatia), Case No. 2012-04, Final Award, 29.06.2017.
¹³² *Vasilijević* u. a., Transboundary Conservation, S. 8, 14.
¹³³ Ebd., S. 45 f., 50 f.
¹³⁴ Ebd., S. 46, 99.
¹³⁵ *Kment*, Grenzüberschreitendes Verwaltungshandeln, S. 614; *Vasilijević* u. a., Transboundary Conservation, S. 39.

so mannigfaltig wie die betroffenen Gebiete und Problemlagen.[136] Allgemeine Aussagen zu den bestehenden Rechtsstrukturen lassen sich daher nur sehr eingeschränkt ermitteln. Deshalb orientiert sich nachfolgende Darstellung an den abstrakten und eher rechtspolitisch geprägten Maßstäben der IUCN, die besonderes Engagement in der Systembildung von Schutzgebieten zeigt. Neben der fortlaufenden Entwicklung von Guidelines hat die IUCN bereits 2001 einen sog. Draft Code for transboundary protected areas in times of peace and armed conflict (TPA-Draft Code) entworfen.[137]

a) Unschärfen in der Begriffsbildung

Nachdem die von der IUCN ursprünglich primär naturschutzorientiert gefassten Definitionen in der Staatenpraxis kaum angenommen wurden, befürwortet der Verband nunmehr offener formulierte Konzeptionen, die insbesondere auch dem (Kultur-) Landschaftsschutz einen höheren Rang einräumen.[138] Nach einer jüngeren Definition definiert die IUCN „Transboundary Protected Area" als

„a clearly defined geographical space that includes protected areas that are ecologically connected across one or more international boundaries and involves some form of cooperation".[139]

Dieser äußerst weite Kooperationsbegriff fand sich im älteren Nr. 2 lit. a des TPA-Draft Code (2001) leicht konkretisiert als kooperative Bewirtschaftung „through legal or other effective means".[140] Zur Kategorisierung hinsichtlich des Schutzstatus bietet die IUCN die speziellen TPA-Kategorien Transboundary Protected Areas (I), Transboundary Conservation Landscape and/or Seascape (II) und Transboundary Migration Conservation Area (III) an.[141] Die Definitionen umfassen dabei nicht allein Schutzgebiete, deren eigentliches Gebiet grenzübergreifend ausgewiesen ist, sondern verlangen lediglich eine grenzüberschreitende ökologische Konnektivität zwischen Schutzgebieten. Insoweit verwischen im Konzept der IUCN zunehmend die Grenzen zwischen Schutzgebieten und Schutzgebietsnetzen – besonders deutlich im Falle des Typs III, dessen besonderes Augenmerk auf

---

[136] *Vasilijević* u. a., Transboundary Conservation, S. 45.

[137] Abgedruckt in *Sandwith* u. a., Transboundary Protected Areas for Peace and Co-operation, S. 48 ff.

[138] Vgl. *Vasilijević* u. a., Transboundary Conservation, S. 6.

[139] Ebd., S. 8.

[140] *Sandwith* u. a., Transboundary Protected Areas for Peace and Co-operation, S. 41.

[141] *Type I*: „A Transboundary Protected Area is a clearly defined geographical space that includes protected areas that are ecologically connected across one or more international boundaries and involves some form of cooperation"; *Type II*: „A Transboundary Conservation Landscape and/or Seascape is an ecologically connected area that includes both protected areas and multiple resource use areas across one or more international boundaries and involves some form of cooperation"; *Type III*: „Transboundary Migration Conservation Areas are wildlife habitats in two or more countries that are necessary to sustain populations of migratory species and involve some form of cooperation"; vgl. *Vasilijević* u. a., Transboundary Conservation, S. 8 ff.

der Konnektivität für wandernde Arten liegt – was in Anbetracht des insgesamt zunehmend postulierten Ansatzes der „Inter-Gebietlichkeit" durchaus schlüssig ist: Grenzüberschreitende Schutzgebiete sind also letztlich logische Folge des Konnektivitätsgedankens im Gebietsschutz.[142] Die Intensität der grenzüberschreitenden Kooperation verlangt dabei weder zwingend eine gemeinschaftliche Verwaltung, noch einen unmittelbaren räumlichen Anschluss. Als grenzüberschreitende Schutzgebiete werden neben angrenzenden (Adjoining oder Adjecent Protected Areas) bereits benachbarte Schutzgebiete eingeordnet (Non-adjacent Protected Areas), soweit die trennenden Korridore hinreichend „biodiversity-friendly" genutzt werden.[143]

An diesen offenen Begrifflichkeiten der IUCN fällt das erklärte Ziel auf, „to embrace all potential situations that may occur in practice".[144] Dies geht notwendigerweise mit einem geringen Anforderungsprofil einher, was den Mehrwert der Kategorien in Frage stellt.[145] So bleibt in den genannten Kategorien das nominelle Primärziel der Natur- und Biodiversitätsschutz, es ist jedoch anhand der multifunktionalen Mischgebiete des TPA-Typs II unverkennbar, dass die grenzüberschreitende räumliche Zusammenarbeit nicht alleine Naturschutzgebietsausweisungen betreffen soll, sondern auch Maßnahmen der landschaftsorientierten Gesamtplanung erfasst.

Überdies lässt die IUCN hinsichtlich der erforderlichen Kooperation bereits ein „Information sharing" ausreichen.[146] Dies steht in gewissem Widerspruch zu der hier verwendeten Maßgabe, dass eine grenzübergreifende Raumentwicklungskoordination nur dann als zwischenstaatliche Planung anzuerkennen ist, wenn sie über die bloße Abstimmung hinaus die Auflösung grenzräumlicher Entwicklungsfriktionen betrifft.[147] Im Falle bloßer benachbarter Schutzgebiete, die nicht oder nur über rudimentär und zudem informell abgestimmte Entwicklungskonzepte verfügen, führt eine Einordnung als grenzüberschreitendes Schutzgebiet daher kaum weiter. Zusätzliche Irritation über die Vergleichbarkeit der Schutzregimes entsteht vor allem auch deshalb, weil die jeweilige Zuordnung einer Kategorie

---

[142] Dazu bereits oben S. 115 ff.; vgl. auch *Worboys* u. a., IUCN Connectivity Conservation Area Guidelines (Advanced Draft), S. 27 f.

[143] Vgl. *Sandwith* u. a., Transboundary Protected Areas for Peace and Co-operation, S. 15; *Scherfose*, Grenzüberschreitende und Bundesländer übergreifende Zusammenarbeit von Nationalen Naturlandschaften im supranationalen Kontext, in: Scherfose/Gehrlein/Milz (Hrsg.), Grenzüberschreitende und Bundesländer übergreifende Zusammenarbeit von Nationalen Naturlandschaften, S. 7–20, 8.

[144] *Vasilijević* u. a., Transboundary Conservation, S. 8.

[145] Eine etwas konkretere Definition bietet insoweit z.B. die Ramsar-Konvention an: „TRS: Transboundary Ramsar Site, where 'an ecologically coherent wetland extends across national borders and the Ramsar Site authorities on both or all sides of the border have formally agreed to collaborate in its management, and have notified the Secretariat of this intent'", List of Wetlands of International Importance, S. 1.

[146] *Vasilijević* u. a., Transboundary Conservation, 7 Tabelle 2.

[147] *Niedobitek*, Das Recht der grenzüberschreitenden Verträge, S. 20.

in der Regel durch die jeweiligen Staaten selbst erfolgt und hier – zurückhaltend formuliert – oftmals unterschiedliche Interpretationen des Maßstabs der einzelnen Kategorien bestehen.[148]

Das geringe Niveau der Einordnung als grenzüberschreitendes Schutzgebiet wird beispielhaft deutlich am europäischen Natura 2000-Netzwerk: Das Konzept entzieht sich einer einheitlichen Zuordnung zu den allgemeinen IUCN-Schutzgebietskategorien[149], da in den Mitgliedstaaten die geschützten Gebiete neben strengen Naturschutzgebieten auch multifunktionelle Regime umfasst sind, die eher der Landschaftspflege zuzuordnen sind; lediglich 4 % der Fläche des Netzwerks sind strikt geschützt im Sinne der IUCN-Kategorie I.[150] Dennoch dürfte es möglich sein, dass Natura 2000-Netzwerk als grenzüberschreitendes Schutzgebiet der TPA-Kategorie Typ II einzuordnen. Es handelt sich um ein geographisch klar strukturiertes Schutzgebietsnetzwerk, das gerade die lockeren Maßgaben der IUCN-Definition zur grenzübergreifenden ökologischen Konnektivität und Kooperation[151] erfüllen dürfte. Ohnehin umfasst das Netzwerk eine Reihe eigenständig grenzübergreifender Schutzgebiete und weist, etwa im Falle des Wattenmeers, bei besonderem Bezug zu wandernden Tierarten zudem partiell den Charakter des TPA-Typs III auf.[152] Zwar sagt all dies über den realen Implementationsstatus des Natura 2000-Konzepts wenig aus.[153] Partielle Implementationsmängel dürften aber kaum dazu führen, dem Netzwerk als solchem den grenzübergreifenden Charakter abzusprechen.

b) Orientierungsparameter für grenzüberschreitende Gebietsregime

Detailliertere Orientierungsparameter für die langfristig ausgerichtete Errichtung grenzübergreifender Schutzgebiete finden sich im TPA-Draft Code in den Nummern 11 bis 15.[154]

aa) Fachliche Erforderlichkeit und Planungsziel

In materiell-rechtlicher Hinsicht bezieht sich der Großteil der IUCN-Richtlinien auf allgemeine Maßgaben für das sachgerechte Design biodiversitätsfördernder Raumnutzungsregime, insbesondere verschiedenste Ausprägungen der Umweltprüfung, Umweltinformation und Öffentlichkeitsbeteiligung. Von spezifischer Bedeutung für grenzübergreifende Regime sind lediglich einige wenige Leitli-

---

[148] *European Commission*, EU Guidelines on Wilderness in Natura 2000, S. 17.
[149] S. 113 ff.
[150] *European Commission*, EU Guidelines on Wilderness in Natura 2000, S. 10, 15 ff.
[151] Vgl. *Vasilijević* u. a., Transboundary Conservation, 8, Tabelle 3.
[152] Ebd., 8: „(...) different types of TBCAs may occur alongside each other or even be embedded into another type".
[153] Kritisch insoweit *BirdLife* u. a., The State of Implementation of the Birds and Habitats Directives in the EU.
[154] *Sandwith* u. a., Transboundary Protected Areas for Peace and Co-operation, S. 43 ff.

nien zur Erforderlichkeit grenzüberschreitender Schutzgebiete sowie die hierzu korrespondierenden Planungsziele.

Hinsichtlich der Erforderlichkeit legt Nr. 11.1 des TPA-Draft Code eine grenzüberschreitende Gebietsplanung jedenfalls dann nahe, wenn (a) aus ökosystematischen Gründen die einheitliche Bewirtschaftung eines bestimmten Naturraumes erforderlich ist, (b) es sich um ein Gebiet handelt, in dem indigene Kulturvölker grenzüberschreitend in traditioneller Weise leben, (c) wo die Nutzung gemeinsamer Ressourcen zu zwischenstaatlichen Spannungen führen könnte, (d) wo Grenzstreitigkeiten bislang ungeklärt sind sowie (e) dort, wo es im Nachgang an bewaffnete Konflikte gilt, das gegenseitige Vertrauen der lokalen Bevölkerung zu fördern. Diese Tatbestände decken sich im Wesentlichen mit der Praxis grenzübergreifender Gebietsplanung und verdeutlichen, dass grenzübergreifende Schutzgebiete auch in der Konzeption der IUCN in erheblichem Maße von überfachlichen Erwägungen geprägt sind.[155] Obgleich das primäre Ziel von Schutzgebieten der Biodiversitätsschutz ist, wird ein weiteres Mal deutlich, dass dieser vornehmlich ein Ideal der Gesamtplanung beinhaltet.

Ziel grenzübergreifender Schutzregime soll es sodann gemäß Nr. 12.1 sein, organisationsrechtliche Hindernisse zu entfernen und die nationalen Schutzregime so weit wie möglich zu harmonisieren. Spezifisches Merkmal hierfür sei insbesondere ein regionaler Bewirtschaftungsansatz, der sich unter anderem gemäß Nr. 13.2 in der Vereinfachung eines Grenzübertritts für Besucher innerhalb des Schutzgebietes (lit. d) sowie der kooperativen Zusammenarbeit der lokalen Ordnungskräfte (lit. h) manifestiere. Zur fachlichen Ausgestaltung des Regimes biete sich die Orientierung an den Maßstäben multilateraler Konventionen an (Nr. 11.2), sowie korrespondierend hierzu der Dialog mit den angegliederten multilateralen Institutionen (Nr. 13.3 lit. e). Diese Überlegung ist unmittelbar einleuchtend, da durch die multilaterale Fundierung bereits eine international konsensfähige Verhandlungsbasis bereitsteht.

bb) Modelle der Kooperationsorganisation

Die IUCN betrachtet die konkrete Ausgestaltung der Gebietsregime primär aus steuerungstheoretischer Perspektive. Als instrumentelle Optionen für die Umsetzung der grenzübergreifenden Schutzgebiete werden deshalb gemäß Nr. 12.2 des TPA-Draft Code vertragliche Instrumente vorgeschlagen, die die gesamten Bandbreite politischer Einigungsmuster erfassen und damit über die öffentlich-rechtliche Nomenklatur hinausgehen. Zwar sind in lit. a auch völkerrechtliche Nachbarstaatsverträge ausdrücklich genannt. Zum formalen Instrumentarium gehören für die IUCN jedoch alle denkbaren Willenseinigungen der Akteure des öffentlichen Rechts und der Zivilgesellschaft. Die IUCN betont insoweit, dass formelle und informelle Kooperationsformen sehr unterschiedliche Vorzüge hinsichtlich ihrer

---

[155] Vgl. auch die Übersicht zu Sachbereichen grenzüberschreitender Zusammenarbeit bei *Vasilijević* u. a., Transboundary Conservation, Appendix B, Figure 12.

Flexibilität, Verlässlichkeit und Detailschärfe sowie hinsichtlich ihres Kostenaufwandes aufwiesen und deshalb vorzugsweise ergänzend einzusetzen seien.[156]

Auch in organisatorischer Hinsicht propagiert die IUCN unterschiedliche Governance-Typen und ordnet hierbei grenzübergreifende Schutzgebiete grundsätzlich der Kategorie der Shared Governance (Typ B) zu.[157] In Nr. 12.2 des TPA-Draft Code führt die IUCN hierbei zwei konkretere Organisationformen an, namentlich die Kooperation der jeweils zuständigen Behörden zur Umsetzung gemeinsamer Bewirtschaftungsziele (lit. b) sowie die Verwaltung durch eine gemeinsame Behörde (lit. d: „single management authority").

Was genau sich hinter diesen beiden Ansätzen verbirgt, ergibt sich nicht aus dem Draft.[158] Zur Erläuterung bietet sich ein Vergleich zu öffentlich-rechtlichen Kooperationsmodellen an, die im Zusammenhang mit grenzüberschreitenden Regionalplänen und Bebauungsplänen beschrieben worden sind: Auf den unteren Kooperationsstufen 1 bis 3 erfolge die Zusammenarbeit zunächst mit zunehmender Intensität durch wechselseitige Information über raumwirksame Planungen im Grenzgebiet; prägendes Element sei hierbei noch, dass der jeweilige Diskurs im Einzelfall einseitig angestoßen werde. Erst auf den beiden höheren Integrationsstufen erfolge schließlich die gemeinsame Erarbeitung verbindlicher grenzüberschreitender Planinhalte: Auf Stufe 4 sei dann der gemeinsame Planentwurf dann anschließend jeweils innerstaatlich rechtsverbindlich umzusetzen. Stufe 5 sei schließlich die gemeinsame Verabschiedung eines unmittelbar verbindlichen Plans für ein bestimmtes grenzüberschreitendes Gebiet. In den beiden letztgenannten Fällen sei infolge der zwischenstaatlichen Umsetzungsverpflichtung eine – den jeweiligen staatsrechtlichen Anforderungen entsprechende – völkerrechtliche Vereinbarung notwendig.[159] Trotz der Differenzierung in fünf Unterstufen findet sich also auch hier eine dem IUCN-Modell ähnliche binäre Unterteilung in wechselbezügliche Behördenkooperation einerseits sowie gemeinschaftliche Kooperation andererseits, die sich am Integrationsgrad des Planungsinhalts orientiert. Es kann somit (allem Anschein nach) verallgemeinert unterschieden werden zwischen solchen Kooperationsmodellen, die lediglich auf eine wechselseitige Planharmonisierung abzielen und solchen, bei denen das materielle Gebietsregime gemeinschaftlich erarbeitet wird.

---

[156] *Vasilijević* u. a., Transboundary Conservation, S. 51.

[157] Die IUCN unterscheidet für Schutzgebiete vier Governance-Typen: Governance by Government (Typ A), Shared Governance (Typ B), Private governance (Typ C), Governance by Indigenous Peoples and local communities (Typ D); ebd., 45 f.mit Table 12.

[158] Die binäre Konzeption aus Behördenkooperation einerseits und Single Management Authority andererseits ließe sich jedenfalls nicht nur der Kategorie Shared Governance zuordnen, sondern könnte ebenfalls unter die Kategorie Governance by Goverment (Typ A) subsumiert werden.

[159] Vgl. zur grenzüberschreitenden Regionalplanung *Spiegels*, ZaöRV 61 (2001), S. 661–680 (666 ff.); zu grenzüberschreitenden Bebauungsplänen *Kment*, Grenzüberschreitendes Verwaltungshandeln, S. 535 f., 545 ff., 575 ff.

Aus einer staatsrechtlichen Perspektive hingegen müsste sich eine abweichende Unterteilung ergeben: Erst dann, wenn sich das Zuständigkeitsgefüge zugunsten eines transnationalen Entscheidungsgremiums verlagert und dieses mit eigenständigen Planfestsetzungsbefugnissen ausgestattet wird, wie es namentlich bei der genannten Kooperationsstufe 5 der Fall ist, verlässt die zwischenstaatliche Kooperation das Stadium lediglich informeller, unverbindlicher Planung. Es folgt dann eine vom konkreten Planungsinhalt losgelöste – und insoweit vorgelagerte – Übertragung hoheitlicher Entscheidungsgewalt über einen Teil des Staatsgebiets auf ein überstaatliches Gremium. Eine solche partielle Verlagerung der räumlichen Entwicklungshoheit ist regelmäßig an zusätzliche innerstaatliche Zulässigkeitsvoraussetzungen geknüpft und bislang – wie sogleich noch ausgeführt wird – allein im Falle der Europäischen Union erfolgt.[160]

3. Zwei regionale Beispiele grenzübergreifenden Biodiversitätsschutzes

Die Bandbreite internationaler, grenzübergreifender Schutzgebiete soll abschließend anhand zweier Beispiele veranschaulicht werden, die einen sehr unterschiedlichen räumlichen Nutzungsgrad aufweisen, namentlich die Naturparke entlang der westdeutschen Grenze sowie die Nationalparks der zentralamerikanischen Darién-Chocó-Region.

a) Die Naturparke an der westdeutschen Grenze

Entlang der westdeutschen Grenze finden sich vier grenzüberschreitend koordinierte Naturparke.[161] Im Gegensatz zu zahlreichen anderen grenzüberschreitenden Kooperationen im Bereich des Gebietsschutzes basieren drei Parks auf einem völkerrechtlichen Dachvertrag und entsprechen insoweit der hier verfolgten Kategorie des völkerrechtlichen grenzüberschreitenden Gebietsschutzes: Namentlich sind dies von Nord nach Süd der deutsch-niederländische Naturpark Maas-

---

[160] Siehe S. 286.
[161] Vgl. dazu im Überblick *Köster*, Grenzüberschreitende Zusammenarbeit von Naturparken aus Sicht des Verbandes Deutscher Naturparke e.V. In: Scherfose/Gehrlein/Milz (Hrsg.), Grenzüberschreitende und Bundesländer übergreifende Zusammenarbeit von Nationalen Naturlandschaften, S. 21–34; *Niedobitek*, Das Recht der grenzüberschreitenden Verträge, S. 80 f.

Schwalm-Nette[162], der deutsch-belgische Naturpark Hohes Venn-Nordeifel[163] sowie der deutsch-luxemburgische Naturpark (Südeifel).[164] In allen drei Fällen werden durch die Abkommen beratende Kommissionen eingerichtet.[165] Auf deutscher Seite entsprechen die Gebiete im nationalen Recht der Schutzkategorie Naturpark gemäß § 27 des Bundesnaturschutzgesetzes[166]. Dies ist hingegen auf Seite der europäischen Nachbarstaaten nicht notwendigerweise der Fall. Auf luxemburgischer Seite beispielsweise verfügt das Gebiet des Naturparks über keine spezifische gebietliche Kategorisierung, sondern seine Entwicklung wird schlicht auf Gemeindeebene grenzüberschreitend koordiniert.[167] Auch wenn die rechtliche Umsetzung der getroffenen Raumentwicklungsmaßgaben letztlich territorial verbleibt, handelt es sich bei diesen grenzüberschreitenden Gebietsregimen um Beispiele vergleichsweise weitreichend formalisierter Zusammenarbeit.

Die drei Naturparke werden von UNEP und der IUCN als Schutzgebiete der IUCN-Kategorie V[168] klassifiziert.[169] Doch obgleich das deutsche Recht Natur-

---

[162] Abkommen zwischen der Regierung des Landes Nordrhein-Westfalen und der Regierung des Königreichs der Niederlande über die Zusammenarbeit zur Errichtung und Ausgestaltung eines grenzüberschreitenden Naturparks Maas-Schwalm-Nette vom 30.03.1976; geändert durch das Abkommen zwischen der Regierung des Landes Nordrhein-Westfalen und der Regierung des Königreichs der Niederlande zur Änderung des am 30.03.1976 in Düsseldorf geschlossenen Abkommens zwischen der Regierung des Landes Nordrhein-Westfalen und der Regierung des Königreichs der Niederlande über die Zusammenarbeit zur Errichtung und Ausgestaltung eines grenzüberschreitenden Naturparks Maas-Schwalm-Nette, GV. NRW. 2006 S. 529

[163] Abkommen zwischen der Regierung des Landes Nordrhein-Westfalen, der Regierung des Landes Rheinland-Pfalz und der Regierung des Königreichs Belgien über die Zusammenarbeit zur Errichtung und Ausgestaltung eines Naturparks in den Gebieten Nordeifel/Schneeifel/Hohes Venn-Eifel vom 04.05.1971, MBl. NRW. 1971 S. 1280.

[164] Landesgesetz über den Abschluß eines Staatsvertrags zwischen dem Land Rheinland-Pfalz und dem Großherzogtum Luxemburg über die Errichtung eines gemeinsamen Naturparks vom 04.02.1965, Rh.-Pf. GVBl. 1965, 15.

[165] Vgl. Art. 3 des Abkommens zum Naturpark Maas-Schwalm-Nette; Art. 3 des Abkommens zum Naturpark Hohes Venn-Eifel; Art. 4 des Abkommens zum Naturpark Südeifel; deutsch-luxemburgischen Naturpark.

[166] Gesetz über Naturschutz und Landschaftspflege vom 29.07.2009, BGBl. I 2009 S. 2542 ff., zuletzt geändert durch Artikel 1 des Gesetzes vom 15.09.2017, BGBl. I 2017 S. 3434.

[167] Vgl. *Reyrink*, Aktivitäten zum grenzüberschreitenden Biotopverbund im deutsch-niederländischen Naturpark Maas-Schwalm-Nette, in: Scherfose/Gehrlein/Milz (Hrsg.), Grenzüberschreitende und Bundesländer übergreifende Zusammenarbeit von Nationalen Naturlandschaften, S. 83–100.

[168] Dazu oben S. 113 ff.

[169] *Lysenko/Besançon/Savy*, 2007 UNEP-WCMC Global List of Transboundary Protected Areas, Nr. 81, 82, 83; *Zbizc*, Global list of complexes of internationally adjoining protected area, in: IUCN (Hrsg.), Transboundary Protected Areas for Peace and Co-operation, S. 55–75, 66.

parke im Zusammenhang mit dem Naturschutz regelt, sind sie kein Fall des Naturschutzes im engeren Sinne. Die vorrangige Betonung der Erholungsfunktion und Tourismusförderung sowie der besondere Bezug zum großräumigen Landschaftsschutz, wie sie sich auch in den völkerrechtlichen Dachverträgen widerspiegeln,[170] weisen die Naturparke zuvörderst als Instrument der gesamtplanerischen Regionalentwicklung und Strukturförderung aus.[171] Dies zeigt sich rechtlich auch daran, dass ein Naturpark im Gegensatz zu anderen Gebietskategorien wie Naturschutzgebiete nicht verbindlich festgesetzt werden muss und keine eigenständigen Ge- und Verbotsbefugnisse vermittelt; gebietlich setzt er sich vielmehr aus den umfassten Gemeinden und hierbei zu mindestens 51 % seiner Fläche aus Naturschutz- und Landschaftsschutzgebieten zusammen.[172] Da die Naturparks sich zudem – beispielsweise im Falle des Naturparks Maas-Schwalm-Nette – über Flächen von bis zu 50 km Durchmesser erstrecken und selbst größere Städte wie Venlo umschließen, kann die Einordnung in die allgemeine Landschaftsschutzkategorie V der IUCN nicht überzeugen. Vielmehr bestätigt sich hier ein weiteres Mal der Eindruck, dass die Typisierungen der IUCN – zumindest aus rechtlicher Sicht – eher der Ermutigung zu weiterer Kooperation dienen.

Schließlich verfügt das südlicher gelegene deutsch-französische Biosphärenreservat Pfälzerwald Nordvogesen zwar nicht über einen völkerrechtlichen Dachvertrag.[173] Der deutschseitige Naturpark Pfälzerwald ist aber seit 1992 als UNESCO-Biosphärenreservat anerkannt und wird seit 1998 grenzüberschreitend bewirtschaftet.[174] In diesem Rahmen werden einzelne Kernzonen ausgewiesen, von denen namentlich die Kernzone Adelsberg-Lutzelhardt als streng geschütz-

---

[170] Vgl. etwa Art. 2 und 3 des Abkommens zum deutsch-luxemburgischen Naturpark.

[171] Vgl. bereits Gesetzentwurf des Bundesrates über Rahmenvorschriften für Naturschutz und Landschaftspflege sowie zur Anpassung bundesrechtlicher Vorschriften an die Erfordernisse des Naturschutzes und der Landschaftspflege (Bundesnaturschutzgesetz – BNatSchG), 24.07.75, 25: „Ihrem Wesen nach sind Naturparke zwar Landschaftsschutzgebiete besonderer Art. Das besondere Kennzeichen eines Naturparks wird aber darin gesehen, daß großräumige Gebiete mit besonderer Erholungseignung, insbesondere für die Naherholung und für die Ferienerholung, planmäßig zu entwickeln und zu pflegen sind".

[172] Vgl. zu diesen Maßgaben *Hendrischke*, §§ 20–27, in: Schlacke (Hrsg.), Gemeinschaftskommentar zum Bundesnaturschutzgesetz, § 27 Rn. 5 ff.

[173] Ebenfalls als grenzüberschreitendes Schutzgebiet klassifiziert bei *Lysenko/Besançon/Savy*, 2007 UNEP-WCMC Global List of Transboundary Protected Areas, Nr. 76; *Zbizc*, Global list of complexes of internationally adjoining protected area, in: IUCN (Hrsg.), Transboundary Protected Areas for Peace and Co-operation, S. 55–75, 66.

[174] Vgl. *Deutsche UNESCO-Kommission*, UNESCO-Biosphärenreservat Pfälzerwald und Nordvogesen; *Stein*, Das UNESCO-Biosphärenreservat „Pfälzerwald – Vosges du Nord": auch zukünftig richtungsweisend?, in: Scherfose/Gehrlein/Milz (Hrsg.), Grenzüberschreitende und Bundesländer übergreifende Zusammenarbeit von Nationalen Naturlandschaften, S. 101–120.

tes grenzüberschreitendes Naturwaldreservat ausgewiesen wurde.[175] Die Kooperation verbleibt hierbei jedoch ebenfalls rechtlich informell, da sich die Kernzone insoweit aus zwei angrenzenden Schutzgebieten nach deutschem bzw. französischem Recht zusammensetzt. Insgesamt ist bezüglich des Biosphärenreservates von Verantwortlichen bemängelt worden, dass zwar die befriedete, durchlässige und unsichtbare Grenze Alltag geworden sei. Gleichzeitig sei es aber bislang nicht gelungen das Biosphärenreservat beiderseits der nationalstaatlichen Grenze oder sogar über diese hinweg mit einem verbindlichen, rechtlichen Rahmen auszustatten.[176]

b) Die Darién-Chocó-Nationalparks und die Panamericana

Ein zweites Beispiel für grenzüberschreitende Schutzgebiete sind die Nationalparks der Darién-Chocó-Region im zentralamerikanischen Grenzgebiet zwischen Panama und Kolumbien. Die biologische Vielfalt der Region wird als weltweit einzigartig eingeschätzt, nicht zuletzt aufgrund der hohen Varianz von Lebensräumen und der Unberührtheit natürlicher Prozesse. Zudem beherbergt der Regenwald einige traditionell lebende Völker mit bedeutsamem kulturellem Erbe. In jüngerer Zeit geriet die Region vor allem deshalb negativ in die Schlagzeilen, weil durch die dichten Wälder in erheblichem Maße Drogen- und Menschenschmuggel betrieben wird und sie als Rückzugsort für die kolumbianische Guerilla dient.[177] Die Kooperationsbemühungen der beiden Nachbarstaaten nahmen erst ab 1992 mit der Einrichtung einiger allgemeinerer Kommissionen sowie einer Grenzkommission für die Zusammenarbeit der Sicherheitsbehörden konkretere Züge an.[178]

Beiderseits der Grenze wurden bereits Anfang der 1970er Jahre Nationalparke eingerichtet, der Parque Nacional Darién (Panama) und Parque nacional natural de Los Katíos (Kolumbien), die zu den striktesten Regimen der beiden Staaten gehören und als Schutzgebiete im Range der IUCN-Kategorie II (National Park) eingeordnet werden.[179] Ein spezielles Abkommen zwischen den beiden

---

[175] Vgl. Rechtsverordnung über das Naturwaldreservat Adelsberg, Forstamt Schönau, Landkreis Südwestpfalz vom 23.04.2002 auf der Grundlage des § 19 des Landeswaldgesetzes Rheinland-Pfalz vom 30.11.2000, Rh.-Pf. GVBl. 2000, S. 504 ff.

[176] *Stein*, Das UNESCO-Biosphärenreservat „Pfälzerwald – Vosges du Nord": auch zukünftig richtungsweisend?, in: Scherfose/Gehrlein/Milz (Hrsg.), Grenzüberschreitende und Bundesländer übergreifende Zusammenarbeit von Nationalen Naturlandschaften, S. 101–120, 110–118.

[177] Ausführliche Darstellungen der Region bei *Girot*, The Darién Region between Colombia and Panama: Gap or Seal?, in: Zarsky (Hrsg.), Human rights and the environment: conflicts and norms in a globalising world, S. 172–197, 173 ff.; *Suman*, MIALR 38 (2007), S. 549–614 (551 ff.).

[178] Ders., MIALR 38 (2007), S. 549–614 (601 f.m.w.N.).

[179] *Zbizc*, Global list of complexes of internationally adjoining protected area, in: IUCN (Hrsg.), Transboundary Protected Areas for Peace and Co-operation, S. 55–75, 59; *Lysen-*

Nachbarstaaten über die gemeinschaftliche Bewirtschaftung der beiden Nationalparks im Grenzgebiet existiert nicht. Die Zusammenarbeit erfolgt insoweit lediglich informell im Rahmen regelmäßiger Treffen umweltpolitischer Vertreter der beiden Staaten.[180] Beide Nationalparks sind als UNESCO-Weltnaturerbe anerkannt, der panamaische Teil nimmt zugleich als Biosphärenreservat am MAB-Programm der UNESCO teil.[181] Auch ist die panamaische Darién-Region ausdrücklich als Schwerpunkt für die Entwicklung von „border protected areas" in Art. 18 des zentralamerikanischen Biodiversitäts- und Wildnisschutzübereinkommens von 1992[182] aufgeführt, zu dem Kolumbien jedoch keine Vertragspartei ist.

Wie bereits angemerkt, bildet die Darién-Chocó-Region zugleich die letzte verbleibende Lücke im Verlauf der Carretera Panamericana,[183] gegen deren Schließung erheblicher umweltpolitischer Widerstand besteht, insbesondere durch die IUCN.[184] Heute betrifft die Kritik vor allem die regionalen Entwicklungsfolgen, da eine überregionale Straßenverbindung die bislang unerschlossene Region unweigerlich für eine rege Siedlungstätigkeit öffnen und damit aller Voraussicht nach in größerem Umfang zu Forst-, Landwirtschaft und Bergbau führen würde.[185] Dies würde insbesondere großflächige Rodungen implizieren und damit das ökologische Gleichgewicht der Region erheblich verändern.[186]

Bemerkenswert ist die Region also insbesondere deshalb, weil hier ein potentieller räumlicher Konflikt zwischen einem grenzübergreifenden Naturschutzgebiet und einer grenzüberschreitenden Straßenverbindung existiert, womit zugleich die Frage im Raum steht, inwieweit es zwischen den Nationalparks der Darién-Chocó-Region und der Panamericana zu Normkonflikten kommen kann. Insoweit ist in der Rechtsprechung des IGH – wie erwähnt – anerkannt, dass sich die Auslegung völkerrechtlicher Projektverträge anhand ihres umweltvölkerrecht-

---

ko/Besançon/Savy, 2007 UNEP-WCMC Global List of Transboundary Protected Areas, Nr. 23.

[180] *Girot*, The Darién Region between Colombia and Panama: Gap or Seal?, in: Zarsky (Hrsg.), Human rights and the environment: conflicts and norms in a globalising world, S. 172–197, 187.

[181] Darién seit 1981, Los Katíos seit 1994; vgl. die Informationen der *UNESCO*, Darien National Park; ders., Los Katíos National Park.

[182] Zu Nachweisen siehe oben S. 110 ff.

[183] Siehe oben S. 251 ff.

[184] *Suman*, MIALR 38 (2007), S. 549–614 (592 ff.); *Girot*, The Darién Region between Colombia and Panama: Gap or Seal?, in: Zarsky (Hrsg.), Human rights and the environment: conflicts and norms in a globalising world, S. 172–197, 189 f.

[185] Begründet wird dies u.a. mit den Erfahrungen an vorgeschalteten Teilstücken der Panamericana, *Suman*, MIALR 38 (2007), S. 549–614 (574 ff.592 ff.); *Girot*, The Darién Region between Colombia and Panama: Gap or Seal?, in: Zarsky (Hrsg.), Human rights and the environment: conflicts and norms in a globalising world, S. 172–197, 190.

[186] Auch in südamerikanischen Nachbarregionen hat sich gezeigt, dass der Bau von grenzüberschreitenden Straßen von entsprechenden Veränderungen der Landnutzung begleitet ist, *Perz* u. a., LUP 34 (2013), S. 27–41 (38 ff.).

lichen Kontextes fortentwickeln muss.[187] Dies gilt auch für die von beiden Staaten ratifizierte Panamericana-Konvention.[188] Unauflösbare Divergenzen folgen hieraus indes nicht: Zwar verpflichtet Art. 1 des Abkommens die beiden Parteien dazu, eine durchgängig motorisiert befahrbare Straßenverbindung vorzuhalten. Das Abkommen trifft jedoch keine Aussage über den konkreten Streckenverlauf oder das in Planung und Bau der Straße einzuhaltende Umweltschutzniveau. Ein solches ergibt sich auch nicht aus anderen völkerrechtlichen Bestimmungen: Art. 18 des zentralamerikanischen Biodiverversitäts- und Wildnisschutzabkommens ist auf kolumbianischer Seite schon mangels Ratifikation nicht anwendbar. Für Panama regelt die Bestimmung zwar eine allgemeine Pflicht zur Einrichtung von Schutzgebieten im Grenzgebiet, dass insoweit aber der Bau einer befestigten Straßenverbindung in den Nachbarstaat grundsätzlich unzulässig wäre, lässt sich der Bestimmung nicht entnehmen. In Betracht käme somit allenfalls ein Verstoß gegen Art. 4 der Welterbekonvention, der jedoch daran scheitern muss, dass es sich lediglich um eine allgemein gehaltene Bemühenspflicht[189] handelt. Jedenfalls dürfte es darüber hinaus möglich sein, den Bau des Highways in nahezu allen Szenarien als zwingendes Gemeinwohlerfordernis zu deuten, schließlich wäre es die bislang einzige Verbindungsstraße der zwei Nachbarstaaten, die notwendigerweise durch die – auch als Flaschenhals („Tapón de Darién") bekannte – Region führen muss. Es kann damit allenfalls um die Frage gehen, wie weit Panama und Kolumbien sich befähigt sehen, die Trassenführung der Tatsache anzupassen, dass die Region gerade wegen ihrer besonderen Integrität und Unzerschnittenheit als Weltnaturerbe anerkannt ist; die UNESCO merkt diesbezüglich ausdrücklich die Fertigstellung der Panamericana als „Herausforderung" an.[190] Effektivstes Mittel wäre vermutlich ohnehin die Wahl einer – von kolumbianischer Seite schon seit den 1990er Jahren erwogenen – Alternativroute entlang der Ostküste, was zumindest das tropische Zentralmassiv unberührt ließe.[191] Unberücksichtigt bleiben dürfte vermutlich auch nicht die Möglichkeit zur schlichten Modifizierung der Grenzen des Nationalparks.[192]

---

[187] *ICJ*, Case Concerning the Gabcikovo-Nagymaros Project (Hungary vs. Slovakia), ICJ Reports 1997, 7, Rn. 140.

[188] Die lex posterior-Regelung in Art. 5 des Abkommens bezieht sich nur auf frühere völkerrechtliche Verpflichtungen.

[189] *Durner*, AVR 54 (2016), S. 355–381 (363).

[190] Vgl. die jeweils die Ausführungen zu den Kriterien 'Integrity' und 'Protection and management requirements' bei *UNESCO*, Darien National Park; ders., Los Katíos National Park.

[191] *Suman*, MIALR 38 (2007), S. 549–614 (586 ff.).

[192] Zuletzt etwa *World Heritage Comitee*, Examination of minor boundary modifications: Darien National Park (Panama).

Im Ergebnis wird man also keinen grundsätzlichen Konflikt zwischen der Panamericana-Konvention und den anwendbaren völkerrechtlichen Maßgaben hinsichtlich der Nationalparks der Darién-Chocó-Region feststellen können. Die Parteien sind – entsprechend dem allgemeinen völkerrechtlichen Rahmen – allenfalls angehalten das Projekt auf der Grundlage intensiver Umweltprüfungen naturschutzfachlich zu optimieren und einander diesbezüglich zu konsultieren.[193]

4. Zwischenergebnis

Grenzübergreifende Gebietsplanungen sind weltweit zu beobachten, wobei die Wertigkeit dieses Umstands sehr davon abhängt, welches Maß an Kooperation als ausreichend erachtet wird, um sachgerecht von einer grenzübergreifenden Zusammenarbeit zu sprechen. Die rechtlichen Strukturen grenzüberschreitender Gebietsplanungen sind zudem allzu vielfältig, als dass es möglich wäre, mit brauchbarem Abstraktionsgrad Aussagen zu den bestehenden Rechtsstrukturen zu ermitteln. Selbst die IUCN bietet nur sehr zurückhaltend spezifische Maßgaben für grenzüberschreitende Nutzungsregime an. Sie weist insoweit lediglich darauf hin, dass insbesondere im Falle grenzüberschreitender Ökosysteme sowie im Falle grenzüberschreitend angesiedelter traditionell lebender indigener Bevölkerungsgruppen eine grenzübergreifende Zusammenarbeit angezeigt sei. Diese solle insbesondere auf die Aufhebung physischer Grenzbarrieren sowie auf die Harmonisierung der jeweiligen Nutzungsregime abzielen. In instrumenteller und organisatorischer Hinsicht propagiert die IUCN jede beliebige Form der Kooperation und spricht bereits dann von formeller Zusammenarbeit, wenn die Gebietspartner überhaupt Anteile ihres Kooperationswirkens schriftlich fixieren, von rechtlichen Verbindlichkeiten ganz zu schweigen. Dies muss einerseits als Konzession an das insgesamt gering formalisierte Kooperationsniveau im Bereich gebietlicher Planungen gewertet werden. Da aber anderseits formelle und informelle Kooperationen unterschiedliche Vorteile aufweisen, soll an dieser Stelle nicht behauptet werden, dass mit der bloßen Existenz rechtsverbindlicher Gebietsregime im grenzüberschreitenden Kontext ein insgesamt höheres Schutzniveau verbunden wäre. Sicher ist jedenfalls, dass der Großteil der Zusammenarbeit auf rein informeller Abstimmung der betroffenen Behörden beruht und insbesondere der Einsatz völkerrechtlicher Verträge eher der Ausnahmefall ist. Im Einzelfall zeigt sich gleichwohl, dass die Einrichtung gemeinsamer beratender Gremien ein probates Mittel zur vertieften Zusammenarbeit bei gleichzeitiger Wahrung des Souveränitätsbedürfnisses der Kooperationspartner darzustellen scheint.

---

[193] Vgl. die Empfehlungen von *Suman*, MIALR 38 (2007), S. 549–614 (608 ff.).

In sachlicher Hinsicht betreffen Gebietsplanungen weit überwiegend Fragen des Natur- und Biodiversitätsschutzes. Zugleich zeigt sich aber, etwa an den Regimen der westdeutschen Naturparke, dass die genaue Unterscheidung von Regimen des Naturschutzes von solchen der Gesamtplanung nicht immer trennscharf ist. Insoweit bestätigt sich auch im grenzüberschreitenden Zusammenhang die Beobachtung, dass der Biodiversitätschutz ein zunehmend verbreitetes Vehikel der räumlichen Gesamtplanung ist.

Als abschließendes Beispiel wurde ein Blick auf die überdurchschnittlich biodiverse Darién-Chocó-Region im Grenzgebiet zwischen Panama und Kolumbien geworfen. Beiderseits der Grenze bestehen großflächige und streng geschützte Nationalparks, die insbesondere durch die Aufnahme als UNESCO-Weltkulturerbe eine multilaterale Überformung erfahren haben. Die grenzüberschreitende Kooperation vollzieht sich jedoch auch hier informell. Besonderes Konfliktpotential bietet die Tatsache, dass das fehlende Stück der Panamericana zur endgültigen Straßenanbindung der beidem amerikanischen Subkontinente zwingend durch die Region führen muss. Den insoweit bestehenden umweltvölkerrechtlichen Verpflichtungen kann jedoch nicht entnommen werden, dass sie in erheblichen normativen Konflikt mit der Pflicht zur Errichtung der Straßen geraten. Insoweit kommt es letztlich auf die jeweiligen Rahmenbedingungen an, unter denen ein solches Vorhaben umgesetzt würde, um eine allzu abträgliche Beeinträchtigung der Region zu vermeiden. Dass selbst nach mehreren Jahrzehnten nur wenige Kilometer vom Panamakanal entfernt der Bau einer Straßenverbindung zwischen Nord- und Südamerika politisch nicht durchsetzbar ist, spricht aber letztlich dafür, dass die umweltpolitischen Sorgen nicht das eigentliche Zentrum dieses Konfliktes sind.

IV. Ergebnis

Grenzüberschreitende Raumplanung ist der Bereich grenzüberschreitender Zusammenarbeit, der final auf die Überwindung und Aufhebung der scheidenden räumlichen Wirkung von Staatsgrenzen bezogen ist. Nicht hierzu gehört der Teilbereich des Nachbarrechts, der gerade auf die Einhaltung einer zwischenstaatlichen Grenze abzielt, auch wenn die Grenzen mitunter fließend sein können. Definitionsgemäß erfolgt grenzüberschreitende Planung auf völkerrechtlicher Ebene nur durch Völkerrechtssubjekte mittels völkerrechtlicher Verträge, also insbesondere nicht durch kommunale öffentlich-rechtliche Körperschaften. Hierdurch ist der Anwendungsbereich für völkerrechtliche grenzüberschreitende Raumplanung auf solche Situationen beschränkt, die tatsächlich von überregionalem Interesse sind. Dies gilt ausweislich der Praxis für linienförmige Infrastrukturen einerseits sowie grenzüberschreitende Naturschutzregime andererseits.

IV. Ergebnis

Im grenzüberschreitenden Infrastrukturwesen stehen heute vor allem transkontinentale Rohrleitungen im Fokus, seinen Ursprung findet die grenzüberschreitende Zusammenarbeit aber vor allem im Eisenbahnwesen. Erhebliche Bedeutung für die wirtschaftliche Integration haben zudem grenzüberschreitende Straßennetze. In Europa, West- und Ostasien sowie in Amerika finden sich heute multilaterale Abkommen zur Schaffung überregionaler Verbindungsachsen mit vereinheitlichten Straßenkörpern, die sich insoweit als internationale Infrastrukturplanungen verstehen lassen.

Jenseits allgemeiner Strukturbeschreibungen, wie etwa der Anwendung projektspezifischer und nicht-projektspezifischer völkerrechtlicher Verträge oder der teilweise erfolgenden Einrichtung beratender Kommissionen, lassen sich kaum eigenständige, rechtlich operationalisierbare Regelungen aus der Staatenpraxis ableiten. Soweit Regelungen nicht allein die pragmatische Festlegung bestimmter technischer Maßgaben oder die Finanzlast eines Projektes betreffen, sondern umweltrechtliche Maßstäbe für das Design eines Infrastrukturprojektes formulieren, erschöpfen sich die Regelungen – soweit sie überhaupt auf völkervertragsrechtlicher Ebene zu finden sind – in der Bestätigung des allgemeinen völkerrechtlichen Rahmens. Selbst ein völkerrechtlich eingeräumtes Recht auf Transit durch fremdes Territorium umfasst die hierzu notwendige Infrastruktur nur dann, wenn der Transit wie im Falle von Rohrleitungen anders nicht möglich ist. Ansonsten bleibt der Transitstaat etwa im Falle von Eisenbahnlinien und Straßen auf die Nutzung vorhandener Linien oder aber die ausdrückliche Berechtigung zur räumlichen Nutzung des Staatsgebiets verwiesen. Der zwischenstaatliche Interessenausgleich bei Infrastrukturplanungen schließlich vollzieht sich im Wege der Verhandlung und ist in besonderer Weise der politischen Einflussnahme eröffnet. Die völkerrechtliche Fehleranalyse beschränkt sich auf völkerrechtliche Pflichtverletzungen, die ihrerseits der bekannten Unschärfe unterliegen.

Grenzübergreifende Gebietsplanungen lassen sich – mit äußerst unterschiedlichem Koordinationsgrad – weltweit beobachten. Rechtlich brauchbare verallgemeinerbare Strukturen lassen sich aus dieser allzu vielfältigen Praxis indes nicht ermitteln. Selbst die IUCN bietet nur sehr zurückhaltend spezifische Maßgaben für grenzüberschreitende Nutzungsregime an. Sie weist in ihrem TPA-Draft Code lediglich darauf hin, dass insbesondere im Falle grenzüberschreitender Ökosysteme sowie im Falle grenzüberschreitend angesiedelter traditionell lebender indigener Bevölkerungsgruppen eine grenzübergreifende Zusammenarbeit angezeigt sei. Die gemeinschaftlichen Bemühungen sollen dann insbesondere auf die Aufhebung physischer Grenzbarrieren sowie die Harmonisierung der jeweiligen Nutzungsregime konzentrieren. In instrumenteller und organisatorischer Hinsicht propagiert die IUCN jede beliebige Form der Kooperation und spricht bereits dann von formeller Zusammenarbeit, wenn die Gebietspartner überhaupt Anteile ihres Kooperationswirkens schriftlich fixieren. Sicher ist jedenfalls, dass der Großteil der Zusammenarbeit auf rein informeller Abstimmung der betroffenen Behörden beruht und insbesondere der Einsatz völkerrechtlicher Verträge eher der Ausnahmefall ist. Im Einzelfall zeigt sich gleichwohl, dass die Einrichtung gemeinsamer beratender Gremien ein sachgerechtes Mittel zur vertieften Zusammenarbeit bei gleichzeitiger Wahrung des Souveränitätsbedürfnisses der Kooperationspartner zu sein scheint.

In sachlicher Hinsicht betreffen Gebietsplanungen weit überwiegend Fragen des Natur- und Biodiversitätsschutzes, die Unterscheidung zwischen Regimen des Naturschutzes und solchen der Gesamtplanung ist jedoch nicht immer trennscharf. Vielmehr erweist sich auch im grenzüberschreitenden Bereich der Biodiversitätsschutz als ein Ideal, dem es sich mittels raumplanerischer Steuerung anzunähern gilt.

§ 10 Raumplanung durch internationale Organisationen

Internationale Organisationen sind eine vergleichsweise junge Erscheinung des Völkerrechts, ihre Anzahl und Erscheinungsformen sind seit Mitte des 20. Jahrhunderts sprunghaft angestiegen. Die Vielzahl der Zielsetzungen ermöglicht es kaum, von einem eigenständigen, kohärenten Recht der internationalen Organisationen zu sprechen. Nach weitgehend einheitlicher Definition ist eine internationale Organisation ein völkervertraglicher, rechtsfähiger und mitgliedschaftlicher Zusammenschluss mindestens zweier Völkerrechtssubjekte zur rechtlich eigenständigen Erledigung gemeinschaftlicher Anliegen durch handlungsfähige Organe.[1] Insbesondere organschaftliche Institutionen, wie sie zur Umsetzung vertraglicher Verpflichtungen etwa im Bereich des Umweltvölkerrechts vielfach existieren (z.B. Sekretariate und Vertragsstaatenkonferenzen), entsprechen dem engeren Begriff internationaler Organisationen oftmals nicht, sie können aber trotz rechtlicher Unselbständigkeit ähnlich institutionell verfestigt sein.[2]

Bei hoheitlichen Raumplanungen handelt es sich um verwaltende Entscheidungstätigkeit. Daher wird hier von Raumplanung durch internationale Organisationen nur dann gesprochen, wenn eine zwischenstaatliche Organisation in Ausübung ihrer vertraglich übertragenen Hoheitsbefugnisse verbindliche raumgestaltende Planungsentscheidungen trifft.[3]

---

[1] Vgl. zum Überblick *Epping/Heintze*, Völkerrechtssubjekte, in: Epping/Heintschel von Heinegg (Hrsg.), Ipsen, Völkerrecht, S. 73–452, 232 ff.; *Schmalenbach*, International Organisations or Institutions, General Aspects, in: Wolfrum (Hrsg.), MPEPIL-Online, Rn. 1 ff.; *Klein/Schmahl*, Die Internationalen und die Supranationalen Organisationen, in: Vitzthum/Proelß (Hrsg.), Völkerrecht, S. 247–360, 258 ff.; zu Begriff, Bandbreite und Rechtswirkungen sekundärer Rechtssetzung durch internationale Organisationen ferner *Benzing*, International Organizations or Institutions, Secondary Law, in: Wolfrum (Hrsg.), MPEPIL-Online, Rn. 1 ff., 8 ff., 26 ff.; *Frenzel*, Sekundärrechtsetzungsakte internationaler Organisationen, S. 9 ff.; zu nachgeordneten Rechtsakten unter völkerrechtlichem Dach, die ihre Verbindlichkeit letztlich eben doch im Völkerrecht finden *Niedobitek*, Das Recht der grenzüberschreitenden Verträge, S. 144 ff.

[2] Siehe *Birnie/Boyle/Redgwell*, International Law and the Environment, S. 84 ff.; *Sands/Peel*, Principles of International Environmental Law, S. 52 ff.

[3] *Wolfrum*, GLJ 2008, S. 2039–2059 (2039: „It is possible to speak of international administration only if an international entity is truly exercising functions equivalent to States").

I. Nichtstaatliche hoheitliche Raumplanung im Staatsgebiet?

Es existieren kaum Beispiele für verbindliche raumbedeutsame Planungen innerhalb von Staatsgebieten, die nicht unter territorialer Hoheit, sondern unter hoheitlicher Kompetenz einer internationalen Organisation erfolgen. Zwischenstaatlich institutionalisierte Organe der grenzüberschreitenden Zusammenarbeit, wie sie oben beschrieben wurden, erfüllen mangels Rechtsfähigkeit weder die begrifflichen Anforderungen an eine internationale Organisation, noch sind ihre Entscheidungen bislang verbindlich ausgestaltet.[4] Dies gilt namentlich auch für die vielfach eingerichteten Kommissionen zur Bewirtschaftung grenzüberschreitender Wasserläufe, deren Empfehlungsbefugnisse eher Instrumente der politischen Beeinflussung geplanter Anlagen und Stauungen darstellen, aber keine eigene planerische Entscheidungskompetenz enthalten.[5] Selbst eine einflussreiche Organisation wie die NATO[6], in deren Rahmen seit 1952 ein riesiges NATO-Pipeline-System ausgebaut wurde und betrieben wird, ist nicht mit der Durchführung der entsprechenden Fachplanungen betraut, sondern auf die finanzielle Unterstützung und informelle Koordination der Projekte beschränkt und damit auf die Kooperation der Mitgliedstaaten angewiesen, die ihren Teilverbund jeweils eigenständig organisieren.[7] Der zentraleuropäische Teilverbund (CEPS) wurde nach 30 Jahren Planungs- und Bauphase erst 2008 mit Inbetriebnahme des letzten Teilstückes in Süddeutschland komplettiert.[8] Auch in Fällen quasi-staatlicher Hoheitsausübung wie der Verwaltung der seit 1974 bestehenden internationalisierten Pufferzone auf Zypern, behält sich die durch den UN-Sicherheitsrat installierte Peacekeeping Force in Cyprus (UNFICYP)[9] zwar ein Zustimmungsrecht zu baulichen Maßnahmen vor, in der Sache werden die baurechtlichen Genehmigungen aber von der

---

[4] Vgl. oben S. 245 ff.

[5] Vgl. etwa eingehend zur Einordnung von Beschlüssen der Moselkommission im Zusammenhang mit Kernkraftwerken *Kloepfer*, AVR 25 (1987), S. 277–293 (284 ff.).

[6] North Atlantic Treaty Organisation; gegründet durch den North Atlantic Treaty von 1949, 34 UNTS 243; u.a. ausgeformt durch Agreement on the Status of the North Atlantic Treaty Organization, National Representatives and International Staff von 1951, 200 UNTS 3.

[7] Das NATO-Pipeline-System besteht aus sieben unverbundenen nationalen Netzen sowie zwei grenzüberschreitenden Rohrleitungssystemen und dient der Sicherstellung der Einsatzfähigkeit der NATO unter allen Umständen. Nicht genutzte Leitungs- und Lagerkapazitäten werden auch für zivilwirtschaftliche Zwecke genutzt. Vgl. insbesondere die Selbstdarstellung der NATO unter: *NATO*, NATO Pipeline System; ferner *Wiese*, Grenzüberschreitende Landrohrleitungen und seeverlegte Rohrleitungen im Völkerrecht, S. 84 ff.; *Marauhn*, North Atlantic Treaty Organisation, in: Wolfrum (Hrsg.), MPEPIL-Online, Rn. 42; zu Rechtsbindungen in der NATO *Giegerich*, Die NATO, S. 21 ff.; *Ruffert/Walter*, Institutionalisiertes Völkerrecht, S. 186.

[8] *Bundesministerium der Verteidigung*, NATO-Pipeline nach 30 Jahren endlich komplett.

[9] *Council*, The Cyprus Question.

zuständigen Distriktsbehörde der souveränen Republik Zypern erteilt.[10] Gleichwohl entwickelte sich die durch Minenfelder und Jagdverbote langjährig unberührte Natur in der Pufferzone unterdessen einzigartig,[11] sodass der Pufferzone durchaus faktische Habitatschutzwirkung zukommt.

Einziger gesicherter Anwendungsfall dürften bislang die Planungen der Europäischen Union mit Wirkung für das Gebiet ihrer Mitgliedstaaten sein, die zwar zum Großteil lediglich beeinflussenden Charakter haben, namentlich in den Bereichen der Infrastrukturpolitik und des Habitatschutzes aber verbindliche räumliche Netzentwürfe darstellen. Freilich bleiben auch hier die Festsetzungen vergleichsweise gering konkretisiert und auf die Umsetzung der nachgeordneten Planungsebenen der Mitgliedstaaten angewiesen.[12] Diese bislang einzigartige Verwobenheit zu einem Staatenverbund hat jedoch auch dazu geführt, dass die Europäische Union zwar in ihren völkerrechtlichen Grundlagen eine internationale Organisation sein mag, mittlerweile jedoch infolge der enormen Rechtssetzungsintensität und des Anwendungsvorranges des Unionsrechts deutlich abweichende Strukturen im Vergleich zu anderen internationalen Organisation aufweist und deshalb als eine supranationale Organisation sui generis eingeordnet wird.[13]

Im Ergebnis kann damit der in anderen Bereichen bestehende Befund der großflächigen Verlagerung hoheitlicher Verwaltungstätigkeit auf überstaatliche Ebenen[14] im Falle räumlicher Planungen nicht bestätigt werden. Aus Subsidiaritätsgründen ließe sich dies auch befürworten, denn eine räumliche Nähebeziehung zwischen Entscheidungsträger und Steuerungsraum fördert die Identifikation mit den Interessen und Konflikten der betroffenen Gesellschaft und ihren Individuen.

---

[10] Siehe *UNFICYP*, Construction Permits; vgl. zum völkerrechtlichen Status der umstrittenen Gebiete Zyperns Absätze 1, 2 und 4 der SC-Resolution 186 von 1964; dazu *Talmon*, Kollektive Nichtanerkennung illegaler Staaten, S. 16 ff., 23 ff.; *Hoffmeister*, Cyprus, in: Wolfrum (Hrsg.), MPEPIL-Online, Rn. 17 ff.

[11] Siehe *UNFICYP*, About the Buffer Zone.

[12] Zum europäischen Planungsrecht siehe *Wahl*, Europäisches Planungsrecht – Europäisierung des deutschen Planungsrechts, in: Grupp/Ronellenfitsch (Hrsg.), Planung – Recht – Rechtsschutz, FS Blümel, S. 617–646; *Rengeling*, Europarechtliche Planungen und Aspekte eines europäischen Planungsrechts, in: Erbguth u. a. (Hrsg.), Planung, FS Hoppe, S. 883–912; *Fisahn*, UPR 2002, S. 258–263; *Durner*, Konflikte räumlicher Planungen, S. 516 ff.; *Martínez-Soria*, Rechtsprobleme grenzüberschreitender Infrastrukturvorhaben im Energiesektor – Der Bau einer Gaspipeline auf dem Ostseegrund, in: Hendler u. a. (Hrsg.), Jahrbuch des Umwelt- und Technikrechts, S. 263–293, 283 ff.; *Gärditz*, Europäisches Planungsrecht, S. 19 ff., 28 ff., 35 ff.; *Tiefenthaler*, JEEPL 2011, S. 115–140 (115 ff.); *Rung*, Strukturen und Rechtsfragen europäischer Verbundplanungen, S. 46 ff., 56 ff., 289 ff.

[13] Vgl. mit Nuancen *Ruffert/Walter*, Institutionalisiertes Völkerrecht, S. 6, 35 f.; *Klein/Schmahl*, Die Internationalen und die Supranationalen Organisationen, in: Vitzthum/Proelß (Hrsg.), Völkerrecht, S. 247–360, 354 f.; *Epping/Heintze*, Völkerrechtssubjekte, in: Epping/Heintschel von Heinegg (Hrsg.), Ipsen, Völkerrecht, S. 73–452, 236 ff.

[14] Siehe eingangs S. 6 ff., 20 f.

II. Raumnutzungskonflikte in den internationalen Gemeinschaftsräumen

Teilweise abweichend stellt sich der Befund in den internationalen Gemeinschaftsräumen hohe See, Tiefseeboden, Weltraum und – strittig – Antarktis dar.[15] Diese Räume weisen die Gemeinsamkeit auf von hoher wirtschaftlicher und strategischer Bedeutung zu sein, zugleich aber nahezu unbeherrschbar und deshalb politisch unbeherrscht zu sein.[16] Rechtlich wird dies dadurch ausgedrückt, dass sie „nicht einem oder mehreren Staaten unmittelbar gebietsmäßig zuzuordnen sind und allen Staaten zu gleichem Recht zur Nutzung offen stehen".[17] Dies gilt selbst für die durch sieben Staaten – sog. claimants – erhobenen Gebietsansprüche in der Antarktis, deren völkerrechtliche Geltung mangels effektiver Herrschaftsgewalt bis heute hochgradig umstritten ist.[18] Aus diesem Grund überrascht es nicht, dass sich staatsähnliche Raumplanungen gerade in den Gebieten finden, in denen Staaten gerade keine ausschließliche räumlich definierte Hoheit zukommt. Zugleich drängt sich aber die Frage auf, inwieweit in den internationalen Gemeinschaftsräumen, die aufgrund der schwierigen physikalischen Umstände bisher in nur geringem Ausmaß Gegenstand räumlicher Inanspruchnahme geworden sind, überhaupt räumliche Nutzungskonflikte auftreten, die hoheitlicher Steuerung bedürfen.

1. Extraterrestrischer Bergbau und Satelliten im geostationären Orbit

Während im Weltraumrecht zunächst Fragen der Demilitarisierung im Vordergrund standen,[19] gelangte die kooperative Teilhabe aller Staaten an der Erforschung und Nutzung des Weltraums einschließlich Umweltschutz erst allmählich auf die internationale Agenda.[20] Der Weltraumvertrag von 1967 – dessen rahmenhafte Regelungen gemeinhin als gewohnheitsrechtlich geltend anerkannt werden – enthält als grundlegende Regelung die Freiheit aller Staaten, den Weltraum ein-

---

[15] Grundlegend *Wolfrum*, Die Internationalisierung staatsfreier Räume, S. 4 ff.; ferner *Durner*, Common Goods, S. 138 ff.; *Brunée*, Common Areas, Common Heritage, and Common Concern, in: Bodansky/Brunée/Hey (Hrsg.), The Oxford Handbook of International Environmental Law, S. 550–573, 557 ff.; *Proelß*, Raum und Umwelt im Völkerrecht, in: Vitzthum/Proelß (Hrsg.), Völkerrecht, S. 361–454, 399 ff.

[16] *Brown*, The Legal Regime of Hydrospace, S. 3.

[17] *Wolfrum*, Die Internationalisierung staatsfreier Räume, S. 4 f.

[18] Ausführlicher ders., Die Internationalisierung staatsfreier Räume, S. 36 ff.; *Kämmerer*, Die Antarktis in der Raum- und Umweltschutzordnung des Völkerrechts, S. 28; *Dahm/Delbrück/Wolfrum*, Völkerrecht, I/2, S. 478 ff.; *Vöneky/Addison-Agyei*, Antarctica, in: Wolfrum (Hrsg.), MPEPIL-Online, Rn. 5.

[19] Überzeugend zur – zu verneinenden – Frage, ob der Weltraum ausschließlich für friedliche Nutzungszwecke offen steht *Cheng*, ILS 75 (2000), S. 81–117.

[20] *Viikari*, The Environmental Element in Space Law, S. 29 ff., 55 ff., 119 ff.; *Dahm/Delbrück/Wolfrum*, Völkerrecht, I/2, S. 438 f.

II. Raumnutzungskonflikte in den internationalen Gemeinschaftsräumen 289

schließlich aller Himmelskörper gleichberechtigt und diskriminierungsfrei zu nutzen und zu erforschen (Art. 1 Abs. 2 und 3).[21] Diese Freiheit soll insbesondere dem Wohle der gesamten Menschheit dienen (Art. 1 Abs. 1), eine verteilungspolitische Gemeinwohlklausel, die als Vorläufer des common heritage-Prinzips des Seerechtsübereinkommens gilt.[22] Da die bergbaurechtliche Konkretisierung dieses Gemeinwohlprinzips durch den Mondvertrag von 1979[23] lediglich geringe und insbesondere keine Beteiligung durch Raumfahrtnationen aufweist,[24] richtet sich die völkerrechtliche Zulässigkeit bergbaulicher Tätigkeiten damit bis heute nach den unspezifischen Regelungen der Weltraumfreiheit.[25] Dennoch stehen vor dem Hintergrund wachsender privatwirtschaftlicher Weltraumpräsenz zunehmend Forderungen nach einem konkretisierten internationalen Abkommen zur Regelung des extraterrestrischen Bergbaus im Raum, die insbesondere auch die institutionalisierte Koordinierung des extraterristrischen Bergbaus nach dem Vorbild der Regime des Tiefseebodens, der Antarktis sowie des geostationären Orbits fordern.[26]

In der Tat existieren reale räumliche Knappheiten mit einem Bedürfnis nach raumordnerischer Koordination bereits heute im erdnahen Weltraum durch die nunmehr beachtliche Zahl stationierter Telekommunikationssatelliten im geosta-

---

[21] Vertrag über die Grundsätze zur Regelung der Tätigkeiten von Staaten bei der Erforschung und Nutzung des Weltraums einschließlich des Mondes und anderer Himmelskörper/Treaty on Principles Governing the Activities of States in the Exploration and Use of Outer Space, including the Moon and Other Celestial Bodies, BGB. II 1969 Nr. 71 S. 1967 ff.; der Weltraumvertrag wird durch zahlreiche Abkommen im Hinblick auf neu auftretende Problemlagen (z.B. Weltraumschrott) vertraglich fortentwickelt wird, *Vereshchetin*, Outer Space, in: Wolfrum (Hrsg.), MPEPIL-Online, Rn. 10, 18 ff.; eine Aufstellung aller bedeutsamen weltraumrechtlichen Verträge samt Ratifikationsstand findet sich bei *Committee on the Peaceful Uses of Outer Space*, Status of International Agreements relating to activities in outer space as at 1 January 2017.
[22] *Durner*, Common Goods, S. 194 ff.; *Dahm/Delbrück/Wolfrum*, Völkerrecht, I/2, S. 440; *Proelß*, Raum und Umwelt im Völkerrecht, in: Vitzthum/Proelß (Hrsg.), Völkerrecht, S. 361–454, 406 f.
[23] Agreement Governing the Activities of States on the Moon and Other Celestial Bodies vom 18.12.1979, UNTS 1363, S. 3 ff.
[24] *Hofmann*, Moon and Celestial Bodies, in: Wolfrum (Hrsg.), MPEPIL-Online, Rn. 3; *Wick*, Ein internationales Übereinkommen zur Regelung des Abbaus der natürlichen Ressourcen des Mondes und anderer Himmelskörper, S. 22 ff.
[25] *Gorove*, DJILP 1 (1971), S. 93–107 (93 ff.); *Tronchetti*, The Exploitation of Natural Resources of the Moon and Other Celestial Bodies, A Proposal for a Legal Regime, S. 9 ff.; *Wick*, Ein internationales Übereinkommen zur Regelung des Abbaus der natürlichen Ressourcen des Mondes und anderer Himmelskörper, S. 11 ff., 43 ff.
[26] *Tronchetti*, The Exploitation of Natural Resources of the Moon and Other Celestial Bodies, A Proposal for a Legal Regime, S. 3 ff., 131 ff., 233 ff.; *Wick*, Ein internationales Übereinkommen zur Regelung des Abbaus der natürlichen Ressourcen des Mondes und anderer Himmelskörper, S. 1 ff., 105 ff., 147 ff.

tionären Orbit.[27] Der geostationäre Orbit ist die Erdumlaufbahn in rund 36 000 km Höhe über dem Äquator, auf der sich die Umlaufgeschwindigkeit von Weltraumobjekten mit der Erde deckt, weshalb sie nur in geringem Maße der Relokalisation bedürfen und von terrestrischen Antennen einfach anzusteuern sind.[28] Dieser Orbit sowie das elektromagnetische Frequenzspektrum lassen sich als begrenzte Ressourcen verstehen, da nur eine begrenzte Anzahl stabiler und unterschiedlich vorteilhafter Positionen zur Verfügung stehen, auf denen zur Vermeidung von Interferenzen und Kollisionen verhältnismäßig große Abstände eingehalten werden müssen.[29] Zwischen Frequenzbereich und Orbitplätzen besteht hierbei ein wechselseitiges Abhängigkeitsverhältnis, denn je näher Satelliten stationiert werden, um so größere Frequenzbereiche müssen ihnen zugewiesen werden, bzw. je kleiner die Frequenzbereiche definiert sind, um so größer müssen die Abstände im Orbit sein.[30] Da Frequenzspektrum und Orbit aber nicht verbraucht werden können, wird ihr Potential im Gegensatz zu anderen Umweltressourcen gerade dann verschwendet, wenn sie nicht so intensiv wie möglich genutzt werden.[31] Sollten zukünftig tatsächlich Sonnenenergiekollektoren in diesen Orbit eingebracht werden können, die durch ihre Wetterunabhängigkeit eine grundlastfähige Energieversorgung für den Menschen bieten,[32] dürfte sich diese Problematik verschärfen.

Um eine optimale Nutzung des Orbits zu ermöglichen, werden rein marktliche Allokationsregime gemeinhin als nicht ausreichend erachtet. Zur Koordination effizienter und nichtdiskriminatorischer Nutzung hat sich deshalb unter der Leitung einer UN-Sonderorganisation, der International Telecommunications Union (ITU),[33] ein internationalisiertes Zuteilungsverfahren für Frequenzen und Satellitenpositionen entwickelt (vgl. Art. 44 ITU-Konstitution),[34] das dem Prinzip der

---

[27] Mit Stand 2017 sind über 7000 Objekte registriert, vgl. f. *Outer Space Affairs*, Online Index of Objects Launched into Outer Space; *Tegge*, Die Internationale Telekommunikations-Union, S. 59 ff.; *Tronchetti*, The Exploitation of Natural Resources of the Moon and Other Celestial Bodies, A Proposal for a Legal Regime, S. 163 ff.

[28] *Gregersen*, Satellite communication.

[29] *Tegge*, Die Internationale Telekommunikations-Union, S. 233 ff.; *Dahm/Delbrück/Wolfrum*, Völkerrecht, I/2, S. 449, 456, 466; *Tronchetti*, The Exploitation of Natural Resources of the Moon and Other Celestial Bodies, A Proposal for a Legal Regime, S. 165 ff.

[30] *Tegge*, Die Internationale Telekommunikations-Union, S. 236.

[31] Ebd., S. 237.

[32] *Will*, Solar Power Satellites und Völkerrecht, S. 55 ff.; *Gorove*, ZLW 1976, S. 89–93; *Rosenfield*, UPLR 1981, S. 49–72.

[33] Konstitution und Konvention der internationalen Fernmeldeunion in der Neufassung von 2001, BGBl. II 2001 Nr. S. 1121 ff.

[34] Zu Aufgaben und historischer Entwicklung der ITU siehe *Tegge*, Die Internationale Telekommunikations-Union, S. 27 ff., 59 ff., 83 ff., 99 ff., zum Allokationsregime ab S. 237 ff.; *Frenzel*, Sekundärrechtsetzungsakte internationaler Organisationen, S. 99 ff.; *Dahm/Delbrück/Wolfrum*, Völkerrecht, I/2, S. 449, 456, 466.

Weltraumfreiheit ein Stück seiner Absolutheit nimmt.[35] Die Mitgliedstaaten sind hiernach verpflichtet, die Inanspruchnahme aller Orbits auf ein Mindestmaß zu beschränken und die besonderen Bedürfnisse technisch weniger entwickelter Länder zu berücksichtigen und eine „rationelle, wirksame und wirtschaftliche" Nutzung sicherzustellen.[36] Im Rahmen ihrer Aufgaben weist die ITU gemäß Art. 1 Nr. 2 lit. a ITU-Konstitution

„die Frequenzbereiche des Funkfrequenzspektrums zu, verteilt die Frequenzen und registriert die Frequenzzuteilungen und, bei den Weltraumfunkdiensten, alle zugehörigen Orbitpositionen in der Umlaufbahn der geostationären Satelliten oder alle zugehörigen Merkmale von Satelliten in anderen Umlaufbahnen, damit schädliche Störungen zwischen den Funkstellen der verschiedenen Länder vermieden werden".

Nachdem ursprünglich durch ein Registrierverfahren nach dem Prioritätsprinzip Interferenzen vermieden wurden, das die Industriestaaten einseitig begünstigte, drängten die aufstrebende Staaten ab den 60er Jahren verstärkt darauf, durch die Verabschiedung von Allokationsplänen eine Mindestanzahl von Frequenzen und Orbitpositionen für alle Länder freizuhalten, die im Rahmen nationaler Lizenzvergabe den jeweiligen Sendeanstalten zugeteilt werden.[37] Die heute erfolgende bedarfsorientierte Frequenzplanung[38] erhält durch das orbitbezogene Allokationselement ein raumordnerisches Gepräge. Die infrastrukturellen Fachplanungen einzelner Staaten zur Positionierung der Satelliten im Orbit werden unter verteilungspolitischen Gesichtspunkten koordiniert.[39] Dabei werden die Verfügungsrechte durch die ITU kostenfrei zugeteilt und damit explizit keine Preismechanismen angewendet.[40] Freilich bringt ein solches System der Zuteilung selbst wieder eine breite Palette von Insuffizienzen hervor,[41] wie sie von staatlicher Fehlplanung im Infrastrukturrecht seit jeher bekannt sind. Letztlich überrascht es jedoch nicht, dass auch im Weltraum in einer Situation räumlicher Knappheit dieselben Forderungen nach gemeinwohlbezogener Raumnutzungszuteilung auftreten, wie auch anderen Orts.

Insgesamt hängen die beschriebenen relativen Knappheiten stark von der technischen Entwicklung ab. Satelliten operieren zunehmend auch in anderen, nied-

---

[35] Der geostationäre Orbit als solcher unterliegt jedoch nicht dem common heritage-Grundsatz, *Will*, Solar Power Satellites und Völkerrecht, S. 169 f.

[36] Dazu auch ebd., S. 160 ff.

[37] Ausführlich zu dem Frequenzplan sowie vorheriger Rechtslage *Tegge*, Die Internationale Telekommunikations-Union, S. 242 ff.; *Tronchetti*, The Exploitation of Natural Resources of the Moon and Other Celestial Bodies, A Proposal for a Legal Regime, S. 168 ff.

[38] *Lüdemann*, Internationales Kommunikationsrecht, in: Tietje (Hrsg.), Internationales Wirtschaftsrecht, 438; *Dahm/Delbrück/Wolfrum*, Völkerrecht, I/2, S. 456, 466.

[39] *Tronchetti*, The Exploitation of Natural Resources of the Moon and Other Celestial Bodies, A Proposal for a Legal Regime, S. 173 ff.

[40] *Tegge*, Die Internationale Telekommunikations-Union, S. 244.

[41] *Tronchetti*, The Exploitation of Natural Resources of the Moon and Other Celestial Bodies, A Proposal for a Legal Regime, S. 182 ff.

riger gelegenen Orbits, auch wenn sie dann aufwendiger von den Empfangsantennen verfolgt werden müssen und mehr Satelliten erforderlich sind, um eine weltumspannende Abdeckung zu erreichen.[42] Insbesondere für den raumordnerischen Anteil des Allokationssystems der ITU zeichnen sich damit jedoch technische, nichtstationäre Lösungen ab, die ein geringeres Bedürfnis nach raumbezogener internationaler Koordination mit sich bringen, weshalb in diesem Feld zunehmend auf der Grundlage nationaler Rechtsordnungen und privatrechtlicher Verträge expandiert wird.[43]

2. Bergbau, Tourismus und Forschung in der Antarktis

Die Rechtsordnung der Antarktis (sog. Antarctic Treaty System) wird im Wesentlichen durch vier völkerrechtliche Verträge bestimmt,[44] in deren Zentrum der Antarktisvertrag (AT) von 1959 samt zahlreicher Empfehlungen aus Konsultationstreffen sowie das Madrider Umweltschutzprotokoll (USP) von 1991 stehen.[45] Zur Antarktis gehören gemäß Art. VI des Antarktis-Vertrags alle südlich von 60° südlicher Breite gelegenen See- und Landgebiete,[46] bezüglich derer die Entscheidungsgewalt[47] in den Händen der sog. Konsultativstaaten liegt, jenen Staaten, die reale Forschungsaktivitäten aufweisen können (Art. IX AT). Trotz insoweit

---

[42] *Gregersen*, Satellite communication; *von Schorlemer*, Telecommunications, International Regulation, in: Wolfrum (Hrsg.), MPEPIL-Online, Rn. 17 f.

[43] *von Schorlemer*, Telecommunications, International Regulation, in: Wolfrum (Hrsg.), MPEPIL-Online, Rn. 18.

[44] Dazu im Überblick *Wolfrum*, Die Internationalisierung staatsfreier Räume, S. 30 ff., 49 ff.; *Kämmerer*, Die Antarktis in der Raum- und Umweltschutzordnung des Völkerrechts, S. 75 ff.; *Dahm/Delbrück/Wolfrum*, Völkerrecht, I/2, S. 485; *Vöneky/Addison-Agyei*, Antarctica, in: Wolfrum (Hrsg.), MPEPIL-Online, Rn. 12; *Proelß*, Raum und Umwelt im Völkerrecht, in: Vitzthum/Proelß (Hrsg.), Völkerrecht, S. 361–454, 411 ff.

[45] Antarktisvertrag/Antarctic Treaty, BGBl. II 1978 Nr. 58 S. 1517 ff.; Umweltschutzprotokoll zum Antarktisvertrag/Protocol of Environmental Protection to the Antarctic Treaty, BGBl. II 1994 Nr. 45 S. 2478 ff.; ferner das Übereinkommen zur Erhaltung der Antarktischen Robben von 1972/Convention for the Conservation of Antarctic Seals (CCAS), BGBl. II 1987 S. 90 ff. sowie das Übereinkommen über die Erhaltung der lebenden Meeresschätze der Antarktis von 1980/Convention on the Conservation of Antarctic Marine Living Resources (CCAMLR), BGBl. II 1982 S. 420 ff.

[46] Die Antarkis „überwindet" die Dichotomie im räumlichen Völkerrecht von Land- und Meer, vgl. *Kämmerer*, Die Antarktis in der Raum- und Umweltschutzordnung des Völkerrechts, S. 73 ff.

[47] Außervertragliche Geltung kann das antarktische System formal freilich nicht beanspruchen, *Podehl*, Das Umweltschutzprotokoll zum Antarktisvertrag als Ergebnis der Verhandlungen über die Rohstoffnutzung in der Antarktis, S. 70 ff.; *Durner*, Common Goods, S. 155 ff.

gemeinschaftlicher Verwaltung ist das Konsultativstaatenkommitee mangels eigener Rechtsfähigkeit keine internationale Organisation im Rechtssinne.[48]

Die Antarktis ist im Interesse der gesamten Menschheit allein friedlichen Zwecken und namentlich der wissenschaftlichen Forschung vorbehalten (Art. I ff. AT). Da in den Empfehlungen der Konsultativstaaten – nicht zuletzt infolge entsprechender Forderungen der umweltpolitischen Zivilgesellschaft – der antarktische Umweltschutz in den Vordergrund drängte, wird die Antarktis heute durch die Adoption zahlreicher Annexe zum Umweltschutzprotokoll als ein „dem Frieden und der Wissenschaft gewidmetes Naturreservat" betrachtet (Art. 2 USP).[49] Nur ein solcher kooperativer Naturschutz ist in der Antarktis mit nennenswerten Effekten möglich.[50]

Die vor Verabschiedung des Umweltschutzprotokolls langjährig verhandelte Bergbaukonvention CRAMRA[51] zur Reglementierung und Kontrolle bergbaulicher Aktivitäten war 1989 gescheitert.[52] Mit der Verabschiedung des Umweltschutzprotokolls sind nunmehr gemäß Art. 7 alle Tätigkeiten im Zusammenhang mit nichtforschungsbezogenem Mineralienbergbau im Gebiet der Antarktis mindestens 50 Jahre verboten, soweit nicht gemäß Art. 25 ein Abkommen geschlossen wird, das regelt, ob und gegebenenfalls unter welchen Bedingungen ein solcher Bergbau vertretbar wäre.[53] Da die in der CRAMRA noch angebotene Defi-

---

[48] Die Antarktis ist wegen des Exklusivcharakters gleichwohl als „Klubraum" gekennzeichnet worden, *Proelß*, Raum und Umwelt im Völkerrecht, in: Vitzthum/Proelß (Hrsg.), Völkerrecht, S. 361–454, 411 ff.

[49] *Kämmerer*, Die Antarktis in der Raum- und Umweltschutzordnung des Völkerrechts, S. 96 ff., 101 ff., 390 ff.; *Vöneky/Addison-Agyei*, Antarctica, in: Wolfrum (Hrsg.), MPEPIL-Online, Rn. 13 ff., 56 ff.; *Proelß*, Raum und Umwelt im Völkerrecht, in: Vitzthum/Proelß (Hrsg.), Völkerrecht, S. 361–454, 412.

[50] *Tenenbaum*, VELJ 10 (1990), S. 109–136 (116).

[51] Convention on the Regulation of Antarctic Mineral Resource Activities von 1988, International Legal Materials, Vol. 27 Nr. 4, S. 868 ff.

[52] *Kämmerer*, Die Antarktis in der Raum- und Umweltschutzordnung des Völkerrechts, S. 40 ff.

[53] Vgl. zu Entwicklung und den Regelungen des Umweltschutzprotokolls im Einzelnen *Podehl*, Das Umweltschutzprotokoll zum Antarktisvertrag als Ergebnis der Verhandlungen über die Rohstoffnutzung in der Antarktis, passim; ein ausführlicher Vergleich des Antarktischen Systems mit dem Weltraumrecht in Bezug auf Ressourcenabbau findet sich bei *Tronchetti*, The Exploitation of Natural Resources of the Moon and Other Celestial Bodies, A Proposal for a Legal Regime, S. 132 ff.; ob der Bergbau in der Antarktis vorher als implizit unzulässig oder zulässig einzuordnen war, sodass das zu entwickelnde Abkommen den vorherigen Status bloß wieder herstellt oder vielmehr eine eigenständige völkerrechtliche „Bergbauerlaubnis" bietet ist unklar; dazu m.w.N. *Kämmerer*, Die Antarktis in der Raum- und Umweltschutzordnung des Völkerrechts, S. 127 ff.; da sich in der Antarktis bergbauliche Tätigkeiten ohnehin zunächst auf den eisfreien Festlandsockel konzentrieren würden, fließen zusätzlich auch seerechtliche Erwägungen ein, etwa ob das Bergbauverbot überhaupt für die Seegebiete Antarktis gilt. Dazu *Rothwell*, EJIL 11 (2000), S. 591–614

nition des Begriffes mineralischer Ressourcen[54] sich im Umweltschutzprotokoll trotz – oder gerade wegen (?) – des strikten Bergbauverbotes nicht wiederfindet, darf davon ausgegangen werden, dass die Begierden auf die Bergschätze der Antarktis weiterhin ungebrochen sind und bislang vor allem am Kostendruck scheitern.[55]

Doch auch ohne bergbauliche Aktivitäten entstehen in der Antarktis zunehmend räumliche Konflikte, weil die genutzten Landungszonen sich auf die wenigen eisfreien Gebiete der Küste konzentrieren, die zugleich den Großteil der antarktischen Fauna und Flora sowie alle Forschungsstationen beherbergen.[56] Zwar fehlt es an einer relevanten Besiedlung, zunehmend beliebte touristische Festlandbesuche[57] führen aber zu einem verstärkten Bedürfnis räumlicher Koordination mit den Naturschutz- und Forschungsinteressen.[58] Diese Entwicklung würde sich mit der Errichtung eigenständiger touristischer Infrastrukturen nochmals verstärken, wenn so Reiseunternehmungen unabhängig von den Forschungsstationen ermöglichen würden.[59] Zudem erwächst die besondere wissenschaftliche Bedeutung der Antarktis aus der Tatsache, dass sie großräumig menschlich unberührt ist. Die räumlichen Ansprüche der antarktischen Forschung gehen also deutlich über ihre unmittelbaren Erhebungsorte hinaus, da Forschungsergebnisse nicht nur durch Unfälle, sondern vor allem auch durch eingeschleppte Arten weiträumig beeinträchtigt sein können.[60]

(596 f.); laut *Proelß*, Ausschliessliche Wirtschaftszone, in: Vitzthum (Hrsg.), Handbuch des Seerechts, S. 222–264, S. 232 in Fn. 337 ist z.B. die Ausweisung einer AWZ gerade keine Beanspruchung von Gebietshoheit und daher tendenziell mit Art. 4 Abs. 2 AT vereinbar; allerdings wäre einer solchen Inanspruchnahme wiederum die – nicht seerechtliche – Frage der Souveränitätsansprüche vorgelagert.

[54] Art. 1 Abs. 6 CRAMRA: „Mineral resources means all non-living natural non-renewable resources, including fossil fuels, metallic and non-metallic minerals".

[55] *Ward*, LUEL 13 (1997), S. 363–397 (371 ff.).

[56] *Kämmerer*, Die Antarktis in der Raum- und Umweltschutzordnung des Völkerrechts, S. 120 ff.

[57] Vgl. die Statistik der *International Association of Antarctic Tourism Operators*, Tourism Statistics.

[58] Darüber hinaus sind Fisch-, Wal- und Robbenfang die größten Probleme für die Ökosysteme des antarktischen Ozeans, da sie zu Störungen in den komplexen Interdependenzen der Arten führen. Siehe *UN-General Assembly*, World Ocean Assessment I, Chapter 36H, S. 19 ff.

[59] Dazu *Wolfrum/Vöneky/Friedrich*, ZaöRV 65 (2005), S. 735–740.

[60] *UN-General Assembly*, World Ocean Assessment I, Chapter 27, S. 4, Chapter 36F, S. 13, Chapter 36H, S. 24 f.

Aus diesem Bedürfnis erklärt sich, dass großräumig angelegte Festsetzungen durch das Konsultativstaatenkommittee gemäß Annex V zum Umweltschutzprotokoll bereits etablierte Praxis sind.[61] Unterschieden werden in Art. 2 des Annexes V sog. Antarctic Special Protected Areas (ASPA, derzeit 70) sowie Antarctic Specially Managed Areas (ASMA, bisher 6):

„For the purposes set out in this Annex, any area, including any marine area, may be designated as an Antarctic Specially Protected Area or an Antarctic Specially Managed Area. Activities in those Areas shall be prohibited, restricted or managed in accordance with Management Plans adopted under the provisions of this Annex."

Dass diese Gebietstypen selbst in einem so unberührten Raum wie der Antarktis raumgestaltenden Charakter haben, zeigt sich anhand der normierten Voraussetzungen und Folgen dieser Regime in Art. 3 und 4 des Annexes V, die explizit auch räumliche Einheiten und Wertungen beinhalten und bemerkenswerte Gemeinsamkeiten mit den oben beschrieben Schutzgebietskategorien der IUCN[62] aufweisen. Ein ASPA statuiert dabei das insgesamt höchste Schutzniveau vor menschlicher Einflussnahme, insbesondere durch das präventive Betretungsverbot mit Erlaubnisverbehalt (Art. 3 Nr. 4).[63] Gleichwohl verbleibt auch hier der Naturschutz durch seine Verknüpfung mit wissenschaftlichen Interessen und Fragen der Ästhetik klar anthropozentrisch. Die Kategorie des ASMA erkennt dagegen menschliche Nutzungen und Einflussnahmen im Grundsatz an und bezweckt lediglich deren umweltgerechte Koordinierung.[64] Damit weist sie einen für den

---

[61] Vgl. die Übersicht bestehender Gebiete bei Status of Antarctic Specially Protected Area and Antarctic Specially Managed Area Management Plans (Updated 2016).

[62] Vgl. oben S. 113 ff.

[63] Auszug aus Art. 3 Annex V: 1. Any area, including any marine area, may be designated as an Antarctic Specially Protected Area to protect outstanding environmental, scientific, historic, aesthetic or wilderness values, any combination of those values, or ongoing or planned scientific research. 2. Parties shall seek to identify, within a systematic environmental-geographical framework, and to include in the series of Antarctic Specially Protected Areas: (a) areas kept inviolate from human interference so that future comparisons may be possible with localities that have been affected by human activities; (b) representative examples of major terrestrial, including glacial and aquatic, ecosystems and marine ecosystems; (c) areas with important or unusual assemblages of species, including major colonies of breeding native birds or mammals; (d) the type locality or only known habitat of any species; (e) areas of particular interest to ongoing or planned scientific research; (f) examples of outstanding geological, glaciological or geomorphological features; (g) areas of outstanding aesthetic and wilderness value; (h) sites or monuments of recognised historic value; and (i) such other areas as may be appropriate to protect the values set out in paragraph 1 above. (...) 4. Entry into an Antarctic Specially Protected Area shall be prohibited except in accordance with a permit issued under Article 7.

[64] Auszug aus Art. 4 Annex V: 1. Any area, including any marine area, where activities are being conducted or may in the future be conducted, may be designated as an Antarctic Specially Managed Area to assist in the planning and co-ordination of activities, avoid possible conflicts, improve co-operation between Parties or minimise environmental impacts.

Naturschutz sensibilisierten raumordnerischen Ansatz auf und kann insbesondere als Pufferzone dienen; das Antarktische System hält folglich ein differenziertes Schutzzonensystem vor.

Ein recht umfassend auszuarbeitender Antrag kann durch jeden Mitgliedstaat des antarktischen Systems beim Treffen der Konsultativparteien eingereicht werden (Art. 5). Nach Abwägung zu berücksichtigender Stellungnahmen verschiedener Subkomitees wird die Ausweisung des Gebietes mit den im Einzelnen zu beachtenden Restriktionen durch eine auf einer Konsultativstaatenkonferenz beschlossen Maßnahme genehmigt (Art. 6). Diese Maßnahmen haben jedoch nach Art. IX Abs. 1 des Antarktisvertrags zunächst nur empfehlenden Charakter und werden erst wirksam, wenn sie von allen Vertragsparteien genehmigt worden sind. Bei den Schutzgebieten in der Antarktis handelt es sich damit im Ergebnis zwar um eine kooperative, internationale Raumplanung, aber nicht um die Raumplanung durch eine Internationale Organisation.

3. Internationalisierte Meeresschutzgebiete

Wie bereits ausführlich beleuchtet werden raumbeanspruchende Planungen des Infrastruktur- und Bergbaus weitgehend staatlich beherrscht.[65] Dagegen zeigte sich, dass namentlich im Bereich großräumig nutzungsbeschränkender Meeresschutzgebiete, denen nur unter engeren Voraussetzungen auch räumliche Wirkung zukommt, die Befugnisse einzelner Staaten erheblich reduziert und vielfach unter den Vorbehalt internationaler Kooperation gestellt sind.[66] Dies bedingt, dass in diesem Feld der Einfluss internationaler Organisationen und anderer institutionalisierter Kooperationsformen prävalent ist.

a) IMO-Particularly sensitive sea area (PSSA)

Ein Beispiel für diesen Umstand sind die schon mehrfach genannten Particularly Sensitive Sea Areas (PSSA), deren Schutzstatus von der IMO auf der Grundlage der Revised Guidelines for the Identification and Designation of Particularly Sensitive Sea Areas verliehen wird.[67] Nach diesen Guidelines handelt es sich bei PS-

---

2. Antarctic Specially Managed Areas may include: (a) areas where activities pose risks of mutual interference or cumulative environmental impacts; and (b) sites or monuments of recognised historic value. 3. Entry into an Antarctic Specially Managed Area shall not require a permit. 4. Notwithstanding paragraph 3 above, an Antarctic Specially Managed Area may contain one or more Antarctic Specially Protected Areas, entry into which shall be prohibited except in accordance with a permit issued under Article 7.

[65] S. 171 ff.
[66] S. ?? ff.
[67] *IMO-Assembly*, Revised Guidelines for the Identification and Designation of Particularly Sensitive Sea Areas, Resolution A.982(24), 01.12.2005; zu den bekannteren PSSA gehören etwa The Great Barrier Reef (1990), The Wadden Sea (2002), The Baltic Sea area (2004) und The Galapagos Archipelago (2005); zur Übersicht List of adopted PSSAs; zur Entwicklung des Instruments siehe *Blanco-Bazan*, Marine Policy 20 (1996), S. 343–349;

SA um Gebiete, die innerhalb und jenseits des Küstenmeeres gelegen sein können (Nr. 4.3) und von besonderer ökologischer oder soziokultureller Relevanz sind sowie eines zusätzlichen Schutzes vor den Auswirkungen der Schifffahrt bedürfen (Nr. 1.2). Damit der Schutz gewährt wird, müssen drei Voraussetzungen erfüllt sein (Nr. 1.5): Es muss erstens ein Gebiet sein, dass die entsprechenden fachlichen Kriterien erfüllt (Nr. 4), dass zweitens in besonderer Weise vulnerabel ist (Nr. 5) und dass drittens auch durch Maßnahmen geschützt werden kann, die von den Kompetenzen der IMO getragen werden (Nr. 6). Die zu erfüllenden fachlichen Kriterien reichen von ökosystemarer „uniqueness" über „naturalness" bis hin zu „representativeness". Ausreichend können aber auch sozioökonomische Gründe sein, wie „an area that offers an exceptional opportunity to demonstrate particular natural phenomena" (education) sowie selbst eine besondere menschliche „social or economic dependency" in der näheren Umgebung, „including fishing, recreation, tourism". Da von den Kriterien zudem nur eines erfüllt sein muss (Rn. 8.1) und sich die Festsetzungen lediglich sektoral auf die Schifffahrt beziehen, ist es eher unwahrscheinlich, dass ein vorgeschlagenes Gebiet tatsächlich einmal die Kritcrien nicht erfüllt.[68]

Zwar nimmt die IMO für sich in Anspruch „the only international body responsible for designating areas as Particularly Sensitive Sea Areas" zu sein (Rn. 3.1.), allerdings ist der Status eines Gebiets als PSSA zunächst ohne rechtliche Bedeutung.[69] Verpflichtend sind vielmehr die auf Grundlage verschiedener Verträge, insbesondere Seerechtsübereinkommen, MARPOL oder SOLAS (vgl. Rn. 6.1, 7.5.2 und 9.3 der PSSA-Guidelines) erfolgenden assoziierten Schutzmaßnahmen (associated protective measures).[70] Da die eigentlichen Schutzmaßnahmen damit auf eigenständigen Rechtsgrundlagen basieren, bis hin zu dem besonders strikten Art. 211 Abs. 6 SRÜ (Rn. 7.5.2.3 PSSA-Guidelines), können sie auch festgesetzt werden, ohne den formellen PSSA-Prozess zu durchlaufen, soweit die Anforderungen des zugrundeliegenden Instruments eingehalten werden, was seinerseits ebenfalls die Beteiligung der IMO beinhaltet.[71] Die praktische Bedeutung des PSSA-Status erwächst also vor allem aus der Bündelung und internationalen Bekanntgabe dieser Maßnahmen.[72]

Lefebvre-Chalain, OCLJ 2007, S. 47–69; allgemein zur Rechtssetzung der IMO *Frenzel*, Sekundärrechtsetzungsakte internationaler Organisationen, S. 148 ff.

[68] *Jakobsen*, Marine Protected Areas in International Law, S. 391.

[69] *Roberts*, IJMCL 20 (2005), S. 135–159 (142); *Wolfrum*, GLJ 2008, S. 2039–2059 (2056); *Forkel*, Maritime Raumordnung in der AWZ, S. 274 f.

[70] *Jakobsen*, Marine Protected Areas in International Law, S. 393 ff.

[71] *Wolfrum*, GLJ 2008, S. 2039–2059 (2057); *Roberts/Chircop/Prior*, IJMCL 25 (2010), S. 483–522 (499 f.); *Castringius*, Meeresschutzgebiete, S. 152 ff.

[72] *Roberts*, IJMCL 20 (2005), S. 135–159 (142, 145); *Castringius*, Meeresschutzgebiete, S. 55; *Gavouneli*, Functional Jurisdiction in the Law of the Sea, S. 74 ff.

Obgleich der Großteil der PSSA neben Einschränkungen auf der Grundlage des MARPOL oder SOLAS auch *Areas to Be Avoided* beinhaltet,[73] kommt einem PSSA damit kaum eigenständige räumliche Wirkung zu.[74] Unmittelbar einleuchtend ist diese fehlende spezifische Raumwirkung beispielsweise im Falle des PSSA The Baltic Sea Area, das den Großteil des Gebiets der Ostsee umfasst.[75] Im Übrigen hängt die naturschutzfachliche Bedeutung ohnehin vom tatsächlichen Zuschnitt der Gebietsregime ab: So wurden etwa im Falle der Wadden Sea namentlich die großen Schifffahrtsstraßen vom IMO-Status ausgenommen.[76]

Das Verfahren beginnt mit dem umfangreichen Antrag eines Mitgliedstaates, der zu den genannten drei Voraussetzungen alle erforderlichen Ausführungen (Rn. 3.2, 7.1, 7.4 ff.) sowie eine Darstellung aller bereits ergriffenen Schutzmaßnahmen (Rn. 7.9) enthalten muss. Die leitende Rolle während des IMO-Verfahrens trägt das Marine Environment Protection Committee (MEPC), das alle Mitgliedstaaten sowie andere IMO-Committees zu den vorgesehenen Maßnahmen konsultiert und die abschließende Entscheidung trifft (Rn. 8.3. ff.). In seiner Auswahlentscheidung beschränkt sich das MPEC gemäß Randnummern 8 ff. – auf der Grundlage einer case by case-Abwägung – auf einen Subsumtionsvorgang zur Überprüfung, ob die maßgeblichen Kriterien erfüllt sind. Hierbei mag der IMO zwar ein gewisser Beurteilungsspielraum zukommen.[77] Letztlich handelt es sich jedoch bei der durch das MPEC erfolgenden Ausweisung des PSSA nicht um eine Planung der IMO. Die IMO bietet nur das „label". Das aktive „Design" der Schutzmaßnahmen verbleibt bei den Antragsstaaten. Besonders deutlich wird dies in Rn. 8.3.5:

„If the associated protective measures are not approved by the pertinent IMO body, then the MEPC may reject the PSSA application entirely or request that the proposing Member Government submit new proposals for associated protective measures."

Mangels Pflicht zur Einrichtung von PSSA sind die Einleitung des Verfahrens, das avisierte Gebiet und der Inhalt der getroffenen Maßnahmen vollständig von den Erwägungen des beantragenden Küstenstaat abhängig. Ohnehin betreffen die Aktivitäten der IMO nur Reglementierungen der Schifffahrt, nicht aber Regelungen der Fischerei oder des Anlagenbaus. Die IMO bietet daher lediglich die Plattform

---

[73] Vgl. *IMO*, List of Special Areas, Emission Control Areas and Particularly Sensitive Sea Areas, MEPC.1/Circ.778/Rev.3, 02.07.2018, Annex 2.

[74] Ähnliche Erwägungen finden sich bei *Roberts/Chircop/Prior*, IJMCL 25 (2010), S. 483–522 (498).

[75] Siehe *IMO*, Designation of the Baltic Sea Area as a Particularly Sensitive Sea Area, Resolution MEPC. 136(53), 22.07.2005, Rn. 1.1, ausgeschlossen sind insbesondere die russischen Seegebiete, da Russland am Antragsverfahren nicht teilnahm.

[76] Dazu *Castringius*, Meeresschutzgebiete, S. 153 f.

[77] So *Wolfrum*, GLJ 2008, S. 2039–2059 (2056: „The type of measures that may be adopted is at the IMO's discretion").

zur internationalen Koordination und Anerkennung der getroffenen Maßnahmen als mit der Schifffahrtsfreiheit vereinbar und ist durch den planungstragenden Küstenstaat zu beteiligen, ohne selbst zu planen.

b) Meeresschutzgebiete jenseits einzelstaatlicher Hoheitsgewalt (ILBI)

Bisherige Bemühungen um Schutzgebiete auf hoher See betrafen vornehmlich rein sektorale Fischereibeschränkungen im Rahmen der Art. 116 ff. SRÜ.[78] Weil der so erreichte Schutz der Biodiversität auf hoher See als insgesamt lückenhaft und unzureichend empfunden wird, wurde in den letzten Jahren zunehmend die Errichtung fachübergreifend integrierter Meeresschutzgebiete in Gebieten jenseits staatlicher Hoheitsgewalt gefordert.[79] Seit 2010 existiert namentlich auf der Grundlage des OSPAR-Übereinkommens im Gebiet des Nordatlantiks ein Schutzsystem auf hoher See.[80] Seinen Widerhall findet dies in den Bemühungen der UN-Generalversammlung zur Erarbeitung eines international verbindlichen Abkommens über die Errichtung von Meeresschutzgebieten jenseits staatlicher Hoheitsgewalt (ILBI).[81] Das ILBI soll laut der Resolution der Konkretisierung des Seerechtsübereinkommen dienen (Nr. 1) – namentlich Art. 237 SRÜ – ohne die Verpflichtungen aus anderen regionalen und globalen Verträgen zu beeinträchtigen (Nr. 3, 4). Um überhaupt reale Gestaltungsmacht im staatsfreien Raum entfalten zu können, erklärt die Versammlung, es sei besonders wichtig, dass das Abkommen größtmögliche Akzeptanz anstreben müsse, weshalb „the preparatory committee shall exhaust every effort to reach agreement on substantive matters by consensus" (Nr. 1 lit. g und h). Der Resolution 69/292 selbst sind wenige inhaltliche Vorgaben zur Ausgestaltung des ILBI zu entnehmen, außer dass die Verhandlungen laut Nr. 2 sich befassen mit

„(...) the conservation and sustainable use of marine biological diversity of areas beyond national jurisdiction, (...) including (...) measures such as area-based management tools, including marine protected areas (...)"

Im Rahmen des durch die Generalversammlung eingerichteten Preparatory Comittee sind hierzu grundlegende Strukturen zusammengetragen worden: So sollen auf Vorschläge verschiedener Staaten gerade fachübergreifende Schutzgebiete eine Rolle spielen. Dies soll insbesondere hierdurch erreicht werden, dass aner-

---

[78] Vgl. dazu etwa ausführlich *Freestone*, CLR 5 (1992), S. 341–362.

[79] *Rayfuse/Warner*, IJMCL 23 (2008), S. 399–421 (401 ff., 413 ff.); *Roberts/Chircop/Prior*, IJMCL 25 (2010), S. 483–522; *Scott*, IJMCL 27 (2012), S. 849–857; *Drankier*, IJMCL 27 (2012), S. 291–350.

[80] Dazu m.w.N. *O'Leary* u. a., Marine Policy 36 (2012), S. 598–605 (598 ff.); *Drankier*, IJMCL 27 (2012), S. 291–350 (312 ff.).

[81] *UN-General Assembly*, Development of an international legally binding instrument under the United Nations Convention on the Law of the Sea on the conservation and sustainable use of marine biological diversity of areas beyond national jurisdiction, Resolution A/RES/69/292 as adopted by the General Assembly on 19 June 2015.

kannte Instrumente des Gebietsschutzes – etwa PSSA der IMO[82] und APEI der ISA[83] – durch die jeweiligen Vertragsstaaten sachlich und räumlich konzertiert ausgewiesen werden.[84]

In institutioneller Hinsicht ist unterschieden worden zwischen einem dezentralisierten Modell, das die Umsetzung der koordinierten Schutzgebiete bei den jeweils zuständigen Körperschaften – also z.B. IMO und ISA – belässt und einem zentralisierten Modell, das die Errichtung einer International Oceans Authority (IOA) vorsieht.[85] Die Ähnlichkeiten zu den Modellierungen im Bereich grenzüberschreitender Gebietsplanungen sind erheblich.[86] Diese Forderungen nach einer IOA sind indes nicht neu, neu ist allenfalls der Ökosystemzusammenhang: Schon während der langjährigen Entwicklung des Seerechtsübereinkommens waren Institutionalisierungsforderungen auch für die hohe See breit diskutiert worden, im Ergebnis – im Gegensatz zum Tiefseebodenregime – aber nicht durchgedrungen.[87] Die Arbeitspapiere zum ILBI sehen daher nach derzeitigem Stand auch keine derartigen Überraschungen vor:[88] Die Institutionen des ILBI sollen

---

[82] S. 296.

[83] S. 313.

[84] *Preparatory Committee*, Chair's non-paper on elements of a draft text of an international legally-binding instrument under the United Nations Convention on the Law of the Sea on the conservation and sustainable use of marine biological diversity of areas beyond national jurisdiction as of 28 February 2017, S. 7 ff., 33 ff.; ähnliche Forderungen bereits bei *Rayfuse/Warner*, IJMCL 23 (2008), S. 399–421 (413; namentlich IMO, ISA und OSPAR-Commission stehen bereits in teilweise langjähriger Kooperationen. Vgl. Agreement of Co-operation between the International Maritime Organisation and the OSPAR-Commission on the Protection of the Marine Environment of the North-East Atlantic, 1999, abrufbar unter: https://www.ospar.org/site/assets/files/1357/imo_oneils_letter_30_nov_1999_and_attachments_from_imo.pdf ; Memorandum of understanding between the OSPAR Commission and the International Seabed Authority, 1992, abrufbar unter: https://www.isa.org.jm/sites/default/files/documents/EN/Regs/MOU-OSPAR.pdf; Agreement of Cooperation between the International Maritime Organisation and the International Seabed Authority, 2016, abrufbar unter: https://www.isa.org.jm/files/documents/EN/Regs/IMO.pdf).

[85] Ders., IJMCL 23 (2008), S. 399–421 (419 ff.).

[86] Oben S. 273 ff.

[87] Vgl. *Wolfrum*, Die Internationalisierung staatsfreier Räume, 123 ff., 185 ff., 236 ff.und 260 ff.

[88] Vgl. die Zusammenstellung unterschiedlichster Statements von Staaten, internationalen und Nichtregierungsorganisationen, *Preparatory Committee*, Chair's non-paper on elements of a draft text of an international legally-binding instrument under the United Nations Convention on the Law of the Sea on the conservation and sustainable use of marine biological diversity of areas beyond national jurisdiction as of 28 February 2017, S. 93–103.

nach gängiger Praxis im Umweltvölkerrecht[89] im Wesentlichen die Einrichtung einer Konferenz der Vertragsparteien als Entscheidungsgremium, eines beratenden wissenschaftlich-technischen Gremiums sowie eines geschäftsführenden Sekretariats umfassen, wobei die Funktionen des letzteren insbesondere durch die UN-DOALOS[90] ausgeübt werden könnte. Die Einrichtung einer internationalen Organisation im engeren Sinne wird damit bislang nicht verfolgt. Vielmehr soll die Ausweisung der Meeresschutzgebiete – ähnlich dem Antarktischen System – auf Vorschlag von Vertragsparteien durch Beschluss der Konferenz der Vertragsparteien erfolgen. Die maßgeblichen Vorarbeiten sollen durch das wissenschaftlich-technische Gremium vorbereitet werden, das hierzu insbesondere mit den einschlägigen Organisationen kooperieren soll; die geforderten Kriterien sollen einen Ausnahmeschutz für lokalisierbare, besonders vielfältige und gefährdete Gebiete sicherstellen,[91] wie er oben als für raumgestaltende Meeresschutzgebiete charakteristisch herausgearbeitet wurde.[92]

4. Zwischenergebnis

Raumnutzungskonflikte treten heute selbst in den unbesiedelten und weitgehend ungenutzten Gemeinschaftsräumen auf, und sie reichen mitunter so weit, dass sie eine gesamtplanerische Betrachtung erfordern. Der Grundsatz der Unzulässigkeit unilateraler Hoheitsausübung mit Wirkung erga omnes führt dazu, dass raumordnerische Festsetzungen durch einzelne Staaten unzulässig sind. Es verwundert daher nicht, dass quasi-staatliche Planungsbefugnisse internationaler Institutionen in der Folge dort eine Rolle spielen, wo einzelnen Staaten gerade keine ausschließlichen Hoheitsrechte zukommen. Im geostationären Orbit übernimmt die ITU diese Aufgabe. Schon im Gebiet der Antarktis hat das Komitee der Konsultativstaaten keine verbindlichen Ausweisungsbefugnisse, sondern ist von der Zustimmung der Vertragsparteien abhängig. Die IMO sieht mit ihren PSSA eine internationalisierte Schutzgebietskategorie vor, die aber aus rechtlicher Sicht den gebietlichen Schutz nicht erhöht, da ein PSSA lediglich – aber dennoch – bestehende Schutzkompetenzen im Forum der IMO kommuniziert. Auf hoher See

---

[89] Vgl. *Ulfstein*, Treaty Bodies, in: Bodansky/Brunée/Hey (Hrsg.), The Oxford Handbook of International Environmental Law, S. 877–889, 877 ff.; *Birnie/Boyle/Redgwell*, International Law and the Environment, S. 84 ff.

[90] Division for Ocean Affairs and the Law of the Sea.

[91] Als relevante Institutionen werden etwa IMO, FAO, ISA, UNEP, UNESCO und CBD genannt; Auswahlkriterien nach Auffassung der G77 und China sind: „(1) the uniqueness and rarity of the areas; (2) vulnerability; (3) fragility, sensitivity of the area; (4) biological or ecological productivity and diversity"; siehe *Preparatory Committee*, Chair's non-paper on elements of a draft text of an international legally-binding instrument under the United Nations Convention on the Law of the Sea on the conservation and sustainable use of marine biological diversity of areas beyond national jurisdiction as of 28 February 2017, S. 38 ff.

[92] Vgl. oben S. 198 ff.

ist bislang keine vergleichbare Institutionalisierung erfolgt, offensichtlich hat die Staatengemeinschaft derartige Entwicklungen aber auf der Agenda. Insgesamt bestehen erhebliche Ähnlichkeiten in der Organisation der weiterhin vornehmlich informellen Kooperation zu den gebildeten Gremien im grenzüberschreitenden Planungszusammenhang.

III. Die bergrechtliche Planung der International Seabed Authority

Die Feststellung, dass internationale Institutionen insbesondere in staatsfreien Räumen raumplanerisch tätig werden, scheint sich in besonderer Weise anhand der International Seabed Authority (ISA) zu bestätigen, die in Bezug auf den mineralischen Bergbau im Gebiet ein internationalisiertes Behördenmonopol besitzt.[93] Das einheitliche Tiefseebergbauregime[94] verfügt über einen dreistufigen Rechtsrahmen:[95] Die völkerrechtliche Ebene wird durch die Vorschriften des Teiles XI des Seerechtsübereinkommens, modifiziert durch das Durchführungsübereinkommen, sowie die Bestimmungen des SRÜ-Annexes III zu den Verfahrensgrundsätzen des Tiefseebergbaus gebildet. Diese Bestimmungen werden durch die ISA sukzessive sekundärrechtlich konkretisiert: In Ausübung ihrer Legislativfunktion beschließt die Behörde zunächst im Fünf-Jahres-Rhythmus eine strategische Planung[96], deren Maßgaben durch – sogleich näher erläuterte – abstrakt-generelle Reglementierungen des Tiefseebergbaus konkretisiert werden. Auf Grundlage dieses abstrakten Sekundärrechts genehmigt die Behörde in Ausübung ihrer Exekutivfunktion dann geplante Tätigkeiten in räumlich definierten Bereichen des Gebiets.[97]

Der Tiefseebergbau wird meist anhand der drei typisierten Bergbauphasen der Vorerkundung (prospecting), Erforschung (exploration), Ausbeutung (exploitation) beschrieben, die sich so auch an verschiedenen Stellen des Seerechtsübereinkommens wiederfinden und die nachfolgende Darstellung bestimmen.

---

[93] Vgl. ausführlich zum Anwendungsbereich des Teils XI bereits S. 173 ff., 175 ff.

[94] Auch wenn nicht alle SRÜ-Mitgliedstaaten zugleich auch das Durchführungsabkommen ratifiziert haben, spricht die gesamte Staatenpraxis für die Entwicklung eines einheitlichen Vertragskörpers zur Regelung des mineralischen Tiefseebodenbergbaus, *Lodge*, RBDI 47 (2014), S. 129–136 (132); *Heintschel von Heinegg*, Internationales öffentliches Seerecht, in: Epping/Heintschel von Heinegg (Hrsg.), Ipsen, Völkerrecht, S. 795–865, 864.

[95] Vgl. *Jenisch*, Natur und Recht 2013, S. 841–854 (842 ff., 848 ff.); *Starre*, Der Meeresboden, Haftungsregime des Tiefseebergbaus, S. 82 ff.

[96] Jüngst *ISA*, Revised Draft Strategic Plan (2019–2023).

[97] Unterscheidung von Legislativ- und Exekutivfunktion nach *Wolfrum*, GLJ 2008, S. 2039–2059 (2051 ff.).

1. Legislative Struktur des Behördenregimes

a) Kompetenzielle Grundlagen des Mining Codes

Die Rechtssetzungsbefugnisse der Behörde sind nach dem Prinzip der begrenzten Einzelermächtigung organisiert (Art. 157 Abs. 2 SRÜ) und werden durch ihre Organe ausgeübt. Art. 153 Abs. 1, 157 Abs. 1 SRÜ bildet hierbei die Generalermächtigung der Behörde zur Regelung und Überwachung der Tätigkeiten im Gebiet im Sinne des Art. 1 Abs. 1 Nr. 3 SRÜ. Hauptorgane der Behörde sind die Versammlung der Vertragsparteien (Assembly), der Rat (Council) und das Sekretariat (Art. 158 ff. SRÜ).[98] Die wichtigste Legislativbefugnis des Rates und der Versammlung zum Erlass von Rules, Regulations and Procedures ist in einer unübersichtlichen Normkette geregelt, die insbesondere in Art. 160 und 162 SRÜ verankert ist.[99] Die sachliche Reichweite dieser Normierungsbefugnis erfasst alle typischen Tätigkeiten des Tiefseebergbaus (z.B. Bohr- und Baggerarbeiten, Anlagenerrichtung und -beseitigung) während aller Bergbauphasen.[100] Ohne zusätzliche Befugnisse zu verleihen, finden sich in den beiden Abkommen verstreute Konkretisierungen, von denen die prominent platzierte Pflicht zum Erlass von Umweltschutzvorschriften für Tätigkeiten im Gebiet gemäß Art. 145 SRÜ namentlich genannt sei, die insbesondere auch ein Augenmerk auf ökosystemare Zusammenhänge legt.[101]

Die Verpflichtung auf die sachgerechte Koordination bergbaulicher Tätigkeiten, unter Beachtung drittstaatlicher und gemeinschaftlicher Interessen wie Meeresumweltschutz und Verteilungsgerechtigkeit, impliziert notwendigerweise einen weiten Gestaltungsspielraum der ISA in der Regelung und Kontrolle des Tiefseebergbaus.[102] Als prozessrechtliches Korrelat sei in diesem Zusammenhang be-

---

[98] Der Rat wird von den verschiedenen Gruppen in der Versammlung besetzt und hat 36 Mitglieder. Der Generalsekretär wird auf Vorschlag des Rates von der Versammlung gewählt. Organisatorischer Überblick bei *Wood*, International Seabed Authority, in: Wolfrum (Hrsg.), MPEPIL-Online, Rn. 12 ff., 32 ff.; *Starre*, Der Meeresboden, Haftungsregime des Tiefseebergbaus, S. 109 ff.; *Jaeckel*, The International Seabed Authority and the Precautionary Principle, S. 90 ff.

[99] Art. 160 Abs. 2 lit. f, bzw. Art. 162 Abs. 2 lit. o SRÜ i.V.m Art. 17 SRÜ-Annex III i.V.m. Abschnitt 1 Abs. 15 DFÜ-Annex; ein Bedeutungsunterschied ist den Begriffen nicht zu entnehmen *Wolfrum*, Die Internationalisierung staatsfreier Räume, 517 in Fn. 498, 536; *Frenzel*, Sekundärrechtsetzungsakte internationaler Organisationen, S. 91 ff.; *Schatz*, Art. 156–160, in: Proelss (Hrsg.), UNCLOS, Art. 160 Rn. 14.

[100] Vgl. jeweils Unterpunkt ii zu Art. 160 Abs. 2 lit. f bzw. Art. 162 Abs. 2 lit. o SRÜ

[101] Ferner findet sich in Art. 17 SRÜ-Annex III ein ausführlicherer Katalog angezeigter Regelungsbereiche wie z.B. die Größe und Dauer zugeteilter Gebietserkundungen, Versicherungspflichten sowie Bergbau- und Umweltschutzstandards; vgl. *Jaeckel*, The International Seabed Authority and the Precautionary Principle, S. 121 ff.; *Jenisch*, Natur und Recht 2013, S. 841–854 (848); zu weiteren verstreuten Befugnisnormen siehe m.w.N. *Frenzel*, Sekundärrechtsetzungsakte internationaler Organisationen, 92 in Fn. 184 und 187 ff.

[102] *Wolfrum*, Die Internationalisierung staatsfreier Räume, S. 340.

reits auf die lediglich begrenzte Überprüfbarkeit sekundärer Rechtsakte der ISA gemäß Art. 189 SRÜ durch die eigens eingerichtete Meeresbodenkammer am internationalen Seegerichtshof (Seabed Disputes Chamber) hingewiesen.[103]

Änderungen und Neuvorschläge zu Sekundärrechtsakten werden durch die dem Rat untergeordnete Rechts- und Fachkommission (Legal and Technical Commission) – die in allen Angelegenheiten des Rates beratende Aufgaben gemäß Art. 165 SRÜ hat – vertraulich ausgearbeitet[104] und nach Möglichkeit vom Rat und der Versammlung konsensual beschlossen.[105] In der Praxis dominiert der Rat das Verordnungsverfahren, da namentlich Abschnitt 3 Abs. 4 des DFÜ-Annexes Beschlüsse der Versammlung im nahezu umfassenden Kompetenzbereich des Rates (Art 162 SRÜ) auf dessen Vorschläge beschränkt.[106] Die Rechtswirkung der ISA-Regelungen wird nicht ausdrücklich bestimmt. Die Tatsache, dass der Tiefseebergbau im Rahmen des Teils XI und gemäß den Regelungen der Behörde auszuüben und zu überwachen ist, spricht für eine organisationsinterne Verbindlichkeit gegenüber den Mitgliedstaaten, die im Rahmen ihrer Sicherungsverantwortlichkeit wiederum dazu verpflichtet sind, diesen Normen innerstaatliche Geltung zu verleihen (Art. 139, 153 SRÜ).[107]

Auf dieser Rechtsgrundlage erstellt die ISA ihren sogenannten Mining Code (MC) aus verbindlichen Verordnungen (Regulations) und unverbindlichen Emp-

---

[103] Art. 186 ff. SRÜ; dazu im Überblick *Wolfrum*, Hohe See und Tiefseeboden (Gebiet), in: Vitzthum (Hrsg.), Handbuch des Seerechts, S. 287–345, 485 f.; *Burke*, Art. 186–191, Annex VII, in: Proelss (Hrsg.), UNCLOS, Art. 186 ff.; *Jaeckel*, The International Seabed Authority and the Precautionary Principle, S. 111 f.

[104] Der Rat verfügt als vorbereitende und beratende Unterorgane über eine Kommissionen zur wirtschaftlichen Planung (Economic Planning Commission) sowie die Rechts- und Fachkommission, Art. 163 Abs. 1 SRÜ.

[105] Art. 165 Abs. 2 lit. f SRÜ, Abschnitt 2, Abs. 3 und 5 der Anlage zum DFÜ; im Falle der Uneinigkeit zwischen Rat und Versammlung kommt ein Verfahren wechselseitiger Abstimmung zur Anwendung. Das ursprüngliche Veto-Recht jedes einzelnen Ratsmitglieds wurde durch das Erfordernis einer 2/3-Sperrmehrheit ersetzt. Siehe zum Verordnungsverfahren *Frenzel*, Sekundärrechtsetzungsakte internationaler Organisationen, S. 93 f.; *Jaeckel*, The International Seabed Authority and the Precautionary Principle, 101 ff., zahlreiche Staaten (z.B. USA), zwischenstaatliche (z.B. OSPAR, IMO) und nichtstaatliche Organisationen (z.B. Greenpeace, Internationale Oceans Institute) haben Beobachterstatus im Rat, siehe: https://www.isa.org.jm/observers.

[106] Größter Einflussbereich der Versammlung sind Personalentscheidungen wie die Wahl des Generalsekretärs, *Wood*, International Seabed Authority, in: Wolfrum (Hrsg.), MPEPIL-Online, Rn. 17; *Jaeckel*, The International Seabed Authority and the Precautionary Principle, S. 92 f.

[107] Dazu *ITLOS*, Responsibilities and obligations of States with respect to activities in the Area, Case No. 17, 01.02.2011, ITLOS Reports 2011, 10 – Advisory Opinion, Rn. 99 ff., 107 f.; *Frenzel*, Sekundärrechtsetzungsakte internationaler Organisationen, S. 94 ff.; *Wolfrum*, GLJ 2008, S. 2039–2059 (2051 f.); z.T. wird hinsichtlich der erteilten Konzessionen von einer erga omnes-Wirkung ausgegangen, vgl. *Benzing*, International Organizations or Institutions, Secondary Law, in: Wolfrum (Hrsg.), MPEPIL-Online, Rn. 19.

fehlungen (Recommendations) zur Reglementierung der Tätigkeiten im Gebiet.[108] Verbindliche Verordnungen betreffen bislang lediglich vorbereitende Planungsstufen zur Vorerkundung und Erforschung von Lagerstätten (Exploration Regulations), namentlich in Bezug auf polymetallische Knollen (Nodules Regulation), polymetallische Sulphide (Sulphides Regulation) sowie kobaltreiche Krusten (Crusts Regulation), die im Wesentlichen gleich strukturiert sind.[109] Zur nächsten Stufe der tatsächlichen Ausbeutung der mineralischen Ressourcen existiert bislang lediglich ein Draft Exploitation Code, der zumindest das Zulassungsverfahren regelt, bislang aber insbesondere die Frage des Umweltschutzes noch ungeklärt lässt.[110] Da die ersten Explorationslizenzen bereits ausgelaufen sind bzw. verlängert wurden und interessierte Investoren Rechtssicherheit benötigen, ist dies das derzeit fokussierte Projekt der Behörde.[111]

b) Umweltschutzbefugnisse der Behörde

Der Meeresumweltschutz ist von fundamentaler Bedeutung für das Tiefseebodenregime. Die Umweltauswirkungen der Tätigkeiten im Gebiet sind insgesamt erheblich, je nach avisiertem Mineral unterschiedlich großflächig und habitatinvasiv, jedenfalls nach menschlichem Zeitermessen kaum restaurierbar und von erheblicher wissenschaftlicher Unsicherheit geprägt.[112] Rechtlich verankert ist der Schutz der Umwelt im Gebiet zum einen in Form des Meeresumweltschutzgebotes des Teils XII, insbesondere Art. 209, 215 SRÜ als auch in Form des Gebotes der zwischenstaatlichen Rücksichtnahme, die sowohl die Behörde als auch die beteiligten Staaten binden; insoweit kann auf die obigen Ausführungen verwiesen werden.[113] Besondere Ausprägung der Umweltschutzaufgabe der ISA ist zudem der genannte Art. 145 SRÜ, auf dessen Grundlage die Behörde konkretisier-

---

[108] Vgl. die Selbstdarstellung und Auflistung der Instrumente unter https://www.isa.org.jm/mining-code; zu Hintergründen siehe *Lodge*, JENRL 20 (2002), S. 270–295.

[109] Regulations on Prospecting and Exploration for Polymetallic Nodules in the Area (2000, überarbeitet 2013), ISBA/19/C/17; Regulations on Prospecting and Exploration for Polymetallic Sulphides in the Area (2010), ISBA/16/A/12/Rev.1; Regulations on Prospecting and Exploration for Cobalt-Rich Ferromanganese Crusts in the Area (2012), ISBA/18/A/11; alle abrufbar unter: https://www.isa.org.jm/mining-code/Regulations.

[110] Draft Regulations on Exploitation of Mineral Resources in the Area, ISBA/24/LTC/WP.1, abrufbar unter: https://www.isa.org.jm/legal-instruments/ongoing-development-regulations-exploitation-mineral-resources-area; zu den jüngeren Entwicklungen *Jenisch*, NordÖR 2015, S. 513–518; ders., NordÖR 2017, S. 1–7.

[111] *ISA*, Revised Draft Strategic Plan (2019–2023), S. 5, 9; *Lodge*, RBDI 47 (2014), S. 129–136 (134).

[112] Ausführlich etwa *ECORYS*, Study to investigate the state of knowledge of deep-sea mining, Final Report under FWC MARE/2012/06 – SC E1/2013/04, Client: European Commission – DG Maritime Affairs and Fisheries, S. 93–110.

[113] Vgl. S. 215 und 233; vgl. ferner zu beiden Grundsätzen aus tiefseebodenrechtlicher Sicht *Starre*, Der Meeresboden, Haftungsregime des Tiefseebergbaus, S. 108 ff., 127 ff.; *Jaeckel*, The International Seabed Authority and the Precautionary Principle, S. 116 ff.; zu

te Fassungen der Prinzipien der Prävention und der Vorsorge in bindendes Recht gießt.[114] Sekundärrechtlich sind sowohl Behörde als auch die Unternehmen zur Operationalisierung des vorausschauenden Umweltschutzes durch Umweltverträglichkeitsprüfungen und fortlaufende Umweltüberwachung, Verwendung der besten Umweltpraxis und Technik sowie Förderung der wissenschaftlichen Meeresforschung verpflichtet worden.[115] Namentlich die Pflicht zur Umweltverträglichkeitsprüfung wird durch eine Empfehlung der Behörde unverbindlich konkretisiert.[116] Als gefahrenabwehrrechtliches Korrelat besitzt die Behörde zudem die Befugnis zur Erteilung der erforderlichen Anordnungen im Falle von Umweltnotlagen.[117] Ferner hat der Rat das Recht im Falle ernstlicher Umweltgefährdungen in einzelnen Gebieten des Tiefseebodens bergbauliche Tätigkeiten auf Vorschlag der Rechts- und Fachkommission vorausschauend auszuschließen.[118]

2. Die Planung der Tätigkeiten im Gebiet

Tätigkeiten im Gebiet sind gemäß Art. 1 Abs. 3 die Erforschung (exploration) und Ausbeutung (exploitation) der mineralischen Ressourcen des Gebiets. Die Erforschung bezieht sich gegenüber der Prospektion nicht allein auf die Eingrenzung von Vorkommen, sondern die konkrete Erkundung von Lagerstätten, sprich wirtschaftlich relevanter Materialanhäufung in bestimmten Gebieten.[119] Sie erfolgt anhand geologischer, chemischer und seismischer Untersuchungen, einschließlich Bodenproben und ferngesteuert gewonnenem Bildmaterial.[120] Der letztliche technische Abbau mineralischer Ressourcen ist das eigentliche Ziel des Tiefseebergbaus. Die verwendeten Methoden variieren je nach Art und Lage des gewonnenen Minerals und erfordern einen weitaus höheren Investitionsbedarf als die

---

umweltschutzverpflichtungen der Sponsorstaaten auch *ITLOS*, Responsibilities and obligations of States with respect to activities in the Area, Case No. 17, 01.02.2011, ITLOS Reports 2011, 10 – Advisory Opinion, Rn. 107 ff., 121 ff., 125 ff.

[114] Ders., Responsibilities and obligations of States with respect to activities in the Area, Case No. 17, 01.02.2011, ITLOS Reports 2011, 10 – Advisory Opinion, Rn. 127.

[115] Vgl. Part V der Exploration Regulations; Part IV des Draft Exploitation Code; dazu ausführlich *Jaeckel*, The International Seabed Authority and the Precautionary Principle, S. 157 ff., 193 ff., 228 ff.; ferner *Jenisch*, NordÖR 2014, S. 421–433 (426 ff.); *Starre*, Der Meeresboden, Haftungsregime des Tiefseebergbaus, S. 106 ff.

[116] Recommendations for the guidance of contractors for the assessment of the possible environmental impacts arising from exploration for marine minerals in the Area, ISBA/19/LTC/8.

[117] Art. 162 Abs. 2 lit. w SRÜ; *Jaeckel*, The International Seabed Authority and the Precautionary Principle, S. 174 f., 220 f.

[118] Art. 162 Abs. 2 lit. x und Art. 165 Abs. 2 lit. l SRÜ ders., The International Seabed Authority and the Precautionary Principle, S. 170 ff.; *Jenisch*, NordÖR 2014, S. 421–433 (431 f.).

[119] Allgemein zur Differenzierung von Vorkommen und Lagerstätten *Pohl*, Mineralische und Energie-Rohstoffe, S. 1 f.

[120] *Starre*, Der Meeresboden, Haftungsregime des Tiefseebergbaus, 54 f.m.w.N.

vorbereitenden Phasen der Informationsgewinnung.[121] Die wesentlichen Strukturen der Anerkennung von Tätigkeiten im Gebiet sind primärrechtlich vergleichsweise detailliert vorgezeichnet und finden in den bisherigen Regulations unmittelbare Entsprechungen.

Die beiden Begriffe sind im Seerechtsübereinkommen jedoch nicht weitergehend definiert, insbesondere aus Art. 145 SRÜ lässt sich aber schließen, dass Bohr- und Baggerarbeiten, Errichtung, Betrieb und Rückbau von Anlagen und Rohrleitungen sowie die Entsorgung von Abfällen umfasst sind. Zudem lässt sich abstrakter definieren, dass jedenfalls die Gewinnung der Mineralien und ihr Transport an die Wasseroberfläche sowie alle hiermit unmittelbar verknüpften Handlungen Bestandteil der Tätigkeiten im Gebiet sind.[122] Negativ lassen sie sich vom weiteren Transport, der wirtschaftlichen Verarbeitung und der Vermarktung gewonnener Mineralien unterscheiden.[123] Insbesondere um zu vermeiden, dass nicht besonders gefährliche Tätigkeiten wie die Abscheidung von Wasser und sonstigem Material unmittelbar oberhalb von Gewinnungsgebieten aus dem Anwendungsbereich ausgeschlossen werden, ist es unter dem Eindruck des allgemeinen Meeresumweltschutzgebotes des Art. 192 SRÜ geboten insoweit einen weiten Begriff zu verwenden, der zumindest solche in engem Zusammenhang stehenden Produktions- und Transportmaßnahmen erfasst.[124] Namentlich die Definitionen in Reg. 1 der Exploration Regulations schließen semantisch Maßnahmen des Transports, der Verarbeitung und der Vermarktung in den Explorationsbegriff mit ein und gehen insoweit über den Begriff des Seerechtsübereinkommens hinaus bzw. sind als untergeordnetes Sekundärrecht primärrechtsgetreu auszulegen.[125] Da die Behörde den Exploitation Code begrifflich und strukturell an den bisherigen Verordnungen orientiert, steht zu erwarten, dass die Reglementierung des Mineralienabbaus auf sekundärrechtlicher Ebene diesen weiten Begriff der Tätigkeiten im Gebiet übernehmen wird.[126]

---

[121] Vgl. *Lenoble*, A Comparison of the Possible Economic Returns from Mining Deep Seabed Polymetallic Nodules, Seafloor Massive Sulphides and Cobalt-rich Crusts, in: ISA (Hrsg.), Workshop on Minerals Other than Polymetallic Nodules of the International Seabed Area, S. 424–465, 435 ff.; *Starre*, Der Meeresboden, Haftungsregime des Tiefseebergbaus, S. 55 ff.

[122] Vgl. *ITLOS*, Responsibilities and obligations of States with respect to activities in the Area, Case No. 17, 01.02.2011, ITLOS Reports 2011, 10 – Advisory Opinion, Rn. 82 ff., 94 ff.

[123] Rückschluss aus Art. 170 Abs. 1 SRÜ, Art. 17 Abs. 2 lit. f SRÜ-Annex III und Art. 1 Abs. 1 SRÜ-Annex IV; vgl. insbesondere ebd., Rn. 86 f.

[124] Ders., Responsibilities and obligations of States with respect to activities in the Area, Case No. 17, 01.02.2011, ITLOS Reports 2011, 10 – Advisory Opinion, Rn. 88, 97; *Le Gurun*, Annex III, in: Proelss (Hrsg.), UNCLOS, Annex III, Art. 3 Rn.

[125] *ITLOS*, Responsibilities and obligations of States with respect to activities in the Area, Case No. 17, 01.02.2011, ITLOS Reports 2011, 10 – Advisory Opinion, Rn. 93.

[126] Vgl. nur die Begriffsbestimmungen in Schedule 1 des Draft Exploitation Code.

a) Zugangsberechtigte Staaten und Unternehmen

Berechtigt Tätigkeiten im Gebiet durchzuführen sind gemäß Art. 153 Abs. 2 SRÜ i.V.m. Art. 1 Abs. 1 SRÜ-Annex III zum einen Mitgliedstaaten bzw. staatliche und staatlich befürwortete private Unternehmen (contractors, sponsoring states) und Kooperationen dieser Gruppen, sowie zum anderen das behördeneigene Unternehmen Enterprise, das ebenfalls einer formalen Genehmigung der Behörde bedarf und nach der DFÜ-Regelung nur gemeinschaftlich mit einem Unternehmen agieren soll.[127] Zudem spezifiziert Art. 4 Abs. 3 SRÜ-Annex III, dass insbesondere private Unternehmen zwingend einer mitgliedstaatlichen Protegierung bedürfen (sponsorship), vorzugsweise auf der Grundlage des Nationalitätsprinzips oder aber durch den Staat, der das Unternehmen oder seine Eigentümer faktisch kontrolliert. Sekundärrechtlich ist die staatliche Zuordnung von allen, d.h. staatlichen, privaten und gemeinschaftlich agierenden Unternehmen durch ein schriftliches Zertifikat (certificate of sponsorship) nachzuweisen.[128] Die Annahme einer Sponsorenschaft liegt im Ermessen des betreffenden Mitgliedstaates.[129] Dies ist deshalb so bedeutsam, weil die Sponsorenschaft zugleich den Anknüpfungspunkt mitgliedstaatlicher Haftpflichten gemäß Art. 139 SRÜ i.V.m. Art. 22 SRÜ-Annex III bildet.[130] Insoweit perpetuiert das Tiefseebodenregime das auch im Recht hohen See geltende Prinzip der ausschließlich staatlichen Nutzungsberechtigung hoheitsfreier Räume, das Privaten den Zugang nur auf der Grundlage staatlicher Vermittlung eröffnet.[131] Die einheitliche Anwendung der Qualifikations-, Umwelt- und Haftungsstandards soll die Entwicklung eines Sponsorship-Marktes von Staaten mit geringer ausgeprägtem Kontrollniveau verhindern.[132]

Im Einklang mit Art. 4 SRÜ-Annex III haben Bewerber zudem eine Reihe von Qualifikationsvoraussetzungen zu erfüllen, insbesondere müssen sie über das erforderliche technische und finanzielle Leistungsvermögen verfügen, eine im

---

[127] Vgl. auch *Starre*, Der Meeresboden, Haftungsregime des Tiefseebergbaus, S. 92 ff.; solange das Enterprise nicht wirtschaftlich tätig ist, werden seine Angelegenheiten vom Sekretariat wahrgenommen; siehe Art. 170 i.V.m. SRÜ-Annex IV und Abschnitt 2 DFÜ-Annex; eine konsolidierte Fassung findet sich bei *ISA*, Legislative History of the "Enterprise" under the United Nations Convention on the Law of the Sea and the Agreement relating to the Implementation of Part XI of the Convention, S. 371 ff.

[128] Reg. 11 der Exploration Regulations; Reg. 6 des Draft Exploitation Code.

[129] *Le Gurun*, Annex III, in: Proelss (Hrsg.), UNCLOS, Annex III, Art. 4 Rn. 12 ff.

[130] Dazu ausführlich *ITLOS*, Responsibilities and obligations of States with respect to activities in the Area, Case No. 17, 01.02.2011, ITLOS Reports 2011, 10 – Advisory Opinion, Rn. 188 ff.; *Starre*, Der Meeresboden, Haftungsregime des Tiefseebergbaus, S. 133 ff., 150 ff.

[131] Siehe zum Recht der hohen See S. 185 ff.

[132] In Anlehnung an das Flaggenstaatenrecht als „sponsoring States 'of convenience'" gekennzeichnet von *ITLOS*, Responsibilities and obligations of States with respect to activities in the Area, Case No. 17, 01.02.2011, ITLOS Reports 2011, 10 – Advisory Opinion, Rn. 159.

Bergrecht gemeinhin verbreitete Anforderung.[133] Die vorherige Prospektion ist dagegen keine Voraussetzung für Tätigkeiten im Gebiet.[134] Während die Entwicklung des Tiefseebodenbergbaus ursprünglich vor allem von staatlichen Unternehmungen betrieben wurde, sind heute vornehmlich staatlich befürwortete privatwirtschaftliche Unternehmen im Bereich der Lagerstättenerforschung tätig. Bislang sind bald 30 Unternehmen aus aller Welt Konzessionen zur Erforschung von Gebieten zugeteilt worden, vor allem in der zentralpazifischen Clarion-Clipperton-Fracture-Zone (CCFZ), aber auch im atlantischen und im indischen Ozean.[135]

b) Das Lizensierungsverfahren

Gemäß Art. 153 Abs. 3 SRÜ i.V.m. Art. 3 Abs. 1 SRÜ-Annex III bedürfen Tätigkeiten im Gebiet einer – oftmals Lizenz genannten – Genehmigung (approval) der Behörde, deren Erteilungsvoraussetzungen in Art. 3 ff. SRÜ-Annex III und im jeweiligen Teil II der Exploration Regulations – sowie im Falle eines Inkrafttretens im zukünftigen Exploitation Code – näher ausgestaltet werden.[136] Das formalisierte Antragsverfahren beginnt mit der Einreichung eines Arbeitsplanes (plan of work) durch ein Unternehmen, der eine Reihe formeller Voraussetzungen erfüllen muss. Sekundärrechtlich ist der Antrag insbesondere im Hinblick auf Umweltdaten erheblich angereichert worden und muss enthalten (a) eine detaillierte Beschreibung des geplanten Explorationsprogramms, (b) eine Beschreibung der Studien zur Feststellung der meeresökologischen Messbasis unter besonderer Berücksichtigung der Biodiversität (baseline), (c) eine vorläufige Umweltverträglichkeitsprüfung (preliminary assessment) bzw. im Falle der Exploitation einen Umweltplan (environmental plan) sowie (d) eine Übersicht möglicher und geplanter Maßnahmen der Vermeidung abträglicher Umwelteinwirkungen. Prinzipales Genehmigungsorgan ist der Rat.[137] Soweit der Arbeitsplan nach Einschätzung der Rechts- und Fachkommission den rechtlichen Anforderungen genügt, wird der Plan genehmigt, solange er nicht mit Zweidrittelmehrheit des Rates abgelehnt wird – eine Regelung, die die Genehmigung neuer Explorationsvorhaben begünstigen dürfte.[138] Bemerkenswert ist in diesem Zusammenhang, dass allein die Rechts- und Fachkommission sowie das Sekretariat umfassenden Zugang zu den Antragsunterlagen hat, da es die Vertraulichkeit der technischen und geolo-

---

[133] *Le Gurun*, Annex III, in: Proelss (Hrsg.), UNCLOS, Annex III, Art. 4 Rn. 10.

[134] Ebd., Annex III Art. 2 Rn. 11.

[135] Vgl. die Informationen unter https://www.isa.org.jm/deep-seabed-minerals-contractors.

[136] Ein ausdrücklicher Verweis auf die Verordnungen der Behörde ist insbesondere Art. 3 Abs. 3 und 4 SRÜ-Annex III zu entnehmen.

[137] Abschnitt 3 Abs. 11 DFÜ-Annex; dazu *Jaeckel*, The International Seabed Authority and the Precautionary Principle, S. 103 ff.

[138] Entgegen *Jenisch*, Natur und Recht 2013, S. 841–854 (848 in Fn. 66 findet die ursprüngliche Regelung des Art. 162 Abs. 2 lit. j SRÜ gemäß Abschnitt 3 Abs. 11 lit. b DFÜ-Annex keine Anwendung).

gischen Informationen auch gegenüber dem – letztlich aus Mitgliedstaaten bestehenden – Rat zu wahren gilt.[139]

Obgleich es sich damit um ein hoheitliches Autorisierungsverfahren handelt, erfolgt die eigentliche Feststellung des Arbeitsplanes und der behördlichen Kontrollbefugnisse gemäß Art.153 Abs. 3 SRÜ i.V.m. Teil III der Verordnungen in Form eines Vertrages (contract) zwischen der ISA und dem interessierten Unternehmen (contractor).[140] Die hierdurch festgelegten Pflichten der Unternehmen sind also letztlich vertraglicher Natur, wobei der Vertrag seine Verbindlichkeit aus Art. 153 Abs. 3 SRÜ i.V.m. Art. 21 Abs. 1 SRÜ-Anlage III ableitet. Es handelt sich um einen Vertrag sui generis, der aufgrund der fehlenden Völkerrechtssubjektivität der meist vertragsnehmenden privaten Unternehmen kein völkerrechtlicher Vertrag ist.[141] Gleichwohl ist er gemäß Art. 21 SRÜ-Anlage III anhand des Völkerrechts auszulegen, insbesondere anhand des seerechtlichen Primärrechts und des ISA-Sekundärrechts.[142] Die vertragliche Grundlegung des Lizenzregimes macht so auf effiziente Weise die Kontrollbefugnisse der ISA gegenüber dem Unternehmen verbindlich, ohne im Einzelfall auf eine hoheitliche Rechtsgrundlage verwiesen zu sein.[143] Eine besondere Bedeutung kommt insoweit der Abgabe der gemäß Art. 6 Abs. 2 lit. b i.V.m. Art. 4 SRÜ-Annex III erforderlichen Verpflichtungserklärung zu, die Entscheidungen und Maßgaben der Behörde als durchsetzbar anzuerkennen, umzusetzen und die Umsetzung durch die Behörde überprüfen zu lassen.[144] Zudem ist gemäß Art. 21 Abs. 2 SRÜ-Annex III jede Gerichtsentscheidung – letztlich der Meeresbodenkammer – über die Rechte und Pflichten der Behörde unmittelbar im jeweiligen Sponsorstaat durchsetzbar.

c) Planungsentscheidungen der Behörde?

Bereits oben wurde darauf hingewiesen, dass die sachgerechte Koordination bergbaulicher Tätigkeiten, unter Beachtung drittstaatlicher und gemeinschaftlicher Interessen wie Meeresumweltschutz und Verteilungsgerechtigkeit, notwendigerwei-

---

[139] Reg. 36.3 Nodules Regulation, Reg. 38.2 Sulphides Regulation, Reg. 38.3 Crusts Regulation, Art. 163 Abs. 8 SRÜ; *Jaeckel*, The International Seabed Authority and the Precautionary Principle, S. 105.

[140] Die ursprünglich bestehende Ausnahme für das Enterprise ist gemäß Abschnitt 2 Abs. 4 DFÜ-Annex entfallen; *Lodge*, The Deep Seabed, in: Rothwell u. a. (Hrsg.), The Oxford Handbook of the Law of the Sea, S. 226–253, 240.

[141] *Starre*, Der Meeresboden, Haftungsregime des Tiefseebergbaus, S. 98 f.

[142] Einzelstaatliche Bestimmungen sind laut Abs. 3 nur insoweit zulässig, als ein Sponsorstaat die Bestimmungen des Seerechtsübereinkommen gegenüber seinem Unternehmen verschärft.

[143] *Starre*, Der Meeresboden, Haftungsregime des Tiefseebergbaus, S. 99; gleichwohl verfügt die Behörde über die entsprechende Kompetenzen gemäß Art. 153 Abs. 4 SRÜ, *Wolfrum*, GLJ 2008, S. 2039–2059 (2053).

[144] Umgesetzt durch Reg. 15 der Sulphides und Crusts Regulations bzw. Reg. 14 der Nodules Regulation; Reg. 7 des Draft Exploitation Code.

se einen weiten Gestaltungsspielraum der ISA in der Regelung und Kontrolle des Tiefseebergbaus impliziert.[145] Da der Behörde durch das Seerechtsübereinkommen die monopolartige Kontrolle der Tätigkeiten im Gebiet zugeordnet wurde, samt der Befugnis abstrakte Normen zu erlassen und dieselben anhand aller notwendigen Maßnahmen zu vollziehen (Art. 153 Abs. 3 SRÜ), muss im Ausgangspunkt von einer weiten Prärogative der Behörde ausgegangen werden. Fraglich ist jedoch, ob der Behörde insoweit sogar eine eigenständige planerische Gestaltungsfreiheit in Bezug auf die bergbauliche Entwicklung des Tiefseebodens zukommt.

aa) Genehmigung der Arbeitspläne (plans of work)

Eine genaue Betrachtung des Genehmigungsregimes bezüglich der eingereichten Arbeitspläne zeigt, dass die Befugnisse der Behörde hinsichtlich einzelner Vorhaben erhebliche Gestaltungsmacht verleihen, die die Behörde in Fragen des Tiefseebergbaus zwar nicht zum einzigen, aber doch zu einem eigenständigen hoheitlichen Planungsträger qualifizieren: So ist ursprünglicher Planungsträger diejenige zugangsberechtigte Körperschaft im Sinne des Art. 153 Abs. 2 SRÜ, die den Arbeitsplan erstellt und bei der Behörde einreicht. Namentlich Art. 6 Abs. 3 des SRÜ-Annex III bestimmt sodann den Prüfungsumfang der Behörde:

> „The proposed plans of work shall comply with and be governed by the relevant provisions of this Convention and the rules, regulations and procedures of the Authority (...). If the proposed plans of work conform to these requirements, the Authority shall approve them provided that they are in accordance with the uniform and non-discriminatory requirements set forth in the rules, regulations and procedures of the Authority".

Nach dieser Regelung ist die Behörde folglich verpflichtet, den Arbeitsplan zu genehmigen, wenn er die primär- und sekundärrechtlichen Erfordernisse erfüllt. Historisch geht diese Regelung auf Befürchtungen der USA zurück, die ISA könnte den Tiefseebergbau auch aus politische Gründen reglementieren.[146] Insofern wird man die Bestimmung zwar dahingehend auslegen müssen, dass der Behörde jedenfalls kein eigenes Bewirtschaftungsermessen bezüglich der konkreten Zweckmäßigkeit geplanter Tätigkeiten im Gebiet zusteht. Im Übrigen verbleibt ihr dennoch eine enorme Entscheidungsfreiheit, da die Rechts- und Fachkommission in der Bewertung der Anträge und Arbeitspläne hochgradig anspruchsvolle Einschätzungen treffen muss. Bereits die Eignung des Antragstellers impliziert eine technische und wirtschaftliche Gesamtbewertung des Vorhabens. Unter dem Merkmal der Eignung des Antragsstellers muss diese Einschätzung des Vorhabens zwar letztlich aus einer betriebswirtschaftlichen Perspektive erfolgen. Man wird jedoch einräumen müssen, dass der Behörde schon hierdurch Stellschrauben zur Verfügung stehen, die einer hoheitlichen Bewirtschaftung nicht unähn-

---

[145] *Wolfrum*, Die Internationalisierung staatsfreier Räume, S. 340.
[146] *Jaeckel*, The International Seabed Authority and the Precautionary Principle, S. 105; *Nandan/Lodge/Rosenne*, The development of the regime for deep seabed mining, S. 40.

lich sind. Darüber hinaus ist die Behörde verpflichtet zu beurteilen, ob der eingereichte Arbeitsplan effektiv das erforderliche Umweltschutzniveau einschließlich Fragen der Biodiversität erreicht.[147] Insoweit wurde der Behörde durch Reg. 21 der Nodules Regulation bzw. der jeweiligen Reg. 23 der Sulphides bzw. Crusts Regulations insbesondere die Befugnis übertragen, gegenüber dem Projektträger Nachbesserungspflichten hinsichtlich des eingereichten Arbeitsplanes zu statuieren. Hinzu kommen die Erfordernisse der Verteilungsgerechtigkeit: Zum einen müssen die Vorrangregeln der Art. 6, 7 und 10 SRÜ-Annex III in der Bearbeitung eingereichter Anträge beachtet werden.[148] Zum anderen sind die Antragsteller verpflichtet ihr avisiertes Gebiet nach Vorkommensstruktur und Größe so zu bemessen, dass es die Durchführung zweier gleichwertiger Bergbauvorhaben zulässt. Dies ermöglicht es der Behörde sog. Reserved Areas für Entwicklungsländer und das Enterprise vorzuhalten; auf Vorschlag des Antragstellers zur Teilung des Gebietes wählt die Behörde das reservierte Gebiet und das Lizenzgebiet aus.[149]

Obgleich all diese Parameter im Wesentlichen technisch geprägt sind, werden sie stets zu einem erheblichen Anteil Wertungen beinhalten, insbesondere deshalb, weil die Behörde zumeist weder personell noch technisch in der Lage sein wird, die bereit gestellten Informationen über eine vollkommen neuartige Tätigkeit unabhängig zu überprüfen.[150] Soweit die Rechts- und Fachkommission einen Antrag für nicht genehmigungsfähig befindet, erhält der Antragsteller einen zweimaligen Versuch zur Nachbesserung auf Anraten der Kommission. Letztlich formuliert die Rechts- und Fachkommission folglich nicht selbst rechtmäßige Überarbeitungen der Arbeitspläne; ihre Maßgaben sind jedoch letztlich verbindlich für den Antragsteller, da mit der Nichterfüllung der Forderungen der Kommission die Genehmigung durch den Rat entfiele und damit auch die Berechtigung zur Vornahme der beantragten Tätigkeiten im Gebiet. Im Ausgangspunkt handelt es sich bei der Genehmigung der bergbaulichen Arbeitspläne folglich um einen Akt der nachvollziehenden Planprüfung, der Behörde bleiben jedoch weitreichende Mög-

---

[147] *Jaeckel*, The International Seabed Authority and the Precautionary Principle, S. 103.

[148] Im Grundsatz gilt das Prioritätsprinzip mit dem Vorrang bereits erteilter oder zumindest eingereichter Genehmigungen; nachrangig sind Genehmigungen von bereits großflächig lizensierten Unternehmen zur Vermeidung von Monopolen. Vorrang haben Abbaugenehmigungen bisheriger Explorationsunternehmen soweit deren Untersuchungen zufriedenstellend verlaufen. Unter mehreren Antragstellern bezüglich eines Vorhabengebiets haben die geeigneteren und engagiertesten Vorrang sowie solche, die in vorherigen Runden nicht ausgewählt wurden.

[149] Vgl. Art. 8, 9, 17 Abs. 2 lit. a SRÜ-Annex III. Vgl. das Kartenmaterial unter: https://www.isa.org.jm/contractors/reserved-areas; auch diese Regelung basiert auf einem Kompromissvorschlag der USA, *Nandan/Lodge/Rosenne*, The development of the regime for deep seabed mining, S. 40 f.

[150] *Jaeckel*, The International Seabed Authority and the Precautionary Principle, S. 103.

lichkeiten, dem Antragsteller eigene Einschätzungen entgegen zu halten und diese auch durchzusetzen. Eine eigenständige planerische Freiheit der Behörde besteht insoweit vor allem deshalb, weil die genannten Einschätzungen gemäß Art. 189 SRÜ keiner Überprüfung durch die Meeresbodenkammer zugänglich sein dürften.[151]

bb) Umweltmanagementpläne und Tiefseebodenschutzgebiete (Areas of particular Environmental Interest)

Ein zweiter Bereich der Behörde zur Entwicklung eigenständiger Raumentwicklungsvorgaben ist die Befugnis zur Ausweisung von Tiefseebodenschutzgebieten. Zwar hat der Rat gemäß Art. 162 Abs. 2 lit. x SRÜ ausdrücklich die Befugnis, bestimmte Gebiete im Falle erheblicher Umweltgefahren von Tiefseebodenaktivitäten auszuschließen, sodass für diese Gebiete gemäß Art. 6 Abs. 3 lit. b SRÜ-Annex III auch keine Genehmigungen erteilt werden könnten. Dennoch stützt sich namentlich der für die Clarion-Clipperton-Zone erstellte Umweltmanagementplan (CCZ-Plan) auf die allgemeine Umweltbefugnis der Behörde in Art. 145 SRÜ,[152] die die Behörde zu allen notwendigen Maßnahmen des Umweltschutzes und damit auch zu räumlichem Gebietsschutz befugt.[153] Dieser Plan verpflichtet die Vertragsnehmer der Region ihrerseits zur Erstellung von Umweltmanagementplänen, in denen u.a. erhaltungspflichtige Referenzgebiete innerhalb ihrer Explorationszone auszuweisen sind, um die Auswirkungen der Tätigkeiten nach Maßgabe des Vorsorgegrundsatzes überprüfen zu können.[154] Darüber hinaus werden durch den CCZ-Plan in dem Pazifikgebiet neun eigenständige Tiefseebodenschutzgebiete eingerichtet, sog. Areas of particular Environmental Importance (APEI), in denen in einer sich wiederholenden Spanne von fünf Jahren alle Tiefseebodenaktivitäten untersagt sind; wissenschaftliche Forschung bleibt zulässig.[155] Die Gebiete sollen in naturschutzfachlicher Hinsicht von hoher Varianz und Autarkie sein und sich u.a. an den Maßgaben der Biodiversitätskonvention orientieren. Dazu sowie zur Kompensation von Verwirbelungen und Schadstoffschwaden der angrenzenden Bergbautätigkeiten sollen sie räumlich vernetzt und

---

[151] Ausführlicher zur Justiziabilität des behördlichen Sekundärrechts siehe S. 317 ff.

[152] *Legal and Technical Commission*, Environmental Management Plan for the Clarion-Clipperton Zone, ISBA/17/LTC/7; bestätigt durch Decision of the Council relating to an environmental management plan for the Clarion-Clipperton Zone,26.07.2012, ISBA/18/C/22; dazu ausführlich *Jaeckel*, The International Seabed Authority and the Precautionary Principle, S. 170 f., 201 ff.; *Jenisch*, NordÖR 2014, S. 421–433 (431 f.).

[153] *Drankier*, IJMCL 27 (2012), S. 291–350 (294 f.).

[154] Vgl. Rn. 41 des CCZ-Plans; vorgesehen sind die Referenzgebiete in Art. 33.6 der Sulphides und Crusts Regulation, Art. 31.6 der Nodules Regulations sowie gem. Art. 10 f. i.V.m. Annexen VII ff. des Exploitation Codes.

[155] Vgl. Decision of the Council relating to an environmental management plan for the Clarion-Clipperton Zone,26.07.2012, ISBA/18/C/22, Rn. 6, 8 und 9 i.V.m. dem Annex der Entscheidung.

mit ausreichender Größe modelliert werden.[156] Die bisherigen APEI verzeichnen einen bemerkenswerten Durchmesser von 400 km und sind relativ gleichmäßig über die gesamte Zone verteilt.[157] Da die Meeresbodenbehörde in diesem Rahmen raumbeanspruchende Bergbautätigkeiten ausschließt mit dem primären Zweck die naturräumliche Entwicklung der Gebiete unbeeinflusst zu erhalten, sind namentlich die APEI ein bislang beispielloser Fall räumlicher Planung durch eine internationale Organisation. Die ISA beabsichtigt den Erlass weiterer Umweltmanagementpläne, namentlich im Atlantik.[158] Die europäische Union finanziert bereits entsprechende Untersuchungen.[159]

3. Exkurs: Notifikation der Prospektion

Den Tätigkeiten im Gebiet – Erforschung und Gewinnung der mineralischer Ressourcen – zeitlich vorgelagert ist dies sogenannten Prospektion. Auch dieser Begriff ist im Seerechtsübereinkommen nicht definiert.[160] Laut der Begriffsbestimmungen der jeweiligen Reg. 1 der Exploration Regulations meint Prospektion

„the search for deposits of (mineral resources) in the Area, including estimation of the composition, sizes and distributions of deposits (...) and their economic values, without any exclusive rights."

Diese breit angelegte Definition bezieht sich folglich eher auf großflächige Vorerkundungen, deren Abgrenzung sowohl zu Explorationshandlungen als auch zur wissenschaftlichen Meeresforschung im Einzelfall schwierig sein kann.[161] Aus diesem Grund wird erwartet, dass insgesamt wenig Anreiz besteht nicht-invasive Prospektionsunternehmungen überhaupt zu notifizieren, zumal die Notifikation

---

[156] Vgl. Rn. 25 ff. des CCZ-Environmental Management Plan.

[157] Vgl. Annex I des CCZ-Environmental Management Plan sowie den Annex der Entscheidung des Rates.

[158] Siehe *Legal and Technical Commission*, Implementation of the environmental management plan for the Clarion-Clipperton Fracture Zone and development of other environmental management plans in the Area, 03.03.2015, ISBA/21/LTC/9/Rev.1, Rn. 9 ␣f.; zu den Entwicklungen in der ISA auch *Jaeckel*, The International Seabed Authority and the Precautionary Principle, S. 209 f.

[159] *European Commission*, Commission Implementing Decision concerning the Adoption of the Work Programme for 2017 and the Financing Decision for the Implementation of the European Maritime and Fisheries Fund, Annex, Rn. 1.3.1.1; *EASME*, Areas of Particular Environmental Interest in the Atlantic.

[160] *Le Gurun*, Annex III, in: Proelss (Hrsg.), UNCLOS, Annex III Rn. 11.

[161] Alle Staaten haben das Recht zur wissenschaftlichen Meeresforschung im Gebiet, unterliegen hierbei aber den besonderen Einschränkungen der Art. 143, 144, 256 SRÜ. Auch in diesem Rahmen entwickelt die ISA eine federführende Rolle; siehe dazu *Lodge*, JENRL 20 (2002), S. 270–295 (282 f.); *Hafner*, Meeresumwelt, Meeresforschung und Technologietransfer, in: Vitzthum (Hrsg.), Handbuch des Seerechts, S. 347–460, 443 f.; *Vöneky/Beck*, Art. 143–148, in: Proelss (Hrsg.), UNCLOS, Art. 143 Rn. 1 ff., 11, 20 ff.

und Durchführung von Prospektionen keinerlei ausschließliche Rechte verleiht.[162] In der Tat wurde bislang erst ein Prospektionsvorhaben notifiziert.[163]

Wichtige Besonderheit der Prospektion ist, dass sie keine Tätigkeit im Gebiet ist und ihre Reglementierung insoweit nicht auf die Generalbefugnisse des Art. 153 SRÜ gestützt werden kann. Dennoch nennen die speziellen Befugnisse des Rates ausdrücklich auch die Möglichkeit der Reglementierung der Prospektion, die damit dem Grunde nach von der Regelungskompetenz der Behörde erfasst ist.[164] Insoweit geht die Meeresbodenkammer zurecht davon aus, dass allgemeine Erwägungen zu Tätigkeiten im Gebiet auch in Bezug auf Voruntersuchungen Anwendung finden können, zumal sie oftmals als Vorphase zu Tätigkeiten im Gebiet angesehen würden.[165] Insbesondere soweit es Fragen des Umweltschutzes betrifft, seien Prospektionen tendenziell risikoärmer als Tätigkeiten im Gebiet, weshalb der gleichfalls anwendbare due diligence-Maßstab hier ein niedrigeres Sorgfaltsniveau verlange, als bei eigentlichen Tätigkeiten im Gebiet.[166]

a) Anzeigeverfahren oder präventiver Zulassungsvorbehalt? Diskrepanz zwischen Seerechtsübereinkommen und Sekundärrecht

Das Seerechtsübereinkommen sieht gemäß Art. 2 SRÜ-Annex III für Prospektionen ein bloßes Notifikationsverfahren vor:[167] So dürfen sie erst nach Eingang einer den Anforderungen entsprechenden Notifikation bei der Behörde beginnen. Insbesondere muss der Prospektor gegenüber der Behörde eine Verpflichtungserklärung (undertaking) abgeben, dass er u.a. die statuierten Umweltschutzstandards einhält und dies durch die Behörde prüfen lässt. Prospektionen können durch Staaten, staatliche oder private Unternehmen mit oder ohne staatliche Sponsorschaft[168] und auch durch mehrere Prospektoren gleichzeitig im Gebiet erfolgen. Sie vermitteln keinen Rechtsanspruch auf spätere Nutzung und sind gemäß Art. 17 Abs. 2 lit. b SRÜ-Annex III zeitlich nicht limitiert.

---

[162] Vgl. Art. 17 Abs. 2 lit. b SRÜ-Annex III; *Lodge*, JENRL 20 (2002), S. 270–295 (283).

[163] *ISA*, Report of the Secretary-General of the International Seabed Authority under article 166, paragraph 4, of the United Nations Convention on the Law of the Sea, Rn. 69.

[164] Vgl. Art. 160 Abs. 2 lit. f, bzw. Art. 162 Abs. 2 lit. o SRÜ i.V.m Art. 17 Abs. 1 lit. a SRÜ-Annex III.

[165] *ITLOS*, Responsibilities and obligations of States with respect to activities in the Area, Case No. 17, 01.02.2011, ITLOS Reports 2011, 10 – Advisory Opinion, Rn. 98.

[166] Ebd., Rn. 117.

[167] Siehe auch *Jenisch*, Natur und Recht 2013, S. 841–854 (848); *Starre*, Der Meeresboden, Haftungsregime des Tiefseebergbaus, S. 94 f.

[168] Sog. sponsoring ist eine zwingende Voraussetzung für Tätigkeiten im Gebiet, vgl. dazu unten S. 308 f.

Diese Maßgaben werden durch die Regelungen des einheitlich konzipierten Teils II in den Exploration Regulations spezifiziert.[169] So hat die Notifizierung gemäß Reg. 2, 3 und 4 der Exploration Regulations den Formvorgaben der ISA gemäß dem Verordnungsannex 1 zu entsprechen, ist an den Generalsekretär zu richten und streng vertraulich zu behandeln. Sie enthält neben den Angaben zu den Vorhabenträgern eine Beschreibung der einzelnen Untersuchungshandlungen sowie eine koordinatengenaue Eingrenzung des Untersuchungsraumes. Das Sekretariat bestätigt den Erhalt der Anzeige.

Im Übrigen gehen die Regelungen jedoch über die Bestimmungen des SRÜ-Annexes III hinaus.[170] So überprüft das Sekretariat gemäß der jeweiligen Reg. 4 innerhalb von 45 Tagen nach Erhalt der Notifikation, ob diese den Anforderungen entspricht und bestätigt in diesem Falle die Registrierung; Untersuchungshandlungen dürfen erst mit dem Erhalt der schriftlichen Registrierungsbestätigung des Sekretariats beginnen. Während der Untersuchungen sind die Prospektoren auf ein vorsorgeorientiertes Umweltschutzniveau verpflichtet, insbesondere zur Verwendung der besten Umweltpraxis (jeweils Reg. 5). Im Notfall verfügt die Behörde über gefahrenabwehrrechtliche Anordnungsbefugnisse.[171] Im Kalenderjahresrhythmus ist der Prospektor zur Übermittlung eines (vertraulichen) Berichts verpflichtet, der insbesondere Verlauf und Status der Untersuchungen sowie die Einhaltung der Verpflichtungserklärung zurückmeldet (Reg. 6). Aus der jeweiligen Reg. 2 ergibt sich ferner, dass Prospektionen in solchen Gebieten ausgeschlossen sein können, in denen entweder bereits bestätigte Explorationslizenzen anderer Unternehmen in Bezug auf dasselbe Mineral bestehen *(approved plan of work)* oder ein *Reserved Area* für das Enterprise oder Entwicklungsländer ausgewiesen ist.[172] Zudem sollen Prospektionen in solchen Gebieten nicht stattfinden, in denen sie schwere Umweltgefährdungen verursachen könnten, insbesondere soweit diese Sensibilität durch den Rat festgestellt wurde. Stellt das Sekretariat einen solchen Umstand fest, informiert es den Prospektor gemäß der jeweiligen Reg. 4.3 von dem Eingreifen eines Ausschlussgrundes, dem im Anschluss erneut 90 Tage verbleiben, um seine Notifikation gegebenenfalls zu modifizieren. Damit ist die Bestätigung der Registrierung nicht nur von der Erfüllung eher formeller Kriterien – wie z.B. der Verpflichtungserklärung – abhängig. Vielmehr werden dem Verfahren sekundärrechtlich zusätzliche formelle und materielle Anforderungen aufgesattelt, die eine fundamentale Verschiebung des Machtgefälles zugunsten der Behörde bewirken. Trotz der verwendeten Diktion als Notifikationsverfahren

---

[169] *Lodge*, JENRL 20 (2002), S. 270–295 (283); *Le Gurun*, Annex III, in: Proelss (Hrsg.), UNCLOS, Annex III, Art. 2 Rn. 14 ff.

[170] So auch *Lodge*, JENRL 20 (2002), S. 270–295 (283).

[171] Reg. 5.3 i.V.m. 35 Sulphides und Crusts Regulations bzw. Reg. 5.3 i.V.m. 33 Nodules Regulation; dies ist nicht von der Notfallanordnungskompetenz des Art. 162 Abs. 2 lit. w SRÜ erfasst, da sich dies nur auf Tätigkeiten im Gebiet bezieht.

[172] Vgl. bereits zur Exploration und zu Reserved Areas S. 309 ff.

sich bei dem sekundärrechtlichen Registrierungserfordernis faktisch um ein behördliches Autorisierungsverfahren mit präventivem Zulassungsvorbehalt.

b) Rechtliche Einordnung der Diskrepanz und Folgen vor der Meeresbodenkammer

Obgleich der ISA grundsätzlich die Kompetenz zur Reglementierung der Prospektion zukommt, statuieren die Exploration Regulations materielle Rechtmäßigkeitsvorrausetzungen für die Prospektionsnotifikation, die erheblich von den völkerrechtlichen Maßgaben abweichen, insbesondere soweit ihre Nichteinhaltung zur Versagung der Registrierung und damit zur Unzulässigkeit der Prospektionshandlungen führt. Durch die damit installierte präventive Kontrolle der geplanten Prospektion verfügt die Behörde bereits im Vorfeld über ein erhebliches Druckmittel. Obgleich diese wesentliche Diskrepanz näherer rechtlicher Bewertung bedarf, bleibt sie gemeinhin unkommentiert.[173] Im bislang einzigen Prospektionsverfahren wurden die Voraussetzungen durch den deutschen Prospektor unbeanstandet erfüllt, durch die Behörde registriert und seitdem auf der Grundlage der zu erstellenden Berichte überwacht.[174]

Ausgangspunkt der primärrechtlichen Bewertung der Exploration Regulations ist das Prinzip der begrenzten Einzelermächtigung des Art. 157 Abs. 2 SRÜ: Entgegen vielfacher Äußerung ist die Aufgabe der Behörde nicht die Verwaltung des Gebiets,[175] sondern ausweislich des Art. 157 Abs. 1 SRÜ auf die Überwachung und Kontrolle der Tätigkeiten im Gebiet beschränkt, d.h. Exploration und Exploitation; dies gilt auch für die spezifischen Umweltschutzbefugnisse des Art. 145 SRÜ.[176] Die Befugnis zur Reglementierung der Prospektion ist daher systematisch als Ausnahme zu bewerten. Deshalb wird man aus bloßen Gründen der Aufgabenerledigungseffizienz bezüglich der Prospektion kaum qualitativ neuartige Autorisierungskompetenzen begründen können, insbesondere nicht als „implied powers" gemäß Art. 157 Abs. 2 SRÜ.[177] Systematisch folgt diese Auslegung zu-

---

[173] Stellvertretend *Lodge*, JENRL 20 (2002), S. 270–295 (283); *Le Gurun*, Annex III, in: Proelss (Hrsg.), UNCLOS, Annex III, Art. 2 Rn. 14.

[174] *ISA*, Report of the Secretary-General of the International Seabed Authority under article 166, paragraph 4, of the United Nations Convention on the Law of the Sea, Rn. 69; ders., Report of the Secretary-General of the International Seabed Authority under article 166, paragraph 4, of the United Nations Convention on the Law of the Sea, Rn. 58.

[175] So etwa *Schatz*, Art. 156–160, in: Proelss (Hrsg.), UNCLOS, Art. 156 Rn. 9; Art. 157 Rn. 4.

[176] Anders lässt sich z.B. auch Art. 112 SRÜ nicht erklären. Vgl. zu den funktional beschränkten Kompetenzen der Behörde bereits oben S. 175 ff.

[177] Die Rechtsfigur der Implied Powers ist im Seerechtsübereinkommen ebenfalls auf Tätigkeiten im Gebiet beschränkt. Die Doktrin entstammt dem amerikanischen Bundesrecht und ist völkerrechtlich weitgehend anerkannt. Ihr zufolge muss eine Organisation jedenfalls die Kompetenzen haben, die sie zur Erfüllung ihrer vertraglich festgesetzten Aufgaben benötigt. Siehe m.w.N. *Schatz*, Art. 156–160, in: Proelss (Hrsg.), UNCLOS, Art.

dem daraus, dass im Gegensatz zu Voruntersuchungen für Tätigkeiten im Gebiet ausdrücklich ein Genehmigungsrecht der Behörde statuiert wird.[178] Selbstverständlich stellt sich aus Sicht der ISA ein Genehmigungsverfahren deutlich (kosten-) effektiver dar, weil sie durch die präventiven Kontrollmöglichkeiten nicht allein auf die aufwendige Überwachung der konkreten Prospektionshandlungen verwiesen ist. Es ist aber nicht ersichtlich, dass der primärrechtliche Notifikationszweck der internationalisierten Kenntnis eines Vorhabens die Einführung eines präventiven Zulassungsverfahrens erfordert. Man könnte zwar daran denken, die Befugnis für ein solches Genehmigungsverfahren aus der Verpflichtungserklärung des Prospektors gemäß Art. 2 lit. b SRÜ-Annex III zu ziehen, die ihn verpflichtet „(to) accept verfication by the Authority of compliance". Wenngleich sich die Rechtsverbindlichkeit dieser Zusage aus Art. 2 lit. b SRÜ-Annex III ableiten lässt, spricht der systematische Zusammenhang dafür, dass die akzeptierte Überwachung sich lediglich auf die Umsetzung des Prospektionsvorhabens bezieht.[179] Er erschiene widersprüchlich bis missbräuchlich, auf der Grundlage einer im Rahmen des Anzeigeverfahren zwingend abzugebenden Verpflichtungserklärung unmittelbar ein präventives Genehmigungsverfahren vor der Behörde zu fordern.[180]

Schließlich ist das Seerechtsübereinkommen auch nicht dahingehend auszulegen, dass das sekundärrechtliche Registrierungsverfahren gewohnheitsrechtlich als primärrechtsmäßig anzusehen sei, weil es Ausdruck – wenn auch abweichenden – späterer Staatenpraxis sei. So wurde bislang überhaupt erst ein Registrierungsverfahren durchgeführt, womit schon keine belastbare Umsetzungspraxis vorhanden ist. Doch auch eine vorgelagerte Ableitung einer entsprechenden Staatenpraxis aus der Verabschiedung der Exploration Regulations kann nicht überzeugen. Denn zum einen dominiert – wie bereits angemerkt – der aus lediglich 36 Mitgliedstaaten bestehende Rat das Verordnungsverfahren, da namentlich Abschnitt 3 Abs. 4 des DFÜ-Annexes die Beschlüsse der Versammlung im Kompetenzbereich des Rates (Art 162 SRÜ) auf dessen Vorschläge beschränkt.[181] Es ist deshalb zweifelhaft, ob sich aus einer bloßen in der Versammlung der Behörde erklärten Zustimmung zu den umfassenden Exploration Regulations die Aussage

---

157 Rn. 6 f.; *Klein/Schmahl*, Die Internationalen und die Supranationalen Organisationen, in: Vitzthum/Proelß (Hrsg.), Völkerrecht, S. 247–360, 327 f.; *Ruffert/Walter*, Institutionalisiertes Völkerrecht, S. 78.

[178] Vgl. Art. 153 Abs. 3 SRÜ i.V.m. Art. 3 Abs. 1 SRÜ-Annex III. Dazu S. 309 ff.

[179] Namentlich die zu erstellenden Berichte über die Einhaltung der Verpflichtungserklärung sind ein solches Überwachungsinstrument.

[180] Zudem bezieht sich die Verpflichtungserklärung ohnehin nur auf Umweltschutzanforderungen, nicht aber z.B Fragen der Gebietsreservierung. Selbiges gilt für die umweltgefahrensabwehrrechtlichen Notfallanordnungsbefugnis der Behörde, deren Einordnung ebenfalls unklar ist und jedenfalls nicht auf Art. 162 Abs. 2 lit. w SRÜ basieren können und ohnehin nur im Falle von akuten Notlagen („incidents") zulässig sind.

[181] *Wood*, International Seabed Authority, in: Wolfrum (Hrsg.), MPEPIL-Online, Rn. 17; *Jaeckel*, The International Seabed Authority and the Precautionary Principle, S. 92 f.

entnehmen ließe, dass speziell das (bislang unbedeutende) Registrierungsverfahren primärrechtmäßig sei. Zum anderen aber könnten dann, wenn man bereits aus dem Erlass der Verordnung selbst eine ausreichende Staatenpraxis ableiten würde, primärrechtwidrige Sekundärrechtsakte der Behörde unter Beteiligung der Versammlung schon strukturell nicht entstehen. Von der Existenz primärrechtswidrigen Sekundärrechts gehen aber sowohl Art. 189 des Seerechtsübereinkommens als auch die Meeresbodenkammer in ihrem Gutachten ausdrücklich aus.[182] Zu einem anderen Ergebnis kann deshalb letztlich auch nicht die Tatsache führen, dass die Mitgliedstaaten in ihrer nationalen Gesetzgebung das Registrierungserfordernis gegenüber befürworteten Unternehmen wortlautgetreu wiedergeben, denn hierzu sind sie gemäß Art. 139 Abs. 1, 153 Abs. 4 SRÜ verpflichtet. Etwas anderes würde nur dann gelten, wenn zugleich von der Möglichkeit, die Primärrechtswidrigkeit des Notifikationsverfahrens feststellen zu lassen, kein Gebrauch gemacht worden wäre. Es solche allgemeine Überprüfungsmöglichkeit existiert aber – wie sogleich noch ausgeführt wird – nicht. Im Ergebnis handelt es sich damit bei dem behördlichen Registrierungsverfahren um eine teilweise primärrechtswidrige Ausgestaltung des ursprünglich als bloßes Anzeigeverfahren konzipierten Regimes für Prospektionen.

Fraglich sind in einem zweiten Schritt die Folgen dieser Primärrechtwidrigkeit des Registrierungsverfahrens. In der Völkerrechtslehre wird als Grundregel davon ausgegangen, dass kompetenzwidrige Sekundärrechtsakte internationaler Organisationen nichtig und ungültig sind (sog. ultra vires-Doktrin). Dagegen werden die Folgen bei sonstigen (prozeduralen oder materiellen) Primärrechtsverstößen unterschiedlich bewertet: Während einerseits in Anlehnung an innerstaatliche verwaltungsrechtliche Konstruktionen von ihrer Wirksamkeit, aber Aufhebbarkeit ausgegangen wird, wird anderseits argumentiert, dass zumindest dann, wenn keine gerichtliche Überprüfbarkeit oder andere Rechtsbehelfe zur Verfügung stehen, nicht von einer prinzipiellen Gültigkeit primärrechtswidriger Akte ausgegangen werden kann.[183] Der IGH formulierte die Auffassung, dass für die konkrete Ausübung einer Befugnis durch eine internationale Organisation zumindest eine Vermutung dahingehend bestehe, dass die getroffene Regelung nicht ultra vires sei.[184] Einigkeit besteht jedenfalls dahingehend, dass aufgrund der Organisations-

---

[182] *ITLOS*, Responsibilities and obligations of States with respect to activities in the Area, Case No. 17, 01.02.2011, ITLOS Reports 2011, 10 – Advisory Opinion, Rn. 93: „(T)he Regulations are instruments subordinate to the Convention, which, if not in conformity with it, should be interpreted so as to ensure consistency with its provisions".

[183] Vgl. *Osieke*, AJIL 77 (1983), S. 239–256 (243 ff., 248 ff.); *Frenzel*, Sekundärrechtsetzungsakte internationaler Organisationen, S. 33 ff.

[184] *ICJ*, Certain Expenses of the United Nations, ICJ Reports 1962, 151 – Advisory Opinion, S. 168.

vielfalt keine allgemeingültigen Schlüsse gezogen werden können, und dass ohne streitentscheidende Instanz insistierte Kompetenzkonflikte praktisch unlösbar sind.[185]

Die Wirksamkeit von ultra vires-Akten der Behörde ist im Seerechtsübereinkommen nicht geregelt.[186] Da die Exploration Regulations im Konsens von der ISA-Versammlung verabschiedet wurden, dürfte in der Tat eine Vermutung zu Gunsten der Wirksamkeit der Verordnungen streiten. Dem entspricht auch die gutachterliche Feststellung der Meeresbodenkammer, dass die Exploration Regulations grundsätzlich verbindlich und ggf. primärrechtskonform auszulegen seien.[187] Auf Ebene behördlicher Einzelakte bedeutet dies, dass die Behörde auch ungeachtet einer eventuell bestehenden (objektiven) Rechtswidrigkeit ihr Sekundärrecht jedenfalls faktisch anwenden und gegebenenfalls Registrierungen wirksam versagen kann, sodass nichtregistrierte Prospektionsvorhaben selbst bei Erfüllen der primärrechtlichen Voraussetzungen sekundärrechtlich unzulässig sind.

Zudem ist die gerichtliche Überprüfung des Sekundärrechts der Behörde vor der Meeresbodenkammer des Internationalen Seegerichtshofs nur äußerst eingeschränkt vorgesehen.[188] Ein mitgliedstaatlich initiierter Normkontrollantrag existiert nicht, und die Überprüfung von Sekundärrecht im Rahmen eines (unverbindlichen) Gutachtens gemäß Art. 191 SRÜ erfolgt nur auf Antrag des Rates oder der Versammlung der Behörde. Eröffnet bleibt damit von dritter Seite nur eine inzidente Kontrolle sekundärrechtlicher Regelungen im Rahmen einer gegen einen Einzelakt der Behörde gerichteten Klage gemäß Art. 187 lit. b SRÜ. Gemäß Art. 189 Satz 2 SRÜ ist der Meeresbodenkammer hierbei jedoch ausdrücklich die Erklärung der Unvereinbarkeit und Ungültigkeit von Regeln, Vorschriften oder Verfahren der Behörde mit dem Seerechtsübereinkommen untersagt; ihre Entscheidungsgewalt beschränkt sich auf die Frage, ob die Anwendung der Normen im Einzelfall den vertraglichen Verpflichtungen, Zuständigkeiten oder Befugnissen des Seerechtsübereinkommens widerspricht. Speziell in Bezug auf Fragen der Prospektion wird man sich zudem auf den Standpunkt stellen können, dass

---

[185] Ferner im Überblick *Klein/Schmahl*, Die Internationalen und die Supranationalen Organisationen, in: Vitzthum/Proelß (Hrsg.), Völkerrecht, S. 247–360, 328 f.; *Ruffert/Walter*, Institutionalisiertes Völkerrecht, S. 79 f.; *Benzing*, International Organizations or Institutions, Secondary Law, in: Wolfrum (Hrsg.), MPEPIL-Online, Rn. 41 ff.

[186] *Schatz*, Art. 156–160, in: Proelss (Hrsg.), UNCLOS, Art. 156 Rn. 9 ff.

[187] *ITLOS*, Responsibilities and obligations of States with respect to activities in the Area, Case No. 17, 01.02.2011, ITLOS Reports 2011, 10 – Advisory Opinion, Rn. 59 f., Rn. 93; sich anschließend *Schatz*, Art. 156–160, in: Proelss (Hrsg.), UNCLOS, Art. 156 Rn. 10; *Le Gurun*, Annex III, in: Proelss (Hrsg.), UNCLOS, Annex III, Art. 3 Rn. 8.

[188] Vgl. *Wolfrum*, Hohe See und Tiefseeboden (Gebiet), in: Vitzthum (Hrsg.), Handbuch des Seerechts, S. 287–345, 485 f.; *Burke*, Art. 186–191, Annex VII, in: Proelss (Hrsg.), UNCLOS, Art. 187 Rn. 13; Art. 189 Rn. 9 ff.; *Jaeckel*, The International Seabed Authority and the Precautionary Principle, S. 111 ff.

sie vom Kompetenzbereich der Meeresbodenkammer Art. 187 SRÜ grundsätzlich nicht erfasst werden, da sie legaldefinitorisch nicht als Tätigkeiten im Gebiet gelten.[189]

Eigenständige nichtstaatliche Prospektoren haben damit aus schlichtem Mangel an Rechtsbehelfen keine legale Möglichkeit zur Durchführung ihres Vorhabens. Prospektorstaaten könnten versuchen die Versagung gemäß Art. 187 lit. b SRÜ vor der Meeresbodenkammer anzufechten,[190] die unter der Voraussetzung, dass sie überhaupt ihre Zuständigkeit bestätigt sieht, die Primärrechtmäßigkeit der Registrierungsversagung – nicht aber des Registrierungserfordernisses als solches – zu überprüfen hätte. Soweit man hingegen annimmt, dass gegen rechtswidrige Registrierungsversagungen der Behörde gar kein Rechtsweg eröffnet ist, wird man sich fragen müssen, ob ein Staat befugt wäre, sich unilateral über die Registrierungsversagung mit dem Argument hinwegzusetzen, das Registrierungserfordernis sei primärrechtswidrig, und im Übrigen habe man die Anforderungen des Art. 2 des SRÜ-Annexes III erfüllt und erfolgreich notifiziert.[191] Da der Prospektorstaat seinerseits als Mitglied der Versammlung die Exploration Regulations regelmäßig mitgetragen hat, dürfte eine unilaterale Nichtbeachtung der Registrierungsversagung mit dem Argument der Primärrechtswidrigkeit kaum überzeugen. Aufgrund der geringen wirtschaftlichen Vorteile von Prospektionsunternehmungen sowie der Möglichkeit einen Großteil der Untersuchungen schlicht als wissenschaftliche Meeresforschung durchzuführen, wird vermutlich kein Prospektorstaat eine solche Konfrontation suchen.

4. Zwischenergebnis

Die ISA reglementiert und kontrolliert den Mineralbergbau im Gebiet durch die Ausformung eines abstrakt-generellen Mining Codes (Legislativfunktion), der insbesondere Umweltschutzerwägungen einen großen Raum einräumt und das Genehmigungsregime der Behörde für Tätigkeiten im Gebiet (Exekutivfunktion) ausdifferenziert.

Der Tiefseebergbau vollzieht sich in den drei Stufen der Prospektion, der Exploration und der Exploitation. Für die Prospektion regeln die Exploration Regu-

---

[189] Art. 187 Satz 1 beschränkt die Kompetenz der Kammer auf „disputes with respect to activities in the Area"; vgl. auch *ITLOS*, Responsibilities and obligations of States with respect to activities in the Area, Case No. 17, 01.02.2011, ITLOS Reports 2011, 10 – Advisory Opinion, Rn. 98: „In conformity with the questions submitted to it, which relate to 'activities in the Area' and to sponsoring States, the Chamber will not address prospecting activities".

[190] Unter dem Eindruck des Art. 187 SRÜ und dem allgemeinen Kooperationsgebot des Art. 300 SRÜ wird man schlussfolgern dürfen, dass die Streitparteien versuchen müssen von dem Entscheidungspotential der Meeresbodenkammer so weit wie nur möglich Gebrauch zu machen, *Burke*, Art. 186–191, Annex VII, in: Proelss (Hrsg.), UNCLOS, Art. 186 Rn. 3; *Jenisch*, Natur und Recht 2013, S. 841–854 (846).

[191] Allgemein zu dieser Frage *Osieke*, AJIL 77 (1983), S. 239–256 (253 ff.).

lations der Behörde ein Registrierungsverfahren, das primärrechtswidrig als präventiver Zulassungsvorbehalt zugunsten der Behörde ausgestaltet ist. Mangels jeglicher Justiziabilität und mangels einer unilateralen Anfechtbarkeit ist dieses Registrierungserfordernis faktisch wirksamer Bestandteil des Sekundärrechts der Behörde.

In Bezug auf Exploration und Exploitation verfügt die Behörde in zweierlei Hinsicht über raumplanerische Gestaltungsbefugnisse: Zum einen erfordern Tätigkeiten im Gebiet die behördliche Genehmigung der einzureichenden Arbeitspläne. Der hierbei bestehende Einschätzungsspielraum ist beachtlich und trotz seiner Technizität von normativen Abwägungen und Wertungen geprägt, die sich zudem weitgehend einer rechtlichen Bewertung durch die Meeresbodenkammer entziehen. Einzig eigenständige Bewirtschaftungsentscheidungen über die generelle Zweckmäßigkeit beantragter Vorhaben sind der Behörde verwehrt. Zum anderen verfügt die ISA über die raumplanerisch geprägte Befugnis, ökologisch besonders sensible und wertvolle Gebiete unter Schutz zu stellen und in ihnen die Vornahme bergbaulicher Tätigkeiten vollständig auszuschließen. Von dieser Befugnis hat die Behörde in der Clarion-Clipperton-Zone bereits Gebrauch gemacht, und sie wird dieses räumliche Vorsorgeinstrumentarium zukünftig ausweiten.

IV. Ergebnis

Bei hoheitlichen Raumplanungen handelt es sich um verwaltende Entscheidungstätigkeit. In diesem Sinne wird hier von Raumplanung durch internationale Organisationen nur dann gesprochen, wenn eine zwischenstaatliche Organisation in Ausübung ihrer vertraglich übertragenen Hoheitsbefugnisse verbindliche raumgestaltende Planungsentscheidungen trifft.

Soweit es Staatsgebiete betrifft, kann die allseits geäußerte Feststellung der großflächigen Verlagerung hoheitlicher Verwaltungstätigkeit auf überstaatliche Ebenen für den speziellen Fall räumlicher Planungen nicht bestätigt werden. Einziger gesicherter Anwendungsfall dürften bislang die Planungen der Europäischen Union mit Wirkung für das Gebiet ihrer Mitgliedstaaten sein, wobei die Union aufgrund ihrer Supranationalität zugleich ein bislang einzigartiger Fall internationaler Institutionalisierung ist und sich deshalb nur begrenzt als Beispiel für eine internationale Organisation mit Raumplanungsbefugnissen eignet.

Dagegen treten selbst in den unbesiedelten und weitgehend ungenutzten Gemeinschaftsräumen heute zunehmend Raumnutzungskonflikte auf, die vereinzelt sogar eine gesamtplanerische Betrachtung erfordern. Der Grundsatz der Unzulässigkeit unilateraler Hoheitsausübung mit Wirkung erga omnes führt hier dazu, dass raumordnerische Festsetzungen durch einzelne Staaten unzulässig sind, sodass internationale Organisationen und andere Institutionalisierungen hier das Mittel der Wahl sind. Im geostationären Orbit übernimmt die ITU diese Aufgabe. Schon im Gebiet der Antarktis aber bleibt das Komitee der Konsultativstaaten

IV. Ergebnis

von einer Genehmigung der Vertragsparteien abhängig. Die IMO hält mit ihren PSSA eine internationalisierte Schutzgebietskategorie vor, die aber den normativen Schutz nicht erhöht und insoweit keinen Fall hoheitlicher Planung, sondern eine (bloße) Etikettierung darstellt. Auf hoher See ist bislang keine vergleichbare Institutionalisierung erfolgt, offensichtlich hat die Staatengemeinschaft derartige Entwicklungen aber auf der Agenda.

Am weitesten reichen die funktionalen Kompetenzen der ISA zur legislativen und exekutiven Reglementierung des Mineralbergbaus am Tiefseeboden, in deren Rahmen die Behörde in zweierlei Hinsicht über raumplanerische Gestaltungsbefugnisse verfügt: Zum einen erfordern Tätigkeiten im Gebiet (Exploration und Exploitation) die behördliche Genehmigung der einzureichenden Arbeitspläne. Der hierbei bestehende Einschätzungsspielraum ist beachtlich und trotz seiner Technizität von normativen Abwägungen und Wertungen geprägt, die sich zudem weitgehend einer rechtlichen Bewertung durch die Meeresbodenkammer entziehen; einzig eigenständige Bewirtschaftungsentscheidungen über die generelle Zweckmäßigkeit beantragter Vorhaben sind der Behörde verwehrt. Zum anderen verfügt die ISA über die raumplanerisch geprägte Befugnis ökologisch besonders sensiblen und wertvollen Gebiete unter Schutz zu stellen und in ihnen die Vornahme bergbaulicher Tätigkeiten vollständig auszuschließen. Von dieser Befugnis hat die Behörde in der Clarion-Clipperton-Zone bereits Gebrauch gemacht, und sie wird dieses räumliche Vorsorgeinstrumentarium zukünftig ausweiten.

Das für die vorlagerte Prospektion eingeführte Registrierungsverfahren ist sekundärrechtlich als präventiver Zulassungsvorbehalt der Behörde ausgestaltet worden, der insoweit als primärrechtswidrig eingestuft werden muss. Mangels jeglicher Anfechtbarkeit ist das Registrierungsverfahren gleichwohl wirksamer Bestandteil des Sekundärrechts der Behörde.

§ 11 Die internationale Raumordnung

I. Zum Begriff der Raumordnung

Raumordnung ist die tatsächlich bestehende Ordnung eines Raumes „in Ansehung der vorhandenen Städte, Dörfer, Verkehrswege und Infrastruktureinrichtungen" und die hierauf bezogene „Tätigkeit zur Realisierung einer angestrebten Ordnung".[1] Sie ist damit ein spezifisch deutscher Sammelbegriff für Maßnahmen der hoheitlichen Gesamtplanung, der insbesondere auf eine nationalsozialistische Vergangenheit zurückblickt.[2] In das Völkerrecht wurde der Begriff bereits zuvor und vor allem durch die Arbeiten Schmitts getragen[3] und hat in der deutschen Völkerrechtsliteratur nunmehr einige Verwendungstradition.[4] Anders als der Begriff der gesamtplanerischen Raumordnung widmet sich die Völkerrechtswissenschaft unter diesem Stichwort jedoch Fragen der Gebietshoheit, ihres Erwerbs und ihres Verlustes.[5] Aufgrund der engen Verbindung von staatlicher Herrschaft und Geographie mag die Übertragung der Begrifflichkeit zwar durchaus naheliegend sein,

---

[1] *Peine*, Öffentliches Baurecht, S. 44; *Sinz*, Raumordnung/Raumordnungspolitik, in: ARL (Hrsg.), Handwörterbuch der Raumordnung, S. 863–872, 863.

[2] Zur zentralistischen Prägung des Raumordnungsgedankens im Nationalsozialismus siehe *von Hinüber*, Geschichte der überörtlichen Raumplanung, in: ARL (Hrsg.), Handwörterbuch der Raumordnung, S. 384–393, 385; *Battis*, Öffentliches Baurecht und Raumordnungsrecht, S. 21 ff.

[3] Vgl. *Schmitt*, Zeitschrift für Völkerrecht 1940, S. 147–179; ders., Völkerrechtliche Großraumordnung mit Interventionsverbot für raumfremde Mächte (1941); ausführliche Analysen der „Großraumtheorie" bei *Gruchmann*, Nationalsozialistische Großraumordnung, Die Konstruktion „einer deutschen Monroe-Doktrin"; *Schmoeckel*, Die Großraumtheorie.

[4] *Pöschl*, Raum und Raumordnung, S. 62 ff.; *Sontag*, Der Weltraum in der Raumordnung des Völkerrechts; *Grewe*, Epochen der Völkerrechtsgeschichte, jeweils Kapitel 8; *Proelß*, Raum und Umwelt im Völkerrecht, in: Vitzthum/Proelß (Hrsg.), Völkerrecht, S. 361–454, 360; *Kämmerer*, Die Antarktis in der Raum- und Umweltschutzordnung des Völkerrechts, S. 29; *Lagoni*, Festlandsockel, in: Vitzthum (Hrsg.), Handbuch des Seerechts, S. 166–221, 264–286, 184 f.; *Wolfrum*, Hohe See und Tiefseeboden (Gebiet), in: Vitzthum (Hrsg.), Handbuch des Seerechts, S. 287–345, 293; *von Arnauld*, Völkerrecht, S. 346.

[5] Anschaulich insoweit die englische Fassung des Werkes von Grewe, die Raumordnung mit „territorial settlement" übersetzt, *Grewe/Byers*, Epochs of International Law, S. 119; die traditionelle Metastruktur der völkerrechtlichen Raumordnung ist insoweit durch das Gegenpaar Staatsgebiets und Staatengemeinschaftsraum dominiert, zu der spezielle Subordnungen für Land, Meeres-, Luft- und Weltraum bestehen. Vgl. *Proelß*, Raum und Umwelt im Völkerrecht, in: Vitzthum/Proelß (Hrsg.), Völkerrecht, S. 361–454, 371 ff.

der Raum bildet hierbei aber eine bloße Projektionsfläche für Herrschaftsverhältnisse. Internationale Raumordnung stellt sich damit schlicht als ein Chiffre für die völkerrechtliche räumliche Zuständigkeitsordnung dar.[6] Der völkerrechtliche Begriff der Raumordnung ist damit nicht raumwissenschaftlich geprägt.[7]

II. Raumplanerische Aspekte der Jurisdiktionsordnung

Die internationale Raumordnung ist insoweit historisches Ergebnis unzähliger politischer und kriegerischer Auseinandersetzungen, deren primäre Zwecke die Zueignung strategisch und wirtschaftlich bedeutsamer Gebiete sowie die Vermeidung potentieller Konflikte mit angrenzenden Mächten waren und sind.[8] Den einzelnen politischen Prozessen wohnt damit zwar etwas planvolles inne,[9] das westfälische System territorialer Staaten ist aber nicht selbst planerisch konzipiert.[10]

1. Raumbedeutsamkeit von Grenzen

Dessen ungeachtet entfalten Abgrenzungen von Hoheitssphären durchaus räumliche Auswirkungen. Nicht nur wurden und werden Eroberungen durch gezielte Ansiedlung der eigenen Zivilbevölkerung kulturell abgesichert.[11] Schon die dauerhafte Abgrenzung unterschiedlicher Staatsräume führt beiderseits der Gren-

---

[6] Namentlich Schmitts Großraumordnung ist keine Groß-Raumordnung, sondern eine Großraum-Ordnung, in der er insbesondere ein den Territorialstaaten hierarchisch übergeordnetes „Reich" konzipiert; vgl. die Rezeption bei *Proelß*, Nationalsozialistische Baupläne für ein europäisches Haus? John Laughland's 'The Tainted Source' vor dem Hintergrund der Großraumtheorie Carl Schmitts, Rn. 9 ff.

[7] Die „Analyse und Planung internationaler politischer Beziehungen und Ereignisse unter 'strukturellen', 'nicht-voluntaristischen' Gesichtspunkten der Geographie" ist nicht Forschungsgegenstand der Raumplanung, sondern der Geopolitik und politischen Geographie, vgl. *Albrecht*, Geopolitik und Geschichtsphilosophie 1748–1798, S. 24.

[8] *Prescott*, The Geography of Frontiers and Boundaries, S. 56 f.; *Schwind*, Allgemeine Staatengeographie, S. 105; *Dahm/Delbrück/Wolfrum*, Völkerrecht, I/1, S. 381.

[9] In dieser Sache daher treffend *Schmitt*, Zeitschrift für Völkerrecht 1940, S. 147–179 (149: „Großraum ist ein aus einer umfassenden gegenwärtigen Entwicklungstendenz entstehender Bereich menschlicher Planung, Aktivität und Organisation (...)"); „Regieren hieß stets auch planen", *Vitzthum*, Parlament und Planung, S. 46 in Fn. 1.

[10] Ähnlich *Winkler*, Raum und Recht, S. 32.

[11] Vgl. *Pöschl*, Raum und Raumordnung, S. 65 f.; insbesondere unter Art. 49 Abs. 6 der Genfer Konvention IV von 1949 sind derartige Maßnahmen völkerrechtswidrig (Convention relative to the protection of civilian persons in time of war, 75 UNTS 287). Prominentestes jüngeres (umstrittenes) Beispiel sind Aspekte der Siedlungspolitik Israels. Dazu *Deutscher Bundestag*, Die Siedlungs- und Wohnungsbaupolitik der israelischen Regierungen seit 1967 in den besetzten Gebieten des Westjordanlandes und Ost-Jerusalem, S. 13 ff., 45 ff.

ze unweigerlich zu erheblichen kulturlandschaftlichen Differenzen[12] und prägt maßgeblich auch die innere räumliche Ordnung.[13] Besonders die Grenzgebiete selbst werden durch ihre innerstaatlich periphere Lage (nachteilig und vorteilhaft) geprägt,[14] obgleich sie unter anderen Umständen durchaus zentral liegen würden.[15] Dass völkerrechtliche Abgrenzungen somit auch raumplanerisch nutzbar gemacht werden können, ist ein Umstand, der namentlich im Rahmen „geopolitische(r) Planungen auf dem Reisbrett"[16] unter kolonialer Herrschaft konsequente Anwendung fand.[17] Das Völkerrecht orientiert sich folglich nicht nur an der Geographie, es erzeugt auch seine eigene Geographie.[18]

2. Das Zonenregime und maritime Delimitation

Besonders häufig findet sich im Zusammenhang mit dem Zonenregime des Seerechtsübereinkommens der Hinweis, es handele sich hierbei um eine Raumordnung.[19] Zwar kommt dem Zonenregime eine unmittelbar raumgestaltende Wirkung nicht zu. Im Gegenteil nimmt die räumliche Nutzungsdichte mit der Entfernung von der Küste erheblich ab und zeichnet sich dann vor allem durch wenig kulturell geprägte technische Nutzungen aus. Im Übrigen bestehen aber in der Tat bemerkenswerte Gemeinsamkeiten zur Raumplanung: Nicht nur ist die

---

[12] *Schwind*, Allgemeine Staatengeographie, S. 1, 105; seine Ursache hat dies in der Grundfunktion eines Staatsgebietes als Lebensraum für relativ homogen organisierte Rechtsgemeinschaften; vgl. *BVerfG*, Urt. v. 12.10.1993, 2 BvR 2159/92; 2 BvR 2134/92, Der Maastricht Vertrag, BVerfGE 89, 155, S. 186; *Winkler*, Raum und Recht, S. 29.

[13] Mit weltweiten Beispielen *Prescott*, The Geography of Frontiers and Boundaries, 91 ff., allein die Errichtung der Oder-Neiße-Grenze führte zur massiven Abwanderung der deutschen Bevölkerung aus den polnischen Gebieten, S. 58.

[14] Eingehend mit einer Typisierung von Grenzen, insb. Zusammenwachs-, Trennungs-, und Aufteilungsgrenzen *Schwind*, Allgemeine Staatengeographie, S. 107 ff., 132 ff.; siehe auch *Martinez*, The Dynamics of Border Interaction, New approaches to border analysis, in: Schofield (Hrsg.), Global Boundaries, S. 1–15.

[15] So war etwa die deutsche Grenzstadt Aachen über viele Jahrhunderte Haupt und Sitz des Deutschen Königreichs. Im Zuge der europäischen Integration rückt die Stadt durch die Nähe zu Brüssel wieder verstärkt ins Zentrum. Vgl. *Fößel*, Unikate der Universität Duisburg-Essen 34 (2009), S. 46–59 (50 f.); *Schmitz*, Revolutionen der Erreichbarkeit, S. 138; *Schwind*, Allgemeine Staatengeographie, S. 134.

[16] *Winkler*, Raum und Recht, 32 in Fn. 55 zur Grenzziehung in den ehemaligen Kolonien.

[17] So war etwa Frankreich im 19. Jahrhundert bestrebt, durch geschicktes Zuschneiden der nordafrikanischen Kolonien für seine äquatorialen Besitztümer einen ununterbrochenen Zugang zum Mittelmeer sicherzustellen, *Prescott*, The Geography of Frontiers and Boundaries, S. 56 f.

[18] *Koller*, EJIL 23 (2012), S. 97–119 (97 f.).

[19] Neben den oben genannten auch *Czarnecki*, Verteilungsgerechtigkeit im Umweltvölkerrecht, 179, zum Zonenregime m.w.N. siehe den vorherigen Teil ab S. 163, insbesondere S. 165 ff.

Zonierung ein gängiges Instrument der Raumplanung, auch das Seerechtsübereinkommen stellt als raumbezogene Konfliktvermeidungsordnung das Ergebnis eines jahrelang durch Verhandlung abgewogenen Interessenausgleichs dar.[20] Besonders deutlich zeigt sich der Planungscharakter im Bereich der maritimen Delimitation angrenzender und gegenüberliegender Zonen, deren Abgrenzung – ob gerichtlich begleitet oder nicht – vertraglich zu fixieren ist.[21] In der Judikatur hat sich hier ein dreistufiger Prozess zur Identifikation und Abwägung relevanter Umstände entwickelt, in dessen Kern die Equity steht:[22] Ausgehend von einer provisorischen Äquidistanzlinie werden im zweiten Schritt Faktoren ausgemacht, die es erforderlich machen die Linie zu modifizieren, damit im konkreten Fall kein unbilliges Ergebnis entstehe. Abschließend wird die ermittelte Linienführung daraufhin überprüft, ob sie „significantly disproportionate" ist.[23] Zumindest vordergründig wird hierbei ökonomischen Argumenten – insbesondere der Belegenheit von Bodenschätzen – nur geringe Beachtung geschenkt, letztlich bleibt aber unklar, welche Belange mit welcher Gewichtung in die Abwägung eingestellt werden sollen. Vielmehr wird in der Judikatur eine polygonale Abwägung

---

[20] Insofern treffend der Begriff des „zonal management approach" bei *Tanaka*, A dual Approach to Ocean Governance, S. 1 ff.; eine weitere Gemeinsamkeit ist der Stellenwert der Kartographie, vgl. *Prescott/Schofield*, The Maritime Political Boundaries of the World, S. 547 ff.; die vorgesehenen Obergrenzen der Ausdehnung der jeweiligen Zonen belassen den Küstenstaaten insgesamt erhebliche Spielräume, die insbesondere zur Erweiterung der exklusiv zu beanspruchenden Gebiete führen; der Großteil basiert auf der exzessiven Modellierung der Basislinien (Art. 5 ff. SRÜ). Die ausführlichste Darstellung bieten *Roach/Smith*, Excessive maritime claims.

[21] Vgl. Art. 15, 74, 83 SRÜ; „Maritime delimitation is a derivative of maritime zoning (sitting) between geography and law", *Marques Antunes*, Towards the Conceptualisation of Maritime Delimitation, S. 411, 416; die Abgrenzung der Zonen ist einer der meistjudizierten Bereiche des jüngeren Völkerrechts. Siehe zum Überblick *Tanaka*, The International Law of the Sea, S. 96 ff.; *Evans*, Maritime Boundary Delimitation, in: Rothwell u. a. (Hrsg.), The Oxford Handbook of the Law of the Sea, S. 254–279; *Prescott/Schofield*, The Maritime Political Boundaries of the World, S. 215 ff.

[22] *Marques Antunes*, Towards the Conceptualisation of Maritime Delimitation, S. 147 ff., 214 ff.; *Tanaka*, Predictability and Flexibility in the Law of Maritime Delimitation, S. 12 ff., 148 f., 350; *Cottier*, Equitable Principles of Maritime Boundary Delimitation, S. 233 f.

[23] Vgl. *ICJ*, Maritime Delimitation in the Black Sea (Romania vs. Ukraine), ICJ Reports 2009, 61, Rn. 122; ders., Territorial and Maritime Dispute (Nicaragua vs. Colombia), ICJ Reports 2012, 624, Rn. 239 ff.; *ITLOS*, Dispute Concerning Delimitation of the Maritime Boundary in the Bay of Bengal (Bangladesh vs. Myanmar), Case No. 16, 14.03.2014, Rn. 477 ff., 499; *Arbitration Tribunal, Permanent Court of Arbitration Registry*, The Bay of Bengal Maritime Boundary Arbitration (Bangladesh vs. India) – Award of 7th July 2014, S. 150 ff.

meist durch die Reduktion auf zwei geographisch eindeutige Positionen vermieden.[24] Die dominierende Rolle in diesem weighing up-Prozess spielen deshalb geographische Faktoren.[25]

III. Ansätze einer global-räumlichen Entwicklungsordnung?

Unter dem Eindruck des internationalen Umweltrechts wird die internationale Raumordnung vereinzelt auch über das Kompetenzrecht hinaus im Sinne einer räumlichen Entwicklungsordnung verstanden. Nachfolgend soll überprüft werden, inwieweit sich ein solches raumwissenschaftlich geprägtes Verständnis internationaler Raumordnung tatsächlich nachweisen lässt.

1. Die Antarktis als völkerrechtlicher Raum

In Anlehnung an Schmitt wurde der Raumordnungsgedanke insbesondere auf das Beispiel des Weltparkes Antarktis[26] übertragen: In diesem Sinne sei Raumordnung „die aus normativer Verdichtung erwachsene Binnen-, aber auch Außenstruktur, die ein dreidimensionales Gebilde (Raum) in sinnvolles Gefüge placiert" (sic).[27] Das antarktische System überwinde durch seinen Bifokalismus und seine Definition des antarktischen Raumes als alle See-, Eis- und Landgebiete süd-

---

[24] Vgl. *Tanaka*, Predictability and Flexibility in the Law of Maritime Delimitation, S. 333 ff., 347 f., 151 ff., 265 ff., 323; *Marques Antunes*, Towards the Conceptualisation of Maritime Delimitation, S. 257 ff., 290 ff., 313 ff.; *Becker-Weinberg*, Joint Development of Hydrocarbon Deposits in the Law of the Sea, S. 167 ff.; zweifelnd *Evans*, Maritime Boundary Delimitation, in: Rothwell u. a. (Hrsg.), The Oxford Handbook of the Law of the Sea, S. 254–279, 269, 274 ff.: Non-geographic factors may „have an unarticulated impact upon the manner in which the geographic factors are allowed to influence the outcome".

[25] Auch wenn der IGH einst die Idee des Anspruchs auf einen räumlichen „just and equitable share" zurückwies, stellt dies System genau dies sicher. Deutschland argumentierte, dass über die vorhandenen Ressourcen keine Klarheit bestehe und es von daher um die Beanspruchung des Raumes an sich ginge. Der IGH lehnte dies sinngemäß mit dem Argument ab, es handele sich nicht um die Festsetzung neuer, sondern die Abgrenzung bereits zugeordneter Gebiete, da der Festlandsockel die natürliche Verlängerung des Landgebietes sei. Vgl. *ICJ*, North Sea Continental Shelf (Germany vs. Denmark, The Netherlands), ICJ Reports 1969, 3, Rn. 17 ff.; darauf hinweisend bereits *Hafner*, Die seerechtliche Verteilung von Nutzungsrechten, S. 125 f.; vgl. auch *ICJ*, Case Concerning Delimitation of the Maritime Boundary in the Gulf of Maine Area (Canada vs. United States of America) – Pleadings, Oral Arcuments, Documents, Volume VII, Oral Proceedings (concluded); Correspondence, 237: „The fundamental purpose of the proportionality test is to ensure that the line being tested does not result in a distribution of area that is not in reasonable proportion of the length of the coast".

[26] Zur Rechtsordnung der Antarktis siehe bereits oben S. 292 ff.

[27] *Kämmerer*, Die Antarktis in der Raum- und Umweltschutzordnung des Völkerrechts, S. 29.

lich des 60. Breitengrades die traditionellen Raummuster des Völkerrechts. Darüber hinaus unterwerfe es die Antarktis einem ausschließlich der Forschung und dem Umweltschutz gewidmetem Nutzungsregime und erhebe sie so zu einem eigenständigen völkerrechtlichen Raum.[28] Diese Übertragung des Gebietsschutzgedankens ist von den Vertragsparteien des Antarktischen Systems ausweislich des Art. 2 des Umweltschutzprotokolls ausdrücklich intendiert worden. Insoweit überrascht es nicht, dass die Übertragung des ebenfalls dem nationalen Recht entlehnten Widmungskonzeptes auf die völkerrechtliche Ebene[29] für den speziellen Fall der Antarktis zumindest in seiner Ästhetik einleuchtet.

Eine so verstandene internationale Raumordnung wäre also nicht grenzüberschreitend, sondern als gleichsam zonierende Raumplanung grenzsetzende Raumplanung. Allerdings werden an die behauptete Raumgabe – ganz im Gegensatz zu der Konzeption Schmitts – letztlich keine eigenständigen Rechtsfolgen gekoppelt. Zudem weist der Großteil der Bestimmungen des Antarktischen Systems – mit Ausnahme der Bestimmung des Geltungsbereichs und des Bergbauverbotes – gar keinen spezifischen Raumbezug auf, insbesondere nicht die Schutzabkommen über lebende Meeresressourcen, sodass der Raum der Antarkis mitnichten zum „Befassungsobjekt des Völkerrechts" wird.[30] Den eigentlichen strukturellen Knackpunkt der These bildet jedoch die Tatsache, dass der qualitative Umschlag vom jurisdiktionellen zum raumwissenschaftlichen Raumordnungsbegriff vollzogen wird, ohne diesen Sprung eigenständig zu begründen oder auch nur wahrzunehmen: Vielmehr wird ausgehend von der Räumlichkeit von Staatsgebieten, für die gerade keine finalen Widmungszwecke formuliert werden, was auch kaum überzeugend möglich wäre, stillschweigend zu einer finalen Raumnutzungsordnung für die Antarktis übergeleitet.[31] Dies ist jedoch allein deshalb möglich, weil es sich beim antarktischen Nutzungsregime infolge der lediglich marginalen menschlichen Aktivitäten letztlich um ein stark reduziertes Normgerüst handelt, an das bislang auch keine allzu großen praktischen Anforderungen gestellt wurden. Es ist nicht zuletzt diese sachliche Reduziertheit des Antarktischen Systems, die dazu führt, dass die Privilegierung von Forschung und Umweltschutz beinahe notgedrungen als „verdichtete Widmung" eingestuft werden muss. Deshalb bleibt auch fraglich, ob es wirklich das Antarktische System ist, dem die raumgestaltende Wirkung zukommt, oder ob es nicht eher die extremen Naturverhältnisse der Antarktis selbst sind, die eine Landnahme durch den Menschen bislang auf Eis legen. Die oben dargestellte zunehmende Erforderlichkeit der Ausweisung subregionaler Schutzgebiete nährt jedenfalls zusätzliche Zwei-

---

[28] *Kämmerer*, Die Antarktis in der Raum- und Umweltschutzordnung des Völkerrechts, S. 60 ff., 71 ff., 96 ff.; das Konzept der Widmung findet sich bereits bei *Vitzthum*, Der Rechtsstatus des Meeresbodens, S. 239.

[29] *Kämmerer*, Die Antarktis in der Raum- und Umweltschutzordnung des Völkerrechts, S. 96 f.

[30] So aber ebd., S. 60.

[31] Vgl. ebd., S. 61 f.

fel an der Raumqualität der Antarktis als Raum mit eigenständiger völkerrechtlicher Objektqualität.

2. Fehlende Übertragbarkeit auf andere globale Räume

Ungeachtet dieser Fragezeichen, die die These einer nutzungsbezogenen Raumordnung durch Widmung globaler Gebietseinheiten in Zweifel ziehen, ist diese Figur jedenfalls nicht nennenswert generalisierbar.

a) Tiefseeboden und Weltraum

Zum einen zeigt sich dies anhand anderer oligofunktionaler Staatengemeinschaftsräume, mit denen die These von der Räumlichkeit des Völkerrecht fundamental verbunden ist,[32] und die mit der Antarktis die Unbeherrschbarkeit und bislang marginale Beanspruchung durch den Menschen teilen.[33] Namentlich für Tiefseeboden und Weltraum wird häufig auf ihre besondere Gemeinwohlwidmung verwiesen, insbesondere durch den common heritage Grundsatz, der indessen im Weltraumrecht bislang keine Geltung beanspruchen dürfte.[34] Indessen ist oben bereits ausführlich nachgewiesen worden, dass namentlich der Menschheitserbgrundsatz des Art. 136 SRÜ keine räumliche, sondern funktional determinierte Zweckbestimmung ist.[35] Selbst wenn man eine solche Widmung des Tiefseebodens annehmen möchte, hätte sie auf die räumliche Entwicklung des Tiefseebodens als solche keinen nennenswerten Einfluss, weil sie den Tiefseebergbau gerade nicht ausschließt, sondern auf die Errichtung eines (nicht raumbezogenen) Regimes der Verteilungsgerechtigkeit gerichtet ist.[36] Selbiges gilt für den Weltraum, für den weder das Gebot zur Demilitarisierung noch die zunehmend diskutierten Umweltschutzgebote räumliche Maßgaben enthalten und zudem in ihrer Schutzrichtung primär dem anthropozentrischen Schutz der Raumfahrt und der irdischen Umwelt dienen.[37] Zudem ist im Falle des Weltraumes bereits seine Abgrenzung hochgradig umstritten und wird insbesondere durch funktionale Ansätze konterkariert, die die Anwendbarkeit des Weltraumrechtes gerade nicht an räumliche

---

[32] Vgl. zu allem auch bereits S. 288 ff.
[33] *Brown*, The Legal Regime of Hydrospace, S. 3.
[34] Vgl. *Heim*, VJTL 23 (1990), S. 819–849; *Durner*, Common Goods, S. 181 ff.; *Frakes*, WILJ 2003, S. 409–434; *Brunée*, Common Areas, Common Heritage, and Common Concern, in: Bodansky/Brunée/Hey (Hrsg.), The Oxford Handbook of International Environmental Law, S. 550–573, 557 ff., 561 ff.
[35] Vgl. oben S. 175 ff.
[36] Vgl. oben S. 173 ff., 175 ff.
[37] Vgl. auch Art. XI Satz 2 des Weltraumvertrages; dazu *Viikari*, The Environmental Element in Space Law, S. 52 f.

Kategorien, sondern an die extraterrestrische Aufgabenstellung einzelner Tätigkeiten und Flüge knüpft.[38]

b) Meeresraum und Raum der Europäischen Union

Zum anderen lässt sich die mangelnde Übertragbarkeit an Raumbeispielen verdeutlichen, die im Gegensatz zu den vorherigen Beispielen intensiv und multifunktional genutzt werden, dem weitgehend unbesiedelten Meeresraum sowie dem dicht besiedelten Raum der Europäischen Union.

In Bezug auf den Meeresumweltschutz ist ähnlich wie zur Antarktis formuliert worden, dass

„die verschiedenen seerechtlichen Abkommen zusammen mit dem SRÜ eine Raumordnung – verstanden als materiellrechtliche Ordnung zur Regelung der Nutzung der See – dar(stellen)".[39]

Diese Behauptung eines materiellen Raumnutzungsregimes für den Meeresraum kann jedoch kaum überzeugen, selbst wenn für den Meeresraum im Gegensatz zur Landmasse eine allgemeines Umweltschutzgebot existiert.[40] Denn auch nach der Raumthese zur Antarktis erfolgt eine Raumgabe erst durch die Ausprägung eines hinreichend vernetzten Raumnutzungsregimes, wozu die bloße Existenz von Umweltschutzverträgen hingegen nicht ausreichen soll.[41] Nun mag man sich auf den Standpunkt stellen, dass gerade die Kombination des Seerechtsübereinkommens mit den regionalen Meeresschutzübereinkommen zumindest Teile des Meeresraumes – z.B. das OSPAR-Gebiet – einer hinreichend spezifischen Raumwidmung unterwerfe. Indessen sind auch hier die verfolgten Raumnutzungsinteressen – und erst recht die seewirtschaftliche Realität – allzu diametral und vielfältig, als dass es überzeugen könnte, den Meeresraum als einen der Antarktis vergleichbaren Umweltschutzraum zu bezeichnen.[42] Ausschließen lässt sich insoweit wohl allenfalls eine rechtliche – nicht aber praktische – Zwecksetzung als Deponie der

---

[38] Vgl. zu diesem „never ending dispute" jeweils m.w.N. *Cheng*, ACSIL 1982, S. 1–39; *Gorove*, JSL 2000, S. 11–27; *Oduntan*, HLJ 2003, S. 64–84.

[39] *Wolfrum*, Hohe See und Tiefseeboden (Gebiet), in: Vitzthum (Hrsg.), Handbuch des Seerechts, S. 287–345, 293 bei und in Fn. 3, der dabei ausdrücklich über den kompetenzrechtlichen Raumordnungsbegriff hinausgeht; ähnlich *Lagoni*, Festlandsockel, in: Vitzthum (Hrsg.), Handbuch des Seerechts, S. 166–221, 264–286, 185, der von einer raumbezogenen Nutzungsordnung spricht.

[40] S. 233 ff.

[41] Das völkerrechtliche Raumordnungskonzept basiert mit dem Widmungsbegriff auf einer finalen Zweckbestimmungen durch die Völkerrechtssubjekte. Erst die spezifischen Zwecksetzungen machen einen Raum, *Kämmerer*, Die Antarktis in der Raum- und Umweltschutzordnung des Völkerrechts, S. 63, 96; vgl. zur öffentlichen Widmung auch *Stelkens*, Die Verwaltung 2013, S. 493–536 (533).

[42] Anschaulich insoweit weitere Etikettierungen des Meeres als „Entwicklungsraum" oder „Infrastrukturraum", *Erbguth/Müller*, DVBl 2003, S. 625 (625); *Schubert*, Maritimes Infrastrukturrecht, S. 3.

Menschheit.⁴³ Es fehlt schlicht an der für Naturschutz- und andere Planungsgebiete typischen einheitlichen Ausrichtung aller Nutzungsinteressen auf ein spezifisches Konzept.⁴⁴ Selbst wenn sich im Meeresraum zunehmend auch räumliche Nutzungen finden,⁴⁵ sagt das Seerechtsübereinkommen über die Zulässigkeit solcher Vorhaben in bestimmten Meeresbereichen gerade nichts. Es bestimmt nur, wer über die Zulässigkeit eines Vorhabens zu befinden hat, und verpflichtet die jeweils zuständige Körperschaft auf ein zonenunabhängiges und damit letztlich teilraumunspezifisches Umweltschutzniveau. Parallelen zur Antarktis drängen sich damit allenfalls im Falle der oben genannten multinationalen Meeresschutzgebieten jenseits einzelstaatlicher Hoheit auf.⁴⁶

Als zweites Beispiel sei die Europäische Union genannt, der mitunter erhebliche Parallelen zur Großraumtheorie nachgesagt wurden.⁴⁷ Wurde anfänglich unter Hinweis auf die fehlende Gebietskörperschaftlichkeit der europäischen Gemeinschaft jede Befugnis zur Raumpolitik abgesprochen, wird heute unter dem Eindruck des immer stärkeren Raumbewusstseins der Europäischen Union konstatiert, dass an der Existenz eines europäischen Raumes kaum mehr ein Zweifel bestehen könne.⁴⁸ Als spezifische primärrechtliche Raumentwicklungsmaßgaben können Art. 3 Abs. 3 EUV⁴⁹ insbesondere drei Maßgaben entnommen werden: Die Errichtung eines Binnenmarktes, der insbesondere die Schaffung grenzüberschreitender Infrastrukturen erfordert (Transeuropäische Netze); die Verfolgung eines hohen Umweltschutzniveaus, die u.a. durch das europäische Habitatschutzrecht Natura 2000 und die Ökologisierung des Wasserwirtschaftsrechts betrieben wird; sowie schließlich der territoriale Zusammenhalt, der insbesondere durch finanzielle Steuerungsimpulse der Struktur- und Kohäsionsfonds erzielt werden soll.⁵⁰ All dies sind Elemente, die politisch im Rahmen rechtlich unverbindli-

---

⁴³ *Tanaka*, The International Law of the Sea, 276: „the (Convention) seems to reflect a paradigm shift in the international law of the marine environment from the freedom to pollute to an obligation to prevent pollution".

⁴⁴ Vgl. etwa oben S. 11 ff.

⁴⁵ Dies betont in diesem Zusammenhang *Lagoni*, Festlandsockel, in: Vitzthum (Hrsg.), Handbuch des Seerechts, S. 166–221, 264–286, 185.

⁴⁶ Vgl. S. 299 ff.

⁴⁷ Siehe *Proelß*, Nationalsozialistische Baupläne für ein europäisches Haus? John Laughland's 'The Tainted Source' vor dem Hintergrund der Großraumtheorie Carl Schmitts, Rn. 1 ff.m.w.N.

⁴⁸ *Tiefenthaler*, JEEPL 2011, S. 115–140 (116: „The EU – although it has practically no spatial planning competence – has a tremendous 'spatial impact'"); *Ritter*, ZSE 2003, S. 240–250 (244 ff.); *Battis/Kersten*, EuR 2009, S. 3–23 (5 f.).

⁴⁹ Vertrag über die Europäische Union von 1992/Treaty on the European Union, 1756 UNTS (deutsche Fassung), in der Fassung des Vertrages von Lissabon von 2007, ABl. (EU) 2007, C 306/01.

⁵⁰ *Battis/Kersten*, EuR 2009, S. 3–23 (13 ff.); *Gatawis*, UPR 2002, S. 263–270; *Martínez-Soria*, Rechtsprobleme grenzüberschreitender Infrastrukturvorhaben im Energiesektor – Der Bau einer Gaspipeline auf dem Ostseegrund, in: Hendler u. a. (Hrsg.),

cher europäischer Raumentwicklungskonzepte von den Mitgliedstaaten getragen werden.[51] Obgleich es sich nicht um prognostisch zwingende Folgen politischer Entgrenzungsbetrebungen handelt, scheinen sich dem Reisenden – insbesondere im Verhältnis zum außereuropäischen Ausland – zunehmend natur- und kulturraumunspezifische Prägungen des europäischen Raumes zu eröffnen, beispielsweise durch die Angleichung der technischen Standards im Verkehrswesen.[52] Wenn man damit also einem europäischen Raum durchaus Realität beimessen kann – zumal er teilweise auch durch befestigte Außengrenzen konkret räumlich erfahrbar ist – und sich hierfür selbstredend auch völkerrechtliche Ursachen aufzeigen lassen, so wäre es zu weit gegriffen, für das Gebiet der europäischen Union einen einheitlichen räumlichen Widmungszweck zu formulieren. Für einen so intensiv bevölkerten Kontinent, wie die europäische Halbinsel, könnte es eine solche Maßgabe kaum sinnvoll geben – sie wäre entweder inhaltsleer oder bloße Ideologie.

3. Der Alpenraum als multinationale Entwicklungsplanung

Am ehesten als raumbedeutsames völkerrechtlich verdichtetes Befassungsobjekt ließe sich noch das durch die Alpenkonvention von 1991 definierte Gebiet der Alpen qualifizieren.[53] Das Rahmenabkommen verpflichtet die Vertragsstaaten in Art. 2 zur Verfolgung einer nachhaltigen Raumentwicklung und einer verstärkten Kooperation in raumbedeutsamen Angelegenheiten. Diese Verpflichtung ist gemäß Abs. 3 durch bislang acht rechtlich gleichrangige und nahezu umfassend ratifizierte Protokolle konkretisiert worden, namentlich für die Sachbereiche Raum-

---

Jahrbuch des Umwelt und Technikrechts, S. 263–293, 283 ff.; *Gärditz*, Europäisches Planungsrecht, S. 22 ff.; *Durner*, Raumordnung auf der europäischen Ebene, in: ARL (Hrsg.), Grundriss der Raumordnung und Raumentwicklung, S. 395–403, 395 ff.; *Tiefenthaler*, JEEPL 2011, S. 115–140 (124 ff.).

[51] Vgl. *Informeller Rat der für die Raumordnung zuständigen Ministerinnen und Minister der Europäischen Union*, EUREK – Europäisches Raumentwicklungskonzept; *Informal Ministerial Meeting of Ministers responsible for Spatial Planning and Territorial Development*, Territorial Agenda of the European Union 2020.

[52] *Beckmann*, Verkehr in Europa grenzenlos entfesselt? – Perspektiven, Handlungserfordernisse und Handlungsmöglichkeiten, in: Borchard (Hrsg.), Grenzenloser Verkehr? Verkehr an Grenzen!, S. 13–56, 53 ff.; *von der Weth*, Der Grenzraum als klassisches Feld von Chancen und Konflikten, in: Borchard (Hrsg.), Grenzenloser Verkehr? Verkehr an Grenzen!, S. 63–70, 69 f.

[53] Übereinkommen zum Schutz der Alpen, BGBl. II 1994 Nr. 46 S. 25 ff.; dazu im Überblick *Cuypers*, AVR 54 (2016), S. 435–467; *Mauerhofer/Galle/Onida*, The Alpine Convention and wilderness protection, in: Bastmeijer (Hrsg.), Wilderness Protection in Europe, S. 199–221; *Schumacher/Schumacher*, Die Alpen und der Klimawandel, in: Bosecke/Kersandt/Täufer (Hrsg.), Meeresnaturschutz, Erhaltung der Biodiversität und andere Herausforderungen im Kaskadensystem des Rechts, S. 261–286, 269 ff.; *Schroeder*, BayVBl 2004, S. 161–167.

planung und nachhaltige Entwicklung, Naturschutz und Landschaftspflege, Berglandwirtschaft, Bergwald, Tourismus, Energie, Bodenschutz und Verkehr – allesamt Angelegenheiten räumlicher Steuerungspolitik.[54] Obgleich Bestimmungen des Natur- und Landschaftsschutzes ein bedeutender Schwerpunkt der Alpenkonvention sind, geht sie zudem infolge ihrer multifunktionalen Ausrichtung weit über Fragen des Naturschutzes hinaus.[55] Insoweit lassen sich auch hier keine „Widmungen" des Alpenraumes in einem der Antarktis vergleichbaren Sinne vereinzeln. Dies bedeutet insoweit aber lediglich ein weiteres Mal, dass das eingangs vorgestellte Konzept einer widmenden Raumgabe nicht stimmig ist. Dessen ungeachtet sind die Alpenkonvention und ihre Protokolle jedoch offensichtlich raumbezogene und raumgestaltende Rechtsakte, deren zum Teil detaillierte Vorgaben die Vertragsstaaten zwar im Rahmen ihres nationalen Rechts noch umzusetzen haben, deren Spielraum hierbei jedoch erheblich völkerrechtlich verengt ist.[56] Insoweit erscheint es durchaus überzeugend, das System der Alpenkonvention als einen Akt multinationaler Raumentwicklungsplanung zu bezeichnen. Hierbei wird das Gebiet der Alpen anhand der umfassten unterstaatlichen Gebietskörperschaften parzellenscharf abgegrenzt und ohne Berücksichtigung der nationalen Grenzen einem speziellen Raumnutzungsregime unterstellt. Es sei aber darauf hingewiesen, dass in dem ersten der im Zehnjahresrhythmus zu verfassenden Berichte des ständigen Überwachungsausschusses[57] insbesondere in Bezug zur Raumplanung Stellungnahmen wiedergeben sind, die sowohl eine beängstigende Zunahme der Bodenversiegelung und Verbauung als auch den Umstand bemängeln, dass in der Praxis seitens keiner Vertragspartei eine wirkliche Abstimmung der Raumplanung mit anderen Vertragsparteien stattfindet, sondern sich diese zumeist auf einseitige Anzeigen beschränkt.[58] Nichtsdestoweniger erweist sich die Alpenkonvention samt ihrer untergeordneten Rechtsinstrumente zum einen als typenechte völkerrechtliche grenzübergreifende Gebietsplanung.[59] Aufgrund der besonderen Größe des Gebiets und seiner überregionalen Bedeutsamkeit wird

---

[54] Allesamt abrufbar unter: http://www.alpconv.org/de/convention/protocols/default.html.

[55] *Cuypers*, AVR 54 (2016), S. 435–467 (438, 450, 457 ff.); *Mauerhofer/Galle/Onida*, The Alpine Convention and wilderness protection, in: Bastmeijer (Hrsg.), Wilderness Protection in Europe, S. 199–221, 200.

[56] *Dollinger*, Raumplanung aktuell 3 (2004), S. 27–28.

[57] Grundlage ist die Berichtspflicht gem. Art. 5 Abs. 4, Art. 6 lit. e der Alpenkonvention für die 2002 ein ständiger Ausschuss eingerichtet wurde. Berichtspflichten finden sich ferner in jedem Protokoll. Der nächste Bericht wird für 2019 erwartet. Vgl. *Cuypers*, AVR 54 (2016), S. 435–467 (445 ff.).

[58] *Alpenkonvention*, Bericht des Überprüfungsausschusses an die X. Alpenkonferenz über den Stand der Einhaltung der Alpenkonvention und ihrer Durchführungsprotokolle, S. 8, 10, 25.

[59] S. 266 ff.

man zudem vertreten können, dass es sich um einen multilateralen Akt global-räumlicher Entwicklungsplanung handelt, der über eine bloße grenzüberschreitende Raumplanung qualitativ hinausgeht. Zusätzliche Rechtsfolgen ergeben sich aus der Annahme eines solchen global räumlichen Verständnisses der Alpen jedoch nicht.[60]

IV. Ergebnis

Der Begriff der internationalen Raumordnung ist ein Chiffre für die räumlich determinierte völkerrechtliche Zuständigkeitsordnung. Sie ist kein Begriff der Raumwissenschaften. Gleichwohl haben hoheitliche Abgrenzungen immer auch raumbedeutsame Auswirkungen, weil sie auf die Binnenstruktur des abgegrenzten Raumes abfärben. Die internationale Raumordnung ist aber historisch betrachtet nicht konzeptuell angelegt. Anders ist dies zwar im Falle des Zonenregime des Seerechtsübereinkommens, das von vornherein als raumbezogene Konfliktvermeidungsordnung konzipiert wurde, ihm fehlt indessen die raumgestaltende Wirkung.

Ferner wurde es unternommen den Begriff der internationalen Raumordnung auf die Antarktis und anderen Teilräume dergestalt zu übertragen, dass es sich bei den jeweils geltenden Rechtsregimen um materielle Raumnutzungsordnungen handele, durch die – gewissermaßen als globale Raumordnung – völkerrechtliche Teilräume abgegrenzt und einem spezifischen Nutzen gewidmet würden. Im speziellen Fall der Antarktis mag sich eine solche Konzeption schlüssig darstellen lassen, sie bleibt aber mangels eigenständiger Rechtsfolgen ein Gedankenspiel. Wie die Beispiele des Tiefseebodens und des Weltraumes für oligofunktionale und die Beispiele des Meeresraumes und des Raumes der Europäischen Union für multifunktionale Räume zeigen, ist dieses Konstrukt auch nicht verallgemeinerbar. Dies bestätigt sich auch für den abschließend untersuchten Alpenraum. Das hier geltende Regime der Alpenkonvention erweist jedoch nicht nur als ein Prototyp grenzübergreifender Gebietsplanung. Aufgrund seiner schieren Größe geht das Regime über einen bloße grenzübergreifende Raumplanung hinaus und lässt sich als ein Akt multilateraler global-räumlicher Entwicklungsplanung begreifen. Damit eröffnen sich erste Ansätze einer raumwissenschaftlichen und entwicklungspolitisch verstandenen internationalen Raumordnung.

---

[60] Mangels überstaatlicher Konstruktion entfallen auch im Übrigen alle Gemeinsamkeiten zur schmitt'schen Großraumordnung.

Fünfter Teil

Schlussbetrachtungen

§ 12 Internationales Planungsrecht – Resümee und Ausblick

Mit der fortschreitenden Verdichtung der völkerrechtlichen Beziehungen in den letzten hundert Jahren hat sich inzwischen eine Reihe (mehr oder weniger eindeutig) abgrenzbarer Teilrechtsgebiete entwickelt, die sowohl thematisch als auch strukturell zu einer Sondermaterie des Völkerrechts geworden sind. Prominentes Zeugnis hierfür bieten beispielsweise das internationale Umweltrecht und das Seevölkerrecht. Diese beiden Rechtsgebiete weisen erhebliche Schnittmengen mit einem bislang konzeptionell nicht erschlossenem Teilgebiet des Völkerrechts auf, dem internationalen Planungsrecht. Dieses in seinen Strukturen und Anwendungsfällen zu erfassen, war Zweck der vorliegenden Untersuchung.

Zum internationalen Planungsrecht gehören zunächst all jene völkerrechtlichen Normen, die den verbindlichen Rechtsrahmen für räumliche Entwicklungsentscheidungen von Staaten und internationalen Organisationen bilden. Darüber hinaus gehören zum internationalen Planungsrecht all jene völkerrechtlichen und – im Falle internationaler Organisationen – sekundärrechtlichen Regelungen und verbindlichen Einzelfallentscheidungen, die als Instrument zur Umsetzung von hoheitlichen Raumplanungsentscheidungen fungieren.

Soweit es das Völkerrecht in seiner Funktion als Rechtsrahmen räumlicher Planung betrifft, hat sich gezeigt, dass das Planungsvölkerrecht den Ausgleich zwischen zwei großen Interessenkreisen sucht, zwischen der territorialen Souveränität auf der einen Seiten und dem präventiven Schutzprinzip auf der anderen Seite. Insoweit erweisen sich die Territorialstaaten hinsichtlich der Planung und Koordination der räumlichen Nutzung ihres Staatsgebietes als weitaus weniger freigiebig, als dies in anderen Bereichen des öffentlichen Wirtschaftsrechts zu beobachten ist. Vielmehr ist das Planungsrecht bis heute eine auf völkerrechtlicher Ebene zurückhaltend eingeschränkte Domäne der nationalen Rechtsordnungen. Lediglich die völkerrechtlichen Grundsätze des präventiven Schutzes konkret gefährdeter Rechtsgüter sensibilisieren das nationale Planungsrecht für die Interessen anderer Staaten. Hierzu gehören zuvörderst der Schutz des territorialen Integritätsanspruch anderer Staaten samt ihrer Umwelt, zu einem geringeren Maße aber auch – gewissermaßen als Ausdruck eines gemeinschaftlichen Staateninteresses – der präventive Schutz der eigenen Umwelt eines jeden Staates vor der übermäßigen Schädigung durch raumbeanspruchende Planungen wie Infrastrukturen, Industrieanlagen und Bergbau. Jedoch beschränken sich Grenzen der Souveränität hierbei auf die Einhaltung rein formeller Verfahrenspflichten, etwa die Durchführung von Umweltprüfungen sowie die Beteiligung der jeweils betroffenen Staaten und der betroffenen Öffentlichkeit. Inhaltliche Qualitätsanforderungen an ein bestimmtes einzuhaltendes Schutzniveau sucht man dagegen – wenn man von Rechtssprechung des EGMR zur Vermeidung unmittelbar vorhersehbarer Gefahren für Leib und Leben einzelner Menschen einmal absieht – vergeblich. Gleichwohl ist nicht zu übersehen, dass die völkerrechtlichen Einflüsse Wesen und Ausrichtung des raumbezogenen Planungsrechtes erheblich gewandelt haben und Umweltbelange seit den 1970er Jahren zunehmend in den Fokus hoheitlicher raumbezogener Planungsentscheidungen geraten sind. Da zugleich im Umweltrecht auf die verstärkte Verwendung planerischer Ansätze hingewiesen wird, stellen sich heute das Umwelt- und das Planungsrecht als zwei sich immer weiter wechselseitig befruchtende Rechtsgebiete dar.

Auch soweit es die konkrete Umsetzung internationaler Planungsverfahren betrifft, ist die Bestätigung territorialer Souveränität ein primäres Charakteristikum des Planungsrechts. Dies bringt es mit sich, dass namentlich das Völkerrecht bislang nur selten als Instrument der Raumplanung in Erscheinung tritt. Dies dürfte auch daran liegen, dass in der Staatengemeinschaft große Zurückhaltung geübt wird, wenn es gilt, Hoheitsbefugnisse zur Regelung der Nutzung des eigenen Raumes zu übertragen. Freilich ist dieser Umstand oftmals auch sachgerecht, da sich aus Subsidiaritätserwägungen durchaus vertreten lässt, dass eine räumliche Nähebeziehung zwischen den politischen Entscheidungsträgern und der vor Ort betroffenen Gesellschaft vorteilhaft sei. Vor allem aber ist es so, dass durch ihren konkreten räumlichen Bezug nur sehr wenige Vorhaben und Schutzgebiete überhaupt eine solche überregionale Relevanz erlangen, dass für sie in den Foren der jeweiligen Staaten und internationalen Organisationen überhaupt ein Regelungsbedürfnis entsteht. Vor Ort mögen die Auswirkungen raumplanerischer Entscheidungen deshalb zwar erheblich sein. Für den Einsatz völkerrechtlicher Instrumente besteht aber in der Praxis der Raumplanung zumeist kein Bedarf.

Vor diesem Hintergrund darf als abschließender Ausblick erneut auf die eingangs hingewiesenen Visionen zur zukünftigen Rolle der Raumplanung Bezug genommen werden: Es ist unwahrscheinlich, dass sich auf lange Sicht eine zentralisierte globale Raumordnung und Raumplanung unter dem Regime des Völkerrechts durchsetzen wird – zu komplex und zu ortsgebunden und damit vor allem zu unbedeutend sind einzelne räumliche Entwicklungsentscheidungen im globalen Kontext. Mit hoher Wahrscheinlichkeit sind es eher die Strukturen dezentraler, sektoral-multilateraler Raumplanung, deren globale Verbreitung in den kommenden Jahrzehnten noch zunehmen wird: Strukturen, wie sie in den Konzeptionen des Planungsrechts der Europäischen Union und in anderen Gremien der institutionalisierten Zusammenarbeit durchscheinen, etwa zur Nutzung des Alpenraumes oder zur Nutzung grenzüberschreitender Flüsse. Gremien, die abhängig und geprägt sind vom Konsens ihrer Mitgliedstaaten und von Verhandlungen im guten Glauben über einzelne fachliche Problemlagen von überregionaler Bedeutung.

Es bleibt auf eine fortwährende Wohlfahrt der Menschheit zu hoffen. Es wäre zu begrüßen, wenn es gelingt, die (unvermeidbaren) raumbezogenen Spannungen in einer globalisierten Welt durch Mittel der institutionalisierten Konsensfindung einer akzeptablen Lösung zuzuführen.

§ 13 Zusammenfassende Thesen

1. Teil: Koordinaten des internationalen Planungsrechts (§§ 1 und 2)

1. Technische Entwicklung und Globalisierung scheinen in zunehmendem Maße eine Internationalisierung der Raumplanung durch normative Harmonisierung sowie institutionelle und vorhabenbezogene Zusammenarbeit zu erfordern. Das Planungsrecht umfasst alle Normen, durch die die Nutzung des Raumes hoheitlich autorisiert wird, um so gezielten Einfluss auf die räumliche Gestaltung zu nehmen, insbesondere unter Berücksichtigung von territorialer Souveränität und Gemeinwohlbelangen wie wirtschaftlicher Entwicklung und Umweltschutz.

2. Zur Entwicklung einer internationalen planungsrechtlichen Dogmatik ist das Völkerrecht der geeignete Ansatzpunkt, weil es eine global anerkannte und einheitliche Rechtsordnung darstellt, die durch ihren sektoralen und programmatisch-finalen Charakter sowie ihre Konsensorientierung grundlegende Gemeinsamkeiten zu planungsrechtlichen Regelungsstrukturen aufweist.

3. Dem Völkerrecht kommen für die Raumplanung zwei Funktionen zu: Erstens bildet es einen internationalen Rechtsrahmen räumlicher Planung, zeigt Möglichkeiten und Verbindlichkeiten auf und wirkt so steuernd und harmonisierend auf die globale räumliche Entwicklung ein. Diese Reglementierung erfolgt vor allem im Namen des Umweltrechts. Zweitens kann das Völkerrecht auch als Instrument räumlicher Planung eingesetzt werden, um konkrete internationale Planungen rechtsverbindlich zu machen. Insoweit lassen sich damit begrifflich internationalisierte und internationale Planungen voneinander unterscheiden.

4. Räumliche Konfliktlagen werden im Völkerrecht regelmäßig als Souveränitäts- und als Umweltkonflikte abgebildet. Der stets zukunftsgerichtete Charakter räumlicher Planungen bedingt es dabei, dass im Zentrum des völkerrechtlichen Planungsrechts grundsätzlich präventiv anknüpfende Rechtspflichten stehen. Es sind diese Parameter des staatlichen Souveränitäts- und Entwicklungsinteresses auf der einen Seite und der Pflicht zur präventiven Umweltnutzungsbeschränkung auf der anderen Seite zugunsten von Naturschutz, Individualschutz und dem Schutz der Integritätsinteressen anderer Staaten, die die grundlegende Struktur des völkerrechtlichen Rahmens räumlicher Planung bilden.

2. Teil: Der völkerrechtliche Rahmen räumlicher Planung (§§ 3 bis 5)

5. Soweit es die präventiven Umweltnutzungsbeschränkungen betrifft, hat sich gezeigt, dass das Völkerrecht für raumbeanspruchende Nutzungen kaum substanzielle Anforderungen statuiert. Im Falle von souveränitätsübergreifenden Planungen – d.h. erheblich grenzüberschreitend wirksamen Projekten – trifft die beteiligten Staaten als Ausfluss verschiedener Informations- und Konsultationspflichten im Ergebnis lediglich eine Pflicht zur wechselseitigen Kooperation zur Aushandlung einer für alle Parteien akzeptablen Lösung. Zumindest ist in der Rechtsprechung des IGH nunmehr anerkannt, dass diese Anforderungen im grenzüberschreitenden Kontext stets, d.h. auch ohne unmittelbaren Bezug zu grenzüberschreitenden Wasserläufen, Anwendung finden.

6. Zwischen den verschiedenen Interessenpositionen des Vorhabenstaats und des betroffenen Nachbarstaats lässt sich indes kein normativer Vorrang feststellen, auch nicht im Hinblick auf Umweltschutzinteressen. Soweit keine Einigung erzielt wird, bleibt der Vorhabenstaat gleichwohl zur Berücksichtigung der nachbarlichen Interessen verpflichtet; ein Vetorecht betroffener Staaten besteht aber nicht. In der Abwägung der widerstreitenden Interessen entsteht jedoch als Folge der Tendenzwirkung von Befugnisnormen, hier in Form der territorialen Souveränität, faktisch ein Vorrang des Interesses des Vorhabenstaats, weil dieser stets geneigt ist, eigenen Vorhaben den Vorrang einzuräumen.

7. Auch wenn es für den Vorhabenstaat in aller Regel erforderlich und zweckmäßig sein wird, auch (raum-) planerische Instrumente zur Vermeidung grenzüberschreitender Auswirkungen einzusetzen, lässt sich aus dem nachbarrechtlichen Präventionsprinzip keine Pflicht zur hoheitlichen räumlichen Planung ableiten, insbesondere auch kein Abstandsgebot im Hinblick auf den Standort potentiell grenzüberschreitend wirksamer Vorhaben.

8. In Bezug zur eigenen innerstaatlichen Umwelt lässt sich kein allgemeines Umweltschutzgebot nachweisen, das den Territorialstaat generell zu einer (nachhaltigen) räumlichen Planung verpflichten würde. Zwar werden räumliche Maßnahmen zunehmend auch für die Zwecke adaptiven Klimaschutzes eingesetzt, eine entsprechende Rechtspflicht besteht jedoch nicht. Lediglich in zwei Sektoren des Umweltschutzrechts lassen sich die rechtlichen Verpflichtungen hinreichend räumlich konkretisieren, namentlich im Bereich des Biodiversitätsschutzes und des Menschenrechtsschutzes.

9. Der ökologieorientierte Lebensraumschutz als zentrales Instrument des Biodiversitätsschutzes weist eine spezifische Affinität zur Raumplanung und insbesondere zu gesamtplanerischen Instrumenten auf. Zugleich ist er von fundamentalen Umsetzungsdefiziten geprägt, und seine Effektivität ist stark von der öffentlichen Bewusstseinsbildung abhängig.

10. Konkrete rechtliche Maßstäbe in Bezug zu räumlichen Konfliktlagen zeigen sich bislang allein in der menschenrechtlichen Dogmatik des EGMR zu staat-

lichen „positive obligations". Hierbei handelt es sich ebenfalls um präventive Sorgfaltspflichten, die dem Staat gegenüber seinen Bürgern und anderen Individuen insbesondere dann erwachsen, wenn raumbedeutsame Vorhaben geeignet sind, mit menschenrechtsrelevanter Intensität Umweltschäden – insbesondere Gesundheits- oder Eigentumsschäden – hervorzurufen. Hier haben sich die staatlichen Schutzpflichten nachweislich dann zu einem judizierbaren räumlichen Abstandsgebot zwischen konfligierenden Nutzungen verdichtet, wenn betroffenen Personen anderenfalls eine konkrete Gefahr für Leib oder Leben droht.

11. In verfahrensrechtlicher Hinsicht lässt sich namentlich die Pflicht zur Umweltverträglichkeitsprüfung nur im zwischenstaatlichen Integritätsschutz, im Meeresschutz und im Biodiversitätschutz hinreichend nachweisen. Dagegen sind bereichsübergreifende UVP-Pflichten nicht Bestandteil des Völkergewohnheitsrechts. Die Pflicht zur Information und Beteiligung der betroffenen Öffentlichkeit hat vor allem im Menschenrechtsschutz ihre Wurzeln, ist jedoch bislang lediglich regional konkretisiert worden.

12. Obgleich dem regionalen Recht der UNECE insoweit eine Vorreiterrolle zukommt, wird auch hier das fehlende Verbot zur Schädigung der eigenen Umwelt in verfahrensrechtlicher Hinsicht teilweise perpetuiert. Zwar enthalten das SEA-Protokoll und die Aarhus-Konvention eine Pflicht zur strategischen Umweltprüfung bzw. eine Pflicht zur Information und Beteiligung der betroffenen Öffentlichkeit auch im rein innerstaatlichen Bereich. Eine bereichsübergreifende Pflicht zur vorhabenbezogenen Prüfung von Umweltauswirkungen folgt jedoch weder aus diesen beiden Verträgen, noch aus der – nachbarrechtlich konzipierten – Espoo-Konvention.

13. Zur Konkretisierung der UVP-Pflichten lässt sich dann, wenn eine sektorale völkerrechtliche UVP-Pflicht mit hinreichender Sicherheit nachgewiesen werden kann, aus der einheitlichen Staatenpraxis ein bereichsübergreifender Minimalstandard für eine sorgfältige Umweltprüfung ableiten, der inzwischen auch völkergewohnheitsrechtlich angewendet werden könnte. Dieser Standard umfasst die üblichen Verfahrensschritte, insbesondere die Frühzeitigkeit und Unparteilichkeit der Untersuchungen sowie die Abfassung eines UVP-Berichts. Zwar ist dieser Minimalstandard vorwiegend formellen Charakters, er bietet aber zumindest einen operationalisierbaren Ansatz zur internationalen Konkretisierung einer bestehenden Umweltprüfungspflicht.

14. Die Souveränität des Territorialstaates zur Steuerung der räumlichen Entwicklung bildet weiterhin den primären Ausgangspunkt des völkerrechtlichen Rahmens räumlicher Planung. Es scheint, dass die große Bereitschaft zur Internationalisierung der Rechtsbeziehungen jedenfalls dort eine Grenze findet, wo das ureigenste Substrat der Territorialstaaten betroffen ist: Bei der Entwicklung des Staatsgebiets selbst.

3. Teil: Der völkerrechtliche Rahmen maritimer Raumplanung (§§ 6 bis 8)

15. Auch das internationale Seerecht ist vom Zuständigkeitsrecht dominiert, die staatlichen Planungsbefugnisse folgen insoweit der Systematik souveräner und ausschließlicher Rechtspositionen. Insbesondere in den Funktionshoheitszonen folgt das Recht räumlicher Planungen dem Recht raumbeanspruchender Nutzungen; dort wo der Küstenstaat das ausschließliche Recht zum Infrastruktur- und Bergbau hat, hat er unter anderem auch das Recht derartige Nutzungen zum Zwecke des Naturschutzes oder der Gesamtplanung auszuschließen oder zu fördern.

16. Sobald die Planungsträgerschaft wie bei drittstaatlichen Kabeln und Rohrleitungen einem anderen Vorhabenstaat obliegt, muss sich der Küstenstaat darauf beschränken planungsrelevante Normen zum Umweltschutz zu setzen sowie allenfalls auf Trassenverläufe punktuell einzuwirken und sie nachvollziehend zu genehmigen; ein eigenständiges Planungsrecht folgt aus den konkurrierenden küstenstaatlichen souveränen Rechten und ausschließlichen Hoheitsbefugnissen nicht.

17. Der terrestrisch geprägte Begriff räumlicher Naturschutzplanung ist nur eingeschränkt auf das Meer übertragbar. Instrumente des gebietsbezogenen Meeresumweltschutzes sind daher nur unter zusätzlichen Voraussetzungen zugleich auch als Instrumente der Raumplanung zu qualifizieren. Es sind nur solche Regime des marinen Gebietsschutzes raumgestaltend, die strikte Veränderungsverbote für räumlich manifestierte Schutzobjekte statuieren und sich hierbei auf eine lokalisierbare Gefährdungslage beziehen. Die Errichtung eines räumlichen Meeresschutzgebietes erfordert damit erstens die Abgrenzung eines lokalisierten Schutzobjektes sowie zweitens ein im Vergleich zur Umgebung verschärftes System von Umweltschutzmaßnahmen.

18. Nichtmineralischer Tiefseebergbau, namentlich soweit er auf fossile Brennstoffe wie Methanhydrate abzielt, wird nach hier vertretener Auffassung nicht vom Anwendungsbereich des Teils XI des Seerechtsübereinkommens erfasst. Er unterliegt dem Recht der hohen See.

19. Auch im Seerecht findet sich der Präventionsgedanke in zwei Ausprägungen wieder: In Form des wechselseitigen – souveränitätsrechtlich geprägten – Rücksichtnahmegebotes zum Ausgleich konfligierender Rechtspositionen der an der Meeresnutzung teilnehmenden Staaten sowie in Form des zonenunabhängigen, präventiven Meeresumweltschutzgebotes. Beide Spielarten umfassen die Pflicht zur Durchführung von Umweltverträglichkeitsprüfungen sowie im Falle von grenzüberschreitenden Sachverhalten die Pflicht zur zwischenstaatlichen Konsultation. Insgesamt ist die unscharf verbleibende Verpflichtung zum Meeresumweltschutz auf die regionale Konkretisierung angewiesen.

20. Allgemeine Vorrangrelationen zwischen widerstreitenden Rechtspositionen außerhalb der ausschließlichen Hoheitsbefugnisse der Küstenstaaten existieren auch im Seerecht nicht. Namentlich ein teilweise vertretener Vorrang des Küs-

tenstaateninteresses vor seerechtlichen Freiheiten anderer Meeresnutzer lässt sich nicht ausreichend begründen. Zudem erscheint eine solche Vorranghypothese angesichts des ausdifferenzierten Jurisdiktionsrechts im Ergebnis auch nicht erforderlich, da die seerechtliche Kompetenzordnung den Interessen des Küstenstaates ohnehin tendenziell einen faktischen Vorrang verschafft.

21. Der Einsatz raumplanerischer Instrumente wie Schutzgebiete und Gesamtplanungen ist in den stark nutzungsverdichteten küstennahen Zonen geeignet, zu einer erhöhten Umweltqualität beizutragen. Deshalb finden sich entsprechende Ansätze auch zunehmend in der (europäischen) Meerespolitik wieder. Doch auch unter dem Seerechtsübereinkommen besteht keine Pflicht zur maritimen Raumplanung.

4. Teil: Internationale Planungsverfahren (§§ 9 bis 11)

22. Das Völkerrecht kann für räumliche Planungen nicht nur rahmende, sondern auch eine instrumentelle Funktion erfüllen. Als Anwendungsfälle solcher internationaler Planungen lassen sich insbesondere grenzüberschreitende Raumplanungen sowie Raumplanungen durch internationale Organisationen ausmachen. Auch in diesem Zusammenhang hat sich gezeigt, dass die vorherrschende Eigenschaft internationaler Raumplanung das Territorialitätsprinzip ist.

23. Grenzüberschreitende Raumplanung ist der Bereich grenzüberschreitender Zusammenarbeit, der final auf die Überwindung und Aufhebung der scheidenden räumlichen Wirkung von Staatsgrenzen bezogen ist. Damit ist sie klar zu trennen von nachbarrechtlichen Problemstellungen, wenngleich grenzüberschreitende Planungen oftmals mit grenzüberschreitenden Umweltauswirkungen einhergehen.

24. Definitionsgemäß erfolgt grenzüberschreitende Planung auf völkerrechtlicher Ebene nur durch Völkerrechtssubjekte mittels völkerrechtlicher Verträge. Hierdurch ist der Anwendungsbereich für völkerrechtliche grenzüberschreitende Raumplanung auf solche Situationen beschränkt, die von staatlichem und damit überregionalem Interesse sind. Dies gilt ausweislich der Praxis einerseits für linienförmige Infrastrukturen sowie andererseits für grenzübergreifende Gebietsregime des Natur- und Landschaftsschutzes.

25. Ein Überblick zu Praxis zeigt, dass sich die grenzüberschreitende Zusammenarbeit im Infrastrukturbereich erst mit der Entwicklung der Eisenbahn verbreitete. Von ähnlicher wirtschaftlicher und integrativer Bedeutung sind ferner transkontinentale Rohrleitungen sowie grenzüberschreitende Straßennetze. Namentlich die im Straßenrecht geschlossenen regionalen Abkommen zur Standardisierung internationaler Verbindungsachsen lassen sich als multilaterale Infrastrukturplanungen begreifen.

26. Jenseits allgemeiner Strukturbeschreibungen, wie etwa der Unterscheidung projektspezifischer und nicht-projektspezifischer Verträge, lassen sich keine rechtlich operationalisierbaren Regelungen aus der Vertragspraxis ableiten. Neben der vereinzelten Einrichtung gemeinschaftlicher Gremien der Zusammenarbeit findet sich vor allem die Bestätigung des Territorialitätsprinzips. Soweit vertragliche Regelungen im Infrastrukturrecht nicht allein technische Maßgaben oder die Finanzlast eines Projektes betreffen, sondern beispielsweise Umweltschutzanforderungen statuieren, erschöpfen sie sich in der Bestätigung des allgemeinen umweltvölkerrechtlichen Rahmens.

27. Auch grenzübergreifende Gebietsregime finden sich weltweit als logische Folge des zunehmend postulierten ökologischen Konnektivitätsgedankens im räumlichen Biodiversitätsschutz. Das Maß der grenzüberschreitenden Kooperation variiert hier jedoch erheblich. Völkerrechtlich fundierte Regime finden sich bislang nur vereinzelt, und der Großteil der Zusammenarbeit ist lediglich informeller Natur.

28. In sachlicher Hinsicht betreffen Gebietsplanungen meist Fragen des Natur- und Biodiversitätsschutzes, die Unterscheidung von Regimen des Naturschutzes von solchen der Gesamtplanung ist jedoch nicht immer trennscharf. Die Kooperation dient regelmäßig der Aufhebung physischer Grenzbarrieren sowie der Harmonisierung der jeweiligen Nutzungsregime.

29. Hoheitliche Raumplanungen durch internationale Organisationen finden sich, soweit staatliches Gebiet betroffen ist, allein im speziellen Fall der Europäischen Union. Insoweit kann der in anderen Bereichen gemachte Befund der Verlagerung der Verwaltungszuständigkeit auf überstaatliche Ebenen im Falle räumlicher Planungen nicht bestätigt werden.

30. Demgegenüber führt der Grundsatz der Unzulässigkeit unilateraler Hoheitsausübung mit Wirkung erga omnes in den internationalen Gemeinschaftsräumen (Hohe See, Tiefseeboden, Weltraum und – strittig – Antarktis) dazu, dass gesamtplanerische Festsetzungen durch einzelne Staaten unzulässig sind und damit gemeinsame Reglementierungen mittels internationaler Organisationen das Mittel der Wahl sind. Als Beispiele lassen sich (Meeres-) Schutzgebiete auf hoher See und in der Antarktis sowie das Allokationsverfahren für Satelliten im geostatiionären Orbit anführen.

31. Am weitesten entwickelt sind die funktionalen Befugnisse der International Seabed Authority zur legislativen und exekutiven Reglementierung des Mineralbergbaus am Tiefseeboden, bei deren Wahrnehmung die Behörde in zweierlei Hinsicht über ein raumplanerisches Ermessen verfügt: Zum einen erfordern Tätigkeiten im Gebiet (Exploration und Exploitation) die behördliche Genehmigung der einzureichenden Arbeitspläne. Der hierbei bestehende Einschätzungsspielraum ist beachtlich und trotz seiner Technizität von normativen Abwägungen und Wertungen geprägt, die sich einer rechtlichen Bewertung durch die Meeresbodenkammer weitgehend entziehen; einzig eigenständige Bewirtschaftungsentscheidungen über die generelle Zweckmäßigkeit beantragter Vorhaben sind der

Behörde verwehrt. Zum anderen verfügt die ISA über die raumplanerisch geprägte Befugnis, ökologisch besonders sensible und wertvolle Gebiete unter Schutz zu stellen und in ihnen die Vornahme mineralbergbaulicher Tätigkeiten vollständig auszuschließen. Praktiziert wird dies beispielsweise in der pazifischen Clarion-Clipperton-Zone.

32. Das von der Behörde für die – den Tätigkeiten im Gebiet vorlagerte – Prospektion sekundärrechtlich eingeführte Registrierungsverfahren wurde in primärrechtswidriger Weise als präventiver Zulassungsvorbehalt zugunsten der ISA ausgestaltet. Mangels jeglicher Anfechtbarkeit ist es dennoch faktischer Bestandteil des behördlichen Tiefseebodenregimes.

33. Als dritte Fallgruppe internationaler Raumplanung sind hier Ansätze einer global-räumlichen Entwicklungsordnung untersucht worden. Anknüpfungspunkt bildet hierfür der in der deutschen Völkerrechtsliteratur verbreitete Begriff der internationalen Raumordnung. Diese Begriffsbildung erweist sich indes als bloßes Chiffre für die völkerrechtliche Jurisdiktionsordnung und weist die kein raumwissenschaftliches Gepräge auf.

34. Als Beispiel für die internationale Raumordnung wurde im Schrifttum anhand der Antarktis eine Raumordnung konzipiert, die abgegrenzte globale Räume einem spezifischen finalen Widmungsregime unterwerfe. Diese Konzeption kann in mehrfacher Hinsicht nicht überzeugen: So verbleiben bereits erhebliche Zweifel am Raumbezug des Antarktischen Regimes. Zudem ist das Modell nicht auf andere „Räume" übertragbar wie anhand des Weltraums, des Tiefseebodens, des Meeresraums sowie des Raumes der europäischen Union gezeigt wurde. Schließlich werden an die so genannte völkerrechtliche Widmung ohnehin keine eigenständigen Rechtsfolgen geknüpft.

35. Anhand der Alpenkonvention und ihrer nachgelagerten Protokolle lässt sich jedoch aufzeigen, dass sich dennoch Beispiele finden, die geeignet sind, als multilaterale völkerrechtliche Raumplanung mit globaler Raumordnungsrelevanz eingeordnet zu werden, da sie aufgrund ihrer schieren Größe qualitativ über eine bloße grenzübergreifende Raumordnungsplanung hinausgehen. Mangels eigener Rechtsfolgen bleibt jedoch auch dies letztlich ein Glasperlenspiel.

Literaturverzeichnis

Acker, Hendrik / *Hodgson*, Stephen, Legal Aspects of Maritime Spatial Planning, Final Report to DG Maritime Affairs & Fisheries, 2008.

ACP, Inauguration of Expanded Panama Canal Ushers in New Era of Global Trade (Press Release), 26. Juni 2016, https://www.pancanal.com/eng/pr/press-releases/2016/06/26/pr597.html (abgerufen am 30.03.2021).

— International Maritime Organization Highlights Panama Canal Expansion and CO2 Emissions Reduction (Press Release), 1. Juli 2016, http://www.pancanal.com/eng/pr/press-releases/2016/06/29/pr599.html (abgerufen am 30.03.2021).

— Leaders of Multilateral Agencies and the Panama Canal Sign Agreement for 2.3 Billion Dollars to Finance the Canal Expansion Program (Press Release), 9. Dez. 2008, http://www.pancanal.com/eng/pr/press-releases/2008/12/09/pr307.html (abgerufen am 30.03.2021).

— Proposal for the Expansion of the Panama Canal Third Set of Locks Project, Balboa, 2006, http://ufdcimages.uflib.ufl.edu/AA/00/01/07/50/00001/acp-expansion-proposal.pdf (abgerufen am 30.03.2021).

— Propuesta de Ampliación del Canal de Panamá, Balboa, 2006, https://micanaldepanama.com/wp-content/uploads/2012/10/acp-propuesta-de-ampliacion.pdf (abgerufen am 09.11.2018).

— The Environmental Impact Study for the Panama Canal Expansion Project (Executive Summary), 2007, https://micanaldepanama.com/expansion/documents/environmental-impact-study/ (abgerufen am 09.11.2018).

— The Expanded Canal, http://micanaldepanama.com/expansion/ (abgerufen am 30.03.2021).

African Development Bank, Review of the Implementation Status of the Trans-African Highways and the Missing Links, Description of Corridors, 2003, https://www.afdb.org/fileadmin/uploads/afdb/Documents/Project-and-Operations/00473227-EN-TAH-FINAL-VOL2.PDF (abgerufen am 30.03.2021).

Ahmed, Nafeez, Syria intervention plan fueled by oil interests, not chemical weapon concern, 30. Aug. 2013, https://www.theguardian.com/environment/earth-insight/2013/aug/30/syria-chemical-attack-war-intervention-oil-gas-energy-pipelines (abgerufen am 30.03.2021).

Aigner, Florian, Mehr Platz für die Sonne, Presseaussendung 23/2016 der TU Wien, 25. Apr. 2016, https://www.tuwien.at/tu-wien/aktuelles/news/news/mehr-platz-fuer-die-sonne (abgerufen am 30.03.2021).

Al-Asady, Jasmin, Al-Ahwar im Südirak: Schutzgebiet der Artenvielfalt und Reliktlandschaft mesopotamischer Städte, 2021, https://www.unesco.de/kultur-und-natur/welterbe/welterbe-weltweit/al-ahwar-im-suedirak-schutzgebiet-der-artenvielfalt-und (abgerufen am 30.03.2021).

Albrecht, Christoph V., Geopolitik und Geschichtsphilosophie 1748–1798, Berlin 1998.

Alpenkonvention, Bericht des Überprüfungsausschusses an die X. Alpenkonferenz über den Stand der Einhaltung der Alpenkonvention und ihrer Durchführungsprotokolle, AC X/B2/1, 2009, https://www.alpconv.org/de/startseite/organisation/alpenkonferenz/beschluesse-der-x-alpenkonferenz/ (abgerufen am 30.03.2021).

Altvater, Elmar, Wachstum, Globalisierung, Anthropozän, Emanzipation 2013, S. 71–88.

Anderson, David H., Resolution and Agreement Relating to the Implementation of Part XI of the UN Convention on the Law of the Sea: A General Assessment, ZaöRV 55 (1995), S. 275–289.

Andreone, Gemma, The Exclusive Economic Zone, in: Rothwell, Donald R. u.a. (Hrsg.), The Oxford Handbook of the Law of the Sea, Oxford 2015.

Annweiler, Matthias J., Die Bewirtschaftung der genetischen Ressourcen des Meeresbodens jenseits der Grenzen nationaler Hoheitsgewalt, Berlin 2017.
Appel, Ivo, Staatliche Zukunfts- und Entwicklungsvorsorge, Tübingen 2005.
Arai-Takahashi, Yutaka, The Margin of Appreciation Doctrine and the Principle of Proportionality in the Jurisprudence of the ECHR, Antwerpen 2001.
Arcari, Maurizio, Canals, in: Wolfrum, Rüdiger (Hrsg.), MPEPIL-Online, Oxford 2007.
ARL (Hrsg.), Deutsch-niederländisches Handbuch der Planungsbegriffe, Hannover/Den Haag 2003.
— (Hrsg.), Maritime Raumordnung, Hannover 2013.
— (Hrsg.), Mehr Nachhaltigkeit in Landes- und Regionalplänen (Positionspapier), Hannover 2003.
Asamblea Nacional de Nicaragua, Ley No. 840, Acuerdo Marco de Concesión e Implementación con Relación a El Canal de Nicaragua y Proyectos de Desarrollo, Master Concession and Implementation Agreement in Respect of the Nicaragua Canal and Development Project, La Gaceta Diario Oficial, No. 116, 24.06.2013, S. 5185, http://legislacion.asamblea.gob.ni/SILEG/Gacetas.nsf/5eea6480fc3d3d90062576e300504635/f1ecd8f640b8e6ce06257b8f005bae22/$FILE/Ley%20No.%20840.%20Contrato%20en%20ingl%C3%A9s.pdf (abgerufen am 30.03.2021).
Attard, David Joseph, The exclusive economic zone in international law, Oxford 1987.
Augsberg, Ino, Methoden des europäischen Verwaltungsrechts, in: Terhechte, Jörg Philipp (Hrsg.), Verwaltungsrecht der Europäischen Union, Baden-Baden 2011.
Aust, Helmut Philipp, Das Recht der globalen Stadt, Tübingen 2017.
Azzouni, Safia / *Böschen*, Stefan / *Reinhardt*, Carsten (Hrsg.), Erzählung und Geltung, Wissenschaft zwischen Autorschaft und Autorität, Weilerswist 2015.
Backer, Hermanni, Transboundary maritime spatial planning: A Baltic Sea perspective, JCC 15 (2011), S. 279–289.
Badura, Peter, Vorhabenplanung im Rechtsstaat, in: Erbguth, Wilfried u. a. (Hrsg.), Planung – Festschrift Hoppe, München 2000.
Baker, Betsy / *Share*, Alison, Regional Seas, Environmental Protection, in: Wolfrum, Rüdiger (Hrsg.), MPEPIL-Online, Oxford 2013.
Ballem, John Bishop, International Pipelines: Canada-United States, CYIL 18 (1980), S. 146–160.
Ban, Ki-Moon, Remarks to the High-level Delegation of Mayors and Regional Authorities in New York, 23.04.2012, 2021, https://www.un.org/press/en/2012/sgsm14249.doc.htm (abgerufen am 30.03.2021).
Bangert, Kaare, Belts and Sunds, in: Wolfrum, Rüdiger (Hrsg.), MPEPIL-Online, Oxford 2013.
Bartenstein, Kristin, Art. 211, 215, 217, 219, 221–222, 266–269, in: Proelss, Alexander (Hrsg.), UNCLOS, München 2017.
Battis, Ulrich, Öffentliches Baurecht und Raumordnungsrecht, 6. Aufl., Stuttgart 2014.
Battis, Ulrich / *Kersten*, Jens, Europäische Raumentwicklung, EuR 2009, S. 3–23.
Bauer, Silke / *Hoy*, Bethany J., Migratory Animals Couple Biodiversity and Ecosystem Functioning Worldwide, Science 344 (2014), S. 54–62.
Bautze, Kristina, Die Fragmentierungsdebatte, AVR 54 (2016), S. 91–100.
Becker-Weinberg, Vasco, Joint Development of Hydrocarbon Deposits in the Law of the Sea, Berlin/Heidelberg 2014.
Beckmann, Klaus J., Verkehr in Europa grenzenlos entfesselt? – Perspektiven, Handlungserfordernisse und Handlungsmöglichkeiten, in: Borchard, Klaus (Hrsg.), Grenzenloser Verkehr? Verkehr an Grenzen!, Hannover 2006.
Beckmann, Klaus J. u. a., Räumliche Implikationen der Energiewende – Positionspapier, Berlin 2013.
Benevisti, E., Margin of Appreciation, Consensus, and Universal Standards, NYJILP 1998, S. 843–854.
Bennett, Ira E., History of the Panama Canal, Washington, D.C. 1915.
Bentzien, Joachim, Der deutsch-schweizerische Vertrag über die Durchführung der schweizerischen Flugverkehrskontrolle im süddeutschen Luftraum und über Auswirkungen des Züricher Flughafenbetriebes auf deutsches Hoheitsgebiet, ZLW 2002, S. 493–527.
— Vertrag zwischen der Bundesrepublik Deutschland und der Schweizerischen Eidgenossenschaft über die Auswirkungen des Betriebs des Flughafens Zürich auf das Hoheitsgebiet der Bundesrepublik Deutschland, ZLW 2012, S. 597–608.

Benzing, Markus, International Organizations or Institutions, Secondary Law, in: Wolfrum, Rüdiger (Hrsg.), MPEPIL-Online, Oxford 2007.
Berber, Friedrich, Lehrbuch des Völkerrechts, Bd. I/1, München/Berlin 1960.
Bergbohm, Carl, Staatsverträge und Gesetze als Quellen des Völkerrechts, Dorpat 1877.
Bernhard, Rudolf, Eigenheiten und Ziele der Rechtsvergleichung im öffentlichen Recht, ZaöRV 24 (1964), S. 431–452.
Besson, Samantha, Sovereignty, in: Wolfrum, Rüdiger (Hrsg.), MPEPIL-Online, Oxford 2011.
Bethlehem, Daniel, The End of Geography, EJIL 25 (2014), S. 9–24.
Beyerlin, Ulrich, Dezentrale grenzüberschreitende Zusammenarbeit als transnationales Rechtsphänomen, AVR 27 (1989), S. 286–327.
— Different Types of Norms in International Environmental Law, in: Bodansky, Daniel / Brunée, Jutta / Hey, Ellen (Hrsg.), The Oxford Handbook of International Environmental Law, Oxford 2007.
— Sustainable Development, in: Wolfrum, Rüdiger (Hrsg.), MPEPIL-Online, Oxford 2013.
— Umweltschutz und Menschenrechte, ZaöRV 65 (2005), S. 525–542.
Beyerlin, Ulrich / *Marauhn*, Thilo, International Environmental Law, Oxford 2011.
Bezirksregierung Köln (Hrsg.), 10 Jahre Monitoring Garzweiler II, 2009.
Billington, David P. / *Shirley-Smith*, Hubert / *Billington*, Philip N., Bridge, 29. Okt. 2018, https://www.britannica.com/technology/bridge-engineering (abgerufen am 30.03.2021).
Birch, Eugenie L., A Midterm Report: Will Habitat III Make a Difference to the World's Urban Development?, JAPA 82 (2016), S. 398–411.
BirdLife u. a., The State of Implementation of the Birds and Habitats Directives in the EU, 2018, https://www.birdlife.org/sites/default/files/attachments/nature_scorecards_report_march2018.pdf (abgerufen am 30.03.2021).
Birnie, Patricia / *Boyle*, Alan / *Redgwell*, Catherine, International Law and the Environment, 3. Aufl., Oxford 2009.
Bjørnmose, Jens u. a., An Assessment of the Gas and Oil Pipelines in Europe, Brussels 2009.
Blaesbjerg, Mette u. a., Marine Spatial Planning in the Nordic region, Copenhagen 2009.
Blanco-Bazan, Agustin, The IMO guidelines on Particular Sensitive Sea Areas (PSSAs), Marine Policy 20 (1996), S. 343–349.
Blasberg, Marian / *Henk*, Malte, Wie Gold am Meer Dossier, 28. Aug. 2014, http://www.zeit.de/2014/34/strand-sand-verschwinden/komplettansicht (abgerufen am 30.03.2021).
Bleckmann, Albert, Allgemeine Staats- und Völkerrechtslehre, Vom Kompetenz- zum Kooperationsvölkerrecht, Köln/Berlin/Bonn/München 1995.
— Die völkerrechtlichen Grundlagen des internationalen Kollisionsrechts, Köln/Berlin 1992.
Blitza, Eike, Art. 204–206, in: Proelss, Alexander (Hrsg.), UNCLOS, München 2017.
Blotevogel, Hans Heinrich, Raum, in: ARL (Hrsg.), Handwörterbuch der Raumordnung, 4. Aufl., Hannover 2005.
Blümel, Willi, Die Standortvorsorgeplanung für Kernkraftwerke und andere umweltrelevante Großvorhaben, in: Grupp, Klaus / Ronellenfitsch, Michael (Hrsg.), Beiträge zum Planungsrecht (1959–2000), Berlin 2004.
Böckstiegel, Karl-Heinz / *Reifarth*, Jürgen, Die Luftaufsicht im südwestdeutschen Raum, ZLW 1983, S. 183–208.
Bodansky, Daniel, The Art and Craft of International Environmental Law, Oxford 2010.
Bode, Henning, Der Planungsgrundsatz der nachhaltigen Raumentwicklung, Berlin 2003.
Bogus, Carl T., The Invasion of Panama and the Rule of Law, The International Lawyer 1992, S. 781–787.
Bojanowski, Axel, Klima-Propaganda: Die Verkäufer der Wahrheit, 8. Feb. 2012, http://www.spiegel.de/wissenschaft/natur/klima-propaganda-die-verkaeufer-der-wahrheit-a-813953.html (abgerufen am 30.03.2021).
Bolsinger, Eckard, Autonomie des Rechts? Niklas Luhmanns soziologischer Rechtspositivismus — Eine kritische Rekonstruktion, Politische Vierteljahresschrift 42 (2001), S. 3–29.
Bosnia's Izetbegovic complains to EU about Peljesac Bridge, 31. Juli 2018, http://hr.n1info.com/a321173/English/NEWS/Bosnia-s-Izetbegovic-complains-to-EU-about-Peljesac-Bridge.html (abgerufen am 09.11.2018).

Bothe, Michael, Rechtsprobleme grenzüberschreitender Planung, AöR 102 (1977), S. 86–89.
Bowman, Michael / *Davies*, Peter / *Redgwell*, Catherine, Lyster's International Wildlife Law, 2. Aufl., Cambridge 2010.
Boyd, Philip, Geoengineering, 2016, https://www.britannica.com/science/geoengineering (abgerufen am 30.03.2021).
Boyle, Alan, Developments in the International Law of Environmental Impact Assessments and their Relation to the Espoo Convention, RECIEL 20 (2011), S. 227–231.
— Environment and Human Rights, in: Wolfrum, Rüdiger (Hrsg.), MPEPIL-Online, Oxford 2009.
— Marine Pollution under the Law of the Sea Convention, AJIL 79 (1985), S. 347–372.
Braig, Katharina, Umweltschutz durch die Europäische Menschenrechtskonvention, Basel 2013.
Breuer, Rüdiger, Die hoheitliche raumgestaltende Planung, Bonn 1968.
Brown, Edward D., The Legal Regime of Hydrospace, London 1971.
Brownlie, Ian / *Crawford*, James, Principles of Public International Law, 8. Aufl., Oxford 2012.
Bruce, Stuart, International Energy Law, in: Wolfrum, Rüdiger (Hrsg.), MPEPIL-Online, Oxford 2014.
Brunée, Jutta, 'Common Interest' – Echoes from an Empty Shell?, ZaöRV 49 (1989), S. 791–808.
— Common Areas, Common Heritage, and Common Concern, in: Bodansky, Daniel / Brunée, Jutta / Hey, Ellen (Hrsg.), The Oxford Handbook of International Environmental Law, Oxford 2007.
Bryde, Brun-Otto, Umweltschutz durch allgemeines Völkerrecht?, AVR 31 (1993), S. 1–12.
Buga, Irina, Between Stability and Change in the Law of the Sea Convention, in: Rothwell, Donald R. u. a. (Hrsg.), The Oxford Handbook of the Law of the Sea, Oxford 2015.
Bundesministerium der Verteidigung, NATO-Pipeline nach 30 Jahren endlich komplett, Nachrichtenarchiv des BMVg, 2008, https://tinyurl.com/y9rvpwzd (abgerufen am 09.11.2018).
Burke, Ciarán, Art. 186–191, Annex VII, in: Proelss, Alexander (Hrsg.), UNCLOS, München 2017.
Burkett, Maxine, Climate Disobedience, DELPF 27 (2016), S. 1–50.
Caesar, Beate / *Pallagst*, Karina, Entwicklungspfade der grenzüberschreitenden Zusammenarbeit und Status quo, in: ARL (Hrsg.), Border Futures – Zukunft Grenze – Avenir Frontière, Hannover 2016.
Calliess, Gralf-Peter, Systemtheorie: Luhmann/Teubner, in: Buckel, Sonja / Christensen, Ralph / Fischer-Lescano, Andreas (Hrsg.), Neue Theorien des Rechts, Stuttgart 2006.
— (Hrsg.), Transnationales Recht, Tübingen 2014.
Campbell, Heather, Bryan-Chamorro Treaty, 29. Juli 2018, https://www.britannica.com/event/Bryan-Chamorro-Treaty (abgerufen am 30.03.2021).
Caprotti, Federico u. a., The New Urban Agenda: key opportunities and challenges for policy and practice, URP 2017, S. 367–378.
Carozza, Paolo G., Subsidiarity as a Structural Principle of International Human Rights Law, AJIL 97 (2003), S. 38–79.
Castringius, Katharina, Meeresschutzgebiete, Baden-Baden 2006.
CBD-Conference of the Parties, Guidelines for Incorporating Biodiversity-related Issues into Environmental Impact Assessment Legislation and/or Process and in Strategic Environmental Assessment, in: CBD-Secretariat (Hrsg.), Handbook of the Convention on Biological Diversity, Montreal 2002.
CBD-Secretariat (Hrsg.), Akwé:Kon-Guidelines, Voluntary guidelines for the conduct of cultural, environmental and social impact assessments regarding developments proposed to take place on, or which are likely to impact on, sacred sites and on lands and waters traditionally occupied or used by indigenous and local communities, Montreal 2004.
— (Hrsg.), Handbook of the Convention on Biological Diversity, 3. Aufl., Montreal 2005.
— (Hrsg.), Marine Spatial Planning in the Context of the Convention on Biological Diversity (Technical Series 68), Montreal 2012.
— The Jakarta Mandate – from global consensus to global work, Conservation and sustainable use of marine and coastal biological diversity, Montreal, 2000, https://www.cbd.int/doc/publications/jm-brochure-en.pdf (abgerufen am 30.03.2021).
Charney, Jonathan I., Universal international law, AJIL 87 (1993), S. 529–551.
Cheng, Bin, Properly speaking, only Celestial Bodies have been reserved for Use Exclusively for Peaceful (Non-Military) Purposes, but not Outer Void Space, ILS 75 (2000), S. 81–117.

— The Legal Regime of Airspace and Outer Space: The Boundary Problem, Functionalism versus Spatialism: The Major Premises, ACSIL 1982, S. 1–39.
— United Nations Resolutions on Outer Space: 'Instant' International Customary Law?, IJIL 5 (1965), S. 23–112.
Chesterman, Simon, Rule of Law, in: Wolfrum, Rüdiger (Hrsg.), MPEPIL-Online, Oxford 2007.
Chiappetta, R. Frank u. a., History and expansion of the Panama Canal, International Journal of Blasting and Fragmentation 1998, S. 313–340.
Chircop, Aldo, The International Maritime Organisation, in: Rothwell, Donald R. u. a. (Hrsg.), The Oxford Handbook of the Law of the Sea, Oxford 2015.
Chronlogie des Streits über die Anflüge auf den Zürcher Flughafen, 28. Jan. 2012, http://www.nzz.ch/ein-vierteljahrhundert-im-fluglaerm-clinch-mit-deutschland-1.14627976 (abgerufen am 09.11.2018).
Churchill, Robin R. / *Lowe*, Vaughn, The Law of the Sea, 3. Aufl., Manchester 1999.
Clacherty, James, The Trans-Africa Highway Masterplan: Of Masters, Plans and Master Narratives, Urban Studies, Uni Basel, 2017, https://criticalurbanisms.philhist.unibas.ch/files/research-studio/The-Trans-Africa-Highway-Masterplan_Of-Masters-Plans-and-Master-Narratives.pdf (abgerufen am 30.03.2021).
Collett, Timothy S., Alaska North Slope Gas Hydrate Energy Resources, hrsg. v. U. S. Geological Survey, 2004, https://www.ferc.gov/EventCalendar/Files/20050211141006-Collett,%20USGS.pdf (abgerufen am 30.03.2021).
Committee on the Peaceful Uses of Outer Space, Status of International Agreements relating to activities in outer space as at 1 January 2017, A/AC.105/C.2/2015/CRP.8, http://www.unoosa.org/documents/pdf/spacelaw/treatystatus/AC105_C2_2017_CRP07E.pdf (abgerufen am 30.03.2021).
Common Wadden Sea Secretariat (Hrsg.), Wadden Sea Plan 2010, Eleventh Trilateral Governmental Conference on the Protection of the Wadden Sea, Wilhelmshaven 2010.
Copeland, Claudia, Mountaintop Mining, hrsg. v. U.S Congressional Research Service, Washington, D.C., 2015, https://fas.org/sgp/crs/misc/RS21421.pdf (abgerufen am 30.03.2021).
Corten, Olivier, Reasonableness in International Law, in: Wolfrum, Rüdiger (Hrsg.), MPEPIL-Online, Oxford 2013.
Cot, Jean-Pierre, Margin of Appreciation, in: Wolfrum, Rüdiger (Hrsg.), MPEPIL-Online, Oxford 2007.
Cottier, Thomas, Equitable Principles of Maritime Boundary Delimitation, Cambridge 2015.
Council, UN-Security, The Cyprus Question, SC/RES/186, 1964, https://www.securitycouncilreport.org/atf/cf/%7b65BFCF9B-6D27-4E9C-8CD3-CF6E4FF96FF9%7d/Chap%20VII%20SRES%20186.pdf (abgerufen am 30.03.2021).
Council of Europe, Explanatory Report to the European Landscape Convention, 2000, https://rm.coe.int/CoERMPublicCommonSearchServices/DisplayDCTMContent?documentId=09000016800cce47 (abgerufen am 30.03.2021).
— (Hrsg.), Manual on Human Rights and the Environment, 2. Aufl., Strasbourg 2012.
Crutzen, Paul J., Geology of mankind: The Anthropocene, Nature 415 (2002), S. 23.
Cuypers, Stefan, Die Alpenkonvention und ihre Durchführungsprotokolle – ein Blick auf den aktuellen Stand ihrer rechtlichen Umsetzung, AVR 54 (2016), S. 435–467.
Czarnecki, Ralph, Verteilungsgerechtigkeit im Umweltvölkerrecht, Berlin 2008.
Czybulka, Detlef, Art. 192–196, 237, in: Proelss, Alexander (Hrsg.), UNCLOS, München 2017.
— Das Rechtsregime der Ausschliesslichen Wirtschaftszone im Spannungsfeld von Nutzungs- und Schutzinteressen, Natur und Recht 2001, S. 367–374.
— Naturschutzrecht im Küstenmeer und in der Ausschließlichen Wirtschaftszone, Natur und Recht 1999, S. 562.
Dahm, Georg / *Delbrück*, Jost / *Wolfrum*, Rüdiger, Völkerrecht, I/1, 2. Aufl., Berlin 1989.
— Völkerrecht, I/2, 2. Aufl., Berlin 2002.
— Völkerrecht, I/3, 2. Aufl., Berlin 2002.
Day, Michael, Sicily bridge plan revived by Italian government despite concerns over earthquakes and the Mafia, 30. Sep. 2015, http://www.independent.co.uk/news/world/europe/sicily-bridge-

plan - revived - by - italian - government - despite - concerns - over - earthquakes - and - the - mafia - a6674181.html (abgerufen am 30. 03. 2021).
de la Rasilla del Moral, Ignacio, The Increasingly Marginal Appreciation of the Margin-of-Appreciation Doctrine, GLJ 2006, S. 611–623.
del Castillo-Laborde, Lilian, Equitable Utilization of Shared Resources, in: Wolfrum, Rüdiger (Hrsg.), MPEPIL-Online, Oxford 2010.
Delahunty, Robert J., The Crimean Crisis, StTJLPP 9 (2014), S. 125–187.
Delbrück, Jost, Die internationale Verkehrsordnung, Berlin 2015.
— Globalization of Law, Politics, and Markets, IJGLS 1993, S. 9–36.
Desai, Bharat H., Forests, International Protection, in: Wolfrum, Rüdiger (Hrsg.), MPEPIL-Online, Oxford 2011.
Deutsche UNESCO-Kommission, UNESCO-Biosphärenreservat Pfälzerwald und Nordvogesen, https://www.unesco.de/kultur-und-natur/biosphaerenreservate/biosphaerenreservate-deutschland/unesco-biosphaerenreservat-5 (abgerufen am 30. 03. 2021).
Deutscher Bundestag, Die Siedlungs- und Wohnungsbaupolitik der israelischen Regierungen seit 1967 in den besetzten Gebieten des Westjordanlandes und Ost-Jerusalem, WD 2 – 3000 – 026/17, Berlin, 2017, https://www.bundestag.de/blob/515092/aeb99cfc8cadd52da68d65b50a725dec/wd-2-026-17-pdf-data.pdf (abgerufen am 30. 03. 2021).
Di Fabio, Udo, Die Struktur von Planungsnormen, in: Erbguth, Wilfried u. a. (Hrsg.), Planung – Festschrift Hoppe, München 2000.
Di Leva, Charles E. / *Duer*, Eva Maria, Environmental Impact Assessment, in: UNEP (Hrsg.), UNEP Training Manual on International Environmental Law, 2006.
Dollinger, Franz, Die Alpenkonvention. Ein völkerrechtlicher Vertrag im Rang eines Bundesgesetzes mit unmittelbarer Auswirkung auf das Raumordnungsrecht, Raumplanung aktuell 3 (2004), S. 27–28.
Dörr, Oliver, Die Anforderungen an ein zukunftsfähiges Infrastrukturrecht, VVDStRL 73 (2014), S. 323–362.
— Weitere Quellen des Völkerrechts, in: Epping, Volker / Heintschel von Heinegg, Wolff (Hrsg.), Ipsen, Völkerrecht, 7. Aufl., München 2018.
Drankier, Petra, Marine Protected Areas in Areas beyond National Jurisdiction, IJMCL 27 (2012), S. 291–350.
Dreier, Johannes, Die normative Steuerung der planerischen Abwägung, Berlin 1995.
Drohendes Veto, Nord Stream 2 könnte an Dänemark vorbeilaufen, 10. Aug. 2018, http://www.spiegel.de/wirtschaft/unternehmen/nord-stream-2-koennte-an-daenemark-vorbeilaufen-a-1222607.html (abgerufen am 09. 11. 2018).
Dupuy, Pierre-Marie, International Law and Domestic (Municipal) Law, in: Wolfrum, Rüdiger (Hrsg.), MPEPIL-Online, Oxford 2011.
Durner, Wolfgang, Common Goods, Baden-Baden 2001.
— Internationales Umweltverwaltungsrecht, in: Möllers, Christoph / Voßkuhle, Andreas / Walter, Christian (Hrsg.), Internationales Verwaltungsrecht, Tübingen 2007.
— Konflikte räumlicher Planungen, Tübingen 2005.
— Materieller Konflikt, Information und informationelle Kooperation in der Raumplanung, in: Spieker gen. Döhmann, Indra / Collin, Peter (Hrsg.), Generierung und Transfer staatlichen Wissens im System des Verwaltungsrechts, Tübingen 2008.
— Raumordnung auf der europäischen Ebene, in: ARL (Hrsg.), Grundriss der Raumordnung und Raumentwicklung, Hannover 2011.
— Völkerrechtlicher Naturschutz und nationales Naturschutzrecht, AVR 54 (2016), S. 355–381.
Dux, Thomas, Specially Protected Marine Areas in the Exclusive Economic Zone, Hamburg 2010.
Ealy, Lawrence, The Development of an Anglo-American System of Law in the Panama Canal Zone, AJLH 1958, S. 283–303.
EASME, Areas of Particular Environmental Interest in the Atlantic, 2018/S 102-232118, Contract award notice vom 31.05.2018, https://ted.europa.eu/TED/notice/udl?uri=TED:NOTICE:232118-2018:TEXT:EN:HTML (abgerufen am 30. 03. 2021).

Ebbesson, Jonas, Access to Information on Environmental Matters, in: Wolfrum, Rüdiger (Hrsg.), MPEPIL-Online, Oxford 2009.
— Public Participation, in: Bodansky, Daniel / Brunée, Jutta / Hey, Ellen (Hrsg.), The Oxford Handbook of International Environmental Law, Oxford 2007.
— Public Participation in Environmental Matters, in: Wolfrum, Rüdiger (Hrsg.), MPEPIL-Online, Oxford 2009.
— The Notion of Public Participation in International Environmental Law, YIEL 8 (1998), S. 51–97.
Ebbesson, Jonas u. a., The Aarhus Convention, A Implementation Guide, 2. Aufl., Geneva 2014.
Ebert, Sebastian / *Tölle*, Alexander / *Wdowicka*, Magdalena, Planung in Deutschland und Polen aus kommunaler Perspektive, Hannover 2012.
ECHR, Environment and the European Convention on Human Rights, Factsheet, Strasbourg, 2018, https://www.echr.coe.int/Documents/FS_Environment_ENG.pdf (abgerufen am 30. 03. 2021).
ECORYS, Study to investigate the state of knowledge of deep-sea mining, Final Report under FWC MARE/2012/06 – SC E1/2013/04, Client: European Commission – DG Maritime Affairs and Fisheries, Rotterdam/Brussels, 2014, https : / / webgate . ec . europa . eu / maritimeforum / sites / maritimeforum / files / FGP96656 % 20DSM % 20Interim % 20report % 20280314 . pdf (abgerufen am 30. 03. 2021).
Ehlers, Eckart, Das Anthropozän: Die Erde im Zeitalter des Menschen, Darmstadt 2008.
Einig, Klaus, Koordination infrastruktureller Fachplanungen durch die Raumplanung, in: Tietz, Hans-Peter / Hühner, Tanja (Hrsg.), Zukunftsfähige Infrastruktur und Raumentwicklung, Hannover 2011.
Elton, Charlotte, Panama and Japan: The Role of the Panama Canal, in: Stallings, Barbara / Szkely, Gabriel (Hrsg.), Japan, the United States, and Latin America, London 1993.
— Sustainable Development and the Integration of the Canal Area to the Rest of the Nation, in: Pérez, Orlando J. (Hrsg.), Post-invasion Panama, Boston 2000.
Enderle, Bettina, Grenzüberschreitende Infrastrukturen, in: Bundesanstalt für Straßenwesen (Hrsg.), Das straßenrechtliche Nutzungsregime im Umbruch, Bd. S 81, 2013.
Energy Charter's Secretariat, Model intergovernmental and host government agreements for cross-border pipelines, 2008, https://energycharter.org/fileadmin/DocumentsMedia/Legal/ma2-en.pdf (abgerufen am 30. 03. 2021).
Englender, Dorota Jadwiga, Art. 79, in: Proelss, Alexander (Hrsg.), UNCLOS, München 2017.
Epiney, Astrid, Das "Verbot erheblicher grenzüberschreitender Umweltbeeinträchtigungen": Relikt oder konkretisierungsfähige Grundnorm, AVR 33 (1995), S. 309–360.
— Environmental Impact Assessment, in: Wolfrum, Rüdiger (Hrsg.), MPEPIL-Online, Oxford 2009.
— Gegenstand, Entwicklung, Quellen und Akteure des internationalen Umweltrechts, in: Proelß, Alexander (Hrsg.), Internationales Umweltrecht, Berlin/Boston 2017.
— Umweltschutz durch Verfahren, in: Proelß, Alexander (Hrsg.), Internationales Umweltrecht, Berlin/Boston 2017.
Epiney, Astrid / *Scheyli*, Martin, Strukturprinzipien des Umweltvölkerrechts, Baden-Baden 1998.
Epiney, Astrid u. a., Aarhus-Konvention, Handkommentar, Baden-Baden 2018.
Epping, Volker / *Heintze*, Hans-Joachim, Völkerrechtssubjekte, in: Epping, Volker / Heintschel von Heinegg, Wolff (Hrsg.), Ipsen, Völkerrecht, 7. Aufl., München 2018.
Erbguth, Wilfried, Europarechtliche Vorgaben für eine maritime Raumordnung, Natur und Recht 2012, S. 85–91.
— Maritime Raumordnung, DÖV 2011, S. 373–382.
— Raumplanung im Meer, Natur und Recht 1999, S. 491–497.
Erbguth, Wilfried / *Müller*, Chris, Raumordnung in der Ausschließlichen Wirtschaftszone?, DVBl 2003, S. 625.
Espoo Inquiry Commission, Report on the likely significant adverse transboundary impacts of the Danube-Black Sea Navigation Route at the border of Romania and the Ukraine, 2006, https:// www.unece.org/fileadmin/DAM/env/eia/documents/inquiry/Final%20Report%2010%20July% 202006.pdf (abgerufen am 30. 03. 2021).

Europäische Kommission, Kommission billigt EU-Finanzierung der Pelješac-Brücke in Kroatien – Pressemitteilung, 7. Juni 2017, http://europa.eu/rapid/press-release_IP-17-1519_de.htm (abgerufen am 30.03.2021).
— Weißbuch – Fahrplan zu einem einheitlichen europäischen Verkehrsraum, Brüssel, 2011, https://ec.europa.eu/transport/sites/transport/files/themes/strategies/doc/2011_white_paper/white-paper-illustrated-brochure_de.pdf (abgerufen am 30.03.2021).
European Commission, Commission Implementing Decision concerning the Adoption of the Work Programme for 2017 and the Financing Decision for the Implementation of the European Maritime and Fisheries Fund, C(2016) 8422 final, Annex, https://ec.europa.eu/fisheries/sites/fisheries/files/c_2016_8422_annex_en.pdf (abgerufen am 30.03.2021).
— EU Guidelines on Wilderness in Natura 2000, Brussels, 2013, http://ec.europa.eu/environment/nature/natura2000/wilderness/pdf/WildernessGuidelines.pdf (abgerufen am 30.03.2021).
European Environment Agency, European waters – Assessment of status and pressures 2018, EEA Reports 7/2018, Luxembourg, 2018, https://www.eea.europa.eu/publications/state-of-water (abgerufen am 30.03.2021).
Evans, Malcolm D., Maritime Boundary Delimitation, in: Rothwell, Donald R. u.a. (Hrsg.), The Oxford Handbook of the Law of the Sea, Oxford 2015.
Evans, Sam, Voices from the Desecrated Places, HELR 2010, S. 521–576.
Fainstein, Susan S., Urban Planning, 12. Mai 2016, https://www.britannica.com/topic/urban-planning (abgerufen am 30.03.2021).
FAO, Forests and Climate Change, 2016, http://www.fao.org/documents/card/en/c/62f8118d-76b4-4dc5-bfac-06558536ec57 (abgerufen am 30.03.2021).
— Global Forest Resources Assessment 2015, Rome, www.fao.org/3/a-i4793e.pdf (abgerufen am 30.03.2021).
Fearnside, Philip M., Do hydroelectric dams mitigate global warming? The case of Brazil's Curua-Una dam, MASGC 10 (2005), S. 675–691.
Feichtner, Isabel, Community Interest, in: Wolfrum, Rüdiger (Hrsg.), MPEPIL-Online, Oxford 2007.
Feldmann, Lieselotte, Die strategische Umweltprüfung im Völkerrecht, in: Hendler, Reinhard u.a. (Hrsg.), Die strategische Umweltprüfung (sog. Plan-UVP) als neues Instrument des Umweltrechts, Bd. 76 (UTR), Trier 2004.
Finland / Sweden / the Netherlands, Guidance on the practical application of the Espoo Convention, Helsinki 2003.
Fisahn, Andreas, Entwicklungstendenzen des Europäischen Planungsrechts, UPR 2002, S. 258–263.
Fischer, Claus, Grundlagen und Grundstrukturen eines Klimawandelanpassungsrechts, Tübingen 2013.
Fischer-Lescano, Andreas, Die Ermergenz der Globalverfassung, ZaöRV 63 (2003), S. 717–760.
Fitzmaurice, Malgosia, The International Convention for the Prevention of Pollution from Ships (MARPOL), in: Attard, David J. (Hrsg.), The IMLI Manual on International Maritime Law, Bd. 3, Oxford 2016.
— Treaties, in: Wolfrum, Rüdiger (Hrsg.), MPEPIL-Online, Oxford 2010.
Fitzpatrick, Cordula, Künstliche Inseln und Anlagen auf See, Frankfurt a.M. 1998.
Fleischhauer, Mark u.a., Raumplanung und Klimaschutz – ein Überblick, in: Birkmann, Jörn / Vollmer, Maike / Schanze, Jochen (Hrsg.), Raumentwicklung im Klimawandel, Hannover 2013.
Foley, Jonathan A. u.a., Global Consequences of Land Use, Science 309 (2005), S. 570–574.
Forkel, Julia, Maritime Raumordnung in der AWZ, Frankfurt a.M. 2012.
Fößel, Amalie, Quasi centrum Europae – Warum es im mittelalterlichen deutschen Reich keine Hauptstadt gab, Unikate der Universität Duisburg-Essen 34 (2009), S. 46–59.
Fox, Julia, Mountaintop Removal in West Virginia – An Environmental Sacrifice Zone, Organization & Environment 1999, S. 163–183.
Frakes, Jennifer, The Common Heritage of Mankind Principle and Deep Seabed, Outer Space, and Antarctica, WILJ 2003, S. 409–434.
Francioni, Francesco, Equity in International Law, in: Wolfrum, Rüdiger (Hrsg.), MPEPIL-Online, Oxford 2013.

Franck, Enke u. a., Klimaanpassung durch strategische Regionalplanung?, in: Birkmann, Jörn / Vollmer, Maike / Schanze, Jochen (Hrsg.), Raumentwicklung im Klimawandel, Hannover 2013.
Franke, Dieter / *Rehde*, Sönke, Erdölförderung aus großen Wassertiefen (Commodity Top News 35), Hannover 2011.
Fraunhofer Institut für Solare Energiesysteme, Installierte Netto-Leistung zur Stromerzeugung in Deutschland, www.energy-charts.de/power_inst_de.htm (abgerufen am 30. 03. 2021).
Freestone, David, The Effective Conservation and Management of High Seas Living Resources: Towards a new Regime?, CLR 5 (1992), S. 341–362.
Freestone, David / *Salman*, Salman M. A., Ocean and Freshwater Ressources, in: Bodansky, Daniel / Brunée, Jutta / Hey, Ellen (Hrsg.), The Oxford Handbook of International Environmental Law, Oxford 2007.
Frenzel, Matthias, Sekundärrechtsetzungsakte internationaler Organisationen, Tübingen 2011.
Frommer, Birte u. a., Die Rolle der räumlichen Planung bei der Anpassung an die Folgen des Klimawandels, in: Birkmann, Jörn / Vollmer, Maike / Schanze, Jochen (Hrsg.), Raumentwicklung im Klimawandel, Hannover 2013.
Fürst, Dietrich / *Ritter*, Ernst-Hasso, Planung, in: ARL (Hrsg.), Handwörterbuch der Raumordnung, 4. Aufl., Hannover 2005.
Gärditz, Klaus F., Das Ramsar-Übereinkommen über Feuchtgebiete, insbesondere als Lebensraum für Wasser- und Watvögel von internationaler Bedeutung, AVR 54 (2016), S. 413–434.
— Nachhaltigkeit und Völkerrecht, in: Kahl, Wolfgang (Hrsg.), Nachhaltigkeit als Verbundbegriff, Tübingen 2008.
Gärditz, Klaus Ferdinand, Europäisches Planungsrecht, Tübingen 2009.
Gardner, J. Steven / *Sainatot*, Paul, Sustainable Development in Appalachia: A New Way of Looking at Mountaintop Mining, ANRLJ 2006, S. 89–106.
Gatawis, Siegbert, Steuerung der nationalen Raumordnung durch das EUREK und durch Fördermittel der EG, UPR 2002, S. 263–270.
Gavouneli, Maria, From Unity to Fragmentation? The Ability of the UN Convention on the Law of the Sea to Accommodate New Uses and Challenges, in: Strati, Anastasia / Gavouneli, Maria / Skourtos, Nikolaos (Hrsg.), Unresolved Issues and New Challenges to the Law of the Sea, Leiden/Boston 2006.
— Functional Jurisdiction in the Law of the Sea, Leiden/Boston 2007.
Gazette Officielle du Quebec, December 17, 2003, Vol. 135, No. 51 – Natural Heritage Conservation Act, http://www2.publicationsduquebec.gouv.qc.ca/dynamicSearch/telecharge.php?type=1&file=6050.PDF (abgerufen am 30. 03. 2021).
Geber, Frederic, Die Netzanbindung von Offshore-Anlagen im europäischen Supergrid, Tübingen 2014.
Gebhardt, Hans, Das „Anthropozän" – zur Konjunktur eines Begriffs, Heidelberger Jahrbücher Online 1 (2016), S. 28–42.
Gehne, Katja, Nachhaltige Entwicklung als Rechtsprinzip, Tübingen 2011.
Geiger, Rudolf, Grundgesetz und Völkerrecht mit Europarecht, 5. Aufl., München 2010.
Geiß, Robin, Russia's Annexation of Crimea, ILS 91 (2015), S. 425–449.
Gesetzentwurf des Bundesrates über Rahmenvorschriften für Naturschutz und Landschaftspflege sowie zur Anpassung bundesrechtlicher Vorschriften an die Erfordernisse des Naturschutzes und der Landschaftspflege (Bundesnaturschutzgesetz – BNatSchG), 24.07.75, BT-Drs. 7/3879, http://dipbt.bundestag.de/doc/btd/07/038/0703879.pdf (abgerufen am 30. 03. 2021).
Giegerich, Bastian, Die NATO, Wiesbaden 2012.
Gilgen, Kurt, Der globale Kontrakt – Raumplanung zwischen Utopie und Horrorvision, Ein Science-Fiction Roman, Zürich 2013.
Gillespie, Alexander, Protected Areas and International Environmental Law, Leiden/Boston 2007.
Girot, Pascal O., The Darién Region between Colombia and Panama: Gap or Seal?, in: Zarsky, Lyuba (Hrsg.), Human rights and the environment: conflicts and norms in a globalising world, London 2002.

Gjerde, Kristina M., Participant Report of the Expert Workshop on Managing Risks to Biodiversity and the Environment on the High Seas, including Tools such as Marine Protected Areas: Scientific Requirements and Legal Aspects, IJMCL 16 (2001), S. 515–528.

Glowka, Lyle, Complementarities between the Convention on Migratory Species and the Convention on Biological Diversity, JIWLP 3 (2000), S. 205–252.

— The Deepest of Ironies: Genetic Resources, Marine Scientific Research, and the Area, Ocean Yearbook 12 (1996), S. 154–178.

Gobierno de Chile / Republica Argentina, Estudio Binacional para la Optimizacion del Paso de Frontera Sistema Cristo Redentor – Resumen Ejecutivo, 2018, https://www.mininterior.gov.ar/planificacion/pdf/Resumen-Ejecutivo-Cristo-Redentor.pdf (abgerufen am 30.03.2021).

Gonzalez, Carmen G., Environmental Impact Assessment in Postcolonial Societies, TJLP 2008, S. 303–354.

Goppel, Konrad / *Maier*, Jörg, Nachhaltigkeit und Raumordnung, in: Kahl, Wolfgang (Hrsg.), Nachhaltigkeit als Verbundbegriff, Tübingen 2008.

Gorove, Catherine, Delimitation of Outer Space and the Aerospace Object – Where is the Law?, JSL 2000, S. 11–27.

Gorove, Stephen, Freedom of Exploration and Use in the Outer Space Treaty, DJILP 1 (1971), S. 93–107.

— Sonnenenergie und Weltraumrecht, ZLW 1976, S. 89–93.

Gouvernement du Quebec, Reserve de biodiversite de la Meteorite – Conservation Plan, 2009, http://www.mddelcc.gouv.qc.ca/biodiversite/reserves-bio/meteorite/PCF_Meteorite_ang.pdf (abgerufen am 30.03.2021).

Gregersen, Erik, Satellite communication, 6. März 2016, https://www.britannica.com/topic/geostationary-orbit (abgerufen am 30.03.2021).

Grewe, Wilhelm G., Epochen der Völkerrechtsgeschichte, 2. Aufl., Baden-Baden 1988.

Grewe, Wilhelm G. / *Byers*, Michael, Epochs of International Law, Berlin/New York 2000.

Grote, Rainer, Westphalian System, in: Wolfrum, Rüdiger (Hrsg.), MPEPIL-Online, Oxford 2006.

Gruchmann, Lothar, Nationalsozialistische Großraumordnung, Die Konstruktion „einer deutschen Monroe-Doktrin", Stuttgart 1962.

Gündling, Lothar, Die 200 Seemeilen-Wirtschaftszone, Berlin/Heidelberg 1983.

— Verantwortlichkeit der Staaten für grenzüberschreitende Umweltbeeinträchtigungen, ZaöRV 45 (1985), S. 265–292.

Hafner, Gerhard, Die seerechtliche Verteilung von Nutzungsrechten, Wien 1987.

— Meeresumwelt, Meeresforschung und Technologietransfer, in: Vitzthum, Wolfgang Graf (Hrsg.), Handbuch des Seerechts, München 2006.

Hailbronner, Kay, Ziele und Methoden völkerrechtlich relevanter Rechtsvergleichung, ZaöRV 36 (1976), S. 190–226.

Handl, Günther, Transboundary Impacts, in: Bodansky, Daniel / Brunée, Jutta / Hey, Ellen (Hrsg.), The Oxford Handbook of International Environmental Law, Oxford 2007.

Hanrahan, David G., Legal Aspects of the Panama Canal Zone – In Perspective, BULR 1965, S. 64–87.

Harding, Andrew, Planning, environment and development: A comparison of planning law in Malaysia and England, ELR 2003, S. 231–255.

Hassan, Daud / *Kuokannen*, Tuomas / *Soininen*, Niko (Hrsg.), Transboundary Marine Spatial Planning and International Law, Abingdon 2015.

Hauhs, Michael, Nachhaltigkeit und Landnutzung, in: Kahl, Wolfgang (Hrsg.), Nachhaltigkeit als Verbundbegriff, Tübingen 2008.

Hector, Pascal, Das völkerrechtliche Abwägungsgebot, Berlin 1992.

Heim, Barbara Ellen, Exploring the last frontiers for mineral resources: a comparison of international law regarding the deep seabed, outer space and Antarctica, VJTL 23 (1990), S. 819–849.

Heintschel von Heinegg, Wolff, Die völkerrechtlichen Verträge als Hauptrechtsquelle des Völkerrechts, in: Epping, Volker / Heintschel von Heinegg, Wolff (Hrsg.), Ipsen, Völkerrecht, 7. Aufl., München 2018.

— Internationales öffentliches Seerecht, in: Epping, Volker / Heintschel von Heinegg, Wolff (Hrsg.), Ipsen, Völkerrecht, 7. Aufl., München 2018.
— Internationales öffentliches Umweltrecht, in: Ipsen, Knut (Hrsg.), Völkerrecht, 2014.
Heller, Thomas C., Environmental Realpolitik: Joint Implementation and Climate Change, IJGLS 3 (1996), S. 295–340.
Hendrischke, Oliver, §§ 20–27, in: Schlacke, Sabine (Hrsg.), Gemeinschaftskommentar zum Bundesnaturschutzgesetz, Köln 2012.
Hennig, Richard, Die Geschichte der mittelamerikanischen Kanalunternehmungen, Beiträge zur Geschichte der Technik und Industrie 1912, S. 113–146.
Hey, Ellen, Common but Differentiated Responsibilities, in: Wolfrum, Rüdiger (Hrsg.), MPEPIL-Online, Oxford 2011.
— The International Regime for the Protection of the North Sea: From Functional Approaches to a more Integrated Approach, IJMCL 17 (2002), S. 325–350.
Hillgruber, Christian, Das Völkerrecht als Brücke zwischen den Rechtskulturen, AVR 40 (2002), S. 1–16.
Hinz, Karl, Antarktica, in: Kulke, Holger (Hrsg.), Regional Petroleum Geology of the World, Bd. 2, Berlin/Stuttgart 1995.
HKND-Group, Environmental and Social Impact Assessment Canal de Nicaragua (Executive Summary), 2015, https://www.evolutionsbiologie-uni-konstanz.com/uploads/7/7/7/4/77747518/hknd010.pdf (abgerufen am 30.03.2021).
— Nicaragua Canal Project Description, 2014, http://hknd-group.com/upload/pdf/20150105/Nicaragua_Canal_Project_Description_EN.pdf (abgerufen am 09.11.2018).
Hobe, Stephan, Die Zukunft des Völkerrechts im Zeitalter der Globalisierung, AVR 37 (1999), S. 253–282.
Hoffmeister, Frank, Cyprus, in: Wolfrum, Rüdiger (Hrsg.), MPEPIL-Online, Oxford 2009.
Hofmann, Ekkehard, Abwägung im Recht, Tübingen 2007.
Hofmann, Mahulena, Moon and Celestial Bodies, in: Wolfrum, Rüdiger (Hrsg.), MPEPIL-Online, Oxford 2010.
Holston, James, Insurgent Citizenship: Disjunctions of Democracy and Modernity in Brazil, Princeton 2008.
Hoppe, Hans-Joachim, Die Brücke von Kertsch, 1. Jan. 2016, https://www.eurasischesmagazin.de/artikel/Russland-will-ueber-die-Strasze-von-Kertsch-eine-Bruecke-zur-Krim-bauen/14007 (abgerufen am 12.11.2018).
Hoppe, Werner, Das Abwägungsgebot, in: Hoppe, Werner / Bönker, Christian / Grotefels, Susan (Hrsg.), Öffentliches Baurecht, 4. Aufl., München 2010.
— Planung, in: Isensee, Josef / Kirchhof, Paul (Hrsg.), Handbuch des Staatsrechts, 3. Aufl., Bd. 4, Heidelberg 2006.
Horx, Matthias, Das Megatrend-Prinzip: Wie die Welt von morgen entsteht, München 2011.
Hosseini, Esmaili K., The Legal Regime of Offshore Oil Rigs in International Law, Abingdon 2001.
Hutchinson, Cameron, The Duty to Negotiate International Environmental Disputes in Good Faith, McGIJSDP 2 (2006), S. 117–153.
Hydro-Quebec, Hydroelectric Generating Stations as at January 1st, 2018, http://www.hydroquebec.com/generation/centrale-hydroelectrique.html (abgerufen am 09.11.2018).
ILA (Hrsg.), Berlin Rules on Water Resources, Berlin conference (2004), Berlin 2004.
— (Hrsg.), Report of the Fifty-second Conference Held at Helsinki, Helsinki.
ILC, Draft articles on Prevention of Transboundary Harm from Hazardous Activities, with commentaries, hrsg. v. United Nations, 2001, http://legal.un.org/ilc/texts/instruments/english/commentaries/9_7_2001.pdf (abgerufen am 30.03.2021).
— Draft principles on the allocation of loss in the case of transboundary harm arising out of hazardous activities, with commentaries, 2006, http://legal.un.org/ilc/publications/datebooks/english/ilc_2006_v2_p2.pdf (abgerufen am 30.03.2021).
IMO, Designation of the Baltic Sea Area as a Particularly Sensitive Sea Area, Resolution MEPC. 136(53), 22.07.2005, https://www.imo.org/en/KnowledgeCentre/IndexofIMOResolutions/Pages/MEPC-2004-05.aspx (abgerufen am 30.03.2021).

IMO, Identification and Protection of Special Areas and Particularly Sensitive Sea Areas, Submitted by the Division for Ocean Affairs and the Law of the Sea, Office of Legal Affairs, United Nations, MEPC 43/6/2, 31.03.1999, http://merchantmarine.financelaw.fju.edu.tw/data/IMO/MEPC/43/MEPC%2043-6-2.pdf (abgerufen am 30. 03. 2021).
— List of Special Areas, Emission Control Areas and Particularly Sensitive Sea Areas, MEPC.1/Circ.778/Rev.3, 02.07.2018, https : / / www . pmo . ir / fa / filepool2 / download / 5537e1b474ed82bf8e995d0d77c28b69d60eee51ae2e2c6db1%20f6b35e833c3aa2 (abgerufen am 30. 03. 2021).
— Report of The Legal Committee on the Work of its Eighty-seventh Session, Leg.87/17, 23.10.2003, http://www.sjofartsverket.se/upload/4157/87-17.pdf (abgerufen am 31. 10. 2017).
— (Hrsg.), Ships' Routeing, London 2015.
— Special Areas under MARPOL, https://www.imo.org/en/OurWork/Environment/Pages/Special-Areas-Marpol.aspx (abgerufen am 30. 03. 2021).
— Status of IMO-Conventions, 2018, https://www.imo.org/en/About/Conventions/Pages/StatusOfConventions.aspx (abgerufen am 30. 03. 2021).
IMO-Assembly, General Provisions on Ships Routeing, Resolution A.572(14), 20.11.1985, https://wwwcdn.imo.org/localresources/en/KnowledgeCentre/IndexofIMOResolutions/AssemblyDocuments/A.572(14).pdf (abgerufen am 30. 03. 2021).
— Guidelines for the designation of special areas and the identification of particularly sensitive areas, Res. A.720 (17), 02.11.1991, https://www.gc.noaa.gov/documents/gcil_sad_imo_927.pdf (abgerufen am 30. 03. 2021).
— Revised Guidelines for the Identification and Designation of Particularly Sensitive Sea Areas, Resolution A.982(24), 01.12.2005, https://wwwcdn.imo.org/localresources/en/KnowledgeCentre/IndexofIMOResolutions/AssemblyDocuments/A.982(24).pdf (abgerufen am 30. 03. 2021).
— Safety zones and safety of navigation around offshore installations and structures, Resolution A.671(16), 19.10.1989, https : / / wwwcdn . imo . org / localresources / en / KnowledgeCentre / IndexofIMOResolutions/AssemblyDocuments/A.671(16).pdf (abgerufen am 30. 03. 2021).
Informal Ministerial Meeting of Ministers responsible for Spatial Planning and Territorial Development, Territorial Agenda of the European Union 2020, 2011, http://www.nweurope.eu/media/1216/territorial_agenda_2020.pdf (abgerufen am 30. 03. 2021).
Informeller Rat der für die Raumordnung zuständigen Ministerinnen und Minister der Europäischen Union, EUREK – Europäisches Raumentwicklungskonzept, 1999, http://ec.europa.eu/regional_policy/sources/docoffic/official/reports/pdf/sum_de.pdf (abgerufen am 30. 03. 2021).
Interfax-Ukraine, Kyiv protests against Russia's ban on navigation through Kerch Strait over bridge construction, 11. Aug. 2017, https://www.kyivpost.com/ukraine-politics/kyiv-protests-russias-ban-navigation-kerch-strait-bridge-construction.html (abgerufen am 30. 03. 2021).
International Association of Antarctic Tourism Operators, Tourism Statistics, 2016, http://iaato.org/tourism-statistics (abgerufen am 30. 03. 2021).
International Federation for Human Rights, Concesión del Canal Interoceánico en Nicaragua: Grave Impacto en los Derechos Humanos, 2016, https://www.fidh.org/IMG/pdf/informe_nicaragua_canal_esp.pdf (abgerufen am 30. 03. 2021).
Internationale Kommission für die Hydrologie des Rheingebietes (Hrsg.), Der Rhein unter der Einwirkung des Menschen, Lelystad 1993.
IPCC, Climate Change 2014, Synthesis Report, Geneva, 2015, https://archive.ipcc.ch/report/ar5/syr/ (abgerufen am 30. 03. 2021).
Ipsen, Knut, Regelungsbereich, Geschichte und Funktion des Völkerrechts, in: Epping, Volker / Heintschel von Heinegg, Wolff (Hrsg.), Ipsen, Völkerrecht, 7. Aufl., München 2018.
ISA, Database on National Legislation with Respect to Activities in the Area, 2017, https://www.isa.org.jm/national-legislation-database (abgerufen am 30. 03. 2021).
— (Hrsg.), ISA-Workshop on Minerals Other than Polymetallic Nodules of the International Seabed Area (2000), Kingston 2004.
— Legislative History of the "Enterprise" under the United Nations Convention on the Law of the Sea and the Agreement relating to the Implementation of Part XI of the Convention, Kingston 2002.

— Report of the Secretary-General of the International Seabed Authority under article 166, paragraph 4, of the United Nations Convention on the Law of the Sea, ISBA/19/A/2, 2013, https://www.isa.org.jm/documents/isba19a2 (abgerufen am 30. 03. 2021).
— Report of the Secretary-General of the International Seabed Authority under article 166, paragraph 4, of the United Nations Convention on the Law of the Sea, ISBA/20/A/2, 2014, https://www.isa.org.jm/document/isba20a2 (abgerufen am 30. 03. 2021).
— Revised Draft Strategic Plan (2019–2023), ISBA/24/A/4, https://www.isa.org.jm/document/isba24a4 (abgerufen am 30. 03. 2021).
Isensee, Josef, Die bundesstaatliche Kompetenz, in: Isensee, J. / Kirchhof, P. (Hrsg.), Handbuch des Staatsrechts, 3. Aufl., Bd. 6, Heidelberg 2008.
ITTO/IUCN, Guidelines for the conservation and sustainable use of biodiversity in tropical timber production forests, ITTO Policy Development Series No. 17, 2009, https://portals.iucn.org/library/sites/library/files/documents/2009-078.pdf (abgerufen am 30. 03. 2021).
IUCN, Forests and Climate Change, hrsg. v. IUCN, 2017, https://www.iucn.org/sites/dev/files/forests_and_climate_change_issues_brief.pdf (abgerufen am 30. 03. 2021).
Iudicello, Suzanne / *Lytle*, Margaret, Marine biodiversity and international law: instruments and institutions that can be used to conserve marine biological diversity internationally, TELJ 1994, S. 123–161.
Jacobs, Andrew / *Perlez*, Jane, U. S. Wary of Its New Neighbor in Djibouti: A Chinese Naval Base, 25. Feb. 2017, https://www.nytimes.com/2017/02/25/world/africa/us-djibouti-chinese-naval-base.html (abgerufen am 30. 03. 2021).
Jaeckel, Alina J., The International Seabed Authority and the Precautionary Principle, Leiden 2017.
Jakel, Dominik, Wiedervorlage: European Timber Regulation, Natur und Recht 2015, S. 27–31.
Jakobsen, Ingvild Ulrikke, Marine Protected Areas in International Law, Leiden/Bosten 2016.
Jamal, Fazil, Legal Aspects of Transnational Energy Pipelines: A Critical Appraisal, ENLR 21 (2015), S. 103–116.
Jänicke, Martin, Ökologisch tragfähige Entwicklung – Kriterien und Steuerungsansätze ökologischer Ressourcenpolitik, Ökologisches Wirtschaften 9 (1994),
Jarass, Hans D., Naturschutz in der Ausschließlichen Wirtschaftszone, Baden-Baden 2002.
Jay, Stephen u. a., International Progress in Marine Spatial Planning, Ocean Yearbook 27 (2013), S. 171–212.
— Transboundary dimensions of marine spatial planning: Fostering inter-jurisdictional relations and governance, Marine Policy 65 (2016), S. 85–96.
Jenisch, Uwe, Renaissance des Meeresbodens – mineralische Rohstoffe und Seerecht, Teil 1, NordÖR 2010, S. 373–382.
— Tiefseebergbau – Lizenzvergabe und Umweltschutz, Natur und Recht 2013, S. 841–854.
— Tiefseebergbau auf dem Weg zum Abbau-Code, NordÖR 2015, S. 513–518.
— Tiefseebergbau und Umweltschutz – Anforderungen an den Abbaucode (exploitation code), NordÖR 2017, S. 1–7.
— Tiefseebergbau und Umweltschutz – die Gesetzgebung der Internationalen Meeresbodenbehörde (IMB), NordÖR 2014, S. 421–433.
Jessel, Beate, Landschaft, in: ARL (Hrsg.), Handwörterbuch der Raumordnung, 4. Aufl., Hannover 2005.
Jestaedt, Matthias, Maßstäbe des Verwaltungshandels, in: Ehlers, Dirk / Pünder, Hermann (Hrsg.), Allgemeines Verwaltungsrecht, 15. Aufl., Berlin 2016.
Kahl, Wolfgang, Rechts- und Sachkontrolle in grenzüberschreitenden Sachverhalten, in: Isensee, J. / Kirchhof, P. (Hrsg.), Handbuch des Staatsrechts, 3. Aufl., Bd. 11, Heidelberg 2013.
— Umweltprinzip und Gemeinschaftsrecht, Heidelberg 1993.
Kämmerer, Jörn Axel, Die Antarktis in der Raum- und Umweltschutzordnung des Völkerrechts, Berlin 1994.
Kamminga, Menno T., Extraterritoriality, in: Wolfrum, Rüdiger (Hrsg.), MPEPIL-Online, Oxford 2012.
Karbach, Jelena, Die Wasserversorgung von Mensch und Natur als Herausforderung des Völkerrechts, Berlin 2016.

Kaye, Stuart, International Measures to protect Oil Platforms, Pipelines, and Submarine Cables from Attack, TMLJ 2006, S. 377–423.
Kelleher, Graeme / *Kenchington*, Richard, Guidelines for Establishing Marine Protected Areas, Gland 1992.
Keller, Maxi, Das Planungs-und Zulassungsregime für Offshore-Windenergieanlagen in der deutschen Ausschliesslichen Wirtschaftszone, Baden-Baden 2006.
Kemp, Roger L. / *Stephani*, Carl J. (Hrsg.), Global Models of Urban Planning, Best Practices Outside the U. S. Jefferson/London 2014.
Kenny, Charles, Construction, Corruption, and Developing Countries, hrsg. v. World Bank, 2007, https://tinyurl.com/yd8knfeu (abgerufen am 30. 03. 2021).
Kersandt, Peter, Rechtliche Vorgaben und Defizite bei Schutz und Nutzung der Nordsee, Berlin 2009.
Kersten, Charles M., Rethinking Transboundary Environmental Impact Assessment, YJIL 34 (2009), S. 173–206.
Kersten, Jens, Das Anthropozän-Konzept, Baden-Baden 2014.
— Nachhaltigkeit und Städtebau, in: Kahl, Wolfgang (Hrsg.), Nachhaltigkeit als Verbundbegriff, Tübingen 2008.
Kischel, Uwe, Rechtsvergleichung, München 2015.
Klein, Daniel R., Umweltinformation im Völker- und Europarecht, Tübingen 2011.
Klein, Eckart / *Schmahl*, Stefanie, Die Internationalen und die Supranationalen Organisationen, in: Vitzthum, Wolfgang Graf / Proelß, Alexander (Hrsg.), Völkerrecht, 7. Aufl., Berlin/Boston 2016.
Klemm, Cyrille de / *Shine*, Clare, Biological Diversity Conservation and the Law, Gland/Camebridge 1993.
Kloepfer, Michael, Internationalrechtliche Probleme grenznaher Kernkraftwerke, AVR 25 (1987), S. 277–293.
— Umweltrecht, 4. Aufl., München 2016.
Kloepfer, Michael / *Kohler*, Christian, Kernkraftwerk und Staatsgrenze, Berlin 1981.
Kloepfer, Michael / *Mast*, Ekkehart, Das Umweltrecht des Auslandes, Berlin 1995.
Kment, Martin, Grenzüberschreitendes Verwaltungshandeln, Tübingen 2010.
— Raumordnungsgebiete in der deutschen Ausschliesslichen Wirtschaftszone, Die Verwaltung 2007, S. 53–74.
Koh, Tommy T.B., A Constitution for the Oceans, Remarks by the President of the Third United Nations Conference on the Law of the Sea, Adapted from statements by the President on 6 and 11 December 1982 at the final session of the Conference at Montego Bay, www.un.org/Depts/los/convention_agreements/texts/koh_english.pdf (abgerufen am 30. 03. 2021).
Kokott, Juliane, State, Sovereign Equality, in: Wolfrum, Rüdiger (Hrsg.), MPEPIL-Online, Oxford 2011.
Koller, David, ...and New York and The Hague and Tokyo and Geneva and Nuremberg and...: The Geographies of International Law, EJIL 23 (2012), S. 97–119.
König, Doris, Flags of Convenience, in: Wolfrum, Rüdiger (Hrsg.), MPEPIL-Online, Oxford 2008.
— Marine Environment, International Protection, in: Wolfrum, Rüdiger (Hrsg.), MPEPIL-Online, Oxford 2013.
Koskenniemi, Martti, Case Concerning Passage through the Great Belt, ODIL 1996, S. 255–289.
— (Hrsg.), Fragmentation of International Law – Report of the Study Group of the International Law Commission, A/CN.4/L.682, Geneva 2006.
Köster, Ulrich, Grenzüberschreitende Zusammenarbeit von Naturparken aus Sicht des Verbandes Deutscher Naturparke e.V. In: Scherfose, Volker / Gehrlein, Ulrich / Milz, Eva (Hrsg.), Grenzüberschreitende und Bundesländer übergreifende Zusammenarbeit von Nationalen Naturlandschaften (BfN-Skripten 405), Bonn 2015.
Kotzur, Markus, Good Faith (Bona fide), in: Wolfrum, Rüdiger (Hrsg.), MPEPIL-Online, Oxford 2009.
Ksentini, Fatma Zohra, Human Rights and the Environment, 1994.
Kubo, Nobuhiro, Japan to expand Djibouti military base to counter Chinese influence, 13. Okt. 2016, https://www.reuters.com/article/us-japan-military-djibouti/japan-to-expand-djibouti-military-base-to-counter-chinese-influence-idUSKCN12D0C4 (abgerufen am 30. 03. 2021).

Kunig, Philip, Nachbarrechtliche Staatenverpflichtungen bei Gefährdungen und Schädigungen der Umwelt, in: Dolzer, Rudolf u. a. (Hrsg.), Umweltschutz im Völkerrecht und Kollisionsrecht, Heidelberg 1992.

Kursrutsch gefährdet Finanzierung, Experten zweifeln am Nicaragua-Kanal, 9. Jan. 2016, http://www.n-tv.de/wirtschaft/Experten-zweifeln-am-Nicaragua-Kanal-article16702786.html (abgerufen am 09.11.2018).

Kwiatowski, Barbara, Creeping Jurisdiction Beyond 200 Miles in the Light of the 1982 Law of the Sea Convention and State Practice, ODIL 1991, S. 153–187.

Lagoni, Rainer, Die Errichtung von Schutzgebieten in der Ausschliesslichen Wirtschaftszone aus völkerrechtlicher Sicht, Natur und Recht 2002, S. 121–133.

— Festlandsockel, in: Vitzthum, Wolfgang Graf (Hrsg.), Handbuch des Seerechts, München 2006.

— Künstliche Inseln und Anlagen im Meer, GYIL 18 (1975), S. 241–282.

— Pipelines, in: Wolfrum, Rüdiger (Hrsg.), MPEPIL-Online, Oxford 2011.

Landauer, Carl, The Ever-Ending Geography of International Law, EJIL 25 (2014), S. 31–34.

Lane, Kenneth S., Tunnels and underground excavations, 1. Aug. 2018, https://www.britannica.com/technology/tunnel (abgerufen am 30.03.2021).

Lapidoth, Ruth, Straits, International, in: Wolfrum, Rüdiger (Hrsg.), MPEPIL-Online, Oxford 2006.

Laskowski, Ruth, Das Menschenrecht auf Wasser, Tübingen 2010.

Lasserre, Frédéric, Arctic Shipping Routes – From the Panama myth to reality, International Journal 2010, S. 793–808.

Le Gurun, Gwénaëlle, Annex III, in: Proelss, Alexander (Hrsg.), UNCLOS, München 2017.

Leary, David Kenneth, Genetic Resources, Marine Scientific Research and the International Seabed Area, MJICEL 2004, S. 137–178.

— International Law and the Genetic Resources of the Deep Sea, Leiden/Boston 2007.

— Moving the Marine Genetic Resources Debate Forward: Some Reflections, IJMCL 27 (2012), S. 435–448.

Lefebvre-Chalain, Helen, Fifteen dates of Particularly Sensitive Sea Areas: A Concept in Development, OCLJ 2007, S. 47–69.

Lendi, Martin, Rechtliche Grundlagen, in: ARL (Hrsg.), Methoden und Instrumente räumlicher Planung, Hannover 1998.

— Rechtsethik als Grundlage für die Raumplanung, in: Lendi, Martin / Hübler, Karl-Hermann (Hrsg.), Ethik in der Raumplanung, Hannover 2004.

Lenoble, Jean-Pierre, A Comparison of the Possible Economic Returns from Mining Deep Seabed Polymetallic Nodules, Seafloor Massive Sulphides and Cobalt-rich Crusts, in: ISA (Hrsg.), Workshop on Minerals Other than Polymetallic Nodules of the International Seabed Area, Kingston 2004.

Lindstadt, Haakon / *Jullumstrø*, Egil / *Sandaas*, Inge, Reductions in cost and greenhousegas emissions with new bulk ship designs enabled by the Panama Canal expansion, Energy Policy 2013, S. 341–349.

Lingenhöhl, Daniel, Nicaraguakanal: Jahrhundertwerk oder Desaster?, 25. Feb. 2014, http://www.spektrum.de/news/nicaraguakanal-jahrhundertwerk-oder-desaster/1240739 (abgerufen am 30.03.2021).

— Staudämme am Amazonas gefährden das Klima und den Regenwald, 15. Aug. 2012, http://www.zeit.de/wissen/umwelt/2012-08/amazonas-staudamm-brasilien-energie/komplettansicht (abgerufen am 30.03.2021).

List of adopted PSSAs, https://www.imo.org/en/OurWork/Environment/Pages/PSSAs.aspx (abgerufen am 30.03.2021).

List of Wetlands of International Importance, 18. Okt. 2018, https://www.ramsar.org/sites/default/files/documents/library/sitelist.pdf (abgerufen am 09.11.2018).

Lodge, Michael W., International Seabed Authority's Regulations on Prospecting and Exploration for Polymetallic Nodules in the Area, JENRL 20 (2002), S. 270–295.

— The Deep Seabed, in: Rothwell, Donald R. u. a. (Hrsg.), The Oxford Handbook of the Law of the Sea, Oxford 2015.

Lodge, Michael W., The International Seabed Authority and the Exploration and Exploitation of the Deep Seabed, RBDI 47 (2014), S. 129–136.
Lost-Sieminska, Dorota, Railway Transport, International Regulation, in: Wolfrum, Rüdiger (Hrsg.), MPEPIL-Online, Oxford 2013.
Louis, Hans Walter, 20 Jahre FFH-Richtlinie, Teil I: Natura2000, Natur und Recht 2012, S. 385–394.
Lücke, Jörg, Universales Verfassungsrecht, Völkerrecht und Schutz der Umwelt, AVR 35 (1997), S. 1–28.
Lüdemann, Jörn, Internationales Kommunikationsrecht, in: Tietje, Christian (Hrsg.), Internationales Wirtschaftsrecht, 2. Aufl., Berlin 2015.
Luhmann, Niklas, Das Recht der Gesellschaft, Frankfurt a.M. 1993.
— Politische Planung, 4. Aufl., Opladen 1994.
Lysenko, Igor / *Besançon*, Charles / *Savy*, Conrad, 2007 UNEP-WCMC Global List of Transboundary Protected Areas, http://www.tbpa.net/docs/78_Transboundary_PAs_database_2007_WCMC_tbpa.net.pdf (abgerufen am 30.03.2021).
Mackelworth, Peter u. a., The Prospect of a Transboundary Marine Protected Area to Help Resolve the Piran Bay Border Dispute in the Northern Adriatic Peter Mackelworth, in: Mackelworth, Peter (Hrsg.), Marine Transboundary Conservation and Protected Areas, London 2016.
Mäding, Heinrich, Raumplanung unter veränderten Verhältnissen, in: ARL (Hrsg.), Grundriss der Raumordnung und Raumentwicklung, Hannover 2011.
Maes, Frank, The International Legal Framework for Marine Spatial Planning, Marine Policy 12 (2008), S. 797–810.
Maggio, Amber Rose, Art. 77–78, 80–81, 85, in: Proelss, Alexander (Hrsg.), UNCLOS, München 2017.
Magraw, Daniel B. / *Ruis*, Barbara, Principles and concepts of international environmental law, in: UNEP (Hrsg.), UNEP Training Manual on International Environmental Law, 2006.
Magraw, Daniel Barstow / *Hawke*, Lisa D., Sustainable Development, in: Bodansky, Daniel / Brunée, Jutta / Hey, Ellen (Hrsg.), The Oxford Handbook of International Environmental Law, Oxford 2007.
Mahmoudi, Said, Transit Passage, in: Wolfrum, Rüdiger (Hrsg.), MPEPIL-Online, Oxford 2008.
Maier, Kathrin, Die Ausdehnung des Raumordnungsgesetzes auf die Ausschließliche Wirtschaftszone dargestellt an der auslösenden Situation der raumordnerischen Steuerung der Errichtung von Offshore-Windenergieanlagen, Augsburg 2008.
Malla, Katak, Current State of the Law of International Watercourses: Progress and Paradigm Shifts 1815–2008, NJIL 77 (2008), S. 461–508.
Marauhn, Thilo, North Atlantic Treaty Organisation, in: Wolfrum, Rüdiger (Hrsg.), MPEPIL-Online, Oxford 2016.
Marchisio, Sergio, Servitudes, in: Wolfrum, Rüdiger (Hrsg.), MPEPIL-Online, Oxford 2011.
maribus (Hrsg.), Mit den Meeren leben – ein Bericht über den Zustand der Weltmeere (World Ocean Review 1), Hamburg 2010.
— (Hrsg.), Rohstoffe aus dem Meer – Chancen und Risiken, Bd. 3 (World Ocean Review), Hamburg 2014.
Markus, Till, Erhalt und Nachhaltige Nutzung der Biodiversität, in: Proelß, Alexander (Hrsg.), Internationales Umweltrecht, Berlin/Boston 2017.
Marques Antunes, Nuno, Towards the Conceptualisation of Maritime Delimitation, Leiden 2003.
Martens, Jens / *Obenland*, Wolfgang, Die 2030-Agenda, Bonn/Osnabrück 2016.
Martinez, Oscar J., The Dynamics of Border Interaction, New approaches to border analysis, in: Schofield, Clive H. (Hrsg.), Global Boundaries, Bd. 1 (World Boundaries), London/New York 1994.
Martínez-Soria, José, Die grenzüberschreitende Raumplanung unter europäischem Integrationsdruck, ZUR 2005, S. 337–342.
— Rechtsprobleme grenzüberschreitender Infrastrukturvorhaben im Energiesektor – Der Bau einer Gaspipeline auf dem Ostseegrund, in: Hendler, Reinhard u. a. (Hrsg.), Jahrbuch des Umwelt und Technikrechts, Bd. 98, Berlin 2008.

Marxsen, Christian / *Peters*, Anne / *Hartwig*, Matthias, Symposium: The Incorporation of Crimea by the Russian Federation in the Light of International Law, ZaöRV 75 (2015), S. 3–231.
Matz-Lück, Nele, Biological Diversity, International Protection, in: Wolfrum, Rüdiger (Hrsg.), MPEPIL-Online, Oxford 2008.
— Meeresschutz, in: Proelß, Alexander (Hrsg.), Internationales Umweltrecht, Berlin/Boston 2017.
Matz-Lück, Nele / *Fuchs*, Johannes, Marine Living Ressources, in: Rothwell, Donald R. u. a. (Hrsg.), The Oxford Handbook of the Law of the Sea, Oxford 2015.
Mauerhofer, Volker / *Galle*, Ewald / *Onida*, Marco, The Alpine Convention and wilderness protection, in: Bastmeijer, Kees (Hrsg.), Wilderness Protection in Europe, Cambridge 2016.
McCaffrey, Stephen C., International Watercourses, Environmental Protection, in: Wolfrum, Rüdiger (Hrsg.), MPEPIL-Online, Oxford 2011.
— The Law of International Watercourses, Oxford 2007.
McDorman, Ted L., The Continental Shelf, in: Rothwell, Donald R. u. a. (Hrsg.), The Oxford Handbook of the Law of the Sea, Oxford 2015.
McGinley, Patrick C., From Pick and Shovel to Mountaintop Removal, Environmental Law 2004, S. 21–106.
McGraw, Désirée M., The CBD – Key Characteristics and Implications for Implementation, RECIEL 11 (2002), S. 17–28.
Mechlem, Kerstin, International Groundwater Law: Towards Closing the Gaps?, YIEL 14 (2003), S. 47–80.
Medvedev Signs Decree Creating Contractor for Kerch Strait Bridge Project, 4. März 2014, https://themoscowtimes.com/articles/medvedev-signs-decree-creating-contractor-for-kerch-strait-bridge-project-32624 (abgerufen am 30.03.2021).
Mees, Heleen-Lydeke P. / *Driessen*, Peter P. J., Adaptation to Climate Change in Urban Areas: Climate-Greening London, Rotterdam, and Toronto, CL 2 (2011), S. 251–280.
Meng, Werner, Extraterritoriale Jurisdiktion im öffentlichen Wirtschaftsrecht, Heidelberg 1994.
— Völkerrechtliche Zulässigkeit und Grenzen wirtschaftsverwaltungsrechtlicher Hoheitsakte mit Auslandswirkung, ZaöRV 44 (1984), S. 675–783.
Mensah, Thomas A., International Maritime Organization, in: Wolfrum, Rüdiger (Hrsg.), MPEPIL-Online, Oxford 2011.
Menzel, Jörg, Internationales Öffentliches Recht: Verfassungs- und Verwaltungsgrenzrecht in Zeiten offener Staatlichkeit, Tübingen 2011.
Merrills, John G., Environmental Rights, in: Bodansky, Daniel / Brunée, Jutta / Hey, Ellen (Hrsg.), The Oxford Handbook of International Environmental Law, Oxford 2007.
Meyer, Axel / *Huete-Pérez*, Jorge A., Conservation: Nicaragua Canal could wreak environmental ruin, 19. Feb. 2014, http://www.nature.com/news/conservation-nicaragua-canal-could-wreak-environmental-ruin-1.14721 (abgerufen am 30.03.2021).
Mielke, Bernd, Gebietskategorien, in: ARL (Hrsg.), Handwörterbuch der Raumordnung, 4. Aufl., Hannover 2005.
Mosler, Hermann, Völkerrecht als Rechtsordnung, ZaöRV 36 (1976), S. 6–49.
Müller, Rainer, Die Gartenstadt der Zukunft, 19. Aug. 2016, http://www.faz.net/-gz7-8k43e (abgerufen am 30.03.2021).
Nandan, Satya N / *Lodge*, Michael W / *Rosenne*, Shabtai, The development of the regime for deep seabed mining, Den Haag/Charlottesville 2002.
NATO, NATO Pipeline System, https://www.nato.int/cps/sv/natohq/topics_56600.htm,%20http://www.nato.int/cps/sv/natohq/topics_49150.htm,%20https://www.nato.int/cps/sv/natohq/topics_49151.htm,%20https://www.nspa.nato.int/en/organization/ceps/ceps.htm (abgerufen am 30.03.2021).
Nettesheim, Martin, Die ökologische Intervention, AVR 34 (1996), S. 168–217.
Niedobitek, Matthias, Das Recht der grenzüberschreitenden Verträge, Tübingen 2001.
Nord Stream 2 AG, Das Nord Stream 2 Pipeline-Projekt – Fact Sheet 2018, https://www.nord-stream2.com/de/download/document/5/ (abgerufen am 30.03.2021).

Nord Stream AG, Das Nord Stream Pipeline-Projekt – Fact Sheet 2017, https://www.nord-stream.com/download/file/documents/pdf/de/2017/10/das-nord-stream-pipeline-projekt_12_20171011.pdf (abgerufen am 30. 03. 2021).
— Nord Stream by Numbers – Fact Sheet 2013, https://www.nord-stream.com/download/file/documents/pdf/en/2013/11/nord-stream-by-the-numbers_177_20131128.pdf (abgerufen am 30. 03. 2021).
— Sichere Energie für Europa – Das Nord Stream-Pipelineprojekt, 2013, https://www.nord-stream.com/download/document/236/?language=de (abgerufen am 30. 03. 2021).
o.V., An International Servitude, AJIL 1914, S. 858–860.
— Legal History of the Panama Canal – Notes, St. Louis Law Review 1915, S. 246–254.
— Transkontinentale Eisenbahn: Brasilien und Bolivien gehen das Jahrhundertprojekt an, 6. Dez. 2017, http://www.faz.net/aktuell/wirtschaft/transkontinentale-bahnstrecke-brasilien-und-bolivien-gehen-jahrhundertprojekt-an-15327521.html (abgerufen am 09. 11. 2018).
O'Leary, Bethan C. u. a., The first network of marine protected areas (MPAs) in the high seas: The process, the challenges and where next, Marine Policy 36 (2012), S. 598–605.
Odendahl, Kerstin, Die Umweltpflichtigkeit der Souveränität, Berlin 1998.
— Nature, International Protection, in: Wolfrum, Rüdiger (Hrsg.), MPEPIL-Online, Oxford 2010.
Oduntan, Gbenga, The Never Ending Dispute: Legal Theories on the Spatial Demarcation Boundary Plane between Airspace and Outer Space, HLJ 2003, S. 64–84.
Office of the High Commissioner for Human Rights, General Comment No. 15: The Right to Water (Arts. 11 and 12 of the Covenant), E/C.12/2002/11, Geneva, 2003, http://www.unhcr.org/publications/operations/49d095742/committee-economic-social-cultural-rights-general-comment-15-2002-right.html (abgerufen am 30. 03. 2021).
Ohler, Christoph, Die Kollisionsordnung des allgemeinen Verwaltungsrechts: Strukturen des deutschen internationalen Verwaltungsrechts, Tübingen 2005.
Oladipo, Tomi, Why are there so many military bases in Djibouti?, 16. Juni 2015, http://www.bbc.com/news/world-africa-33115502 (abgerufen am 30. 03. 2021).
Orakhelashvili, Alexander, Governmental Activities on Foreign Territory, in: Wolfrum, Rüdiger (Hrsg.), MPEPIL-Online, Oxford 2010.
Osieke, Ebere, The Legal Validity of Ultra Vires Decisions of International Organizations, AJIL 77 (1983), S. 239–256.
Oude Elferink, Alex G., Artificial Islands, Installations and Structures, in: Wolfrum, Rüdiger (Hrsg.), MPEPIL-Online, Oxford 2013.
— The Regime of the Area: Delineating the Scope of Application of the Common Heritage Principle and Freedom of the High Seas, IJMCL 22 (2007), S. 143–176.
Outer Space Affairs, UN-Office for, Online Index of Objects Launched into Outer Space, http://www.unoosa.org/oosa/osoindex/search-ng.jspx?lf_id= (abgerufen am 30. 03. 2021).
Oxman, Bernard H., Jurisdiction of States, in: Wolfrum, Rüdiger (Hrsg.), MPEPIL-Online, Oxford 2007.
Padelford, Norman J., American Rights in the Panama Canal, AJIL 34 (1940), S. 416–442.
Padelford, Norman J. u. a., Panama Canal, 24. Apr. 2018, https://www.britannica.com/topic/Panama-Canal (abgerufen am 30. 03. 2021).
Paetow, Stefan / *Wahl*, Rainer, Umweltschutz in der Fachplanung, in: Hansmann, Klaus / Sellner, Dieter (Hrsg.), Grundzüge des Umweltrechts, 4. Aufl., Berlin 2012.
Papadakis, Nikos, The International Legal Regime of Artificial Islands, Leyden 1977.
Papanicolopulu, Irini, Art. 242–244, 258–262, 278, in: Proelss, Alexander (Hrsg.), UNCLOS, München 2017.
Parson, Lindsay, Evaluation of the Non-Living Resources of the Continental Shelf Beyond the 200-mile Limit of the World's Margins, in: ISA (Hrsg.), Workshop on Minerals Other than Polymetallic Nodules of the International Seabed Area, Kingston 2004.
Partan, Daniel G., The Duty to Inform in International Environmental Law, BUILJ 6 (1988), S. 43–88.

Peel, Jaqueline, Transboundary Pollution: Principles, Policy and Practice, in: Jayakumar, Shunmugam u. a. (Hrsg.), Transboundary Pollution: Evolving Issues of International Law and Policy, Cheltenham 2015.

Peine, Franz-Joseph, Interessenermittlung und Interessenberücksichtigung im Planungsprozeß, in: ARL (Hrsg.), Methoden und Instrumente räumlicher Planung, Hannover 1998.

— Öffentliches Baurecht, Tübingen 2003.

Peralta, Adriana, Four dates Later, China-Backed Nicaragua Canal Struggles to Take Off the Ground, 8. Mai 2017, https://panampost.com/adriana-peralta/2017/05/08/four-dates-later-china-backed-nicaragua-canal-struggles-to-take-off-the-ground/ (abgerufen am 12.11.2018).

Pereira, Mariana, New Legal Framework of the Panama Canal, IBL 2000, S. 421–426.

Pereira, Ricardo, Pollution from Seabed Activities, in: Attard, David J. (Hrsg.), The IMLI Manual on International Maritime Law, Bd. 3, Oxford 2016.

Pérez, Orlando J., US-Panamanian Relations in Historical Perspective, in: Pérez, Orlando J. (Hrsg.), Post-invasion Panama, Boston 2000.

Perz, Stephen G. u. a., Trans-boundary infrastructure and land cover change: Highway paving and community-level deforestation in a tri-national frontier in the Amazon, LUP 34 (2013), S. 27–41.

Peter, Deike, PlanerInnen als 'deliberative practitioners', in: Hamedinger, Alexander u. a. (Hrsg.), Strategieorientierte Planung im kooperativen Staat, Wiesbaden 2008.

Phillips, Adrian, Management Guidelines for IUCN Category V Protected Areas, Protected Landscapes/Seascapes, Gland 2002.

Piri D., Mehdi / *Faure*, Michael, The Effectiveness of Cross-Border Pipeline Safety and Environmental Regulations (under International Law), NCJILCR 40 (2014), S. 55–134.

Podehl, Jörg, Das Umweltschutzprotokoll zum Antarktisvertrag als Ergebnis der Verhandlungen über die Rohstoffnutzung in der Antarktis, Bonn 1993.

Pohl, Walter L., Mineralische und Energie-Rohstoffe, 5. Aufl., Stuttgart 2005.

Pool, Catherine, Transboundary Protected Areas as a Solution to Border Issues, Nebraska Anthropologist 2006, S. 41–57.

Pöschl, Arnold E., Raum und Raumordnung, Berlin 1965.

Preparatory Committee, Chair's non-paper on elements of a draft text of an international legally-binding instrument under the United Nations Convention on the Law of the Sea on the conservation and sustainable use of marine biological diversity of areas beyond national jurisdiction as of 28 February 2017, http://www.un.org/depts/los/biodiversity/prepcom_files/Chair_non_paper.pdf (abgerufen am 30.03.2021).

Prescott, Victor, The Geography of Frontiers and Boundaries, London 1965.

Prescott, Victor / *Schofield*, Clive, The Maritime Political Boundaries of the World, 2. Aufl., Leiden 2005.

Proelß, Alexander, Ausschliessliche Wirtschaftszone, in: Vitzthum, Wolfgang Graf (Hrsg.), Handbuch des Seerechts, München 2006.

— Das Umweltvölkerrecht vor den Herausforderungen des Klimawandels, JZ 2011, S. 495–503.

— Das Urteil des Internationalen Gerichtshofs im Pulp Mills-Fall und seine Bedeutung für die Entwicklung des Umweltvölkerrechts, in: Ruffert, Mathias (Hrsg.), Dynamik und Nachhaltigkeit des Öffentlichen Rechts – Festschrift Schröder, Berlin 2012.

— Die Bewirtschaftung der genetischen Ressourcen des Tiefseebodens – Ein neues Seerechtsproblem?, Natur und Recht 2007, S. 650–656.

— Meeresschutz im Völker- und Europarecht, Berlin 2004.

— Nationalsozialistische Baupläne für ein europäisches Haus? John Laughland's 'The Tainted Source' vor dem Hintergrund der Großraumtheorie Carl Schmitts, 2003, https://forhistiur.de/2003-05-proel/?l=de (abgerufen am 28.02.2019).

— Naturschutz im Meeresvölkerrecht, AVR 54 (2016),

— Prinzipien des internationalen Umweltrechts, in: Proelß, Alexander (Hrsg.), Internationales Umweltrecht, Berlin/Boston 2017.

— Raum und Umwelt im Völkerrecht, in: Vitzthum, Wolfgang Graf / Proelß, Alexander (Hrsg.), Völkerrecht, 7. Aufl., Berlin/Boston 2016.

Proelß, Alexander, The Law on the Exclusive Economic Zone in Perspective: Legal Status and Resolution of User Conflicts Revisited, Ocean Yearbook 26 (2012), S. 87–112.
— Völkerrechtliche Grenzen eines maritimen Infrastrukturrechts, EurUP 2009, S. 2–10.
— Völkerrechtliche Rahmenbedingungen der Anwendung naturschutzrechtlicher Instrumente in der AWZ, ZUR 2010, S. 359–364.
Proelss, Alexander, Art. 55–60, 306–307, in: Proelss, Alexander (Hrsg.), UNCLOS, München 2017.
— Marine Genetic Resources under UNCLOS and the CBD, GYIL 51 (2008), S. 417–446.
Quigley, John, The Legality of the United States Invasion of Panama, YJIL 15 (1990), S. 276–315.
Radbruch, Gustav, Rechtsphilosophie, Studienausgabe des Werks von 1932, 2. Aufl., Heidelberg 2008.
Ramsar Convention Secretariat (Hrsg.), Wise use of wetlands, 4. Aufl., Gland 2010.
Randelzhofer, Albrecht / *Simma*, Bruno, Das Kernkraftwerk an der Grenze, in: Blumenwitz, Dieter (Hrsg.), Festschrift für Friedrich Berber, München 1973.
Rauber, Jochen, Strukturwandel als Prinzipienwandel, Heidelberg 2018.
Rayfuse, Rosemary, Biological Ressources, in: Bodansky, Daniel / Brunée, Jutta / Hey, Ellen (Hrsg.), The Oxford Handbook of International Environmental Law, Oxford 2007.
Rayfuse, Rosemary / *Warner*, Robin, Securing a Sustainable Future for the Oceans Beyond National Jurisdiction: The Legal Basis for an Integrated Cross-Sectoral Regime for High Seas Governance for the 21st Century, IJMCL 23 (2008), S. 399–421.
Redacción Negocios, Licitación de la Transversal de Las Américas finalmente fue adjudicada, 5. Aug. 2010, https://www.elespectador.com/impreso/negocios/articuloimpreso-217301-licitacion-de-transversal-de-americas-finalmente-fue-adjudic (abgerufen am 30.03.2021).
Redgwell, Catherine, Sustainable Development of National Energy Resources: What Has International Law Got to Do with It, JSDLP 8 (2017), S. 378–395.
Reese, Moritz u. a., The Comparative Survey, Questions on Integrating Environmental Protection and Spatial Management Issues into Planning and Development of Traffic Infrastructure, JEEPL 2006, S. 160–179.
Referéndum de la ampliación del Canal de Panamá, 8. Aug. 2014, http://laestrella.com.pa/panama/nacional/referendum-ampliacion-canal-panama/23794472 (abgerufen am 30.03.2021).
Reichert, Götz, Schutz der Binnengewässer, in: Proelß, Alexander (Hrsg.), Internationales Umweltrecht, Berlin/Boston 2017.
Reimer, Nick / *Schadwinkel*, Alina, Jetzt wird beim Wellenreiten Strom gemacht, 15. Feb. 2017, http://www.zeit.de/wissen/umwelt/2017-02/offshore-windparks-erneuerbare-energien-windkraftstrom (abgerufen am 30.03.2021).
Rengeling, Hans-Werner, Europarechtliche Planungen und Aspekte eines europäischen Planungsrechts, in: Erbguth, Wilfried u. a. (Hrsg.), Planung, FS Hoppe, München 2000.
Reszat, Philipp, Gemeinsame Naturgüter im Völkerrecht, München 2004.
Reyrink, Leo, Aktivitäten zum grenzüberschreitenden Biotopverbund im deutsch-niederländischen Naturpark Maas-Schwalm-Nette, in: Scherfose, Volker / Gehrlein, Ulrich / Milz, Eva (Hrsg.), Grenzüberschreitende und Bundesländer übergreifende Zusammenarbeit von Nationalen Naturlandschaften (BfN-Skripten 405), Bonn 2015.
Ritter, Ernst-Hasso, Zur territorialen Dimension in der Europäischen Verfassung, ZSE 2003, S. 240–250.
Ritter, Ernst-Hasso / *Wolf*, Klaus, Warum ein Handbuch zu Methoden und Instrumenten der räumlichen Planung?, in: ARL (Hrsg.), Methoden und Instrumente räumlicher Planung, Hannover 1998.
Roach, J Ashley / *Smith*, Robert W, Excessive maritime claims, 3. Aufl., Leiden 2012.
Roberts, Julian, Protecting Sensitive Marine Environments: The Role and Application of Ships' Routeing Measures, IJMCL 20 (2005), S. 135–159.
Roberts, Julian / *Chircop*, Aldo / *Prior*, Sian, Area-based Management on the High Seas: Possible Application of the IMO's Particularly Sensitive Sea Area Concept, IJMCL 25 (2010), S. 483–522.
Robinson, Nicholas A., International Trends in Environmental Impact Assessment, BCEALR 19 (1992), S. 591–621.

Rogers, David, World's longest suspension bridge back on Italy's agenda, 23. Sep. 2015, http://www.globalconstructionreview.com/news/worlds-longest-suspension-b7ri7dg7e-back-italys/ (abgerufen am 30.03.2021).
Röhl, Klaus F., § 70, Das Recht als autopoietisches System, 2012, rechtssoziologie-online.de (abgerufen am 30.03.2021).
Röhl, Klaus F. / *Röhl*, Hans C., Allgemeine Rechtslehre, München 2008.
Rojahn, Ondolf, Die Ansprüche der lateinamerikanischen Staaten auf Fischereivorrechte jenseits der Zwölfmeilengrenze, Hamburg 1972.
Rona, Peter A., Resources of the Sea Floor, Science 299 (2003), S. 673–674.
Ronellenfitsch, Michael, Einführung in das Planungsrecht, Darmstadt 1986.
Ronen, Yael, Territory, Lease, in: Wolfrum, Rüdiger (Hrsg.), MPEPIL-Online, Oxford 2008.
Rosenfield, Stanley B., Solar Energy from Outer Space, UPLR 1981, S. 49–72.
Roth, Andrew, Putin opens 12-mile bridge between Crimea and Russian mainland, 15. Mai 2018, https://www.theguardian.com/world/2018/may/15/putin-opens-bridge-between-crimea-and-russian-mainland (abgerufen am 30.03.2021).
Rothwell, Donald R., Sea lanes, in: Wolfrum, Rüdiger (Hrsg.), MPEPIL-Online, Oxford 2009.
Rothwell, Steven, Polar Environmental Protectionand International Law: 1991 Antarctic Protocol, EJIL 11 (2000), S. 591–614.
Roy, Ananya, Why India cannot plan its cities, Planning Theory 2009, S. 76–87.
Rubin, Howard M., United States Sovereignty over the Panama Canal Zone, DJIL 1975, S. 250–265.
Ruffert, Matthias, Die Globalisierung als Herausforderung an das öffentliche Recht, Stuttgart 2004.
Ruffert, Matthias / *Walter*, Christian, Institutionalisiertes Völkerrecht, 2. Aufl., München 2015.
Rung, Christoph, Strukturen und Rechtsfragen europäischer Verbundplanungen, Tübingen 2013.
Sand, Peter H., The Evolution of International Environmental Law: In: Bodansky, Daniel / Brunée, Jutta / Hey, Ellen (Hrsg.), The Oxford Handbook of International Environmental Law, Oxford 2007.
Sands, Philippe / *Peel*, Jacqueline, Principles of International Environmental Law, 4. Aufl., Cambridge 2018.
Sandwith, Trevor u. a., Transboundary Protected Areas for Peace and Co-operation, Gland 2001.
Sauer, Heiko, Jurisdiktionskonflikte in Mehrebenensystemen, Heidelberg 2008.
Schanze, Jochen / *Daschkeit*, Achim, Risiken und Chancen des Klimawandels, in: Birkmann, Jörn / Vollmer, Maike / Schanze, Jochen (Hrsg.), Raumentwicklung im Klimawandel, Hannover 2013.
Schatz, Valentin, Art. 156–160, in: Proelss, Alexander (Hrsg.), UNCLOS, München 2017.
Schatz, Valentin / *Koval*, Dmytro, Ukraine v. Russia: Passage through Kerch Strait and the Sea of Azov, 2018, https://voelkerrechtsblog.org/ukraine-v-russia-passage-through-kerch-strait-and-the-sea-of-azov/ (abgerufen am 30.03.2021).
Scherfose, Volker, Grenzüberschreitende und Bundesländer übergreifende Zusammenarbeit von Nationalen Naturlandschaften im supranationalen Kontext, in: Scherfose, Volker / Gehrlein, Ulrich / Milz, Eva (Hrsg.), Grenzüberschreitende und Bundesländer übergreifende Zusammenarbeit von Nationalen Naturlandschaften (BfN-Skripten 405), Bonn 2015.
Scheyli, Martin, Aarhus-Konvention über Informationszugang, Öffentlichkeitsbeteiligung und Rechtsschutz in Umweltbelangen, AVR 38 (2000), S. 217–252.
Schink, Alexander, Umweltprüfung für Pläne und Programme, NVwZ 2005, S. 615–624.
Schladebach, Markus, Luftrecht, Tübingen 2007.
Schmalenbach, Kirsten, International Organisations or Institutions, General Aspects, in: Wolfrum, Rüdiger (Hrsg.), MPEPIL-Online, Oxford 2014.
— Verantwortlichkeit und Haftung, in: Proelß, Alexander (Hrsg.), Internationales Umweltrecht, Berlin/Boston 2017.
Schmidt, Stephan / *Buehler*, Ralph, The Planning Process in the US and Germany: A Comparative Analysis, International Planning Studies 12 (2007), S. 55–75.
Schmidt-Assmann, Eberhardt, Kommunalrecht, in: Schmidt-Assmann, Eberhardt / Schoch, Friederich (Hrsg.), Besonderes Verwaltungsrecht, 14. Aufl., Berlin 2008.
— Planungsrecht, in: ARL (Hrsg.), Handwörterbuch der Raumordnung, 4. Aufl., Hannover 2005.
Schmidt-Radefeld, Roman, Ökologische Menschenrechte, Heidelberg 2000.

Schmitt, Carl, Raum und Großraum im Völkerrecht, Zeitschrift für Völkerrecht 1940, S. 147–179.
— Völkerrechtliche Großraumordnung mit Interventionsverbot für raumfremde Mächte (1941), 3. Aufl., Berlin 2009.
Schmitz, Stefan, Revolutionen der Erreichbarkeit, 2001.
Schmoeckel, Mathias, Auf der Suche nach der verlorenen Ordnung: 2000 Jahre Recht in Europa, Köln 2005.
— Die Großraumtheorie, Berlin 1994.
Schot, Johan / *Lagendijk*, Vincent, Technocratic Internationalism in the Interwar dates: Building Europe on Motorways and Electricity Networks, JMEH 2008, S. 196–216.
Schrijver, Nico J., Sovereignty over Natural Ressources, Cambridge 1997.
Schroeder, Werner, Die Alpenkonvention – Ein Abkommen über den Schutz und die nachhaltige Bewirtschaftung eines der wichtigsten Ökosysteme Europas, BayVBl 2004, S. 161–167.
Schubert, Dirk, Die Gartenstadtidee zwischen reaktionärer Ideologie und pragmatischer Umsetzung, Theodor Fritschs völkische Version der Gartenstadt, Dortmund 2004.
Schubert, Mathias, Maritimes Infrastrukturrecht, Tübingen 2015.
Schuhr, Jan C., Rechtsdogmatik als Wissenschaft, Berlin 2006.
Schultheis, Jürgen, Zur Rolle der Raumplanung in der Gesellschaft, in: ARL (Hrsg.), Grundriss der Raumordnung und Raumentwicklung, Hannover 2011.
Schumacher, Jochen / *Schumacher*, Anke, Die Alpen und der Klimawandel, in: Bosecke, Thomas / Kersandt, Peter / Täufer, Katrin (Hrsg.), Meeresnaturschutz, Erhaltung der Biodiversität und andere Herausforderungen im Kaskadensystem des Rechts, Heidelberg 2012.
Schwab, Joachim, Frühe Öffentlichkeitsbeteiligung und behördliche Genehmigungsverfahren, UPR 2014, S. 281.
Schwerdtfeger, Angela, Der deutsche Verwaltungsrechtsschutz unter dem Einfluss der Aarhus-Konvention, Tübingen 2010.
Schwind, Martin, Allgemeine Staatengeographie, Berlin/New York 1972.
Scott, Karen N., Conservation on the High Seas: Developing the Concept of the High Seas Marine Protected Areas, IJMCL 27 (2012), S. 849–857.
— Integrated Ocean Management, in: Rothwell, Donald R. u. a. (Hrsg.), The Oxford Handbook of the Law of the Sea, Oxford 2015.
Scovazzi, Tullio, Art. 133–135, 149, 303, in: Proelss, Alexander (Hrsg.), UNCLOS, München 2017.
— Biodiversity in the Deep Seabed, YIEL 1996, S. 481–487.
— Mining, Protection of the Environment, Scientific Research and Bioprospecting: Some Considerations on the Role of the International Sea-Bed Authority, IJMCL 19 (2004), S. 383–409.
— State Responsibility for Environmental Harm, YIEL 12 (2001), S. 43–67.
Seddik, Wissem / *Cebrian*, Daniel, Marine Spatial Planning and the protection of biodiversity Beyond national jurisdiction (BBNJ) in the Mediterranean Sea, UNEP(DEPI)/MED WG.431/Inf.8, 2017, http://www.rac-spa.org/nfp13/documents/02_information_documents/wg_431_inf_8_msp_and_the_protection_of_bbnj.pdf (abgerufen am 30. 03. 2021).
Shany, Yuval, Toward a General Margin of Appreciation Doctrine in International Law?, EJIL (2005), S. 907–940.
Shearer, Ivan, Military Activities in the Exclusive Economic Zone: The Case of Aerial Surveillance, Ocean Yearbook 17 (2003), S. 548–562.
Shelton, Dinah, Human Rights, Environmental Rights, and the Right to Environment, SJIL 28 (1991), S. 103–138.
Shelton, Dinah / *Duer*, Eva Maria, Human Rights and the Environment, in: UNEP (Hrsg.), UNEP Training Manual on International Environmental Law, 2006.
Shelton, Dinah L. / *Bankobeza*, Sylvia / *Ruis*, Barbara, Information, public participation, and access to justice in environmental matters, in: UNEP (Hrsg.), UNEP Training Manual on International Environmental Law, 2006.
Sibold, Franziska, Russlands Energiebeziehungen in Eurasien (Center for Global Studies Bonn – Discussion Paper 19), Bonn 2015.
Sinz, Manfred, Raumordnung/Raumordnungspolitik, in: ARL (Hrsg.), Handwörterbuch der Raumordnung, 4. Aufl., Hannover 2005.

Slootweg, Roel u. a., Biodiversity in EIA and SEA, Backround Document to CBD Decision VIII/28, Voluntary Guidelines on biodiversity-inclusiv Impact Assessment, 2006, https://www.cbd.int/doc/publications/cbd-ts-26-en.pdf (abgerufen am 30. 03. 2021).

Smits, Karen, Cross Culture Work: Practices of Collaboration in the Panama Canal Expansion Program, Delft 2013.

Soininen, Niko / *Kuokkanen*, Tuomas / *Hassan*, Daud, Comparative and Forward-looking Conclusions on Transboundary Marine Spatial Planning, in: Hassan, Daud / Kuokannen, Tuomas / Soininen, Niko (Hrsg.), Transboundary Marine Spatial Planning and International Law, Abington 2016.

Sontag, Peter-Michael, Der Weltraum in der Raumordnung des Völkerrechts, Köln 1966.

Spadi, Fabio, Navigation in Marine Protected Areas: National and International Law, ODIL 2000, S. 285–302.

— The Bridge on the Strait of Messina: "Lowering"the Right of Innocent Passage?, ICLQ 2001, S. 411–419.

Spehl, Harald, Nachhaltige Raumentwicklung, in: ARL (Hrsg.), Handwörterbuch der Raumordnung, Hannover 2005.

Spiegels, Thomas, Grenzüberschreitende Regionalplanung zwischen Nordrhein-Westfalen und den Niederlanden, ZaöRV 61 (2001), S. 661–680.

SRU (Hrsg.), Fluglärm reduzieren – Reformbedarf bei der Planung von Flughäfen und Flugrouten, Berlin 2014.

— (Hrsg.), Für eine Stärkung und Neuorientierung des Naturschutzes – Sondergutachten, Berlin 2002.

— (Hrsg.), Wege zur 100 % erneuerbaren Stromversorgung – Sondergutachten, Berlin 2011.

Starre, Mario, Der Meeresboden, Haftungsregime des Tiefseebergbaus, Baden-Baden 2016.

Status of Antarctic Specially Protected Area and Antarctic Specially Managed Area Management Plans (Updated 2016), http://www.ats.aq/documents/ATCM39/WW/atcm39_ww003_e.pdf (abgerufen am 30. 03. 2021).

Stein, Roland, Das UNESCO-Biosphärenreservat „Pfälzerwald – Vosges du Nord": auch zukünftig richtungsweisend?, in: Scherfose, Volker / Gehrlein, Ulrich / Milz, Eva (Hrsg.), Grenzüberschreitende und Bundesländer übergreifende Zusammenarbeit von Nationalen Naturlandschaften (BfN-Skripten 405), Bonn 2015.

Stelkens, Ulrich, Das Recht der öffentlichen Sachen, Allgemeines Verwaltungsrecht, besonderes Verwaltungsrecht, Trümmerhaufen – oder was?, Die Verwaltung 2013, S. 493–536.

Stevens, Paul, Cross-Border Oil and Gas Pipelines: Problems and Prospects, 2003.

Stoll, Peter-Tobias, Continental Shelf, in: Wolfrum, Rüdiger (Hrsg.), MPEPIL-Online, Oxford 2008.

— Meeresschutz im Küsten- und Offshore-Bereich im Hinblick auf nicht-stoffliche Einflüsse, Natur und Recht 1999, S. 666–674.

Strempel, R. u. a., Introduction, in: Common Wadden Sea Secretariat (Hrsg.), Wadden Sea Quality Status Report 2017, Wilhelmshaven 2017, http://qsr.waddensea-worldheritage.org/node/47/pdf (abgerufen am 30. 03. 2021).

Stüer, Bernhard, Handbuch des Bau- und Fachplanungsrechts, 5. Aufl., München 2015.

Subacz, Allison, Mountaintop Removal: Case Studies and Legislative Update of the Permitting Process, ANRLJ 2009, S. 49–68.

Suman, Daniel, Globalization and the Pan-American Highway: Converns for the Panama-Columbia Border Region of Darién-Chocó and its Peoples, MIALR 38 (2007), S. 549–614.

Table of claims to maritime jurisdiction as at 15 July 2011, http://www.un.org/Depts/los/LEGISLATIONANDTREATIES/PDFFILES/table_summary_of_claims.pdf (abgerufen am 30. 03. 2021).

Talmon, Stefan, Kollektive Nichtanerkennung illegaler Staaten, Tübingen 2006.

— Law of the Sea, in: Volger, Helmut (Hrsg.), A Concise Encyclopedia of the United Nations, 2. Aufl., Leiden/Boston 2010.

— Sanktionen statt (Krim-) Sekt – Die Reaktion der Staatengemeinschaft auf eine „Wiedervereinigung" nach russischer Art, Festvortrag zum Dies Academicus der Universität Trier, 25. Nov. 2015, https://www.jura.uni-bonn.de/fileadmin/Fachbereich_Rechtswissenschaft/Einrichtungen/Institute/Voelkerrecht/Dokumente_fuer_Webseite/2016/Rede-Prof._Stefan_Talmon_Endfassung_7.12.2015.pdf (abgerufen am 30. 03. 2021).

Tanaka, Yoshifumi, A dual Approach to Ocean Governance, Farnham 2008.
— Predictability and Flexibility in the Law of Maritime Delimitation, Oxford 2006.
— Reflections on the Conservation and Sustainable Use of Genetic Resources in the Deep Seabed Beyond the Limits of National Jurisdiction, ODIL 2008, S. 129–149.
— The International Law of the Sea, 2. Aufl., Cambridge 2015.
Tao, Bie, Country Report, China, APJEL 1997, S. 319–326.
Tarlock, Dan, Ecosystems, in: Bodansky, Daniel / Brunée, Jutta / Hey, Ellen (Hrsg.), The Oxford Handbook of International Environmental Law, Oxford 2007.
— The Application of the National Environmental Policy Act of 1969 to the Darien Gap Highway Project, NYJILP 1974, S. 459–473.
Täufer, Katrin, Die Entwicklung des Ökosystemansatzes im Völkerrecht und im Recht der Europäischen Union, Baden-Baden 2018.
Tegge, Andreas, Die Internationale Telekommunikations-Union, Baden-Baden 1994.
Tenenbaum, Ellen S., A World Park in Antarctica: The Common Heritage of Mankind, VELJ 10 (1990), S. 109–136.
Thiele, Carmen, Der völkerrechtliche Status der US-amerikanischen Militärbasis Guantánamo in Kuba, AVR 48 (2010), S. 105–131.
Thomas, Lee / *Middleton*, Julie, Guidelines for Management Planning of Protected Areas, Glant 2003.
Thürmer, Monika, Seveso II-Richtlinie und Flugrouten, StoffR 2007, S. 40–44.
Tiefenthaler, Veronika, Spatial Planning in Europe – The Impact of European Union Law on National Planning Systems and Territorial Transnational Cooperation, JEEPL 2011, S. 115–140.
Tietje, Christian, Internationalisiertes Verwaltungshandeln, Berlin 2001.
Tollin, Nicola / *Hamhaber*, Johannes, Sustainable Urbanization in the Paris Agreement, Comparative review of nationally determined contributions for urban content, hrsg. v. UN-HABITAT, 2017, https://tinyurl.com/ybxxwykr (abgerufen am 30.03.2021).
Traversi, Christine, The Inadequacies of the 1997 Convention on International Water Courses and 2008 Draft Articles on the Law of Transboundary Aquifers, HJIL 33 (2011), S. 453–488.
Treves, Tullio, Customary International Law, in: Wolfrum, Rüdiger (Hrsg.), MPEPIL-Online, Oxford 2006.
— High Seas, in: Wolfrum, Rüdiger (Hrsg.), MPEPIL-Online, Oxford 2009.
— Law of the Sea, in: Wolfrum, Rüdiger (Hrsg.), MPEPIL-Online, Oxford 2011.
— Military installations, Structures and Devices on the Seabed, AJIL 74 (1980), S. 808–857.
Tronchetti, Fabio, The Exploitation of Natural Resources of the Moon and Other Celestial Bodies, A Proposal for a Legal Regime, Leiden/Boston 2009.
U. S. Department of Transportation and Maritime Administration, Panama Canal Expansion Study, Phase I Report, Developments in Trade and National and Global Economies, 2013, http://www.marad.dot.gov/wp-content/uploads/pdf/Panama_Canal_Phase_I_Report_-_20Nov2013.pdf (abgerufen am 09.11.2018).
U. S. Environmental Protection Agency, The Effects of Mountaintop Mines and Valley Fills on Aquatic Ecosystems of the Central Appalachian Coalfields, Washington, DC, 2011, ofmpub.epa.gov/eims/eimscomm.getfile?p_download_id=501593 (abgerufen am 30.03.2021).
Ulfstein, Geir, Treaty Bodies, in: Bodansky, Daniel / Brunée, Jutta / Hey, Ellen (Hrsg.), The Oxford Handbook of International Environmental Law, Oxford 2007.
Ullmann, Emanuel, Völkerrecht, Tübingen 1908.
UN-Conference on Housing and Sustainable Urban Development, New Urban Agenda, 2017, http://habitat3.org/wp-content/uploads/NUA-English.pdf (abgerufen am 30.03.2021).
— Urban and Spatial Planning and Design, 2015, http://habitat3.org/wp-content/uploads/Habitat-III-Issue-Paper-8_Urban-and-Spatial-Planning-and-Design-2.0.pdf (abgerufen am 30.03.2021).
UN-Conference on Human Settlements, Istanbul Declaration on Human Settlements and the Habitat Agenda, A/CONF.165/14, 1996, https://www.un.org/ruleoflaw/wp-content/uploads/2015/10/istanbul-declaration.pdf (abgerufen am 30.03.2021).
— The Vancouver Action Plan, A/CONF.70/15, 1976, http://www.un-documents.net/van-plan.htm (abgerufen am 30.03.2021).

- The Vancouver Declaration on Human Settlements, A/CONF.70/15, 1976, http://www.un-documents.net/van-dec.htm (abgerufen am 30. 03. 2021).
- *UN-General Assembly*, Declaration of Principles Governing the Sea-Bed and the Ocean Floor, and the Subsoil thereof, beyond the Limits of National Jurisdiction, A/RES/25/2749, 1970, http://www.un-documents.net/a25r2749.htm (abgerufen am 30. 03. 2021).
- Development of an international legally binding instrument under the United Nations Convention on the Law of the Sea on the conservation and sustainable use of marine biological diversity of areas beyond national jurisdiction, Resolution A/RES/69/292 as adopted by the General Assembly on 19 June 2015, http://www.un.org/en/ga/search/view_doc.asp?symbol=A/RES/69/292&referer=http://www.un.org/en/ga/69/resolutions.shtml&Lang=E (abgerufen am 30. 03. 2021).
- Oceans and the law of the sea, Report of the Secretary-General, A/58/65, 2003, https://documents-dds-ny.un.org/doc/UNDOC/GEN/N03/266/68/pdf/N0326668.pdf?OpenElement (abgerufen am 30. 03. 2021).
- Transforming our world: the 2030 Agenda for Sustainable Development, A/RES/70/1, 2015, http://www.un.org/ga/search/view_doc.asp?symbol=A/RES/70/1&Lang=E (abgerufen am 30. 03. 2021).
- World Charta for Nature, A/RES/37/7, 1982, https://undocs.org/A/RES/37/7 (abgerufen am 30. 03. 2021).
- World Ocean Assessment I, 2016, http://www.un.org/Depts/los/global_reporting/WOA_RegProcess.htm (abgerufen am 30. 03. 2021).
- *UN-HABITAT*, Action Framework for Implementation of the New Urban Agenda, http://nua.unhabitat.org/AFINUA19thApr.pdf (abgerufen am 09. 11. 2018).
- The Challenge of the Slums, Global Report on Human Settlements, Nairobi/London, 2003, https://www.un.org/ruleoflaw/files/Challenge%20of%20Slums.pdf (abgerufen am 30. 03. 2021).
- *UN-Human Rights Committee*, International covenant on civil and political rights, The Nature of the General Legal Obligation Imposed on States Parties to the Covenant, General Comment No. 31 (80), CCPR/C/21/Rev.1/Add. 1326, 2004, http://www.refworld.org/docid/478b26ae2.html (abgerufen am 30. 03. 2021).
- *UNDP*, Human Development Report 2016, New York, 2016, http://hdr.undp.org/sites/default/files/2016_human_development_report.pdf (abgerufen am 30. 03. 2021).
- *UNECE* (Hrsg.), Application of Environmental Impact Assessment Principles to Policies, Plans and Programmes, New York 1992.
- Guidance on Land-Use Planning, the Siting of Hazardous Activities and related Safety Aspects, Geneva, 2017, http://www.unece.org/fileadmin/DAM/env/teia/images/1735403E_Final_ENG_web.pdf (abgerufen am 30. 03. 2021).
- Protocol on Strategic Environmental Assessment, Facts and Benefits, Geneva, 2016, https://www.unece.org/fileadmin/DAM/env/eia/Publications/2016/Protocol_on_SEA/1609217_UNECE_HR.pdf (abgerufen am 30. 03. 2021).
- Spatial Planning, Key Instrument for Development and Effective Governance with Special Reference to Countries in Transition, Geneva/New York, 2008, https://www.unece.org/fileadmin/DAM/hlm/documents/Publications/spatial_planning.e.pdf (abgerufen am 30. 03. 2021).
- *UNEP*, Aspects concerning the Environment related to Offshore Drilling and Mining within the Limits of National Jurisdiction, EPL 7 (1981), S. 50–52.
- Draft Principles of Conduct in the Field of the Environment for the Guidance of States in the Conservation and Harmonious Utilization of Natural Resources Shared by Two or More States, ILM 17 (1978), S. 1097–1099.
- Goals and Principles of Environmental Impact Assessment, UNEP/WG.152/4, Annex, 1987, https://www.elaw.org/system/files/unep.EIA_.guidelines.and_.principles.pdf (abgerufen am 30. 03. 2021).
- The Regional Seas Programme, https://www.unenvironment.org/explore-topics/oceans-seas/what-we-do/working-regional-seas (abgerufen am 30. 03. 2021).
- *UNEP / CMS-Secretariat*, Renewable Energy Technologies and Migratory Species, UNEP / CMS / COP11 / Doc.23.4.3.2, 2014, https://www.cms.int/sites/default/files/document/COP11_Doc_23_4_3_2_Renewable_Energy_Technologies_Guidelines_E.pdf (abgerufen am 30. 03. 2021).

UNESCAP, Review of Developments in Transport in Asia and the Pacific, Bankok, 2017, https://www.unescap.org/sites/default/files/publications/Review2017_Hires_21Dec2017.pdf (abgerufen am 30.03.2021).

UNESCO, Darien National Park, https://whc.unesco.org/en/list/159 (abgerufen am 30.03.2021).

— Dresden Elbe Valley (Germany) (C 1156), Decision: 33 COM 7A.26, http://whc.unesco.org/en/decisions/1786 (abgerufen am 30.03.2021).

— Los Katíos National Park, https://whc.unesco.org/en/list/711 (abgerufen am 30.03.2021).

— Man and the Biosphere Programme, http://www.unesco.org/new/en/natural-sciences/environment/ecological-sciences/man-and-biosphere-programme (abgerufen am 30.03.2021).

— Operational Guidelines for the Implementation of the World Heritage Convention, WHC. 08/01, https://whc.unesco.org/archive/opguide08-en.pdf (abgerufen am 30.03.2021).

— World Heritage Committee Thirty-third session, WHC-09/33.COM/7A, 2009, http://whc.unesco.org/archive/2009/whc09-33com-7Ae.pdf (abgerufen am 30.03.2021).

UNFCCC, List of Ratifications, http://unfccc.int/essential_background/convention/status_of_ratification/items/2631.php (abgerufen am 30.03.2021).

UNFICYP, About the Buffer Zone, https://unficyp.unmissions.org/about-buffer-zone (abgerufen am 30.03.2021).

— Construction Permits, https://unficyp.unmissions.org/construction-permits (abgerufen am 30.03.2021).

United Nation Convention on the Law of the Sea – List of Ratifications, 03.04.2018, letzter Abruf: 30.03.2021, http://www.un.org/Depts/los/reference_files/chronological_lists_of_ratifications.htm.

United Nations, Third United Nations Conference on the Law of the Sea, 7 May 1975, Informal single negotiating text, A/CONF.62/WP.8/PART I, 2009, http://legal.un.org/docs/?path=../diplomaticconferences/1973_los/docs/english/vol_4/a_conf62_wp8_part1.pdf&lang=E (abgerufen am 30.03.2021).

— Third United Nations Conference on the Law of the Sea, Draft convention on the law of the sea, 1981, A/CONF.62/L.78, https://documents-dds-ny.un.org/doc/UNDOC/LTD/NL8/101/04/PDF/NL810104.pdf?OpenElement (abgerufen am 30.03.2021).

Urlacher, Brian R., International Relations as Negotiation, Abingdon 2015.

Utton, Albert E., The International Law of Minimum Stream Flows, CJIELP 10 (1999), S. 7–38.

— Which Rule Should Prevail in International Water Disputes: That of Reasonableness or that of No Harm, NRJ 36 (1996), S. 635–641.

van Buuren, Arwin u.a., Towards Adaptive Spatial Planning for Climate Change: Balancing Between Robustness and Flexibility, JEEPL 2013, S. 29–53.

van de Beuque, S. u.a., Geological Framework of the Northern Lord Howe Rise and Adjacent Areas, Canberra 2003.

van der Zwiep, Karel, The Wadden Sea: A Yardstick for a Clean North Sea, IJECL 5 (1990), S. 201–212.

Vasilijević, Maja u.a., Transboundary Conservation, Gland 2015.

Verdross, Alfred / *Simma*, Bruno, Universelles Völkerrecht, 3. Aufl., 1984.

Vereshchetin, Vladlen S., Outer Space, in: Wolfrum, Rüdiger (Hrsg.), MPEPIL-Online, Oxford 2006.

Viikari, Lotta, The Environmental Element in Space Law, Leiden/Boston 2008.

Vinogradov, Sergei, Challenges of Nord Stream, GYIL 52 (2009), S. 241–292.

— Cross-Border Pipelines in International Law, NRE 75 (1999), S. 75–80.

Vitzthum, Wolfgang Graf, Begriff, Geschichte und Rechtsquellen des Seerechts, in: Vitzthum, Wolfgang Graf (Hrsg.), Handbuch des Seerechts, München 2006.

— Begriff, Geschichte und Rechtsquellen des Völkerrechts, in: Vitzthum, Wolfgang Graf / Proelß, Alexander (Hrsg.), Völkerrecht, 7. Aufl., Berlin/Boston 2016.

— Der Rechtsstatus des Meeresbodens, Berlin 1972.

— Maritimes Aquitorium und Anschlusszone, in: Vitzthum, Wolfgang Graf (Hrsg.), Handbuch des Seerechts, München 2006.

— Parlament und Planung, Baden-Baden 1978.

— Terranisierung des Meeres, EA 1976, S. 129.

Vogt, Markus, Das Prinzip der Nachhaltigkeit in ethischer Perspektive, in: Lendi, Martin / Hübler, Karl-Hermann (Hrsg.), Ethik in der Raumplanung, Hannover 2004.

von Arnauld, Andreas, Völkerrecht, 3. Aufl., Heidelberg 2016.

von Bogdandy, Armin, Prolegomena zu Prinzipien internationalisierter und internationaler Verwaltung, in: Trute, Hans-Heinrich u. a. (Hrsg.), Allgemeines Verwaltungsrecht – zur Tragfähigkeit eines Konzepts, Tübingen 2008.

von Bogdandy, Armin / *Rau*, Markus, Lotus, The, in: Wolfrum, Rüdiger (Hrsg.), MPEPIL-Online, Oxford 2006.

von Danwitz, Thomas, Europäisches Verwaltungsrecht, Berlin/Heidelberg 2008.

von der Weth, Rüdiger, Der Grenzraum als klassisches Feld von Chancen und Konflikten, in: Borchard, Klaus (Hrsg.), Grenzenloser Verkehr? Verkehr an Grenzen!, Hannover 2006.

von Gayling-Westphal, Barbara, Intergovernmental Agreements and Host Government Agreements on Oil and Gas Pipelines, Brussels 2015.

von Hinüber, Hartmut, Geschichte der überörtlichen Raumplanung, in: ARL (Hrsg.), Handwörterbuch der Raumordnung, 4. Aufl., Hannover 2005.

von Nicolai, Hartmut, Rechtliche Aspekte einer Raumordnung auf dem Meer, IzR 2004, S. 491–498.

von Schorlemer, Sabine, Telecommunications, International Regulation, in: Wolfrum, Rüdiger (Hrsg.), MPEPIL-Online, Oxford 2009.

Vöneky, Silja / *Addison-Agyei*, Sange, Antarctica, in: Wolfrum, Rüdiger (Hrsg.), MPEPIL-Online, Oxford 2011.

Vöneky, Silja / *Beck*, Felix, Art. 143–148, in: Proelss, Alexander (Hrsg.), UNCLOS, München 2017.

— Umweltschutz und Menschenrechte, in: Proelß, Alexander (Hrsg.), Internationales Umweltrecht, Berlin/Boston 2017.

Vöneky, Silja / *Höfelmeier*, Anja, Art. 136–142, in: Proelss, Alexander (Hrsg.), UNCLOS, München 2017.

Vysotsky, V. I. / *Gloumov*, A. I., Petroleum Potential and Development Prospects in Deep-sea Areas of the World, in: ISA (Hrsg.), Workshop on Minerals Other than Polymetallic Nodules of the International Seabed Area, Kingston 2004.

Wacht, Frank, Art. 207–210, 212, in: Proelss, Alexander (Hrsg.), UNCLOS, München 2017.

Wahl, Rainer, Europäisches Planungsrecht – Europäisierung des deutschen Planungsrechts, in: Grupp, Klaus / Ronellenfitsch, Michael (Hrsg.), Planung – Recht – Rechtsschutz, FS Blümel, Berlin 1999.

Walker, Shaun, Russia's bridge link with Crimea moves nearer to completion, 31. Aug. 2017, https://www.theguardian.com/world/2017/aug/31/russia-bridge-link-crimea-moves-nearer-completion-ukraine (abgerufen am 30.03.2021).

Walter, Christian, Anwendung deutschen Rechts im Ausland und fremden Rechts in Deutschland, in: Isensee, Josef / Kirchhof, Paul (Hrsg.), Handbuch des Staatsrechts, 3. Aufl., Bd. 11, Heidelberg 2013.

— Grundlagen und Rahmenbedingungen für die Steuerungskraft des Völkerrechts, ZaöRV 76 (2016), S. 363–389.

Ward, Joseph J., Black Gold in a White Wilderness – Antarctic Oil: The Past, Present, and Potential of a Region in Need of Sovereign Environmental Stewardship, LUEL 13 (1997), S. 363–397.

WCED, Our Common Future, 1987, http://www.un-documents.net/our-common-future.pdf (abgerufen am 30.03.2021).

— Our Common Future, Annexe 1: Summary of Proposed Legal Principles for Environmental Protection and Sustainable Development Adopted by the WCED Experts Group on Environmental Law, 1987.

Wehrle, Jochen, Der Streit um die Nordanflüge, Hamburg 2008.

Weiss, Wolfgang, Die Rechtsquellen des Völkerrechts in der Globalisierung: Zu Notwendigkeit und Legitimation neuer Quellenkategorien, AVR 53 (2015), S. 220–251.

Wesel, Uwe, Geschichte des Rechts, 4. Aufl., München 2014.

Whomersley, Chris, Channel Tunnel, in: Wolfrum, Rüdiger (Hrsg.), MPEPIL-Online, Oxford 2009.

Wick, Bastian, Ein internationales Übereinkommen zur Regelung des Abbaus der natürlichen Ressourcen des Mondes und anderer Himmelskörper, Köln 2016.

Wiese, Wolfgang, Grenzüberschreitende Landrohrleitungen und seeverlegte Rohrleitungen im Völkerrecht, Berlin 1997.
Wiley, David, Crowded Djibouti hosting militaries from four nations: Now a China base, 4. Juni 2015, https://africamilitarismwatch.org/2015/06/crowded-djibouti-hosting-militaries-from-four-nations-now-a-china-base/ (abgerufen am 09.11.2018).
Will, Martin, Solar Power Satellites und Völkerrecht, Stuttgart 2000.
Wille, David, Raumplanung in der Küsten- und Meeresregion, Baden-Baden 2009.
Williams, Charles R., The Legal Status of the Panama Canal Zone, The American Lawyer 1907, S. 125–129.
Willmann, Urs, Pötte statt Fische, Wird der Kanal gebaut, verlieren Natur und Mensch, 20. Feb. 2014, http://www.zeit.de/2014/09/nicaragua-kanal-umweltschaeden/komplettansicht (abgerufen am 09.11.2018).
Winkler, Günther, Raum und Recht, Wien 1999.
Wolf, Rainer, AWZ-Vorhaben, 2004.
— Eingriffsregelung in der AWZ, ZUR 2010, S. 365–371.
— Grundfragen der Entwicklung einer Raumordnung für die Ausschließliche Wirtschaftszone, ZUR 2005, S. 176–184.
— Planung und Gebietsschutz in der Ausschließlichen Wirtschaftszone, Natur und Recht 2005, S. 375–386.
Wolf, Sarah, Unterseeische Rohrleitungen und Meeresumweltschutz, Tübingen 2011.
Wolf, Sarah / *Bischoff*, Jan Asmuss, Marine Protected Areas, in: Wolfrum, Rüdiger (Hrsg.), MPEPIL-Online, Oxford 2013.
Wolfrum, Rüdiger, Ansätze eines allgemeinen Verwaltungsrechts im internationalen Umweltrecht, in: Trute, Hans-Heinrich u. a. (Hrsg.), Allgemeines Verwaltungsrecht – zur Tragfähigkeit eines Konzepts, Tübingen 2008.
— Bridges over Straits, in: Miles, Edward L. / Treves, Tullio (Hrsg.), The Law of the Sea: New Worlds, New Discoveries, Hoolulu 1993.
— Common Heritage of Mankind, in: Wolfrum, Rüdiger (Hrsg.), MPEPIL-Online, Oxford 2009.
— Die Internationalisierung staatsfreier Räume, Berlin 1984.
— Hohe See und Tiefseeboden (Gebiet), in: Vitzthum, Wolfgang Graf (Hrsg.), Handbuch des Seerechts, München 2006.
— International Law of Cooperation, in: Wolfrum, Rüdiger (Hrsg.), MPEPIL-Online, Oxford 2010.
— Legitimacy of International Law and the Exercise of Administrative Functions, GLJ 2008, S. 2039–2059.
— Purposes and Principles of International Environmental Law, GYIL (1990), S. 308–330.
— Restricting the Use of the Sea to Peaceful Purposes, GYIL 24 (1981), S. 200–241.
— Sources of International Law, in: Wolfrum, Rüdiger (Hrsg.), MPEPIL-Online, Oxford 2011.
— The Principle of the Common Heritage of Mankind, ZaöRV 43 (1983), S. 312–337.
Wolfrum, Rüdiger / *Matz*, Nele, The Interplay of the United Nations Convention on the Law of the Sea and the Convention on Biological Diversity, MPYBUNL 4 (2000), S. 445–480.
Wolfrum, Rüdiger / *Vöneky*, Silja / *Friedrich*, Jürgen, The Admissibility of Land-Based Tourism in Antarctica under International Law, ZaöRV 65 (2005), S. 735–740.
Wood, Christopher, Environmental Impact Assessment, A comparative review, Harlow 1995.
Wood, Michael, International Seabed Authority, in: Wolfrum, Rüdiger (Hrsg.), MPEPIL-Online, Oxford 2008.
Wood, Michael C., The International Seabed Authority: Fifth to Twelfth Sessions (1999–2006), MPYBUNL 11 (2007), S. 47–98.
Woodhouse, Melvin, Is Public Participation a Rule of the Law of International Watercourses, NRJ 43 (2003), S. 137–183.
Worboys, Graeme L. u. a., IUCN Connectivity Conservation Area Guidelines (Advanced Draft), Gland, 2016, https://www.iucn.org/sites/dev/files/import/downloads/cca_advdraft_guidelines_may2016.pdf (abgerufen am 09.11.2018).
World Bank Group, Environmental Assessment, OP/BP 4.01, January 1999, Revised April 2013, http://web.worldbank.org/archive/website01541/WEB/0__-2042.HTM (abgerufen am 09.11.2018).

World Heritage Comitee, Examination of minor boundary modifications: Darien National Park (Panama), Decisions: 38 COM 8B.46, 39 COM 8B.41, 2014, http://whc.unesco.org/en/decisions/ 6133,%20https://whc.unesco.org/en/decisions/6391 (abgerufen am 09.11.2018).

Wortmann, Martin, United Nations Human Settlements Programme (UN-HABITAT), in: Wolfrum, Rüdiger (Hrsg.), MPEPIL-Online, Oxford 2007.

Wu, Mei, Öffentlichkeitsbeteiligung an umweltrechtlichen Fachplanungen, Baden-Baden 2013.

Würtenberger, Thomas, Staatsrechtliche Probleme politischer Planung, Berlin 1979.

Yalcin, Emrah / *Tigrek*, Sahnaz, Hydropower production without sacrificing environment: a case study of Ilisu Dam and Hasankeyf, International Journal of Water Resources Development 32 (2016), S. 247–266.

Yang, S. L. / *Zhang*, J. / *Xu*, X. J., Influence of the Three Gorges Dam on downstream delivery of sediment and its environmental implications, Yangtze River, Geophysical Research Letters 34 (2007),

Yeater, Marceil / *Kurukulasuriya*, Lal, Environmental Impact Assessment Legislation in Developing Countries, in: Lin, Sun (Hrsg.), UNEP's New Way Forward: Environmental Law and Sustainable Development, nairobi 1995.

Yumei, Cai u. a., On the choice between the international and China spatial planning system patterns, Papers of the Working Week 2012 of the International Federation of Surveyors, 2012, https://www.fig.net/pub/fig2012/papers/ts02j/TS02J_cai_gao_et_al_6176.pdf (abgerufen am 12.11.2018).

Zayas, Alfred de, Guantánamo Naval Base, in: Wolfrum, Rüdiger (Hrsg.), MPEPIL-Online, Oxford 2015.

Zbizc, Dorothy, Global list of complexes of internationally adjoining protected area, in: IUCN (Hrsg.), Transboundary Protected Areas for Peace and Co-operation, Gland 2001.

Zedalis, Rex J., Military Installations, Structures, and Devices on the Continental Shelf: A Response, AJIL 75 (1981), S. 926–935.

Zhu, Xiaoqin / *He*, Jinlong, International Court of Justice's Impact on International Environmental Law: Focusing on the Pulp Mills Case, YIEL 23 (2012), S. 106–130.

Ziegler, Edward H., China's cities, globalization, and sustainable development: comparative thoughts on urban planning, energy, and environmental policy, WUGSLR 2006, S. 295–322.

Ziegler, Katja S., Domaine Réservé, in: Wolfrum, Rüdiger (Hrsg.), MPEPIL-Online, Oxford 2013.

Rechtsprechungsverzeichnis

ACHPR, Social and Economic Rights Action Center (SERAC) and Center for Economic and Social Rights (CESR) vs. Nigeria, No. 155/96 – Decision on the Merits, 2001.
Arbitral Tribunal, Iron Rhine Railway Arbitration (Belgium vs. Netherlands), Award, 24.05.2005, RIAA XXVII, 35.
Arbitration Tribunal, Island of Palmas Case (Netherlands vs. United States of America), Award, 04.04.1928, RIAA II, 829.
— Trail Smelter Case (United States vs. Canada), Awards, 16.04.1938 / 11.03.1941, RIAA III, 1905.
Arbitration Tribunal, Permanent Court of Arbitration Registry, The Bay of Bengal Maritime Boundary Arbitration (Bangladesh vs. India) – Award of 7th July 2014.
BVerfG, Urt. v. 12.10.1993, 2 BvR 2159/92; 2 BvR 2134/92, Der Maastricht Vertrag, BVerfGE 89, 155.
Corte Centroamericana de Justicia, Bryan Chamorro Treaty Case (Costa Rica vs. Nicaragua), AJIL 1917, 181 (english translation).
ECHR, Buckley v. The United Kingdom, 25.09.1996, No. 20348/92.
— Budayeva and Others v. Russia, 20.3.2008, No. 15339/02, 21166/02, 20058/02, 11673/02, 15343/02.
— Dubetska and Others v. Ukraine, 10.02.2011, No. 30499/03.
— Eckenbrecht and Ruhmer vs. Germany, 10.06.2014, No. 25330/10.
— Fadeyeva v. Russia, 09.06.2005, No. 55723/00.
— Flamenbaum and Others v. France, 13.12.2012, No. 3675/04, 23264/04.
— Giacomelli v. Italy, 02.11.2006, No. 59909/00.
— Gorraiz Lizarraga and Others v. Spain, 27.04.2004, No. 62543/00.
— Guerra and Others vs. Italy, 19.02.1998, No. 14967/89.
— Hatton and Others v. The United Kingdom, 08.06.2003, No. 36022/97.
— Hatton and Others v. The United Kingdom, 08.06.2003, No. 36022/97 – Joint Dissenting Opinion of Judges Costa, Ress, Türmen, Zupančič and Steiner.
— Katikaridis and Others v. Greece, 15.11.1996, No. 19385/92.
— Kolyadenko and Others v. Russia, 28.02.2012, No. 17423/05, 20534/05, 20678/05, 23263/05, 24283/05, 35673/05.
— Kyrtatos v. Greece, 22.05.2003, No. 41666/98.
— López Ostra v. Spain, 09.12.1994, No. 16798/90.
— Öneryıldız v. Turkey, 30.11.2004, No. 48939/99.
— Özel and Others v. Turkey, 17.11.2015, No. 14350/05, 15245/05, 16051/05.
IACtHR, Opinión Consultiva Solicitada por la República de Colombia, Medio ambiente y derechos humanos, 15.11.2017, OC–23/17.
— Saramaka People vs. Suriname, 12.08.2008, Series C No. 185, Interpretation of the Judgment.
— Saramaka People vs. Suriname, 28.11.2007, Serie C No. 172, Judgment on Preliminary Objections, Merits, Reparations, and Costs.
ICJ, Case Concerning Delimitation of the Maritime Boundary in the Gulf of Maine Area (Canada vs. United States of America) – Pleadings, Oral Arcuments, Documents, Volume VII, Oral Proceedings (concluded); Correspondence.
— Case Concerning Passage through the Great Belt (Finland vs. Denmark), Request for the Indication of Provisional Measures, ICJ Reports 1991, 12 – Order of 29 July 1991.

ICJ, Case concerning the Barcelona Traction, Light and Power Company Ltd. (Belgium vs. Spain), ICJ Reports 1970, 3.
— Case Concerning the Gabcikovo-Nagymaros Project (Hungary vs. Slovakia), ICJ Reports 1997, 7.
— Case Concerning the Gabcikovo-Nagymaros Project (Hungary vs. Slovakia), ICJ Reports 1997, 88 – Separate Opinion of Vice-president Weeramantry.
— Certain Activities carried out by Nicaragua in the border area (Costa Rica vs. Nicaragua) and Construction of a Road in Costa Rica along the San Juan River (Nicaragua vs. Costa Rica), ICJ Reports 2015, 665.
— Certain Expenses of the United Nations, ICJ Reports 1962, 151 – Advisory Opinion.
— Corfu Channel Case (United Kingdom vs. Albania), ICJ Reports 1949, 4.
— Fisheries Jurisdiction Case (United Kingdom vs. Iceland), ICJ Reports 1974, 3.
— Legality of the Threat or Use of Nuclear Weapons, ICJ Reports 1996, 226 – Advisory Opinion.
— Maritime Delimitation in the Black Sea (Romania vs. Ukraine), ICJ Reports 2009, 61.
— North Sea Continental Shelf (Germany vs. Denmark, The Netherlands), ICJ Reports 1969, 3.
— Nottebohm Case (Liechtenstein vs. Guatemala), ICJ Reports 1955, 4.
— Pulp Mills on the River Uruguay (Argentina v. Uruguay), ICJ Reports 2010, 14.
— Territorial and Maritime Dispute (Nicaragua vs. Colombia), ICJ Reports 2012, 624.
ITLOS, Case Concerning Land Reclamation by Singapore in and around the Straits of Johor (Malaysia vs. Singapore), Case No. 12, 08.10.2003, ITLOS Reports 2003, 10 – Provisional Measures, Order.
— Dispute Concerning Delimitation of the Maritime Boundary between Ghana and Côte d'Ivoire in the Atlantic Ocean, Ghana vs. Côte, Case No. 23, 23.09.2017.
— Dispute Concerning Delimitation of the Maritime Boundary in the Bay of Bengal (Bangladesh vs. Myanmar), Case No. 16, 14.03.2014.
— MOX Plant Case (Ireland v. United Kingdom), Case No. 23, Award, 03.12.2001, ITLOS Reports 2001, 95.
— Responsibilities and obligations of States with respect to activities in the Area, Case No. 17, 01.02.2011, ITLOS Reports 2011, 10 – Advisory Opinion.
PCA, Chagos Marine Protected Area Arbitration (Mauritius v. United Kingdom), Case No. 2011-03, 18.03.2015 – Dissenting Opinion Kateka und Wolfrum.
— Chagos Marine Protected Area Arbitration (Mauritius vs. United Kingdom), Case No. 2011-03, Award, 18.03.2015.
— Territorial and Maritime Border Dispute (Slovenia vs. Croatia), Case No. 2012-04, Final Award, 29.06.2017.
— The South China Sea Arbitration (Philippines vs. China), Case No. 2013-19, Award, 12.07.2016.
PCIJ, The Case of the S.S. Lotus (France vs. Turkey), Judment No. 9, PCIJ Publications 1927, Series A No. 10.
Supreme Court of Cologne, Decision of 21.04.1914, Aix-la-Chapelle-Maastricht Railroad Company AG vs. Thewis, intervener Royal Dutch Government, AJIL 1914, S. 903–907.
Tribunal arbitral, Affaire du lac Lanoux (Espagne vs. France), Award, 16.11.1957, RIAA XII, 281.
UNHRC, Länsman et al. vs. Finland, 26.10.1994, Communication No. 511/1992.
US-District Court for the District of Columbia, Sierra Club et al vs. Coleman and Tiemann, ILM 14 (1975), S. 1425–1434.

Sachregister

Abstandsgebot 81, 84, 87, 130–132, 138, 153, 159, 344, 345
Abwägung 10, 14, 16, 27, 38, 69–73, 76, 78, 89, 90, 93–95, 99, 101, 107, 128, 130, 165, 167, 216, 222, 227, 231, 232, 241, 253, 263, 265, 266, 296, 298, 322, 323, 328, 344, 348
Alpen 122, 247, 334–336, 340, 349
Antarktis 36, 143, 146, 147, 173, 288, 289, 292–296, 301, 322, 329–333, 335, 336, 348, 349
Arbeitsplan 309–312
Areas of particular Environmental Interest 313

Bergbau 12, 41, 44, 62, 91, 103, 113, 116, 126, 132, 147, 151, 163, 167, 171–175, 179–181, 184, 185, 189, 191, 194, 196, 202, 208, 210, 211, 213, 215, 222, 227, 237, 239, 279, 288, 289, 292–294, 296, 302–304, 306, 309–314, 321–323, 330, 331, 339, 346, 348, 349
Binnengewässerschutz 132, 133, 146, 155, 160
Biodiversitätsschutz 30, 76, 104, 110–112, 114, 117–120, 123, 124, 137, 138, 143, 144, 146, 157, 159, 241, 271, 273, 275, 282, 284, 344, 348
Brücke 21, 40, 82, 167, 189, 226–231, 258, 259

Darién-Chocó 252, 275, 278, 279, 281, 282
Delimitation 232, 327, 328
Due Diligence 56, 64, 95, 126, 132, 315

Eisenbahn 16, 46, 50, 249, 250, 265, 266, 283, 347
Energiewirtschaft 164, 194, 210, 250
Extraterritorialität 39–41, 51, 86, 127, 167, 168, 248

Flughafen 40, 42, 50, 86, 87, 247, 248, 265
Funktion 10, 20, 27, 28, 32, 81, 89, 123, 137, 153, 159, 269, 339, 347

Gesamtplanung 13, 18, 163, 197, 198, 208–213, 241, 242, 268, 271, 273, 282, 284, 325, 346–348
Globalisierung 3, 4, 20, 21, 31, 343

Handlungsform 11, 23, 28, 39

Informationspflicht 154
Infrastruktur 4, 5, 12, 15, 19, 20, 26, 37, 39, 42–44, 51, 53, 83, 97, 105, 113, 115, 116, 151, 159, 160, 163, 164, 171, 180, 181, 184–188, 196, 202, 208, 210, 212, 213, 226, 229, 235–237, 239, 248, 249, 253, 256, 261, 262, 264–266, 269, 282, 283, 287, 291, 294, 296, 325, 332, 339, 346–348
– grenzüberschreitend 16, 247, 248, 264, 265, 283, 333
Integration 15, 115, 151, 247, 250–252, 257, 258, 274, 283
Integrität 41, 72–75, 79, 86, 92, 133, 137, 153, 159, 168, 217, 238, 280, 339, 343, 345

Kabel 5, 26, 171, 184, 185, 188–190, 192–194, 196, 202, 205, 208, 209, 211, 213, 215, 227, 238, 346
Kanal 4, 44–52, 86, 99, 108, 148, 228, 252, 253, 282
Klimaschutz 30, 48, 76, 104, 105, 107–110, 112, 134, 137, 159, 344
Kompetenz 8, 12, 27, 35, 37, 77, 166, 171, 179, 184, 196, 201, 202, 206, 209, 211, 213, 216, 225, 229, 240, 242, 245, 286, 297, 301, 304, 310, 315–318, 320, 321, 323, 329, 347
Konflikt 4, 9–11, 15, 25, 26, 28, 30, 67, 72, 80, 81, 83, 100–103, 120, 124, 165, 170, 173, 215–217, 220, 222, 223, 225, 239, 240, 245, 252, 268, 269, 273, 279, 281, 282, 287, 288, 294, 301, 320, 322, 326, 328, 336, 343, 344
Konsultationspflicht 220, 344
Kraftwerk
– Atom- 84, 85

– Wasser- 6
– Wind- 210
künstliche Insel 180, 196

Landschaft 12, 63, 81–84, 114, 115, 121, 123, 151
Landschaftspflege 247, 272, 335
Landschaftsplanung 84
Landschaftsschutz 81, 83, 84, 96, 104, 114, 121, 122, 124, 138, 158, 202, 270, 277, 335, 347
Landschaftsschutzgebiet 121, 267
Landschaftsschädigung 82
Leitung 43, 172, 186, 188–191, 193–196, 202, 229, 250, 254, 255, 262, 286, 290

Meeresschutz 146, 147, 159, 169, 197–201, 207, 210, 212, 213, 219, 233, 235, 236, 238, 240–242, 267, 296, 299, 301, 332, 333, 345, 346
Meeresschutzgebiet 197, 198, 201, 210, 212, 213, 219, 240, 241, 296, 299, 301, 333, 346
Menschenrechtsschutz 30, 76, 104, 124, 137, 138, 155, 158–160, 344, 345
Militär 39, 42, 46, 86, 103, 185, 226, 227
Mining Code 303, 304, 321

Nachbarrecht 54, 61, 63, 73, 74, 81, 84–87, 127, 146, 152, 153, 157, 158, 168, 232, 245, 247, 282
Naturpark 275–277, 282
Naturschutz 5, 12, 15, 41, 60, 83, 91, 110–113, 118–122, 124, 138, 143, 155, 170, 200–202, 206, 210–213, 227, 239, 247, 253, 268–272, 276, 277, 279, 281, 282, 284, 293–296, 298, 313, 333, 335, 343, 346, 348
New Urban Agenda 20, 96–98, 100, 110
Notifikation 66, 68, 79, 146, 153, 314–319

Orbit 288–292, 301, 322, 348

Panamericana 252, 258–260, 278–282
Planungsrecht 9, 13–15, 18, 19, 21, 23, 26, 29–32, 160, 210, 263, 287, 339, 340, 343, 346
Präventionspflicht 64, 70, 77, 104, 126, 138, 149, 159, 241
Präventionsprinzip 30, 31, 53–57, 59–62, 64, 65, 68, 69, 75, 77, 80, 81, 83, 84, 87, 89–91, 101, 106, 117–119, 123, 126, 128, 132, 137, 138, 142, 143, 159, 344

Raumordnung 3, 12, 208, 247, 325–327, 329–332, 336, 340, 349
Raumplanung 5, 6, 9, 10, 12–16, 23, 25, 27–29, 31, 32, 35, 39, 45, 81, 89, 96, 104, 105, 107, 108, 110, 114, 124, 128, 138, 140, 158, 159, 163, 165, 167, 170, 171, 199, 200, 212, 213, 235, 236, 242, 245–247, 263, 282, 285, 286, 288, 296, 322, 326–328, 330, 335, 336, 339, 340, 343, 344, 346–349
Rohrleitung 26, 43, 167, 171, 184, 185, 188–194, 196, 202, 205, 209, 211, 213, 215, 225, 237, 238, 247, 248, 250, 251, 253–256, 258, 262, 264–266, 283, 286, 307, 346, 347

Schadensvermeidungsgebot 30, 31, 54, 60, 134
Schutzgebiet 12, 15, 41, 60, 76, 110, 113–118, 120, 121, 123, 124, 138, 155, 163, 197–199, 201–204, 206, 210–213, 219, 238–242, 267, 269–280, 295, 296, 299–301, 313, 323, 330, 333, 340, 346–348
– grenzüberschreitend 266, 268, 270–273, 278
Schädigungsverbot 30, 31, 54–56, 58, 73, 74, 91, 168
Seabed Authority 147, 174, 302, 348
seerechtliche Freiheit 166, 185, 196, 215, 217, 223, 224, 232, 242, 251, 263
Servitut 42–44
Sorgfaltspflicht 61, 117, 118, 126, 146, 168, 215, 233, 242, 345
Souveränität 18, 30, 35, 37–39, 41, 48, 51, 54, 57, 60, 72–75, 78, 92, 95, 101, 102, 152, 153, 168, 172, 179, 189, 193, 202, 217, 220, 230, 240, 245, 256, 265, 266, 281, 284, 339, 340, 343–345
Staateninteresse 69, 72, 77, 90, 221, 223–225, 232, 242, 339, 347
Steuerung 7–10, 20, 22, 27, 55, 70, 71, 77, 108, 114, 115, 119, 163, 196, 205, 210, 213, 226, 238, 263, 273, 284, 287, 288, 333, 335, 345
strategische Umweltprüfung 66, 139, 144, 150, 151, 153, 156
Straßenbau 62, 251, 257
Strom 4, 12, 108, 130, 182, 188, 194
Subsidiarität 22, 95, 127, 287, 340

Tiefseeboden 147, 164, 166, 173–180, 185, 189, 212, 229, 238, 288, 289, 300, 302, 305, 306, 308, 309, 311, 313, 323, 331, 336, 348, 349

Transitrecht 43, 224, 251, 262
Tunnel 212, 226–229, 231, 258, 259

Umweltverträglichkeitsprüfung 48, 49, 51, 53, 60, 65–69, 75, 77, 78, 82, 90, 93, 138–142, 145–151, 155, 157–159, 220, 234, 241, 242, 264, 306, 309, 345, 346
Urbanisierung 3, 15, 97, 109, 115

Verfahrenspflicht 59, 65, 94, 138, 139, 155, 157–160, 339
Verlegung 5, 26, 164, 186, 189, 190, 192, 193, 202, 209, 222

Veto 69, 87, 89, 90, 211, 221, 251, 304, 344
Vorrang 43, 70–73, 75, 77, 95, 118, 212, 216, 221–226, 232, 240–242, 287, 312, 344, 346, 347

Weltraum 288–291, 293, 325, 331, 336, 348, 349

Zonenregime 166, 168, 197, 216, 224, 327, 336
Zustimmung 41, 42, 47, 56, 69, 75, 87, 172, 189, 191, 196, 253, 286, 301, 318

Schriften zum Infrastrukturrecht

herausgegeben von
Wolfgang Durner und Martin Kment

Die Schriftenreihe *Schriften zum Infrastrukturrecht* (InfraSR) wurde 2013 gegründet. Das Infrastrukturrecht als übergreifendes Rechtsgebiet erstreckt sich neben den klassischen Verkehrsinfrastrukturen (Straße, Schiene, Wasserstraßen und Luftverkehr) vor allem auf die Anlagen zur Bereitstellung von Wasser und Energie, die stoffliche Ver- und Entsorgung sowie die Kommunikationsinfrastruktur. In all diesen Bereichen stellen sich immer wieder grundsätzliche Fragen nach der Rolle des Staates – sei es als Anbieter oder als Gewährleister eines angemessenen Versorgungsniveaus, der Planung, Zulassung und Finanzierung der erforderlichen Anlagen, der Reglementierung des Zugangs zu Infrastrukturen, des Umgangs mit natürlichen Monopolen oder nach der Gestaltung verbrauchergerechter Preise. Die neue Schriftenreihe will zur Erforschung dieser Fragen beitragen und wendet sich ebenso an staatliche und nichtstaatliche Akteure im Infrastrukturbereich wie an Wissenschaftler, Richter und Rechtsanwälte.

ISSN: 2195-5689
Zitiervorschlag: InfraSR

Alle lieferbaren Bände finden Sie unter *www.mohrsiebeck.com/infrasr*

Mohr Siebeck
www.mohrsiebeck.com